Excel 会计电算化与应用

（第 3 版）

郭庆然　编著

電子工業出版社
Publishing House of Electronics Industry
北京·BEIJING

内 容 简 介

Excel 2013 以其崭新的界面，强大的制表、绘图、管理数据、处理数据、分析数据的功能，在会计电算化和财务管理工作中发挥着重要的作用。

本书主要介绍了 Excel 2013 的基础知识和高级应用，并在此基础上结合大量示例，详细介绍了 Excel 在会计账务处理、固定资产管理、工资管理、应收账款管理、进销存管理和财务分析中的应用。

本书内容丰富、结构清晰、图文并茂、由浅入深，既突出基础性内容，又重视实践性应用，并对重要的知识和应用技巧进行了归纳和总结。

本书既可以作为 Excel 会计应用的短期培训教材、大中专院校相关专业的学习教材，也可以作为广大企事业单位的财务人员和管理者自学与开展业务工作的不可多得的参考书。

图书在版编目（CIP）数据

Excel 会计电算化与应用 / 郭庆然编著. —3 版. —北京：电子工业出版社，2016.8
ISBN 978-7-121-29252-1

Ⅰ. ①E… Ⅱ. ①郭… Ⅲ. ①表处理软件－应用－会计电算化 Ⅳ. ①F232

中国版本图书馆 CIP 数据核字（2016）第 149369 号

策划编辑：祁玉芹
责任编辑：张瑞喜
印　　刷：中国电影出版社印刷厂
装　　订：中国电影出版社印刷厂
出版发行：电子工业出版社
　　　　　北京市海淀区万寿路 173 信箱　邮编　100036
开　　本：787×1092　1/16　印张：24.5　字数：627 千字
版　　次：2011 年 1 月第 1 版
　　　　　2016 年 8 月第 3 版
印　　次：2016 年 8 月第 1 次印刷
定　　价：59.80 元（含光盘 1 张）

凡所购买电子工业出版社图书有缺损问题，请向购买书店调换。若书店售缺，请与本社发行部联系，联系及邮购电话：（010）88254888。

质量投诉请发邮件至 zlts@phei.com.cn，盗版侵权举报请发邮件至 dbqq@phei.com.cn。

服务热线：（010）88258888。

Excel 2013 是 Office 系列中创建和维护电子表格的应用软件，不仅具有强大的制表和绘图功能，还内置了数学、财务、统计和工程等多种函数，同时也提供了数据管理与分析等多种分析方法和分析工具。它可以进行各种数据处理、统计分析和辅助决策操作，已经广泛地运用于会计电算化和财务管理工作的各个方面。

本书以图文并茂的方式，按照会计流程和财务管理的工作要点，结合大量示例以及详尽的操作步骤讲解，全面地向读者介绍了 Excel 2013 在会计电算化与财务管理工作中的具体应用。本书一共分为 11 章，第 1 章为会计电算化概述；第 2 章和第 3 章由浅入深地介绍了 Excel 2013 的基础知识；第 4 章至第 11 章介绍了如何利用 Excel 进行账务处理核算及财务管理工作。各章的具体介绍如下：

第 1 章主要介绍会计电算化的产生、发展及特征，并与手工财务账务处理系统比较，更全面了解会计电算化账务处理流程的数据处理方式。

第 2 章首先让读者熟悉 Excel 2013 崭新的工作界面，并介绍了与 Excel 2010 及以往的版本相比，Excel 2013 有哪些新增的功能，然后深入介绍对工作表、工作簿、单元格和区域表格的各种操作方法，以及如何设置工作表格式和将编辑完成的表格进行打印。

第 3 章在第 2 章的基础上，介绍 Excel 的高级应用，使读者对 Excel 的掌握再上一个台阶。内容主要有：公式和函数，设置数据有效性、快速创建专业外观图表，使用条件格式可视化数据，利用图片和图形美化界面，利用筛选、排序等功能管理数据，利用数据透视表和数据透视图进行数据分析，简单的 VBA 宏录制。

第 4 章介绍制作会计科目表、记账凭证汇总表、记账凭证查询表、记账凭证打印表的方法和具体操作步骤。

第 5 章介绍制作科目汇总表、科目余额表、总分类账、明细分类账等会计账簿的方法和具体操作步骤。

第 6 章介绍资产负债表、利润表、现金流量表的编制方法和具体操作步骤。

第 7 章介绍 Excel 在固定资产管理工作中的应用，包括制作固定资产卡片、编制固定资产清单、编制固定资产折旧费用分配表、记账凭证清单等的方法和具体操作步骤。

第 8 章介绍 Excel 在工资管理工作中的应用，包括编制职工基本情况表、工资调整表、考勤表、个人所得税计算表、社保金计算表、工资结算清单、工资条、工资汇总表和记账凭证清单等表格的方法和具体操作步骤。

第 9 章介绍 Excel 在应收账款管理工作中的应用，包括编制应收账款清单、应收账款账龄分析表、坏账准备提取表、应收账款分析表和催款通知书等表格的方法和具体操作步骤。

第 10 章介绍 Excel 在进销存管理工作中的应用，包括编制进货明细表、销货明细表、进销存报表的具体操作步骤，并介绍了如何根据这些表格详细分析进销存数据。

第 11 章介绍如何利用 Excel 对会计报表进行财务指标分析和财务趋势分析的一个简单的财务分析应用。

本书实例典型、内容丰富，不仅按照会计流程介绍了 Excel 在财务处理的各个环节的应用，而且结合实际工作的需要，以丰富的实例，详细介绍了在财务管理工作中的各个方面的应用。对提高办公自动化能力和财务管理工作的效率具有很大的帮助。

本书由郭庆然编著。参加本书编写工作的还有许小荣、鲁啸、刘娟、李嫣怡、丁维岱、张鹏龙、陈胜可、冯国生、吴广、张召明、胡博、陈杰、刘震、刘荣等，在此，编者对以上人员致以诚挚的谢意！本书的编写过程中吸收了前人的研究成果，在此一并表示感谢。

作者力图使本书的知识性和实用性相得益彰，但由于水平有限，书中错误、纰漏之处在所难免，欢迎广大读者、同仁批评斧正。

编　者

2016 年 3 月

目录

CONTENTS

第 1 章　会计电算化概述

会计是以货币作为主要计量单位，运用一系列专门方法，对企事业单位经济活动进行连续、系统、全面和综合的核算与监督，并在此基础上对经济活动进行分析、预测和控制，以提高经济效益的一种管理活动。会计工作对保护企业财产、加强经济核算、提高经济效益，全面反映企业经营状况和成果具有重要意义。

会计电算化是以电子计算机为主的当代电子技术和信息技术应用到会计实务中的简称，是一个应用电子计算机实现的会计信息系统。它实现了数据处理的自动化，使传统的手工会计信息系统发展演变为电算化会计信息系统。会计电算化是会计发展史上的一次重大革命，它不仅是会计发展的需要，而且是经济和科技对会计工作提出的要求。

1.1　会计电算化

计算机在会计领域的应用，极大地提高了会计的工作效率和工作质量，伴随着计算机技术、通信技术、网络技术在数据的处理速度、传输速度和文件共享能力方面的不断突破与提高，会计电算化作为会计学科的重要组成部分，融合了通信技术、电子科学、管理科学等多种科学技术，在会计工作中发挥着越来越重要的作用。

1.1.1　会计电算化的产生及内涵

会计是经济、社会发展的必然产物，它是为适应管理生产过程的需要而产生的。它通过对劳动耗费及劳动成果进行记录、计算、比较和分析，来全面反映企业财务状况和经营成果，从而为企业做出正确的投资决策提供支持。会计信息是经济建设和企业管理过程中所需信息的关键部分，信息时代的到来使得会计在各个经济领域发挥着举足轻重的作用。

随着电子计算机的普及，1954 年美国通用电气公司第一次在电子计算机上处理工资，使电子计算机开始用于会计工作。尔后的半个多世纪，计算机科学、通信技术、管理科学不断发展，促使以电子计算机为主的当代电子技术和信息技术开始应用到会计实务中，它不仅使得会计数据处理手段发生很大变革，而且对会计理论和实务也产生了深远的影响。

“会计电算化”一词是 1981 年中国会计学会在长春市召开的“财务、会计、成本应用电子计算专题讨论会”上正式提出来的。会计电算化是以电子计算机为主的当代电子技术和信息技术应用到会计实务中的简称，是用电子计算机代替人工记账、算账、报账，以及部分替代人脑完成对会计信息的分析、预测、决策的过程。

随着会计电算化事业的发展，“会计电算化”的含义得到了进一步的引申和发展。它不仅是狭义上的“计算机技术在会计工作中的应用”，即利用会计软件，指挥各种计算机设备替代手工完成或在手工下很难完成的会计工作过程；而且从广义上来讲指的是与会计工作电算化有关的所有工作，包括会计电算化软件的开发与应用、会计电算化人才的培训、会计电算化制度建设、会计电算化的宏观管理、电算化审计、会计电算档案管理等。如今会计电算化已成为一门集会计学、财务管理、企业管理、计算机科学、信息科学、电子通信和管理科学为一体的边缘学科。

1.1.2 会计电算化对传统会计的影响

会计电算化对传统会计的影响，主要体现在基础工作、账务处理程序、信息储存形式、信息输出、内部控制方式这几个方面。

1. 会计基础工作的变化

电算化系统的数据处理以代码为基础，一套科学的科目代码体系以及一套完整的核算代码体系对于提高系统的输入效率、处理效率，对于输出会计信息有着重要的意义，建立起一套完整的编码体系成了会计基础工作的一项内容。

手工账务处理采用收款凭证、付款凭证、转账凭证等几种格式，并做出相应的规定，例如，收款凭证借方必须是现金或银行存款，付款凭证贷方必须是现金或银行存款，如果借贷两方同时涉及现金或银行存款时，一般只填制付款凭证等。这些规定对于手工账务处理的规范化起到了很大的作用，但实行电算化以后，凭证使用没有必要进行分类，相关的基础工作也就要做相应的调整。实行电算化以后，手工凭证和账簿填制规范、改错、对账等许多方法也不复存在。

2. 账务处理程序的变化

传统账务处理流程建立在劳动分工的基础上，以登记账簿为中心，例如，将明细账分设不同岗位，在登记总账之前先汇总科目汇总表或记账凭证等。

实现电算化以后，账务处理程序必然建立在计算机基础上，以电子数据处理为中心，账务处理程序中的许多形式如科目汇总表、汇总记账凭证不再是登记总账的依据，由于使用计算机进行处理，根据记账凭证直接登记账簿不再困难，总分类账和明细分类账也将不再截然对立，甚至整个登账工作已经成为一种形式，所以几种账务处理程序将合而为一，任何单位都不必考虑选用何种账务处理程序。登记这一处理过程将全部由计算机完成，大大加快了数据的处理效率，使手工工作向数据输入、数据分析两端转移。

3. 会计信息存储形式的变化

传统方式的信息存储介质为纸张，信息存入后就不再变化，并永久保存，需要信息时直接查看即可。在手工系统中，总账、明细账、日记账、会计凭证等项目是完全独立的，并有特定的格式。电算化系统中信息的存储介质为磁性介质或光电介质，信息存入后并不一定完全固定，输出时可能进行相关处理。需要再由于介质发生变化，所以档案保存和管理发生变化，此外信息的改变将更容易、更具隐蔽性。

4. 会计信息输出的变化

手工处理方式下，由于登账成为整个会计处理过程的瓶颈，所以会计信息的输出时间受到很大限制，实现电算化以后，特别是采用实时处理以后，信息处理可以在很短时间内完成，信息输出也可以超越原有会计期间的时间限制。而且会计电算化系统可以提供更详细、更准确、更丰富的实时信息。

5. 会计内部控制的变化

账账核对的检查纠错方法是手工处理的一个重要环节，但在计算机处理方式下，由于数据源一致，也由于账簿的登记是一个虚拟过程，所以账账核对已经没有必要。手工系统每人登账时都对记账凭证进行再一次检验，以发现以前没有发现的错误，也是对编制记账过程中比较模糊的信息进行再加工。电算化处理环境下，由于没有人工的干预，登账成了一种机械过程，并将把编制记账凭证中存在的错误延续下去。因为分工而形成的内部牵制在电算化系统中发生了很大转变。

计算机电磁介质不同于纸质，对会计信息的修改和删除不留线索，所以在电算化信息系统中，要更加严格控制数据的处理过程。

1.1.3 会计电算化对传统会计的影响

1. 国外会计电算化的发展过程

世界上第一台计算机于1946年诞生于美国，半个多世纪以来，随着会计本身和电子计算机硬件、软件技术的不断进步，电子计算机在会计中的应用也逐步普及和深入发展。纵观整个发展过程，国外会计电算化的发展大致经历了以下四个阶段。

（1） 单项会计业务核算阶段（20世纪50年代初至60年代中期）。

1954年10月，美国通用电气公司第一次使用计算机计算职工工资，开创了计算机进行会计数据处理的新纪元。但由于当时的计算机作为一项新兴技术成本高、价格贵，并且设计程序复杂，需要有专业的计算机知识的人员操作，所以发展缓慢，应用范围比较窄。当时的电子计算机主要用于数据量大、业务简单、重复次数多的经济业务中，如工资计算、库存材料的收发核算等。工作流程基本模仿手工核算方式，替代了部分手工劳动，提高了这些业务的工作效率，但各项业务大都孤立地进行，没有形成一个系统。

（2） 会计信息系统阶段（20世纪60年代中期至70年代初期）。

随着计算机性能的增强，特别是操作系统及高级程序设计语言的出现并渐趋完善，在会计处理中，会计数据的处理基本实现了自动化，逐步形成了完整的电算化会计核算系统。电子计算机几乎完成了手工簿记系统的全部业务，并打破了手工方式下的一些常规结构，更重视会计系统内各个子系统的数据共享，更好地为分析、预测、决策和日常管理服务，从而逐步形成了会计信息系统。

（3） 以管理为重心的会计信息系统（20世纪70年代至80年代）。

20世纪70年代起，计算机网络和远程通信技术的出现、数据库管理系统的应用、电子计算机的功能大大增强而价格不断降低，这一切为计算机在各个领域广泛应用提供了良好的条件。会计信息系统开始从主要处理历史数据的日常业务发展为能够向各管理层提供各种管理信息，进行财务计划、分析、预测、决策，逐渐形成具有管理信息系统特征的电算化会计信息系统。到20世纪80年代，日本、美国及西欧各国已经较为普遍地实现了会计电算化。

（4） 智能决策支持系统（20世纪80年代末期至今）。

决策支持系统是以计算机存储的信息和决策模型为基础，协助管理者解决具有多样化和不确定性问题，以进行管理控制、计划和分析并制定高层管理决策和策略的系统。20世纪80年代末90年代初，决策支持系统与专家系统相结合，形成智能决策支持系统，使定性分析和定量分析得到有机结合。会计电算化系统作为其中一个子系统，不仅具有核算的功能，而且充分地与决策系统中的其他子系统达到了数据共享，为整个智能决策系统提供支持。

2. 我国会计电算化的发展过程

我国的第一台电子计算机诞生于 1957 年，此后的半个多世纪中我国计算机事业有了突飞猛进的发展，这为计算机在各个领域中的应用特别是经济管理领域的应用奠定了坚实的物质基础。我国会计电算化的发展经历了以下四个阶段。

（1） 起步阶段（1982 年以前）。

1982 年以前，我国的会计电算化工作以理论研究和试验准备为主。该阶段的代表项目是 1979 年财政部直接参与和支持的长春第一汽车制造厂进行的会计电算化试点工作。1981 年 8 月，中国人民大学和第一汽车制造厂联合召开了财务、会计、成本应用电子计算机问题的讨论会，会上把电子计算机在会计中的应用简称为"会计电算化"。这标志着我国会计电算化已经起步，并逐步跨入应用阶段。这个阶段主要是单项会计业务的电算化，最为普遍的是工资核算的电算化。整个会计电算化工作处于试验探索阶段，发展非常缓慢。

（2） 以单项业务为主的自主发展阶段（1983－1987 年）。

在这一时期，随着计算机技术的不断成熟和微机数量的大幅度增加，全国掀起了一个应用计算机的热潮，极大地推动了会计电算化的普及过程。同时，会计电算化理论研究也开始受到重视。1987 年 11 月中国会计学会成立了会计电算化研究小组，为有组织地开展理论研究做了准备。这个阶段有不少单位自主开发了一些单项会计业务电算化软件并应用于具体工作中，并取得了一些成就。但是会计电算化发展比较盲目，低水平的重复开发现象严重。

（3） 商品化核算型软件开发阶段（1987－1998 年）。

该阶段在财政部的支持下，相继出现了一批专业的会计软件公司，形成了初步的会计软件产业。各级财政部门也加强了会计电算化的管理工作，1989 年 12 月财政部颁发了《会计核算软件管理的几项规定》，1990 年 7 月又颁发了《关于会计核算软件评审的补充规定》，这两个文件的颁发是我国会计电算化事业发展的一个里程碑。它们对于发展我国会计电算化事业，提高会计核算软件开发质量，形成和完善我国的会计电算化软件市场，具有重大的现实意义和深远的历史意义。

1998 年 8 月在吉林省召开了我国首届会计电算化学术研讨会，提出了实现会计软件通用化的若干措施，并将市场机制引进我国会计软件市场，极大地促进了我国会计电算化的发展。这个阶段开发的核算型软件的主要功能包括系统管理、账务处理、资金管理、报表、工资、固定资产、采购与应付账款、销售与应收账款、库存管理等。

（4） 管理型会计信息系统发展阶段（1998 年以后）。

随着创新知识经济时代的到来，核算型会计软件已经不能满足需求，这一时期的大型企业管理信息系统不仅要解决企业的财务管理问题，还要对企业的资金流、物流和信息化流进行一体化、集成化管理。这个阶段，许多会计软件公司以吸收国际高科技最新成果和国外先进管理思想为契机，在开发"管理型"会计软件和实施"管理型"会计系统方面投入了巨大力量。随着"ERP"（企业资源计划管理系统）等大型管理型会计软件系统的逐步成功，使我国会计电算化又步入一个新的发展阶段。

1.1.4 会计电算化的意义

会计电算化是传统会计信息处理技术的重大变革，与手工会计系统相比，不仅是处理工具的变化，在会计数据处理流程、处理方式、内部控制方式及组织机构等方面，都与手工处理有许多不同之处。它的产生对于提高工作效率、提高会计核算质量、促进会计职能转变、促进企业改革都起着至关重要的作用，对会计工作的各方面产生了深远的影响，其主要意义如下。

（1） 减轻会计人员劳动强度，提高工作效率。

在手工会计信息系统中，会计数据处理全部或主要是靠人工操作的，这样的会计数据处理效率低、错误多、工作量大。实现会计电算化后，只要将原始会计数据输入计算机，大量的数据计算、分类、归集、汇总、分析等工作，全部由计算机完成。这就将会计人员从繁杂的记账、算账、报账中解脱出来，减轻了劳动强度。同时，由于电子计算机处理速度快，是手工处理速度的几百倍、几千倍，从而使大量的会计信息得到及时、迅速的处理，一定程度上大大提高了会计工作效率。

（2） 促进会计工作规范化，提高会计工作质量。

手工会计工作中，由于工作量大、业务繁杂等原因，易出现错记、漏记，账证表难以规范、统一。实现会计电算化后，软件采用先进的技术对输入数据进行校验，防止非法数据的进入。如一张借贷不平的凭证，计算机拒绝接收，从而保证会计信息的合法性、完整性，促进了会计工作的规范化，提高了会计工作的质量。

（3） 全面、及时、准确地提供会计信息。

在手工操作情况下，企业会计核算工作无论在信息的系统性、及时性还是准确性方面都难以适应经济管理的需要。实现会计电算化之后，大量的会计信息可得到及时、准确的输出，即根据管理需要，按年、季、月提供丰富的核算信息和分析信息，按日、时、分提供实时核算信息和分析信息。随着因特网的迅速发展，会计信息系统中的数据可迅速传递到企业的任何管理部门，便于企业经营者及时掌握企业自身经济活动的最新情况和存在的问题，并采取相应的措施。

（4） 促进会计职能的转变，为财会人员参与预测、决策提供有利条件。

会计作为管理活动的一个重要组成部分，不仅具有核算、监督的基本职能，而且还通过分析，进行预测并参与经济决策。手工处理方式下，会计人员整天忙于记账、算账、报账，很难有时间和精力对会计信息进行分析，参与经济决策。同时，由于手工处理方式的客观限制，会计信息难以得到全面、详细、及时、准确的处理，使分析、预测缺少科学的依据。实现会计电算化后，不仅可以将会计人员从繁杂的事务中解放出来，使他们把主要精力用于经济活动的分析、预测，同时也提供了更全面、科学的决策依据，更加充分地发挥会计的预测、决策职能。

（5） 促进会计队伍素质的提高。

时代的发展对会计人员提出了更高的要求：一方面，会计信息处理方式的改变，要求会计人员学习和掌握许多新知识；另一方面，会计职能的转变，需要会计人员更多地参与经济活动的分析、预测，探索经济活动的规律。

（6） 促进会计理论和技术的发展，推进会计管理制度的改革。

由于会计电算化改变了传统的会计信息处理技术，必然对会计核算方式、方法、程序、内容等方面产生一定的影响。同时，会计电算化提出了许多新的技术问题，如电算化后的内部控制、审计方法等，促使会计理论和会计实务工作者去研究、探索，推动会计理论研究和实务的发展。

（7） 推动企业管理现代化。

实现会计电算化也为企业全面实施信息化奠定了基础，比如，现代化的管理软件系统ERP

和电子商务等都需要以会计电算化为基础。

会计信息作为经济活动信息的重要组成部分，在经济管理中起着至关重要的作用。实现会计电算化后，会计信息可以得到及时、准确的处理，加快了信息流动，有助于管理者及时做出决策。同时，实现会计电算化后，大量的信息可以得到共享，促进和带动其他业务以及管理部门的信息沟通，为整个管理现代化奠定基础。

1.2 会计电算化信息系统

经济的发展和企业规模的日益扩大使得会计核算的种类和业务量随之增加，提高数据的处理速度和信息的传输速度就显得尤为重要。信息理论和计算机技术在会计领域的应用，使会计演变成数字化的信息系统，并逐渐实现管理型与网络化，成为企业管理系统的核心。

1.2.1 会计电算化信息系统概述

会计电算化信息系统是一个研究如何运用会计学知识和计算机技术确认会计事项，并将其转化为会计数据进而提供给目标使用者所需信息的一个信息系统。因此，在此之前必须首先了解会计事项、会计数据、会计信息、信息系统、会计信息系统等基本概念。

1. 会计事项

会计事项，又叫交易事项或经济业务。企业中发生的所有事项并不一定都是会计事项，只有那些引起企业（会计主体）资产、负债、所有者权益、费用、利润等要素发生增减变动并且能够以货币计量的经济事项或经济行为才称之为会计交易事项。

2. 会计数据

会计数据是用于描述经济业务属性的数据，它是对企业经济业务发生情况的客观记录。在会计工作中，从不同渠道取得的各种原始资料、原始凭证以及记账凭证等所记载的数据都是会计数据的表现形式。

3. 会计信息

会计信息是人们依据自己的决策需要以一定的方式或者模型对会计数据进行加工、计算分类和汇总使之成为对决策有用的会计数据，其表现形式根据信息使用者的不同而有所区别，对于企业内部管理者可能是内部财务报表，对于股东可能是企业的会计报告或者证券分析机构的分析报告。

4. 信息系统

系统是指由一些相互联系、相互作用的元素，为实现某一目的而组成的具有一定功能的有机整体。而信息系统则是以收集、处理和提供信息为目标的系统，该系统具有数据收集、输入、存储；处理数据、管理信息、控制信息；向信息的使用者报告信息，使其达到预定目标等功能。

5. 会计信息系统

会计信息系统是以提供会计信息为目的的系统，它是企业管理系统的一个子系统，是组织处理会计业务，对会计数据进行采集、存储、加工、传输并输出大量会计信息，为企业提供相关信息并管理控制企业经济活动的系统。根据会计数据处理方式的差别，可以分为手工会计信息系统和电算化会计信息系统。

基于以上基本概念，可知会计电算化信息系统就是以电了计算机为主的，当代电子信息处理技术为手段的会计信息系统。它是一个以计算机为主要工具，运用会计所特有的方法，通过对各种会计数据进行收集或输入，借助特殊的媒介对信息进行存储、加工、传输和输出，并以此对经营活动情况进行反映、监督、控制和管理的会计信息系统。

根据系统产生的信息对满足信息使用者需求的级别，电算化会计信息系统可以划分为电算化会计核算系统、电算化会计管理系统和电算化会计决策支持系统三个子系统。由于目前我国会计核算最为规范、统一，因此，目前我国主要以电算化会计核算系统应用为主。

1.2.2 会计电算化信息系统的结构

1. 电算化会计信息系统的物理结构

作为企业管理信息系统的一个子系统，电算化会计信息系统也是一个人机系统。从系统物理组成来看，它是由计算机硬件设备、软件系统、会计制度、会计数据和会计人员组成的一个信息系统。

（1） 硬件设备。

会计信息系统中的硬件设备主要是指会计数据输入设备、数据处理设备、数据存储设备和数据输出设备，另外还有通信设备、机房等。

（2） 软件系统。

电算化信息系统的运行不仅需要硬件设备，而且需要一套程序以保证系统运转，实现系统目标。软件系统就是控制计算机系统运行的计算机程序和文档资料的统称。会计电算化软件包括系统软件和使用的会计软件。系统软件主要包括操作系统和计算机语言系统。应用软件通常由系统的使用者组织专门人才根据系统需求进行研制开发或购买通用商品化软件，它们一般是根据系统中各职能子系统的任务需求来设计的。

（3） 会计规程。

会计制度（系统规程）是指各种法令法规、文件条例，以及相应的规章制度。该系统规程主要分为三类：一是政府规定的相应的法律、法规；二是企业单位中指定的相应规章制度等；三是保证系统运转的文档和规定，如会计电算化系统使用说明书、数据准备说明书、机房管理制度等。

（4） 会计人员。

会计电算化信息系统的人员是指从事研制开发、使用和维护，以软件为核心的会计系统人员，分为系统开发人员和系统应用人员。

（5） 会计数据。

会计电算化系统的主要任务就是对数据进行处理，所以会计数据的采集必须符合一定的标准和规范，这种数据处理方式实现了集中化和自动化，明显地减少了人为干预。

一个企业组织要建立电算化会计信息系统，必须根据企业本身的特点和需求，综合考虑购建计算机的硬件、软件，并培训相应的会计电算化人员。

2. 电算化会计信息系统的功能结构

从管理角度来说，会计电算化系统包括会计核算系统、会计管理系统和会计决策支持系统。目前在我国企业中，开发并投入应用的主要是会计核算系统，不同行业、不同公司规模所需要的系统功能也有所差别。

从现在市场上开发的比较成熟、比较完善的会计核算系统来看，一般包括账务处理子系统、出纳核算子系统、会计报表子系统、固定资产核算子系统、工资管理子系统、往来款项核算子系统、库存核算子系统、产品销售子系统等，如图 1-1 所示。

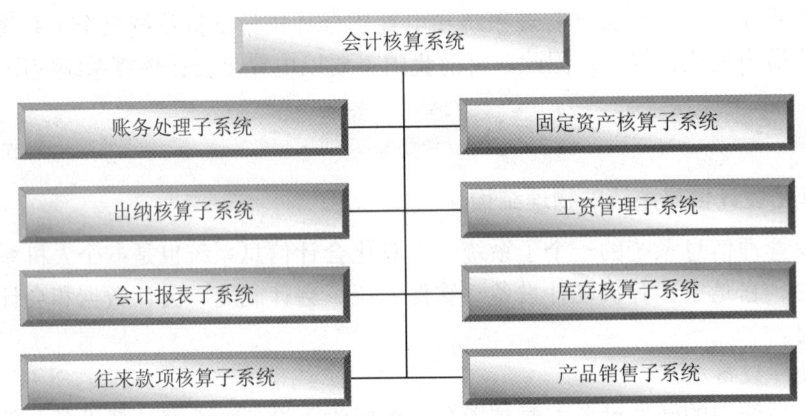

图 1-1 会计核算系统

下面以生产企业会计电算化系统为例，简略介绍一下各功能模块的功能：

（1） 账务处理子系统。账务处理子系统用于日常账务处理，从记账凭证的填制开始，完成凭证的复核、记账、结账等业务处理，可对总账、明细账、日记账以及凭证、科目汇总表等账证进行查询，提供各种形式的查询打印功能。

账务处理子系统是整个电算化会计信息系统的核心。各业务核算子系统如工资核算、材料核算等生成的凭证需要转入账务处理子系统进行登账，同时，其总账、明细账等会计信息也是会计报表子系统的数据基础。

（2） 出纳管理子系统。根据账务处理子系统得出的数据，以及现金盘点表、银行存款记录给企业出纳人员提供所需要的现金和银行日记账、现金盘点对账单和银行存款对账单；并且可定期生成资金日报表、资金月报表与银行存款余额调节表。

（3） 会计报表子系统。它根据账务处理子系统得出的数据，包括账户的结余额和本期发生额，按照统一规定的会计报表格式要求，定义会计报表结构文件和会计报表数据文件，生成会计报表文件，打印输出会计报表。

（4） 固定资产管理子系统。主要通过初始的固定资产信息输入，建立以每个登记对象作为一个记录的固定资产卡片文件。平时根据有关部门提供的原始凭证，进行固定资产文件记录的插入、删除或更新，月末编制固定资产增减汇总表。每月可按需要的折旧计算方法来自动集体折旧，并做与之相关的费用分配及账务处理。

（5） 工资管理子系统。通过对职员类别、工资项目等的设置和基础数据的输入，自动计算每个职工工资，编制对应的工资条；完成工资的汇总并根据职员的类别自动结转工资费用，生成转账凭证。该子系统计算数据量大，对准确性和及时性要求高。

（6） 往来款项核算子系统。根据对往来单位档案的设置、财务级别的分类、供货商类别等的基本设置与日常往来款项资料的输入，自动生成应收账款汇总表、明细表，应付账款汇总表、明细表，以及应收账款账龄分析表、应付账款账龄分析表、合同汇总表等。

（7） 库存核算子系统。这是会计信息系统中数据变动比较频繁的子系统，材料或库存产品核算系统应按材料库存产品详细品种规格设立库存材料或库存产品的数据库文件，根据收发料单输入，核算库存的增减变动与结存情况，及时输出有关数据，满足日常管理的需要。同时，要加强储备资金占用情况的控制，提醒有关部门现时的积压或短缺情况。要定期汇总编制产品收、发、存汇总表，转入账务处理子系统，用以更新有关账簿文件。

（8） 产品销售子系统。该流程也比较复杂，但数据量较少。其内容包括两部分，一部分是产成品的核算，建立按具体品种设记录的产成品文件，根据成品入库单、出库单输入原始数据，更新记录，月末汇总转入账务处理及会计报表子系统。另一部分是产品销售的核算，建立按销售产品品种、批次设记录的产品销售文件，根据发货、结算等原始凭证输入，反映产品发出、货款收回等情况，结算销售成本、销售税金、销售费用和销售利润，相应数据转入账务处理子系统。

上述会计核算系统中，账务处理子系统是核心部分，它将其他各子系统通过凭证联系在一起，相互对照，相互协作，共同完成全部会计核算工作。除了上述与会计数据处理有关的基本功能以外，作为系统还必须设计必要的辅助功能模块，包括查询功能模块、维护功能模块、防错纠错功能模块、授权控制模块、运行时序控制模块、安全控制功能模块、操作记录管理模块等。通过这些辅助功能，保证系统安全可靠地运行。

1.2.3 会计电算化信息系统的特点

会计信息系统除了具有一般信息系统的基本特点之外，由于会计工作的特殊性还具有以下几个特点。

1. 对数据的真实性、可靠性要求高

财务会计报告的目标是向财务会计报告使用者提供与企业财务状况、经营成果和现金流量等有关的会计信息，而会计信息的质量特征最基本也是最重要的就是真实性和可靠性，它是反映企业管理层受托责任履行情况，有助于财务会计报告使用者做出经济决策的最基础保证。所以与其他管理系统相比，会计信息系统更注重数据的真实性、可靠性。

2. 数据来源广泛，数据量大

会计数据涉及采购、生产、销售等各个经营环节，范围广、数量大，需要存储的时间也很长，因此会计信息系统的数据量比管理系统的其他子系统的数据量都大。

3. 数据的结构较为复杂

会计中的资产、负债、所有者权益、收入、成本、损益之间呈现出相互联系的网状结构，使得会计信息系统中的数据结构比其他管理系统都要复杂。

4. 数据处理流程复杂、环节较多，且具有周期性

会计信息系统要把会计信息从记账凭证、销售记录、进货记录等原始数据开始处理，最后形成各种会计报表，流程复杂、环节较多，而且会计的经营活动要求以一定的周期记录并反映，所以数据处理也具有一定的周期性。

5. 数据的加工处理有严格的制度规定

会计信息系统中的原始数据一旦录入，大部分处理均由计算机自动完成，处理过程中出现的错误，很难追查责任人员。操作人员在录入数据时可能发生错误，更有甚者，在录入数据时人为采用虚构、修改、省略、重复录入、延迟录入等手段造成会计信息的失真。如果没有有效的控制措施，有关操作人员就有可能超越自己的权限进行操作，有关技术人员、维护人员利用工作之便就会修改程序、删除或篡改有关文件等。因此必须对数据的处理过程进行严格的内部控制。

6. 信息输出种类多、数量大、格式上有严格的要求

会计工作中有很多种固定格式的表格，有些需要经常使用，有些定期需要打印存档。会计电算化信息系统最后的输出结果必须满足这些固定格式的要求。

1.3 会计信息系统账务处理流程

在对会计电算化的基础知识有了以上了解之后，还需掌握会计信息系统的账务处理流程。在对会计数据进行标准化、格式化处理后，电算化会计信息系统中不再出现像手工账务处理流程中汇总、对账等烦琐低效率的日常工作，会计人员只需输入数据，数据处理与数据输出工作将由计算机自动完成。

1.3.1 手工会计账务处理流程

账务处理流程主要有 5 种形式：记账凭证核算形式、科目汇总表核算形式、汇总记账凭证核算形式、日记总账核算形式和多栏式日记账核算形式。不同的账务处理流程其差别主要体现在登记总账的方法和依据不同，其中科目汇总表核算形式最为常见。这里以科目汇总表账务处理程序为例说明手工会计信息系统的账务处理流程，具体如图 1-2 所示。

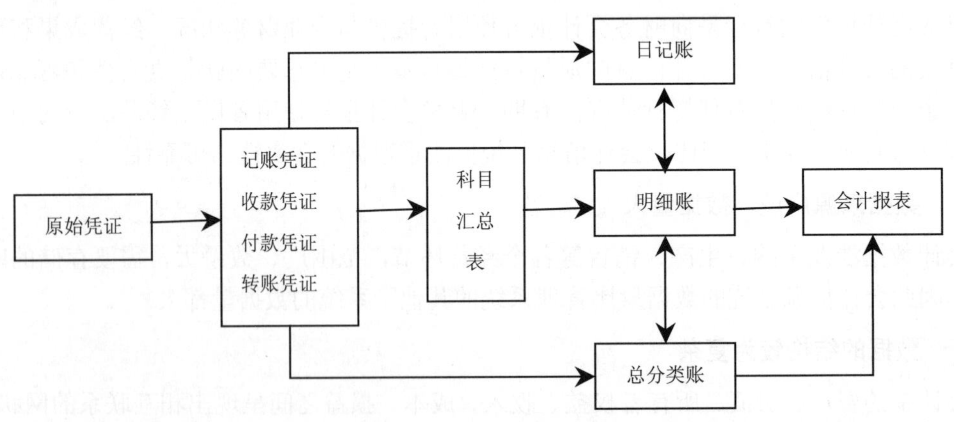

图 1-2 手工账务处理流程

（1） 日常业务经济发生时，根据原始凭证，填制记账凭证。

（2） 根据收款凭证、付款凭证逐笔登记现金日记账和银行存款日记账。

（3） 根据记账凭证及所附原始凭证逐笔登记各种明细分类账。

（4） 根据记账凭证定期编制科目汇总表，并定期登记总分类账。

（5）定期将现金日记账、银行存款日记账和明细分类账同有关总分类账核对相符。

（6）根据核对无误的总账、明细账编制会计报表。

1.3.2　电算化会计账务处理流程

信息系统的账务流程分为数据输入、数据处理、数据存储和数据输出 4 个基本流程。在会计信息系统中数据输入就是编制记账凭证的过程，数据处理可以根据需要直接将记账凭证中的信息转变为日记账、明细分类账、总分类账等账簿文件，最后通过报表输出。具体的电算化会计账务处理流程如图 1-3 所示。

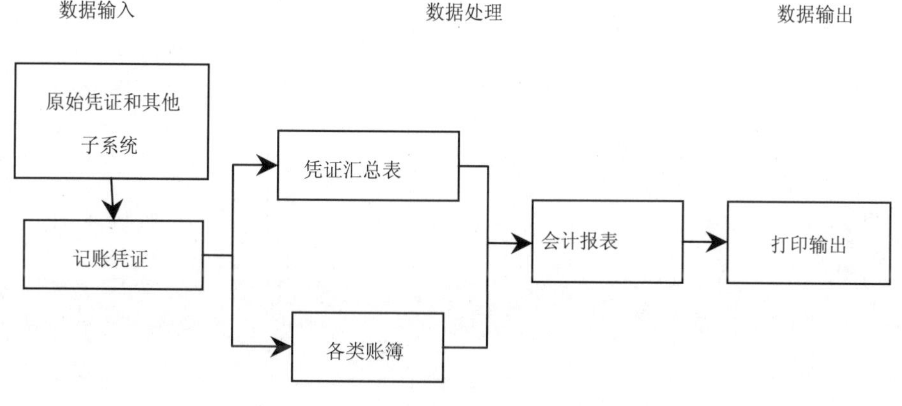

图 1-3　电算化账务处理流程

1. 数据输入阶段

在手工模式下，数据全部靠人工输入，而在电算化系统中，一部分数据来源于原始凭证，另一部分则可以直接从业务系统中产生，例如，工资、固定资产等各个子系统的数据处理结果，可以直接生成记账凭证，减少了账务处理所需数据的输入量。在人工输入时还可以对输入数据的正确性、有效性进行检查，从而提高手工输入数据的质量。

2. 数据处理阶段

会计电算化系统平时不需要登记日报账、明细账及总账，只将记账凭证保存在一起，在需要时瞬间成账，根据科目余额库文件的期初余额数据和记账凭证库文件的科目发生额数据，当即形成所需的“账簿”并予以输出。手工模式下的有形账簿已经不存在，会计电算化系统内的账簿是一些数据文件，登账过程实际上是数据文件的处理过程。这种数据处理方法准确性高，实时性强，更好地满足了信息使用人员的需求。

3. 数据输出阶段

电算化系统会计信息的输出主要有两种方式：一是屏幕显示输出，这是临时性的，其信息不能长期保存，但可以实现交互式信息输出，而且时间很快，一般可用于随机查询信息；二是打印输出，将会计信息通过打印机打印到纸介质上，类似于手工输出，但输出信息的数量、质量和输出速度都比手工输出好。

1.4 本章小结

伴随着通信技术、网络技术的发展，计算机在会计领域的应用，催生了会计电算化的产生。与传统会计账务处理流程相比，在基础工作、账务处理程序、信息储存形式、信息输出、内部控制方式这几个方面凸显出不同的特点和魅力。电算化会计极大地提高了会计的工作效率和工作质量，在会计工作中发挥着越来越重要的作用。

第 2 章　Excel 2013 基础知识

Excel 是目前市场上最强大的电子表格制作软件，它和 Word、PowerPoint、Access、FrontPage 等组件一起，构成了 Office 办公软件的完整体系。它不仅具有强大的数据组织、计算、分析和统计功能，还可以通过图表、图形等多种形式对处理结果进行形象的显示，更能方便地与 Office 其他组件相互调用数据，实现资源共享。

本章从介绍 Excel 2013 的工作界面入手，首先让用户对工作界面的每个组件及功能获得感性的了解，随后在此基础上，详细讲述工作表与工作簿、单元格与区域、表格的应用、工作表格式，以及工作表的打印等基础知识。

2.1　认识 Excel 2013

作为 Microsoft Office 的一个组件，Microsoft Excel 的功能备受广大用户的青睐。其新版本的 Excel 2013 也以崭新的面貌问世，作为微软办公套装软件的一个重要组成部分，它可以进行各种数据的处理、统计分析和辅助决策操作，并广泛地应用于财务、管理、统计和金融等领域。

2.1.1　Excel 2013 简介

Excel 2013 的界面设计和 Excel 2007 和 Excel 2010 大同小异，但相对于 Excel 2007 以前版本来说，其用户界面样式更丰富，并优化改进各种功能，帮助用户更加轻松地创建和使用专业水准的图表。Excel 2013 还融合 Excel Services 这项新技术，从而在更安全的共享数据方面有了显著改进，用户可以直接在 Web 浏览器上导航、排序、筛选、输入参数，以及与数据透视表视图进行交互。如果用户直接从 Excel 2007 或者 Excel 2010 升级使用 Excel 2013 版本，那么无需进行更多的学习，但是如果用户以往使用的 Excel 版本是 Excel 2003，那么相对 2003 版本，则需要初步了解一下 Excel 2013 的一些特点。

1.　面向用户的界面

新的面向结果的用户界面使用户可以轻松地在 Excel 中工作。以往版本中的命令和功能常常深藏在复杂的菜单和工具栏中，现在则可以在包含命令和功能的逻辑组、面向任务的选项卡上轻松地找到它们。新的用户界面利用显示有可用选项的下拉库替代了以前的许多对话框，并且提供了描述性的工具提示或示例预览来帮助选择正确的选项。

2.　更轻松地创建电子表格

Excel 2013 可以处理大量数据，它支持的电子表格可以包含多达 100 多万行和超过 16 000 列。可调整的公式栏、命名区域的引用、函数的记忆式键入使得编辑公式更为轻松。

丰富的样式、主体为选择整个表格的外观提供了更多的空间，使用单元格样式和表格样式库可快速设置电子表格的格式。表格包括自动筛选功能，而在滚动浏览数据时，列标题仍保留在视图中。

3. 更美观、专业的图表和图形

利用 Excel 可以生成各式的图表，如柱形图、折线图、条形图、饼图等。Excel 2013 中不仅预定义了大量的图表布局和图表样式，而且还可以在功能区中方便地手动设置轴、标题和其他图表标签之类的每个组件的格式。

此外，只需单击几下即可更快地创建具有专业外观的图表，例如，三维效果、柔和阴影和透明效果，增强图表的视觉效果，创建更引人注目的图形和图表。

4. 改进的电子表格分析功能

新的数据分析和可视化工具能更加轻松地分析信息。使用数据条、图标集、色阶等条件格式可以突出显示数据中的一些例外，发现数据的趋势。 排序和筛选是处理数据的两种最重要的基本分析方法。新的排序和筛选选项，例如，自动筛选中的多选、按颜色排序或筛选以及适用于特定数据类型的“快速筛选”，使 Office Excel 2013 成为处理大量复杂数据的理想工具。

创建数据透视表视图或数据透视图更加轻松（方法是使用数据字段迅速重新定位数据），可以汇总和找到所需的答案。只需将字段拖到要显示字段的地方即可。利用对 Microsoft SQL Server Analysis Services 的全面支持，用户还可以在 Excel 2013 中灵活地查询最新的业务数据。通过使用新的多维数据集函数，依据 OLAP 数据库创建自定义报表。

5. 更安全地与他人共享电子表格信息

Excel Services 以 HTML 格式动态地呈现 Excel 电子表格，从而使其他人可以在 Web 浏览器内访问信息。由于与 Office Excel 2013 客户端的保真度很高，因此用户可以使用 Excel Services 在 Web 浏览器中进行浏览、排序、筛选、输入参数，以及与数据透视表视图进行交互这一切工作。还可以将电子表格转换为 XML 文件规范（XPS）或可移植文档格式（PDF），以创建固定版本的文件，方便共享。

2.1.2 启动与退出 Excel

正常安装 Excel 2013 程序后，可以有以下几种方法启动该程序。

- 选择“开始”/“程序”/“Microsoft Office 2013”/“Microsoft Office Excel 2013”命令。
- 单击桌面上的快捷方式（创建该快捷方式选择“开始”/“程序”/“Microsoft Office 2013”/“Microsoft Office Excel 2013”/“发送”/“桌面快捷方式”）。

Excel 提供以下几种方法关闭活动窗口。

- 选择“文件按钮”/“退出”命令。
- 单击工作簿窗口标题栏上的“关闭”按钮 ×。
- 双击工作簿窗口左上角的按钮。

2.2 Excel 的工作界面

Excel 2013 的工作界面和 Excel 2010 大致相同，如图 2-1 所示。Excel 2013 的工作界面主

要由如图 2-1 所示的文件按钮、标题栏、快速访问工具栏、功能区、编辑栏、工作表区、滚动条和状态栏等元素组成。

图 2-1 Excel 2013 的工作界面

2.2.1 文件按钮

文件按钮是从 Excel 2010 版开始就存在的，它代替了 Excel 2007 版本中的 Office 按钮，位置位于窗口的左上角。单击此按钮可以对文档进行“新建”、“保存”、“另存为”等常用操作，此外对 Excel 的很多设置都可以通过执行“开始”按钮，执行“选项”命令，通过更改“Excel 选项”对话框来完成。

2.2.2 快速访问工具栏

快速访问工具栏正常位置位于功能区的上部。该工具栏存放一些常用的命令，默认包括“保存”、“撤销键入”、“恢复键入”3 个工具。用户还可以根据自己的需要，单击快速访问工具栏右侧的下拉按钮，添加、删除其他常用命令。

2.2.3 标题栏

标题栏位于窗口的最上方，如图 2-1 所示。所有的 Windows 程序都有一个标题栏，当活动窗口最大化时，标题栏的中部显示程序的名称及当前工作簿的名称，右端是窗口控制按钮，分别是最小化、最大化/还原和关闭按钮。

2.2.4 选项卡列表

如图 2-2 所示的选项卡列表位于标题栏的下方。选项卡列表类似于菜单，是一系列命令的集合。

开始　插入　页面布局　公式　数据　审阅　视图

图 2-2　选项卡列表

默认状态下，选项卡列表由“开始”、“插入”、“页面布局”、“公式”、“数据”、“审阅”、“视图”等选项卡组成。

2.2.5　功能区

功能区上的命令是最常用的命令，它按照一组相关的命令进行排列，这是查找 Excel 命令的主位置。根据所单击的选项卡不同，功能区中可用的命令也会有所不同。

除常规的选项卡外，Excel 2013 在工作表中插入一个对象（表格、图表、图像、形状）后，会显示处理该对象的专用选项卡。图 2-3 显示了插入一个图表后出现的“图表工具”选项卡。

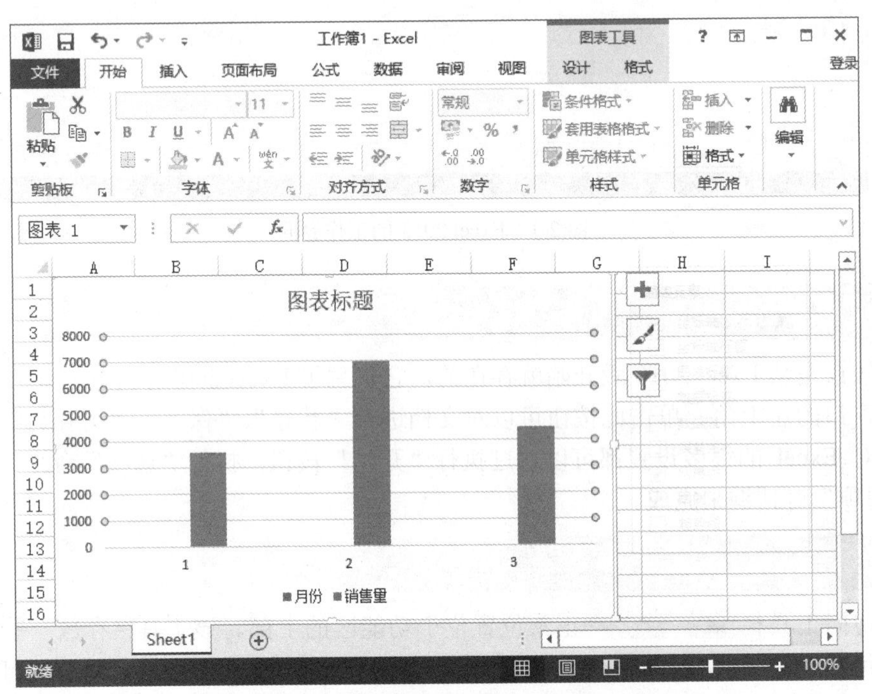

图 2-3　插入图表后显示的“图表工具”选项卡

提示

隐藏与还原功能区。

双击活动选项卡，可隐藏功能区，释放更多的操作空间，效果如图 2-4 所示。使用功能区的命令时，只需单击选项卡列表中的某一项，在临时显示的该功能区中选择相应的命令。

再次双击活动选项卡，即可还原功能区。

按 Ctrl + F1 组合键，也可以开启或关闭功能区。

2.2.6　编辑栏

编辑栏由名称框和公式栏组成，名称框用于显示活动单元格地址或者所选择的单元格名称、范围或对象，公式栏显示在单元格中输入的信息或者公式。

图 2-4 隐藏功能区后的 Excel

2.2.7 工作表区域

工作表区域是 Excel 的主要工作区，如图 2-1 所示。它是占据屏幕最大且用以记录数据的区域，所有的信息都存放于这张表中。

工作表区域由单元格、滚动条、表标签、切换按钮、插入按钮组成。

◆ 单元格

每张表由很多单元格组成，黑色的轮廓为活动单元格指示符，表示当前活动的单元格。单元格由地址来识别，地址由列字母和行数字组成。

◆ 水平、竖直滚动条

水平、竖直滚动条分别位于工作表区域的右下部和右部，如图 2-1 所示。水平、垂直滚动条分别用来在水平、垂直方向改变工作表的可见区域，滚动条的使用方法有 3 种。

（1） 单击滚动条两端的方向键，单击一次工作表区域则向指定的方向滚动一个单元格位置；如果按住鼠标，则工作表区域将一格一格地持续滚动。

（2） 单击滚动条内的空白区，工作表区域将以一次一屏的频率滚动。

（3） 拖动滚动条，则在拖动过程中屏幕将显示移动到的行号或者列号，若拖动后释放鼠标，则工作表区域将移至所显示的区域。

◆ 工作表标签

在工作表的左下部为“工作表标签”，用于显示工作表的名称，左边的按钮进行工作表之间的切换，工作表标签的右边有一个插入按钮，单击此按钮可以很方便地插入一张新工作表。

◆ 切换按钮

如图 2-5 所示的切换按钮位于工作表标签的左端，当工作表过多无法显示完全的时候单击两个方向按钮，可以在打开的工作表之间依次切换；按住 Ctrl 键的同时单击位于两边的方向按钮，可以直接切换该工作簿的第一张工作表或者最后一张工作表。

图 2-5 切换按钮和插入按钮

◆ 插入按钮

如图 2-5 所示的插入按钮位于工作表标签的右端 ⊕，单击此按钮可直接添加一张新的工作表。

2.2.8 状态栏

状态栏位于工作表区域的下方，用于显示当前命令或操作的相关信息。右击状态栏弹出自定义状态栏对话框，用户可以在此更改所需显示的信息。

默认状态下，状态栏右端由视图按钮、缩放比例显示按钮、缩放控件组成。

◆ 视图按钮

视图按钮位于状态栏的右端，它由“普通”、“页面布局”、“分页预览”3 个按钮组成，单击其中一个按钮可以更改工作簿的显示方式。最为常用的是“页面布局”按钮，单击此按钮可以显示页面布局的相关信息，并方便地进行页面设置等一系列操作。

◆ 缩放比例显示按钮

该按钮显示目前视图的缩放比例，单击此按钮，打开“显示比例”对话框，还可以对一些常用的缩放比例进行直接选择。

◆ 缩放控件

缩放控件位于状态栏的最右端（左边是缩放比例显示按钮），使用该控件可以任意放大和缩小工作表。

2.2.9 快捷菜单

在 Excel 中访问命令，除功能区外，还可以点击鼠标右键在显示出的浮动工具栏和快捷菜单中查找。

右击单元格显示如图 2-6 所示的浮动工具栏和快捷菜单。快捷菜单不包含每个相关的命令，它只显示与所选对象最相关的常用命令。浮动工具栏的出现大大提高了使用常用格式工具的效率，而且使用其中的工具后，工具栏仍然可以显示，以备使用浮动工具栏上的其他格式工具。

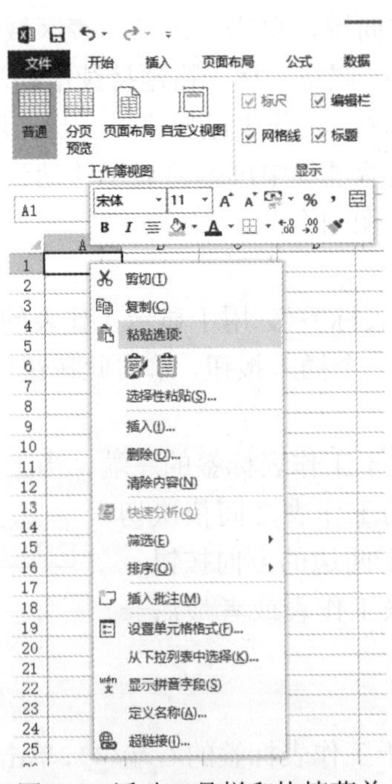

图 2-6 浮动工具栏和快捷菜单

2.3 Excel 2013 的其他功能

如果用户没有使用 Excel 2007 或者 Excel 2010 的经验，那么下述知识的学习有助于用户快速适应、掌握新版本。

2.3.1 用户界面

Excel 2013 界面的改进，无论是整体视觉还是命令的访问速度、工具的使用效率都使我们的工作更加轻松和高效。

◆ 快速访问工具栏

个人工具栏，可以添加经常使用的命令。该工具栏是 Excel 2013 界面中仅有的用户可以自定义的部分。

单击快速访问工具栏右端的下拉按钮，弹出如图 2-7 所示的下拉列表。列表中包含了一些常用的命令，单击即可添加到快速访问工具栏中。

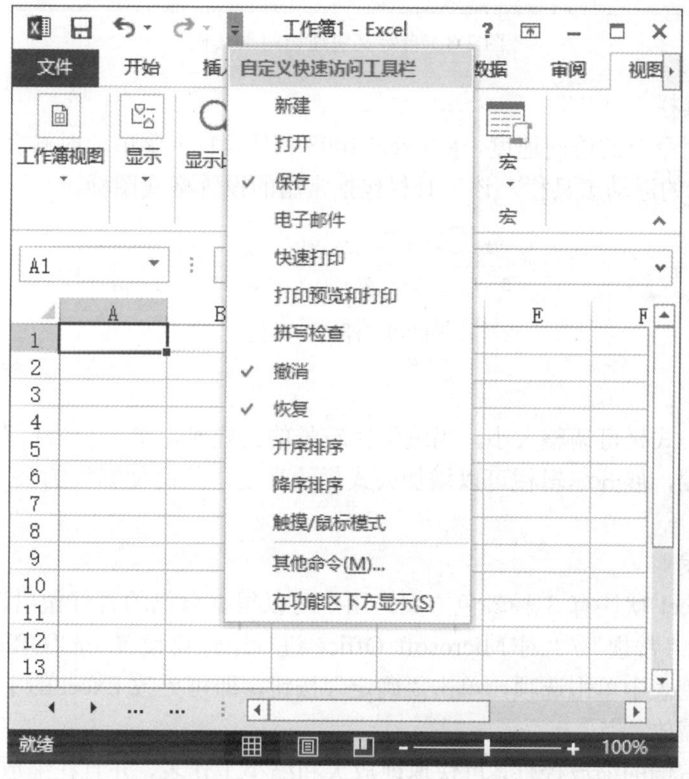

图 2-7 自定义快速访问工具栏的下拉列表

若添加除列表以外的命令，选择“文件按钮”/“选项”，打开“Excel 选项”对话框，在左侧选择“快速访问工具栏”，在如图 2-8 所示的“自定义快速访问工具栏”中，在左侧的文本框中选择相应的命令，单击“添加”按钮，右侧的文本框则会显示相应的命令，添加后单击“确定”按钮。

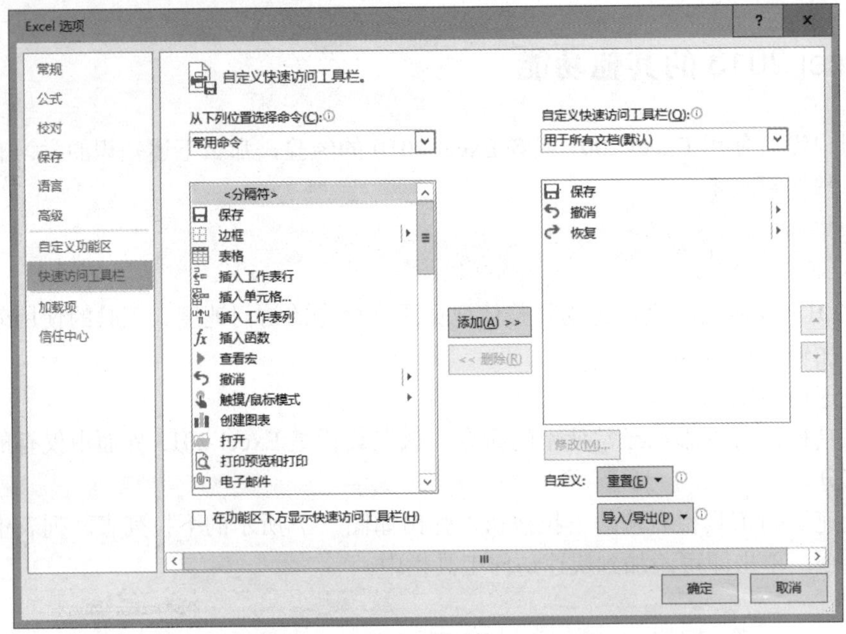

图 2-8　自定义快速访问工具栏

◆　浮动工具栏

为了增加常用命令的访问速度，和 Excel 2003 相比，右击菜单的时候会增加一个新内容，就是如图 2-9 所示的浮动工具栏。该工具栏包括常用的设置格式图标。

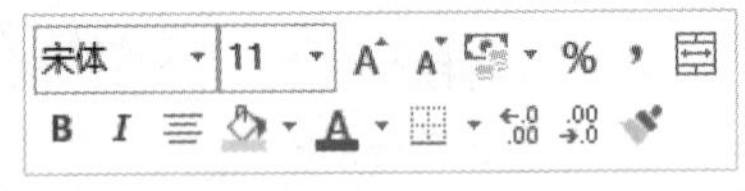

图 2-9　浮动工具栏

◆　公式栏

新版本中的公式栏可调整大小，当编辑比较长的公式时，单击公式栏右端的图标或者拖动公式栏的底端，展开编辑栏可以增加公式栏的高度，从而使编辑的公式在工作表中更加清晰。

◆　颜色方案

新版本的 Excel 默认有 3 种颜色方案，用户可以根据自己的喜好做出选择。选择“文件按钮”/“选项”/“常规”/“对 Microsoft Office 进行个性化设置”/“Office 主题”，在如图 2-10 所示的下拉列表中单击选项，单击“确定”按钮，即可更改 Excel 的主题外观。

◆　改进的缩放

利用状态栏右侧的缩放控件，可快速地放大和缩小工作表，并且在缩放控件左边的按钮，不仅可以显示缩放的比例，单击此按钮还可以选择一些特定的缩放比例来满足视图的需求。

◆　页面布局视图

此功能可以使工作表以连续的页面显示，并且可以在表中对页面的页眉和页脚进行输入和修改，使用户的工作表更加直观和方便。配合缩放控件一起使用，可以显示更多页面。

◆　状态栏

新版本可以控制出现在状态栏中的信息类型，右键单击状态栏，弹出“自定义状态栏”

对话框，可以根据需要对想要显示的信息复选框进行选择或者取消。

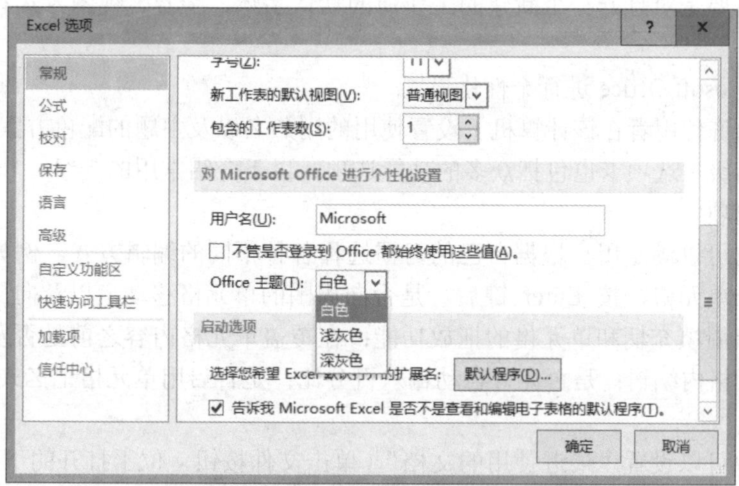

图 2-10　选择 Excel 外观

2.3.2　文件按钮

在 Excel 2013 版本中，大多数对应用程序的设置已并入如图 2-11 所示的“Excel 选项”对话框。选择“文件按钮”/“选项”命令，可以显示该对话框。

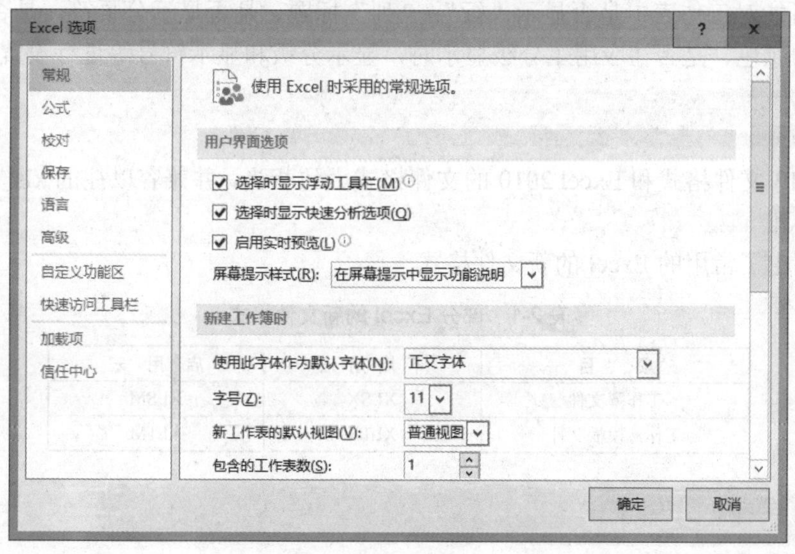

图 2-11　“Excel 选项”对话框

该对话框左侧由 10 个可选项组成，分别为“常规”、“公式”、“校对”、“保存”、“语言”、“高级”、“自定义功能区”、“快速访问工具栏”、“加载项”和“信任中心”。

下面详细介绍“常规”和“高级”这两个使用频率比较高的选项卡。

（1）“常规”选项卡包含以下 3 组内容。

◆　用户界面选项

该组主要包括是否使用浮动工具栏，是否选择快速分析选项，是否启用实时预览。

◆ 新建工作簿时

该组选项主要是对打开一个新建的工作簿的默认字体、字号、视图方式和包含的工作表数量进行设置。

◆ 对 Microsoft Office 进行个性化设置

该组选项允许使用者在该计算机上设置使用的用户名以及主题的配色方案。

（2）“高级”选项卡也包括众多的功能选项，以下介绍常用的几组。

◆ 编辑选项

该组复选框可以满足用户根据自己的习惯选择各种不同的编辑方式，例如，用户可以选择在编辑完一个单元格，按 Enter 键后，是否向周围的单元格移动，以及向周围的哪个单元格移动；是否启用填充柄和单元格的拖放功能；在覆盖单元格内容之前是否发出警告；是否允许直接在单元格内编辑；是否允许自动输入百分比；是否启用单元格记忆式键入等。

◆ 显示

该功能组中可以设置“最近使用的文档”（单击文件按钮，位于打开的下拉列表的右侧）中显示的文档数量、选择是否在任务栏中显示所有的窗口、是否显示编辑栏、是否显示函数屏幕提示等。

◆ 此工作簿的显示选项

该功能组中可以显示在打开的工作簿中是否显示“水平”/“垂直”滚动条，是否显示工作表标签等。

◆ 此工作表的显示选项

该功能组能对工作表中是否显示“行”/“列”标题、是否显示分页符、是否显示网格线以及网格线的颜色、是否在应用了分级显示时，显示分级和显示符号等进行设置。

2.3.3 文件格式

Excel 2013 文件格式和 Excel 2010 的文件格式大致相当，并兼容以往的 xls 文件格式，成为新的行业标准。

表 2-1 列出了常用的 Excel 的新文件格式。

表 2-1 部分 Excel 的新文件格式

项 目	不启用宏	启用宏
工作簿文件	XLSX	XLSM
工作簿模板文件	XLTX	XLTM

2.3.4 较大的工作表

新版本中的每张工作表拥有 170 亿个以上的单元格，相当于 Excel 2003 版工作表的 1 000 倍。除此之外，Excel 2013 的工作表还有以下其他的改进。

表 2-2 是 Excel 2013 与 Excel 2003 的比较。

表 2-2 Excel 2013 与 Excel 2003 的比较

项 目	Excel 2003	Excel 2013
行数	65536	1048576
列数	256	16384

（续表）

项　　目	Excel 2003	Excel 2013
使用的内存量	1 GB	Windows 允许的最大值
颜色数	56	43 亿
每个单元格的条件格式数量	3	无限的
排列级数	3	64
工作簿中的特殊样式数量	4000	64000
公式中的字符最大数量	1000	8000
公式中嵌套的层数	7	64
函数参数的最大数	30	255

2.3.5　配色方案选择

◆　主题和样式

新版本提供了可供用户选择主题比 Excel 2010 要少，配色的方案只有三种，分别是白色、浅灰色和深灰色。主题是一组预定义的颜色、字体、线条和填充效果，可应用于整个工作簿或特定项目，例如图表或表格。应用主题可以创建具有统一、专业外观的 Excel 工作簿。

样式是基于主题的预定义格式，可应用它来更改 Excel 表格、图表、数据透视表、形状或图的外观。除了图表之外，用户还可以自定义样式。并且当用户将鼠标指针放在某个样式上时，被选区域就会相应有所改变，可视性更强。而不是像旧版本中，只有对单元格进行某些操作并单击“确定”按钮才会有所改变。

◆　更具观感的图表

在 Excel 2013 中，用户可以使用新的图表工具创建具有专业水准的图表。由于新版本的图表是用艺术字绘制的，因而对艺术字形状所做的几乎任何操作都可应用于图表及其元素。例如，可以添加柔和阴影或倾斜效果使元素突出显示，使用三维、透明效果创建最新、最具流行设计的图表外观。

◆　SmartArt

Excel 2013 提供了一些更直观、观感性更强的图形。SmartArt 就是其中一种。通过选择“插入”/“插图”/“SmartArt”，就可应用此图形。

SmartArt 拥有很丰富的图形，包括列表、流程、循环、层次结构、关系、矩阵、锥形图等。用户可以直接使用这些图形，也可以在这些图形的基础上自定义图形，通过单击就可以改变图形的整体外观。

2.3.6　增强的编辑工具

1.　工作表表格

在 Excel 2013 中，用户可以快速创建、格式化和扩展 Excel 表格（在 Excel 2003 中称为 Excel 列表）来组织工作表上的数据，以便更容易使用这些数据。工作表表格是工作表中一些特定的区域，这些区域通常包含列标题。新版本中为这类区域提供了以下改进的功能：

- 表样式：通过单击可快速添加有吸引力、具有专业水平的格式。
- 汇总行：在表格的汇总行中可方便地选择自定义公式或者文本输入。
- 结构化引用：这种类型的引用允许用户在公式中使用表列标题名称代替单元格引用。

- 轻松地删除重复项。
- 自动筛选：默认情况下，表中会启用“自动筛选”以支持强大的表格数据排序和筛选功能。
- 列标题：如果向下滚动一张表，直到标题行不再可见，则列标题可显示工作表表格中原标题行的标题名称。

2. 增强的条件格式

条件格式指的是基于数值格式化一个单元格。“条件格式”可轻易突出某些值，让这些值明显地表现出来。例如，可以设置条件格式，即如果公式返回负值，则单元格背景显示为绿色。

Excel 以往版本中的一个单元格最多可以应用 3 个条件格式。在新版本中，可以基于无限的条件格式化一个单元格。除此之外，Excel 2013 还提供了大量新的数据可视化功能：数据条、色阶、图标集。

如图 2-12 所示显示了一个使用条件格式后的“产品 A 销售业绩表”的例子，其中图标集应用于“销量”一列，它清晰地标示出了销量大于 500、介于 500～400 之间、小于 400 的业务员；数据条应用于“比例”一列，每个数据条的大小都与单元格中的值成比例，能直观地显示出各个业务员之间业绩的比较。

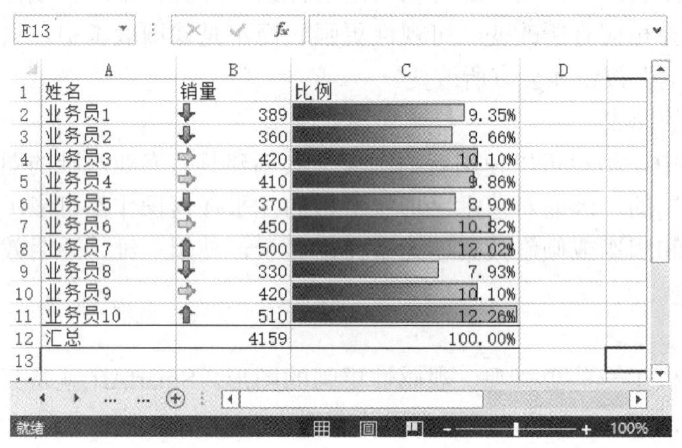

	A	B	C	D
1	姓名	销量	比例	
2	业务员1	389	9.35%	
3	业务员2	360	8.66%	
4	业务员3	420	10.10%	
5	业务员4	410	9.86%	
6	业务员5	370	8.90%	
7	业务员6	450	10.82%	
8	业务员7	500	12.02%	
9	业务员8	330	7.93%	
10	业务员9	420	10.10%	
11	业务员10	510	12.26%	
12	汇总	4159	100.00%	
13				

图 2-12　使用条件格式后的工作表

新版本中包括了很多条件格式，大量的条件格式使得用户应用更加灵活和方便，减少了根据创建自定义公式来定义格式化的规则。

3. 单元、公式的记忆式键入

有了这个功能，在新版本中输入内容和公式将变得更加轻松。

当在公式中插入一个函数时，Excel 会不断显示更新的匹配项下拉列表，包括每一项的描述。当看到想要的项时，按 Tab 键将其输入到公式里。该列表中的项目包含函数、定义名称和表格参考。

当在同列单元格中输入除公式外的内容时，Excel 会显示在同类其他单元格中输入过的内容，如果有后部相匹配的，直接按 Enter 键、方向键或者 Tab 键将其输入到单元格内。

4. 名称管理器

通过使用如图 2-13 所示的名称管理器，可以在一个中心位置添加、编辑和管理多个命名区域，方便用户在编辑公式时对区域名称和表格结构化进行引用。

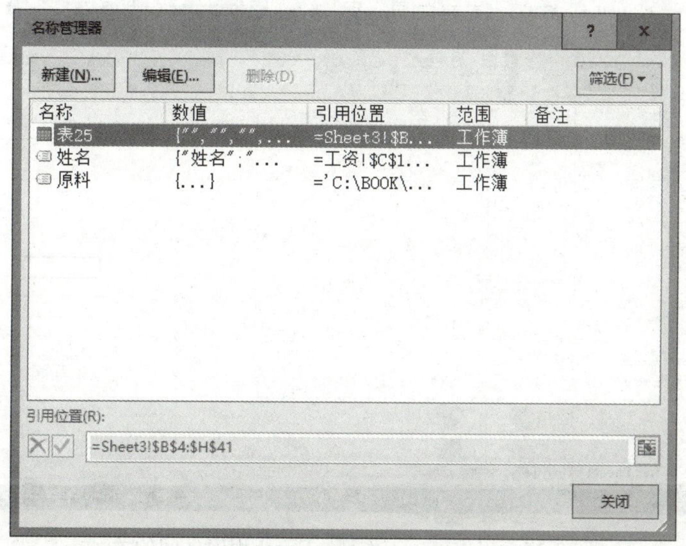

图 2-13 “名称管理器”对话框

选择“公式”/“定义的名称”/“名称管理器”（或者按 Ctrl+F3 组合键），打开“名称管理器”对话框。

2.4 工作表和工作簿

工作表和工作簿是 Excel 的基本操作对象，本节首先让读者了解工作表和工作簿之间的关系，然后介绍在工作表和工作簿中的常用操作。

2.4.1 工作簿和工作表的关系

Excel 是处理功能强大的电子表格程序，工作簿是计算和存储数据的文件，每个文件都可称之为一个工作簿，可以用 Excel 创建多个工作簿，其中每个工作簿又可以包含一个或者多个工作表。可以把 Excel 工作簿看成一个个的笔记本，将工作表看成笔记本的每一页。工作簿默认的名字为 Book，工作表默认的名字为 Sheet。Excel 程序、工作簿、工作表之间的关系如图 2-14 所示。

2.4.2 工作簿的基本操作

Excel 使用文件存储工作簿，本节描述了对工作簿文件执行的操作：创建、打开、保存、关闭和删除。

1. 创建新工作簿

当正常启动 Excel 时，它会自动创建一个名为工作簿 1 的新（空）工作簿。该工作簿只存放在内存中而尚未保存到硬盘。默认情况下，Excel 会创建一张工作表，工作表默认的名称为 Sheet1。

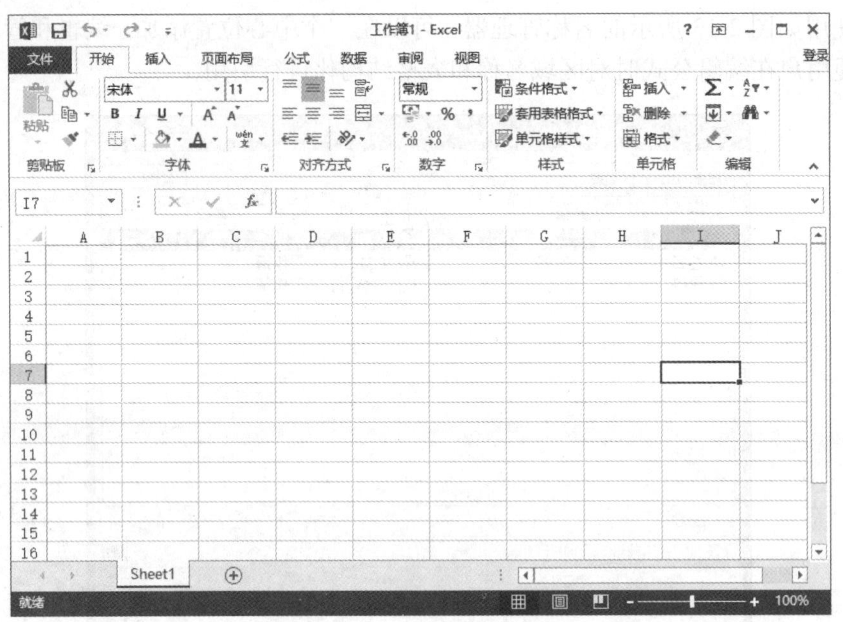

图 2-14　工作表、工作簿、Excel 程序之间的关系

在 Excel 程序中提供以下两种方式来创建新的工作簿：

- 选择“文件”/“新建”命令，在如图 2-15 所示的窗口中，可创建空工作簿、基于模板的工作簿或者基于现有工作簿的工作簿，如果要创建一个新的空工作簿，选择“空白工作簿”，并单击“创建”按钮。

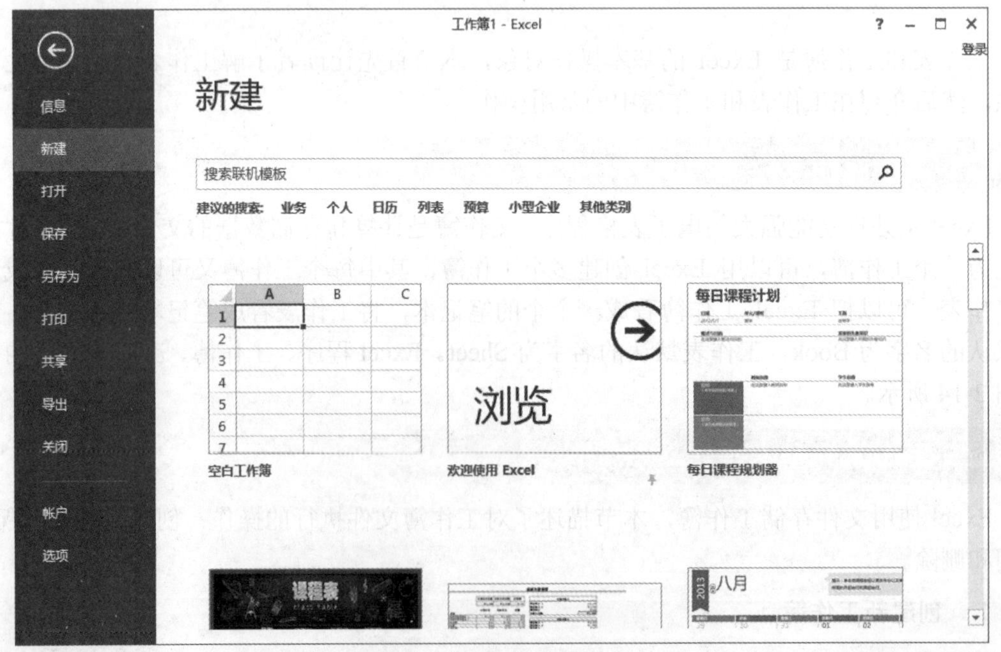

图 2-15　新建工作簿窗口

- 按 Ctrl+N 组合键。此方式可以快速地创建一个新的工作簿，因为它跳过了新建工作簿窗口。

2. 打开现有的工作簿

以下几种方式可以打开保存在硬盘中的工作簿：

（1） 单击“文件”命令，并从“打开”中的“最近所用文件”列表中选择所需的文件，只有最近使用的文档列入其中。

（2） 使用 Windows Exporer 文件列表查找 Excel 工作簿文件。只要双击该文件名（或图标），工作簿就会在 Excel 程序中打开。如果 Excel 程序还未运行的话，Windows 将自动启动 Excel 并加载工作簿文件。

（3） 选择“文件”/“打开”/“计算机”/“浏览”命令，显示“打开”对话框。

（4） 按 Ctrl+O 组合键，也可以显示“打开”对话框。

3. 保存工作簿

及时正确地保存文件，对工作的重要性不言而喻，Excel 提供了以下 4 种方法来保存工作簿。

（1） 选择“文件”/“保存”命令。

（2） 单击快速访问工作簿上的“保存”图标。

（3） 按 Ctrl+S 组合键。

（4） 按 Shift+F12 组合键。

如果工作簿已经被保存，它将以相同的文件名再次被保存。

如果要将工作簿保存到新文件夹中，选择“文件”/“另存为”命令（或按 F12 键）。

如果工作簿从未被保存过，它的标题栏将显示默认的名称，如工作簿 1、工作簿 2。您可以使用这些默认的名字，也可以为工作簿命名一个更具描述性的名字。选择“文件”/“另存为”命令，打开如图 2-16 所示的“另存为”对话框。

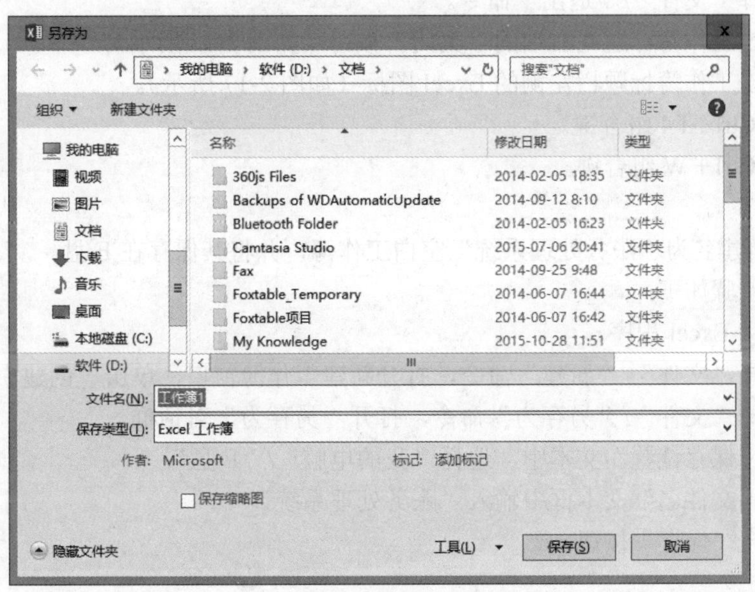

图 2-16 “另存为”对话框

您需要指定 3 条信息：工作簿的名称、格式和文件要保存的位置。如果要将文件保存到不同的文件夹，可以通过改变文件夹位置来选择所需要的文件夹；如果要创建一个新的文件夹，单击“另存为”对话框中的“新建文件夹”按钮，则新建文件夹将在“保存位置”栏中所显示的文件夹中创建。选择文件夹后，在“文件名”文本框中输入文件名。默认情况下，文件将被保存为标准的 Excel 格式，使用.xlsx 作为文件的扩展名。

要更改保存到文件的默认文件格式，选择“文件”/“选项”命令，打开“Excel 选项”对话框，单击“保存”选项卡，更改“将文件保存为此格式”的设置。

如果有同名的文件在指定的文件夹中已存在，Excel 会询问是否要用新文件覆盖已有的文件。对此要格外的注意：被覆盖的文件将不能恢复为以前的文件。

文件命名规则

Excel 的工作簿文件遵从应用于其他 Windows 文件的命名规则。文件名中可以包括空格，最长可以有 255 个字符，但是在文件名中不能使用以下字符：\(反斜线)、? (问号)、: (冒号)、* (星号)、” (引号)、< (小于号)、> (大于号)、| (竖线)。可以在文件名中使用大写和小写字母以提高文件名的可读性，文件名并不区分大小写，MY BOOK.xlsx 和 my book.xlsx 是相同的名称。

4. 关闭工作簿

完成工作簿的编辑工作并保存好后，应该关闭它以释放占有的内存，Excel 提供以下几种方法来关闭工作簿。

（1） 选择“文件”/“退出”命令。

（2） 单击工作簿标题栏右端的“关闭”按钮（如图 2-17 所示）。

（3） 双击工作簿标题栏左侧的 Excel 图标（如图 2-17 所示）。

（4） 按 Ctrl＋F4 组合键。

（5） 按 Ctrl＋W 组合键。

例 2-1 新建名为“账务处理系统”空白工作簿，并将其保存在 E 盘。

具体操作步骤如下：

（1） 启动 Excel 程序。

（2） 选择“文件”/“新建”命令，打开新建工作簿窗口，单击“创建”按钮。

（3） 选择“文件”/“另存为”命令，打开“另存为”对话框。

（4） 在“保存位置”文本中，选择“我的电脑”/“E 盘”。

（5） 在“文件名”文本框中输入“账务处理系统”。

（6） 单击“保存”按钮。

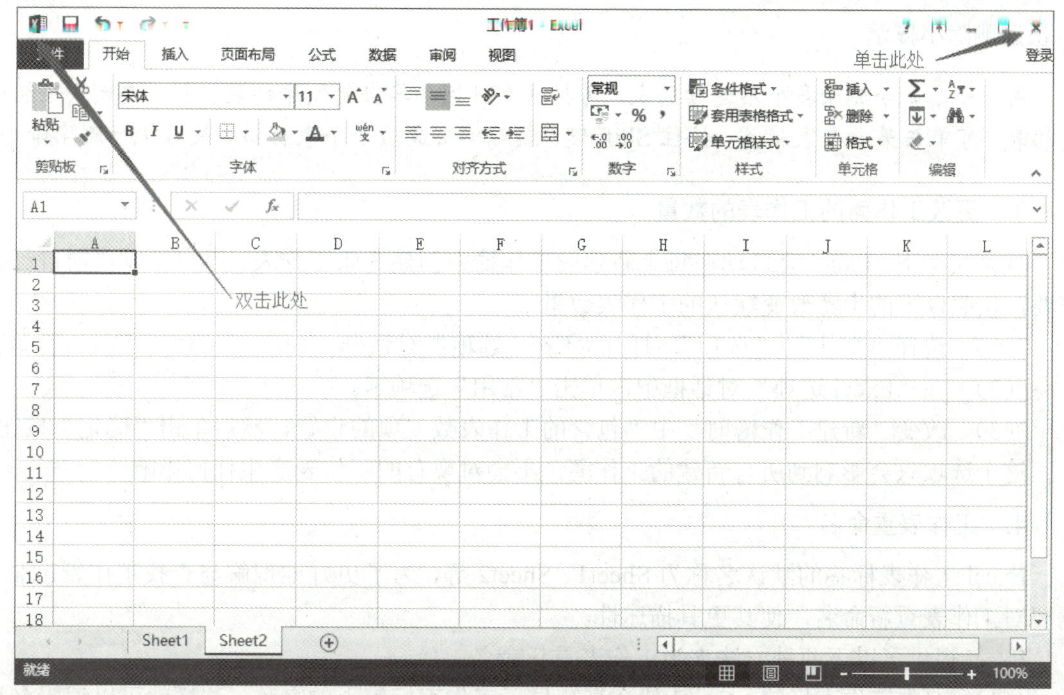

图 2-17　关闭工作簿的两个按钮

2.4.3　工作表的基本操作

工作表中常用的操作有：添加新工作表、删除工作表、工作表重命名、更改标签颜色。以下详细介绍这些操作方法。

1. 添加新工作表

Excel 提供了以下 3 种方法来添加一张新工作表到工作簿中。

（1） 单击位于最后一张表标签右侧的“插入工作表”控件。此种方法插入的新表位于该工作簿中所有工作表的最后。

（2） 按 Shift＋F11 组合键，此种方法插入的新表位于活动表之前。

（3） 右击表标签，从快捷菜单中选择“插入”/“插入”/“常用”/“工作表”命令，并单击“确定”按钮。此种方法插入的新表位于活动表之前，并在已有模板的基础上插入新的工作表。

2. 删除工作表

Excel 提供了以下两种方法来删除一张不需要的工作表或者一张空表。

（1） 右击表标签并从快捷菜单中选择“删除”命令。

（2） 激活工作表，选择“开始”/“单元格”/“删除”/“删除工作表”命令。

如果工作表含有任何数据，Excel 会弹出对话框询问“是否确认删除此表”，单击“是”则会立即删除。

快速删除小提示

用同一个命令删除多个不连续的表，可按住 Ctrl 键，单击要删除的表标签；要删除一组连续的表，可单击第一个表标签，按住 Shift 键，然后单击最后一个表标签，最后执行删除命令。

3. 更改工作簿的工作表的数量

默认状态下，Excel 会自动在每个新建的工作簿中创建 3 张工作表。用户可以根据自己的需要，按照以下的步骤改变默认的工作表数量。

（1） 选择“文件”/“选项”，打开“Excel 选项”对话框。

（2） 在“Excel 选项”对话框中，单击“常用”选项卡。

（3） 改变“新建工作簿时”中“包含的工作表数”项的设置，然后单击“确定”按钮。这个选项只会影响到所有新建的工作簿，不会对现有的工作表产生任何影响。

4. 工作表重命名

Excel 工作表标签的默认名称为 Sheet1、Sheet2 等，为了更好地理解与查找工作表，常常需要对工作表重新命名，使其更具描述性。

Excel 提供了以下两种方法来为工作表重新命名。

（1） 双击工作表标签，Excel 就会高亮显示工作表标签上的名称，这样就可以编辑名称或者替换名称。

（2） 右击表标签并从快捷菜单中选择“重命名”命令。

如图 2-18 所示的“Sheet1”工作表标签，采用以上任何一种方法，输入新的工作表名后，显示如图 2-19 所示的效果。

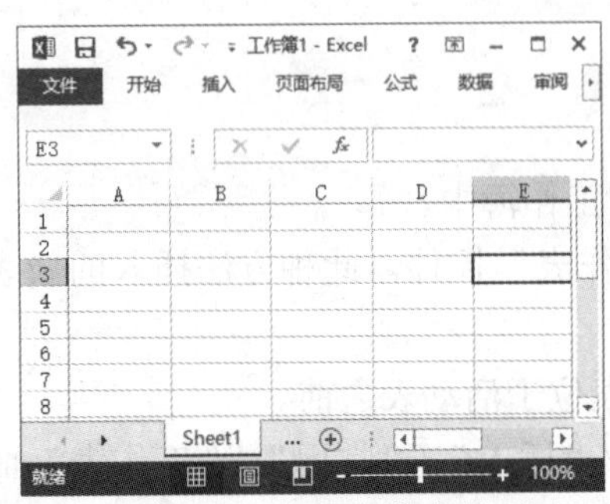

图 2-18 命名工作表前

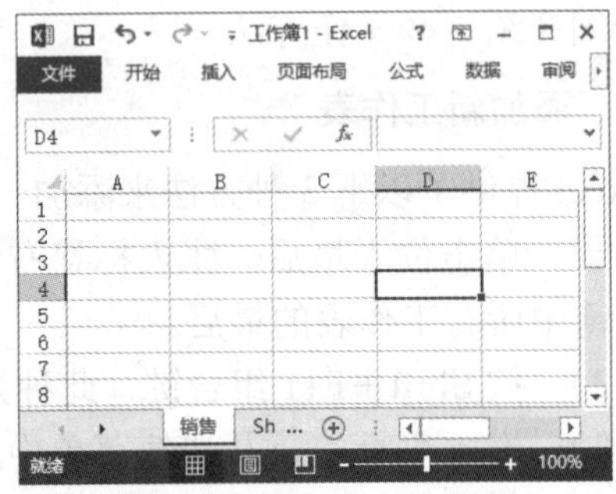

图 2-19 重命名工作表后

工作表标签的名称最多可以有 31 个字符，同时允许有空格。但是不允许在表名称中使用以下字符：

/（斜线）

\(反斜线)

?（问号）

:（冒号）

*（星号）

"（引号）

较长的名称会导致标签过宽，这样会占用屏幕上过多的空间，而且在不滚动标签列表的情况下，可视的工作表标签也会减少。

5. 改变工作表标签的颜色

如果您喜欢用颜色将工作表标示出来，可以单击工作表标签，在快捷菜单中选择“工作表标签颜色”选项，然后从颜色选择器框中选择颜色。

例 2-2 添加一张名为“会计凭证”的工作表并将表标签颜色设置为黄色，具体操作步骤如下。

（1）打开“账务处理系统”工作簿。

（2）单击插入表标签按钮，插入一张名为“Sheet 2”的工作表。

（3）双击“Sheet 2”工作表标签，输入“会计凭证”，单击该标签外的任何区域，完成重命名。

（4）单击“会计凭证”工作表标签，右击鼠标，在打开的快捷菜单中选择“工作表标签颜色”选项，然后选择“黄色”，完成对工作表标签的设置。

2.4.4 工作表中的行和列

Excel 工作表由行和列组成。每个工作表都包括 1 048 576 行和 16 384 列，这些值不能更改。本节主要介绍如何对工作表中的行、列、单元格进行插入、删除、隐藏或者改变行高和列宽等操作。

1. 插入行、列、单元格

虽然工作表中的行数和列数是固定的，但是如果需要为添加的信息腾出空间，则用户仍然可以插入和删除行与列。这些操作并不改变行与列的数量，而是插入一个新行后，把其他行向下移动，从而腾出一个新行。如果最后一行为空，将从工作表中删除。插入一列也是如此。

Excel 提供了以下两种方法来插入行：

- 单击工作表边界的行号选择一整行或者多行，右击鼠标并从弹出的快捷菜单中选择“插入”命令。
- 将单元格指针移动到想要插入的行上，单击“开始”选项卡，在“单元格”功能组中选择“插入”/“插入工作表行”命令，所选择的行将会向下移动。

插入新列、单元格的步骤与其类似。注意插入行、列或者单元格的数量取决于所选择的行、列、单元格的数量，插入的位置位于所选择对象之前即行前、列前、单元格之前。

2. 删除行、列、单元格

Excel 提供了以下两种方法来删除行。

- 单击工作表边界的行号选择一整行或者多行，单击鼠标右键并从弹出的快捷菜单中选择“删除”命令。
- 将单元格指针移动到想要插入的行上，单击“开始”选项卡，在“单元格”功能组中选择“删除”/“删除工作表行”命令。

删除列、单元格的步骤与其类似。

3. 隐藏行和列

某些情况下，用户可能需要隐藏特定的行或列，或者需要打印一份概括工作表中的信息而非显示全部细节的报告，那么隐藏行或者列就是非常有用的。

Excel 提供了以下几种方法来隐藏行或者列。

- 选择要隐藏的行或者列，单击鼠标右键并从弹出的快捷菜单中选择“隐藏”命令。
- 选择要隐藏的行或者列，单击“开始”选项卡，在“单元格”功能组中选择“格式”/“隐藏或者取消隐藏”命令，选择要取消的对象。
- 拖动行或者列的边界来隐藏行或者列。

4. 取消隐藏

可通过以下方法取消被隐藏的行（列）：

- 选择被隐藏行（列）的上一行（列）和下一行（列），然后单击鼠标右键并选择“取消隐藏”命令。
- 通过单击“开始”选项卡，在“编辑”功能组中选择“查找或者选择”命令（或者按 F5 键），来定位被隐藏行或者列的单元格。然后单击“开始”选项卡，在“单元格”功能组中选择“格式”/“隐藏或者取消隐藏”命令，从下拉框中选择要取消的选项。

5. 改变列宽和行高

列宽是根据在单元格中填充的“固定间距字体”字符的数量来测量的。默认状态下，列宽为 8.43 个单位，相当于 64 像素。

首先，通过以下方法选择要改变的对象。

- 按住 Ctrl 键，逐列单击来选择不连续的多列。
- 单击要改变列宽的第一列，然后按住 Shfit 键，单击最后一列，来选择一组连续的列。
- 按 Ctrl＋A 组合键，来选择全部列对象。

然后，通过以下方法来改变列宽。

- 用鼠标拖动列的右边界至所需的宽度。
- 选择“开始”/“单元格”/“格式”/“列宽”，然后在“列宽”对话框中输入数值。
- 选择“开始”/“单元格”/“格式”/“自动调整列宽”，调整所选列的宽度以获得最适合的列宽。可以只选择列中的部分单元格，Excel 会自动选择单元格中最宽的条目调整宽度。
- 双击列标题的右边界，列宽会自动根据最宽的条目进行调整。

如果一个含有数值的单元格中全是#（井号），这表示列宽不足以容纳单元格中的信息，加大列宽可解决这个问题。

手动调整列宽后，Excel 将不再根据较长数字项自动调整列宽。

要改变所有列的默认宽度，选择“开始”/“单元格”/“格式”/“列宽”/“默认列宽”命令，在弹出的对话框中输入新的默认列宽即可。

行高是用点（印刷业中的一种标准测量单位，72 点等于 1 英寸）测量的。默认的行高使用的默认字体是 15 点或者 20 像素。

默认行高可根据所定义的“标准”样式字体而有所不同，除此之外，Excel 允许通过以下方法来手动设置行高。

- 用鼠标拖动行的下边界至所需的宽度。
- 选择“开始”/“单元格”/“格式”/“行高”，然后在“行高”对话框中输入数值（用点表示）。
- 选择“开始”/“单元格”/“格式”/“自动调整行高”。
- 双击行标题的下边界，行高会根据行中最高的条目自动进行调整。

2.4.5 控制工作表视图

当操作的对象逐渐变多，工作表中的信息越来越丰富的时候，如何控制操作窗口、浏览内容、定位所需信息就变得很重要。本节将介绍如何解决此类问题。

1. 放大或缩小窗口

一般情况下，用户在屏幕上看到的每个窗口的显示比例都是100%。如果用户需要从整体鸟瞰整个工作表的布局，可以缩小工作表；如果用户需要了解部分细节，可以放大工作表。工作表的缩放比例从10%到400%，图2-20显示了窗口放大到300%的效果。调整窗口大小，并不改变字体的大小，所以对输出没有影响。

	C	D	E
1	姓名	基本工资	奖金
2	员工1	2000	1500
3	员工2	2200	1700
4	员工3	3000	2000
5	员工4	2300	1800
6	员工5	2500	1000

图2-20 放大到300%的窗口

Excel可以用以下方法调整窗口大小以显示最佳视图。

- 单击并拖放位于状态栏右侧的“缩放滚动条”，屏幕会相应地变化。
- 选择“视图”/“显示比例”/“缩放到选定区域”，工作表将缩放到仅显示选中的单元格。
- 单击状态栏上的“显示比例”按钮，如图2-20所示，在弹出的快捷菜单中选择“恰好容纳选定区域”，效果与第二种方法相同。

“显示比例”只影响活动工作表，所以可以根据不同的工作表使用不同的缩放比例，如果有一个工作表显示在两个不同的窗口中，则可以为每个窗口设置不同的缩放比例。

如果在工作表中使用命名区域，可将工作表缩放至 39%或者更小，以显示覆盖在单元格上的区域名称。以该方式查看命名区域有助于获得整个工作表的布局概况。

2. 多个窗口查看

有时，可能需要同时查看工作表的两个不同部分，或者需要同时检查同一个工作簿中的多个工作表。这种情况下，可以通过使用一个或者多个额外窗口，并在其中打开工作簿的新视图，来完成上述操作。

要创建和显示活动工作簿的新视图，选择“视图”/“窗口”/“新建窗口”命令。创建新的视图后，为了帮助用户跟踪窗口，Excel 在每个窗口后附加了一个冒号和一个数字。

如图 2-21 所示，Excel 为工作簿 1 新建了一个新窗口，并自动命名为工作簿 1:2，而原来的工作簿的名称则改为工作簿 1:1，每个窗口显示了一个不同的工作表，方便用户查阅位于同一工作簿中的不同工作表的数据。

图 2-21 工作簿的新建窗口

如果需要，一个工作簿可以拥有任意多个视图（单独的窗口），而且每个窗口的操作是独立于其他窗口的。多窗口更方便把一张工作表复制或者移动到另一张表中，可以使用 Excel 的拖放程序复制或移动区域。

3. 激活工作对象

在任意给定的时间内，只有一个工作簿窗口可以成为活动窗口，也只有活动窗口中的其中一张工作表可以成为活动工作表。活动工作簿的标题栏具有不同的颜色，并且出现在所有窗口的最上面。活动工作簿只有在最大化状态下，它的名称才出现在 Excel 标题栏中。

要在不同的工作表中进行操作，首先要使窗口处于活动状态，再使工作表为活动工作表。

首先，使不同的窗口成为活动工作簿有以下几种方法。

- 如果窗口不是最大化，并且为可见状态，直接单击该窗口即可。
- 按 Ctrl＋Tab 组合键（或 Ctrl＋F6 组合键）在所有打开的窗口之间进行切换；按 Shift＋Ctrl＋Tab 组合键（或 Shift＋Ctrl＋F6 组合键），可以从相反的方向循环切换。
- 选择“视图”/“窗口”/“切换窗口”，并从下拉列表中选择想要的窗口（活动工作簿旁边有一个复选标记）。该菜单最多可显示 9 个窗口，要打开更多，选择“其他窗口”命令。

其次，在活动工作簿中激活需要的工作表，使之成为活动工作表，方法如下。

- 单击位于工作簿窗口底部的工作表标签。
- 按 Ctrl＋PageUp 组合键，激活上一张表；按 Ctrl＋PageDown 组合键，激活下一张表。

此外，如果工作簿中有许多表，那么并不是所有的表标签都能显示出来，使用“标签滚动”控件可以滚动表标签，也可以通过拖放“标签拆分控件”来显示更多或更少的标签。拖放标签拆分控制条同时改变标签的数量和水平滚动条的大小。

4. 并排比较工作表

如果在同一工作簿中查看不同的工作表，那么“并排查看”功能能使该任务更加轻松。

首先，要确定两个比较的工作表在单独的窗口中显示，这两张工作表可以在同一个工作簿中也可以在不同的工作簿中，如果要比较在同一个工作簿中的两个工作表，选择“视图”/“窗口”/“新建窗口”命令来创建一个活动工作簿的新窗口。

然后，激活第一个窗口，选择“视图”/“窗口”/“并排查看”命令。当在第一个窗口滚动时，另一个窗口也会跟着滚动。如果不需要同步滚动，则可以选择“视图”/“窗口”/“同步滚动”命令。

5. 隐藏、显示工作表

一些情况下，我们需要隐藏一些工作表，使之不可见。隐藏一张工作表的同时，它的表标签也被隐藏，但是不能隐藏工作簿中所有的工作表，必须有一张工作表是可见的。

隐藏工作表时，可右击工作表标签，在快捷菜单中选择“隐藏”命令；取消被隐藏的工作表时，右击任意工作表标签并选择“取消隐藏”，在打开的“取消隐藏”对话框中，罗列了所有被隐藏的工作表，选择需要重新显示的工作表并单击“确定”按钮。

真正隐藏工作表，使被隐藏的工作表在“取消隐藏”对话框中不会出现。此方法的步骤如下。

激活工作表。

选择“开发工具”/“控件”/“属性”（如果“开发工具”选项卡不可见，用户可以在“Excel 选项”对话框中的“自定义功能区”选项中开启它）。

在“属性”框中，选择 Visible 选项卡并选择 2—xlSheetVeryHidden。

这种方式下的隐藏只能通过如下使用 VBA 宏语句来取消：

ActiveWorkbook.Worksheets(“Sheet1”).Visible—True

6. 工作表拆分

如果用户不喜欢添加额外的窗口来查看同一张工作表，Excel 提供了可以在一张工作表中通过拆分单元格的方法来查看同表不同部分的方法。

◆ 选择“视图”/“窗口”/“拆分”命令。

使用该命令时，可以将鼠标指针放在单元格上，也可以放在行号或者列标上。拆分发生在指针位置处。当鼠标指针在第一行、A 列或者左上角时，可以将工作表平均拆分成四部分；鼠标指针放在其他单元格上，该单元格左上角部分拆分为四部分；鼠标指针放在行号、列表处执行此命令，可将工作表拆分为上下或者左右两部分。

如图 2-22 所示为一个被拆分成两个窗格的工作表。单击拆分处并拖放鼠标还可以调整每部分单元格的大小。拆分后可以在同一个窗口中显示工作表中相距很远的部分。

	A	B	C	D	E	F	G	H	I
1									
2							8月份工资表		
3			员工编号	姓名	部门	基本工资	岗位工资	绩效工资	奖金
4			1007	夏侯渊	财务部	1200	1000	1500	
5			1012	鲁肃	财务部	1000	800	1200	
6			1002	诸葛亮	人事部	1500	1500	1800	
7			1005	关羽	人事部	1500	1000	1500	
8			1010	黄盖	人事部	1000	800	1200	
9			1003	曹操	销售部	2000	1500	2500	
10									
11									
12							9月份工资表		
13			员工编号	姓名	部门	基本工资	岗位工资	绩效工资	奖金
14			1007	夏侯渊	财务部	1320	1100	1650	
15			1012	鲁肃	财务部	1100	880	1320	
16			1002	诸葛亮	人事部	1650	1650	1980	
17			1005	关羽	人事部	1650	1100	1650	
18			1010	黄盖	人事部	1100	880	1320	
19			1003	曹操	销售部	2200	1650	2750	
20									
21									
22									
23			10月份工资	表					
24			员工编号	姓名	部门	基本工资	岗位工资	绩效工资	奖金
25			1007	夏侯渊	财务部	1452	1210	1815	

图 2-22 拆分后的工作表

取消拆分，重新执行该命令即可。

◆ 拖动垂直或水平拆分条。

这些拆分条是小小的长方形（如图 2-23 所示），位于垂直滚动条上方，水平滚动条右方。当把鼠标指针移动到拆分条上时，鼠标指针变成两条平行线，两端各有一个箭头向外伸出，双击并拖动鼠标即可将工作表拆分。

取消拆分，只要把窗格拆分条拖到窗口的边缘，或者双击它即可。

图 2-23 拆分条

7. 冻结窗口

如果建立了一个带有行（列）标题的表格，当向下（右）滚动时这些标题依然可见。可在 Excel 中对行（列）标题所在的行（列）执行冻结窗口命令。

将行标题部分冻结成如图 2-24 所示的效果，步骤如下。

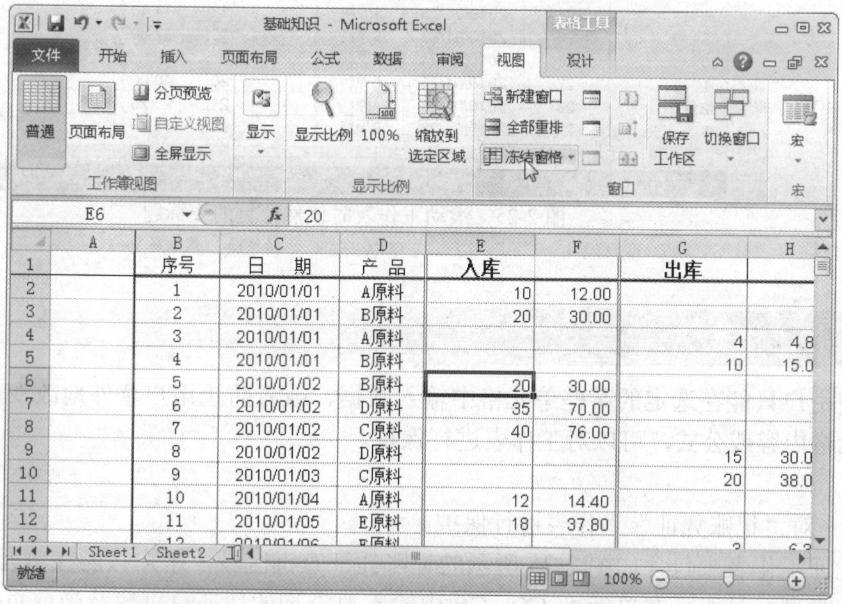

图 2-24 冻结窗格

（1） 移动鼠标到希望在垂直（水平）滚动时依然保持可见的行（列）的下一行（列）的单元格。

（2） 选择“视图”/“窗口”/“冻结窗口”命令。

（3） 在打开的下拉列表中选择“冻结拆分窗格”选项。

（4） 取消冻结窗口，再次选择“视图”/“窗口”/“冻结窗口”命令，并从下拉列表中选择“取消冻结窗格”选项。

在这个例子中标题行被冻结。该方法允许在保持列标题可见的情况下，向下和向右滚动以定位某些信息。

如果把一个区域指定为表（通过选择“插入”/“表格”/“表格”命令），就无须冻结窗格。当向下滚动时，Excel 在列字母上显示列标题代替列字母，效果如图 2-25 所示。

基础知识.xlsx - Excel

文件 开始 插入 页面布局 公式 数据 审阅 视图 开发工具 加载项

D6 'B原料

原材料出入库明细

	A	B	C	D	E	F	G
4		序号	日期	产品	数 量	金 额	数 量
19		15	2010/01/10	E原料	64	134.40	
20		16	2010/01/10	B原料	28	42.00	
21		17	2010/01/10	E原料			6
22		18	2010/01/15	B原料			1
23		19	2010/01/15	C原料	51	96.90	
24		20	2010/01/20	D原料	23	46.00	
25		21	2010/01/20	E原料	25	52.50	
26		22	2010/01/23	B原料			
27		23	2010/01/23	A原料			
28		24	2010/01/23	A原料	12	14.40	
29		25	2010/01/23	E原料	18	37.80	
30		26	2010/01/24	E原料			
31		27	2010/01/25	D原料	20	40.00	
32		28	2010/01/25	A原料	21	25.20	
33		29	2010/01/25	E原料	64	134.40	

就绪 100%

图 2-25 滚动工作表时依然可见的表标题

2.4.6 保护工作表

为了使用户只能在选定的某些单元格中输入数据，或者防止用户意外地改变、删除工作表中的单元格内容或公式，可以对工作表进行保护。

例 2-3 对“记账凭证”工作表进行保护。

会计凭证工作表中包含如图 2-26 所示的记账凭证查询区域，用户只能在单元格 K5、K6 中输入凭证类型、号码，在单元格 C5、C6 中输入要查询的凭证总页数及当前页码。区域内的其他信息则可通过相关公式显示，为了防止用户对这些公式的不正确操作，可以对这种工作表进行保护。

记 账 凭 证

总页数：1　当前页：1　　2012年8月31日　　转字 20 号

摘　　要	会计科目		借方金额	贷方金额	√
	总账科目	明细科目			
计提城建税、教育附加税	营业税金及附加		4,250.00	-	
计提城建税、教育附加税	应交税费	应交城市维护建设税	-	2,975.00	
计提城建税、教育附加税	应交税费	应交教育费附加	-	1,275.00	
合计	¥ 肆仟贰佰伍拾元整		4,250.00	4,250.00	

附件 1 张

会计主管：王某　记账：张某　出纳：董某　审核：鲁某　制表：李某

图 2-26　记账凭证

保护工作表的具体步骤如下。

（1） 单击工作表左上角的全选按钮，选中整张工作表，按 Ctrl＋1 组合键，打开如图 2-27 所示的“设置单元格格式”对话框。单击“保护”选项卡，选择“锁定”和“隐藏”复选框，单击“确定”按钮，关闭对话框，返回工作表界面。

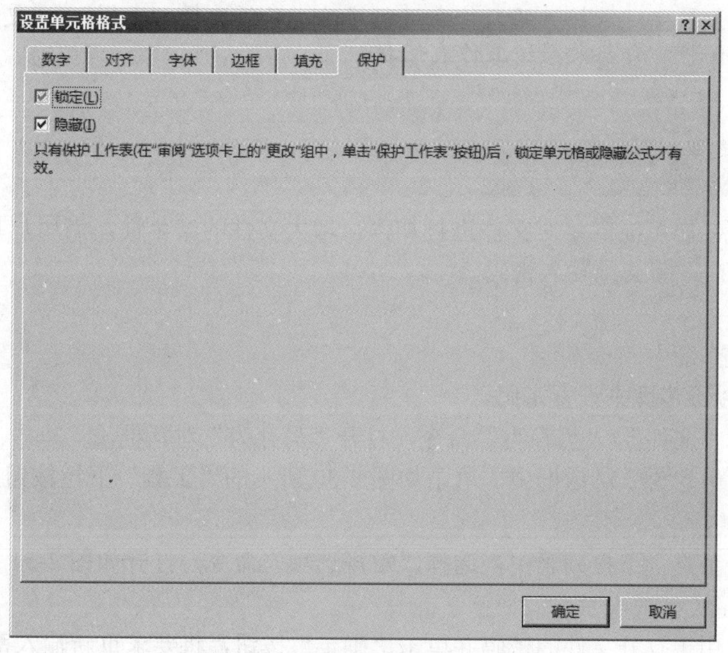

图 2-27　锁定和隐藏整张工作表

（2） 选择单元格 C6、区域 K5:K6，按 Ctrl＋1 组合键，打开“设置单元格格式”对话框。单击“保护”选项卡，去掉 “锁定”复选框的勾选，只选择“隐藏”复选框，如图 2-28 所示，单击“确定”按钮，关闭对话框，返回工作表界面。

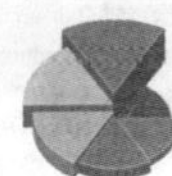

（3） 选择“审阅”/“更改”/“保护工作表”命令，打开如图 2-29 所示的“保护工作表”对话框，只勾选“选定未锁定的单元格”复选框，单击“确定”按钮，关闭对话框，返回工作表界面。

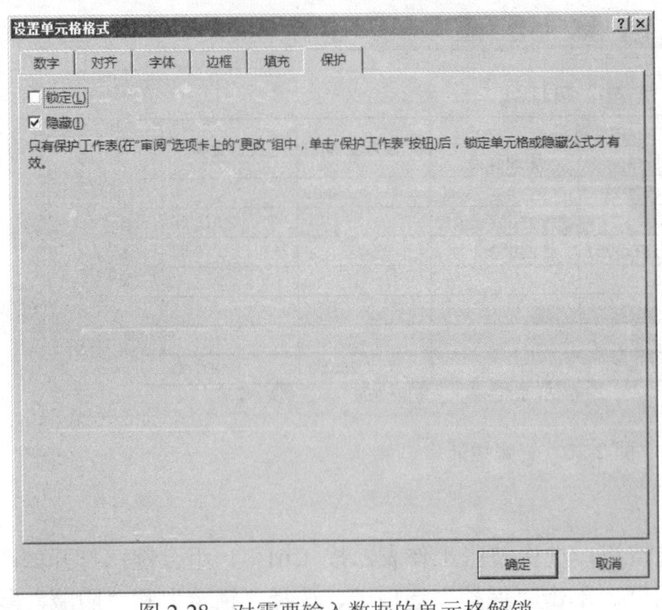

图 2-28　对需要输入数据的单元格解锁

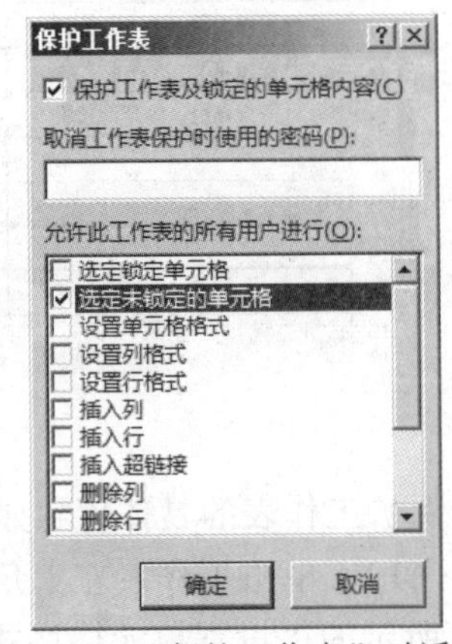

图 2-29　“保护工作表”对话框

如果要对保护过的工作表进行修改，必须选择“审阅”/“更改”/“撤销工作表保护”命令来撤销工作表保护。

2.4.7　设置密码保护工作簿

某些情况下，您可能需要对文件进行加密，增大文件的安全性，当用户再次打开设有密码保护的工作簿时，就必须输入密码。

例 2-4　设置密码。

Excel 通过以下步骤来设置密码。

（1） 选择“文件”/“另存为”命令，打开“另存为”对话框。

（2） 在“另存为”对话框中，单击如图 2-30 所示的“工具”下拉按钮，该按钮位于对话框的右侧。

（3） 在“工具”下拉列表中，选择“常规选项”命令，打开如图 2-31 所示的“常规选项”对话框。

（4） 输入用于打开文件的密码并单击“确定”按钮，将要求重新输入密码。

（5） 返回“另存为”对话框，单击“保存”按钮，保存这些设置及该文件。

为了提供更高层次的安全，Excel 提供了另外一种方法对文档进行加密：

选择“文件”/“信息”/“保护工作簿”命令，在弹出的列表中选择“加密文档”，密码会被提示输入两次。

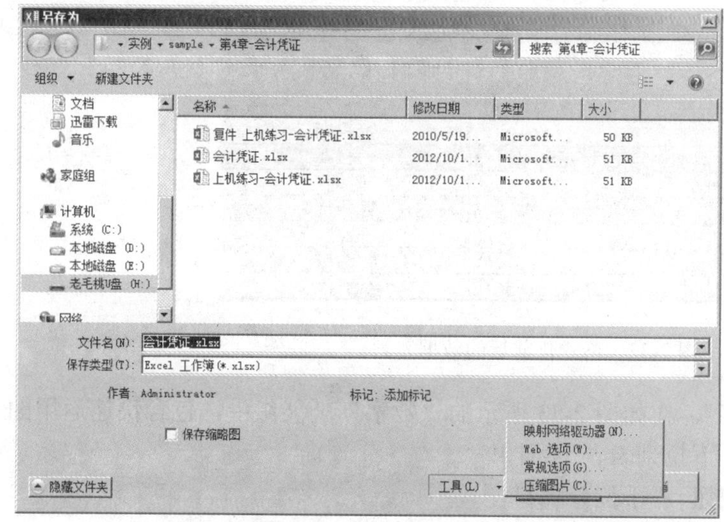

图 2-30 “工具”按钮

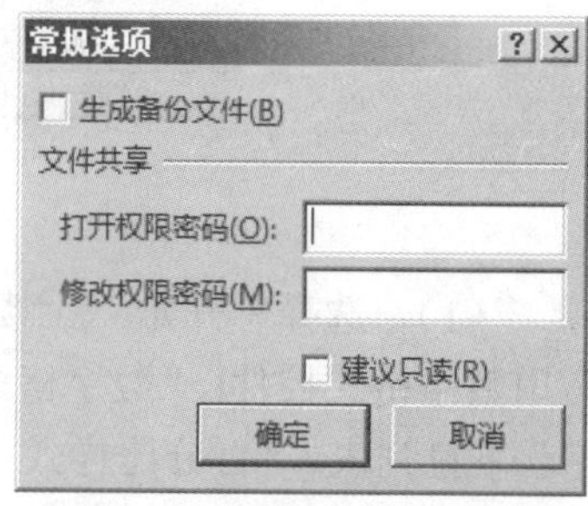

图 2-31 “常规选项”对话框

2.5 单元格与区域

单元格是工作表的基本组成部分，它可以用来保存数值、文本和公式。单元格由地址来识别，地址由列字母和行数字组成，例如，E6 就是位于第 5 列和第 6 行的单元格。一组单元格叫做一组区域，区域的指定方法为左上角单元格地址＋冒号＋右下角单元格地址，例如，B2:C4 就是由 6 个单元格组成的区域。

本节介绍在单元格中输入数据的类型、方法以及对单元格与区域进行的常用操作，如选择、复制、移动及命名等。

2.5.1 输入的数据类型

每个单元格中可以输入 3 种基本的数据类型：数值、文本数据和公式。

1. 数值

数值可以表示一些对象类型的数量，如工资数、学生成绩、员工年龄、销售额等。日期、时间也属于数值类型的数据。

Excel 中可以由 0、1、2、3、4、5、6、7、8、9、＋、－、(、)、,、/、$、%、.、E、e 这 21 个字符组成数值型数据，中间不可有“空格”。每个单元格最多可保留 15 位的数字精度，如果数字长度超出了 15 位，Excel 就会将多余的数字自动转换成“0”。

Excel 中可以通过格式化数字提高可读性，改变数字格式只影响数值的表现形式，不影响数值。数值在 Excel 中有多种表现形式：常规、数字、分数、货币、日期、时间、百分比、科学计数等。图 2-32 显示了格式化和未格式化的对比数据。

如果不对单元格进行任何格式设置，即在“常规”数字格式下，Excel 可以根据输入的数据内容自动套用数字格式。例如，在单元格中输入 15.6%，Excel 会自动应用百分比格式；在数值前加$，单元格将被格式化为货币格式。如果要改变数字格式，可以通过以下方法实现。

未格式化的数据	格式化后的数据	格式类型
123456	123456	常规
123456	￥123,456.00	货币
123456	￥ 123,456.00	会计专用
2010-2-14	2010-2-14	短日期
2010-2-14	2010年2月14日 星期日	长日期
12:14	12:14:00	时间
0.2	20%	百分比
0.2	1/5	分数
12345678	1.23E+07	科学计数
13712345678	137-1234-5678	电话号码

图 2-32　格式化前后的数据

（1） 选择“开始”/“数字”，在如图 2-33 所示的“数字”功能组中，包含快速运用的常用数组格式控件：“数字格式”下拉列表、“会计数字”下拉列表、“百分比样式”按钮、“千位分隔符样式”按钮、“增加小数位“和”减少小数位“按钮。其中“数字格式”下拉列表中包含 11 种常用的数字格式。用户在应用这些数字格式前，可选择一个单元格，也可选择多个单元格。

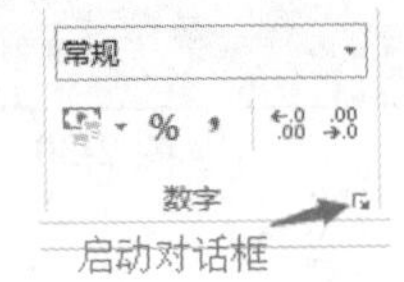

图 2-33　“数字”功能组与对话框启动器

（2） 使用“设置单元格格式”对话框中的“数字”选项卡，打开如图 2-34 所示的对话框有以下几种方法。

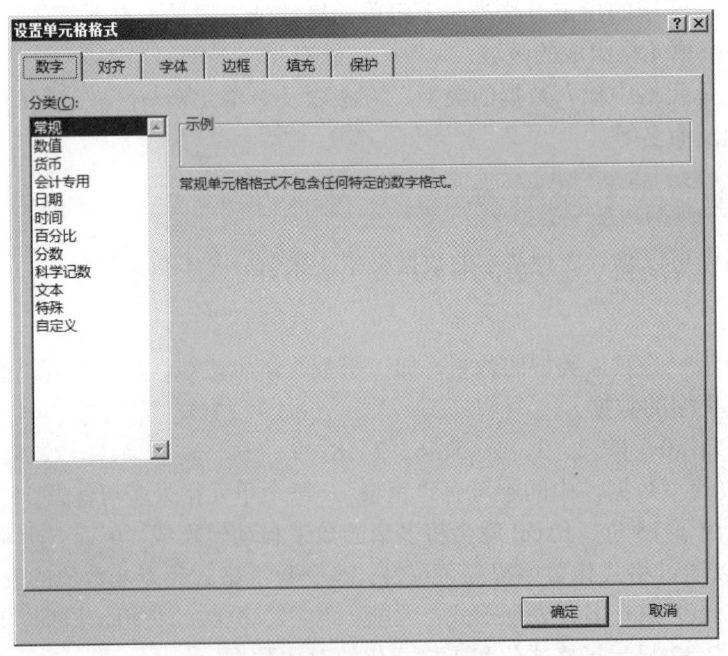

图 2-34　“数字”选项卡

- 选择“开始”/“数字”，打开“数字”功能组，单击如图 2-33 所示的对话框启动器。
- 选择“开始”/“数字”，打开“数字”功能组，并从下拉列表中选择“其他数字格式”。

- 右击并从快捷菜单中选择“设置单元格格式”。
- 按 Ctrl+1 组合键。

（1） 信用卡号、身份证号等其他编码如果超过 15 位，多余的数字会自动转换为“0”，这种情况下可以将其所在单元格设置为“文本”格式。

（2） 输入分数：为避免将输入的分数视做日期，请在分数前输入 0（零），空格，如输入 0 1/2。

（3） 输入负数：请在负数前输入减号（-），或将其置于括号（ ）中。

2. 文本数据

对对象的描述性解释型数据为文本数据，文本可以是数字、空格和非数字字符的组合。

默认情况下，所有文本在单元格中均左对齐。选择“开始”/“字体”，在该功能组中可快捷地对文本的对齐方式、合并、字体、颜色等进行设置。

如果输入全部由数字组成的文本数据，输入时应在数字前面加一个西文单引号(')，如'12434，Excel 自动将其识别为文本数据。

3. 公式

创建工作表的过程中，除了使用数值和文本外，还可以使用公式。

公式使一个电子表格成为一个真正的电子表，Excel 中可以使用功能强大的公式，这些公式通过引用单元格中的数值或文本作为参数，计算出结果。公式可以是简单的数学表达式，也可以使用 Excel 内置的功能强大的函数。

在单元格中输入公式时，公式结果会出现在单元格中。更改公式使用的任意数值，公式都会重新计算并显示新的结果。关于公式和函数的应用，将在 3.1 节中详细讲解。

2.5.2 编辑单元格

1. 删除单元格内容

删除单元格内容，最常用、便捷的方式：选择单元格，按 Delete 键。但此方式，只删除单元格内容，并不会删除应用于单元格的格式，如粗体、斜体或不同的数据格式。

如果还想更全面地控制删除的内容，可选择“开始”/“编辑”/“清除”命令，该命令的下拉列表有如下 4 个选项。

- 全部清除：清除单元格中的所有内容。
- 清除格式：只清除格式，保留数值、文本或者公式。
- 清除内容：只清除单元格的内容，保留格式。
- 清除批注：清除单元格附加的批注。

2. 替换单元格内容

可以通过拖动或者用剪贴板数据替换单元格内容。此种方式下，单元格的格式都会被新数据的格式替换。为避免粘贴格式，可以选择“开始”/“剪贴板”/“粘贴”命令，并在其下拉列表中选择“公式”或者“粘贴值”选项。

3. 修改单元格内容

用户可以根据自己的喜好，选择以下几种方式对单元格的内容进行修改：

- 双击单元格，能直接在单元格中修改单元格内容。
- 选择单元格并按 F2 键。
- 选择需要修改的单元格并单击“公式栏”内部，就能够在公式栏中编辑单元格内容。

上述 3 种方式可以使 Excel 进入“编辑”模式（“编辑”字样会出现在屏幕底部状态栏的左边）。在这种状态下，公式栏会显示两个新的图标：✕和✓。单击✕按钮取消编辑但不改变单元格中的内容（或者按 Esc 键）。单击✓按钮完成编辑并将修改过的内容输入单元格（或按 Enter 键）。

当开始编辑单元格时，插入点变成一个垂直的竖条，用户可以使用方向键移动插入点。使用 Home 键可把插入点移至单元格起始处，使用 End 键可把插入点移至单元格尾部。要选择多个字符，可以使用方向键时按住 Shift 键，也可以使用鼠标选择字符。

4. 输入数据的一些小技巧

通过对一些编辑技巧的学习，能简化将信息输入 Excel 的过程，从而更快地完成工作，具体介绍如下。

◆ 在多个单元格中输入相同的数据。

例 2-5 在区域 A2:A6 中输入如图 2-36 所示的部门名称。

具体步骤如下：

（1） 选择如图 2-35 所示的区域 A2:A6。

（2） 输入“财务部”。

（3） 按 Ctrl＋Enter 组合键，即可在区域内的每个单元格内填充，显示如图 2-36 所示的效果。

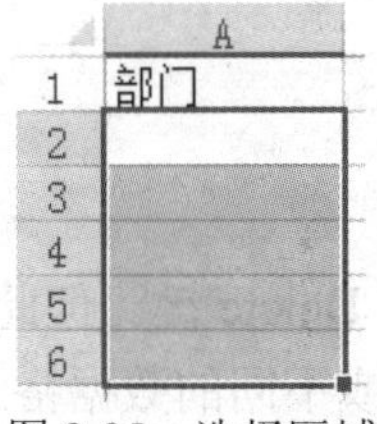

图 2-35 选择区域

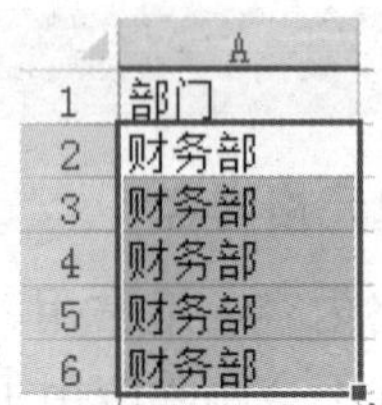

图 2-36 填充区域

◆ 使用填充柄。

如果在区域内输入的内容遵循某种规律，可以使用填充柄来填充数据。使用这种方法之前，必须先建立一段（至少两个）有规律的数据，这些数据可以在同一行，也可以在同一列，但必须是在相邻的单元格中。

例 2-6 输入如图 2-37 所示的职工编号。

（1） 在单元格 B2、B3 中分别输入“604001”、“604002”。

（2） 选择区域 B2:B3。

（3） 将鼠标指针移到所选区域的右下角，待指针变成一个实心的十字指针时，单击向下拖动到单元格 B6，显示如图 2-37 所示的效果。

	A	B
1	部门	职工编号
2	财务部	604001
3	财务部	604002
4	财务部	604003
5	财务部	604004
6	财务部	604005

图 2-37 输入职工编号

◆ 输入数据后自动移动单元格指针。

默认状态下，在单元格中输入数据后按 Enter 键，Excel 会自动把单元格指针移到下一单元格。用户也可以改变单元格指针的移动方向（上、下、左、右），在“文件”/“选项”/“高级”选项卡中，标有“按 Enter 键后移动所选内容”的复选框控制着这一功能。

也可以使用左右方向键或者 PgUp 键和 PgDn 键，改变单元格指针在完成输入后的移动方向。

◆ 快捷键选择单元格。

默认状态下，按 Enter 键，单元格指针自动向下一个单元格移动；按 Tab 键，向右移动；按 Shift＋Enter 组合键，向反方向移动。

◆ 输入当前日期和时间。

当前日期：Ctrl＋;

当前时间：Ctrl＋Shift＋;

这两种快捷方式输入的日期和时间为静态值，也就是说再次计算工作表时，输入的时间和日期并不会改变。如果希望每次打开工作表都能更新，显示当前的日期和时间，可以用以下两个公式：

=TODAY()

=NOW()

2.5.3 选择单元格和区域

在执行大多数 Excel 命令前一般应选定要对其操作的单元格区域。所谓区域是指工作表中的两个或多个单元格，区域中单元格可相邻也可以不相邻。常用的选择区域及其方法见表 2-3。

表 2-3 选择单元格和区域的方法

选 择 区 域	方 法
单个单元格	将单元格指针移动到该单元格并单击
	在名称框中输入该单元格的名称
选择区域	按下鼠标左键并拖动，被选中的区域将高亮显示
	按住 Shift 键，然后用方向键选择区域
	按 F8 键，Excel 进入扩展式选定状态，移动单元格指针到选定区域。再按 F8 键，Excel 恢复原来状态
	在名称框中输入该单元格或者区域地址并按 Enter 键
	选择“开始”/“编辑”/“查找和选择”/“转到”命令，打开“定位”对话框，并输入单元格或区域地址
选择单行/列	单击行或列的边界
	按 Ctrl＋空格键，选择一列；按 Shfit＋空格键，选择一行
选择连续的多行/列	单击一行（列）的边界，然后拖动选择其他的行（列）
	单击一行（列）的边界，按 Shfit 键，然后单击最后一行（列）
选择不连续的多行/列	按住 Ctrl 键，然后单击要选择的行（列）
选择全表	单击工作表左上角的行列交界处
	按 Ctrl＋A 组合键
选择特殊类型的单元格	选择“开始”/“编辑”/“查找和选择”/“定位条件”命令，打开“定位条件”对话框，选择相应的定位条件
	选择“开始”/“编辑”/“查找和选择”/“查找”命令（或用 Ctrl+F 组合键），打开“查找与替换”对话框，输入查找的条件

2.5.4 复制或移动单元格和区域

移动或复制单元格是 Excel 中经常使用的操作，通常使用工作区中的命令、快捷菜单命令、快捷键进行复制。

复制或剪切通常由以下两步骤组成。

步骤一：选择需要复制（剪切）的单元格或区域（源区域），然后把它复制（剪切）到“剪切板”中。

步骤二：把单元格指针移动到要保存复制（剪切）内容的区域（目标区域），并粘贴“剪贴板”中的内容。

每步骤都有几种操作方法，用户可以根据自己的操作习惯选择。

第一个步骤是选择源区域，并将其粘贴到“粘贴板”中，有以下几种操作供用户选择。

- 使用工作区命令：选择“开始”/“剪切板”/“复制”命令。
- 使用快捷菜单：右击“目标区域”并从快捷菜单中选择“复制”。
- 使用快捷键：按 Ctrl＋C 组合键把所选的单元格或区域的信息复制到“剪切板”中；按 Ctrl＋X 组合键把所选的单元格或区域的信息剪切到“剪切板”中。

对一个单元格或者区域进行“复制”或“剪切”操作后，Excel 会用活动边框把复制区域框住。只要边框仍然保持活动状态，就说明该信息依然保存在“剪贴板”中，复制的信息就可用于粘贴。如果要取消活动边框，可以按 Esc 键取消。

第二个步骤把单元格指针移动到要保存复制（剪切）内容的区域（目标区域），并粘贴“剪贴板”中的内容。这一步骤有以下几种操作方式。

- 激活单元格并按 Enter 键：

该方法不能进行第二次粘贴，因为该方法会将复制的信息从“剪切板”中移出。

- 使用工作区的命令进行复制：选择“开始”/“剪贴板”/“粘贴”命令。该方法可重复粘贴。
- 使用快捷菜单：右击“目标区域”并从快捷菜单中选择“粘贴”或“选择性粘贴”命令。
- 使用快捷键：按 Ctrl＋V 组合键把剪切板中的内容粘贴到目标区域。
- 使用拖放：首先选择要复制的单元格或区域，把指针移到边框上，待指针变成带箭头的十字指针，然后双击并拖放，同时按住 Ctrl 键，即可完成复制；如果移动所选内容，直接双击拖放，不按 Ctrl 键。
- 使用填充柄：首先选择要复制的单元格或区域，把指针移到边框的右下角，待指针变成实心的十字指针后，双击并在行（列）方向连续填充复制信息内容。

此操作会在目标区域的右下角出现“智能标记”，单击“智能标记”出现的选项可以代替使用“选择性粘贴”对话框中的选项，如图 2-38 所示，能够用来设定如何粘贴数据。

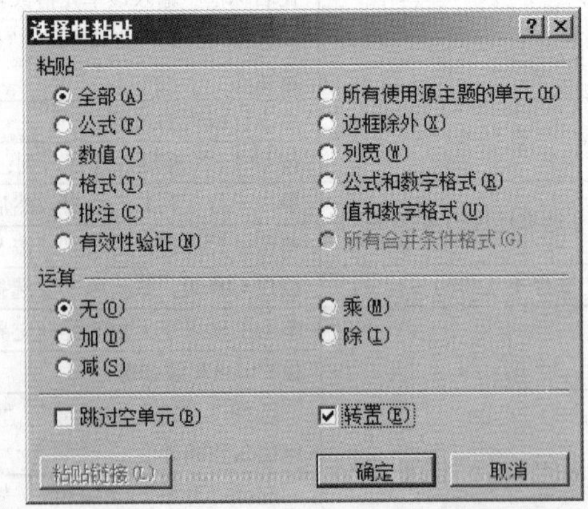

图 2-38 “选择性粘贴”对话框

"选择性粘贴"对话框的介绍。

要最大限度地发挥粘贴的灵活性，选择"开始"/"剪切板"/"粘贴"/"选择性粘贴"命令，或者右击从快捷菜单中选择"选择性粘贴"命令，打开"选择性粘贴"对话框，如图 2-38 所示。其中"转置"选项可以改变复制区域的方向，行变成列、列变成行，"跳过空单元"选项，可以防止用源区域的空单元格覆盖目标区域的单元格内容。

2.5.5 为单元格或区域定义名称

在 Excel 中可以为单元格、单元格区域、表格等命名，而不是引用单元格或区域的地址，这样不仅便于查找，而且在创建公式时使得引用变得更加容易。

1. 名称的语法规则

为单元格、区域、表格命名时必须注意以下规则。

- 有效字符：名称中的第一个字符必须是字母、下画线（_）或反斜杠（\）。名称中的其余字符可以是字母、数字、句点和下画线。
- 空格无效：不允许使用空格。可以使用下画线（_）和句点（.）作为单词分隔符，如 Sales_Tax 或 First.Quarter。
- 名称长度：一个名称最多可以包含 255 个字符。
- 区分大小写：名称可以包含大写字母和小写字母。而 Excel 在名称中不区分大写字符和小写字符。例如，如果创建了名称 Sales，接着又在同一工作簿中创建另一个名称 SALES，则 Excel 会提示您选择一个唯一的名称。

2. 定义名称

Excel 提供了以下几种方法来定义名称。

◆ 使用名称框。

选择要命名的单元格或区域，单击"名称框"，输入名称，然后按 Enter 键，即可定义名称。

"名称框"是一个下拉列表，它显示了该工作簿中定义的所有名称。要查找已命名的单元格或区域，单击"名称框"，在打开的下拉列表中选择并单击，就可以显示该单元格或区域。

◆ 使用"新建名称"对话框。

选择要命名的单元格或区域，选择"公式"/"定义的名称"/"定义名称"，打开"新建名称"对话框，如图 2-39 所示。

在"名称"文本框中输入名称，选择的单元格或区域会显示在标有"引用位置"的栏中，使用"范围"下拉列表，可更改选择的区域。用户还可以在"备注"栏中添加备注信息。

◆ 使用"以选定区域创建名称"对话框。

用户还可以将现有的行和列标签转换为名称。首先，选择要命名的区域，包括行或列标签；然后选择"公式"/"定义的名称"/"从所选内容创建"命令，弹出"以选定区域创建名称"对话框，如图 2-40 所示，通过选中"首行"、"最左列"、"末行"或"最右列"复选框来指定包含标签的位置。

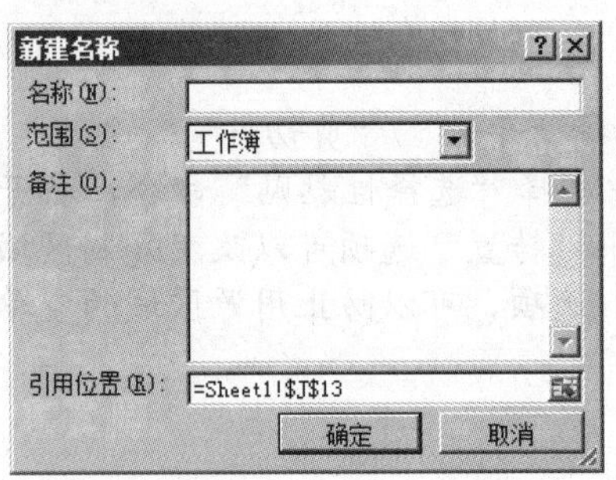

图 2-39 “新建名称”对话框

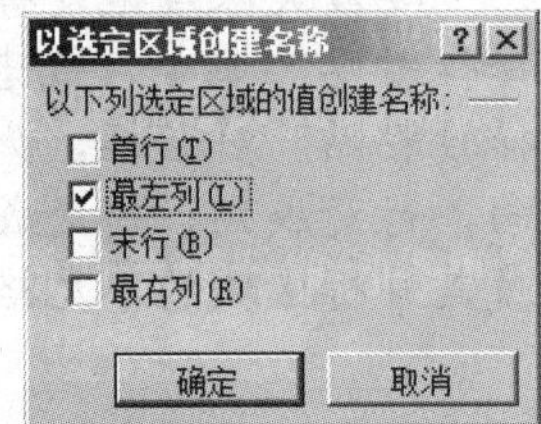

图 2-40 “以选定区域创建名称”对话框

3. 管理名称

使用“名称管理器”对话框可以处理工作簿中的所有已定义名称和表名称。例如，查找有错误的名称，查看或编辑说明性批注，排序和筛选名称列表，添加、更改或删除名称。

打开如图 2-41 所示的“名称管理器”对话框，可以选择“公式”/“已定义的名称”/“名称管理器”（或者按 Ctrl＋F3 组合键），在该对话框中能对名称进行以下管理。

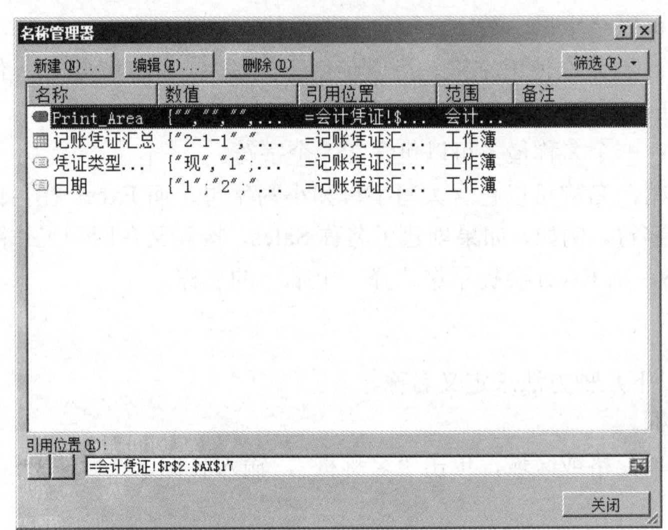

图 2-41 “名称管理器”对话框

- 显示每个名称的信息：在该对话框中可以查看每个名称的引用位置、范围及备注信息。单击列标题，还可以对名称进行分类。
- 筛选名称：单击“筛选”按钮，可仅显示符合一定条件的名称。例如，只显示有错误的名称，如图 2-42 所示。
- 新建名称：单击“新建”按钮可以在不关闭“名称管理器”的情况下，弹出“新建名称”对话框，定义一个新的名称。
- 编辑名称：选中要编辑的名称，单击“编辑”按钮，可以对名称、引用位置、批注等信息进行修改。
- 删除名称：选中要删除的名称，单击“删除”按钮。

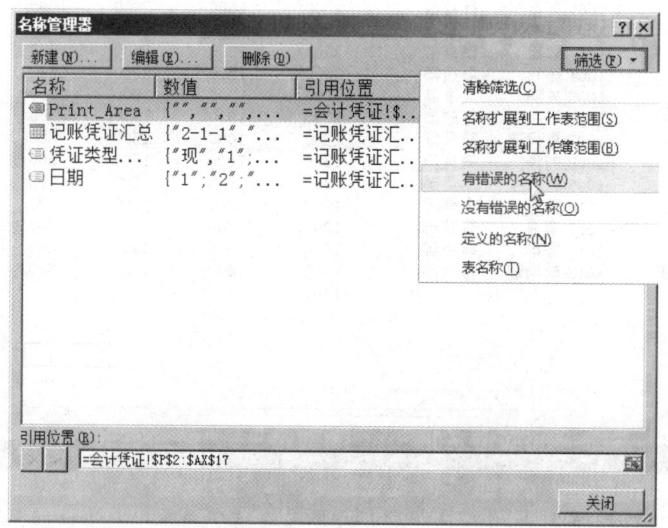

图 2-42　筛选名称

例 2-7　命名“应付工资”区域并汇总工资总额。

该范例文件见随书光盘“第 2 章”文件夹，“基础知识”工作簿中的“工资”工作表。具体操作步骤如下：

（1）激活“工资”工作表。

（2）选择区域 G2:G6。

（3）在名称框中输入“工资”，按 Enter 键。

（4）选择单元格 G7，输入“=SUM(工资)”。

2.6　使用表格

表格是对 Excel 2003 中的“列表”进行扩展后的结果，它是一个矩形的数据区域，但不同于普通区域。在 Excel 2013 中，表格具有可视性更强的外观，对数据的处理也更加智能化。本节将详细介绍表格的特性及使用。

2.6.1　表格简介

表格是一个结构化数据的矩形区域。表格中的每一行对应一个实体，每一列包含某种特性的信息，列的顶端一般为一个描述列内信息的标题行。

图 2-43 和图 2-44 分别显示了普通区域和转换后的表格，表格中的每一行包含了公司内每个雇员的基本信息，比如姓名、性别、年龄、部门、工资等；每一列包含了所有雇员的某个特征的所有信息。这些普通区域也可具有的数据描述功能，但是一旦将普通区域转化为表格，Excel 将会对区域进行以下更加智能的操作。

	B	C	D	E	F	G	H	I	J
4	月份	员工编号	姓名	部门	基本工资	岗位工资	绩效工资	奖金	加班费
5	8	1001	刘备	行政部	2000	1500	2000	1000	150
6	8	1002	诸葛亮	人事部	1500	1500	1800	1000	150
7	8	1003	曹操	销售部	2000	1500	2500	1000	0
8	8	1004	孙权	制造部	2000	1500	2000	1000	0
9	8	1005	关羽	人事部	1500	1000	1500	1000	600
10	8	1006	张飞	行政部	1000	1000	1500	500	0
11	8	1007	夏侯渊	财务部	1200	1000	1500	500	150
12	8	1008	刘烨	销售部	1500	1000	1500	500	150
13	8	1009	孙策	制造部	1500	800	1200	300	300
14	8	1010	黄盖	人事部	1000	800	1200	300	0
15	8	1011	李通	行政部	1000	800	1200	300	0
16	8	1012	鲁肃	财务部	1000	800	1200	300	150
17	8	1013	司马懿	行政部	1000	800	1200	300	300
18	汇总		13		1400				
19									
20									
21									
22									
23									

图 2-43　普通区域

	B	C	D	E	F	G	H	I	
4	月份	员工编号	姓名	部门	基本工资	岗位工资	绩效工资	奖金	加班
5	8	1001	刘备	行政部	2000	1500	2000	1000	
6	8	1002	诸葛亮	人事部	1500	1500	1800	1000	
7	8	1003	曹操	销售部	2000	1500	2500	1000	
8	8	1004	孙权	制造部	2000	1500	2000	1000	
9	8	1005	关羽	人事部	1500	1000	1500	1000	
10	8	1006	张飞	行政部	1000	1000	1500	500	
11	8	1007	夏侯渊	财务部	1200	1000	1500	500	
12	8	1008	刘烨	销售部	1500	1000	1500	500	
13	8	1009	孙策	制造部	1500	800	1200	300	
14	8	1010	黄盖	人事部	1000	800	1200	300	
15	8	1011	李通	行政部	1000	800	1200	300	
16	8	1012	鲁肃	财务部	1000	800	1200	300	
17	8	1013	司马懿	行政部	1000	800	1200	300	
18	汇总		13		1400				
19									
20									
21									
22									
23									

图 2-44　转化为表格后的区域

- 激活表格中的任一单元格，功能区内将显示一个新的“表工具”上下文选项卡。
- 单元格包含多种可选的背景颜色和文本颜色格式。
- 每个列标包含一个下拉列表，使用该列表可以直接对数据进行排序或筛选，从而隐藏特定的行。
- 如果向下滚动工作表直到标题行消失，表标题会替代工作表标题中的列字母，使列标题依然可见。
- 表支持计算列，列中的单个公式自动被列中的所有单元格引用。
- 表支持结构化引用，公式中可以使用表名和列表而不是使用单元格引用。
- 右下方的单元格的右下角有一个小控件，单击并在水平或垂直方向拖动该控件，可以扩展表的范围。

- 更轻松地选取表格中的行（列）。
- 可以自动删除重复行。

2.6.2 创建表格

Excel 允许从现有数据区域或空白区域中创建表格，操作步骤如下。

（1） 选择要创建表格的数据区域（或激活区域内任一单元格）。

（2） 选择“插入”/“表格”/“表格”命令（或按 Ctrl +T 组合键）。

弹出的“创建表”对话框如图 2-45 所示，单击表数据来源右端的按钮可重新选择或更改区域；一般 Excel 会自动猜测是否包含标题行，也可选中“表包含标题”复选框，即可将第一行作为包含标题行。

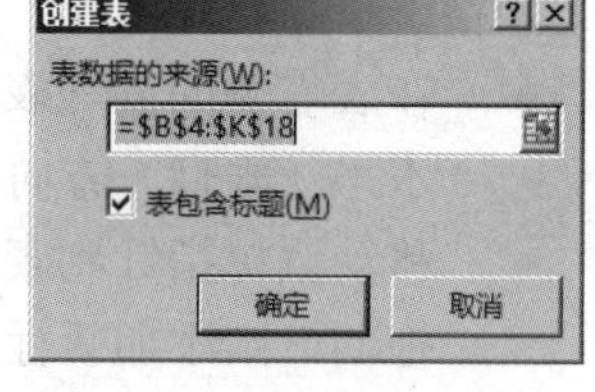

图 2-45 “创建表”对话框

（3） 单击“确定”按钮。

将区域转换为表，功能区内将显示一个新的“表格工具”上下文选项卡（如图 2-46 所示），在此功能区可轻松地对表的属性、样式等其他功能进行选择或运用。

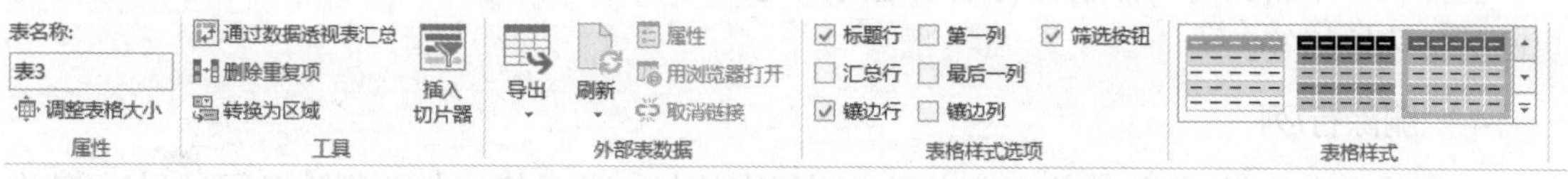

图 2-46 “表格工具”选项卡

2.6.3 表格的基本操作

表格不同于普通区域，在进行单元格选择、区域选择、添加行（列）等基本操作时，会更加便捷，详细介绍如下。

1. 单元格选择——Tab 键

在表格中选中单元格就像在普通区域中一样，但是在使用 Tab 键到达最后一列时，再次按 Tab 键会移动到下一行的第一个单元格。

2. 选择表格区域

当在表中移动鼠标时，会发现鼠标的形状在发生变化，这些形状可以帮助选中表的不同部分。

（1） 选中整列。

选中列中的数据或者整列有以下两种方法。

- 将鼠标移向标题行中的单元格顶部，鼠标变成一个向下的箭头。单击一次选中列中数据，再次单击选中包括标题在内的整个表列。
- 选择列标题所在的单元格，移动指针，使其变成带有四个箭头的十字光标，单击可选中整个表列。

（2） 选中整行。

- 将鼠标移向首列中的单元格左侧，鼠标变成一个向右的箭头。单击选中整个表行。

（3） 选中整个表。

- 将鼠标移向左上方单元格的左上部分，鼠标变成一个斜箭头。单击一次选中表中的数据，再次单击选中整个表。
- 选择表格中的任一单元格，然后移动鼠标指针到表的任一边框，使其变成带有四个箭头的十字光标后，单击选中整个表。

3. 添加行/列

表格中添加新行（列）十分智能，具体有以下几种方式。

- 在表右侧的列（表下方的行）中激活一个单元格，然后输入数据，Excel 会自动在水平（垂直）方向扩展表。
- 移动鼠标指针到表格的右下角，变成一个双向箭头的对角线指针，单击向下（右）拖动，则添加新行（列）。
- 右击表中的单元格，在弹出的快捷菜单中选择“插入”命令，并从此命令的附加菜单项中选择附加菜单项，插入表行（列）。
- 单元格指针在表格的右下端时，按 Tab 键将会在底部插入一个新行。

当插入一个新列时，标题行将显示通用描述，如“列 1”、“列 2”等，也可以将这些名称更改为描述性标签。

4. 删除行/列

要删除表中的行（列），首先选中行（列）中的任一单元格，如要删除多行（列），就全部选中，然后右击鼠标，在弹出的快捷菜单中，选择“删除”/“表行”命令（或“删除”/“表列”命令）。

5. 移动表格

在同一张工作表中移动工作表时，将鼠标指针移动到表格的任一边框，使其变成带有四个箭头的十字光标后，单击并拖动到新的位置。

要将表移动到不同的工作表中，可以按以下步骤操作。

（1） 用上述方法选中整个表。

（2） 按 Ctrl＋X 组合键剪切所选单元格。

（3） 激活新工作表并选中表的左上方单元格。

（4） 按 Ctrl＋V 组合键粘贴表格。

例 2-8 创建“工资”表格并完成以下操作。

该范例文件见随书光盘“第 2 章”文件夹，“基础知识”工作簿中的“Sheet1”工作表。

（1） 创建“工资”表格。

（2） 使用 Web 键查询编号为“1002”的员工工资的明细项目。

（3） 设置表格中字体格式为“Arial”。

（4） 设置“应付工资”列的字号为“12”，字体颜色为“红色”，并加粗显示。

（5） 在“基本工资”列前加入“银行账号”列。

（6） 删除编号为“1007”的员工信息。

（7） 在“应付工资”列后添加“应付福利费”列。

（8） 增加员工编号为“1015”和“1016”的表格行。

2.6.4 表格的功能

在 Excel 2013 中，使用表格能直接在数据区域中加入汇总行、删除重复行、更便捷地筛选和排序，下面介绍这些功能的使用。

1. 更改表元素

单击“表格工具”/“设计”选项卡，在该选项卡的 “表格样式选项”功能组中包含几个复选框，用于确定是否显示表的各种元素以及一些格式选项是否起作用。

- 标题行：切换标题行的显示。
- 汇总行：切换汇总行的显示。
- 第一列：对第一列切换特殊格式。
- 最后一列：对最后一列切换特殊格式。
- 镶边行：切换镶边（更改颜色）行的显示。
- 镶边列：切换镶边（更改颜色）列的显示。

2. 使用汇总行

汇总行位于表格的最后一列，包含用于汇总列中信息的公式。默认情况下，汇总行不显示，如要显示汇总行，选择“表格工具”/“设计”/“表格样式选项”命令，并勾选“汇总行”旁边的复选框。

汇总行在默认情况下，显示数值列中值的总和。除此之外，它还有以下几种不同类型的汇总公式，当选中汇总行中的一个单元格时，会出现一个下拉箭头，单击，弹出如图 2-47 所示的下拉列表，用户可以从多种计算公式中进行选择。

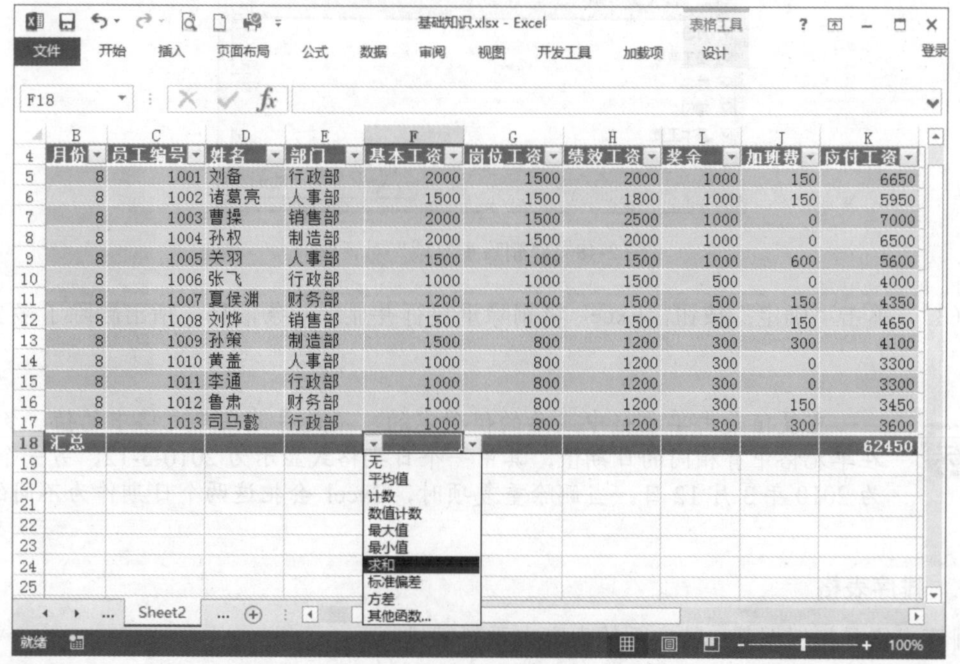

图 2-47　在汇总行中选择公式

- 无：无公式。
- 平均值：显示列中数值的平均值。
- 计数：显示列中的项数（空白单元格不计）。
- 数值计算：显示列中数值的总个数（空白单元格、文本单元格和错误单元格不计）。
- 最大值：显示列中数值的最大值。
- 最小值：显示列中数值的最小值。
- 求和：显示列中数值的总和。
- 标准偏差：显示列中数值的标准偏差。标准偏差是一种度量数据分布的分散程度的标准。
- 方差：显示列中数值的方差。方差是另一种度量数据分布的分散程度的标准。
- 其他函数：显示“插入函数”对话框，从中可以选择列表中没有的函数。

3. 删除重复行

如果一个表格中包含两条相同的记录，需要删除这些重复项，这项操作在表格中按以下步骤进行将会十分方便：

（1） 选中表的任一单元格。

（2） 选择“表格工具”/“设计”/“删除重复项”命令。Excel 将弹出如图 2-48 所示的“删除重复项”对话框，其中列举了该表中的所有列。默认选择所有的列，也可以重新勾选在重复项搜索中列旁边的复选框。

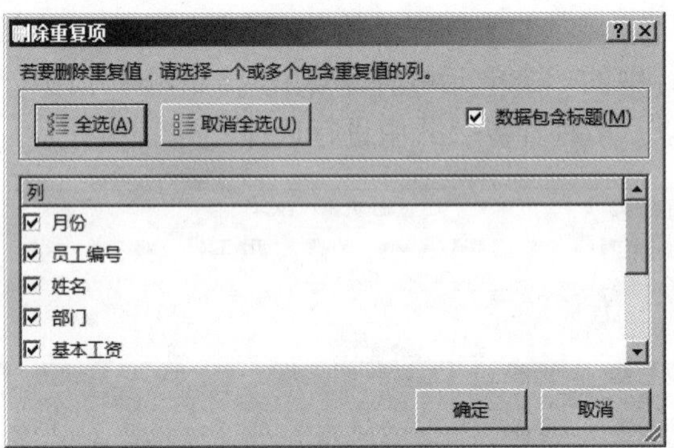

图 2-48 “删除重复项”对话框

（3） 单击“确定”按钮，Excel 将删除重复行并显示一条信息，指出删除了多少重复项。

重复值是由单元格中显示的值确定的，不是存储在单元格中的值。例如，在单元格中有相同的日期值，其中一个日期格式显示为 2010-3-12，另一个格式为 2010 年 3 月 12 日。当删除重复项时，Excel 会把这两个日期作为不同的值。

4. 排序表格

排序表格是指根据某一特定列的内容来重新编排行。

Excel 提供了以下几种方法对表格进行排序。

- 单击某一列的列标旁的下拉箭头，弹出如图 2-49 所示的下拉列表，选择其中的排序命令。列表中显示了可以按升序、降序、颜色排序。“按颜色排序”，是基于数据的背景或文本颜色对行进行排序。只有用自定义的颜色覆盖了表样式颜色之后，才可以使用这个选项。

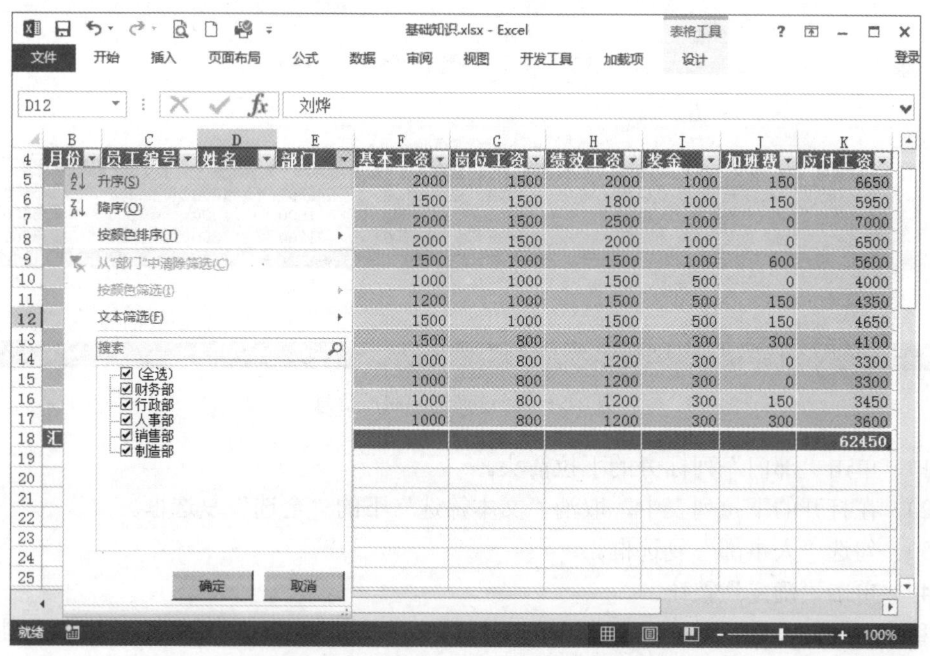

图 2-49　利用快捷菜单对表格排序

- 选择“开始”/“编辑”/“排序和筛选”/“自定义排序”命令，打开如图 2-50 所示的“排序”对话框。

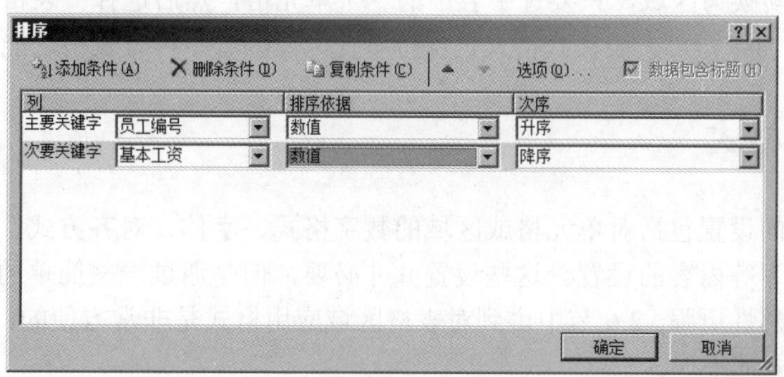

图 2-50　“排序”对话框

- 右击表中任一单元格，然后从快捷菜单中选择“排序”/“自定义排序”命令，打开“排序”对话框。

可以对任意数量的列进行排序，在用快捷菜单排序时首先对不重要的列排序，然后依此类推。但是，如果在打开的“排序”对话框中对表格进行排序时，正好是相反的，首先要将重要的通过“添加条件”按钮插入搜索控件，然后依此类推。

5. 筛选表格

筛选表格是指只显示满足某些条件的行，而其他行则被隐藏。

例 2-9 筛选如图 2-51 所示的所有“人事部”职员信息，具体操作步骤如下。

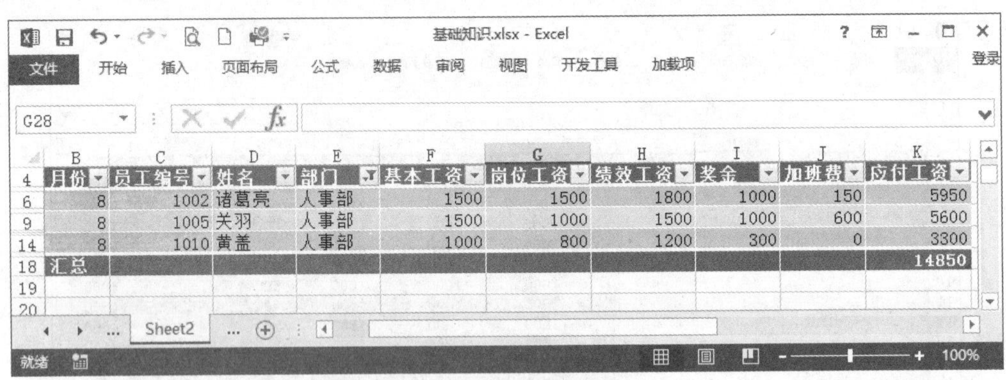

图 2-51 经过筛选的职员信息

（1） 单击“部门”列标旁的下拉箭头。

（2） 在打开的下拉列表中，取消“文本筛选”下的“全选”复选框。

（3） 勾选“人事部”复选框。

（4） 单击“确定”按钮。

要移除对列的筛选，单击行标题中的下拉箭头并选择“清除筛选”命令。如果使用多列进行了筛选，那么通过选择“开始”/“编辑”/“排序和筛选”/“清除”命令移除所有筛选，此方法更为快速。

6. 将表格转换为区域

如需将表格转换为区域，只要选中表中的一个单元格，然后选择“表格工具”/“设计”/“转换为区域”命令即可。表样式格式仍保持不变，但区域不再有表格功能。

2.7 工作表格式

工作表格式的设置包括对单元格或区域的数字格式、字体、对齐方式、边框、填充、保护（显示或隐藏）等内容的设置。这些设置并非必要，但是通过一些简单的格式设置可以使整张工作表的观感性更强。2.6 节中讲到对表格区域应用格式是非常方便的，本节将介绍针对普通区域应用格式的操作。

2.7.1 格式工具

Excel 的格式工具可以通过以下 3 种方式引用。

1. 在功能区的“开始”选项卡中

功能区“开始”选项卡提供了快速访问常用格式化选项的方式。选择单元格或区域，然后使用“字体”、“对齐方式”、“数字”功能组中的适当工具。

2. 右击单元格或区域，弹出浮动工具栏

右击单元格或区域时，会显示快捷菜单，此外，在快捷菜单的上方会出现一个浮动工具栏。

浮动工具栏包含以下常用格式控件：字体、字号、增大字号、减小字号、会计数字格式、百分比样式、千位分隔符、格式刷、黑体、斜体、居中、边框、填充颜色、字体颜色、增加小数位、减小小数位、合并后居中。

使用浮动工具栏中的工具，快捷菜单会消失，但工具栏仍保持可见，这样可以根据需要继续应用其他格式。同时要注意，如果鼠标指针从浮动工具栏上移开，浮动工具栏会逐渐消失。要隐藏浮动工具栏，只要单击任一单元格即可。

3. 在“设置单元格格式”对话框中

大部分情况下，使用“开始”选项卡上功能组中的工具或者浮动工具栏中的控件已经足够了，但是如果需要某些特殊的格式，就需要打开“设置单元格格式”对话框。该对话框有 6 个选项卡：“数字”、“对齐”、“字体”、“边框”、“填充”、“保护”，它们提供了几乎可以应用的任何类型的样式格式和数字格式。

选择要格式化的单元格或区域，打开“设置单元格格式”对话框，可以通过以下几种方式：

- 单击“开始”选项卡，打开该选项卡后，单击 “字体”、“对齐方式”、“数字”3 个功能区中的任一区中的“对话框启动器”命令。该命令位于组名右侧的一个向下的小箭头图标处。
- 右击并从快捷菜单中选择“设置单元格格式”。
- 按 Ctrl+1 组合键。

2.7.2 使用格式

格式包括数字格式、字体、对齐方式、边框、填充、保护（显示或隐藏）6 种不同的属性。其中，数字格式和保护这两个属性分别在 2.5.1 节和 2.4.6 节中已有详细讲解，本节将继续介绍其他几种格式的使用。

1. 字体

Excel 中对字体的设置包括字体、字形（黑体、斜体）、字号、文本颜色、下画线及删除线、上标、下标等特殊效果。

默认情况下，Excel 2013 使用 11 号宋体。使用不同的字体、字号可以让工作表的不同部分更突出。如图 2-52 显示了几种不同的字体格式实例。

图 2-52 中同时显示了下画线的效果，其中两种非会计下画线样式中，只有单元格中有文本填充时才会显示文本宽度的下画线，而在两种会计下画线样式中，单元格的整个宽度全部都有下画线。

2. 对齐方式

单元格中的内容可以向水平和垂直方向对齐。默认情况下，Excel 数字向右对齐，而文本向左对齐。所有单元格在默认情况下使用底端对齐。

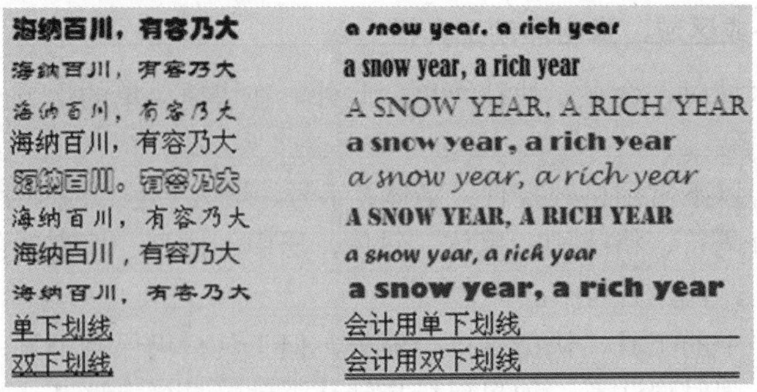

海纳百川，有容乃大	a snow year, a rich year
海纳百川，有容乃大	a snow year, a rich year
海纳百川，有容乃大	A SNOW YEAR, A RICH YEAR
海纳百川，有容乃大	a snow year, a rich year
海纳百川。有容乃大	a snow year, a rich year
海纳百川，有容乃大	A SNOW YEAR, A RICH YEAR
海纳百川，有容乃大	a snow year, a rich year
海纳百川，有容乃大	a snow year, a rich year
单下划线	会计用单下划线
双下划线	会计用双下划线

图 2-52　各种字体及下画线效果

在“开始”选项卡中的“对齐方式”功能组中，可以对常用的文本对齐方式进行快速设置，如要进行更加详细的设置，也可以在“设置单元格格式”对话框中进行。除对文本进行垂直、水平方向的对齐外，还有以下设置。

（1）　合并工作表单元格。

合并工作表单元格可创建更多的文本空间。可以合并任意数量或占有任意数量的行和列的单元格。然而，除了左上方的单元格外，其他要合并的区域必须为空。否则，Excel 将显示一个警告，如要继续，除左上角的单元格之外的所有单元格内容将要被删除。

（2）　自动换行或缩小字体填充。

如果存在太宽不适合列宽的文本，但又不想要它们跨入相邻的单元格中，那么就可以使用“自动换行”选项或“缩小字体填充”选项来容纳该文本。

“自动换行”选项可在单元格中的多行上显示文本，使用该选项可显示长标题而无须加大列宽，也无须缩小文本字号。

“缩小字体填充”选项可缩小文本字号使其适合单元格，而不跨入相邻的单元格中。

（3）　控制文本方向。

某些情况下，可能会需要在某个角度上显示单元格中的文本来创造更好的视觉效果。

选择“开始”/“对齐方式”/“方向”命令，可以应用最常规的文本角度。但在“设置单元格格式”对话框中的“对齐”选项卡上，可以拖动量表中的指针或使用“度”微调控件来设置更精确的文本角度。可以在水平、垂直、＋90º 和−90º 之间的任一角度上显示。

（4）　控制文字方向。

文字方向指的是语言从左向右读或从右向左读（注意不要将文本方向和文字方向相混淆）。虽然大多数语言都是从左读向右的，但有一些存在特例的时候。可以使用“文本方向”选项对使用的语言选择适当的位置。该命令只有在“设置单元格格式”对话框中的“对齐”选项卡上才能找到。

3.　边框

在“浮动工具栏”和“设置单元格格式”对话框中的“边框”选项卡上设置边框。

设置之前，选择设置边框的区域，然后选择边框的样式、颜色和边框种类。“边框”选项卡上有 3 个预置图标（无、外边框、内部），直接单击这些预置图标，并在此基础上修改，会减少单击的次数，提高设置效率。

用户也可以自行绘制边框。

4. 填充

选择“开始”/“字体”/“字体颜色”控制单元格文本颜色，选择“开始”/“字体”/“填充颜色”控制单元格背景颜色，这两种颜色控制方式同样可以在“浮动工具栏”中找到。

打开“设置单元格格式”对话框中的“填充”选项卡，还可对单元格或区域选择各种填充背景。

2.7.3 应用样式

Excel 的另外一个可以快速格式化文本的功能就是使用命名样式。使用命名样式很容易对一个单元格或区域应用一组预定义格式。除了可以节约时间之外，使用命名样式还有利于保证外观的一致性。

一种样式由分为 6 个不同属性的设置组成：数字格式、字体、对齐方式、边框、填充、保护（显示或隐藏）。当更改样式的一个组成部分时，样式的真正魅力才展露出来。所有使用命名样式的单元格会自动发生更改。

1. 应用现有样式

Excel 中提供了一组非常好的预定义命名样式。如图 2-53 显示了可用的单元格样式实例，而且这里显示的是一个“生动预览”的效果，当在样式选项之间移动鼠标时，选中的单元格或区域会立即显示该样式，看到合适的样式时，单击就可以对选中的区域应用该样式。

单元格应用一个样式后，可以通过使用本节中讨论的任意格式设置方法对它应用附加格式。对单元格使用格式修改不会影响使用同一样式的其他单元格。

2. 修改样式

也可以在现有的样式基础上修改，选择“开始”/“样式”/“单元格样式”，右击要修改的样式并从快捷菜单中选择“修改”命令。打开如图 2-54 所示的“样式”对话框，单击“格式”按钮，打开“设置单元格格式”对话框，进行各种设置，完成之后单击“确定”按钮。

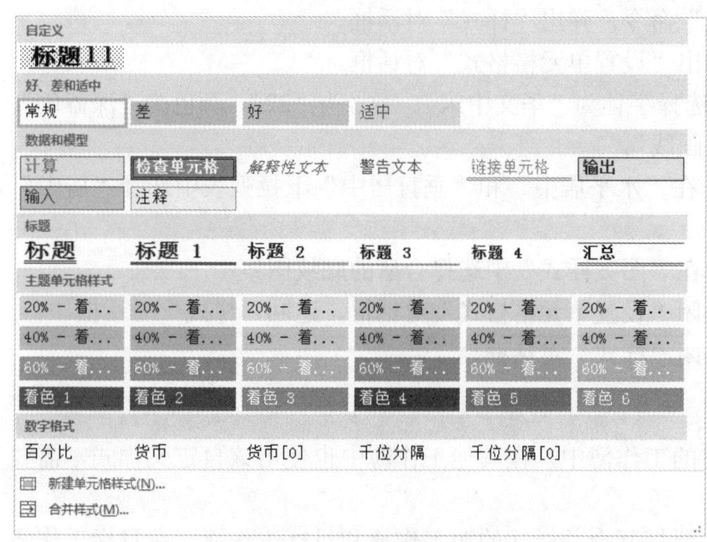

图 2-53 单元格样式

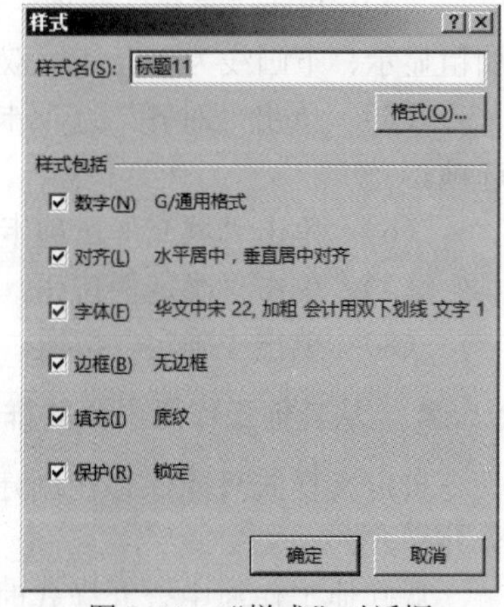

图 2-54 “样式”对话框

下面是一个简单的例子，展示如何使用样式来更改整个工作簿中使用的默认字体。

例 2-10 更改工作簿的默认字体。

（1） 选择“开始”/“样式”/“单元格样式”，显示活动工作簿的样式列表。

（2） 右击“常规”并选择“修改”命令，弹出“样式”对话框。

（3） 单击“格式”按钮，弹出“设置单元格格式”对话框。

（4） 单击“字体”选项卡并选择要设为默认值的字体。

（5） 单击“确定”按钮，关闭“设置单元格格式”对话框，返回“样式”对话框。

（6） 单击“确定”按钮，关闭“样式”对话框。

3. 自定义样式

除了使用 Excel 的内置样式之外，还可以按照以下步骤创建自己的样式。

（1） 选中一个单元格并应用要包含在新样式中的所有格式，可以使用“设置单元格格式”对话框中的任意格式。

（2） 选择“开始”/“样式”/“单元格样式”/“新建单元格样式”命令，打开“样式”对话框。

（3） 在“样式名”方框中输入一个新样式名。下方的复选框会显示单元格的当前格式，默认情况下，所有复选框都是选中的，可以根据需要删除复选标记。

（4） 单击“确定”按钮，关闭对话框。

应用新样式时，选择“开始”/“样式”/“单元格样式”命令，就可以找到一个新的自定义样式。自定义样式只能在创建它的工作簿中使用。

例 2-11 自定义单元格样式并应用。

自定义的单元格样式为：字体为“华文中宋”、字号为“22”、颜色为“深蓝色”、加粗、居中显示、背景底纹、双下画线。

（1） 选择“开始”/“样式”/“单元格样式”，显示活动工作簿的样式列表。

（2） 选择“新建单元格样式”命令，弹出“样式”对话框。

（3） 单击“格式”按钮，弹出“设置单元格格式”对话框。

（4） 单击“字体”选项卡，选择字体为“华文中宋”、字号为“22”、颜色为“深蓝色”、加粗显示、下画线为“会计用双下画线”。

（5） 单击“对齐”选项卡，在“水平居中”和“垂直居中”下拉列表中选择“居中”选项。

（6） 单击“填充”选项卡，在“图案样式”中选择合适的底纹图案。

（7） 单击“确定”按钮，关闭“设置单元格格式”对话框，返回“样式”对话框。

（8） 单击“确定”按钮，关闭“样式”对话框。

4. 从其他工作簿中合并样式

自定义样式只能保存在创建它的工作簿中，在其他工作簿中也使用该自定义样式，需要合并样式。

从其他工作簿中合并样式时，要打开合并样式的源工作簿和目标工作簿。在目标工作簿中，选择“开始”/“样式”/“单元格样式”/“合并样式”命令，打开“合并样式”对话框，显示出一个所有打开的工作簿的列表，选择包含要合并样式的工作簿并单击“确定”按钮。

Excel 将从选择的工作簿中把样式复制到活动工作簿中。

2.8 打印工作表

打印工作表是日常工作中重要的一部分。Excel 2013 中提供了便捷的页面视图、大量的页面设置、打印设置来调整打印效果。本节将介绍如何利用这些功能方便、快捷地打印出完美的、具有专业化水平的工作表。

2.8.1 快速打印

当编辑完一份工作表时，Excel 会按默认设置安排打印的过程，用户可以使用“快速打印”选项，快速地完成打印工作。

使用“快速打印”选项有以下两种方法。

- 选择“文件”/“打印”命令。
- 添加“快速打印”按钮到“快速访问工具栏”中：单击“快速访问工具栏”右侧的向下箭头，打开下拉菜单，从菜单中选择“快速打印”命令，该命令按钮的图标就自动添加到“快速访问工具栏”中。

单击“快速打印”按钮时使用以下默认的打印设置。

- 打印活动工作表（包括嵌入的表或对象）。
- 打印一份。
- 打印整个工作表。
- 使用纵向模式打印。
- 不对打印输出进行缩放。
- 使用上下页边距为 0.75 英寸，左右页边距为 0.7 英寸大小的纸张。
- 打印的文件没有页眉和页脚。
- 不打印单元格内容。
- 打印的文件没有单元格网格线。
- 对于较宽的跨越多页的工作表，打印顺序为先列后行。

打印工作表时，Excel 只打印工作表的活动区域，按 Ctrl＋End 组合键可移动到工作表的最后一个活动单元格。

2.8.2 页面视图

Excel 2013 之前的版本在预览打印效果时，不能进行页面设置等操作。而在新版本中增加了 3 个视图控制选项，它们不仅能实时地预览打印的效果，还能在预览的同时访问 Excel 上所有的命令。

这 3 个视图按钮位于状态栏右侧。

◆ “普通”视图

工作表的默认视图，这个视图可能显示或不显示分页符。分页符用水平和垂直的虚线表示，当进行更改页面方向、添加或删除行和列或者更改行高及列宽等操作时，这些分页符就会自动调整。

图 2-55 显示了“普通”视图模式的工作表，且缩放到了可以显示多个页面的状态。

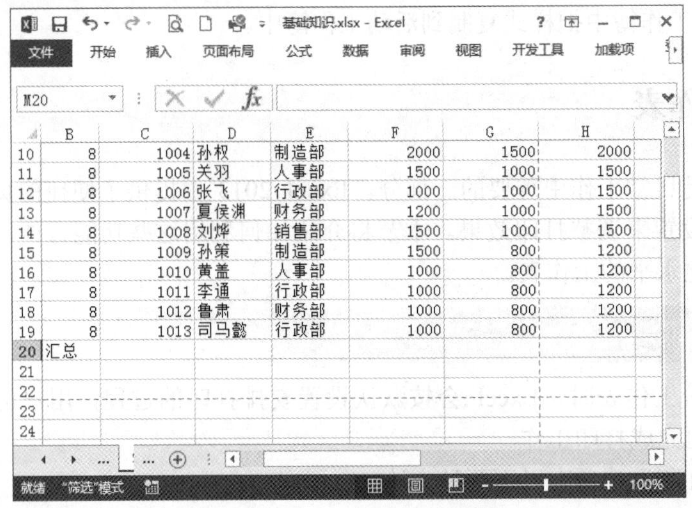

图 2-55 “普通”视图模式

分页符只有打印或者预览一次才会显示，如果不喜欢看到这些分页符，可以在“文件”/“选项”/“高级”选项卡/“此工作表的显示选项”/“显示分页符”命令中删除复选标记。

◆ “页面布局”视图

“页面布局”视图就是最终的打印预览，跟旧的打印预览不同的是，这个模式不仅是视图模式，还可以直接在该模式上进行页眉页脚设置、页面设置、打印设置等 Excel 中的其他命令操作。

图 2-56 显示了“页面布局”视图模式的工作表，移动鼠标到页脚，单击可以隐藏页边距上的空白空间，从而可以在屏幕上看到更多的信息。

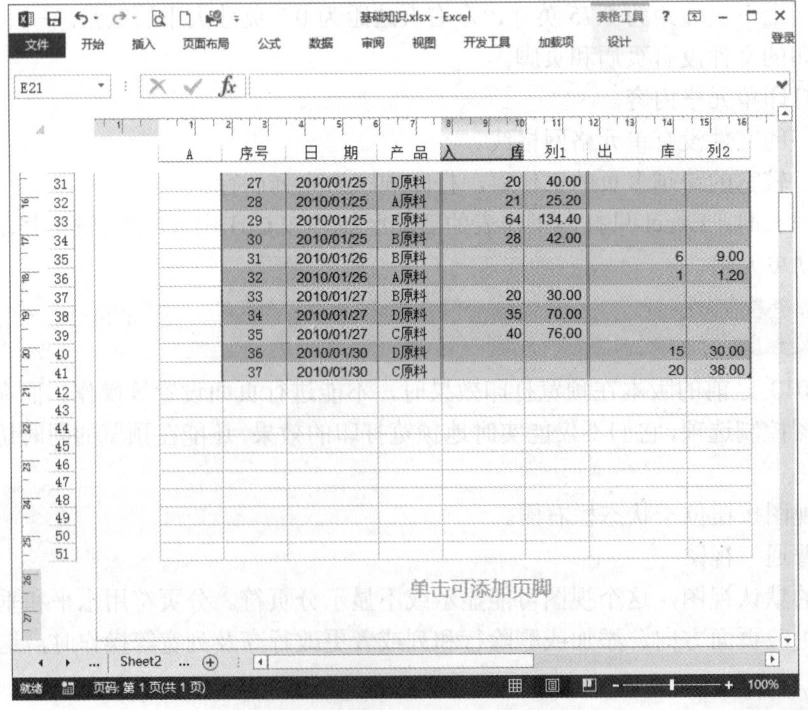

图 2-56 “页面布局”视图模式

◆ “分页预览”视图

一个可手工调整分页符的视图，该视图与“普通”视图的区别在于：使用“普通”视图时不可以拖动分页符；与“页面布局”视图的区别在于：“分页预览”视图不显示页眉和页脚。

进入“分页预览”模式时，有以下特点：

- 更改缩放比例，以便可以看到工作表的更多区域。
- 显示覆盖在页面上的页数。
- 以白色背景显示当前的打印区域，不打印的数据则以灰色背景显示。
- 拖动虚线时显示所有的分页符，并且 Excel 会自动调整缩放比例使信息适合页面以及每一个规格说明。

在以上 3 种视图模式中都可以进行 Excel 的各种命令操作，退出当前模式，只需单击另外一种模式即可。

2.8.3 添加页眉页脚

页眉是每一打印页顶端所显示的信息，页脚是每一打印页底部所显示的信息。默认情况下，新工作簿没有页眉和页脚。

页眉和页脚由三部分组成：左部分、中间部分以及右部分。Excel 提供了以下两种工具来设置页眉和页脚。

（1）“页面设置”对话框。

可以通过选择“页面布局”/“页面设置”功能区组名右侧的对话框启动器打开该对话框。

（2）“页眉和页脚工具”/“设计”选项卡。

- 在“页面布局”视图模式中，会出现一个新的“页眉和页脚工具”/“设计”选项卡，如图 2-57 所示。

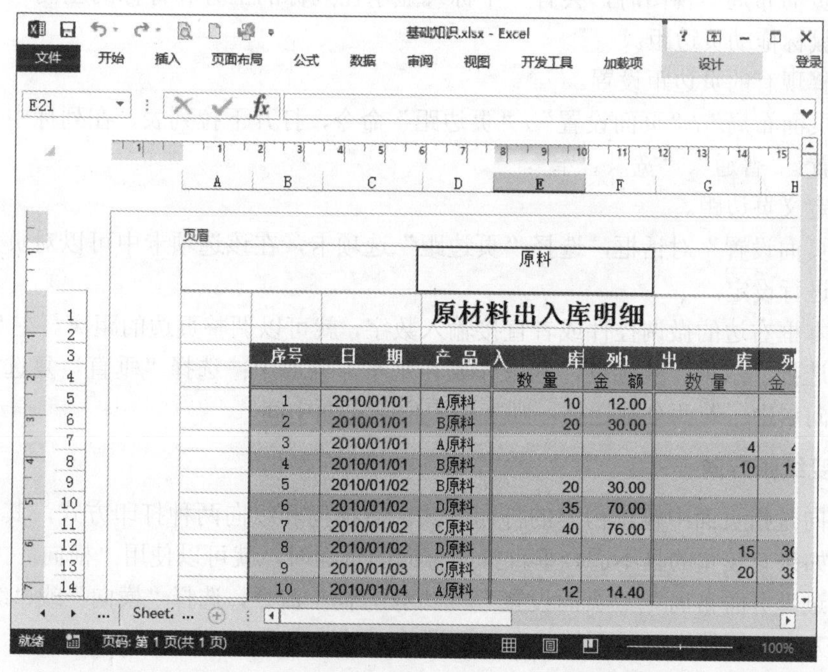

图 2-57 “页眉和页脚工具”/“设计”选项卡

- 在“普通”视图模式下，选择“插入”/“文本”/“页眉和页脚”命令，会自动切换到“页面布局”视图并激活页眉的中间部分。

选择“页眉和页脚工具”/“设计”/“页眉和页脚”/“页眉”命令（或者“页眉和页脚工具”/“页眉和页脚”/“页脚”），打开下拉列表，可以从这些预定义页眉和页脚中选择所需要的选项。

用户可以选择“页眉和页脚工具”/“设计”/“页眉和页脚元素”中的各种按钮来自己定义页眉和页脚。

“&”代表编码符号，如果文本中带有“&”符号，就必须输入两次。

在“页眉和页脚工具”/“设计”/“选项”功能组中还包含一些可以设置的其他选项控件，比如“首页不同”、“奇偶页不同”、“随文档一起缩放”和“与页边距对齐”等。

2.8.4 调整页面设置

若快速打印并不能满足用户的打印需求，这时需要在“页面布局”选项卡上对页面设置进行相应的调整来打印出漂亮的工作表，这就是本节要介绍的内容。

1. 调整页边距

页边距是打印页面两侧、上下不进行打印的区域。所有打印页面的页边距是相同的，对不同的页面不能设定不同的页边距。

Excel 提供了以下几种方式来设置页眉和页脚。

◆ 直接拖动。

使用“页面布局”视图时，会有一个标尺显示在列标的上方和行标的左侧，可以直接在标尺上使用鼠标拖动页边距。

◆ 选择现有的页边距设置。

选择“页面布局”/“页面设置”/“页边距”命令，打开下拉列表，在列标中有 3 种常用的页边距设置：“普通”、“宽”、“窄”。

◆ 自定义页边距。

打开“页面设置”对话框，选择“页边距”选项卡，在该选项卡中可以对页眉和页脚距页边的距离进行设定。

单击文本框右边的微调控件或者直接输入数字，就可以调整页边的距离。在“居中方式”选项组中，选择“水平”复选框，则工作表在水平方向居中；选择“垂直”复选框，则工作表在垂直方向居中；若两个都选择，则工作表位于页面中间。

2. 改变纸张方向

纸张方向是指页面中输出内容的打印方式。有横向和纵向两种打印方式，其中纵向为默认的设置，如果有较宽的且不适合垂直打印方向的页面时，就可以使用“横向”方式打印。

可以通过“页面布局”/“页面设置”/“纸张方向”命令，选择“横向”或“纵向”方式，如果更改了方向，屏幕上的分页符就会自动调整，以适应新的纸张方向。

3. 设定纸张大小

使用“页面布局”/“页面设置”/“纸张大小”命令可以设定使用的纸张大小。

4. 设定打印区域

默认情况下，Excel 打印工作表的整个活动区域，但在某些情况下，可能只需要打印工作表的一部分。

选择“页面布局”/“页面设置”/“打印区域”/“设置打印区域”命令来设置。取消时选择“页面布局”/“页面设置”/“打印区域”/“取消打印区域”命令。

5. 分页符

Excel 会自动地处理分页符，但是如果打印的表格太长或者您想要强制分割页面时，就需要使用分页符将一张工作表分为几个相互独立的区域，使其在不同的纸上打印输出。

选择“页面布局”/“页面设置”/“分页符”/“插入分页符”命令，创建分页符；选择“页面布局”/“页面设置”/“分页符”/“删除分页符”命令，删除新建的前一个分页符；选择“页面布局”/“页面设置”/“分页符”/“重设所有分页符”命令，删除工作表中所有手工设置的分页符。

6. 插入背景图片

选择“页面布局”/“页面设置”/“背景”命令，插入的图片只能在屏幕上显示，并不能打印输出。如果要想在打印输出上有一幅背景图片，可以在页眉页脚中插入一个对象。

7. 重复打印行和列的标题

要在每一页中都打印相同的行和列作为标题，可以使用“页面布局”/“页面设置”/“打印标题”命令，打开 “页面设置”对话框中如图 2-58 所示的“工作表”选项卡。

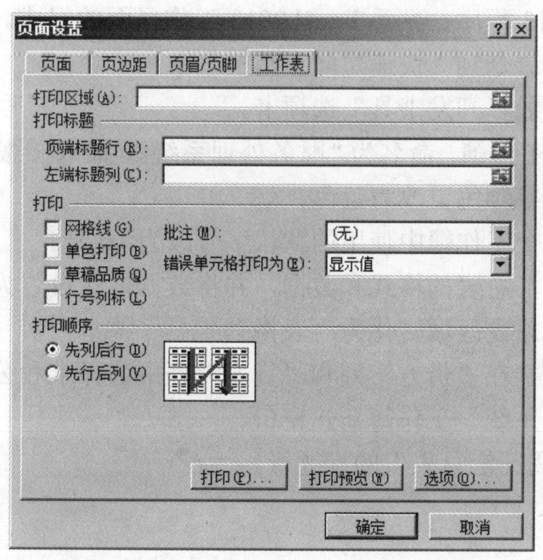

图 2-58 “工作表”选项卡

激活相应的框，然后选择工作表中的行和列即可。

8. 打印单元格网格线

通常情况下，不打印单元格网格线，如果要打印输出网格线，选择“页面布局”/“工作表选项”/“网格线”/“打印”命令。

9. 打印行号和列标

通常情况下，不打印行和列的标题，如果想要打印输出这些项目，选择“页面布局”/“工作表选项”/“标题”/“打印”命令。

2.9 本章小结

本章主要介绍了 Excel 2013 的工作界面、新增加的功能，工作表、单元格以及表格、打印工作表的各种操作方法。

通过本章的学习，读者应该掌握以下几个知识点。

- 熟悉 Excel 2013 工作界面。
- 理解工作表与工作簿、单元格、表格之间的关系。
- 掌握工作表、工作簿的基本操作。
- 掌握单元格、区域的常用基本操作。
- 掌握表格的使用。
- 掌握工作表格式的设置。
- 掌握打印工作表的设置和常用操作。

2.10 上机练习

（1） 启动 Excel 2013 程序，熟悉 Excel 2013 工作界面的组成。

（2） 添加“打印”命令到“快速访问工具栏”中。

（3） 在功能区中添加“开发工具”选项卡。

（4） 创建一个新的工作簿，命名为“财务处理系统”，插入一张新的工作表，命名为“记账凭证汇总表”并将表标签颜色更改为蓝色。

（5） 使用样式将整个工作簿中使用的默认字号改为 10 号。

（6） 输入记账凭证汇总表的格式和数据，并将数据格式设置为“会计专用格式”。

（7） 将记账凭证汇总表区域转化为“表格”。

（8） 插入汇总行，并在“借方”列和“贷方”列中选择求和公式。

（9） 为“财务处理系统”工作簿新建窗口。

（10） 冻结“记账凭证汇总表”的标题行。

第 3 章 Excel 2013 高级应用

用户对 Excel 2013 的基础知识掌握之后，通过本章的学习，可以了解会计电算化中常用的公式与函数、设置数据验证、快速创建专业外观图表、使用条件格式可视化数据、利用图片和图形美化界面、利用筛选和排序等功能管理数据、利用数据透视表和数据透视图进行数据分析、简单的 VBA 宏创建等 Excel 2013 相关的高级应用知识。

3.1 公式和函数

公式和函数是 Excel 处理数据的核心。公式是对工作表中的数据执行计算的等式。它以“=”（等号）开头，使用各种运算符和工作表函数来处理数值和文本。

通常，公式可以由以下几个元素组成。

- 常量：包括数值和文本。
- 运算符。
- 单元格引用。
- 函数。

以上各元素可以在公式中混合使用，假设单元格 A1、A2、A3 中的值分别为 4、5、6，在单元格 A4 中输入以下公式：

```
=SUM(A1:A3) *2
```

公式的含义为：用函数 SUM()引用区域 A1:A3 中的值并相加，使用“*”运算符，乘以常量 2，公式的运算结果为 30。

3.1.1 公式的基本操作

在学习应用公式时，首先应掌握公式的基本操作，包括输入、编辑、显示和复制等。

1. 输入公式

在 Excel 中输入公式的最基本方法是：选择要输入公式的单元格，在公式栏中输入“=”即等号，然后输入计算表达式，按 Enter 键即可在单元格中显示公式运算的结果。

例 3-1 计算工资合计数。

如图 3-1 所示，单元格 B2、C2、D2 中分别为员工“张三”的基本工资、奖金、补贴金额，在单元格 E2 中输入公式“=B2+C2+D2”计算员工“张三”的工资合计数，具体步骤如下。

（1） 选择单元格 E2。

（2） 在公式栏内输入“=B2+C2+D2”。

（3） 按 Enter 键，单元格 E2 中显示公式的计算结果，如图 3-2 所示。

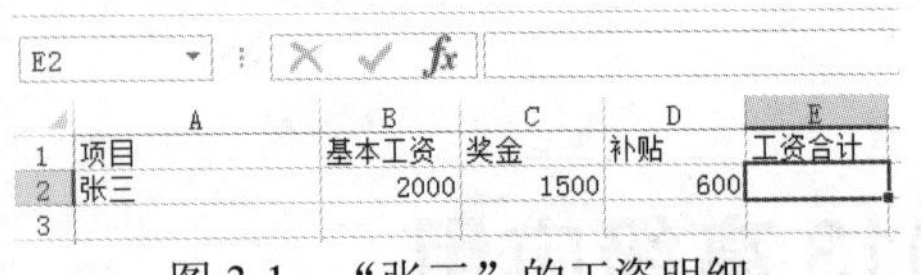

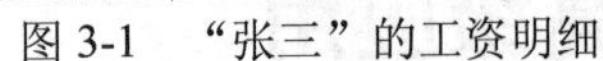
图 3-1 “张三”的工资明细

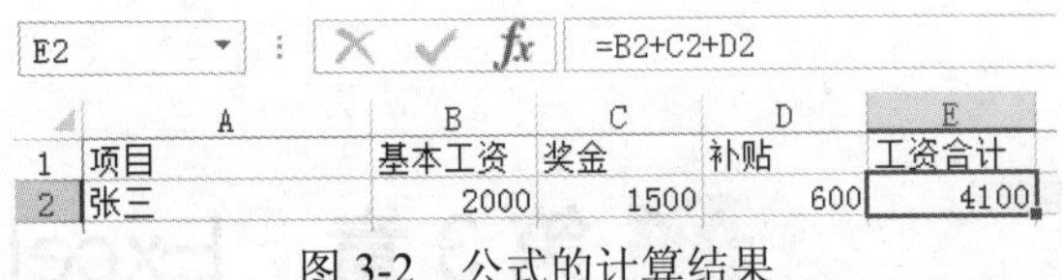

图 3-2 公式的计算结果

在输入公式内容的过程中，用户还可以学习以下几种方法和技巧提高公式的输入效率：

◆ 通过单击引用单元格。

承例 3-1，通过单击引用单元格的方法在 E2 中输入公式“=B2＋C2＋D2”的具体步骤如下：

（1） 选择单元格 E2。

（2） 在公式栏中输入“=”。

（3） 单击单元格 B2（被引用的单元格周围会出现活动边框），手工输入“＋”，单击单元格 C2，手工输入“＋”，单击单元格 D2。

（4） 按 Enter 键，完成公式的输入，E2 中显示公式计算的结果。

◆ 使用区域名称引用单元格。

承例 3-1，使用区域名称引用单元格的方法在 E2 中输入公式“=SUM（张三工资）”的具体步骤如下：

（1） 选取区域 B2:D2，在名称框中输入“张三工资”（如图 3-3 所示），按 Enter 键，完成对该区域的命名操作。

（2） 选择单元格 E2，在公式栏内输入“=SUM()”。

（3） 按 F3 键，弹出如图 3-4 所示的“粘贴名称”对话框。

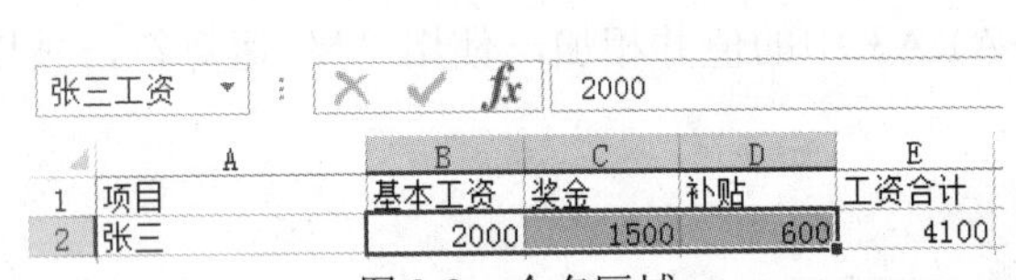

图 3-3 命名区域

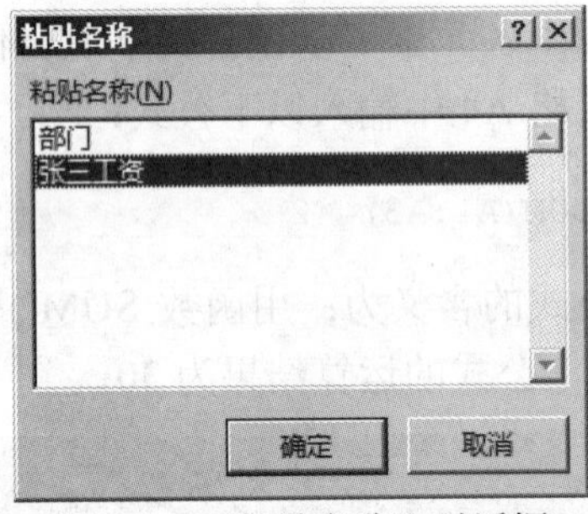

图 3-4 “粘贴名称”对话框

（4） 在列表中选择“张三工资”，单击“确定”按钮，返回工作表界面，公式栏内的公式显示为“=SUM(张三工资)”。

（5） 按 Enter 键，完成公式的输入，E2 中显示公式计算的结果。

在公式中使用名称时，必须首先对引用区域命名；否则按 F3 键，并不会显示“粘贴名称”对话框。

2. 编辑公式

如果需要重新编辑公式，Excel 提供了以下几种进入单元格编辑模式的方法。

- 双击单元格，直接在单元格中编辑。
- 按 F2 键，直接在单元格中编辑。
- 选择要进行编辑的单元格，然后单击公式栏，在公式栏中编辑单元格内容。

3. 显示公式

默认设置下，单元格中显示公式计算的结果，而公式本身只显示在公式栏内，为了方便检查公式的正确性，可以通过以下几种方式将公式直接显示在单元格中。

- 选择“公式”/“公式审核”/“显示公式”命令。
- 按 Ctrl+`(`符号位于 1 键的旁边)组合键可以快速查看工作表中单元格公式的内容。

图 3-5 就是对例 3-1 中的区域进行 Ctrl+`组合键操作后显示公式的效果。

4. 复制公式

若只复制单元格中的公式，可以使用“选择性粘贴”功能。

如图 3-6 所示的工作表，增加了一行“李四”的工资明细，要将单元格 E2 的公式复制到 E3 中，具体步骤如下。

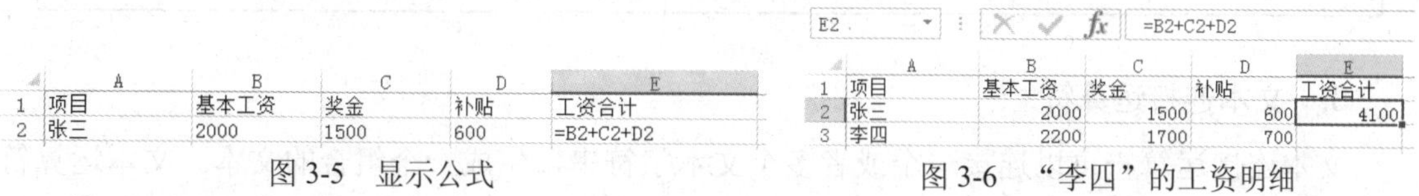

图 3-5 显示公式　　　　图 3-6 “李四”的工资明细

（1） 选择单元格 E2。

（2） 按 Ctrl+C 组合键。

（3） 选择单元格 E3。

（4） 选择“开始”/“剪贴板”/“粘贴”/“公式”命令，完成公式的复制，并在单元格 E3 中显示计算的结果。

在一系列单元格中快速输入相同公式。

方法是首先选择要计算的区域，在公式栏中输入公式，然后按 Ctrl + Enter 组合键，即可在区域的每个单元格内插入公式。

3.1.2 运算符

运算符用于指定对公式中元素执行的计算类型。计算时有一个默认的次序，但可以使用括号更改计算次序。运算符包含 4 种类型，分别为算术运算符、比较运算符、文本连接运算符和引用运算符。

1. 算术运算符

运用算术运算符可以完成基本的数学运算，如加、减、乘、除、乘方、百分数等，表 3-1 列出了 Excel 中所有的算术运算符。

表 3-1 算术运算符

算术运算符	含 义	示 例	示例说明
+	加法	6+1	计算数字 6、1 之和
–	减法	6–1	计算数字 6、1 之差
-	负数	–1	1 的负数
*	乘法	6*2	计算数字 6、2 的乘积
/	除法	6/2	计算数字 6 除 2
%	百分比	30%	用百分号表示数字
^	乘方	6^2	计算数字 6 的乘方

2. 比较运算符

比较运算符用来比较两个值，并产生逻辑值 TRUE 和 FALSE。表 3-2 列出了 Excel 中所有的比较运算符。

表 3-2 比较运算符

比较运算符	含 义	示 例	示例说明
=	等于	A1=B1	比较单元格 A1、B1 中的数据是否相等
>	大于	A1>B1	比较单元格 A1 中的数据是否大于 B1
<	小于	A1<B1	比较单元格 A1 中的数据是否小于 B1
>=	大于或等于	A1>=B1	比较单元格 A1 中的数据是否大于等于 B1
<=	小于或等于	A1<=B1	比较单元格 A1 中的数据是否小于等于 B1
<>	不等于	A1<>B1	比较单元格 A1 中的数据是否不等于 B1

3. 文本连接运算符

文本连接运算符可以连接一个或者多个文本字符串，生成一个组合的文本。文本运算符只有一个“&”符号，例如，在单元格中输入“=“会计”&“电算化””，单元格会返回结果：“会计电算化”。

文本连接符还可以连接数字，例如，输入公式“=12&34”的结果是“1234”的字符串。

当用“&”来连接数字时，数字串两边的双引号可以没有，但连接一般的字母、字符串和文本时必须使用“”，否则公式将返回错误值。

4. 引用连接符

引用连接符用于单元格区域的合并计算。表 3-3 列出了 Excel 中所有的引用运算符。

表 3-3 引用运算符

引用运算符	含 义	示 例	示例说明
:	区域运算符，生成对两个引用之间所有单元格的引用	A1:A6	连接单元格 A1 到 A6 之间的区域
,	联合运算符，将多个引用合并为一个引用	SUM(A1:A6,C1:C6)	用 SUM 函数计算区域 A1:A6 与区域 C1:C6 之和
（空格）	交集运算符，生成对两个引用中共有的单元格的引用	A1:B6 B1:C6	计算区域 A1:B6 与区域 B1:C6 的交集

5. 运算次序

当公式中既有加法、减法、乘法、除法，也有乘方时，执行计算的次序会影响公式的返回值，那么怎样确定运算的次序呢？这就需要理解和运用运算符的优先级。对于同一级的运算，按照从等号开始从左到右的次序进行计算；对于不是同一级别的运算符，则按照运算符的优先级进行运算。表 3-4 列出了 Excel 运算符的优先级（由上到下逐次递减）。

表 3-4 运算次序表

运 算 符	说 明
:（冒号）	区域运算符（引用运算符）
,（逗号）	联合运算符（引用运算符）
（空格）	交集运算符（引用运算符）
()	括号
–	负数（如 –6）
%	百分比
^	乘方
* 和 /	乘和除
+ 和 –	加和减
&	连接两个文本字符串（串连）
=,<>,<=,>=,<>	比较运算符

使用()可以改变计算的次序，例如公式：

```
=(A1+A2)*A3
```

就是先将单元格 A1 与 A2 的值相加，然后乘以单元格 A3 的值。如果不加括号，则会先将 A2 与 A3 的值相乘，然后再加上单元格 A1 的值。

括号还允许使用嵌套，例如公式：

```
= (A1+A2*(A3-A4)) *5
```

Excel 会首先计算最里面括号中的内容，然后再计算外面括号内的值：A3 减 A4 的值乘以 A2，加上 A1，最后乘以 5。

3.1.3 单元格引用

每个单元格都有地址，地址由列字母和行数字组成。在公式中可以通过地址或者定义的名称引用单元格或区域，引用后公式的运算值随着被引用单元格数据的变化而变化。引用的对象可以是同一张工作簿中其他工作表上的单元格数据，也可以是不同工作簿中的数据。

1. 引用的类型

在公式中使用单元格引用时，有 3 种类型的引用可以使用，即相对引用、绝对引用和混合引用。

◆ 相对引用。

相对引用的格式是直接用单元格地址，不加“$”号。使用相对引用后，建立公式的单元格和被引用的单元格会保持这种相对位置，当复制公式到其他位置时，新的公式单元格和被引用的单元格仍然保持这种相对位置。

◆ 绝对引用。

绝对引用就是指被引用的单元格与引用的单元格位置关系是绝对的，当复制公式时，行和列引用不会改变，公式中引用的还是原来单元格中的数据。绝对引用的单元格的行数字和列字母前都有“$”符号，例如，$A$1。

例 3-2　计算应付工资和应计提的应付福利费。

如图 3-7 所示为 5 位员工的工资表，在“应付工资”列和“应付福利费”列中输入公式，根据基本工资、奖金、补贴计算各位员工的应付工资，并按应付工资总额的 15%计算应付福利费。

	A	B	C	D	E	F
1						计提比例
2						15%
3	姓名	基本工资	奖金	补贴	应付工资	应付福利费
4	员工1	2000	1500	600	4100	615
5	员工2	2200	1700	700	4600	690
6	员工3	3000	2000	1000	6000	900
7	员工4	2300	1800	800	4900	735
8	员工5	2500	1000	500	4000	600

图 3-7　“工资表”的结果显示

① 相对引用。

在单元格 E4 中输入公式“=SUM(B4:D4)”，计算员工 1 的应付工资总额。在这个公式中，对单元格 B4、D4 使用了相对引用，当复制公式到 E5、E6、E7、E8 单元格后，公式中的行数字 4 相应地被改为 5、6、7、8，以此来计算其他员工的应付工资总额。这就是相对引用。按 Ctrl＋`组合键，显示如图 3-8 所示的界面，可以更方便地观察单元格中公式的变化。

	A	B	C	D	E	F
1						计提比例
2						0.15
3	姓名	基本工资	奖金	补贴	应付工资	应付福利费
4	员工1	2000	1500	600	=SUM(B4:D4)	=E4*$F$2
5	员工2	2200	1700	700	=SUM(B5:D5)	=E5*$F$2
6	员工3	3000	2000	1000	=SUM(B6:D6)	=E6*$F$2
7	员工4	2300	1800	800	=SUM(B7:D7)	=E7*$F$2
8	员工5	2500	1000	500	=SUM(B8:D8)	=E8*$F$2

图 3-8　“工资表”中的公式显示

② 绝对引用。

在单元格 F4 中输入公式“=E4*$F$2”计算应付福利费。

在这个公式中，对单元格 E4 使用了相对引用，而对单元格 F2 则采用了绝对引用。将 F4 的公式复制到 F5、F6、F7、F8，公式中相对引用的单元格地址发生了变化，而绝对引用的单元格名称没有改变。按 Ctrl＋`组合键，显示如图 3-8 所示的界面，可以更方便地观察单元格中公式的变化。

③ 混合引用。

混合引用具有绝对列和相对行或绝对行和相对列。绝对引用列采用 $A1、$B1 等形式。绝对引用行采用 A$1、B$1 等形式。如果公式所在单元格的位置改变，则相对引用将改变，而绝对引用将不变；如果多行或多列地复制或填充公式，相对引用将自动调整，而绝对引用将不做调整。例如，如果将一个混合引用从 A2 复制到 B3，它将从 =A$1 调整到 =B$1。

2. 引用其他工作表中的单元格

当前工作表可以引用同一工作簿中不同工作表内的单元格，引用格式如下：

```
=工作表名！单元格地址
```

例如，要在“Sheet1”工作表的单元格 C1 中引用“Sheet 2”工作表区域 A1:C1，Excel 提供以下两种方法：

◆ 直接在单元中输入。

选择“Sheet1”工作表中的单元格 C1，输入“=SUM(Sheet 2！A1:C1)”，然后按 Enter 键。

◆ 用鼠标选择要引用的单元格。

选择“Sheet1”工作表中的单元格 C1，输入“=SUM()”，单击“Sheet 2”工作表的标签，选择 A1:C1 单元格区域，然后按 Enter 键。

如果工作表中名称里有一个或多个空格，必须用单引号把它们给括起来（如果使用鼠标单击的方法，Excel 会自动进行这个工作），例如，下面的公式引用了工作表“MY Sheet1”中的区域 A1:C1:=SUM（'MY Sheet1'! A1:C1）

3. 引用其他工作簿中的单元格

引用不同工作簿内的单元格时，引用格式为：

=工作簿路径[工作簿名称]工作表名称！单元格地址

4. 引用名称

在 Excel 中可以定义单元格、单元格区域、表格、公式、常量的名称，名称比地址或者公式更具描述性，引用时也更方便，而且不容易出错。

在例 3-1 中使用区域名称方法在 E2 中输入公式“=SUM（张三工资)”，其中的“张三工资”就是对区域 B2:D2 命名的名称。

3.1.4 函数

函数可以作为公式中的元素出现，也可以用在 Excel 宏的制作中。与在单元格中直接输入公式相比，使用函数计算的速度更快。

函数一般包括三部分：等号、函数名和参数。函数用参数接受数据，最后返回值。函数的参数可以是数字、文本、TRUE 或 FALSE 等逻辑值、数组、错误值（如#N/A）或单元格引用。大多数情况下，返回的是计算结果，也可以返回文本、引用、逻辑值等。

3.1.4.1 函数分类

Excel 提供了大量的函数，这些函数按功能可以分为以下几种类型。

（1） 日期和时间函数：用于在公式中分析和处理日期与时间值。

（2） 工程函数：用于工程分析。

（3） 财务函数：可以进行常用的财务计算。

（4） 信息函数：用于确定存储在单元格中的数据类型。

（5） 逻辑函数：可以进行真假值判断或者进行符号检验。

（6） 查找和引用函数：可以在数据清单或者表格中查找特定数据，或者查找某一单元格的引用。

（7） 数学和三角函数：可以进行简单和复杂的数学计算。

（8） 统计函数：可以对选定区域的数据进行统计分析。

（9） 文本函数：用于在公式中处理字符串。

（10） 数据库函数：用于处理数据清单中的数值计算。

3.1.4.2 函数的使用

在讲述常用函数的具体应用之前，先介绍函数的基本操作。函数的输入、编辑、复制和公式的基本操作类似。与输入公式不同的是，除了直接输入外，Excel 还提供了更多插入函数和使用函数的方法。

1. 在功能区中选择

单击 Excel 2013 中的“公式”选项卡，在如图 3-9 所示的“函数库”功能组中可以选择插入 Excel 自带的各种函数。

fx
插入函数
自动求和
最近使用的函数
财务
逻辑
文本
日期和时间
查找与引用
数学和三角函数
其他函数
函数库

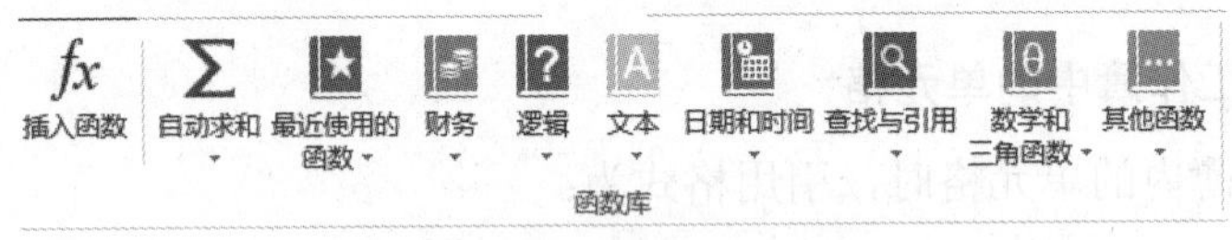

图 3-9 “函数库”功能组

例 3-3 计算应付工资总额。

如图 3-10 所示，在单元格 E2 中输入函数“=SUM(B4:D4)”，计算应付工资。

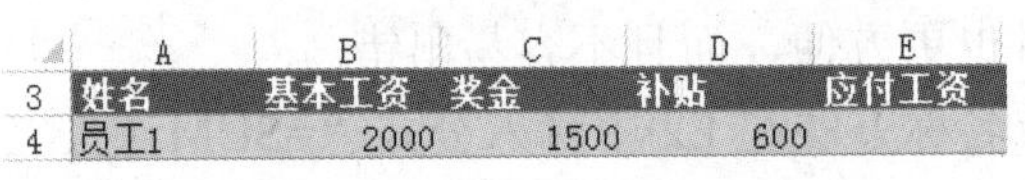

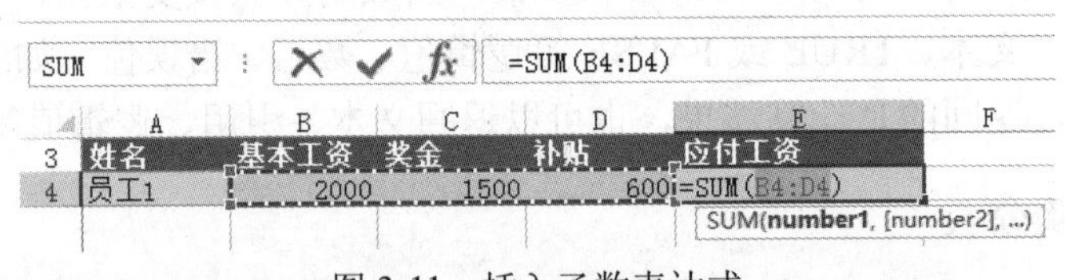

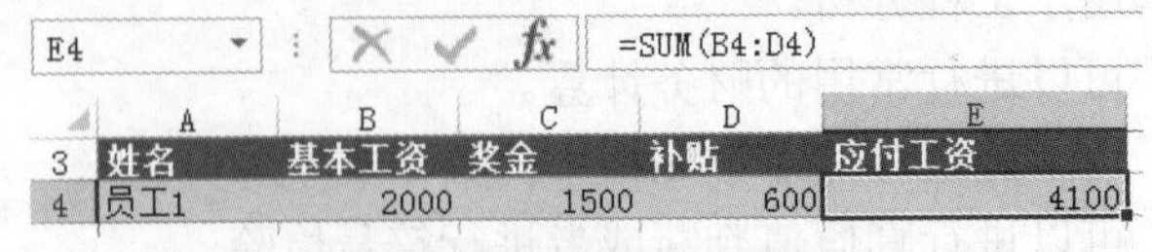

A B C D E
3 姓名 基本工资 奖金 补贴 应付工资
4 员工1 2000 1500 600

图 3-10 计算应付工资

使用功能区命令输入函数的具体操作如下：

（1） 选择单元格 E2。

（2） 选择“公式”/“函数库”/“自动求和”/“求和”命令，在工作表中插入如图 3-11 所示的函数表达式。

SUM
=SUM(B4:D4)
A B C D E F
3 姓名 基本工资 奖金 补贴 应付工资
4 员工1 2000 1500 600 =SUM(B4:D4)
SUM(number1, [number2], ...)

图 3-11 插入函数表达式

（3） 按 Enter 键，Excel 会自动将计算结果显示在插入函数的单元格内，如图 3-12 所示。

E4
=SUM(B4:D4)
A B C D E
3 姓名 基本工资 奖金 补贴 应付工资
4 员工1 2000 1500 600 4100

图 3-12 显示函数计算结果

2. 使用公式记忆式键入

输入开头的几个字母或显示触发字符之后，Excel 会在单元格的下方显示一个动态下拉列表，该列表中包含与这几个字母或该触发字符相匹配的有效函数、参数和名称，可以将该下拉列表中的匹配项插入公式中。使用公式记忆式键入可以方便地创建和编辑公式，同时可以减少输入和语法错误。

承例 3-3，使用公式记忆式键入功能在单元格 E2 中输入 SUM 函数的具体步骤如下：

（1） 选择单元格 E2。

（2） 在单元格内输入“=SU”，显示如图 3-13 所示的函数下拉列表。

SUM =su

	A	B	C	D	E
3	姓名	基本工资	奖金	补贴	应付工资
4	员工1	2000	1500	600	=su

SUBSTITUTE
SUBTOTAL
SUM
SUMIF
SUMIFS
SUMPRODUCT
SUMSQ
SUMX2MY2
SUMX2PY2
SUMXMY2

图 3-13 以字母 S 开头的函数下拉列表

（3） 双击函数列表中的“SUM”函数，单元格内显示完整的函数名称“=SUM()”。

（4） 在“(”后输入 B2:D2。

（5） 按 Enter 键，Excel 会自动将计算结果显示在单元格 E2 内。

3. 使用“插入函数”按钮

承例 3-3，使用插入函数按钮在单元格 E2 中输入函数“=SUM(B2:D2)”的具体步骤如下：

（1） 选择单元格 E2。

（2） 单击公式栏左侧的 fx 插入函数按钮，Excel 会自动在单元格中插入“=”，并弹出如图 3-14 所示的“插入函数”对话框。

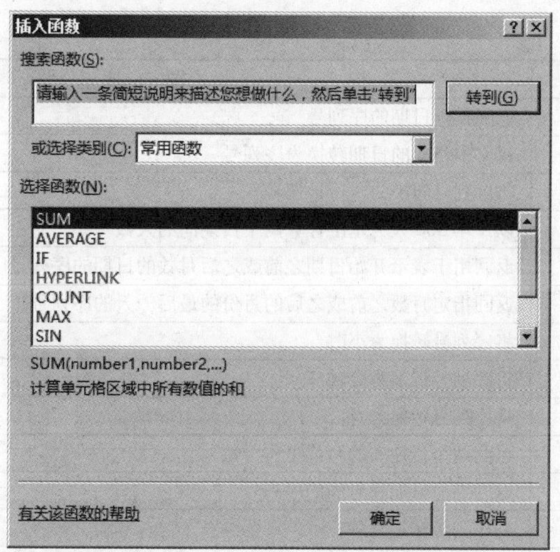

图 3-14 “插入函数”对话框

（3） 在“选择函数”列表框中选择“SUM”函数，单击“确定”按钮，弹出如图 3-15 所示的“函数参数”对话框。

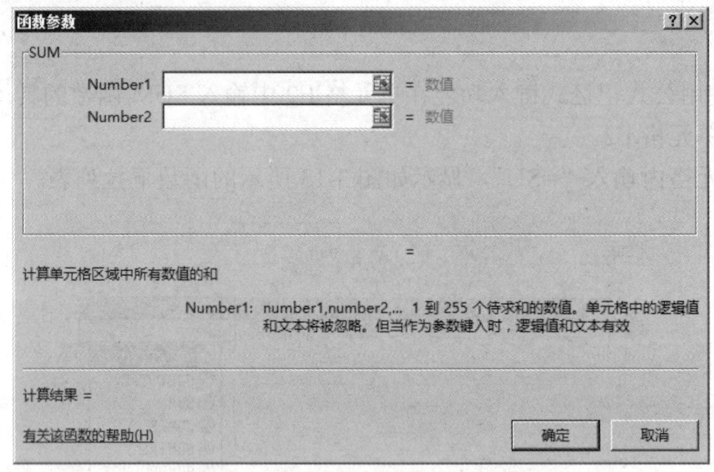

图 3-15 “函数参数”对话框

（4） 单击文本框右端的按钮，返回工作表区域，选择区域 B2:D2。

（5） 单击“确定”按钮，关闭该对话框，公式栏内显示完整的公式，而计算结果显示在单元格 E2 上。

3.1.4.3 常用函数

Excel 的函数有 200 多个，下面列出了比较常用的函数，并对其进行了详细的解释、说明和举例。

1. 日期和时间函数

日期和时间函数用于在公式中分析和处理日期与时间值，通过“公式”/“函数库”/“日期和时间”命令可以访问这些函数。表 3-5 归纳了 Excel 中可用的与日期和时间相关的大部分函数。

表 3-5 日期和时间函数

函 数	说 明
DATE	返回特定日期的序列号
DATEVALUE	将文本格式的日期转换为序列号
DAY	将序列号转换为月份日期
DAYS360	以一年 360 天为基准计算两个日期间的天数
EDATE	返回用于表示开始日期之前或之后月数的日期的序列号
EOMONTH	返回指定月数之前或之后的月份的最后一天的序列号
HOUR	将序列号转换为小时
MINUTE	将序列号转换为分钟
MONTH	将序列号转换为月
NETWORKDAYS	返回两个日期间的全部工作日数
NOW	返回当前日期和时间的序列号
SECOND	将序列号转换为秒
TIME	返回特定时间的序列号

（续表）

函　　数	说　　明
TIMEVALUE	将文本格式的时间转换为序列号
TODAY	返回当前日期的序列号
WEEKDAY	将序列号转换为星期日期
WEEKNUM	将序列号转换为代表该星期为一年中第几周的数字
WORKDAY	返回指定的若干个工作日之前或之后的日期的序列号
YEAR	将序列号转换为年
YEARFRAC	返回代表 start_Date 和 enD_Date 之间整天天数的年份数

（1） 显示当前日期——TODAY 函数

TODAY 函数可以返回当前日期的序列数，如果在输入函数前，单元格的格式为“常规”，则函数显示结果将设为日期格式。

工作表打开或重算时，Excel 会更新日期。其函数构成如下：

```
=TODAY()
```

也可以将日期与文本结合显示，例如，下面的公式显示文本“今天是 2010-03-06”：

```
="今天是"&TEXT(TODAY(),"yyyy-mm-dd")
```

若要在单元格中输入日期邮戳，按 Ctrl+;（分号）组合键。可以直接在单元格中输入日期而不需要使用公式，且这样输入的日期不会改变。

（2） 显示当前日期与时间——NOW 函数

NOW 函数返回当前日期和时间所对应的日期、时间序列数。如果在输入函数前，单元格的格式为“常规”，则函数显示结果将设为日期格式。其函数结构如下：

```
=NOW()
```

该函数的作用与 TODAY 函数的作用一样，只是 NOW 函数不仅反应当前日期，还反应当前的时间部分。

（3） 显示任何日期——DATE 函数

DATE 函数返回某一特定日期的序列号。如果在输入函数前，单元格的格式为“常规”，则函数显示结果将设为日期格式。其语法如下：

```
DATE(year,month,day)
```

其中，year 为年，month 为月，如果输入的月份大于 12，将从指定年份的一月份开始往上累加；day 为该月份中第几天的数字，如果该数字大于该月份的最大天数时，将会从指定月份的第一天开始往上累加；三个参数必须为数值，如果输入文本，将会返回错误值。

DATE 函数可以方便地输入任何一个日期，参数可以为具体的数值，也可以是对某个单元格的引用。

例如，下面的公式，可以返回一个由 A1 单元格中的年、A2 中的月、A3 中的日组成的日期：

```
=DATE(A1,A2,A3)
```

（4） 返回日期序列号——DATEVALUE 函数

DATEVALUE 函数可以将以文本表示的日期转换成一个序列号。其语法为：

```
DATEVALUE(date_text)
```

其中，date_text 参数可以是 Excel 预定义的任何日期格式。例如，要返回 2008 年 8 月 8 日的序列数，可以使用公式：

```
= DATEVALUE("2008 年 8 月 8 日")
```

将返回 39668。

（5） 计算两个日期间的工作日 NETWORKDAYS 函数

当计算两个日期之间完整的工作日数值，且不包括期间专门的假期时，可以用 NETWORKDAYS 函数，其语法如下：

```
NETWORKDAYS(start_date,end_date,holidays)
```

其中，start_date 为一个代表开始日期的日期；end_date 为终止日期；holidays 为可选区域，指需要从工作期间排除的日期值，如各种法定或自定假期。

例如，要计算 2010 年 1 月有多少个工作日，其中 A1：A？列示了 1 月份中的法定假期，使用公式如下：

```
= NETWORKDAYS(2010-1-1,2010-1-31, A1: A? )
```

（6） 确定是星期几——WEEKDAY 函数

WEEKDAY 函数返回与 return_type 对应的序列数是星期几。其值为 1 到 7 之间的整数。其语法如下：

```
WEEKDAY(serial_number,return_type)
```

其中，serial_number 为日期时间代码，它既可以是数字，也可以是文字，如“2008-8-8”或者 39668；return_type 为可选项，用于确定从哪一天开始，默认值为 1 或省略，表示星期日开始为 1，星期六为 7；其值为 2，则由星期一开始为 1，星期日为 7；其值为 3 时，则由星期一开始为 0，到星期日为 6。

例如，想要知道 2008 年 8 月 8 日是星期几，输入公式：

```
= WEEKDAY (2008-8-8,2)
```

结果为 5，即 2008 年 8 月 8 日那天为星期三。

（7） 显示某日期对应的年份、月份、日期——YEAR、MONTH、DAY 函数

YEAR()函数可以返回某日期对应的年份，返回值为 1900 到 9999 之间的整数；MONTH()可以返回以序列号表示的日期中的月份，月份是介于 1 到 12 之间的整数；DAY()可以返回以序列号表示的某日期的天数，用整数 1 到 31 表示。这 3 个函数的语法如下：

```
YEAR (serial_number);
MONTH (serial_number);
DAY (serial_number);
```

其中，serial_number 为一个日期值，包含要查找年份、月份、日期的日期。

例如，单元格 A1 为 2010-3-15，下列公式分别可以返回这个日期的年份、月份和日期：

```
=YEAR(A1)
= MONTH (A1)
= DAY (A1)
```

结果分别为 2010、3、15。

2. 财务函数

通过“公式”/“函数库”/“财务”命令集可以访问财务函数。以下是常用的财务函数。

（1） 与货币的时间价值有关的函数

货币的时间价值，是指资金经历一段时间的投资和再投资所增加的价值。例如，现在的 1 元钱和十年前的 1 元钱其经济价值是不一样的。与时间价值有关的常用函数描述见表 3-6。

表 3-6 与货币的时间价值有关的函数

函 数	说 明	参 数
PV	返回投资的现值	rate,nper,pmt,fv,type
NPV	返回基于一系列定期的现金流和贴现率计算的投资的净现值	rate,value1,value2,
RATE	返回年金的各期利率	nper,pmt,pv,fv,type,guess
IRR	返回一系列现金流的内部收益率	values,guess)
PMT	返回年金的定期支付金额	rate,nper,pv,fv,type
PPMT	返回一笔投资在给定期间内偿还的本金	rate,per,nper,pv,fv,type
IPMT	返回一笔投资在给定期间内的利息偿还额	rate,per,nper,pv,fv,type

以上函数的参数描述见表 3-7。

表 3-7 财务函数的参数描述

参 数	描 述
rate	每期利率（年利率）
nper	总投资期，即该项投资的付款期数
per	某一期，数值小于 nper
pmt	各期所应支付的金额，其数值在整个年金期间保持不变
fv	未来值，或在最后一次支付后希望得到的现金余额
type	数字 0 或 1，用以指定各期的付款时间是在期初还是期末
guess	预期利率

例如，贷款买房，每月末还贷 2000 元，年利率为 10%，贷款期为 10 年，这栋房子的现值计算可以使用公式：

```
=PV(10%/12,120,-2000)
```

返回 151,342.33。

若现在贷款 150 000 元买一栋房子供出租，每年租金 30 000 元，租期为 10 年，银行利率为 10%，要估计这项投资是否值得，应使用公式：

```
=NPV(10%,F1:F10)-150 000
```

其中单元格 FI:F10 为 10 年的租金区域，公式返回结果为 22 770.71，说明该投资是可以接受的。

若现在贷款 150 000 元买一栋房子供出租，每年租金 30 000 元，租期为 10 年，银行利率为 10%。在单元格 A1:A11 中依次输入-150000、30000、30000 等数值。要计算 10 年后的内部报酬率使用公式：

```
=IRR(A1:A11,10%)
```

公式返回 14%，大于银行利率，说明该投资可以接受。

若现在贷款 150 000 元，为期 10 年，年利率为 10%。每月还款计算公式为：

```
= PMT(10%/12,120,-150 000)
```

公式返回值为 1982.26 元，为贷款的每月还款额。

若贷款 150 000 元，为期 10 年，年利率为 10%，第一个月的本金偿还额计算公式为：

```
= PPMT(10%/12,1,120, -150 000)
```

公式返回值为 732.26 元，表示第一个月的还款本金额。

若计算第一个月偿还的利息，公式为：

```
=IPMT(10%/12,1,120, -150 000)
```

公式返回值为 1250 元，表示第一个月的利息偿还额。

（2） 与折旧有关的财务函数

Excel 提供了 5 个函数来计算经过一段时间的资产折旧额。折旧是一项资产基于原始价值和使用年限在一个时间点上赋予资产的值。表 3-8 列举了折旧函数的说明。

表 3-8 折旧函数

函　数	说　明
DB	使用固定余额递减法，返回一笔资产在给定期间内的折旧值
DDB	使用双倍余额递减法或其他指定方法，返回一笔资产在给定期间内的折旧值
SLN	返回固定资产的每期线性折旧费
SYD	返回某项固定资产按年限总和折旧法计算的每期折旧金额
VDB	使用余额递减法，返回一笔资产在给定期间或部分期间内的折旧值

以上的函数其使用参数见表 3-9。

表 3-9 折旧函数的参数描述

参　数	描　述
cost	资产原值
salvage	资产在折旧后的残值
life	资产折旧期限
period	需要计算折旧值的时间
month	第一年的月份数
factor	余额递减速度，默认为 2
rate	每期利率
no swith	TURE 或 FALSE，指定当折旧值大于余额递减计算值时，是否转为直线折旧法

表 3-10 和表 3-11 演示了使用 SLN、DB、DDB、SYD 函数计算的折旧。资产原值为 10 000 元，假设使用的年限为 10 年，资产残值为 1000 元，表 3-10 和表 3-11 分别显示了资产的每

年的折旧额和资产的剩余价值。

表 3-10　资产每年的折旧额

年　份	SLN	DB	DDB	SYD
1	¥900.00	¥2 060.00	¥2 000.00	¥1 636.36
2	¥900.00	¥1 635.64	¥1 600.00	¥1 472.73
3	¥900.00	¥1 298.70	¥1 280.00	¥1 309.09
4	¥900.00	¥1 031.17	¥1 024.00	¥1 145.45
5	¥900.00	¥818.75	¥819.20	¥981.82
6	¥900.00	¥650.08	¥655.36	¥818.18
7	¥900.00	¥516.17	¥524.29	¥654.55
8	¥900.00	¥409.84	¥419.43	¥490.91
9	¥900.00	¥325.41	¥335.54	¥327.27
10	¥900.00	¥258.38	¥268.44	¥163.64

表 3-11　资产的剩余价值

年　份	SLN	DB	DDB	SYD
0	10000	10000	10000	10000
1	¥9 100.00	¥7 940.00	¥8 000.00	¥8 363.64
2	¥8 200.00	¥6 304.36	¥6 400.00	¥6 890.91
3	¥7 300.00	¥5 005.66	¥5 120.00	¥5 581.82
4	¥6 400.00	¥3 974.50	¥4 096.00	¥4 436.36
5	¥5 500.00	¥3 155.75	¥3 276.80	¥3 454.55
6	¥4 600.00	¥2 505.67	¥2 621.44	¥2 636.36
7	¥3 700.00	¥1 989.50	¥2 097.15	¥1 981.82
8	¥2 800.00	¥1 579.66	¥1 677.72	¥1 490.91
9	¥1 900.00	¥1 254.25	¥1 342.18	¥1 163.64
10	¥1 000.00	¥995.88	¥1 073.74	¥1 000.00

3.　逻辑函数

逻辑函数是功能强大的工作表函数，它可以使用户对工作表结果进行判断和逻辑选择，通过“公式”/“函数库”/“逻辑”命令集可以访问逻辑函数，表 3-12 列出了 Excel 中可用的逻辑函数。

表 3-12　逻辑函数

函　数	说　明
ANE	如果它的所有参数均为 TRUE，则返回 TRUE
FALSE	返回逻辑值 FALSE
IF	指定要执行的逻辑检测
IFERROR	如果公式计算出错误值，则返回指定的值；否则返回公式的结果
NOT	对其参数的逻辑求反
OR	如果任一参数为 TRUE，则返回 TRUE
TRUE	返回逻辑值 TRUE

（1）IF 函数

IF 函数根据对指定的条件计算结果为 TRUE 或 FALSE，返回不同的结果。其语法为：

```
IF(logical_test,value_if_true,value_if_false)
```

其中，logical_test 表示计算结果为 TRUE 或 FALSE 的任意值或表达式；value_if_false 是 logical_test 为 FALSE 时返回的值；最多可以使用 64 个 IF 函数作为 value_if_true 和 value_if_false 的参数进行嵌套以构造更详尽的测试。

例如，判断单元格 A1 中的数值是否小于 60，是则返回“不及格”，否则返回“通过”。可以使用公式：

```
=IF(A1<60,"不及格","通过")
```

如果还想对通过的数值分等级，即 60～80 为“良”，80～100 为“优”，可以使用以下公式：

```
=IF(A1<60,"不及格", IF(A1<80,"良","优"))
```

（2） ANE 函数

ANE 函数是判断所有参数的逻辑值是否为真，是则返回 TRUE；只要一个参数的逻辑值为假，即返回 FALSE。其语法如下：

```
ANE(logical1,logical2, ...)
```

其中，logical1, logical2, …是 1 到 255 个待检测的条件，它们可以为 TRUE 或 FALSE。

例如，判断单元格中的值是否大于 0 小于 100，可以使用以下公式：

```
=ANE(A1>0,A1<100)
```

则当单元格中的值大于 0 小于 100 时，返回 TRUE ，否则返回 FALSE。

（3） NOT 函数

NOT 函数对参数值求反。当要确保一个值不等于某一特定值时，可以使用 NOT 函数，其语法如下：

```
NOT(logical)
```

其中，logical 为一个可以计算出 TRUE 或 FALSE 的逻辑值或逻辑表达式。

例如公式：

```
=NOT(A1=0)
```

在单元格中的数值等于 0 时，返回 FALSE ，否则返回 TRUE。

（4） OR 函数

OR 函数判断给定参数中的逻辑值是否为真，只要有一个为真则返回 TRUE，全部为假时返回 FALSE。其语法如下：

```
OR(logical1,logical2,...)
```

其中，logical1,logical2,…是 1 到 255 个需要进行测试的条件，测试结果可以为 TRUE 或 FALSE。

例如，要判断单元格 A1 中的值是否为 90 或 100，可以使用公式：

```
=OR(A1=90,A1=100)
```

当单元格中是 100 或 90 时，则返回 TRUE，否则返回 FALSE。

4. 统计函数

统计函数可以对选定的数据区域进行统计分析。通过“公式”/“函数库”/“其他函数”/“统计”命令集可以访问统计函数。以下是对常用的统计函数的介绍。

（1） 与数值统计分析相关

统计函数可以对选定的数据区域进行一些计算，如最大值、最小值、平均值、样本方差、标准差、均值偏差平方和等。与这些数值统计分析相关的函数见表 3-13。

上述的函数语法基本一致，例如：

```
MAX (number1,number2,...)
```

其中，number1, number2, …是指要从 1 到 255 个数字参数中找出最大值，参数可以是数字或者是包含数字的名称、数组或引用。

表 3-13 统计分析函数

函 数	说 明
MAX	返回参数列表中的最大值
MIN	返回参数列表中的最小值
AVERAGE	返回其参数的平均值
VAR	基于样本估算方差
STDEV	基于样本估算标准偏差
DEVSQ	返回偏差的平方和

若单元格 A1:A45 中输入的数值是一个班级 45 个人的英语成绩，则计算班级英语平均成绩，可使用公式：

```
=AVERAGE(A1:A45)
```

（2） 计数函数

统计函数中的一些计数函数可以返回指定区域内满足一定条件的单元格数量。表 3-14 列出了常用的计数函数。

表 3-14 计数函数

函 数	说 明	参 数
COUNT	计算参数列表中数字的个数	value1,value2,...
COUNTA	计算参数列表中非空值的个数	value1,value2,...
COUNTBLANK	计算区域内空白单元格的数量	range
COUNTIF	计算区域中满足给定条件的单元格数量	range,criteria

例如，统计区域 A1:E5 中数值单元格的数量，使用公式：

```
=COUNT (A1:E5)
```

统计区域 A1:E5 中非空单元格的数量，使用公式：

```
=COUNTA(A1:E5)
```

统计区域 A1:E5 中空白单元格的数量，使用公式：

```
=COUNTBLANK(A1:E5)
```

统计区域 A1:E5 中数值大于 60 的单元格的数量，使用公式：

```
=COUNTIF(A1:E5, ">60")
```

5. 文本函数

通过“公式”/“函数库”/“文本”命令集可以访问文本函数。表 3-15 归纳了 Excel 中可用的文本函数。

表 3-15 文本函数

函 数	说 明
ASC	将字符串中的全角英文字母或片假名更改为半角字符
BAHTTEXT	使用 ß（铢）货币格式将数字转换为文本
CHAR	返回由代码数字指定的字符
CLEAN	删除文本中所有非打印字符
CODE	返回文本字符串中第一个字符的数字代码
CONCATENATE	将若干文本项合并到一个文本项中
DOLLAR	使用 $（美元）货币格式将数字转换为文本
EXACT	检查两个文本值是否相同
FIND、FINDB	在一个文本值中查找另一个文本值（区分大小写）
FIXED	将数字格式设置为具有固定小数位数的文本
JIS	将字符串中的半角英文字母或片假名更改为全角字符
LEFT、LEFTB	返回文本值中最左边的字符
LEN、LENB	返回文本字符串中的字符个数
LOWER	将文本转换为小写
MID、MIDB	从文本字符串中的指定位置起返回特定个数的字符
PHONETIC	提取文本字符串中的拼音（汉字注音）字符
PROPER	将文本值的每个字的首字母大写
REPLACE、REPLACEB	替换文本中的字符
REPT	按给定次数重复文本
RIGHT、RIGHTB	返回文本值中最右边的字符
SEARCH、SEARCHB	在一个文本值中查找另一个文本值（不区分大小写）
SUBSTITUTE	在文本字符串中用新文本替换旧文本
T	将参数转换为文本
TEXT	设置数字格式并将其转换为文本
TRIM	删除文本中的空格
UPPER	将文本转换为大写形式
VALUE	将文本参数转换为数字

（1） 合并文本——CONCATENATE 函数

CONCATENATE 函数可以将两个或多个文本字符串合并为一个文本字符串。其语法如下：

```
CONCATENATE (text1,text2,...)
```

其中，text1, text2, ...为 2 到 255 个将要合并成单个文本项的文本项。这些文本项可以为文本字符串、数字或对单个单元格的引用。

如图 3-16 所示，在单元格 A4 中输入公式：

```
= CONCATENATE (A2,"的工资为",E2)
```

A4 =CONCATENATE(A2,"的工资为",E2)

	A	B	C	D	E	F
1	项目	基本工资	奖金	补贴	工资合计	
2	张三	2000	1500	600	4100	
3						
4	张三的工资为4100					

图 3-16　引用单元格合并字符串

返回结果：张三的工资为 4100。

也可使用连接符号“&”计算运算符代替 CONCATENATE 函数来连接文本项。例如，A5&“的总成绩为”&F5 能返回与公式= CONCATENATE (A5,“的总成绩为”,F5)一样的结果。

（2） 将数值转换为文本——TEXT 函数

TEXT 函数可以将数值转换为按指定数字格式表示的文本。其语法为：

```
TEXT(value,format_text)
```

其中，value 为数值、计算结果为数字值的公式，或对包含数字值的单元格的引用；format_text 是作为用引号括起的文本字符串的数字格式。通过单击“设置单元格格式”对话框中的“数字”选项卡的“类别”框中的“数字”、“日期”、“时间”、“货币”或“自定义”并查看显示的格式，可以查看不同的数字格式。

例如，工作表要反映平均单价，可使用公式：

```
=“平均单价为”&TEXT(A1,"&0.00")
```

（3） 将文本转化为数值——VALUE 函数

VALUE 函数可以将文本形式输入的字符串转换成数值。语法为：

```
VALUE(text)
```

其中，text 为带引号的文本或根据需要进行文本转换的单元格引用。

（4） FIXED 函数

FIXED 函数可将数字按指定的小数位数进行取整，利用句号和逗号，以小数格式对该数进行格式设置，并以文本形式返回结果。其语法为：

```
FIXED(number,decimals,no_commas)
```

其中，number 为要进行舍入并转换为文本形式的数字；decimals 为十进制数的小数位数；no_commas 为一个逻辑值，如果为 TRUE，则会禁止 FIXED 在返回的文本中包含逗号。

在 Microsoft Excel 中，numbers 的最大有效位数不能超过 15 位，且为不包含逗号的数字格式，但 decimals 可达到 127；如果 decimals 为负数，则 number 在小数点左侧进行舍入；如果省略 decimals，则假设其值为 2；如果 no_commas 为 FALSE 或被省略，则返回的文本会像通常一样包含逗号。

例如，以下公式：

```
=FIXED(1234.567)
=FIXED(1234.567,1)
=FIXED(1234.567,1,TRUE)
```

分别返回结果：1 234.57、1 234.6、1234.6。

（5） 替换文本——REPLACE 函数

REPLACE 函数用其他文本字符串并根据所指定的字符数替换某文本字符串中的部分文本，其语法为：

```
REPLACE(old_text,start_num,num_chars,new_text)
```

其中，old_text 是要替换其部分字符的文本；start_num 是要用 new_text 替换的 old_text 中字符的位置；num_chars 是使用 new_text 替换 old_text 中字符的个数；new_text 是要用于替换 old_text 中字符的文本。

例如，公式：

```
= REPLACE("2009",3,2,10)
```

可以把文本 2009 替换为 2010。

（6） 截取字符串——RIGHT、LEFT、MID 函数

RIGHT()函数可以根据指定的字符数返回文本中最右边的一个或多个字符；LEFT()函数可以根据指定的字符数返回文本中最左边的一个或多个字符；MID()函数返回文本字符串中从指定位置开始的特定数目的字符。其语法为：

```
RIGHT(text,num_chars)
LEFT (text,num_chars)
MID(text,start_num,num_chars)
```

其中，text 是包含要提取字符的文本字符串；num_chars 为指定要由 RIGHT 或 LEFT 提取字符的数量；start_num 是文本中要提取的第一个字符的位置。

例如，公式：

```
= RIGHT("会计电算化",3)
=LEFT("会计电算化",2)
=MID("会计电算化",3,2)
```

分别返回字符串："电算化"、"会计"、"电算"。

（7） 确定指定字符在字符串中的位置——FIND、SEARCH 函数

FIND、SEARCH 函数用于在第二个文本串中定位第一个文本串，并返回第一个文本串的起始位置的值，该值从第二个文本串的第一个字符算起。两个函数的区别在于 FIND 函数区分大小写，而 SEARCH 函数不区分大小写。两个函数的语法为：

```
FIND(find_text,within_text,start_num)
SEARCH(find_text,within_text,start_num)
```

其中，find_text 为要查找的文本，within_text 为包含要查找文本的文本，start_num 指定要从

其开始搜索的字符。within_text 中的首字符是编号为 1 的字符。如果省略 start_num，则假设其值为 1。

例如，公式：

```
=FIND("a","AbcaBb")
=SEARCH("a"," AbcaBb")
=FIND("b","AbcaBb",3)
=SEARCH("b"," AbcaBb",3)
```

分别返回结果：4、1、6、5。

（8） 返回字符串的长度——LEN 函数

LEN 函数返回输入项中字符的个数，其语法为：

```
LEN（text）
```

其中，text 为要计算字符个数的字符串，它可以是括号里的文本，也可是单元格引用。

例如，公式：

```
=LEN（"会计电算化"）
```

返回 5，如果单元格 A1 的内容为“会计电算化”，公式：

```
=LEN（A1）
```

也返回 5。

（9） 填充字符——REPT 函数

REPT 函数可以按照给定的次数重复显示文本或字符串，对单元格进行填充。其语法为：

```
REPT(text,number_times)
```

其中，text 指定需要重复显示的文本或字符串；nmber_times 是指定文本重复次数的正数。

例如，要想得到 4 个“*”，可以使用公式：

```
= REPT(“*”,4)
```

将返回由 4 个“*”组成的字符串。

结合函数 RIGHT，还可以创建公式制作一种常用的安全措施：将身份证、手机号码、信用卡号或其他号码只显示后四位数，其余用“*”号代替显示，例如将 A1 中的手机号码只显示后 4 位，其余用“*”代替，公式如下：

```
= REPT(“*”,3)&“-”REPT(“*”,4)&“-”& RIGHT(“A1”,3)
```

返回结果：***-****-6666。

6. 查找与引用函数

当用户需要确定单元格内容、范围或者选择的范围时，查找及引用函数非常有用，通过“公式”/“函数库”/“查找及引用”命令集可以访问查找与命令函数。表 3-16 归纳出了这类常用的函数。

表 3-16　查找与引用函数

函　数	说　明
ADDRESS	以文本形式将引用值返回到工作表的单个单元格
CHOOSE	从值的列表中选择值
COLUMN	返回引用的列号
COLUMNS	返回引用中包含的列数
HLOOKUP	查找数组的首行，并返回指定单元格的值
INDEX	使用索引从引用或数组中选择值
INDIRECT	返回由文本值指定的引用
LOOKUP	在矢量或数组中查找值
MATCH	在引用或数组中查找值
OFFSET	从给定引用中返回引用偏移量
ROW	返回引用中的行号
ROWS	返回引用中的行数
VLOOKUP	在数组第一列中查找，然后在行之间移动以返回单元格的值

（1） LOOKUP 函数

LOOKUP 函数可以在某一区域中查找匹配，然后返回第二个区域相同位置的值。其语法为：

```
LOOKUP(lookup_value,lookup_vector,result_vector)
```

其中，lookup_value 是第一个区域中搜索的值，可以是数字、文本、逻辑值、名称或对值的引用；lookup_vector 只包含一行或一列的区域，lookup_vector 中的值可以是文本、数字或逻辑值；如果 LOOKUP 函数找不到 lookup_value，则它与 lookup_vector 中小于或等于 lookup_value 的最大值匹配；如果 lookup_value 小于 lookup_vector 中的最小值，则 LOOKUP 会提供#N/A 错误值。

具体应用如图 3-17 所示，区域 A3:D11 中列出了工资、薪酬所得税适用的超额累进税率和速算扣除数，在单元格 B14、B15 中分别输入公式查找 A14、A15 给出的应纳税所得额适用的税率。

	A	B	C	D
1	工资、薪酬所得税适用超额累进税率表			
2	下限	上限	税率	速算扣除数
3	-	500.00	5%	-
4	501.00	2,000.00	10%	25.00
5	2,001.00	5,000.00	15%	125.00
6	5,001.00	20,000.00	20%	375.00
7	20,001.00	40,000.00	25%	1,375.00
8	40,001.00	60,000.00	30%	3,375.00
9	60,001.00	80,000.00	35%	6,375.00
10	80,001.00	100,000.00	40%	10,375.00
11	100,001.00		45%	15,375.00
12				
13	应纳税所得额	查找适用税率		返回结果
14	2000	=LOOKUP(A14,A3:A11,C3:C11)		10%
15	6000	=LOOKUP(A15,B3:B11,C4:C12)		20%

图 3-17　LOOKUP 函数的应用

公式说明：

B14 在区域 B3:B11 中查找单元格 A14 中的应纳税所得额（2000），然后返回区域 C3:C11 中同一行的税率（10%）。

B15 在区域 A3:A11 中查找单元格 A15 中的应纳税所得额（6000），与接近它的最小匹配值（5001），然后返回区域 C3:C11 中同一行的税率（20%）。

（2） VLOOKUP 函数

VLOOKUP 函数可以在表格数组的首列查找指定的值，并由此返回表格数组当前行中其他列的值。其语法为：

```
VLOOKUP(lookup_value,table_array,col_inEex_num,range_lookup)
```

其中，lookup_value 为需要在表格数组第一列中查找的数值，lookup_value 可以为数值或引用，若 lookup_value 小于 table_array 第一列中的最小值，VLOOKUP 返回错误值#N/A。table_array 为两列或多列数据，使用对区域或区域名称的引用，table_array 第一列中的值是由 lookup_value 搜索的值，这些值可以是文本、数值或逻辑值，数值必须按升序排列，文本不区分大小写。col_inEex_num 为 table_array 中待返回的匹配值的列序号，col_inEex_num 为 1 时，返回 table_array 第一列中的数值；col_inEex_num 为 2，返回 table_array 第二列中的数值，以此类推。range_lookup 为逻辑值，指定希望 VLOOKUP 查找精确的匹配值还是近似匹配值。如果为 TRUE 或省略，则返回精确匹配值或近似匹配值；如果为 FALSE，VLOOKUP 将只寻找精确匹配值。

具体应用如图 3-18 所示。

	A	B	C	D
1	工资、薪酬所得税适用超额累进税率表			
2	下限	上限	税率	速算扣除数
3	-	500.00	5%	-
4	501.00	2,000.00	10%	25.00
5	2,001.00	5,000.00	15%	125.00
6	5,001.00	20,000.00	20%	375.00
7	20,001.00	40,000.00	25%	1,375.00
8	40,001.00	60,000.00	30%	3,375.00
9	60,001.00	80,000.00	35%	6,375.00
10	80,001.00	100,000.00	40%	10,375.00
11	100,001.00		45%	15,375.00
12				
13	应纳税所得额	查找适用税率	返回结果	
14	2000	=VLOOKUP(A14,A3:D11,3,TRUE)	10%	
15	6000	=VLOOKUP(A15,A3:D11,3,FALSE)	#N/A	
16	6000	=VLOOKUP(A16,A3:D11,3,TRUE)	20%	

图 3-18 VLOOKUP 函数的应用

公式说明：

B14 默认使用近似匹配，在区域 A3:D11 的第一列中查找小于等于单元格 A14 中的应纳税所得额（2000），然后返回区域 A3:D11 中第 3 列中同一行的税率（10%）。

B15 使用精确匹配，在区域 A3:D11 的第一列中查找小于等于单元格 A15 中的应纳税所得额（6000），查找结果不匹配，返回错误值（#N/A）。

B16 使用近似匹配，在区域 A3:D11 的第一列中查找小于等于单元格 A16 中的应纳税所得额（6000），查找结果为 5001，然后返回区域 A3:D11 中第 3 列下同一行的值（20%）。

（3） HLOOKUP 函数

HLOOKUP 函数可以在表格数组的首行查找指定的值，并由此返回表格数组当前列中其他行的值。其语法为：

```
HLOOKUP(lookup_value,table_array,col_inEex_num,range_lookup)
```

其中，lookup_value 为需要在表格数组第一行中查找的数值，lookup_value 可以为数值或引用，若 lookup_value 小于 table_array 第一行中的最小值，HLOOKUP 返回错误值#N/A。table_array 为两行或多行数据，使用对区域或区域名称的引用，table_array 第一行中的值是由 lookup_value 搜索的值，这些值可以是文本、数字或逻辑值，数值必须按升序排行，文本不区分大小写。col_inEex_num 为 table_array 中待返回的匹配值的行序号，col_inEex_num 为 1 时，返回 table_array 第一行中的数值；col_inEex_num 为 2，返回 table_array 第二行中的数值，以此类推。range_lookup 为逻辑值，指定希望 HLOOKUP 查找精确的匹配值还是近似匹配值。如果为 TRUE 或省略，则返回精确匹配值或近似匹配值；如果为 FALSE，VLOOKUP 将只寻找精确匹配值。

具体应用如图 3-19 所示。

	A	B	C	D	E	F
1	品种	苹果	香蕉	菠萝	芒果	脐橙
2	单价	5	3	4	10	6
3	是否缺货	Y	N	N	Y	N
4						
5	公式			返回结果		
6	=HLOOKUP("苹果",A1:F3,3)			Y		
7	=HLOOKUP("橙子",A1:F3,3,FALSE)			#N/A		
8	=HLOOKUP("脐橙",A1:F3,3,FALSE)			N		

图 3-19　HLOOKUP 函数的应用

公式说明：

A6 默认使用精确匹配或近似匹配，在区域 A1:F3 的第一行中查找“苹果”，查找结果为第 1 列，然后返回“苹果”所在列（第 1 列）的第 3 行数据（Y）。

A7 使用精确匹配，在区域 A1:F3 的第一行中查找“橙子”，没有匹配的结果，返回错误值（#N/A）。

A8 使用精确匹配，在区域 A1:F3 的第一行中查找“脐橙”，查找结果为第 6 列，然后返回“脐橙”所在列（第 6 列）的第 3 行数据（N）。

（4） INDEX 函数

INDEX 函数用来返回区域内指定行和指定列相交处的值，其语法为：

```
INDEX(array,row_num,column_num)
```

其中，array 为单元格区域或数组常量，row_num 为行号，column_num 为列号。具体应用如图 3-20 所示。

	A	B	C
1	员工编号	姓名	部门
2	1001	刘备	行政部
3	1002	诸葛亮	人事部
4	1003	曹操	销售部
5	1004	孙权	制造部
6	1005	关羽	人事部
7			
8	公式		返回结果
9	=INDEX(A1:C6,3,2)		诸葛亮
10	=INDEX(A1:C6,4,3)		销售部

图 3-20　INDEX 函数应用

公式说明：

A9 在区域 A1:C6 中查找第 3 行，第 2 列所在单元格中的值（诸葛亮）。

A10 在区域 A1:C6 中查找第 4 行，第 3 列所在单元格中的值（销售部）。

（5） MATCH 函数

返回在指定区域内与指定数值匹配的单元格所在的位置，其语法为：

```
MATCH(lookup_value,lookup_array,match_type)
```

其中，lookup_value 为需要在数据表中查找的数值，lookup_array 为可能包含所要查找的数值的连续单元格区域。match_type 为数字-1、0 或 1，match_type 指明 Microsoft Excel 如何在 lookup_array 中查找 lookup_value。

如果 match_type 为 1，函数 MATCH 查找小于或等于 lookup_value 的最大数值。lookup_array 必须按升序排列：…、-2、-1、0、1、2、…、A～Z、FALSE、TRUE。

如果 match_type 为 0，函数 MATCH 查找等于 lookup_value 的第一个数值。lookup_array 可以按任何顺序排列。

如果 match_type 为-1，函数 MATCH 查找大于或等于 lookup_value 的最小数值。lookup_array 必须按降序排列：TRUE、FALSE、Z～A、…、2、1、0、-1、-2、…，等等。如果省略 match_type，则假设为 1，默认设置为 0。

具体应用如图 3-21 所示。

公式说明：

B9 查找 1002 在区域 A1:A6 中的位置（第 3 行）。

B10 由于此处无正确的匹配，所以返回数据区域 A1:A6 中最接近的下一个值（1005）的位置（第 6 行）。

B11 由于数据区域 A1:A6 不是按降序排列的，所以返回错误值（#N/A）。

	A	B	C
1	员工编号	姓名	部门
2	1001	刘备	行政部
3	1002	诸葛亮	人事部
4	1003	曹操	销售部
5	1004	孙权	制造部
6	1005	关羽	人事部
7			
8	公式		返回结果
9	=MATCH(1002,A1:A6)		3
10	=MATCH(1006,A1:A6,1)		6
11	=MATCH(1002,A1:A6,-1)		#N/A

图 3-21 MATCH()函数的应用

（6） OFFSET 函数

OFFSET()函数返回以指定的引用为参照系，通过给定偏移量得到新的引用，返回的引用可以为一个单元格或单元格区域，并可以指定返回的行数或列数。其语法为：

```
OFFSET(reference,rows,cols,height,width)
```

其中，reference 作为偏移量参照系的引用区域；rows 相对于偏移量参照系的左上角单元格，上（下）偏移的行数；cols 为相对于偏移量参照系的左上角单元格，左（右）偏移的列数；height 为高度，即所要返回的引用区域的行数；width 为宽度，即所要返回的引用区域的列数。

例如，公式：

```
=OFFSET(A1, 2,3)
```

以单元格 A1 为坐标，向下偏移 2 个，向右偏移 3 个单元格，即单元格 D3 中的值。

7. 信息函数

（1） ISBLANK 函数

ISBLANK()函数用于检查指定单元格是否为空值，其语法为：

```
ISBLANK(value)
```

其中，value 为需要进行检验的数值。value 可以是空白（空白单元格）、错误值、逻辑值、文本、数字或引用值，或者引用要检验的以上任意值的名称。如果单元格中为空值，该函数返回 TRUE，否则返回 FALSE。

（2） ISNA()函数

ISNA()函数用来检验单元格中是否为错误值 #N/A（值不存在），如果是，则函数返回 TRUE，否则返回 FALSE。

（3） IFERROR()函数

IFERROR()函数用来检验单元格中的值是否为任意错误值（#N/A、#VALUE!、#REF!、#DIV/0!、#NUM!、#NAME? 或 #NULL!）。如果是，则函数返回 TRUE，否则返回 FALSE。

8. 数学函数

（1） SUM()、SUMIF()、SUMIFS()函数

① SUM()函数返回某一单元格区域中所有数字之和，其语法为：

```
SUM(number1,number2,…)
```

其中，number1,number2, … 为 1 到 255 个需要求和的参数，它们可以是数字、公式、单元格引用。

② SUMIF()函数按给定条件对指定单元格求和。其语法为：

```
SUMIF(range,criteria,sum_range)
```

其中，range 为给定条件所在的区域。

③ SUMIFS()函数对某一区域内满足多重条件的单元格求和。criteria 为指定的条件，sum_range 为求和的区域，其语法为：

```
SUMIFS(sum_range,criteria_range1,criteria1,criteria_range2,criteria2,…)
```

其中，sum_range 是求和的一个或多个单元格，其中包括数字或包含数字的名称、数组或引用。空值和文本值会被忽略，criteria 为指定的条件，sum_range 为求和的区域。

SUMIFS()和 SUMIF()的参数顺序不同。sum_range 参数在 SUMIFS 中是第一个参数，而在 SUMIF 中则是第三个参数。

这 3 个函数的具体应用如图 3-22 所示。

	A	B	C	D	E
2	应收账款明细表				
3	客户名称	应收金额	0-3个月	3-6个月	6-12个月
4	A公司	5000	1		
5	A公司	15000		1	
6	B公司	3000			1
7	C公司	26000		1	
8	B公司	30000	1		
9	C公司	12800		1	
10	C公司	9000			1
11	B公司	56000		1	
12	A公司	5800			1
13					
14	公式				返回结果
15	=SUM(B4:B12)				162600
16	=SUMIF(A4:A12,"A公司",B4:B12)				25800
17	=SUMIFS(B4:B12,A4:A12,"A公司",D4:D12,1)				15000

图 3-22　求和函数的应用

公式说明：

A15 对所有客户的应收账款（B4:B12）进行求和，计算应收账款总额。

A16 在“客户名称”为 A 公司的应收账款。

A17 在“客户名称”为 A 公司，且账龄为 3～6 个月的应收账款。

（2） INT()函数

INT()函数将数字向下舍入到最接近的整数，其语法为：

```
INT(number)
```

其中，number 为需要进行向下舍入取整的实数。

例如，公式：

```
=INT(5.7)
```

返回结果 5。

（3） ROUNDUP()函数

ROUNDUP 函数远离零值，向上舍入数字，其语法为：

```
ROUNDUP(number,num_digits)
```

其中，number 为需要向上舍入的任意实数，num_digits 为四舍五入后数字的位数。

例如，公式：

```
=ROUNDUP(5.6,0)
```

返回结果 6。

```
=ROUNDUP(5.6431,2)
```

返回结果 5.65。

3.2 数据验证

在创建工作表的过程中，为确保输入数据的正确性，或者提示用户输入数据的类型和内容，用户可以通过对单元格或单元格区域设置数据验证来满足这些需求。若输入无效数据，Excel 还会自动弹出提示并清除对应的无效信息。这种功能在 Excel2013 中被称为“数据验证”，也就是以往 Excel 版本中的“数据有效性”功能。

3.2.1 数据验证的作用

选择“数据”/“数据工具”/“数据验证”命令，打开如图 3-23 所示的下拉列表，显示“数据验证”、“圈释无效数据”、“清除验证标识圈”3 个命令，通过这些命令设置的数据验证具有以下几种功能。

- 设置数据输入的类型及要求。
- 鼠标移动到单元格上时，可以显示需要输入数据的类型或要求的提示语。

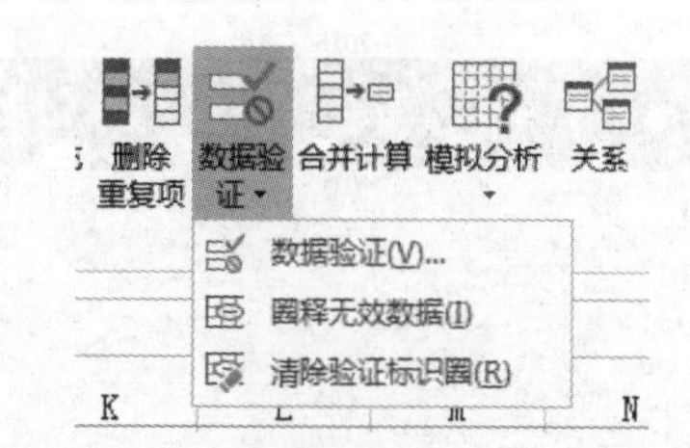

图 3-23 “数据有效性”下拉列表

- 如果输入数据不满足预先设置的条件，会显示出错警告信息提示语。
- 将无效的数据用特殊的符号标示出来。
- 清除无效数据验证标识圈。

3.2.2 数据验证的设置

选择“数据”/“数据工具”/“数据验证”/“数据验证”命令，打开“数据验证”对话框（如图 3-24 所示），对单元格或区域设置数据验证主要通过此对话框。

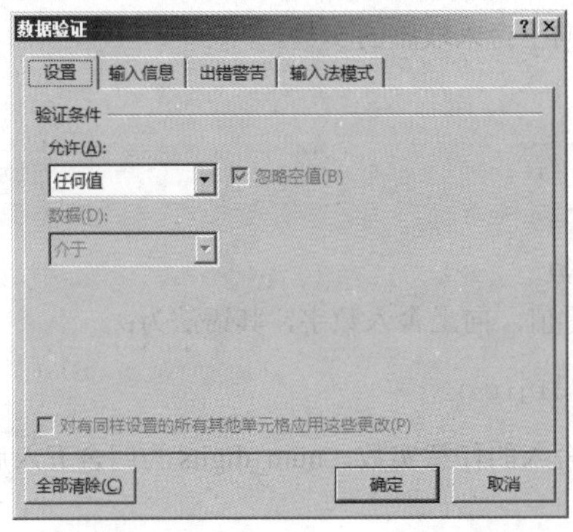

图 3-24 “数据验证”对话框

例 3-4 对月份的输入进行数据验证设置。

如图 3-25 所示的工资表，用户只能在单元格 E2 中输入代表月份的 1～12 之间的整数，设置此项数据验证的具体操作步骤如下。

（1） 选择单元格 E2。

（2） 选择“数据”/“数据工具”/“数据验证”/“数据验证”命令，打开“数据验证”对话框。

（3） 单击“设置”选项卡，从“允许”下拉框中选择“整数”，显示如图 3-26 所示的界面。

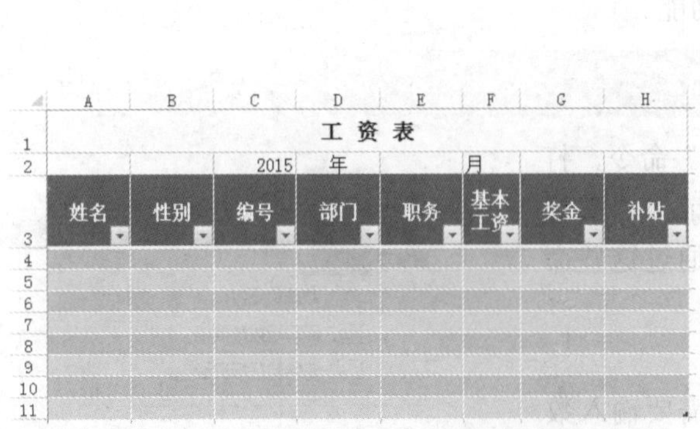

图 3-25 对月份的输入设置数据验证

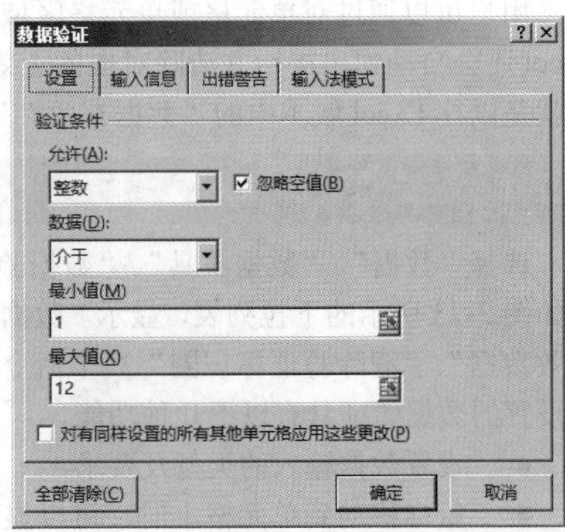

图 3-26 选择“整数”验证条件

（4） 在“最小值”文本框中输入 1，在“最大值”文本框中输入 12。

（5） 单击“输入信息”选项卡，在“标题”文本框中输入“月份”，“输入信息”文本框中输入“请输入 1～12 之间的整数。”，如图 3-27 所示。

（6） 单击“出错警告”选项卡，在“样式”下拉列表中选择“停止”，在“错误信息”文本框中输入“您输入的月份不在 1～12 之间，请重新输入。”，如图 3-28 所示。

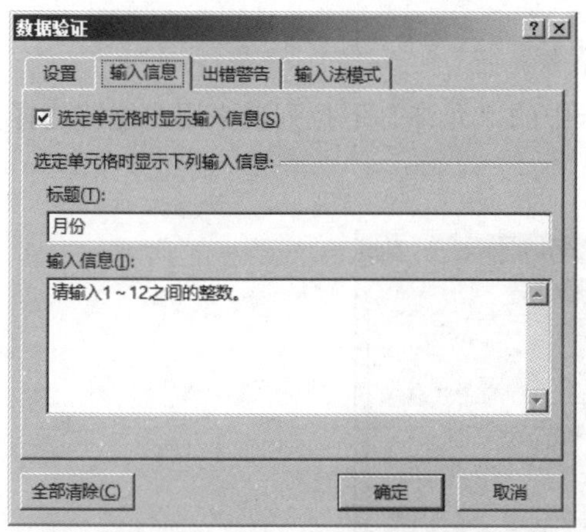

图 3-27 “输入信息”选项卡

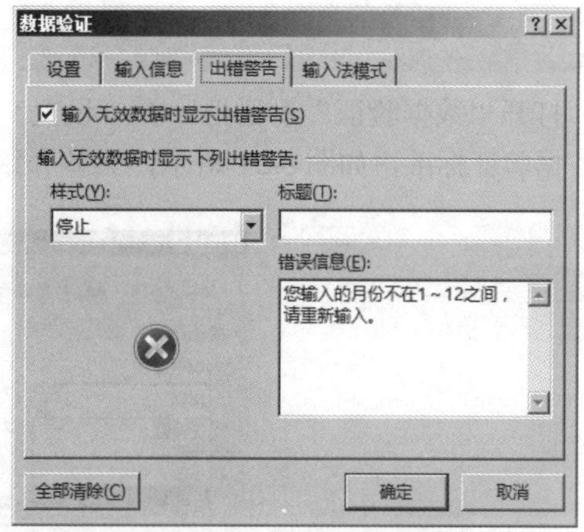

图 3-28 “出错警告”选项卡

（7） 单击“确定”按钮，关闭对话框，返回工作表界面。

执行上述步骤后，鼠标移动到选定的单元格时就会显示“请输入 1～12 之间的整数”，如图 3-29 所示。如果输入的数据不在此范围内，则会弹出警告信息“您输入的月份不在 1～12 之间，请重新输入。”，如图 3-30 所示。

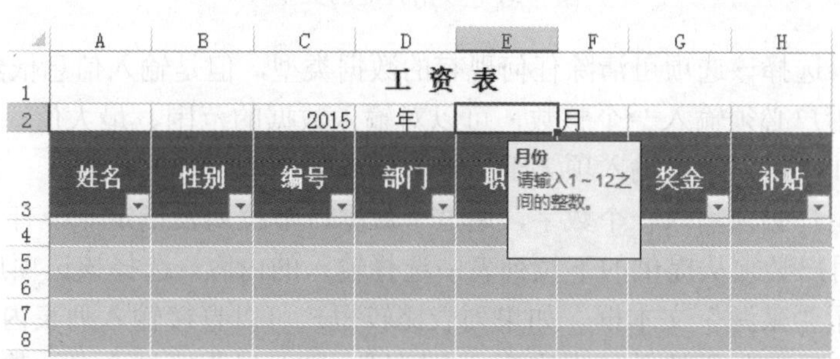

图 3-29 显示提示信息

图 3-30 输入错误信息弹出的警告提示

单元格或区域设置数据验证后，Excel 可以对其中输入的信息进行检验，但是如果在“出错警告”选项卡的“样式”中选择了“停止”以外的其他选项，用户依然可以输入无效数据。

如果单元格中包含公式，数据验证的设置将不起作用。

此外，选择“数据”/“数据工具”/“数据验证”/“圈释无效数据”命令，包含不正确输入项的单元格周围就会出现一个圈，改正后圆圈就会消失。如果要去掉所有圈，选择“数据”/“数据工具”/“数据验证”/“清除验证标识圈”命令。

3.2.3 数据验证的类型

打开“数据验证”对话框，在“设置”选项卡中的“允许”下拉列表中用户能够选择多种数据验证标准，如图 3-31 所示，具体介绍如下。

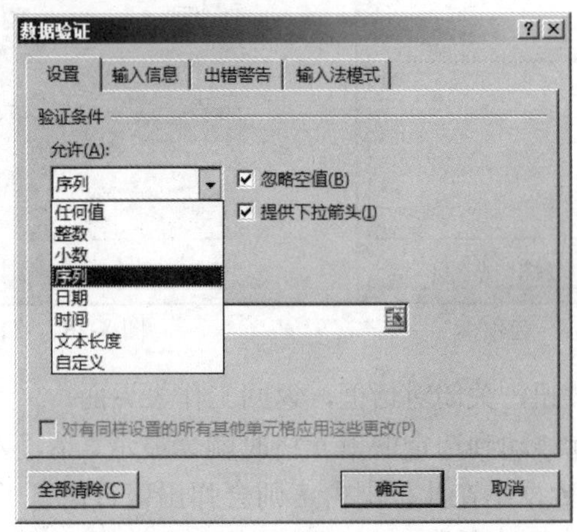

图 3-31　数据验证的类型

- 任何值：选择该选项可清除任何现有的数据类型，但是输入信息依然显示。
- 整数：用户必须输入一个整数，可以对输入数据的范围、最大值、最小值等进行设置，例如，可以指定输入项大于指定数值或某个单元格的数值。
- 小数：用户必须输入一个数字，通过“数据”下拉列表指定一个有效的数字范围。
- 序列：用户必须从提供的下拉列表中选择输入的内容。选择该选项后，“设置”选项卡会显示“来源”文本框。如果列表比较短，可以直接输入列表内容并用分隔符来分隔每一项；如果输入的内容为一个区域，则可以为区域命名，然后在文本框中输入“=区域名”。
- 日期：用户必须输入一个日期，通过“数据”下拉列表指定一个有效的日期范围。
- 时间：用户必须输入一个时间，通过“数据”下拉列表指定一个有效的时间范围。
- 文本长度：限制数据的长度。
- 自定义：使用该选项，必先提供一个确定用户输入项有效性的逻辑公式。

在以上表示的数据验证类型中，除例 3-4 设置的数据范围经常使用外，掌握“序列”的创建对加快数据的输入也起有很大的帮助。

例 3-5　创建部门下拉列表。

如图 3-32 所示，对部门一列设置数据验证，创建下拉列表，用户输入员工所在部门时，只需单击单元格右端的下拉按钮，在打开的列表中选择并单击，单元格中即可显示相应的部门名称。

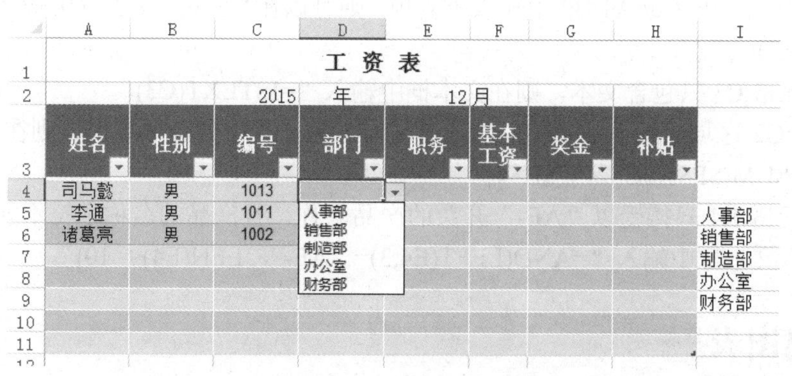

图 3-32 “部门”下拉列表

设置序列的具体操作步骤如下。

（1） 在区域 I5:I9 中输入如图 3-32 所示的部门名称。

（2） 选择区域 I5:I9，在名称框中输入“部门”，为该序列命名。

（3） 选择 D4 单元格，选择“数据”/“数据工具”/“数据验证”/“数据验证”命令，打开“数据验证”对话框。

（4） 单击“设置”选项卡，从“允许”下拉列表中选择“序列”。

（5） 在“来源”文本框中输入“=部门”，如图 3-33 所示。

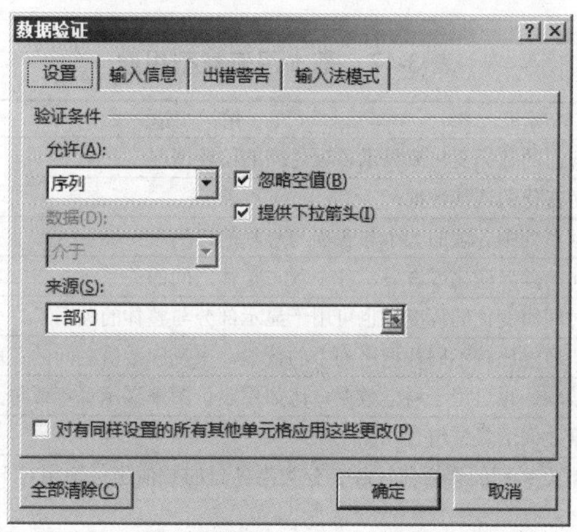

图 3-33 “部门”序列有效性设置

（6） 单击“确定”按钮，关闭对话框，返回工作表界面，完成对“部门”序列的数据验证设置。

3.2.4 使用公式创建数据验证

简单的数据验证可以通过以上方法设置，但是当使用公式创建数据验证时，可以发挥更灵活的功能。

打开“数据验证”对话框，在“设置”选项卡中的“允许”下拉列表中选择“自定义”选项，在“公式”文本框中用户可以直接输入公式，或者输入一个包含公式的单元格引用。

以下为几个具体应用的实例。

如果禁止用户在区域 A1:B2 中输入重复项，则可以在“公式”文本框中输入“=COUNTIF($A$1:$B$2,A1)=1”。

如果单元格 C3 只包含文本，则在文本框中输入“=ISTEXT(C3)”。

如果 E1:G2 区域中输入的数值总和不超过单元格 H4 中的总预算值，则在“公式”文本框中输入“=SUM($E$1:$G$2)<=$H$4”。

如果单元格 E4 只接受以“AE-”开头的产品名称，且产品的名称字符不能超过 10 个，则在“公式”文本框中输入“=AND(LEFT(E4,3)=“AE-”，LEN(E4)<=10)”。

3.3 创建图表

快速制作出专业、美化的图表成为日常工作中一项重要工作。使用图表可以将数据转化为简洁明快的图表形式，更方便地观察、分析数据的趋势与数据之间的关系。本节将讲述图表的类型、组成元素、制作方法、更改外观及对图表元素格式的修改等操作。

3.3.1 图表概述

Excel 2013 一共提供了 10 种基本图表类型，每种图表类型还包含几种不同的子类型，子类型中有二维图和三维图，它们都是在基本图表类型上变化而来的。用户在创建图表前需要结合图表类型的特点和数据的要求选择应用哪一种图表类型。每一种类型都有各自不同的特点，具体介绍见表 3-17。

表 3-17　基本图表类型用途

图标类型	用　途
柱形图	用于显示一段时间内的数据变化或显示各项之间的比较情况
折线图	用于显示随时间而变化的连续数据
饼图	用于显示一个数据系列中各项的大小与各项与总和的比例
条形图	用于描述各项之间的差异变化或者显示各个项与整体之间的关系
面积图	用于强调数量随时间而变化的程度，也可用于显示部分与整体的关系
XY 散点图	多用于科学数据，通过比较不同数据序列中的数值，来反应数值之间的关联性
股价图	用来显示股价的波动，也可用于科学数据，比如用股价图来显示每年或每天温度的波动
曲面图	用于确定两组数据之间的最佳组合
雷达图	用于比较若干数据系列的聚合值，各个分类沿各自的数值坐标轴相对于中点呈辐射状，同一序列的数值之间用折线相连
组合图	多种图表样式的组合

3.3.2 图表元素

虽然不同类型的图表包含的组成元素也会有所不同，但是大多数图表都由以下元素组成（如图 3-34 所示）。

- 数据系列：创建图表要以工作表中的数据为基础，工作表中转化为一连串数值的集合称做数据系列，这些数据序列来源于数据表中的行或列。图表（除饼图外）中的数据序列可以不止一个，Excel 在图表中用不同的颜色、形状、图案来区别不同的数据序列。

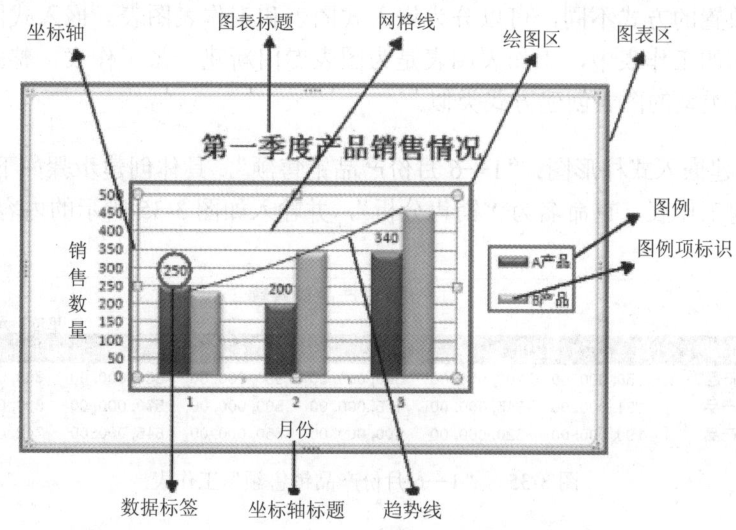

图 3-34　图表元素

- 图表区：整个图表及其全部元素。
- 绘图区：在二维图表中，指通过轴来界定的区域，包括所有数据系列、分类名、刻度线标志和坐标轴标题。
- 图例：图例是一个方框，用于说明图表中的数据系列或分类、指定的图案或颜色。
- 图例项标识：图例项标识是图例中的符号，用于显示图表中的数据系列（或分类）、指定的图案和颜色。图例项标识位于图例项的左边。设置图例项标识的格式时也将设置与其相关联的数据标记的格式。
- 图表标题：说明性的文本，可以自动与坐标轴对齐或在图表顶部居中，可以在所有的图表中显示。
- 坐标轴标题：通常用于显示所有坐标轴的图表，所以饼图和圆环图就不能显示坐标轴标题，有些图表类型如雷达图虽然有坐标轴，但也不能显示坐标轴标题。
- 坐标轴：界定图表绘图区的线条，用做度量的参照框架，分为数值轴和分类轴，x 轴通常为水平轴并包含分类，y 轴通常为垂直坐标轴并包含数据。
- 数据标签：为数据标记提供附加信息的标签，数据标签代表源于数据表单元格的单个数据点或值。
- 数据标记：图表中的条形、面积、圆点、扇面或其他符号，代表源于数据表单元格的单个数据点或值。图表中的相关数据标记构成了数据系列。
- 趋势线：趋势线以图形的方式表示数据系列的趋势，例如，向上倾斜的线表示几个月中增加的销售额。趋势线用于问题预测研究，又称为回归分析。
- 网格线：在绘图区显示的从水平轴和垂直轴延伸出的水平和垂直网格线，并且与坐标轴上的刻度线对齐。

3.3.3　创建图表

在 Excel 2013 中提供了很多不同类型、样式丰富的图表，用户可以在这些基本图表中选择并快速创建专业图表。

根据图表放置的方式不同，可以分为嵌入式图表和工作表图表。嵌入式图表是把图表直接插入数据所在的工作表中，工作表图表是为图表专门新建一张工作表，整张工作表只有这一张图表。两种类型的图表创建方式类似。

例 3-6 创建嵌入式柱形图：“1—6 月份产品销售额”，具体创建步骤如下：

（1） 新建工作表，重命名为“销售分析”，并输入如图 3-35 所示的内容。

	A	B	C	D	E	F	G
1	1—6月份产品销售额						
2							单位：元
3	月份	1月	2月	3月	4月	5月	6月
4	A产品	250,000.00	200,000.00	340,000.00	360,000.00	350,000.00	300,000.00
5	B产品	234,000.00	345,000.00	456,000.00	500,000.00	570,000.00	600,000.00
6	C产品	190,000.00	320,000.00	400,000.00	550,000.00	645,000.00	742,000.00

图 3-35 “1—6 月份产品销售额”工作表

（2） 选择区域 A3:G5。

（3） 选择“插入”/“图表”/“柱形图”，打开如图 3-36 所示的下拉列表。

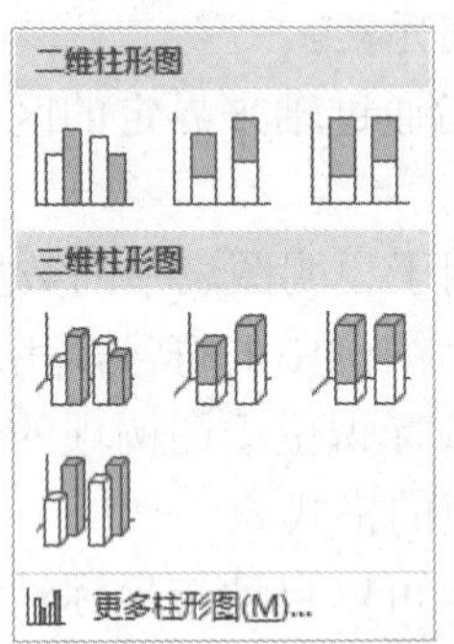

图 3-36 “柱形图”下拉列表

（4） 选择“簇状柱形图”，在工作表内插入如图 3-37 所示的柱形图。

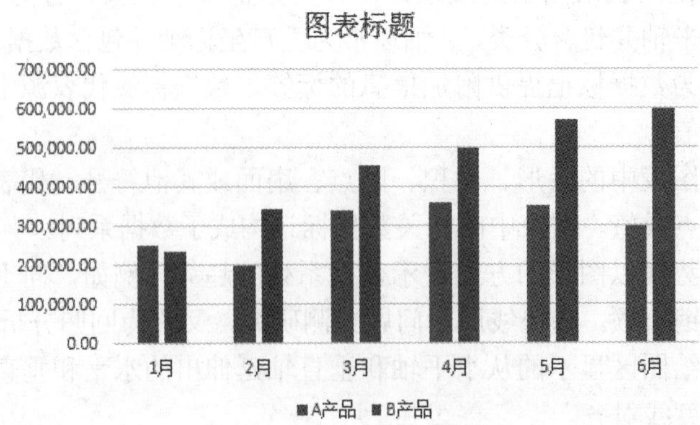

图 3-37 柱形图

插入图表后，功能区上会显示“图表工具”上下文选项卡如图 3-38 所示，它包含的 2 个子选项卡：“设计”、“格式”。在这些选项卡的功能区中提供了各种用来处理图表的工具。

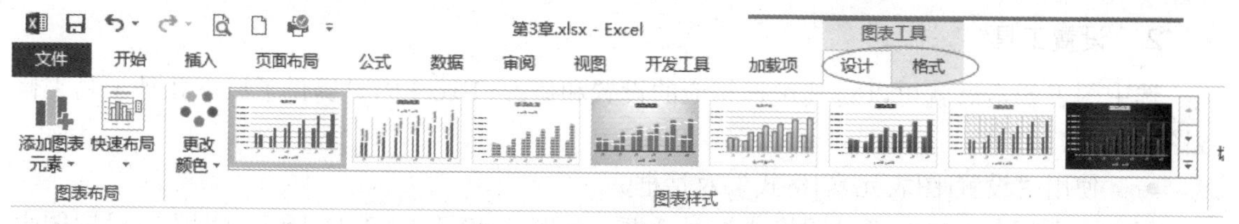

图 3-38 “图表工具”选项卡

按照以上步骤建立的图表是根据 Excel 的默认设置创建的，用户可以根据需要修改图表。例如，设置图表元素、更改图表类型、更改图表外观等，具体操作方法见 3.3.4 节介绍。

3.3.4 修改图表

如果创建的图表不符合要求，可以对其进行修改。例如，修改图表元素、更改图表类型，调整图表位置及大小等。修改图表元素与 Excel 中执行其他操作是一样的：首先要选择图表元素对象，然后使用适当的工具，对其执行相应的命令。

1. 选择图表元素

通常情况下，可以单击直接选取图表元素对象，但是有些时候，您可能会发现在一些相邻很近的图表元素中快速准确地定位一个图表元素并不是简单的事情，这时候用户可以参考 Excel 提供的其他两种方式来选择。

- 使用键盘：激活图表，使用方向键在图表元素之间进行切换。
- 使用“图表元素”工具栏，如图 3-39 所示，该工具栏位于“图表工具”/“布局”/“当前所选内容”组中，在下拉列表中选中当前图表中的某个特定元素。

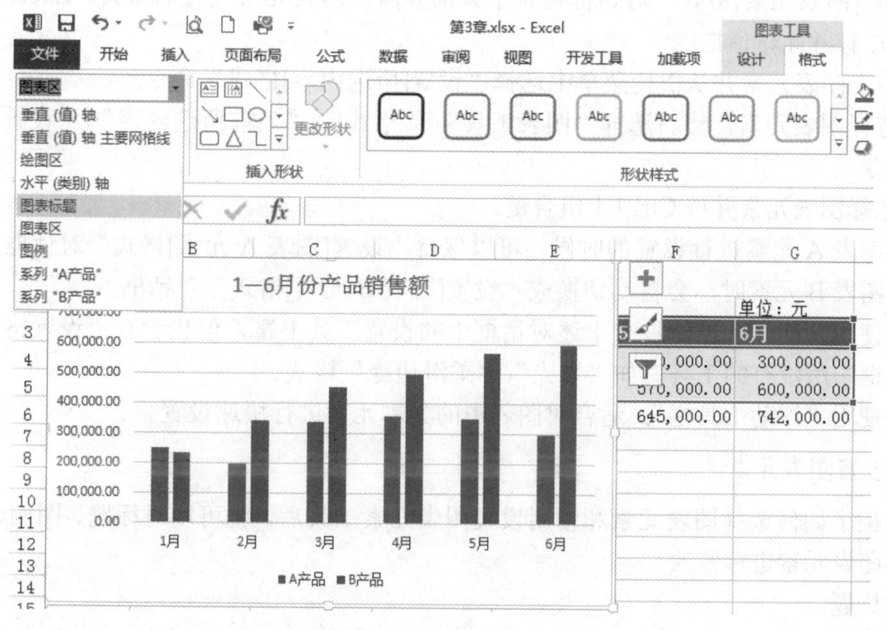

图 3-39 “图表元素”工具栏

在“图表元素”工具栏中显示了当前所选的图表元素的名称，使用鼠标和键盘选择图表元素后，可以观察该控件中的名称来确保是否为选中的元素。

2. 设置工具

选中图表元素后就可以对其进行相应的设置和修改，Excel 同时提供了以下几种工具来修改图表元素。

- 使用“设置[图表元素]格式”对话框。

每个元素都有各自的“设置格式”对话框，如图 3-40 和图 3-41 所示分别为“设置图表区格式”对话框和“设置图例格式”对话框。

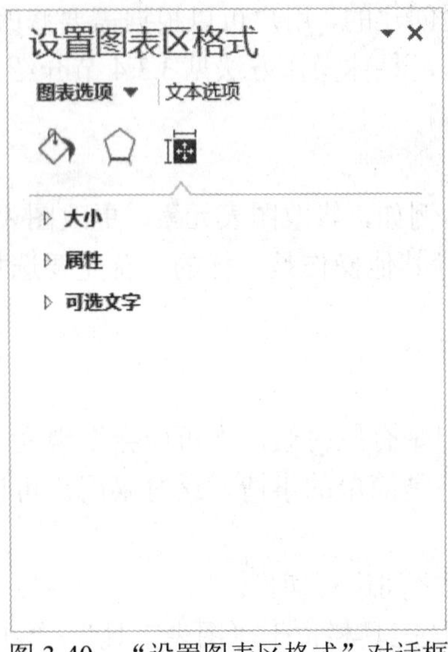

图 3-40 “设置图表区格式”对话框

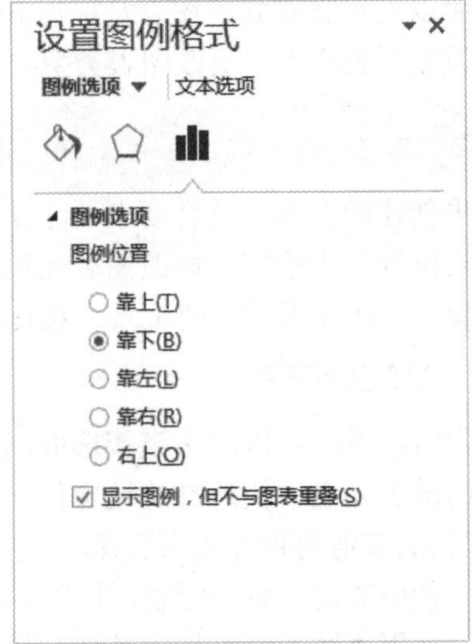

图 3-41 “设置图例格式”对话框

“设置[图表元素]格式”对话框包含了大部分对该图表元素设置的工具。Excel 提供了以下 3 种方法打开此对话框。

① 右击图表元素并从快捷菜单中选择“设置[所选内容]格式”命令。

② 选择图表元素，然后选择“图表工具”/“格式”/“当前所选内容”/“设置所选内容格式”命令。

③ 选择图表元素并按 Ctrl＋1 组合键。

在对图表 A 元素进行设置的时候，可以保持“设置[图表 A 元素]格式”对话框为打开状态，双击图表 B 元素时，会自动切换成“设置[图表 B 元素]格式”对话框。

- 使用功能区：虽然没有上述对话框中的设置工具丰富，但也含有“设置格式”对话框中所没有的工具，如“发光”、“柔滑边缘”格式。
- 使用“浮动工具栏”：适合对图表中的文本元素进行快速设置。

3. 设置图表元素

在掌握了如何选择图表元素和使用设置图表元素工具后，就可以对标题、图例、坐标轴、网格线等图表元素进行修改。

◆ 标题

承例 3-6，添加标题：“1—6 月份产品销售额”。

例 3-6 中创建的图形默认无标题，现在为其添加如图 3-42 所示的标题，具体步骤如下。

（1） 激活“销售分析”工作表。

（2） 选定例 3-6 中创建的图表。

（3） 选择“图表工具”/“设计”/“添加图表元素”/“图表标题”命令，弹出如图 3-43 所示的下拉列表。

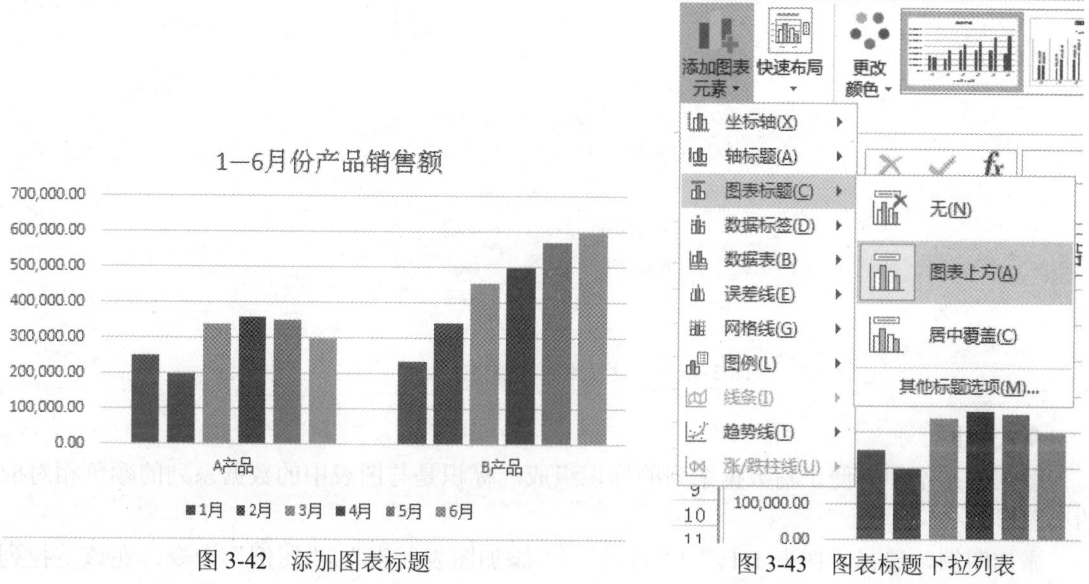

图 3-42　添加图表标题　　　　图 3-43　图表标题下拉列表

（4） 选择“居中覆盖”标题，插入如图 3-44 所示的图表标题。

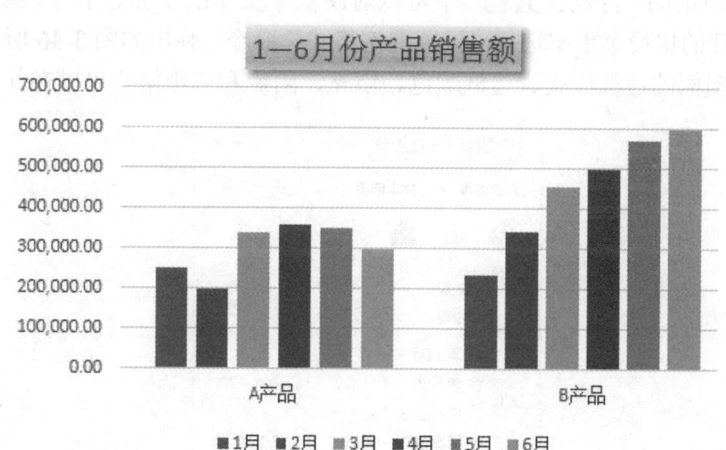

图 3-44　插入图表标题

（5） 将其中的文字更改为“1—6 月份产品销售额”。

（6） 右击图表标题，在弹出的“浮动工具栏中”，设置字体为楷体，字号为 14。

选择图表标题，右击鼠标，在打开的快捷菜单中选择“设置图表标题格式”命令，打开“设置图表标题格式”对话框，如图 3-45 所示。图表标题的边框样式、边框颜色、填充、阴影、三维格式及对齐方式都可以在此对话框中设置。

图表标题及任何坐标轴标题都可以通过创建链接使用单元格引用。这样当单元格中的内容发生变化时，标题也会随之而更改。

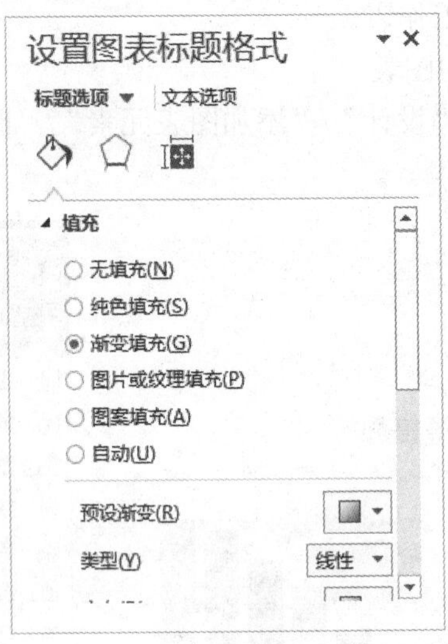

图 3-45　“设置图表标题格式”对话框

◆　图例

图例由文本和方便识别数据系列的标识组成。标识是与图表中的数据系列的颜色相对应的小图形。

添加图例，选择“图表工具”/“设计”/“添加图表元素”/“图例”命令，在该下拉列表中可以选择显示图例的位置。删除图例时选中并按 Delete 键。

右击图例在弹出的“浮动工具栏”中可以对图例中文本的字体、字号、颜色等进行设置。右击图例，在打开的快捷菜单中选择“设置图例格式”命令，弹出如图 3-46 所示的“设置图例格式”对话框。图例的边框样式、边框颜色、填充、阴影和三维格式可以在此对话框中设置。

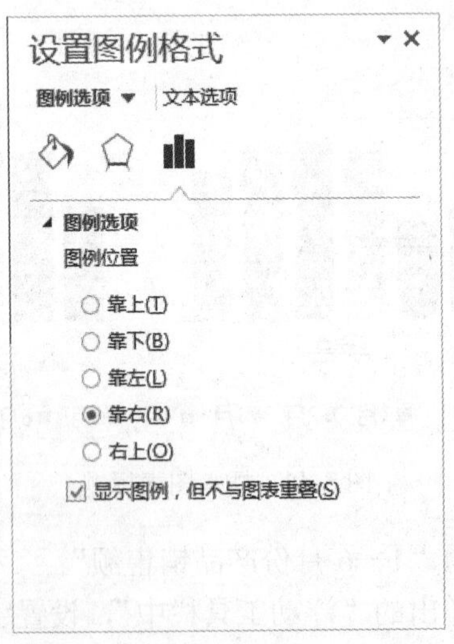

图 3-46　“设置图例格式”对话框

◆　坐标轴

图表的类型不同，坐标轴的数量也不同，所有的二维图表有两个坐标轴，三维图表有三个坐标轴，饼图和环形图没有坐标轴。以柱形图为例，坐标轴分为数值坐标轴（垂直方向）

和分类坐标轴（水平方向）。

坐标轴由刻度线、刻度单位、坐标轴标签等元素组成。如果数字很大，可以更改刻度单位。

承例 3-6，更改坐标轴的刻度单位，具体操作步骤如下：

（1） 激活“销售分析”工作表。

（2） 选定例 3-6 中创建的图表。

（3） 右击图表中的坐标轴，在打开的快捷菜单中选择“设置坐标轴格式”命令，打开如图 3-47 所示的“设置坐标轴格式”对话框。

（4） 在“显示单位”列表中选择“千”。

（5） 单击“数字”选项卡，将小数位数改为 0，如图 3-48 所示。

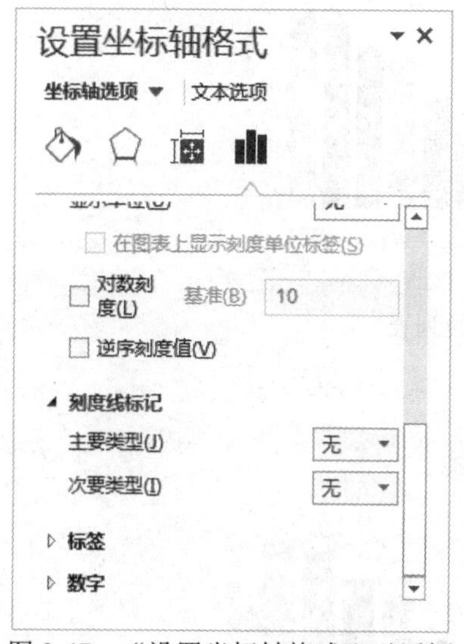

图 3-47 “设置坐标轴格式”对话框

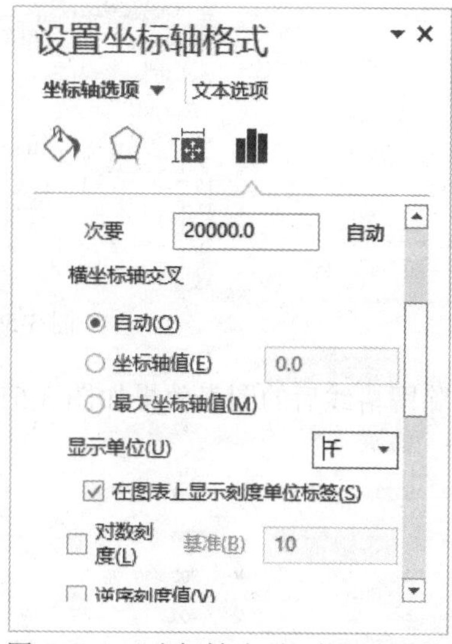

图 3-48 “坐标轴选项”的部分内容

（6） 单击“关闭”按钮，返回工作表，显示如图 3-49 所示的效果。

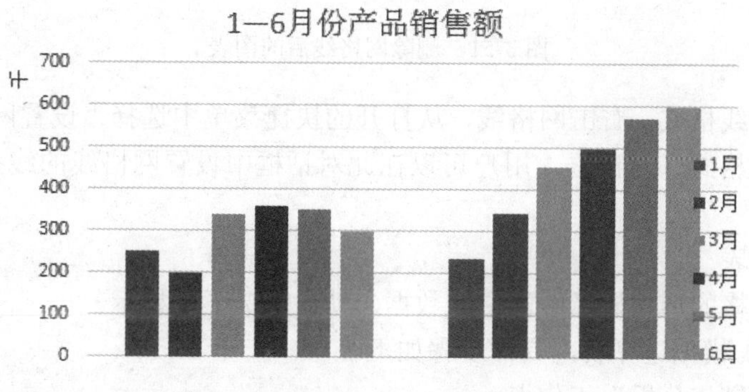

图 3-49 更改刻度单位为“千”

◆ 网格线

网格线可以帮助用户确定数值点的位置，网格线是坐标轴标记的扩展。每个坐标轴都有刻度线，分为主要类型和次要类型。

承例 3-6，删除网格线。

具体步骤如下。

（1） 激活“销售分析”工作表。

（2） 选定例 3-6 中创建的图表。

（3） 选择“图表工具”/“设计”/“添加图表元素”/“网格线”/“主轴主要水平网格线”命令，如图 3-50 所示的下拉列表，这样就可以设定主要水平网格线。

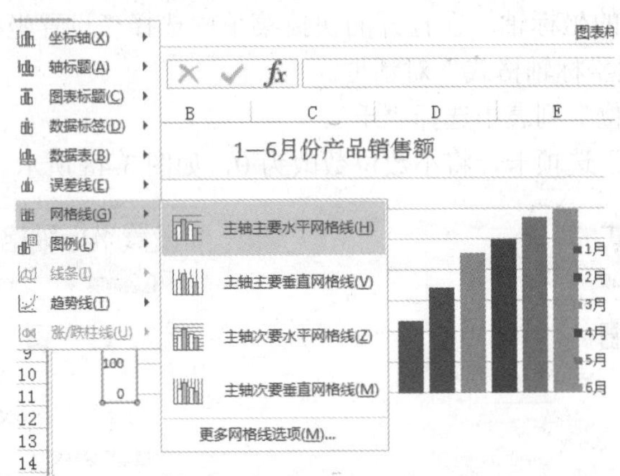

图 3-50 “网格线”下拉列表

删除网格线后的图表效果如图 3-51 所示。

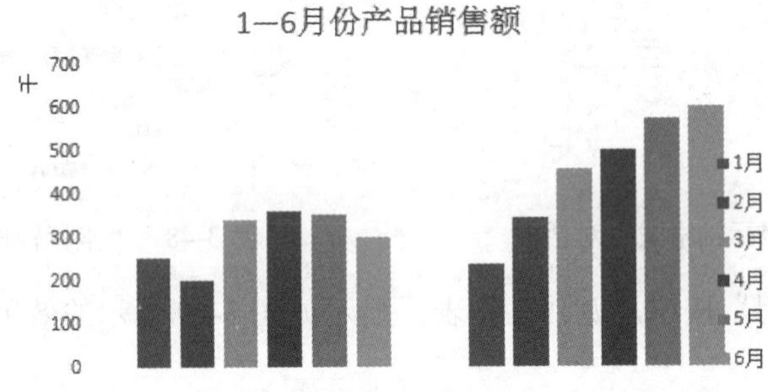

图 3-51 删除网格线后的图表

若要修改网格线格式，右击网格线，从打开的快捷菜单中选择“设置网格线格式”命令，打开“设置网格线格式”对话框。用户可以在此对话框中设置网格线的线条颜色、线型及阴影等。

◆ 显示数据表

数据表是以表格的形式显示图表中的数据，默认情况下不显示。

承例 3-6，添加模拟运算表，具体步骤如下。

（1） 激活“销售分析”工作表。

（2） 选定例 3-6 中创建的图表。

（3） 选择“图表工具”/“设计”/“数据”/“切换行/列”。

（4） 选择“图表工具”/“添加图表元素”/“数据表”，打开如图 3-52 所示的下拉列表。

添加模拟运算表后的图表效果如图 3-53 所示。

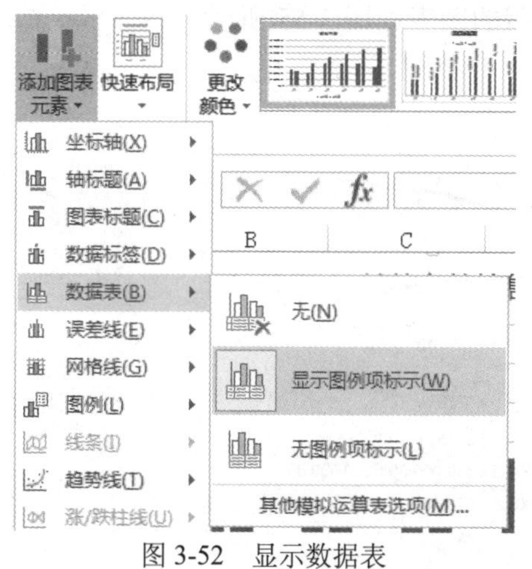

图 3-52 显示数据表

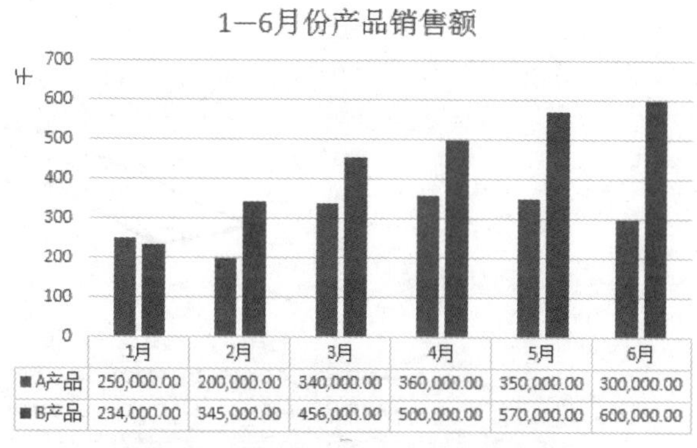

图 3-53 添加“数据表”后的图表

如需对模拟运算表做进一步的修改，右击模拟运算表，从打开的快捷菜单中选择“设置模拟运算表”命令，打开“设置模拟运算表格式”对话框。用户可以在此对话框中设置模拟运算表的边框样式、边框颜色、填充背景和三维效果等。

4. 更改图表类型

若图表的类型无法确切显示工作表中数据包含的信息，例如，要表现数据的趋势，可以使用折线图。此时，需要改变图表的类型。

承例 3-6，以折线图的形式反映“1—6 月份产品销售额”，具体步骤如下。

（1） 激活“销售分析”工作表。

（2） 选定例 3-6 中创建的图表。

（3） 选择“图表工具”/“设计”/“更改图表类型”，打开如图 3-54 所示的“更改图表类型”对话框。

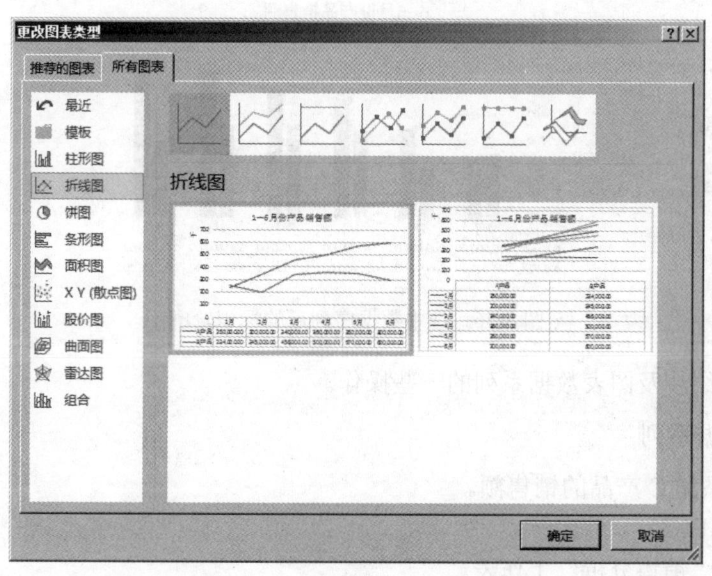

图 3-54 “更改图表类型”对话框

（4） 选择“折线图”，单击“确定”按钮，更改后的图表如图 3-55 所示。

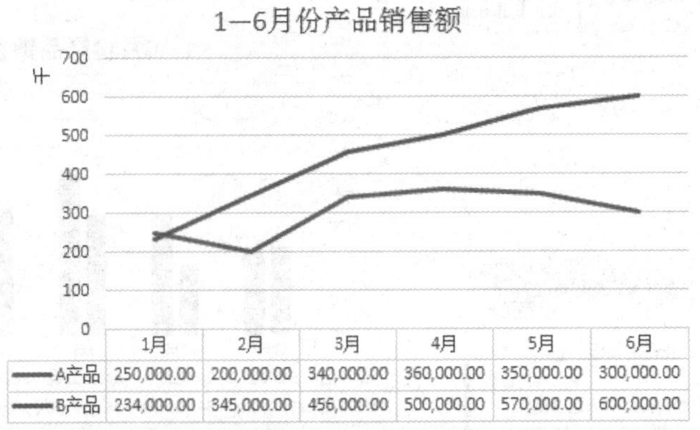

图 3-55 折线图

3.3.5 数据系列操作

每个图表都由一个或多个数据系列组成，数据系列在表格中表现为行数据或列数据，在图表中则转化为柱、饼等形状。

单击图表中柱形图中的条柱形状，选中数据系列，被选中的数据序列会在同一序列的每个数据点上出现一个标识方块，在单元格中的相应数据序列也会用区域轮廓线标识出来，如图 3-56 所示。

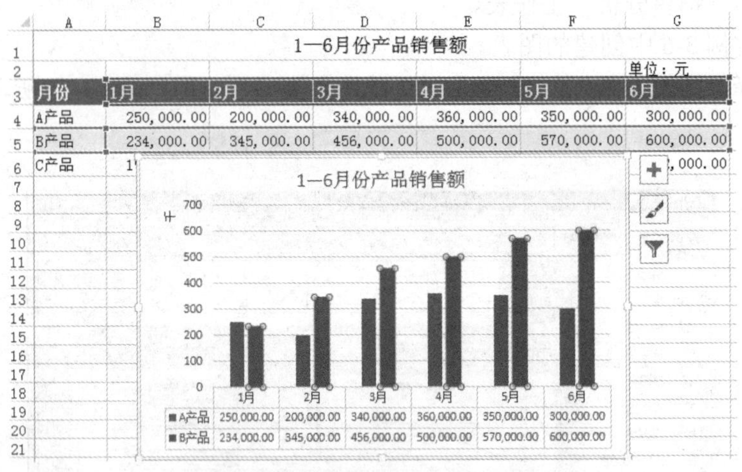

图 3-56 选中数据序列后的标识轮廓

本节继续介绍涉及图表数据系列的一些操作。

1. 添加数据系列

承例 3-6，添加 C 产品的销售额。

具体步骤如下：

（1） 激活“销售分析”工作表。

（2） 在区域 A5:G5 中输入 C 产品 1—6 月份的销售额，如图 3-57 所示。

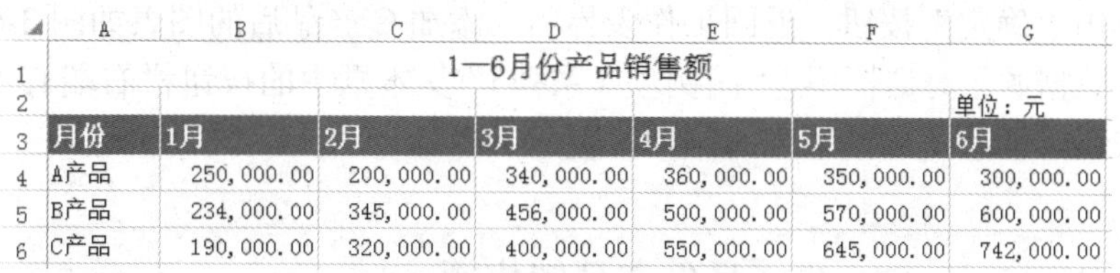

月份	1月	2月	3月	4月	5月	6月
A产品	250,000.00	200,000.00	340,000.00	360,000.00	350,000.00	300,000.00
B产品	234,000.00	345,000.00	456,000.00	500,000.00	570,000.00	600,000.00
C产品	190,000.00	320,000.00	400,000.00	550,000.00	645,000.00	742,000.00

1—6月份产品销售额

单位：元

图 3-57　添加 C 产品销售数据

（3）　选中图表“1—6 月份产品销售额”，右击从打开的快捷菜单中选择“选择数据”命令，打开“选择数据源”对话框，如图 3-58 所示。

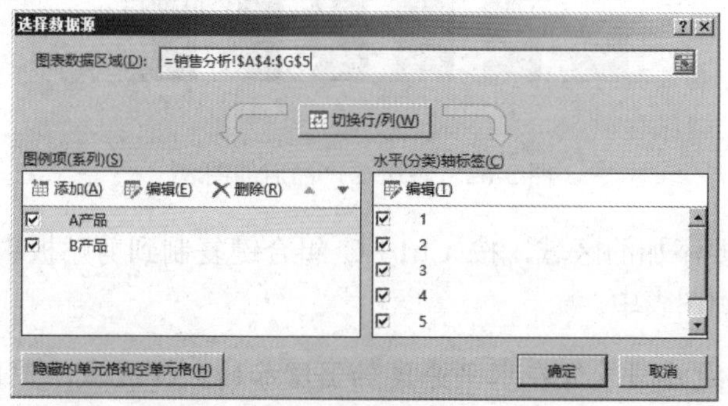

图 3-58　“选择数据源”对话框

（4）　单击“添加”按钮，打开“编辑数据系列”对话框，如图 3-59 所示。

（5）　单击“系列名称”文本框右端按钮，返回工作表界面，选择单元格 A6，再次单击文本框右端按钮，返回对话框。

（6）　单击“系列值”文本框右端按钮，返回工作表界面，选择区域 B6:G6，再次单击文本框右端按钮，返回如图 3-60 所示的对话框。

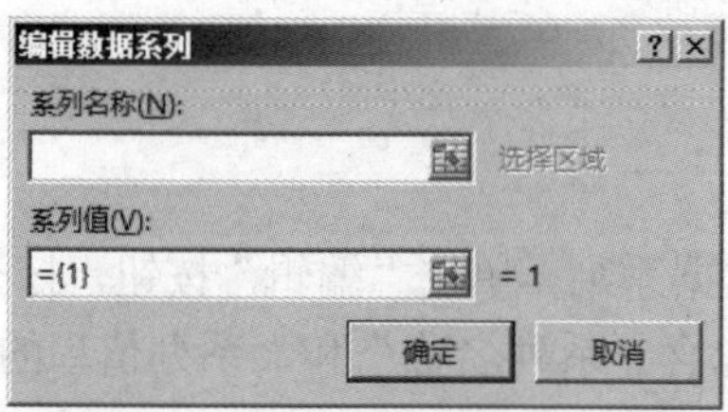

图 3-59　“编辑数据系列”对话框

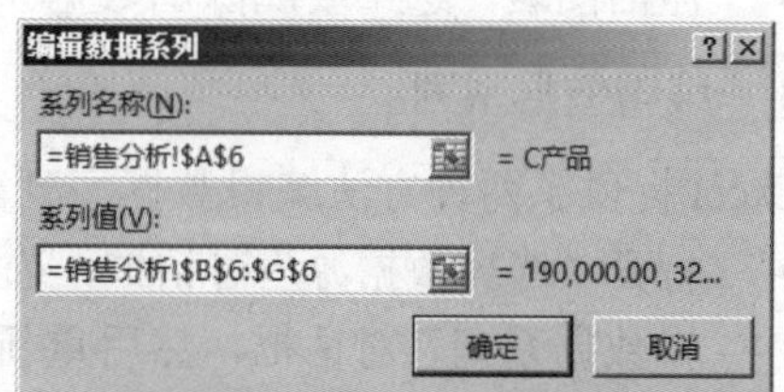

图 3-60　选择数据区域

（7）　单击“确定”按钮，返回如图 3-61 所示的“选择数据源”对话框。

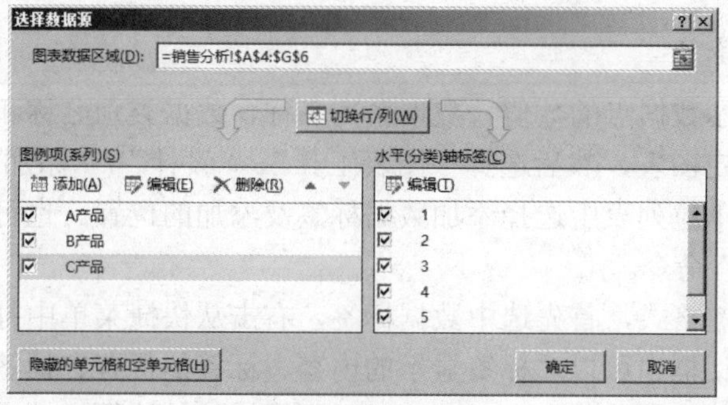

图 3-61　添加 C 产品

（8） 单击“确定”按钮，返回工作表界面，添加 C 产品后的图表如图 3-62 所示。

在“选择数据源”对话框中，“图例项（系列）”文本框中的按钮栏右端有上下方向箭头，使用该箭头按钮，能改变数据系列的排列位置。

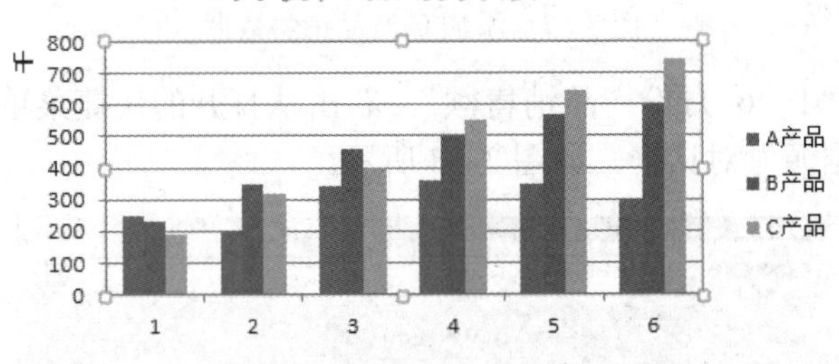

图 3-62 添加 C 产品后的图表

用户也可以选择要添加的区域，按 Ctrl＋C 组合键复制到剪贴板中，再激活图表按 Ctrl＋V 组合键粘贴数据到图表中。

处理随时间或者在水平分类轴上增加的数据区域，最好使用表格作为数据源，当向表格添加新行时，图表会自动更新。

2. 删除数据序列

Excel 提供了两种方法删除数据序列。

- 选中图表“1—6 月份产品销售额”，右击从打开的快捷菜单中选择“选择数据”命令，打开“选择数据源”对话框，选择要删除的数据系列，单击“删除”按钮。
- 激活图表，选中要删除的数据系列，按 Delete 键。

3. 编辑数据系列

Excel 提供了两种方法编辑数据序列。

- 打开“选择数据源”对话框，选择要编辑的数据系列，单击“编辑”按钮，打开“编辑数据系列”对话框，然后重新指定或输入包含“系列名称”和“系列值”的区域，单击“确定”按钮。
- 激活要编辑的数据序列，Excel 会对系列所用的数据区域加上轮廓线，拖动区域轮廓线右下角的填充手柄，可延长或缩短数据区域。

4. 添加数据标签

数据标签用于显示数据点的数值、数据系列名称、数据类别名称和百分比。向图表添加数据标签时，首先选定图表，然后选择“图表工具”/“设计”/“添加图表元素”/“数据标签”命令，从打开的下拉列表中选择添加数据标签及添加的位置。也可以右击从快捷菜单中选择“添加数据标签”命令。

如需修改数据标签格式，首先选中数据标签，右击从快捷菜单中打开“设置数据标签格式”对话框，在该对话框中可以对标签显示的内容、标签的位置、标签中是否包含图例项标识进行选择，在其他的几个选项卡中，则可以对数据标签的边框、填充、特殊效果进行详细设置。

5. 添加误差线

在某些图表类型中可以添加误差线，误差线是没有精确值的数据的上下限范围。面积图、条形图、柱形图、折线图和XY散点图可以加入误差线。

添加误差线，首先选择数据系列，然后选择“图表工具”/“设计”/“添加图表元素”/“误差线”命令，在打开的下拉列表中选择或设置误差量。

选中误差线，打开“设置误差线”对话框，能对误差线进行其他选项的设置。

6. 添加趋势线

趋势线用来描述数据的变化趋势，从而预测数据的发展趋势。

添加趋势线，选择“图表工具”/“设计”/“添加图表元素”/“趋势线”命令，在打开的下拉列表中选择趋势线的类型。

选中趋势线，打开“设置趋势线格式”对话框，能对趋势线进行其他选项的设置。

3.3.6 更改图表外观

专业而美观的图表外观决定了图表最后的视觉效果，如何美化图表界面，增强图表的可视性，将是本节介绍的内容。

1. 图表样式

应用图表样式可以快速地改变图表的整体外观。单击“图表工具”/“设计”选项卡，在“图表样式”功能组（如图3-63所示）中含有大量Excel预置的图表样式，用户可以从中选择合适的样式。

2. 美化图表中的文本

选择图表中的某个元素或整张图表，右击在打开的“浮动工具栏”中对图表元素的文本进行字体、字号的设置。

选择“图表工具”/“格式”选项卡，在“艺术字样式”功能组（如图3-64所示）中可以对选中图表元素的文本进行艺术字字样、文本填充、文本轮廓和文本效果等设置。

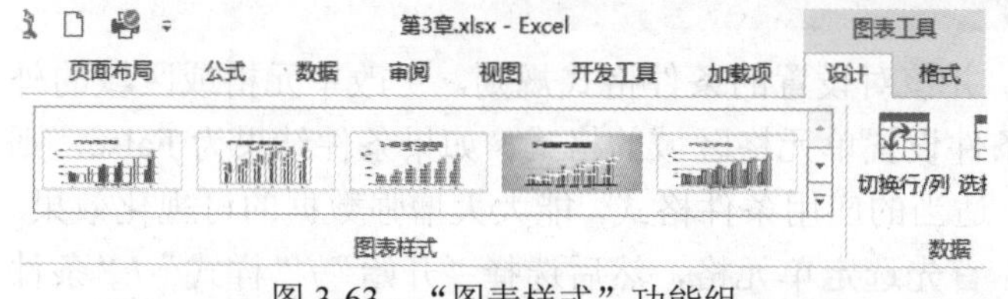

图3-63 “图表样式”功能组

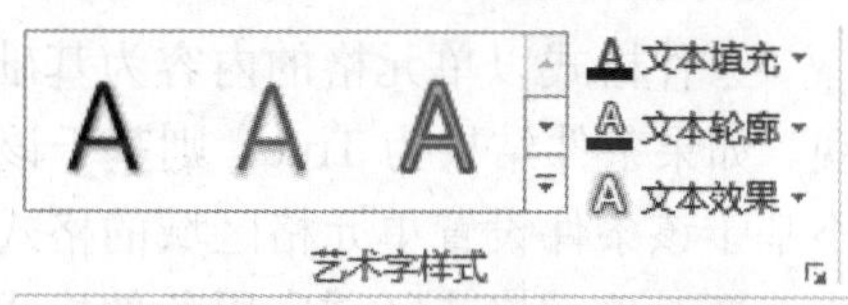

图3-64 “艺术字样式”功能组

3. 图表边框及背景设置

对图表区和绘图区的轮廓及背景的设置，主要是在“图表工具”/“格式”选项卡下的“形状样式”功能组中进行的。功能组左部分的形状样式下拉框中预定义了各种颜色及形状的边框，用户可以直接选择应用。也可以应用下面的控件自定义图表轮廓及背景。

“形状填充”：该命令允许对图表区及绘图区的背景填充颜色、图片、纹理、渐变进行设置。

“形状轮廓”：该命令能对图表元素轮廓的线条类型、颜色进行设置，但是如果要制作圆角轮廓的效果，必须打开“设置图表区格式”对话框，勾选“边框样式”选项卡中的“圆角”复选框。

“形状效果”：在对边框进行颜色的设置后，此命令能创造柔化、发光、棱台等一些特殊效果。

承例 3-6，更改图表外观。

（1） 选定图表“1—6 月份产品销售”。

（2） 选择“图表工具”/“设计”/“图表样式”，在样式列表中，选择“样式 6”。

（3） 选择“图表工具”/“格式”/“形状填充”/“纹理”，在打开的列表中选择第 1 个纹理背景。

（4） 选中绘图区，右击在弹出的快捷菜单中选择“设置绘图区格式”命令，打开“设置绘图区格式”对话框，单击“填充”选项卡，选择“无填充”选项。

（5） 双击图表区，打开“设置图表区格式”对话框，单击“边框”选项，勾选“圆角”选项，关闭对话框，返回工作表界面。

（6） 选择“图表工具”/“格式”/“形状样式”/“形状效果”/“发光”，在打开的下拉列表中选择合适的发光效果样式。

（7） 选择“图表工具”/“格式”/“形状样式”/“形状效果”/“棱台”，在打开的下拉列表中选择合适的棱台样式。

如图 3-65 显示了按以上步骤更改图表外观后的效果。

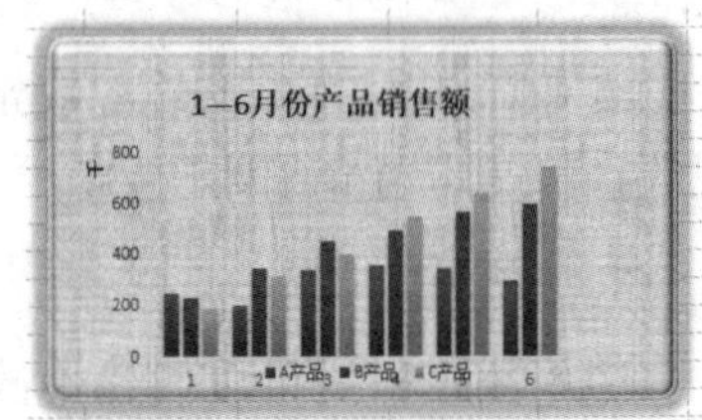

图 3-65　特殊效果处理后的图表

3.4 使用条件格式可视化数据

条件格式能突出显示具有某些特征的单元格或区域。在 Excel 2013 中还有数据条、颜色刻度和图标集，这 3 个条件格式可以用图形的方式更好地可视化某个区域内的数值。

3.4.1 条件格式概述

条件格式以单元格的内容为基础，并核对设置的条件格式规则，更改单元格或区域的外观。如果条件结果为 True，则基于该条件设置单元格区域的格式；如果条件结果为 False，则不基于该条件设置单元格区域的格式。适当的应用条件格式，能大大增强数据的可视化效果。

要对单元格或区域应用条件格式，首先选定单元格，然后选择“开始”/“样式”/“条件格式”，打开如图 3-66 所示的下拉列表，用户可以从中选取某个命令来指定条件格式规则，规则类型及常用命令介绍如下。

- 突出显示单元格规则：比如突出显示大于或小于某一值、介于两值之间、包含某一特定字符的字符串或重复字符串。
- 项目选取规则：比如突出显示前 5 项、后 10 项，以及高于平均值的值。
- 数据条：根据单元格值的比例直接在单元格中应用图形条。
- 色阶：根据单元格值的比例使用不同的颜色刻度应用背景颜色。

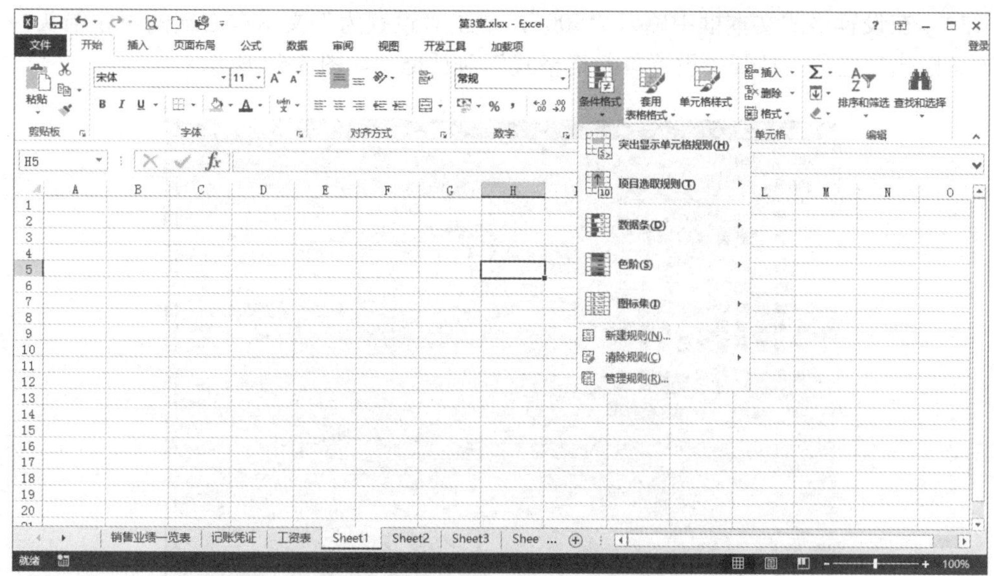

图 3-66　条件格式下拉列表

- 图标集：根据单元格中的值直接显示某类图标集中的一个图标图案。
- 新建规则：可以自定义其他条件格式。
- 清除规则：清除单元格的所有条件格式。
- 管理规则：显示“条件格式规则管理器”对话框，使用该对话框可以新建、编辑或删除规则。

3.4.2　突出显示单元格

条件格式最基本的应用就是突出显示满足一定特征的单元格，这些特征可以直接使用 Excel 提供的规则，比如大于、小于区域内的某些数值、区域中的文本、重复值，也可以是用户自定义的规则。

例 3-7　以黄色背景突出显示“销售业绩一览表”中销量大于 500 的单元格。

该范例文件见随书光盘“第 3 章”工作簿，其操作步骤如下。

（1）　激活“销售业绩一览表”工作表，选中区域 B2:B11。

（2）　选择“开始”/“样式”/“条件格式”/“突出显示单元格规则”/“大于”命令，打开如图 3-67 所示的对话框。

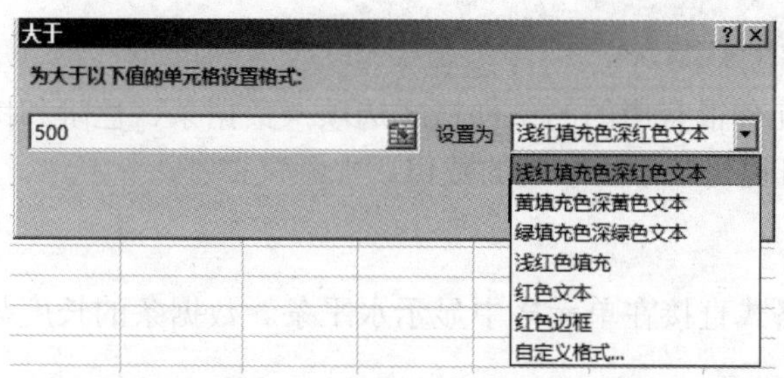

图 3-67　“大于”对话框

（3） 在设置格式文本框中输入“500”，单击“设置为”文本框右端的下拉箭头，选择“自定义格式”选项，打开“设置单元格格式”对话框，如图 3-68 所示。

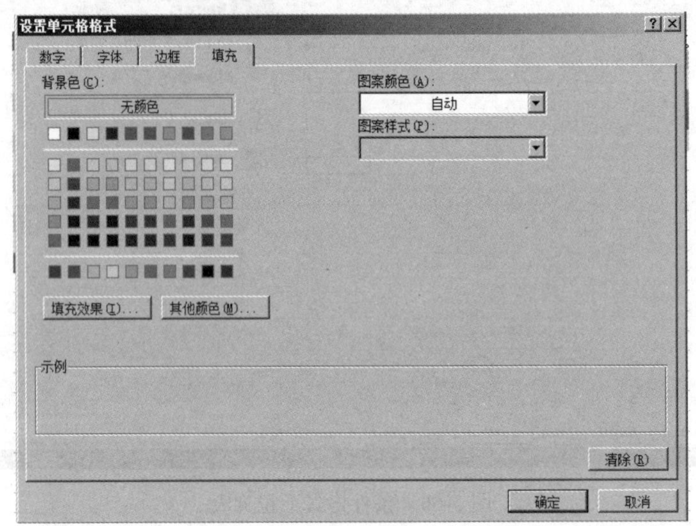

图 3-68 “设置单元格格式”对话框

（4） 选择“填充”选项卡，在背景色中选择黄色，单击“确定”按钮返回“大于”对话框。

（5） 单击“确定”按钮，返回工作表界面，销量大于 500 的单元格以黄色背景突出显示，如图 3-69 所示。

	A	B	C
1	姓名	销量	比例
2	业务员1	389	9.35%
3	业务员2	360	8.66%
4	业务员3	420	10.10%
5	业务员4	410	9.86%
6	业务员5	370	8.90%
7	业务员6	450	10.82%
8	业务员7	520	12.02%
9	业务员8	330	7.93%
10	业务员9	420	10.10%
11	业务员10	538	12.26%

图 3-69 突出显示销量大于 500 的单元格

3.4.3 使用图形的条件格式

Excel 2013 还有几种很有用的的条件格式选项：数据条、色阶和图标集。这些类型的条件格式有助于更好地可视化某个区域内的数值。

1. 使用数据条

“数据条”条件格式直接在单元格中显示水平条。数据条的长度与单元格中的数值成正比。

选择“开始”/“样式”/“条件格式”/“数据条”命令，快速访问 6 种数据条颜色。单击“其他规则”选项，弹出“新建格式规则”对话框，使用该对话框可以实现以下功能。

- 仅显示数据条（隐藏数字）。
- 调整数据条与数值的关系（使用“类型”和“值”控件）。
- 改变数据条的颜色。

如图 3-70 所示，显示了对“销售业绩一览表”应用数据条后的效果。

	E	F	G
3	姓名	销量	比例
4	业务员1	389	9.35%
5	业务员2	360	8.66%
6	业务员3	420	10.10%
7	业务员4	410	9.86%
8	业务员5	370	8.90%
9	业务员6	450	10.82%
10	业务员7	500	12.02%
11	业务员8	330	7.93%
12	业务员9	420	10.10%
13	业务员10	510	12.26%
14	总计	4159	100.00%

图 3-70　应用数据条后的效果

2. 使用色阶

色阶条件格式可以根据单元格的值，并相对于其他单元格的值使用不同的颜色刻度显示单元格的背景颜色。

Excel 提供了 4 个两色阶预设和 4 个三色阶预设，可以选择“开始”/“样式”/“条件格式”/“色阶”命令来将这些色阶应用于所选区域。要自定义颜色和其他选项，选择“开始”/“样式”/“条件格式”/“其他规则”，在打开的“新建格式规则”对话框中进行设置。

图 3-71 显示了一个星期内 5 个城市的最高气温色阶图，它应用了三色阶，较高的气温用蓝色，较低的气温用红色，其他温度之间的值使用渐变色。

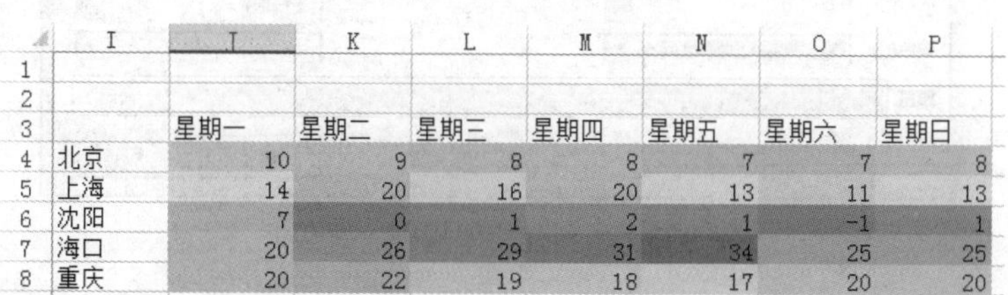

	I	J	K	L	M	N	O	P
1								
2								
3		星期一	星期二	星期三	星期四	星期五	星期六	星期日
4	北京	10	9	8	8	7	7	8
5	上海	14	20	16	20	13	11	13
6	沈阳	7	0	1	2	1	-1	1
7	海口	20	26	29	31	34	25	25
8	重庆	20	22	19	18	17	20	20

图 3-71　最高气温色阶图

3. 使用图标集

在单元格中显示的图标取决于单元格中的值。要将图标集应用到单元格区域中，首先选定该区域，然后选择“开始”/“样式”/“条件格式”/“图标集”命令。

默认情况下，图标集使用百分点分配图标的显示。对于几个符号的图标集，条目就被分为几组百分点。例如，对于 3 个符号的图标集，数据就会被分成 3 组百分点，每组应用一种图标。

更多的控制图标的显示，可以选择“开始”/“样式”/“条件格式”/“图标集”/“其他规则”，弹出“新建格式规则”对话框。

如图 3-72 显示了当区域中的数值大于等于 500 时，显示✔标识，数值小于 400 时，显示✖标识，介于 500～400 之间时，显示！标识。

	E	F	G
3	姓名	销量	比例
4	业务员1	389	9.35%
5	业务员2	360	8.66%
6	业务员3	420	10.10%
7	业务员4	410	9.86%
8	业务员5	370	8.90%
9	业务员6	450	10.82%
10	业务员7	500	12.02%
11	业务员8	330	7.93%
12	业务员9	420	10.10%
13	业务员10	510	12.26%
14	总计	4159	100.00%

图 3-72　使用图标集标识销售业绩

3.4.4　自定义格式规则

选择“开始”/“样式”/“条件格式”/“新建规则”命令，打开“新建格式规则”对话框（如图 3-73 所示），用户可以在该对话框中自定义条件格式规则。

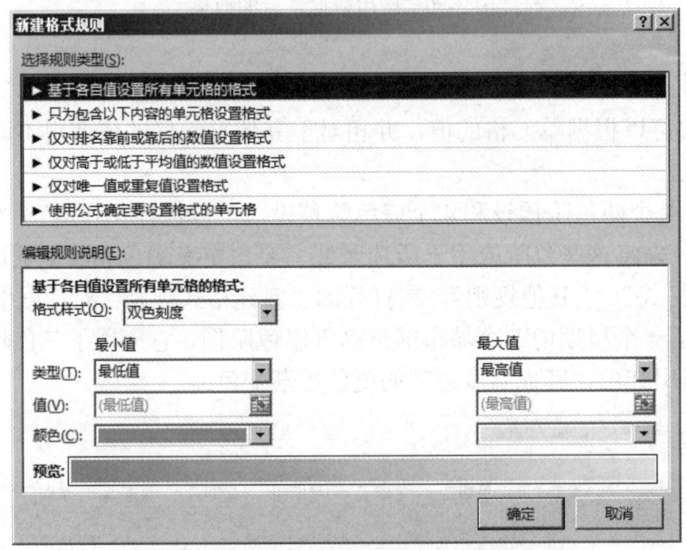

图 3-73　“新建格式规则”对话框

首先，在对话框的顶部选择规则类型，根据所选规则的不同，对话框的底部也将发生变化。设定规则和条件后，单击“格式”按钮来设定格式类型。

下面是对列表框中 6 种规则类型的介绍：

- 基于各自值设置所有单元格的格式：这一规则类型用于创建显示数据条、色阶和图标集的规则。
- 只为包含以下内容的单元格设置格式：这一规则类型用于创建设置基于数值对比（大于、小于、大于或等于、小于或等于、等于、不等于、介于、未介于）的单元格格式规则，也可以基于文本、日期、空值、非空值和错误来创建规则。
- 仅对排名靠前或靠后的数值设置格式：这一规则类型用于创建识别出排名前几、排名前百分之几、排名后几、排名后百分之几的规则。
- 仅对高于或低于平均值的数值设置格式：这一规则类型用于创建能够识别出高于或者低于区域中平均值所在单元格的规则。

- 仅对唯一值或重复值设置格式：这一规则类型用于创建设置在一定范围内的唯一值或重复值的格式规则。
- 使用公式确定要设置格式的单元格：这一规则类型用于创建基于逻辑公式的规则。

选择“使用公式确定要设置格式的单元格”规则后，需要在输入框中输入逻辑公式，公式值为“真”时，则满足条件，条件格式被应用；如果公式的结果为“假”，则不会应用条件格式。

例 3-8 借方贷方不相等时，以红色背景显示贷方金额。

在会计工作中，为了便于核查借贷方金额是否相等，用户可以在如图 3-74 所示的会计凭证中，设置自定义条件格式。当借贷方金额不相等时，贷方金额所在的单元格 I13 以红色突出显示。

该范例文件见随书光盘“第 3 章”工作簿中的“记账凭证”工作表，设置的具体步骤如下。

记 账 凭 证

总页数：1　　2012年8月1日　　现　字

当前页：1　　　　1　号

摘要	会计科目		借方金额	贷方金额	✓	
	总账科目	明细科目				
销售商品	银行存款		35,200.00			附
销售商品	主营业务收入			30,000.00		件
销售商品	应交税金	应交增值税		5,100.00		
						张
合计	¥ 整		35,200.00	35,100.00		

会计主管王某　记账：张某　出纳：董某　审核：鲁某　制表：李某

图 3-74　借贷方金额不相等时，以红色突出显示

（1） 激活“记账凭证”工作表，并选择单元格 I13。

（2） 选择“开始”/“样式”/“条件格式”/“新建规则”命令，弹出“新建格式规则”对话框。

（3）在选择规则类型列表中选择“使用公式确定要设置格式的单元格”，显示如图 3-75 所示的界面。

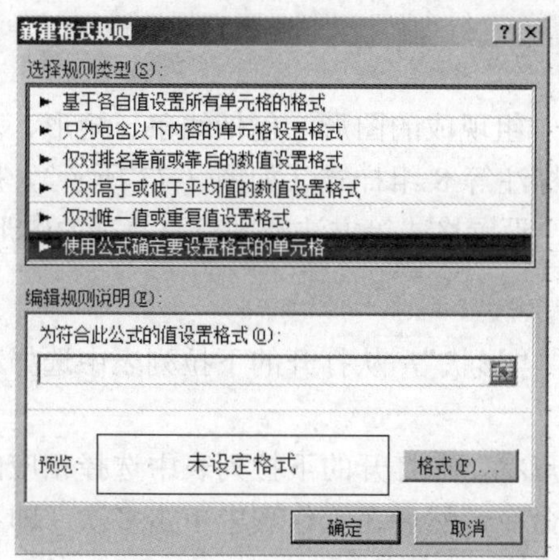

图 3-75　选择规则类型

（4） 在公式输入框中输入“=IF(G13<>I13,TRUE,FALSE)”。

（5） 单击“格式”按钮，显示“设置单元格格式”对话框。

（6） 单击“填充”选项卡，选择背景色为“红色”，如图 3-76 所示。

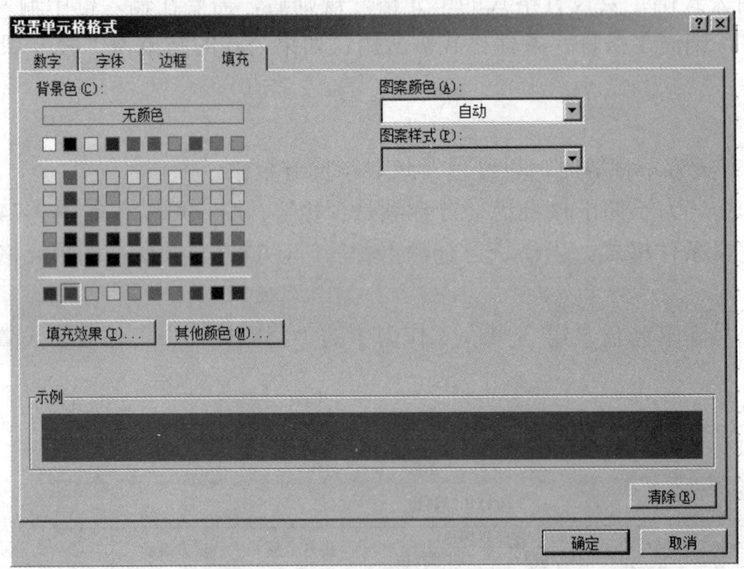

图 3-76 选择背景色为“红色”

（7） 单击“确定”按钮，返回“新建格式规则”对话框。

（8） 单击“确定”按钮，返回工作表，完成对单元格 I13 的条件格式设置。

3.5 利用图片和图形美化界面

Excel 中提供了大量美化界面的工具：图片、联机图片、形状、SmartArt 图形、艺术字等。利用这些工具能大大增强工作表或图表的视觉效果，充分展示自己的风格，创建出引人注目的界面。尤其是 SmartArt 图形能帮助您创建具有专业设计师水准的插图。本节介绍这些工具的具体应用。

3.5.1 使用形状

形状是 Excel 中预置的一组现成的图形，包括线条、矩形、基本形状、箭头汇总、公式形状、流程图、星与旗帜、标注等 8 组样式（如图 3-77 所示），用户通过添加文本、组合、调整大小、翻转、填充颜色、设置格式等方法能创建更复杂的图形。

1. 插入形状

选择“插入”/“插图”/“形状”，从打开的下拉列表中选择相应的图形，然后单击工作表中任一单元格。

如果要多次插入相同的形状，在打开的下拉列表中选择相应的图形后右击，并从快捷菜单中选择“锁定绘图模式”命令，然后在工作表中单击多次，即可多次插入相同的形状。退出该模式时，选择其他形状或按 Esc 键。

图 3-77　形状类别

2. 设置形状

插入形状后，Excel 功能区中将会增加“绘图工具”/“格式”选项卡。该选项卡包含以下 5 个功能区（如图 3-78 所示），用户使用这些功能可以对插入的形状进行各种格式的设置。

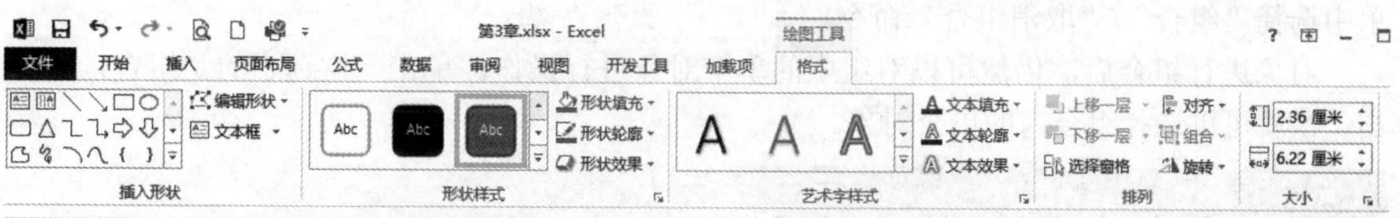

图 3-78　“绘图工具”/“格式”选项卡

- 插入形状：插入新形状、更改形状。
- 形状样式：从多种预定义的总体样式中选择修改形状样式，修改形状的填充、轮廓或效果。
- 艺术字样式：设置形状内文本的外观。
- 排列：调整形状的“叠放次序”，对齐形状、组合形状及旋转形状。
- 大小：调整形状的大小。

右击形状在打开的快捷菜单中也同样可见功能区中的很多命令。

此外，直接用鼠标还可以完成以下操作。

- 旋转：选中形状，在形状的上方会出现一个小圆点，单击并拖动这个小圆点即可旋转形状。
- 改变大小：选中形状，在形状的周围会出现轮廓线，单击并拖动，即可改变形状的大小。

- 调整对象：选中很多形状后，会出现一个或者更多的黄色菱形，拖动这个菱形可改变对象的轮廓（如图 3-79 所示为调整对象后的形状）。

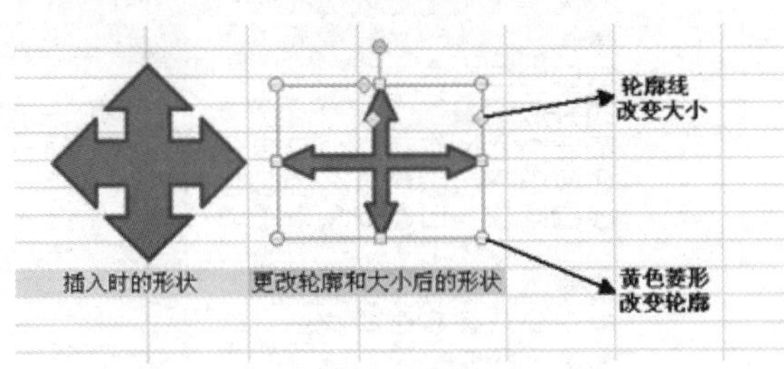

图 3-79　调整形状大小和轮廓

3. 插入文本

许多形状对象都可以显示文本，添加文本时，首先选中形状，然后输入文本即可。

要修改形状中的文本格式，选中对象，右击在弹出的“浮动工具栏”中更改，也可以使用“开始”选项卡中的命令。

此外，选择“绘图工具”/“格式”/“艺术字样式”功能组中的工具可以对文本的外观进行美化。

4. 组合对象

Excel 允许将两个或两个以上的形状组合成一个对象。组合为一组后，可以对所有组合内的对象一起进行操作（移动、调整大小等）。

要对两个或者更多的对象进行组合，按住 Ctrl 键，并单击要进行组合的对象，然后右击并从快捷菜单中选择“组合”/“组合”命令。取消组合时，选中组合，右击从弹出的快捷菜单中选择“组合”/“取消组合”命令。

对象进行组合后，仍然可以对组中的单个对象进行操作。单击一次选中的是组合，再单击一次就可以选择组合内的单个对象。

3.5.2　使用 SmartArt

以往在使用其他形状构造诸如流程图、层次结构图之类的图形时，需要一一插入形状、设置格式、添加文本，并使各个形状之间保持一定的协调性。而在 Excel 2013 新版本中 SmartArt 提供了多种自定义的图形类型，用户只需单击即可创建具有专业设计师水准的图形。

1. 插入 SmartArt

要在工作表中插入 SmartArt，选择“插入”/“插图”/“SmartArt”命令，显示如图 3-80 所示的对话框。对话框的左侧排列了列表、流程、循环、层次结构、关系、矩阵、棱锥图 7 种类别的 SmartArt 图形。每种类型中包含了几个不同的布局。

单击选择合适的类别，右侧的面板会显示较大视图，视图的下方同时给出了该类型的简介，最后单击“确定”按钮在工作表中插入图形。

插入 SmartArt 图形后，Excel 功能区中将会增加“SmartArt 工具”上下文选项卡，包括

“设计”和“格式”两个子选项卡，其中提供了很多自定义的选项。

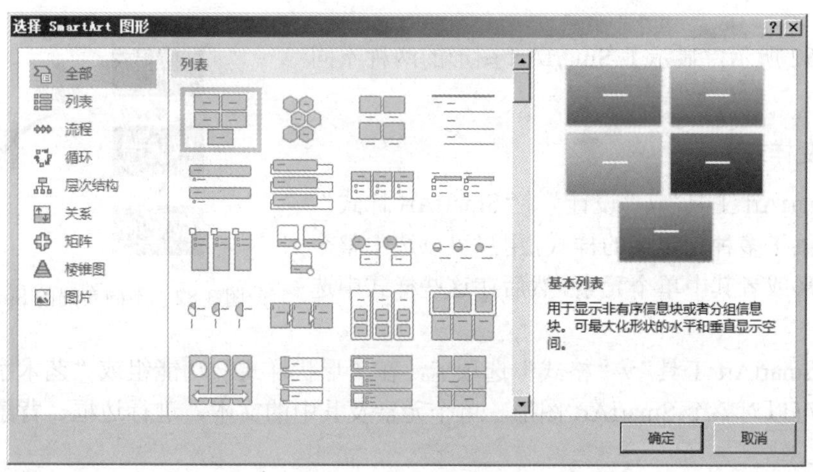

图 3-80 “选择 SmartArt 图形”对话框

2. 增加元素数量和添加文本

插入的 SmartArt 图形中的元素数量如不能满足您的要求，可以再添加或者删除多余的元素。Excel 提供了以下两种方法添加元素。

- 选中其中一个元素，然后选择“SmartArt 工具”/“设计”/“创建图形”/“添加形状”命令，该命令能在选中的对象之前或者之后添加新元素。
- 单击 SmartArt 图形旁的小图标，打开“文本”窗格，如图 3-81 所示，在文本光标后按 Enter 键，SmartArt 图形中即相应地多出一个新元素。

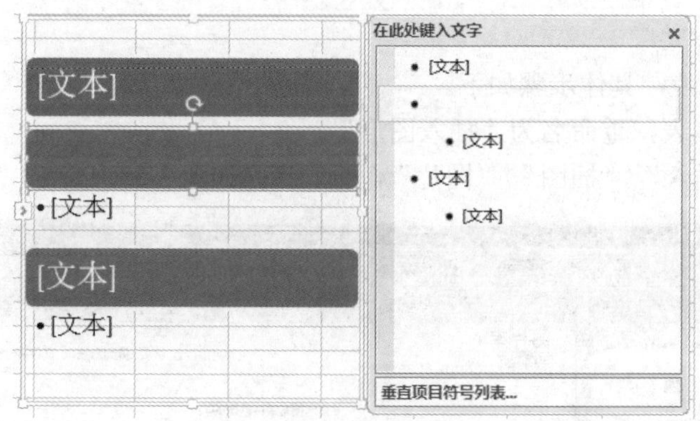

图 3-81 “文本”窗格

若需要将 SmartArt 图形元素降级或升级，选中该元素后，选择“SmartArt 工具”/“设计”/“创建图形”/“降级”命令，或者在“文本”窗格中，右击从快捷菜单中选择相应的命令。

插入 SmartArt 图形后，可以单击图像元素在其中输入文字，也可以在图像的“文本”窗格（如图 3-81 所示）中直接输入文字。

3. 更改布局

选中对象，打开“SmartArt 工具”/“布局”选项卡，在“布局”选项卡中选择需要的布局类型。切换布局时，大部分文字和其他内容，颜色、样式、效果和文本格式会自动带入新布局中。

如图 3-82 所示，显示了 SmartArt 图形的两种不同布局效果。

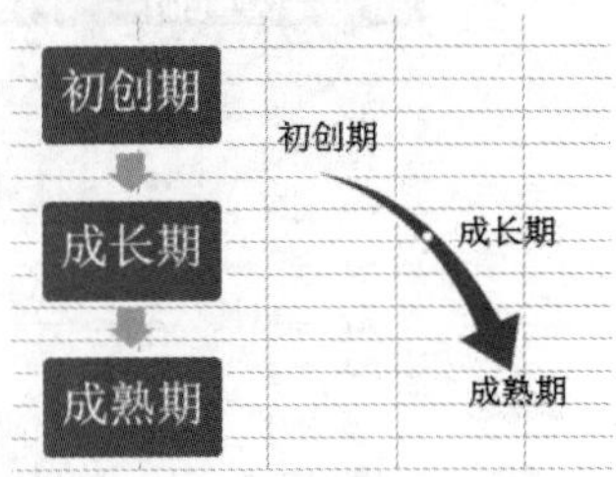

图 3-82　不同布局的 SmartArt 图形

4. 改变样式

在“SmartArt 工具”/“设计”/“SmartArt 样式”功能组中提供了多种预定义的样式，用户可以选中整个 SmartArt 图形或者其中单个元素，然后在这些样式中选择并应用。

打开“SmartArt 工具”/“格式”选项卡，在“形状样式”功能组或“艺术字样式”功能组中，用户可以对整个 SmartArt 图形、单个元素及其中的文本，进行边框、背景填充和特殊效果的设置。

3.5.3 插入图片

在工作表中使用自己的图片也可为图表增色，增强报表的可读性和表现力。本节介绍如何插入各种图形、剪贴画，以及对图片的处理操作。

1. 插入图片

Excel 可以导入很多图像类型。其中一些图像在改变大小时会丧失清晰度，而有的图片无论怎么放大，都依然很清晰。前者称为位图，常见的位图文件格式包括 BMP、PNG、JPG 和 GIF；后者称为矢量图，是由点和数学公式表达路径组成的，常见的文件格式包括 CGM、WMF 和 EPS。

例 3-9　插入图片，具体步骤如下。

（1） 新建工作表，重命名为“插入图形”。

（2） 选择“插入”/“插图”/“图片”命令，打开如图 3-83 所示的“插入图片”对话框。

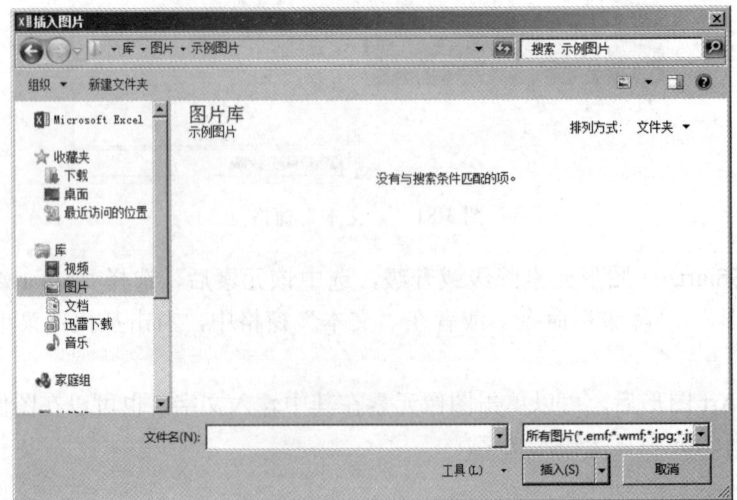

图 3-83　“插入图片”对话框

（3）选择图片所在的文件夹，如图 3-84 所示。

图 3-84　选择图片所在的文件夹

（4）选择要插入的图片，单击“插入”按钮，在工作表中插入如图 3-85 所示的图片。

图 3-85　插入的图片

例 3-10　插入联机图片，具体步骤如下。

（1）激活“插入图片工作表”。

（2）选择“插入”/“联机图片”命令，显示如图 3-86 所示的“插入图片”的对话框。

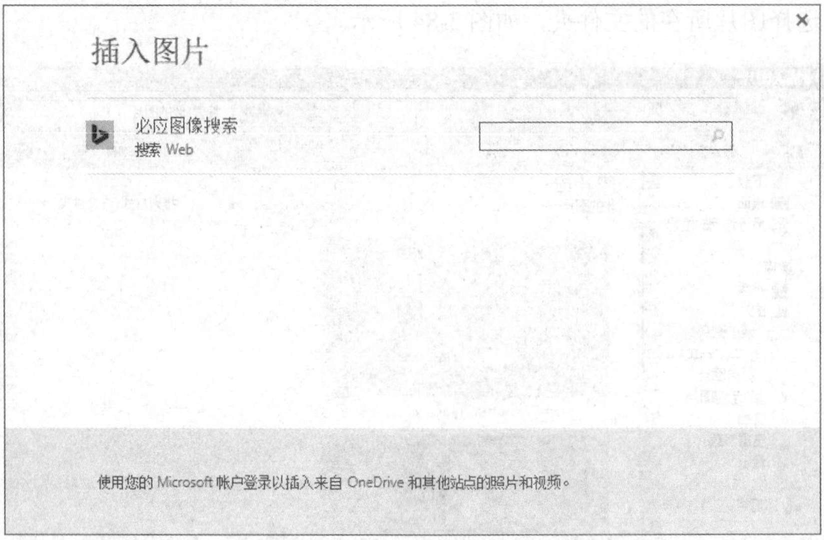

插入图片

必应图像搜索
搜索 Web

使用您的 Microsoft 帐户登录以插入来自 OneDrive 和其他站点的照片和视频。

图 3-86 “插入图片”对话框

（3） 在必应图像搜索后的文本框内输入要插入图片名称回车确认，如图 3-87 所示。

图 3-87 从必应返回的图片

（4） 将搜索引擎返回的图片选中后即可插入。

2. 设置图像格式、大小

插入图片后，Excel 功能区中将会增加“图片工具”/“格式”选项卡。该选项卡可包含以下 4 个功能区（如图 3-88 所示），可以对插入的图片进行各种格式的设置。

- 调整：调整图片的亮度、对比度；压缩、更改图片；重设图片。
- 图片样式：从多种预定义的总体样式中选择修改图片样式，图片的版式、边框和效果。
- 排列：调整图片的“叠放次序”，对齐图片、组合图片及旋转图片。
- 大小：裁剪图片，调整大小。

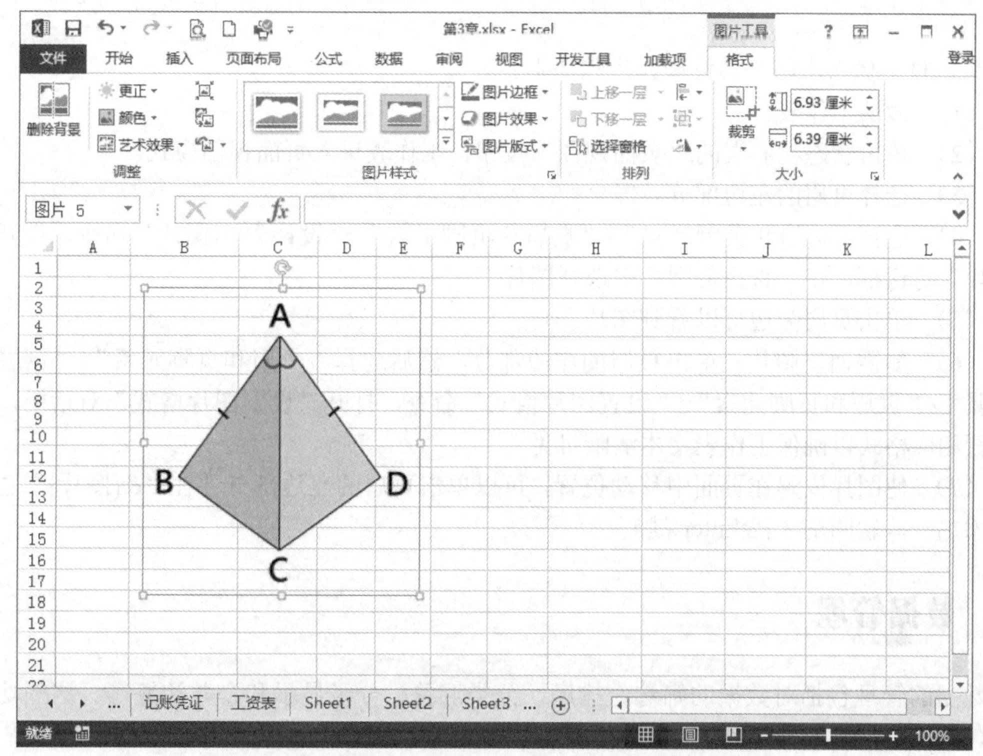

图 3-88 “图片工具”/“格式”选项卡

右击图片在打开的快捷菜单中也同样可见功能区中的很多命令。

此外，直接用鼠标还可以完成以下操作。

- 旋转：选中图片，在图片的上方会出现一个小圆点，单击并拖动这个小圆点即可旋转图片。
- 改变大小：选中图片，在图片的周围会出现轮廓线，单击并拖动，即可改变图片的大小。

3. 制作背景图片

要想为整张工作表添加背景图片，选择“页面布局”/“页面设置”/“背景”命令，打开“工作表背景”对话框，在“查找范围”中选择图片即可。

工作表背景图片只能在屏幕中显示，在打印时不会出现在工作表中。

删除工作表背景，选择 “页面布局”/“页面设置”/“删除背景”命令。

为了提高可读性，可以隐藏单元格网格线，并将单色阴影应用于包含数据的单元格。

保存工作簿时，工作表背景将与工作表数据一起保存。

4. 制作水印

若在每张打印的页面上都显示图形（例如公司的标识），可以在页眉或页脚中插入图形。图形将从每页的顶部或底部开始显示在文本背后，也可以调整图形大小或缩放图形以填充页面。

例 3-11 插入水印，具体操作步骤如下。

（1） 激活工作表。

（2） 单击状态栏右端的“页面视图”按钮，工作表进入页面视图模式。

（3） 选择页眉的左边部分。

（4） 选择“页眉和页脚元素”/“页眉和页脚工具”/“设计”/“图片”命令，打开“插入图片”对话框，在“查找范围”中选择图片。

（5） 单击页眉旁边可以看到图片。

（6） 如需调整图片，单击页眉的左边部分，然后选择“页眉和页脚元素”/“页眉和页脚工具”/“页眉和页脚元素”/“设置图片格式”命令，打开“设置图片格式”对话框，在其中设置相应格式以确保工作表文本清晰可见。

（7） 使图片位置在页面中移动位置，可以单击页眉的左边部分并在“&[图片]”之前或之后添加一些软回车（按 Enter 键）。

3.6 数据管理

数据的管理包括对数据的筛选、排序、分类汇总、分级显示和合并计算等。这些功能对查找、组织、理解数据起到了很大的作用。是灵活使用 Excel 的基础。

3.6.1 数据的筛选

使用筛选功能筛选工作表中的数据，可以快速又方便地查找和使用单元格区域或列表中数据的子集。筛选过的数据仅显示那些满足指定条件的行，并隐藏那些不希望显示的行。

1. 自动筛选

使用自动筛选可以创建 3 种筛选类型：按列表值、按格式或按条件。

对数据进行筛选时，首先选中筛选的区域，然后选择 “开始”/“编辑”/“排列和筛选”命令，在打开的下拉列表中选择“筛选”命令。也可以在“数据”/“排列和筛选”中找到这个命令。

例 3-12 筛选出“工资表”中人事部门的工资详单。

该范例文件见随书光盘“第 3 章”中的“工资表”工作表。筛选的操作步骤具体如下。

（1） 激活“工资表”工作表。

（2） 选取区域 A3:G16。

（3） 选择“数据”/“排列和筛选”/“筛选”命令，标题行出现如图 3-89 所示的筛选按钮。

（4） 单击“部门”列标题的筛选按钮，打开如图 3-90 所示的下拉列表。

（5） 在“文本筛选”框中选择“全选”复选框，删除所有选项前的复选标记。

（6） 选择“人事部”复选框。

（7） 单击“确定”按钮，筛选结果如图 3-91 所示。

3	月份	员工编	姓名	部门	基本工	岗位工	绩效工	奖金	加班费	应发工
4	8	1007	夏侯渊	财务部	1200	1000	1500	500	150	4350
5	8	1012	鲁肃	财务部	1000	800	1200	300	150	3450
6	8	1001	刘备	行政部	2000	1500	2000	1000	150	6650
7	8	1006	张飞	行政部	1000	1000	1500	500	0	4000
8	8	1013	司马懿	行政部	1000	800	1200	300	300	3600
9	8	1011	李通	行政部	1000	800	1200	300	0	3300
10	8	1002	诸葛亮	人事部	1500	1500	1800	1000	150	5950
11	8	1005	关羽	人事部	1500	1000	1500	1000	600	5600
12	8	1010	黄盖	人事部	1000	800	1200	300	0	3300
13	8	1003	曹操	销售部	2000	1500	2500	1000	0	7000
14	8	1008	刘烨	销售部	1500	1000	1500	500	150	4650
15	8	1004	孙权	制造部	2000	1500	2000	1000	0	6500
16	8	1009	孙策	制造部	1500	800	1200	300	300	4100

图 3-89 筛选按钮

3	月份	员工编	姓名	部门	基本工	岗位工	绩效工	奖金	加班费	应发工
4					1200	1000	1500	500	150	4350
5					1000	800	1200	300	150	3450
6					2000	1500	2000	1000	150	6650
7					1000	1000	1500	500	0	4000
8					1000	800	1200	300	300	3600
9					1000	800	1200	300	0	3300
10					1500	1500	1800	1000	150	5950
11					1500	1000	1500	1000	600	5600
12					1000	800	1200	300	0	3300
13					2000	1500	2500	1000	0	7000
14					1500	1000	1500	500	150	4650
15					2000	1500	2000	1000	0	6500
16					1500	800	1200	300	300	4100

升序(S)
降序(O)
按颜色排序(T)
从"部门"中清除筛选(C)
按颜色筛选(I)
文本筛选(F)
搜索
☑(全选)
☑财务部
☑行政部
☑人事部
☑销售部
☑制造部
确定 取消

图 3-90 排序和筛选下拉列表

经过筛选后的筛选按钮变为如图 3-91 中所示的图形。选择“数据”/“排列和筛选”/“筛选”命令，重新显示工作表中的所有数据。

3	月份	员工编	姓名	部门	基本工	岗位工	绩效工	奖金	加班费	应发工
10	8	1002	诸葛亮	人事部	1500	1500	1800	1000	150	5950
11	8	1005	关羽	人事部	1500	1000	1500	1000	600	5600
12	8	1010	黄盖	人事部	1000	800	1200	300	0	3300

图 3-91 经过筛选后人事部的记录

2. 高级筛选

如果筛选的条件比较多，就需要使用高级筛选。在使用高级筛选前，用户必须建立一个条件区域，用来指明筛选的条件。

条件区域的首行包含的字段必须和筛选区域的首行包含的字段一样，但条件区域中不必包含数据清单中的所有字段。需要特别注意的是，条件区域和数据区域不能相连接，中间必须有至少一行空格将其隔开。

例 3-13 筛选"行政部"中工资大于 4000 元的工资详单。

（1） 激活"工资表"工作表。

（2） 在区域 C20:D21 中输入如图 3-92 所示的筛选条件。

	A	B	C	D	E	F	G	H	I	J
13	8	1003	曹操	销售部	2000	1500	2500	1000	0	7000
14	8	1008	刘烨	销售部	1500	1000	1500	500	150	4650
15	8	1004	孙权	制造部	2000	1500	2000	1000	0	6500
16	8	1009	孙策	制造部	1500	800	1200	300	300	4100
17										
18										
19										
20			部门	应发工资						
21			行政部	>4000						
22										

图 3-92 创建筛选条件区域

（3） 选取区域 A3:J16。

（4） 选择"数据"/"排序与筛选"/"高级"，打开如图 3-93 所示的"高级筛选"对话框。

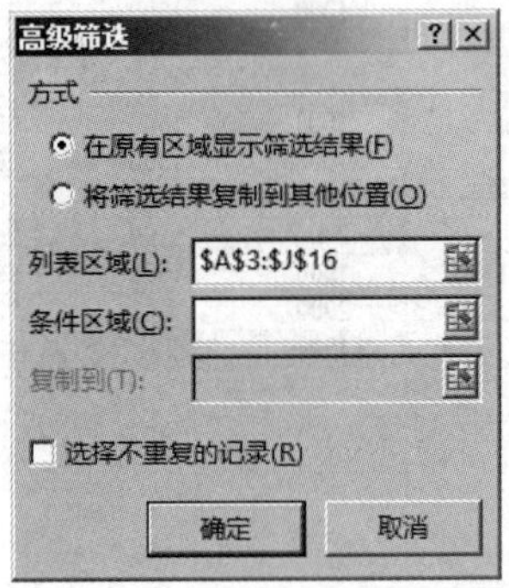

图 3-93 "高级筛选"对话框

（5） 单击"条件区域"文本框后的按钮，在工作表中选取区域$B$20:$C$21，如图 3-94 所示。

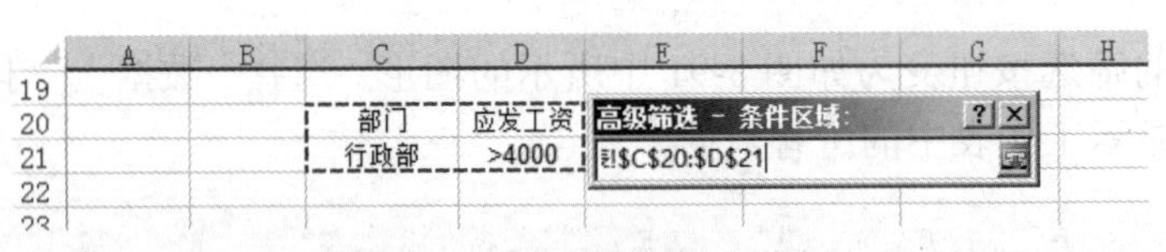

图 3-94 "条件区域"文本框

（6） 单击"条件区域"文本框后的按钮，返回"高级筛选"对话框，单击"确定"按钮，工作表显示如图 3-95 所示的筛选结果。

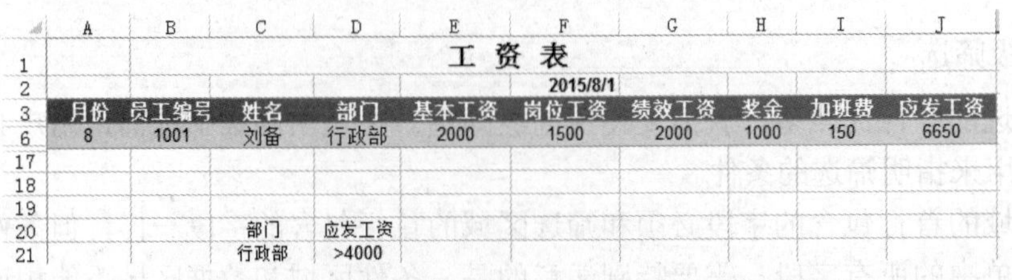

	A	B	C	D	E	F	G	H	I	J
1					工 资 表					
2						2015/8/1				
3	月份	员工编号	姓名	部门	基本工资	岗位工资	绩效工资	奖金	加班费	应发工资
6	8	1001	刘备	行政部	2000	1500	2000	1000	150	6650
17										
18										
19										
20			部门	应发工资						
21			行政部	>4000						

图 3-95 行政部应发工资大于 4000 元的工资详单

3.6.2 数据的排序

对数据进行排序是数据分析不可缺少的组成部分。它有助于快速直观地显示数据并更好地理解数据，查找所需数据。

可以对一列或多列中的数据按文本（升序或降序）、数字（升序或降序）以及日期和时间（升序或降序）进行排序。还可以按自定义序列（如大、中和小）或格式（包括单元格颜色、字体颜色或图标集）进行排序。大多数排序操作都是针对列进行的，但是，也可以针对行进行。

选中要排序的区域，选择“开始”/“编辑”/“排列和筛选”命令，在打开的下拉列表中选择“升序”、“降序”、“自定义排序”选项。也可以在“数据”/“排列和筛选”中找到这些命令。

选择升序时，文本、数字、日期按以下顺序排列。

- 数字：按从最小的负数到最大的正数进行排序。
- 日期：按从最早的日期到最晚的日期进行排序。
- 文本：文本以及包含存储为文本的数字的文本按以下次序排序：先是数字 0～9，然后是（空格）!、"、#、$、%、&、(、)、*、,、.、/、:、;、?、@、[、\、]、^、_、`、{、|、}、～、+、<、=、>，最后是字母 A～Z。
- 逻辑：在逻辑值中，FALSE 排在 TRUE 之前。
- 错误：所有错误值（如#NUM!和#REF!）的优先级相同。
- 空格：空格排在最后。

例 3-14 “工资表”按部门且各部门内按应发工资的降序排列，具体步骤如下。

（1） 激活“工资表”工作表。

（2） 选择区域 A3:J16。

（3） 选择“数据”/“排序和筛选”/“排序”命令，打开如图 3-96 所示的“排序”对话框。

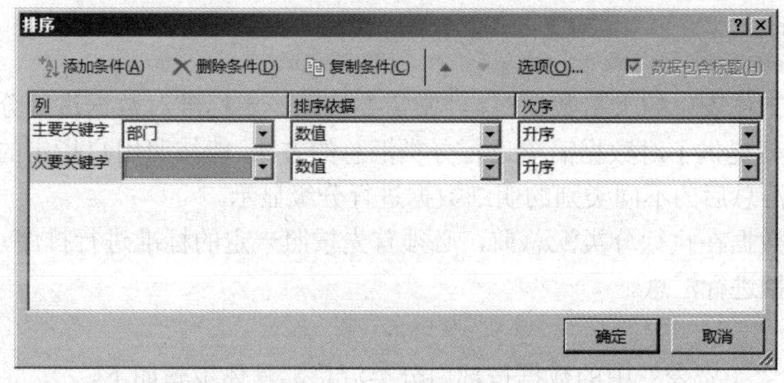

图 3-96 “排序”对话框

（4） 单击“主要关键字”文本框后的按钮，在打开的下拉列表中选择“部门”字段，排序依据为“数值”，次序为“升序”。

（5） 单击“添加条件”按钮，对话框中添加一行如图 3-97 所示的“次要关键字”条件行。

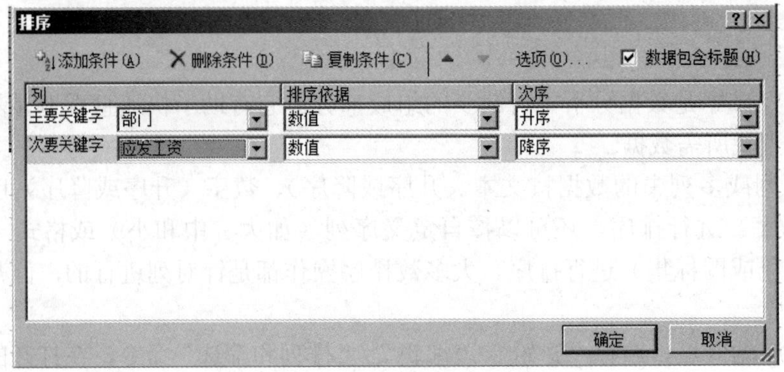

图 3-97　添加“次要关键字”条件行

（6）　单击“次要关键字”文本框后的按钮，在打开的下拉列表中选择“应发工资”字段，排序依据为“数值”，次序为“降序”。

（7）　单击“确定”按钮，关闭对话框，返回工作表界面，显示如图 3-98 所示的排序结果。

	A	B	C	D	E	F	G	H	I	J
1	工资表									
2						2015/8/1				
3	月份	员工编号	姓名	部门	基本工资	岗位工资	绩效工资	奖金	加班费	应发工资
4	8	1007	夏侯渊	财务部	1200	1000	1500	500	150	4350
5	8	1012	鲁肃	财务部	1000	800	1200	300	150	3450
6	8	1001	刘备	行政部	2000	1500	2000	1000	150	6650
7	8	1006	张飞	行政部	1000	1000	1500	500	0	4000
8	8	1013	司马懿	行政部	1000	800	1200	300	300	3600
9	8	1011	李通	行政部	1000	800	1200	300	0	3300
10	8	1002	诸葛亮	人事部	1500	1500	1800	1000	150	5950
11	8	1005	关羽	人事部	1500	1000	1500	1000	600	5600
12	8	1010	黄盖	人事部	1000	800	1200	300	0	3300
13	8	1003	曹操	销售部	2000	1500	2500	1000	0	7000
14	8	1008	刘烨	销售部	1500	1000	1500	500	150	4650
15	8	1004	孙权	制造部	2000	1500	2000	1000	0	6500
16	8	1009	孙策	制造部	1500	800	1200	300	300	4100

图 3-98　排序结果

3.6.3　分类汇总

用户在管理工作表中的大量数据时，经常需要按照一定标准对数据进行分类并执行求和、计数等计算。Excel 提供了对数据清单进行分类汇总的方法，能按照用户指定的条件进行汇总，并且可以对分类汇总后的不同类别的明细数据进行分级显示。

工作表中的数据在执行分类汇总前，必须首先按照一定的标准进行排序，否则 Excel 会对连续相同的数据进行汇总。

例 3-15　对“工资表”中的数据按部门分类汇总，具体步骤如下。

（1）　激活“工资表”。

（2）　按 3.6.2 节中的方法对工资表按部门名称排序，排序后的效果如图 3-99 所示。

	A	B	C	D	E	F	G	H	I	J
1	工资表									
2						2015/8/1				
3	月份	员工编号	姓名	部门	基本工资	岗位工资	绩效工资	奖金	加班费	应发工资
4	8	1007	夏侯渊	财务部	1200	1000	1500	500	150	4350
5	8	1012	鲁肃	财务部	1000	800	1200	300	150	3450
6	8	1001	刘备	行政部	2000	1500	2000	1000	150	6650
7	8	1006	张飞	行政部	1000	1000	1500	500	0	4000
8	8	1013	司马懿	行政部	1000	800	1200	300	300	3600
9	8	1011	李通	行政部	1000	800	1200	300	0	3300
10	8	1002	诸葛亮	人事部	1500	1500	1800	1000	150	5950
11	8	1005	关羽	人事部	1500	1000	1500	1000	600	5600
12	8	1010	黄盖	人事部	1000	800	1200	300	0	3300
13	8	1003	曹操	销售部	2000	1500	2500	1000	0	7000
14	8	1008	刘烨	销售部	1500	1000	1500	500	150	4650
15	8	1004	孙权	制造部	2000	1500	2000	1000	0	6500
16	8	1009	孙策	制造部	1500	800	1200	300	300	4100

图 3-99　按部门名称排序后的工资表

（3）选择“数据”/“分级显示”/“分类汇总”命令，打开如图 3-100 所示的“分类汇总”对话框。

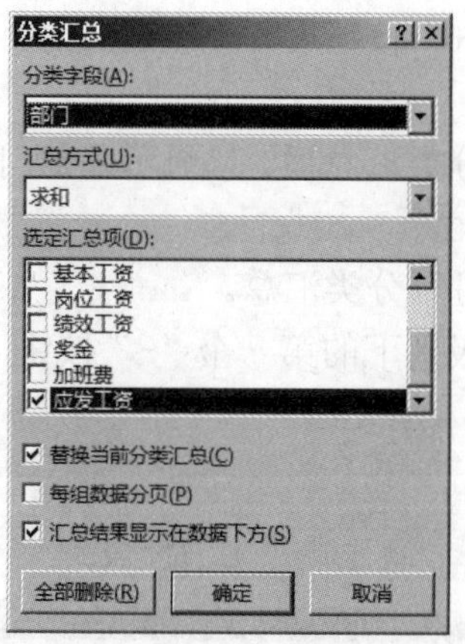

图 3-100　“分类汇总”对话框

（4）在“分类字段”的文本框中选择“部门”字段，“汇总方式”选择“求和”，在“选定汇总项”列表框中勾选“应发工资”字段，单击“确定”按钮，关闭对话框，返回工作表界面，显示如图 3-101 所示的分类汇总效果。

	A	B	C	D	E	F	G	H	I	J
1	工资表									
2						2015/8/1				
3	月份	员工编号	姓名	部门	基本工资	岗位工资	绩效工资	奖金	加班费	应发工资
4	8	1007	夏侯渊	财务部	1200	1000	1500	500	150	4350
5	8	1012	鲁肃	财务部	1000	800	1200	300	150	3450
6				财务部 汇总						7800
7	8	1001	刘备	行政部	2000	1500	2000	1000	150	6650
8	8	1006	张飞	行政部	1000	1000	1500	500	0	4000
9	8	1013	司马懿	行政部	1000	800	1200	300	300	3600
10	8	1011	李通	行政部	1000	800	1200	300	0	3300
11				行政部 汇总						17550
12	8	1002	诸葛亮	人事部	1500	1500	1800	1000	150	5950
13	8	1005	关羽	人事部	1500	1000	1500	1000	600	5600
14	8	1010	黄盖	人事部	1000	800	1200	300	0	3300
15				人事部 汇总						14850
16	8	1003	曹操	销售部	2000	1500	2500	1000	0	7000
17	8	1008	刘烨	销售部	1500	1000	1500	500	150	4650
18				销售部 汇总						11650
19	8	1004	孙权	制造部	2000	1500	2000	1000	0	6500
20	8	1009	孙策	制造部	1500	800	1200	300	300	4100
21				制造部 汇总						10600
22				总计						62450

图 3-101　按部门对工资表进行分类汇总

要删除分类汇总，可以单击“分类汇总”对话框中的“全部删除”按钮。

3.6.4 分级显示

对数据清单进行分类汇总处理后，为了方便查看数据，需要将不需要的数据暂时隐藏起来，查看时再展开。Excel 2013 的分级显示向用户提供了这项功能。

分级显示能够将一个明细数据表中的数据按类别组合在一起，提供类似目录树的显示效果。用户只需通过单击分级显示按钮，即可查看该级别下的明细数据，也可收缩某个级别，只查看该级别的汇总数据。

1. 显示级别

要显示分级显示的各个级别，可单击相应的级别显示符号。这些显示符号有以下两种。

- 按钮 1、2：位于工作表的左侧，按钮的编号依分级显示的级数而定。单击某一级别按钮数字，可以把分级显示折叠起来，不显示该级别以下的明细数据。
- “+”“-”按钮：单击“+”按钮展开该级别的内容，单击“-”按钮折叠该级别的内容。

承例 3-15，对工资表按部门分类汇总后，只显示各部门应发工资汇总额，具体步骤如下。

（1） 激活“工资表”工作表。

（2） 按部门名称对工资表进行分类汇总。

（3） 单击左边列表树第 2 级别下的第一个“-”按钮，隐藏财务部的工资详单，显示如图 3-102 所示的效果。

	A	B	C	D	E	F	G	H	I	J
1					工 资 表					
2						2015/8/1				
3	月份	员工编号	姓名	部门	基本工资	岗位工资	绩效工资	奖金	加班费	应发工资
6				财务部 汇总						7800
7	8	1001	刘备	行政部	2000	1500	2000	1000	150	6650
8	8	1006	张飞	行政部	1000	1000	1500	500	0	4000
9	8	1013	司马懿	行政部	1000	800	1200	300	300	3600
10	8	1011	李通	行政部	1000	800	1200	300	0	3300
11				行政部 汇总						17550
12	8	1002	诸葛亮	人事部	1500	1500	1800	1000	150	5950
13	8	1005	关羽	人事部	1500	1000	1500	1000	600	5600
14	8	1010	黄盖	人事部	1000	800	1200	300	0	3300
15				人事部 汇总						14850
16	8	1003	曹操	销售部	2000	1500	2500	1000	0	7000
17	8	1008	刘烨	销售部	1500	1000	1500	500	150	4650
18				销售部 汇总						11650
19	8	1004	孙权	制造部	2000	1500	2000	1000	0	6500
20	8	1009	孙策	制造部	1500	800	1200	300	300	4100
21				制造部 汇总						10600
22				总计						62450

图 3-102 隐藏财务部工资详单

（4） 用同样的方法隐藏其他部门的工资详单，只显示各部门工资汇总额，如图 3-103 所示。

（5） 若要展开某个部门的工资详单，单击左边列表树第 2 级别下的第一个“+”按钮。

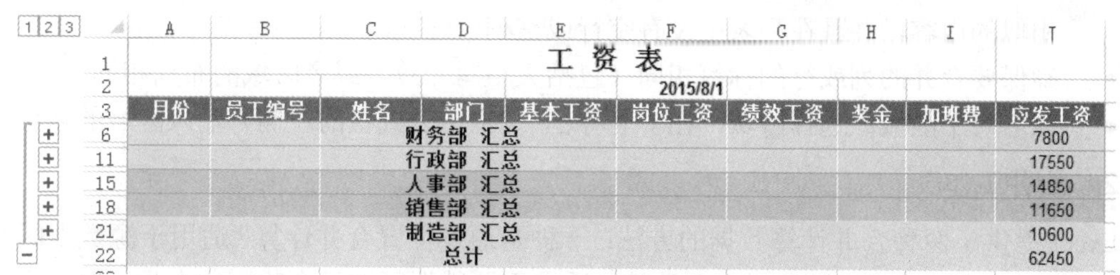

工资表

2015/8/1

月份	员工编号	姓名	部门	基本工资	岗位工资	绩效工资	奖金	加班费	应发工资
			财务部 汇总						7800
			行政部 汇总						17550
			人事部 汇总						14850
			销售部 汇总						11650
			制造部 汇总						10600
			总计						62450

图 3-103　各部门工资汇总额

2. 隐藏分级显示符号

当数据的分级级别很多时，会占用工作表的空间，为在屏幕上看到更多的内容，可以按 Ctrl＋8 组合键，在不删除分级显示的前提下暂时将这些符号隐藏起来。

3. 删除分级显示

不再需要分级显示时，选择“数据”/“分级显示”/“取消组合”/“清除分级显示”命令删除分级显示。Excel 会完全展开分级显示，同时分级显示符号消失，如图 3-104 所示。

工资表

2015/8/1

月份	员工编号	姓名	部门	基本工资	岗位工资	绩效工资	奖金	加班费	应发工资
8	1007	夏侯渊	财务部	1200	1000	1500	500	150	4350
8	1012	鲁肃	财务部	1000	800	1200	300	150	3450
		财务部 汇总							7800
8	1001	刘备	行政部	2000	1500	2000	1000	150	6650
8	1006	张飞	行政部	1000	1000	1500	500	0	4000
8	1013	司马懿	行政部	1000	800	1200	300	300	3600
8	1011	李通	行政部	1000	800	1200	300	0	3300
		行政部 汇总							17550
8	1002	诸葛亮	人事部	1500	1500	1800	1000	150	5950
8	1005	关羽	人事部	1500	1000	1500	1000	600	5600
8	1010	黄盖	人事部	1000	800	1200	300	0	3300
		人事部 汇总							14850
8	1003	曹操	销售部	2000	1500	2500	1000	0	7000
8	1008	刘烨	销售部	1500	1000	1500	500	150	4650
		销售部 汇总							11650
8	1004	孙权	制造部	2000	1500	2000	1000	0	6500
8	1009	孙策	制造部	1500	800	1200	300	300	4100
		制造部 汇总							10600
			总计						62450

图 3-104　删除分级显示

3.6.5 合并计算工作表

合并计算功能能把多个工作表的数据，按字段、项目进行自动汇总。例如，若公司内每个部门单独核算工资，要将所有部门的工资表汇总到一张表格内，就需要使用合并计算功能。

1. 合并计算工作表的数据要求

用户可以对处在同一个工作簿或非同一工作簿中的数据进行合并计算，但是要确保数据满足以下要求。

- 每个要合并的区域都分别保存在单独的工作表中，不要将任何区域放在需要放置合并的工作表中。
- 确保每个数据区域都采用列表格式：第一行中的每一列都具有标签，同一列中包含相似的内容，并且在列表中没有空行或空列。

- 确保要合并的列或行的标签相同（包括大小写一致）或者区域的布局相同。
- 命名每个区域：选择区域，在“名称框”（位于公式栏的左侧）输入区域的名称。

2. 合并工作表

Excel 提供了两种合并计算数据的方法：一种是通过位置合并计算（适用于源数据区域有相同的布局），第二种是通过分类合并计算（适用于源数据区域没有相同的布局，但是列或行的标签相同）。

例 3-16 合并计算所有部门的工资表。

打开随书光盘中的“合并计算”工作簿，合并计算“行政部”、“财务部”、“销售部”3 张工作表中的工资表数据。由于部门内所有的工资表都是按照统一格式创建的，因此可以通过位置合并计算所有部门的工资表，具体步骤如下。

（1）打开“合并计算”工作簿。

（2）新建工作表，重命名为“工资汇总表”。

（3）选择单元格 A1。

（4）选择“数据”/“数据工具”/“合并计算”命令，弹出如图 3-105 所示的“合并计算”对话框。

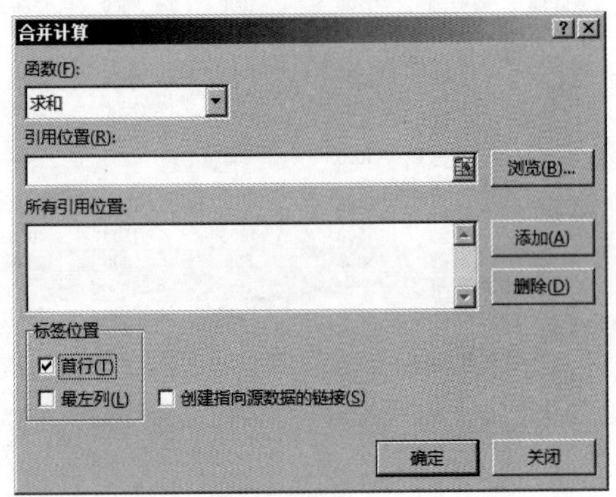

图 3-105 “合并计算”对话框

（5）从“函数”下拉列表中选择“求和”。

（6）单击“引用位置”文本框右端按钮，单击“行政部”工作表，在该表中选定引用位置如图 3-106 所示。

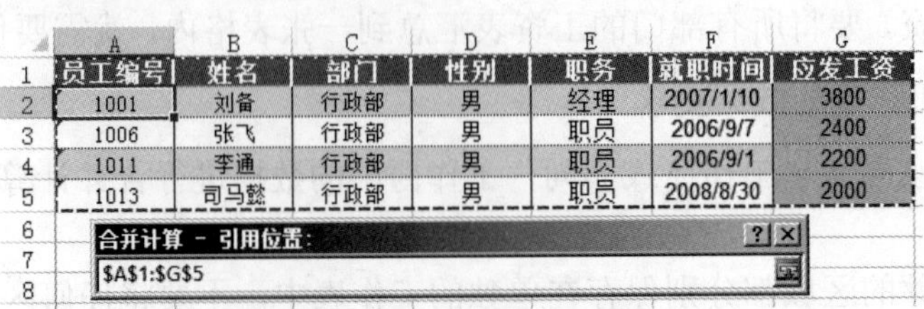

员工编号	姓名	部门	性别	职务	就职时间	应发工资
1001	刘备	行政部	男	经理	2007/1/10	3800
1006	张飞	行政部	男	职员	2006/9/7	2400
1011	李通	行政部	男	职员	2006/9/1	2200
1013	司马懿	行政部	男	职员	2008/8/30	2000

图 3-106 选定“引用位置”区域

（7） 再次单击“引用位置”文本框右端按钮，返回“合并计算”对话框，单击“添加”按钮将其添加到“所有引用位置”列表中，如图 3-107 所示。

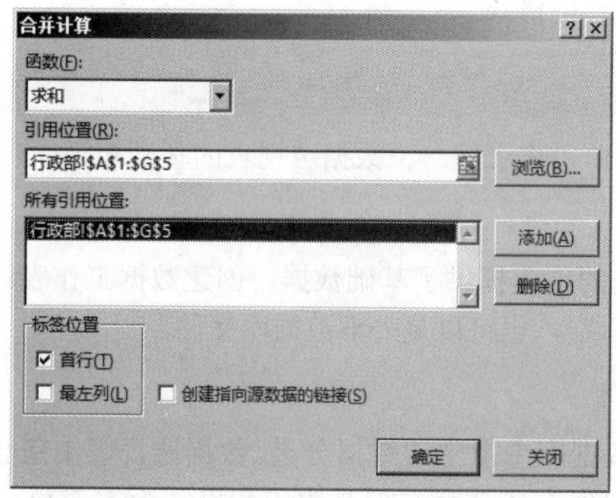

图 3-107　添加到“所有引用位置”列表框中

（8） 按同样的方法添加财务部和销售部的引用位置。

（9） 选择“首行”和“最左列”复选框。

（10） 单击“确定”按钮，关闭对话框，返回工作表界面，显示如图 3-108 所示的结果。

	A	B	C	D	E	F	G
1	员工编号	姓名	部门	性别	职务	就职时间	应发工资
2	1007					2008/4/1	2400
3	1012					2006/9/1	2200
4	1003					2009/1/3	3600
5	1008					2007/4/1	2800
6	1001					2007/1/10	3800
7	1006					2006/9/7	2400
8	1011					2006/9/1	2200
9	1013					2008/8/30	2000

图 3-108　合并计算结果

在“合并计算”对话框中的“引用位置”中输入引用工作簿的位置时，如果该工作簿是打开的，可以指向这个工作簿中某个工作表的区域。如果工作簿未打开，单击“浏览”按钮，在硬盘上定位文件。还可以直接输入引用位置，格式为“完整路径+[工作簿名]+工作表名+!（英文感叹号）+单元格地址或名称”。

3.7 数据透视表和数据透视图

使用数据透视表可以快速从大量数据中提取、汇总、分类并计算所需要的信息。数据透视表是动态工作表，它提供一种从多角度汇总、分析数据对象的简便方法。

3.7.1 数据透视表的作用

数据透视表作为一种可以快速汇总大量数据的交互式方法，它具有以下几种功能。

- 从多种不同角度汇总、分析大量数据。
- 将行移动到列或者将列移动到行，查看源数据的不同汇总。

- 创建自定义计算和公式，在数据透视表中插入新行（列）。
- 对数据进行分类组合，展开和折叠数据级别，查看您所关注类别的明细数据。
- 设置数据透视表表格格式。

3.7.2 数据透视表的基础

在创建数据透视表之前，先了解一下数据透视表的基础知识。

1. 源数据

源数据为数据透视表的创建提供了基础数据。创建数据工作表的源数据可以是工作表中的数据（一个表格或者区域），也可以是外部数据库文件。

2. 字段

字段是从源数据或数据库中衍生的数据分类。数据透视表中包含如图 3-109 所示的几种字段类型（字段的叫法已经有了改变，但是为了和以往版本兼容，还采用了一些以往的称呼）。

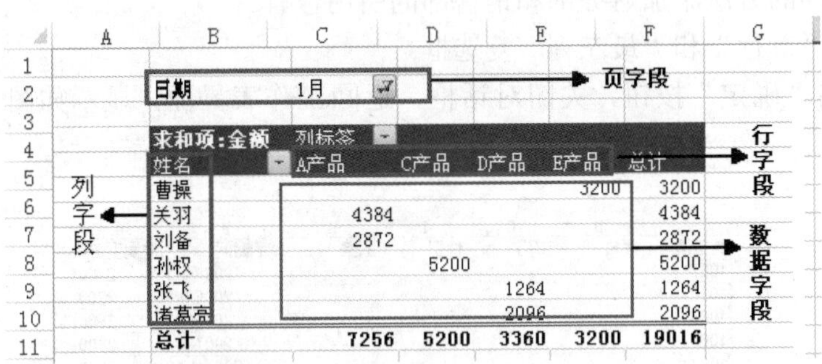

图 3-109 数据透视表中的字段类型

- 页字段：数据透视表中指定为页方向的源数据中的字段，在 Excel 2013 中称为筛选器。
- 行字段：数据透视表中指定为行方向的源数据中的字段。
- 列字段：数据透视表中指定为列方向的源数据中的字段。
- 数据字段：数据透视表中指定为数据区域的源数据中的字段。

3.7.3 创建数据透视表

创建数据表，通常有以下 3 个步骤：选择源数据、指定数据透视表的存放位置；设置数据透视表的布局；设置数据透视表的格式。

例 3-17 创建销售人员业绩透视表。

打开随书光盘中的“数据透视表”工作簿，以“销售记录”工作表为数据源，创建 “销售人员业绩表”，具体操作步骤如下。

（1） 双击“Sheet2”工作表，重命名为“销售人员业绩表”。

（2） 选择单元格 B3。

（3） 选择“插入”/“表格”/“数据透视表”命令，弹出如图 3-110 所示的“创建数据透视表”对话框。

（4）单击“表/区域”文本框右端的按钮，单击“销售清单”工作表，并选择区域$A$1:$E$38（如图 3-111 所示）。

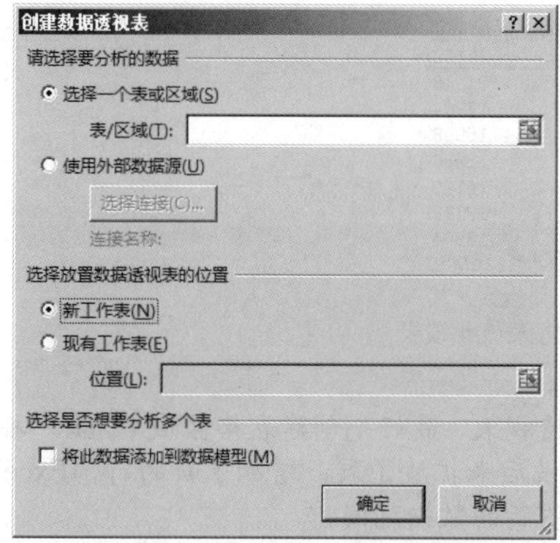

图 3-110 “创建数据透视表”对话框

图 3-111 选择数据源区域

（5）单击文本框右端的按钮，返回“创建数据透视表”对话框，单击“确定”按钮，在“销售人员业绩”工作表中显示如图 3-112 所示的“数据透视表字段列表”对话框。

（6）将列表中的“日期”字段拖到“筛选器”区域，“姓名”字段拖到“行”标签区域，“金额”字段拖到“值”区域，完成数据透视表的布局设计，如图 3-113 所示。

（7）单击单元格 C3，将其中的文本改为“销售额”。

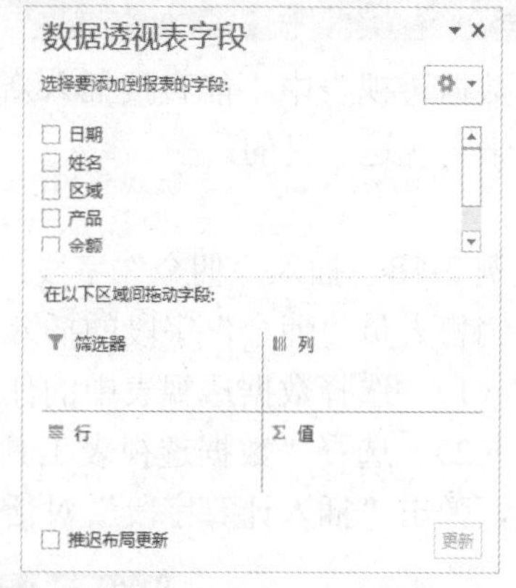

图 3-112 “数据透视表字段列表”对话框

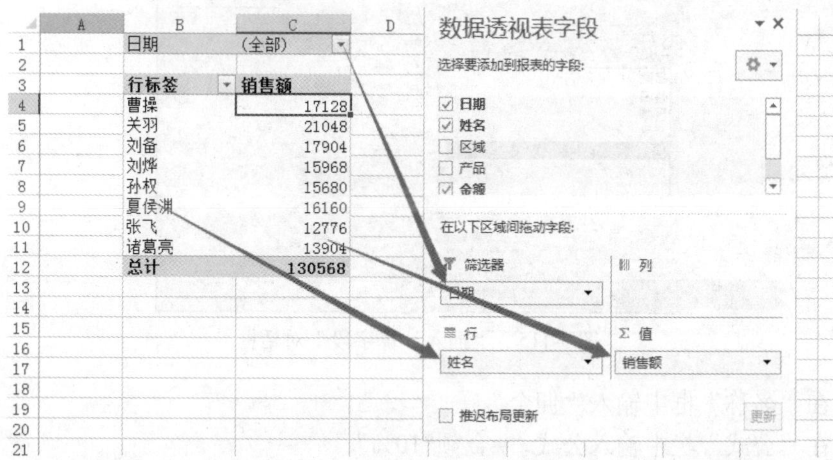

图 3-113 拖动字段对应的布局设计

按照以上步骤操作，显示如图 3-114 所示的数据透视表。

	A	B	C
1		日期	(全部)
2			
3		行标签	销售额
4		曹操	17128
5		关羽	21048
6		刘备	17904
7		刘烨	15968
8		孙权	15680
9		夏侯渊	16160
10		张飞	12776
11		诸葛亮	13904
12		总计	130568

图 3-114　数据透视表：销售人员业绩表

提示

如果根据工作表中的数据创建数据透视表，最好先创建表格区域（选择“插入”/“表格”/“表格”命令）。这样如果后来扩展了表，增加了新的行，Excel 会自动刷新数据透视表，不需要手动声明新的数据范围。

3.7.4　添加字段

数据透视表中不能直接插入新列，但是可以在数据透视表中利用现有的字段创建新计算字段来实现这一目的。

例 3-18　插入“佣金”字段。

销售人员“佣金”字段的插入，以例 3-17 中的“销售额”为基础，具体步骤如下：

（1）选择数据透视表中的任意单元格。

（2）选择“数据透视表工具”/“分析”/“计算”/“字段、项目和集”/“计算字段”命令，弹出“插入计算字段”对话框，如图 3-115 所示。

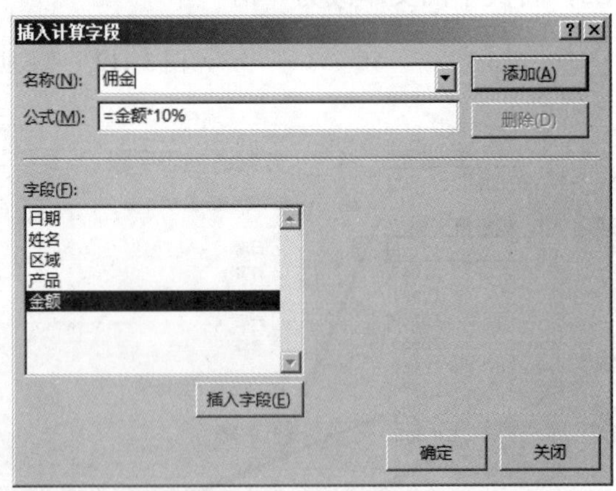

图 3-115　“插入计算字段”对话框

（3）在“名称”框中输入“佣金”。

（4）在“公式”栏中输入公式“=金额*10%”。

（5）单击“添加”按钮，增加新字段。

（6） 单击“确定”按钮。

反映销售人员业绩和佣金的数据透视表制作完成，如图 3-116 所示。

	A	B	C	D
1		日期	(全部)	
2				
3		行标签	销售额	求和项:佣金
4		曹操	17128	1712.8
5		关羽	21048	2104.8
6		刘备	17904	1790.4
7		刘烨	15968	1596.8
8		孙权	15680	1568
9		夏侯渊	16160	1616
10		张飞	12776	1277.6
11		诸葛亮	13904	1390.4
12		总计	130568	13056.8

图 3-116 销售人员业绩及佣金表

创建字段后，Excel 会把该字段添加到数据透视表中的“数值”区域，除了不能将该字段移到“行标签”、“列标签”或者“报表筛选”区域外，您可以像操作其他字段一样操作该字段。

3.7.5 组合数据透视表项目

当数据透视表中包含数值、日期和时间时，Excel 可以根据数据透视表中的数据类型自动组合，创建新的数据透视表。

例如，在“销售记录表”中销售记录是以日期记录的，如何反映每个月的销售情况呢？这种情况下就可以使用数据透视表的分组功能。下面以“销售记录表”为基础创建“1—6 月份销售情况”表。

例 3-19 创建“1—6 月份销售情况”表，具体步骤如下。

（1） 激活“销售记录”工作表。

（2） 选中区域 A1:E38，在名称框中输入“销售记录表”，按 Enter 键。

（3） 双击“Sheet3”工作表，重命名为“1—6 月份销售情况”。

（4） 选择单元格 B3，然后选择“插入”/“表格”/“数据透视表”命令，弹出“创建数据透视表”对话框。

（5） 在“表/区域”框中输入“=销售记录表”。

（6） 单击“确定”按钮，Excel 在新插入的一张工作表中创建数据透视表，并显示“数据透视表字段列表”对话框。

（7） 在“字段”列表中勾选“日期”放置在行标签下，勾选“金额”放置在数值下，创建如图 3-117 所示的数据透视表。

（8） 选中“日期”列中的任一单元格。

（9） 选择“数据透视表工具”/“分析”/“分组”/“组选择”命令，或者右击从打开的快捷菜单中选择“组

	B	C
3	行标签	销售额
4	2015/01/10	2872
5	2015/01/13	2096
6	2015/01/15	3200
7	2015/01/20	5200
8	2015/01/23	4384
9	2015/01/25	1264
10	2015/02/01	2608
11	2015/02/04	3608
12	2015/02/13	1000
13	2015/02/15	2376
14	2015/02/20	3400
15	2015/02/28	2736
16	2015/03/03	4168
17	2015/03/10	1584
18	2015/03/12	1960

图 3-117 包含“日期”和“金额”字段的数据透视表

合”命令，弹出“分组”对话框，如图 3-118 所示。

（10） 单击“确定”按钮，将单元格 A3 改名为“月份”，创建如图 3-119 所示的数据透视表。

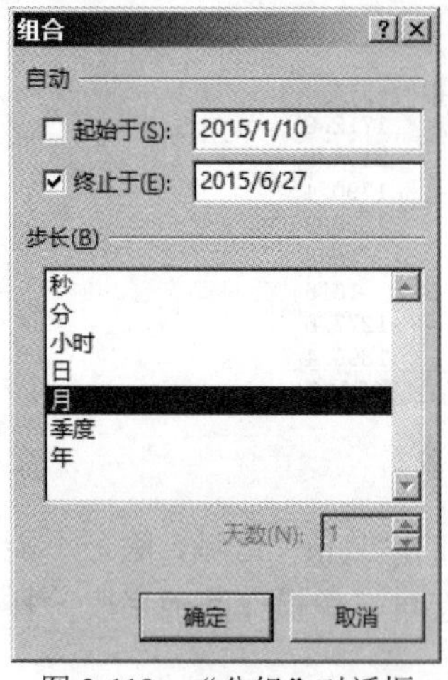

图 3-118 “分组”对话框

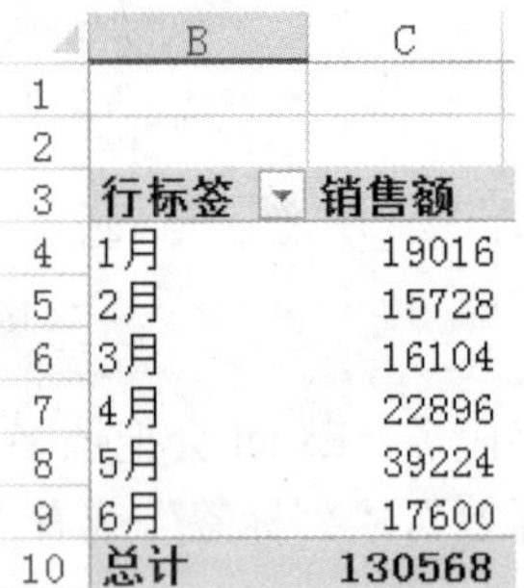

	B	C
1		
2		
3	行标签	销售额
4	1月	19016
5	2月	15728
6	3月	16104
7	4月	22896
8	5月	39224
9	6月	17600
10	总计	130568

图 3-119 1—6 月份销售情况表

3.7.6 设置数据透视表的格式

创建数据透视表后，用户可以根据需要对其格式进行设置。例如更改样式、修改数据汇总方式及其他设置。

1. 更改样式

通过使用样式库可以轻松更改数据透视表的样式。Excel 提供了大量可以用于快速设置数据透视表格式的预定义表样式（或快速样式）。

单击数据透视表后，在选项卡列表中显示（如图 3-120 所示）“数据透视表工具”的两个选项卡。

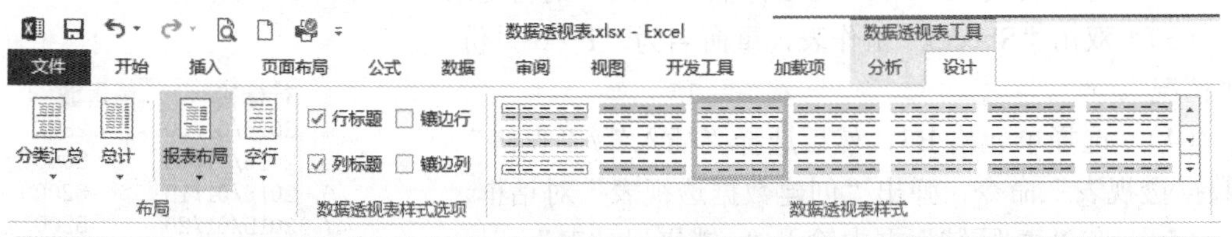

图 3-120 “设计”选项卡

转到“设计”选项卡，在“数据透视表样式”功能组中预置大量的样式，在“数据透视表样式选项”中还可以对样式中是否显示行（列）标题（勾选“行标题”复选框），是否要用较亮或较浅的颜色格式替换每行（列）（勾选“镶边行”复选框）等进行设置。

2. 设置字段

选择“数据透视表工具”/“分析”/“活动字段”/“字段设置”命令，打开如图 3-121 所示的“值字段设置”对话框。

该对话框提供了对字段的以下设置功能。

（1） 修改字段的汇总方式。

“值汇总方式”选项卡中提供了求和、计数、平均值等常用的计算类型。

（2） 设置数字格式。

单击“数字格式”按钮，打开“设置单元格格式”对话框，用户可以在此对数据表的格式进行详细设置。

3. 其他设置

选择“数据透视表工具”/“分析”/“数据透视表”/“选项”/“选项”命令，打开如图 3-122 所示的“数据透视表选项”对话框（或者右击数据透视表中的任意单元格从快捷菜单中选择“数据透视表选项”命令打开此对话框）。

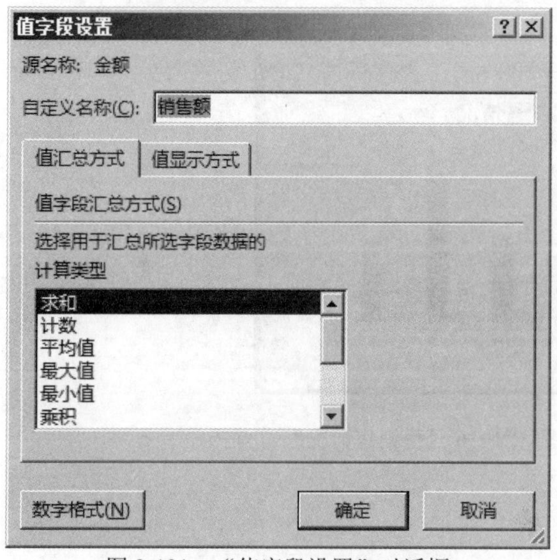

图 3-121 “值字段设置”对话框

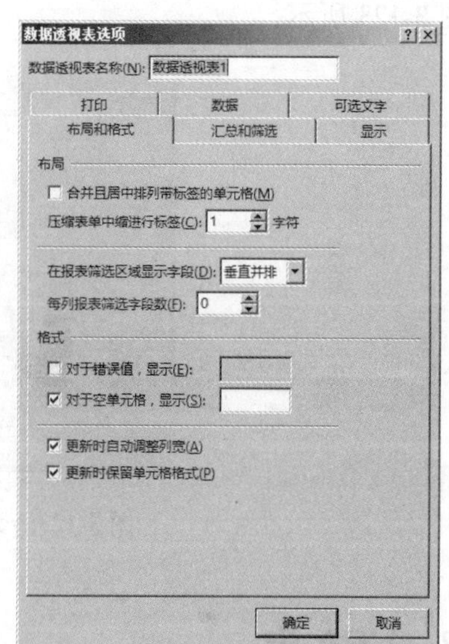

图 3-122 “数据透视表选项”对话框

在该对话框中可以对以下选项进行设置。

- 合并且居中排列带标签的单元格。
- 选择在报表筛选区域显示字段的方式。
- 对于错误值和空单元格的显示方式及内容。
- 更新时自动调整列宽。
- 选择显示行（列）总计。
- 选择显示字段标题和筛选下拉列表。
- 选择显示展开/折叠按钮。
- 打印时选择显示标题内容。

3.7.7 数据透视图

数据透视图是数据透视表中数据汇总的图形表示。数据透视图总是基于数据透视表，但比数据透视表更加直观。

创建数据透视图，选中数据透视表的任一单元格，选择“数据透视表工具”/“分析”/“工具”/“数据透视图”命令，打开“插入图表”对话框，选择图表类型，单击“确定”按钮插入数据透视图。

例 3-20 创建“1—6 月份销售情况”数据透视图，具体操作步骤如下。

（1） 单击“1—6 月份销售情况表”中任一单元格，选择“数据透视表工具”/“分析”/“工具”/“数据透视图”命令，打开“插入图表”对话框。

（2） 选择“柱形图”，插入数据透视图。

（3） 单击图表标题更改名称为“1—6 月份销售情况”。

（4） 单击垂直坐标轴将刻度改为“千”。

（5） 选择垂直坐标轴，右击执行“设置主要网格线格式”命令，打开“设置主要网格线格式”对话框，将线条选择为“无线条”去除网格线。

（6） 参照例 3-6 中对“图表”的美化设置，完成对数据透视图的特殊效果处理，效果如图 3-123 所示。

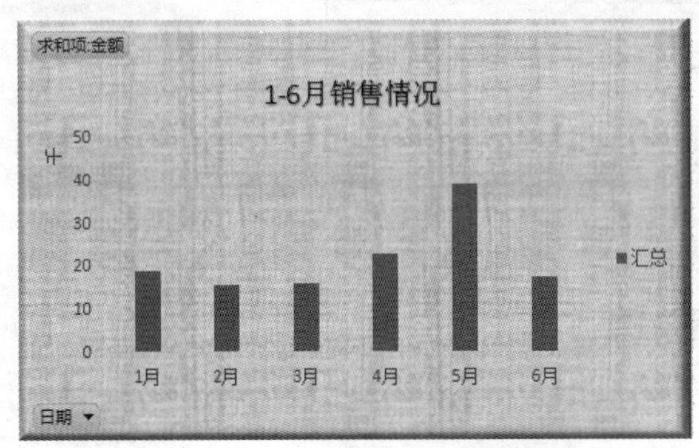

图 3-123 数据透视图：“1—6 月份销售情况”

3.8 VBA 宏

宏是一组指令的集合，这些指令就是 Visual Basic 的语言程序命令和函数。使用宏可以使经常使用的重复操作简单化、自动化。本章简单介绍创建简单的宏、运行宏等与宏有关的安全性问题。

使用 VBA 宏，需要首先添加“开发工具”选项卡（如图 3-124 所示），在 Excel 中显示该选项卡的步骤如下。

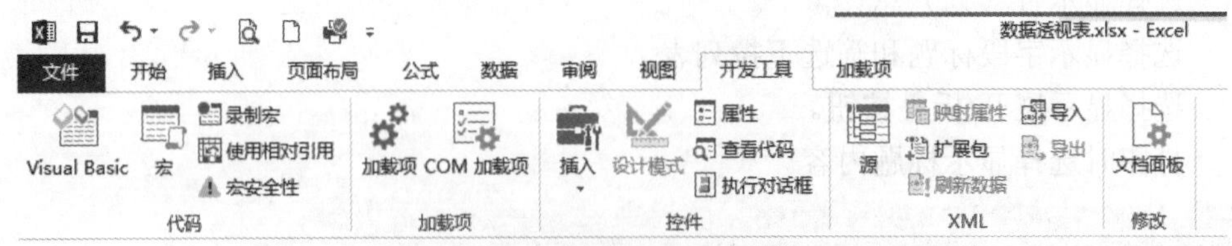

图 3-124 “开发工具”选项卡

（1） 选择“文件”/“选项”命令。

（2） 在“Excel 选项”对话框中，选择“自定义功能区”选项卡。

（3） 选中“主选项卡”下的“开发工具”复选框。

（4） 单击“确定”按钮，返回工作表界面。

3.8.1 创建宏

Excel 提供两种方法来创建宏：第一种是开启宏录制器，录制操作；第二种是直接在 VBA 模块中输入代码。对于初学者、不熟悉代码的用户，我们只介绍第一种方法，即用简单的录制宏方法来创建宏。

1. 创建工具

在 Excel 中宏录制器可以把一系列的操作转换成 VBA 代码，要打开宏录制器，选择“开发工具”/“代码”/“录制宏”命令，弹出“录制新宏”对话框，如图 3-125 所示，该对话框中有如下几个选项。

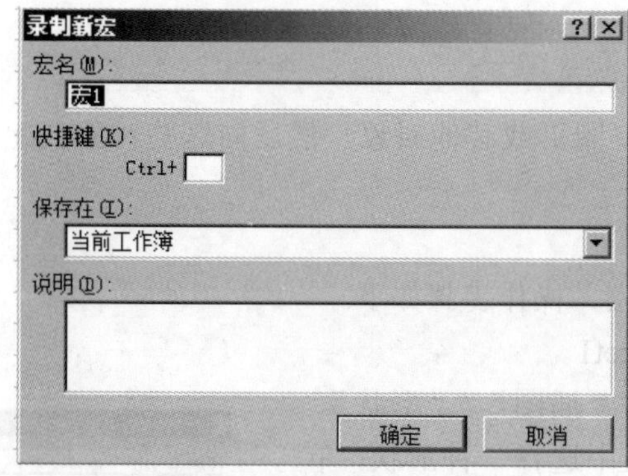

图 3-125 “录制新宏”对话框

- 宏名：宏的名称。默认为 Excel 预定的名称，如宏 1、宏 2 等。
- 快捷键：可以指定一个执行该宏的快捷键组合。该快捷键组合总是使用 Ctrl 键，也可以在输入字母的同时按下 Shift 键，例如输入字母 H 的同时按下 Shift 键，则组合键为 Ctrl＋Shift＋H。
- 保存在：宏所在的位置。可供选择的有当前工作簿、个人宏工作簿或新工作簿。
- 说明（可选项）：宏的描述信息。

单击“确定”按钮，开始录制动作。停止录制宏，选择“开发工具”/“代码”/“停止录制”命令。

例 3-21 录制宏：登录界面。

该宏创建了如图 3-126 所示的登录界面，具体步骤如下。

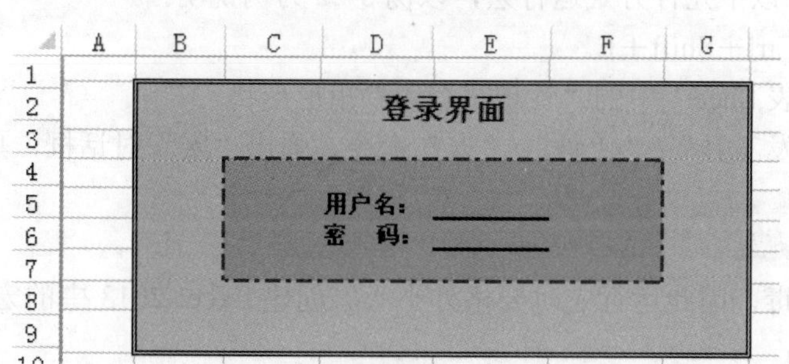

图 3-126 登录界面

（1） 打开一个新的工作簿，激活工作表 Sheet1，激活工作表的任一空单元格。

（2） 选择“开发工具”/“代码”/“录制宏”命令，弹出“录制新宏”对话框。

（3） 更改预定义的宏 1 名称为“登录界面”。

（4） 在标有“快捷键”的编辑框输入大写字母 D，为该宏指定组合键 Ctrl＋Shift＋D。

（5） 单击“确定”按钮，关闭“录制新宏”对话框。

（6） 激活工作表 Sheet2，选取区域 C2:F2，合并并居中，输入“登录界面”。

（7） 在单元格 D5、D6 中分别输入“用户名:”、“密码:”。

（8） 填充如图 3-126 所示的背景颜色和边框。

（9） 单击单元格 E5。

（10） 选择“开发工具”/“代码”/“停止录制”命令，完成宏录制。

3.8.2 在对象、图形或控件中中使用宏

在工作表中插入图片、图形或其他对象，然后向这些对象分配宏，单击对象时即可执行宏命令。

例 3-22 向矩形分配宏，操作步骤如下。

（1） 激活工作表 Sheet1。

（2） 选择“插入”/“插图”/“形状”/“矩形”命令，在下拉列表中选择一种形状，单击插入工作表中。

（3） 调整矩形形状大小，右击并在快捷菜单中选择“编辑文字”命令，输入“管理员登入”。

（4） 右击矩形，在快捷菜单中选择“指定宏”命令，弹出“宏”对话框（如图 3-127 所示）。

（5） 在“宏名”列表框中选择“登录界面”，单击“执行”按钮，返回工作表界面。

完成以上操作步骤后，单击工作表“Sheet1”中的矩形形状即可显示工作表“Sheet1”中如图 3-127 所示的登录界面。

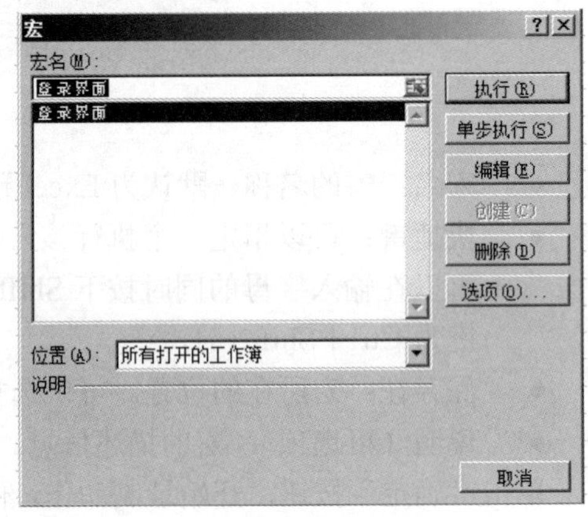

图 3-127 “宏”对话框

3.8.3 运行宏

Excel 中提供了以下几种方式运行宏，以例 3-22 为例说明：

- 组合键：Ctrl＋Shift＋E。
- 单击工作表 Sheet1 中的“管理员登入”矩形形状。
- 选择“开发工具”/“代码”/“宏”命令，弹出“宏”对话框，单击“执行”按钮。

3.8.4 宏的安全性

宏可能包含病毒，因此运行宏时要格外小心。创建 Excel 2013 中的宏安全功能有助于防止与宏相关的问题。

1. 改变宏的安全性

改变宏的安全设置，可以选择“开发工具”/“代码”/“宏安全性”命令，打开“信任中心”对话框（如图 3-128 所示），该对话框中提供了以下几种选项。

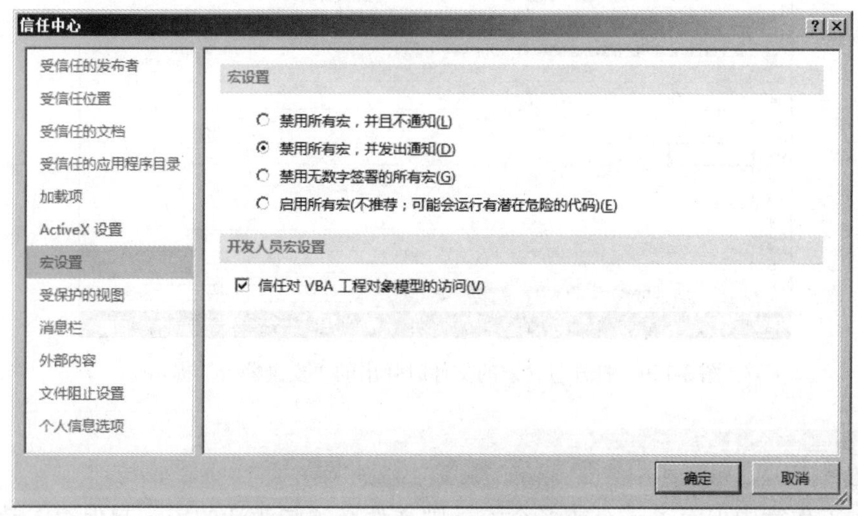

图 3-128 “信任中心”对话框

◆ 禁用所有宏，并且不通知。

不信任宏时使用此设置。文档中的所有宏以及有关宏的安全警报都被禁用。如果文档具有用户所信任的未签名的宏，则可以将这些文档放在受信任位置。受信任位置中的文档可直接运行，不会由信任中心安全系统进行检查。

◆ 禁用所有宏，并发出通知。

这是默认设置。如果想禁用宏，但又希望在存在宏的时候收到安全警报，则应使用此选项。这样可以根据具体情况选择何时启用这些宏。

◆ 禁用无数字签署的所有宏。

此设置与“禁用所有宏，并发出通知”选项相同，但下面这种情况除外：在宏已由受信任的发行者进行了数字签名时，如果用户信任发行者，则可以运行宏；如果用户还不信任发行者，将收到通知。这样可以选择启用那些签名的宏或信任发行者。所有未签名的宏都被禁用，且不发出通知。

◆ 启用所有宏。

可以暂时使用此设置，以便允许运行所有宏。因为此设置会使用户的计算机容易受到恶意代码的攻击，所以不建议永久使用此设置。

2. 使用宏的安全性

默认情况下，Excel 使用“禁用所有宏，并发出通知”选项。在该设置有效的情况下，如果打开一个包含宏的工作簿，宏将被禁用，Excel 会在编辑栏的上方显示“安全警告”（如图 3-129 所示），如果确信工作簿来自于信任源，单击“启用内容”按钮，宏将被启用。

用户还以指定一个或多个文件夹为“信任位置”，在“信任位置”中的所有工作簿都可以在不发出宏警告的情况下打开。可在“信任中心”对话框的“受信任位置”部分指定信任文件夹。

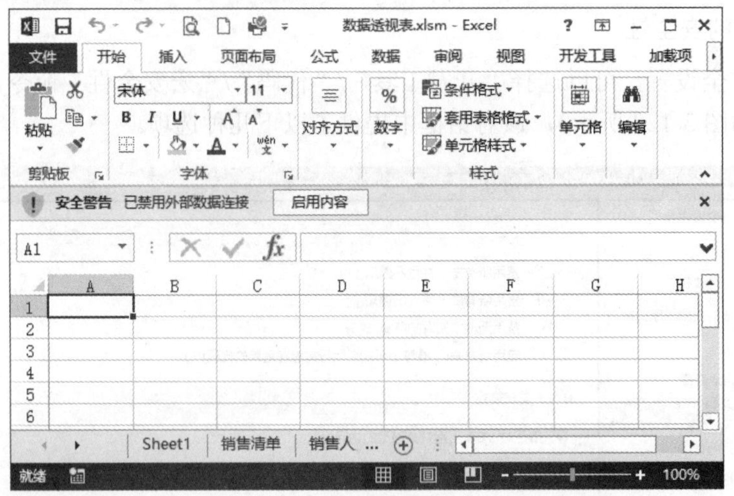

图 3-129　打开包含宏的文件时弹出的“安全警告”提示

3.8.5　保存包含宏的工作簿

如果在工作簿中保存了一个或多个宏，则文件必须与激活的宏一起保存，该文件带有 XLSM 扩展名。

第一次保存包含宏的工作簿时，默认的文件格式是 XLSX 格式——该格式不能包含宏。除非将文件格式改为 XLSM，否则 Excel 会显示如图 3-130 所示的警告。这里需要单击“否”按钮，然后从“保存类型”下拉列表中选择“Excel 启用宏的工作簿（*.xlsm）”。

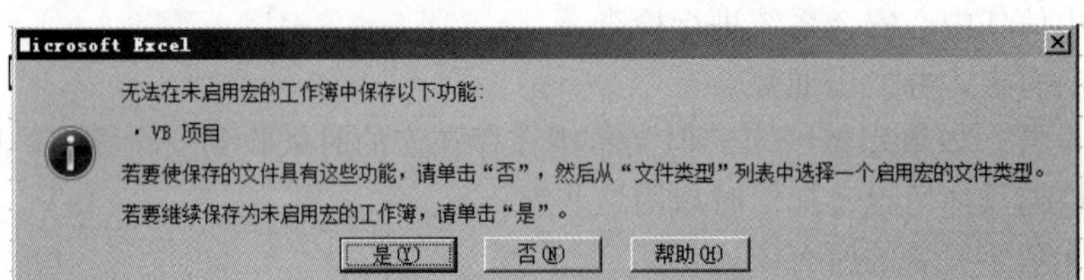

图 3-130　用户用非宏的文件格式保存工作簿时弹出的提示

3.9　本章小结

本章介绍了公式与函数，数据验证设置，图表的创建，使用条件格式可视化数据、利用图片和图形美化界面，数据透视表和数据透视图，简单的 VBA 宏的创建等相关的 Excel 2013 高级应用知识。

通过本章的学习，读者应掌握以下几个知识点。

- 掌握公式的使用。
- 掌握常用函数的应用。
- 掌握数据验证的设置方法。
- 掌握创建图表的方法。
- 掌握使用条件格式可视化数据的方法。
- 掌握利用图片和图形美化界面的方法。

- 掌握筛选、排序、分级显示、合并计算工作表等数据管理方法。
- 掌握利用数据透视表和数据透视图进行数据分析的方法。
- 掌握录制 VBA 宏的操作及运行方法。

3.10 上机练习

（1）使用 Excel 的条件格式设置功能，在如图 3-131 所示的记账凭证中，如借贷方合计数不相等，可以自动显示如图 3-131 所示的鲜红色背景，提醒用户再次认真检查凭证中输入的内容。

记 账 凭 证

总页数：1	2015年8月1日				现 字
当前页：1					1 号
摘　　要	会计科目		借方金额	贷方金额	√
	总账科目	明细科目			
提取现金	现金		3,000.00		
提取现金	银行存款			3,100.00	
合计	￥ 整		3,000.00	3,100.00	

附件 张

会计主管王某　记账：张某　出纳：董某　审核：鲁某　制表：李某

图 3-131　借贷方不相等时的特殊显示

（2）资料：

M 公司 8 月份的工资结算清单如图 3-132 所示，该练习文件见随书光盘“第 3 章”文件夹中的“上机练习-第 3 章”工作簿。

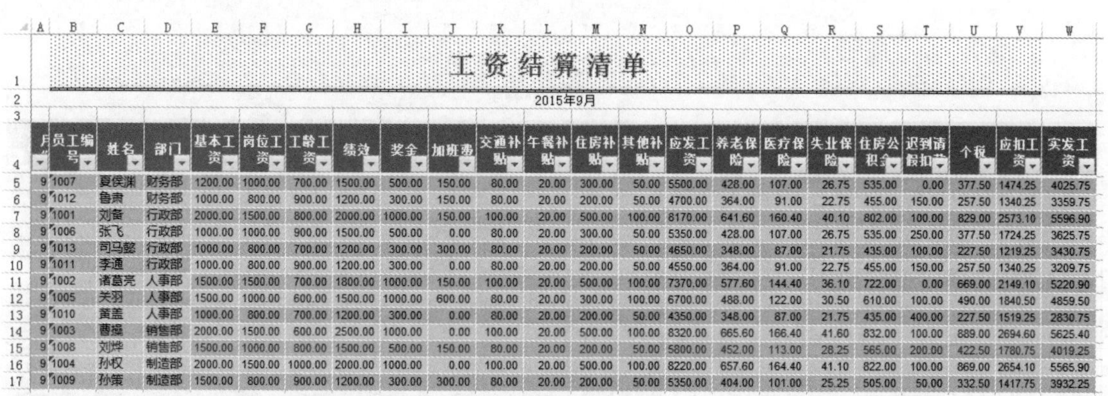

工资结算清单

2015年9月

月	员工编号	姓名	部门	基本工资	岗位工资	工龄工资	绩效	奖金	加班费	交通补贴	午餐补贴	住房补贴	其他补贴	应发工资	养老保险	医疗保险	失业保险	住房公积金	迟到请假扣	个税	应扣工资	实发工资
9	1007	夏侯渊	财务部	1200.00	1000.00	700.00	1500.00	500.00	150.00	80.00	20.00	300.00	50.00	5500.00	428.00	107.00	26.75	535.00	0.00	377.50	1474.25	4025.75
9	1012	鲁肃	财务部	1000.00	800.00	900.00	1200.00	300.00	150.00	80.00	20.00	200.00	50.00	4700.00	364.00	91.00	22.75	455.00	150.00	257.50	1340.25	3359.75
9	1001	刘备	行政部	2000.00	1500.00	800.00	2000.00	1000.00	150.00	100.00	20.00	500.00	100.00	8170.00	641.60	160.40	40.10	802.00	100.00	829.00	2573.10	5596.90
9	1006	张飞	行政部	1000.00	1000.00	900.00	1500.00	500.00	0.00	80.00	20.00	300.00	50.00	5350.00	428.00	107.00	26.75	535.00	250.00	377.50	1724.25	3625.75
9	1013	司马懿	行政部	1000.00	800.00	700.00	1200.00	300.00	300.00	80.00	20.00	200.00	50.00	4650.00	348.00	87.00	21.75	435.00	100.00	227.50	1219.25	3430.75
9	1011	李通	行政部	1000.00	800.00	900.00	1200.00	300.00	0.00	80.00	20.00	200.00	50.00	4550.00	364.00	91.00	22.75	455.00	150.00	257.50	1340.25	3209.75
9	1002	诸葛亮	人事部	1500.00	1500.00	700.00	1800.00	1000.00	150.00	100.00	20.00	500.00	100.00	7370.00	577.60	144.40	36.10	722.00	0.00	669.00	2149.10	5220.90
9	1005	关羽	人事部	1500.00	1000.00	600.00	1500.00	1000.00	600.00	80.00	20.00	300.00	100.00	6700.00	488.00	122.00	30.50	610.00	100.00	490.00	1840.50	4859.50
9	1010	黄盖	人事部	1000.00	800.00	700.00	1200.00	300.00	0.00	80.00	20.00	200.00	50.00	4350.00	348.00	87.00	21.75	435.00	400.00	227.50	1519.25	2830.75
9	1003	曹操	销售部	2000.00	1500.00	600.00	2500.00	1000.00	0.00	100.00	20.00	500.00	100.00	8320.00	665.60	166.40	41.60	832.00	100.00	889.00	2694.60	5625.40
9	1008	刘烨	销售部	1500.00	1000.00	800.00	1500.00	500.00	150.00	80.00	20.00	200.00	50.00	5800.00	452.00	113.00	28.25	565.00	200.00	422.50	1780.75	4019.25
9	1004	孙权	制造部	2000.00	1500.00	1000.00	2000.00	1000.00	0.00	100.00	20.00	500.00	100.00	8220.00	657.60	164.40	41.10	822.00	100.00	869.00	2654.10	5565.90
9	1009	孙策	制造部	1500.00	800.00	900.00	1200.00	300.00	300.00	80.00	20.00	200.00	50.00	5350.00	404.00	101.00	25.25	505.00	50.00	332.50	1417.75	3932.25

图 3-132　工资结算清单

根据以上资料，完成以下练习。

① 使用筛选功能，筛选出如图 3-133 所示的“行政部”工资详单。

工资结算清单

2015年9月

月份	员工编号	姓名	部门	基本工资	岗位工资	工龄工资	绩效	奖金	加班费	交通补贴	午餐补贴	住房补贴	其他补贴	应发工资	养老保险	医疗保险	失业保险	住房公积金	迟到请假扣款	个税	应扣工资	实发工资
9	1001	刘备	行政部	2000.00	1500.00	800.00	2000.00	1000.00	150.00	100.00	20.00	500.00	100.00	8170.00	641.60	160.40	40.10	802.00	100.00	829.00	2573.10	5596.90
9	1006	张飞	行政部	1000.00	1000.00	900.00	1500.00	500.00	0.00	80.00	20.00	300.00	50.00	5350.00	428.00	107.00	26.75	535.00	250.00	377.50	1724.25	3625.75
9	1013	司马懿	行政部	1000.00	800.00	700.00	1200.00	300.00	300.00	80.00	20.00	200.00	50.00	4650.00	348.00	87.00	21.75	435.00	100.00	227.50	1219.25	3430.75
9	1011	李通	行政部	1000.00	800.00	900.00	1200.00	300.00	0.00	80.00	20.00	200.00	50.00	4550.00	364.00	91.00	22.75	455.00	150.00	257.50	1340.25	3209.75

图 3-133　“行政部”工资详单

② 按实发工资从高到低的顺序对“工资结算清单”进行排序，结果如图 3-134 所示。

工资结算清单

2015年9月

月份	员工编号	姓名	部门	基本工资	岗位工资	工龄工资	绩效	奖金	加班费	交通补贴	午餐补贴	住房补贴	其他补贴	应发工资	养老保险	医疗保险	失业保险	住房公积金	迟到请假扣款	个税	应扣工资	实发工资
9	1003	曹操	销售部	2000.00	1500.00	600.00	2500.00	1000.00	0.00	100.00	20.00	500.00	100.00	8320.00	665.60	166.40	41.60	832.00	100.00	889.00	2694.60	5625.40
9	1001	刘备	行政部	2000.00	1500.00	800.00	2000.00	1000.00	150.00	100.00	20.00	500.00	100.00	8170.00	641.60	160.40	40.10	802.00	100.00	829.00	2573.10	5596.90
9	1004	孙权	制造部	2000.00	1500.00	1000.00	2000.00	1000.00	0.00	100.00	20.00	500.00	100.00	8220.00	657.60	164.40	41.10	822.00	100.00	869.00	2654.10	5565.90
9	1002	诸葛亮	人事部	1500.00	1500.00	700.00	1800.00	1000.00	150.00	100.00	20.00	500.00	100.00	7370.00	577.60	144.40	36.10	722.00	0.00	669.00	2149.10	5220.90
9	1005	关羽	人事部	1500.00	1000.00	600.00	1500.00	1000.00	600.00	80.00	20.00	300.00	100.00	6700.00	488.00	122.00	30.50	610.00	100.00	490.00	1840.50	4859.50
9	1007	夏侯渊	财务部	1200.00	1000.00	700.00	1500.00	500.00	150.00	80.00	20.00	300.00	50.00	5500.00	428.00	107.00	26.75	535.00	0.00	377.50	1474.25	4025.75
9	1008	刘烨	销售部	1500.00	1000.00	800.00	1500.00	500.00	150.00	80.00	20.00	200.00	50.00	5800.00	452.00	113.00	28.25	565.00	200.00	422.50	1780.75	4019.25
9	1009	孙策	制造部	1500.00	800.00	900.00	1200.00	300.00	300.00	80.00	20.00	200.00	50.00	5350.00	404.00	101.00	25.25	505.00	50.00	332.50	1417.75	3932.25
9	1006	张飞	行政部	1000.00	1000.00	900.00	1500.00	500.00	0.00	80.00	20.00	300.00	50.00	5350.00	428.00	107.00	26.75	535.00	250.00	377.50	1724.25	3625.75
9	1013	司马懿	行政部	1000.00	800.00	700.00	1200.00	300.00	300.00	80.00	20.00	200.00	50.00	4650.00	348.00	87.00	21.75	435.00	100.00	227.50	1219.25	3430.75
9	1012	鲁肃	财务部	1000.00	800.00	900.00	1200.00	300.00	150.00	80.00	20.00	200.00	50.00	4700.00	364.00	91.00	22.75	455.00	150.00	257.50	1340.25	3359.75
9	1011	李通	行政部	1000.00	800.00	900.00	1200.00	300.00	0.00	80.00	20.00	200.00	50.00	4550.00	364.00	91.00	22.75	455.00	150.00	257.50	1340.25	3209.75
9	1010	黄盖	人事部	1000.00	800.00	700.00	1200.00	300.00	0.00	80.00	20.00	200.00	50.00	4350.00	348.00	87.00	21.75	435.00	400.00	227.50	1519.25	2830.75

图 3-134　实发工资由高到低排序表

③ 使用分类汇总功能，汇总出如图 3-135 所示的各个部门的工资总额。

工资结算清单

2015年9月

月份	员工编号	姓名	部门	基本工资	岗位工资	工龄工资	绩效	奖金	加班费	交通补贴	午餐补贴	住房补贴	其他补贴	应发工资	养老保险	医疗保险	失业保险	住房公积金	迟到请假扣款	个税	应扣工资	实发工资
9	1007	夏侯渊	财务部	1200.00	1000.00	700.00	1500.00	500.00	150.00	80.00	20.00	300.00	50.00	5500.00	428.00	107.00	26.75	535.00	0.00	377.50	1474.25	4025.75
9	1012	鲁肃	财务部	1000.00	800.00	900.00	1200.00	300.00	150.00	80.00	20.00	200.00	50.00	4700.00	364.00	91.00	22.75	455.00	150.00	257.50	1340.25	3359.75
			财务部 汇总																			7385.50
9	1001	刘备	行政部	2000.00	1500.00	800.00	2000.00	1000.00	150.00	100.00	20.00	500.00	100.00	8170.00	641.60	160.40	40.10	802.00	100.00	829.00	2573.10	5596.90
9	1006	张飞	行政部	1000.00	1000.00	900.00	1500.00	500.00	0.00	80.00	20.00	300.00	50.00	5350.00	428.00	107.00	26.75	535.00	250.00	377.50	1724.25	3625.75
9	1013	司马懿	行政部	1000.00	800.00	700.00	1200.00	300.00	300.00	80.00	20.00	200.00	50.00	4650.00	348.00	87.00	21.75	435.00	100.00	227.50	1219.25	3430.75
9	1011	李通	行政部	1000.00	800.00	900.00	1200.00	300.00	0.00	80.00	20.00	200.00	50.00	4550.00	364.00	91.00	22.75	455.00	150.00	257.50	1340.25	3209.75
			行政部 汇总																			15863.15
9	1002	诸葛亮	人事部	1500.00	1500.00	700.00	1800.00	1000.00	150.00	100.00	20.00	500.00	100.00	7370.00	577.60	144.40	36.10	722.00	0.00	669.00	2149.10	5220.90
9	1005	关羽	人事部	1500.00	1000.00	600.00	1500.00	1000.00	600.00	80.00	20.00	300.00	100.00	6700.00	488.00	122.00	30.50	610.00	100.00	490.00	1840.50	4859.50
9	1010	黄盖	人事部	1000.00	800.00	700.00	1200.00	300.00	0.00	80.00	20.00	200.00	50.00	4350.00	348.00	87.00	21.75	435.00	400.00	227.50	1519.25	2830.75
			人事部 汇总																			12911.15
9	1003	曹操	销售部	2000.00	1500.00	600.00	2500.00	1000.00	0.00	100.00	20.00	500.00	100.00	8320.00	665.60	166.40	41.60	832.00	100.00	889.00	2694.60	5625.40
9	1008	刘烨	销售部	1500.00	1000.00	800.00	1500.00	500.00	150.00	80.00	20.00	200.00	50.00	5800.00	452.00	113.00	28.25	565.00	200.00	422.50	1780.75	4019.25
			销售部 汇总																			9644.65
9	1004	孙权	制造部	2000.00	1500.00	1000.00	2000.00	1000.00	0.00	100.00	20.00	500.00	100.00	8220.00	657.60	164.40	41.10	822.00	100.00	869.00	2654.10	5565.90
9	1009	孙策	制造部	1500.00	800.00	900.00	1200.00	300.00	300.00	80.00	20.00	200.00	50.00	5350.00	404.00	101.00	25.25	505.00	50.00	332.50	1417.75	3932.25
			制造部 汇总																			9498.15
			总计																			55302.60

图 3-135　使用分类汇总功能汇总出的各部门工资总额

④ 使用分级显示按钮，隐藏明细数据，只显示如图 3-136 所示的部门工资汇总额。

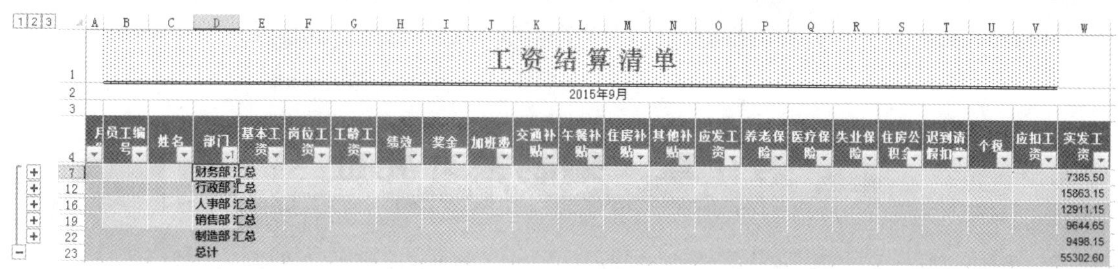

工资结算清单

2015年9月

月	员工编号	姓名	部门	基本工资	岗位工资	工龄工资	绩效	奖金	加班费	交通补贴	午餐补贴	住房补贴	其他补贴	应发工资	养老保险	医疗保险	失业保险	住房公积金	迟到请假扣	个税	应扣工资	实发工资
			财务部 汇总																			7385.50
			行政部 汇总																			15863.15
			人事部 汇总																			12911.15
			销售部 汇总																			9644.65
			制造部 汇总																			9498.15
			总计																			55302.60

图 3-136 使用分级显示按钮查看部门工资汇总额

⑤ 使用数据透视表功能，汇总出如图 3-137 所示的每个部门的工资总额。

月份	(全部)	
部门	部门应发工资	部门实发工资
财务部	9,600.00	6,998.50
人事部	17,520.00	12,341.65
销售部	13,520.00	9,272.65
行政部	21,520.00	15,104.15
制造部	12,970.00	9,126.15
总计	**75,130.00**	**52,843.10**

图 3-137 部门工资汇总表

⑥ 以“部门工资汇总表”为依据，创建如图 3-138 所示的数据透视图。

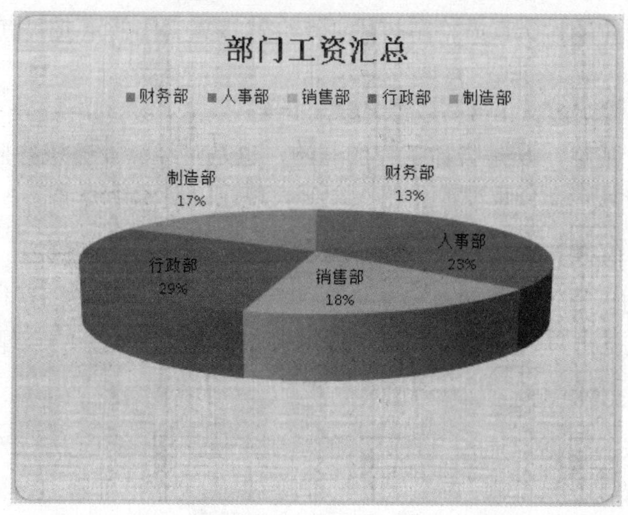

图 3-138 饼图：部门工资汇总

第 4 章　编制会计凭证

会计凭证是会计核算的起点，也是会计账务处理的重要凭证。企业发生的任何经济业务都必须填制或取得原始凭证，只有审核无误的原始凭证才能作为依据，填制记账凭证，并登记分类账、科目汇总表等账簿，作为编制资产负债表、利润表、现金流量表等财务报表的基础。

本章主要介绍如何在 Excel 中制作记账凭证、输入记账凭证信息、查询及审核记账凭证、打印记账凭证的方法和具体操作步骤。

4.1　会计凭证概述

会计凭证是记录经济业务、明确经济责任、按一定格式编制的以此为根据的书面证明。企业在处理任何经济业务时，都必须依法取得相关凭证，以书面形式记录和证明所发生的经济业务，并在凭证上签字、盖章，用于对经济业务的合法性、真实性和正确性进行证明，明确有关单位和人员的责任。会计凭证只有经过相关人员审核才能作为登记账簿的依据。合法取得凭证、正确填制凭证、认真严格审核凭证是会计核算工作的重要起点之一。

4.1.1　会计凭证的作用

填制和审核会计凭证，既是会计工作的开始，也是对经济业务进行监督的重要环节，会计凭证在会计核算中具有十分重要的作用，主要表现在以下几个方面。

1.　监督、控制经济活动

通过会计凭证的审核，可以检查经济业务的发生是否符合相关的法律、制度，是否符合业务经营、账务收支的方针和计划及预算的规定，以确保经济业务的合理、合法和有效性。

2.　提供记账依据

会计凭证是记账的依据，通过会计凭证的填制审核，按照一定方法对会计凭证的及时传递，确保经济业务适时、准确地记录。

3.　加强经济责任制

经济业务发生后，需取得或填制适当的会计凭证，证明经济业务已经发生或完成；同时由经办人员在凭证上签字、盖章，明确业务责任人。通过会计凭证的填制和审核，使有关责任人在其职权范围内各负其责，并利用凭证填制、审核的手续制度进一步完善经济责任制。

4.1.2　会计凭证的种类

按照会计凭证的填制程序和用途，记账凭证一般可以分为原始凭证和记账凭证两大类。

1. 原始凭证

原始凭证是记录经济业务已经发生、执行或完成，用以明确经济责任，作为记账依据最初的书面证明文件，如出差乘坐的车船票、采购材料的发货票、到仓库领料的领料单等都是原始凭证。原始凭证是在经济业务发生的过程中直接产生的，是经济业务发生的最初证明，在法律上具有证明效力，所以也可叫做“证明凭证”。原始凭证按其取得的来源不同，可以分为自制原始凭证和外来原始凭证两类：

（1） 自制凭证。

自制原始凭证是指在经济业务发生、执行或完成时，由本单位的经办人员自行填制的原始凭证，如收料单、领料单、产品入库单等。自制原始凭证按其填制手续不同，又可分为一次凭证、累计凭证、汇总原始凭证和记账编制凭证四种。

（2） 外来原始凭证。

外来原始凭证，是指在与外单位发生经济往来关系时，从外单位取得的凭证。外来原始凭证都是一次凭证。如企业购买材料、商品时，从供货单位取得的发货票，就是外来原始凭证。

原始凭证按照其适用的范围，可以分为通用凭证和专用凭证两大类。通用凭证在一定的范围内具有统一的格式和使用方法，如增值税发票等；专用凭证是指一些单位根据自身业务内容和特点自制凭证，不同单位格式可以不同。

2. 记账凭证

记账凭证是会计人员根据审核无误的原始凭证或汇总原始凭证用来确定经济业务应借、应贷的会计科目和金额而填制的，作为登记账簿直接依据的会计凭证。为了对种类繁多，数量庞大，格式不一的原始凭证，按照反映的不同经济业务进行归类和整理，需要填制具有统一格式的记账凭证，确定会计分录，并将相关的原始凭证附在后面。

记账凭证按其适用的经济业务，分为专用记账凭证和通用记账凭证两类。

（1） 专用记账凭证：是用来专门记录某一类经济业务的记账凭证。专用凭证按其所记录的经济业务是否与现金和银行存款的收付有无关系，又分为收款凭证、付款凭证和转账凭证 3 种。

① 收款凭证：收款凭证是用来记录现金和银行存款等货币资金收款业务的凭证，它是根据现金和银行存款收款业务的原始凭证填制的。

② 付款凭证：付款凭证是用来记录现金和银行存款等货币资金付款业务的凭证，它是根据现金和银行存款付款业务的原始凭证填制的。

收款凭证和付款凭证是用来记录货币收付业务的凭证即记现金日记账、银行存款日记账、明细分类账及总分类账等账簿的依据，也是出纳人员收、付款项的依据。出纳人员不能依据现金、银行存款收付业务的原始凭证收付款项，必须根据会计主管人员或指定人员审核批准的收款凭证和付款凭证收付款项，以加强对货币资金的管理，有效地监督货币资金的使用。

③ 转账凭证：转账凭证是用来记录与现金、银行存款等货币资金收付款业务无关的转账业务凭证，它是根据有关转账业务的原始凭证填制的。转账凭证是登记总分类账及有关明细分类账的依据。

（2） 通用记账凭证。

通用记账凭证的格式，不再分为收款凭证、付款凭证和转账凭证，而是以一种格式记录全部经济业务。通用记账凭证又简称为记账凭证。

记账凭证的基本内容一般包含以下几个方面：记账凭证的名称、制记账凭证的单位的名称、凭证填制的日期和编号、经济业务的摘要、会计分录、记账标记、附件张数、有关人员签章等。

为了简化会计核算的填制工作，会计信息系统中一般采用如图 4-1 所示的通用记账凭证格式，并在凭证类别（“字”）中用现、银、转区分特定的经济业务类型。

记 账 凭 证

总页数：1　　2012年8月31日　　转 字

当前页：1　　　　　　20 号

摘　要	会计科目		借方金额	贷方金额	√
	总账科目	明细科目			
合计	¥ 整				

附件 1 张

会计主管：王某　记账：张某　出纳：董某　审核：鲁某　制表：李某

图 4-1　通用记账凭证格式

4.2　制作会计科目表

会计科目表用于保存企业设置的总账科目和明细科目。会计科目是对会计要素的具体内容进行分类核算的标志。企业根据会计准则和本单位实际情况设置总账科目和明细科目。

4.2.1　会计科目的编号

为了便于编制会计凭证、登记账簿、查阅账目，基于会计科目分类的基础上，为每个会计科目编制固定的号码，这些号码称为会计科目编号，简称科目编号。科目编号能清楚地表示会计科目所属的类别及其在类别中的位置。

根据所提供信息的详细程度及其统驭关系的不同，会计科目分为总分类科目和明细分类科目。总分类科目也称为一级会计科目，它是提供总括信息的会计科目，如“应收账款”、“原材料”等科目。参考《企业会计准则-应用指南》对会计科目进行编码：总分类科目采用四位数的编码，以千位数数码代表会计科目的类别，如资产类科目、负债类科目、所有者权益类科目、成本类科目分别以 1、2、4、5、6 为第一位数字，百分位以下的数字代表该类别下更为详细的分类，如 1122 代表的是资产类的“应收账款”科目。

明细分类科目是对总分类科目作进一步分类、提供更详细更具体的会计信息科目，例如，“账款”科目按债务人名称设置明细科目，反映应收账款具体对象。明细分类科目可以根据企业的具体情况设置，如 112 201 代表某公司的应收账款。

4.2.2　建立会计科目表

在 Excel 中建立会计科目表，应考虑方便用户增加和删除会计科目。

例 4-1　建立会计科目表。

假设为 A 公司设置会计科目表，该公司是以加工铝制品为主的中小型制造业公司，根据公司自身特点并参照《企业会计准则-应用指南》，设置如图 4-2 所示的会计科目表。

会计科目表

科目代码	科目名称	方向
1000	资产类	1
1001	现金	1
1002	银行存款	1
1012	其它货币资金	1
1101	交易性金融资产	1
1121	应收票据	1
1122	应收账款	1
112201	阳光公司	1
112202	万昌公司	1
1123	预付账款	1
1131	应收股利	1
1221	其他应收款	1
1231	坏账准备	1
1403	原材料	1
140301	甲材料	1
140302	乙材料	1
1405	库存商品	1
140501	A产品	1
140502	B产品	1

图 4-2　会计科目表

该范例文件见随书光盘“第 4 章”文件夹中“会计凭证.xlsx”工作簿的“会计科目”工作表。其操作步骤如下：

（1）　新建工作表。

启动 Excel，创建名为“会计凭证”的工作簿。

（2）　重命名工作表。

双击“Sheet1”工作表标签，重命名为“会计科目”，如图 4-3 所示。

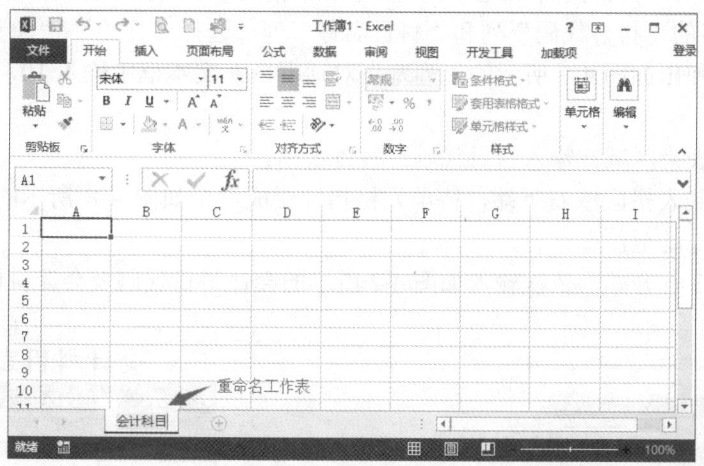

图 4-3　重命名工作表

（4） 设置表头。

选择单元格 B1，输入“会计科目表”，将其字体设置为“华文中宋”，字号设置为“22”。选取区域 B1:C1，选择“开始”/“对齐方式”/“合并后居中”命令，将单元格内容居中，效果如图 4-4 所示。

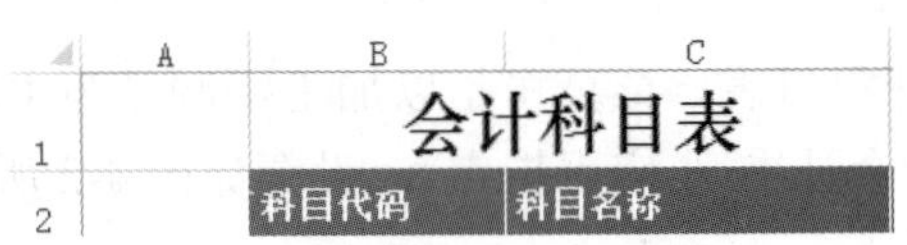

图 4-4　设置表头字体和对齐方式

（5） 输入标题。

在单元格 B2、C2 中分别输入“科目代码”、“科目名称”。

（6） 创建表格区域。

选中区域 B2:C3，选择“插入”/“表格”/“表格”命令创建表格，弹出如图 4-5 所示的“创建表”对话框。选择“表包含标题”复选框，单击“确定”按钮，关闭对话框，返回工作表界面，创建如图 4-6 所示的表格区域。

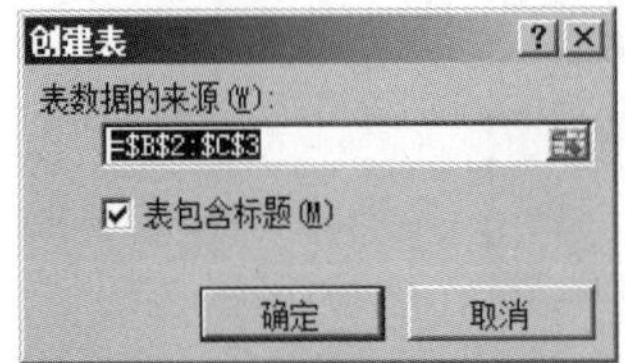

图 4-5　“创建表”对话框

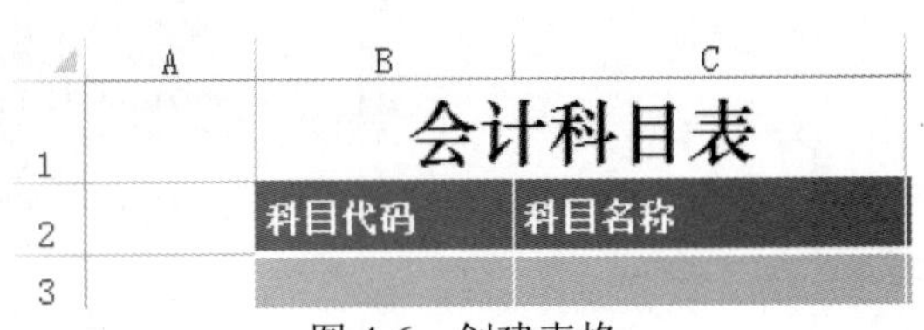

图 4-6　创建表格

由于会计科目比较多，在普通区域中单击滚动条时，标题也同时向上滚动，无法看到标题。创建表格后，不仅向上滚动时，标题会出现在列字母列，而且表格还具有自动扩展功能，方便格式的设置、公式的复制等操作。

（7） 设置表格区域格式。

① 选择表格的“科目代码”列，单击水平居中按钮，使该列内容居中显示。

② 选择表格的“科目代码”列和“科目名称”列，选择“开始”/“单元格”/“格式”/“列宽”命令，弹出如图 4-7 所示的“列宽”对话框，在文本框中输入 10，单击“确定”按钮，关闭对话框。

（8） 扩展表格区域并输入科目代码与科目名称。

将鼠标移动到表格区域右下端，待单元格指针变成一个如图 4-8 所示的双向箭头对角线时，单击并向下拖动至任意行。

从表格的第 3 行开始，依次输入如图 4-2 所示的会计科目代码及会计科目名称。

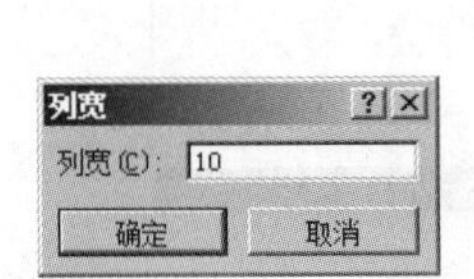

图 4-7　“列宽”对话框

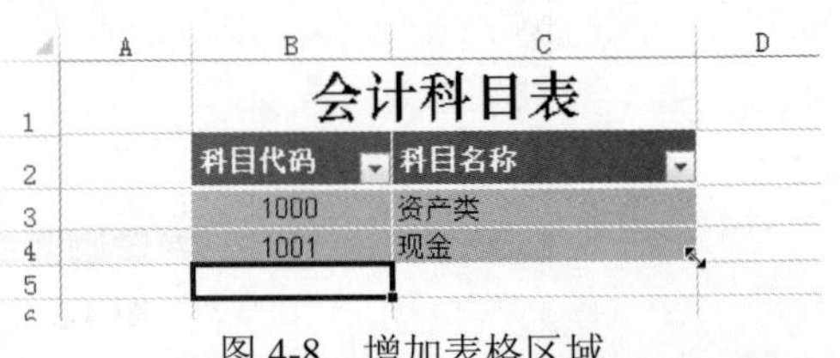

图 4-8　增加表格区域

（9） 增加会计科目。

所有科目输入完毕后，用户还可以添加或删除会计科目，如果需要增加“应收账款”下的明细科目“力帆公司”，并将其代码设置为112203，操作步骤如下：

① 选择单元格B12，选择“开始”/“单元格”/“插入”命令，打开如图4-9所示的下拉菜单，选择“插入工作表行”命令，在单元格B12上方插入一空白行。

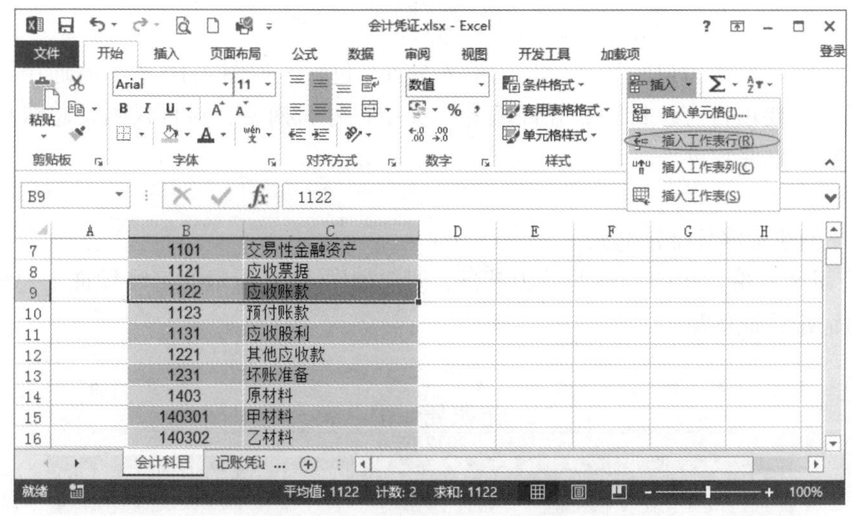

图4-9 在表格中插入新行

② 在空白表格行的单元格内分别输入“112203”、“力帆公司”。

（10） 删除会计科目。

选中要删除会计科目所在的表行，右击并从弹出的快捷菜单中选择“删除”/“表行”命令。

（11） 修改会计科目。

选中要修改的会计科目所在的单元格，双击（或按F2键）使单元格进入编辑模式后，可以在单元格内或者公式栏内对单元格进行修改和编辑。

4.3 制作记账凭证汇总表

会计科目表创建后，按手工会计账务处理程序，应该将企业日常发生的经济业务填写在记账凭证上。但大部分的会计信息系统都省略填写凭证这个环节，只是在接口操作上，看起来是填写凭证，实际上是建立了关于记账凭证信息的数据库。

记账凭证汇总表就是关于记账凭证信息的汇总表格。在会计核算信息系统中，它具有以下功能：

1. 输入会计凭证信息

用户在日常会计工作中将企业每日发生或完成的经济业务按时间的先后顺序逐笔登记在记账凭证汇总表中。

2. 普通日记账

月末，工作人员将本月发生的所有经济业务完整登记后，记账凭证汇总表可以作为普通

日记账使用。

3. 查询凭证信息

在会计核算中，记账凭证汇总表是非常重要的一个表格，它是会计核算和财务管理的核心资料。使用 Excel 的排序和筛选功能帮助用户快速查找所需的信息。

4.3.1 记账凭证汇总表格式设计

记账凭证汇总表作为记账凭证信息的输入界面，包含了如图 4-10 所示的通用记账凭证中的所有信息，主要项目有：日期、凭证编号、类型、号、摘要、科目代码、总账科目、明细科目、发生额、附件数量等。

例 4-2 创建记账凭证汇总表。

以 A 公司 8 月份发生的经济业务为基础，创建如图 4-10 所示的记账凭证汇总表，记录并汇总本月的记账凭证信息。

记账凭证汇总表

2012年8月

凭证编号	年	月	日	类型	号	摘　要	科目代码	总账科目	明细科目	借方金额	贷方金额	附件	方向
2-1-1	2012	8	1	银	1	提取备用金	1001	现金		3,000.00		1	借
2-1-2	2012	8	1	银	1	提取备用金	1002	银行存款			3,000.00	1	贷
3-1-1	2012	8	2	转	1	车间领用原材料	500101	生产成本	A产品	50,000.00		3	借
3-1-2	2012	8	2	转	1	车间领用原材料	140301	原材料	甲材料		50,000.00	3	贷
1-1-1	2012	8	3	现	1	购买办公用品	660201	管理费用	办公费	500.00		2	借
1-1-2	2012	8	3	现	1	购买办公用品	1001	现金			500.00	2	贷
3-2-1	2012	8	4	转	2	缴纳上月所得税	222101	应交税费	应交增值税	10,373.89		4	借
3-2-2	2012	8	4	转	2	缴纳上月所得税	222102	应交税费	应交所得税	38,647.28		4	借
3-2-3	2012	8	4	转	2	缴纳上月所得税	222104	应交税费	城市维护建	768.34		4	借
3-2-4	2012	8	4	转	2	缴纳上月所得税	222105	应交税费	交教育费附	312.54		4	借
3-2-5	2012	8	4	转	2	缴纳上月所得税	1002	银行存款			50,102.05	4	贷
2-2-1	2012	8	5	银	2	用支票偿还恒昌公	220201	应付账款	恒昌公司	23,400.00		3	借
2-2-2	2012	8	5	银	2	用支票偿还恒昌公	1002	银行存款			23,400.00	3	贷
3-3-1	2012	8	6	转	3	购买原材料	140301	原材料	甲材料	50,000.00		5	借
3-3-2	2012	8	6	转	3	购买原材料	222101	应交税费	应交增值税	8,500.00		5	借
3-3-3	2012	8	6	转	3	购买原材料	220202	应付账款	大河公司		58,500.00	5	贷
1-2-1	2012	8	7	现	2	采购员借差旅费	1221	其他应收款		3,000.00		1	借
1-2-2	2012	8	7	现	2	采购员借差旅费	1001	现金			3,000.00	1	贷

图 4-10　记账凭证汇总表

该范例文件见随书光盘“第 4 章”文件夹“会计凭证.xlsx”工作簿中的“记账凭证汇总表”工作表。其格式如图 4-10 所示，具体制作步骤如下：

（1） 重命名工作表。

打开“会计凭证.xlsx”工作簿，双击“Sheet2”工作表标签，重命名为“记账凭证汇总表”。

（2） 设置表头。

① 在单元格 B1 中输入文本“记账凭证汇总表”，转到“字体”选项卡，在“对齐方式”功能组中将区域 B1:M1 合并后居中。

② 在“字体”功能组中将字体设置为“华文中宋”，字号为“22”，字体颜色为“蓝色”，并添加双底框线。

③ 在“单元格”格式功能组中将行高设置为“45”，设置后的效果如图 4-11 所示。

图 4-11　设置表头

（3） 设置日期格式。

选取区域 B2:M2，合并并居中；按 Ctrl＋1 组合键，打开如图 4-12 所示的“设置单元格格式”对话框，转到“数字”选项卡，在“分类”列表框中选择“日期”，在“类型”列表框中选择“2012 年 3 月”格式，单击“确定”按钮，关闭对话框，完成对单元格日期格式的设置。

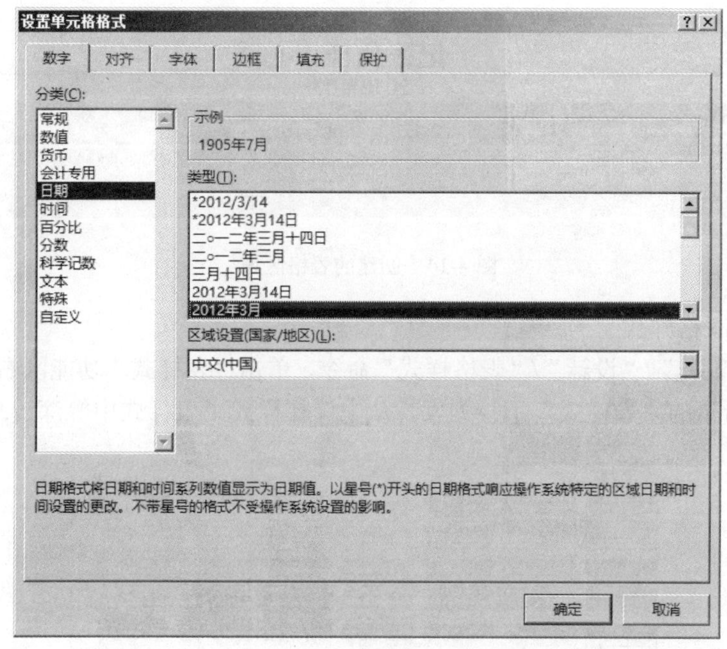

图 4-12　设置单元格日期格式

（4） 设置标题行及格式。

① 在单元格 A3 至 N3 中，分别输入“凭证编号”、“年”、“月”、“日”、“类型”、“号”、“摘要”、“科目代码”、“总账科目”、“明细科目”、“借方金额”、“贷方金额”、“附件”和“方向”。

② 将单元格指针移动到列字母之间，变成✛形状之后，单击并拖动到适合的宽度。

③ 选择第 3 行，居中显示标题文本，选择“开始”/“单元格”/“格式”/“行高”命令，设置行高为“25”。

④ 选择 K 列、L 列，单击“开始”选项卡，在“字体”功能组中设置字体为“Arial”，字号默认为“11”，在“数字”功能组中单击千分位分隔符 , 按钮，设置借方金额和贷方金额的数字格式。

设置后的效果如图 4-13 所示。

	A	B	C	D	E	F	G	H	I	J	K	L	M	N
1		记账凭证汇总表												
2		2012年8月												
3	凭证编号	年	月	日	类型	号	摘　要	科目代码	总账科目	明细科目	借方金额	贷方金额	附件	方向
4														
5														

图 4-13　标题行

（5） 创建表格。

选中区域 A3:N6，选择“插入”/“表格”/“表格”命令，选择“包含表标题”复选框，单击“确定”按钮，关闭对话框，在工作表内创建了如图 4-14 所示的表格区域。

图 4-14　创建的表格区域

（6） 选择表格样式。

选择”表格工具”/“设计”/“表格样式”命令，单击“表样式”功能区右端的下拉按钮，打开如图 4-15 所示的“表样式”下拉列表，从中选择样式“表样式中等深浅 9”。

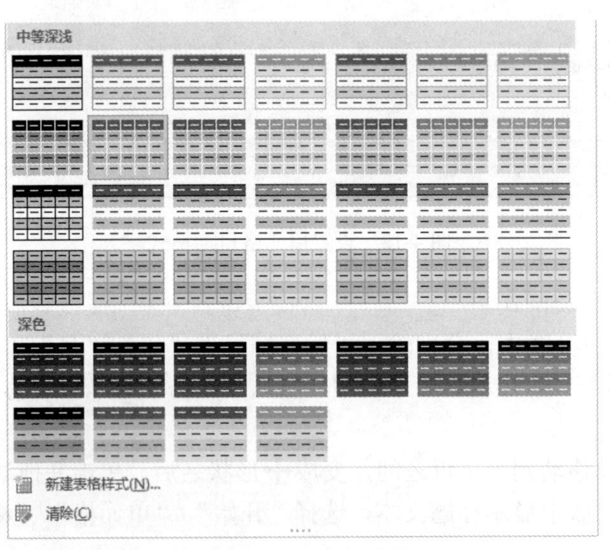

图 4-15　选择表样式

注 释　对表格区域重命名

如需要在记账凭证汇总表中查找凭证编号为“3-2-1”所在的行数，可以使用公式“=MATCH(“3-2-1”, A4:A111,0)”，但若对区域N4:N111 重命名后，即可直接使用公式

“=MATCH(“3-2-1”,记账凭证汇总[凭证编号],0)”，这样不仅方便输入，而且公式中使用的表格名称所代表的区域，还会随着表格中的数据扩展而自动扩展。

为了更方便地在公式中对记账凭证汇总表区域内的数据进行结构引用，需要对表格重命名一个更具描述性的名称。

具体步骤如下：

（1）按Ctrl + F3组合键，打开如图4-16所示的“名称管理器”对话框。

（2）选择“表2”行，单击“编辑”按钮，弹出如图4-17所示的“编辑名称”对话框。

（3）在“名称”文本框中输入“记账凭证汇总”。

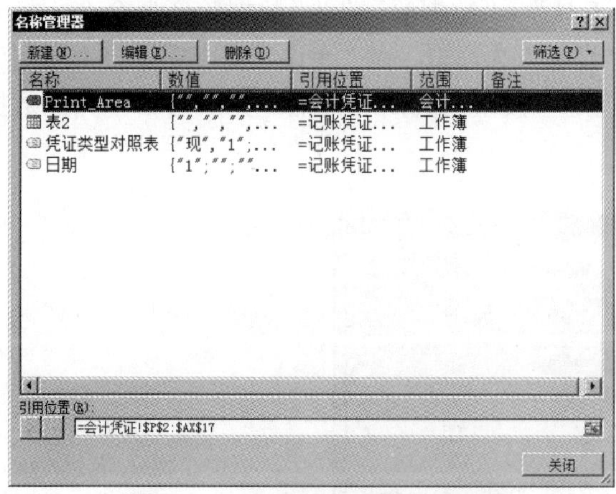

图4-16 “名称管理器”对话框

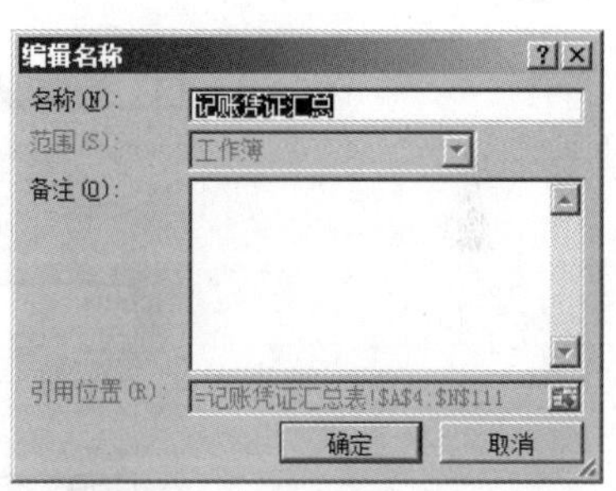

图4-17 “编辑名称”对话框

（4）单击“确定”按钮，返回如图4-18所示的“名称管理器”对话框。

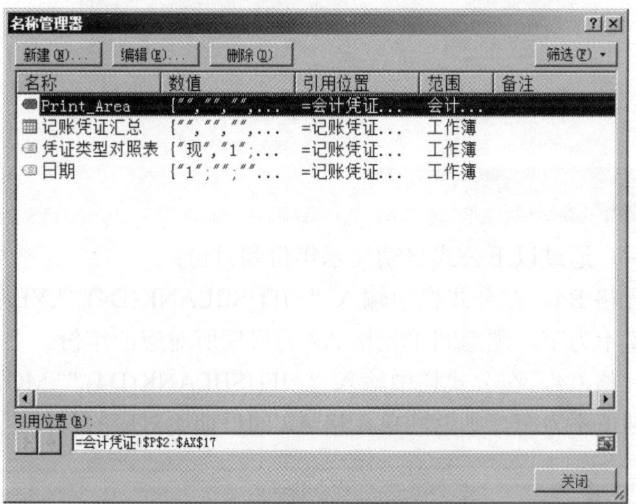

图4-18 “名称管理器”对话框

（5）单击“确定”按钮，返回工作表界面，完成对记账凭证汇总表的名称定义。

4.3.2 输入日期

记账凭证汇总表中包含年、月、日的信息。其中年份和月份可以自动显示，而日期需要手工输入。日期的输入可以采用手工输入，也可以通过设置数据验证序列的输入方法，为日期列创建数据验证序列的具体步骤如下：

（1） 输入日期序列。

在单元格 T3 和 T4 中分别输入数字“1”和“2”，使用填充柄功能，选中区域 T3:T4，单击并向下拖动，直至数字显示“31”为止。

（2） 定义日期序列名称。

选择区域 T3:T33，在名称框中输入“日期”，按 Enter 键，为该日期序列命名。

（3） 设置日期列的数据验证。

选择区域 D4:D6，选择“数据”/“数据工具”/“数据验证”/“数据验证”命令，打开如图 4-19 所示的“数据验证”对话框。转到“设置”选项卡，在“允许”列表中选择“序列”，在“来源”文本框中输入“=日期”，单击“确定”按钮，关闭对话框，完成对日期列的数据验证设置。

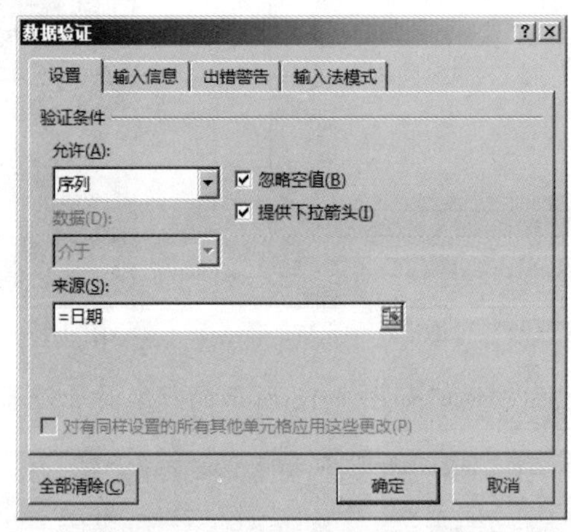

图 4-19 “数据验证”对话框

4.3.3 自动显示“年”、“月”信息

用户输入日期后，通过以下公式自动显示年份和月份：

（1） 选中单元格 B4，在公式栏中输入“=IF(ISBLANK(D4),"",YEAR($A$2))”，其意义是如果本行的日期值不为空，则返回单元格 A2 的日期所对应的年份。

（2） 选中单元格 C4，在公式栏中输入“=IF(ISBLANK(D4),"",MONTH($A$2))”，其意义是如果本行的日期值不为空，则返回单元格 A2 的日期所对应的月份。

4.3.4 输入凭证“字”、“号”

根据发生的经济业务是否涉及现金、银行存款科目，可以将记账凭证分为“现”字凭证、“银”字凭证、“转”字凭证三类。依据每种类型的凭证发生的次数，为每类凭证依次编号。

凭证类型的输入可以通过设置数据验证，创建如图 4-20 所示的下拉列表，具体制作步骤如下：

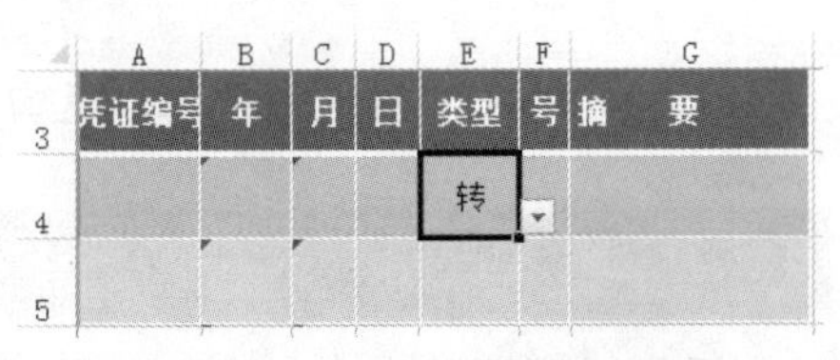

图 4-20 凭证类型的下拉列表

（1） 选中单元格 E4。

（2） 选择”数据”/“数据工具”/“数据验证”/“数据验证”命令，打开“数据验证”对话框。

（3） 转到“设置”选项卡，在“允许”列表中选择“序列”，在“来源”文本框中输入“现,银,转”。

（4） 单击“确定”按钮，关闭对话框。

4.3.5 输入摘要

用户输入凭证发生的日期及凭证字号后，接下来就需要输入“摘要”内容，为了节约时间，在输入每笔凭证第一条记录的摘要后，可以使用公式在同一笔凭证的其余行内自动填充摘要信息。

选中 G5，在公式栏中输入公式：

```
=IF(OR(ISBLANK(E5),ISBLANK(F5)),"",IF(AND(E5=E4,F5=F4),G4,""))
```

公式说明：

使用 ISBLANK 函数判断凭证的年、月、日、凭证字号等单元格内容（区域 B5:F5）是否为空，如果为空，则摘要栏内容也为空，否则判断凭证字号是否与上一行的记录相同；如果相同，返回上一行中的摘要信息，否则返回空值，等待输入下一记录的摘要信息。

4.3.6 自动显示会计科目名称

为了减轻工作人员的工作量，提高工作效率，用户在输入科目代码后，总账科目和明细科目名称可以自动显示。

具体操作步骤如下：

（1） 定义“会计科目表”名称。

按 Ctrl+F3 组合键，打开“名称管理器”对话框，选择“表 1”，单击“编辑”按钮，弹出“编辑名称”对话框，在“名称”文本框中输入“会计科目表”，单击“确定”按钮，返回“名称管理器”对话框，单击“确定”按钮，返回工作表界面，完成会计科目表的名称定义。

（2） 选择单元格 I4，在公式栏中输入公式：

```
=IF(ISBLANK(H4),"",VLOOKUP(VALUE(LEFT(H4,4)),会计科目表,2,FALSE))
```

公式说明：

在公式中，ISBLANK 函数检验单元格是否为空，如果科目代码为空，则总账科目返回空值，否则用 LEFT 函数选取科目代码前四位，用 VLOOKUP 函数，在“会计科目表”中查找精确匹配值，并返回表中该值所在行第 2 列（科目名称列）所对应的值。

（3） 选择单元格 J4，在公式栏中输入公式：

```
=IF(ISBLANK(H4),"",IF(VALUE(LEN(H4))=4,"",VLOOKUP(H4,会计科目表,2,FALSE)))
```

公式说明：

在公式中，ISBLANK 函数检验单元格是否为空，如果科目代码为空，则总账科目返回空值，否则用 LEN 函数计算科目代码的位数；如果科目代码为 4，说明该总账科目没有明细科

目，返回空值；如果科目代码长度大于 4，则用 VLOOKUP 函数，在“会计科目表”中查找精确匹配值，并返回表中该值所在行第 2 列（科目名称列）所对应的值。

4.3.7 自动显示借贷方向

用户在“借方金额”列或“贷方金额”列输入数值后，可以通过公式自动显示金额的发生方向。

选中单元格 N4，在公式栏中输入公式：

```
=IF(AND(ISBLANK(K4),ISBLANK(L4)),"",IF(K4<>0,"借","贷"))
```

公式说明：

使用 ISBLANK 公式判断借方金额和贷方金额所在单元格（K4、L4）是否为空，如果为空，则返回空值；如果借方金额所在单元格（K4）中输入大于 0 的数值，返回“借”，否则返回“贷”。

4.3.8 自动生成凭证编号

凭证编号用于显示凭证字号及该笔分录中的行码，编码规则为：“类型-号-行码”，其中用“1”、“2”、“3”分别代替凭证类型“现”、“银”、“转”，行码代表此行在该笔分录中的行号。每条记录的凭证编号都是唯一的，它在审核及查询记账凭证中具有重要的索引作用，具体制作步骤如下：

（1） 在区域 P4:Q6 中输入如图 4-21 所示的内容，选中区域 P4:Q6，在名称框中输入“凭证类型对照表”。

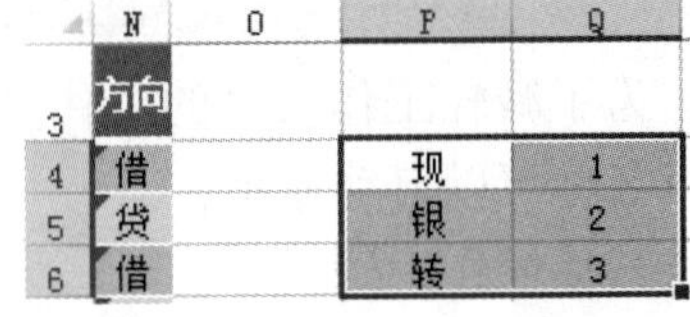

图 4-21 凭证类型对照表

（2） 选中单元格 A4，在公式栏中输入：

```
=IF(OR(ISBLANK(E5),ISBLANK(F5)),"",VLOOKUP(E4,
凭证类型对照表,2)&"-"&F4&"-"&1)
```

（3） 选中单元格 A5，在公式栏中输入：

```
=IF(OR(ISBLANK(E5),ISBLANK(F5)),"",IF(AND(E5=E4,F5=F4),VLOOKUP(E5,凭证类型对
照表,2)&"-"&F5&"-"&IF(VALUE(RIGHT(A4,2))<=9,VALUE(RIGHT(A4,1))+1,
VALUE(RIGHT(A4,2))+1),VLOOKUP(E5,凭证类型对照表,2)&"-"&F5&"-"&1))
```

公式说明：

使用公式 RIGHT 函数选取 A4 单元格中凭证编号的后两位，如果数值小于 9，则选择凭证编号的最后一位数值再加上 1；如果数值大于 9，则选择凭证编号的最后两位数再加上 1。

由于单元格 A4、A5 中的公式不同，表格扩展后不会自动在该列中填充公式，需使用填充柄功能在 A5 以下的单元格中复制此公式。

4.3.9 为单元格设置输入信息提示

为了提示用户在单元格内的内容是手动输入还是自动显示，输入内容的类型、方法，可以对这些单元格进行数据验证设置，当鼠标指针移动到单元格中时，就会显示出提示信息；如果输入的信息错误，可弹出错误警告提示信息。

具体设置步骤如下：

（1） 选择单元格 B4:B5，选择”数据”/“数据工具”/“数据验证”/“数据验证”命令，打开“数据验证”对话框，转到“输入信息”选项卡，在“标题”文本框中输入“年份——自动显示”，在“输入信息”文本框中输入“用户在输入日期值后，可自动显示年份信息”（如图 4-22 所示）；转到“出错警告”选项卡，在“标题”中输入“年份”，在“输入信息”文本框中输入“您输入的年份错误，请首先输入日期值，年份信息可自动显示”。

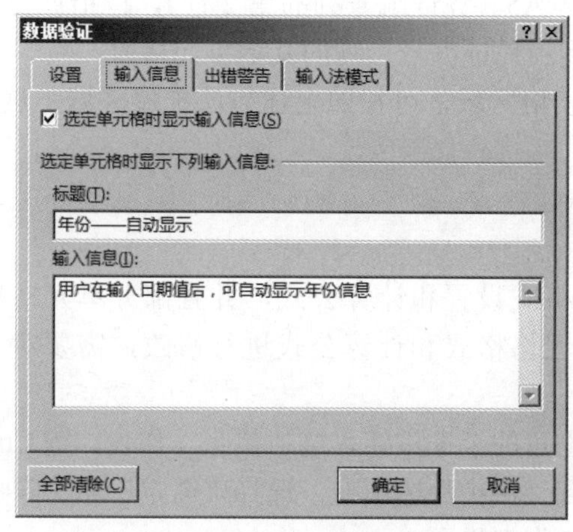

图 4-22　设置输入信息提示

（2） 选中单元格 C4:C5，选择”数据”/“数据工具”/“数据验证”/“数据验证”命令，打开“数据验证”对话框，转到“输入信息”选项卡，在“标题”文本框中输入“月份——自动显示”，在“输入信息”文本框中输入“用户在输入日期值后，可自动显示月份信息”；转到“出错警告”选项卡，在“标题”文本框中输入“月份”，在“输入信息”文本框中输入“您输入的月份错误，请首先输入日期值，月份信息可自动显示”。

（3） 选中单元格 D4:D5，选择”数据”/“数据工具”/“数据验证”/“数据验证”命令，打开“数据验证”对话框，转到“输入信息”选项卡，在“标题”文本框中输入“日期——手动选择或输入”，在“输入信息”文本框中输入“请手动输入日期值或单击单元格右端的下拉按钮，选择日期值”；转到“出错警告”选项卡，在“标题”文本框中输入“日期”，在“输入信息”文本框中输入“您输入的日期值不在指定范围内，请重新检查并输入”。

（4） 选中单元格 G4:G5，选择”数据”/“数据工具”/“数据验证”/“数据验证”命令，打开“数据验证”对话框，转到“输入信息”选项卡，在“标题”文本框中输入“摘要——手动输入”，在“输入信息”文本框中输入“请输入每笔分录第一行的摘要信息，其余行的摘要在输入年、月、日、凭证字号信息后可自动显示”。

按照此方法，依次对科目代码、借方金额、贷方金额、附件所在列设置“手动输入”及相关的输入信息提示，对总账科目、明细科目、方向所在列设置“自动显示”及相关的输入信息提示。

4.3.10　复制公式

记账凭证汇总表共 14 列，其中“凭证编号”、“年”、“月”、“摘要”、“总账科目”、“明细科目”、“方向”7 列中含有公式，这些列内的单元格信息可以自动显示，不需要手动输入。

但是“凭证编号”列中第一行和第二行的公式不相同，而表格在扩展时，只能自动复制同一列内都是相同公式的列，所以该列公式在使用时需手动复制。

复制公式的具体步骤如下：

（1） 扩展表格区域并复制除“凭证编号”列以外的公式。

将鼠标指针移动到表格区域的右下角，待指针变为后，单击并向下拖动至 110 行。

（2） 复制“凭证编号”列的公式。

移动鼠标指针到单元格 A5（凭证编号列的第 2 行），待指针变为后，单击并向下拖动至 110 行，公式自动填充到“凭证编号”列的其他单元格内。

如果凭证数量超出了表格区域，可按照上述方法扩展区域，然后手动复制“凭证编号”列的公式到扩展区域内。

4.3.11　保护工作表

由于工作表中有很多格式设置和计算公式，并且部分单元格也不需要输入数据，为了防止用户不小心对这些单元格格式和计算公式进行修改，需要对工作表进行保护，主要步骤如下：

（1） 单击工作表左上角的全选按钮，选中整张工作表，按 Ctrl+1 组合键，弹出“设置单元格格式”对话框，转到“保护”选项卡，选择“锁定”和“隐藏”复选框，单击“确定”按钮，关闭对话框，返回工作表界面。

（2） 选择区域 A1:N1 和 A3:N3、“日”列、“类型”列、“号”列、“摘要”列、“科目代码”列、“借方金额”列、“贷方金额”列、“附件”列，按 Ctrl+1 组合键，弹出“设置单元格格式”对话框。单击“保护”选项卡，选择“锁定”复选框，如图 4-23 所示。单击“确定”按钮，关闭对话框，返回工作表界面。

（3） 选择“审阅”/“更改”/“保护工作表”命令，弹出“保护工作表”对话框，勾选“选定未锁定的单元格”复选框，如图 4-24 所示。单击“确定”按钮，返回工作表界面。

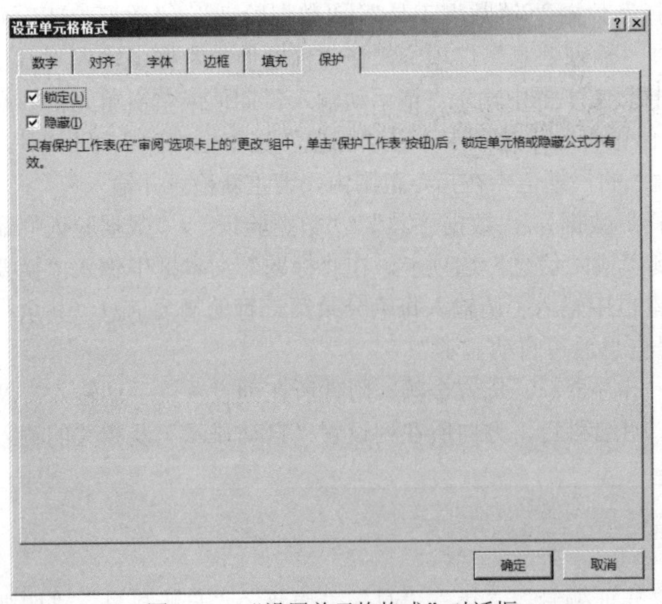

图 4-23　“设置单元格格式”对话框

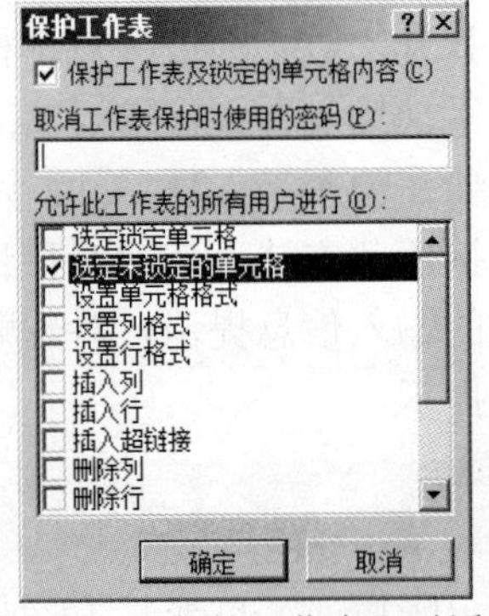

图 4-24　“保护工作表”对话框

如果要对保护过的工作表进行修改，必须选择“审阅”/“更改”/“撤销工作表保护”命令，撤销对工作表的保护。

4.3.12　使用记账凭证汇总表

在使用记账凭证汇总表输入分录时，Excel 自动产生的列和需要手工输入的列见表 4-1 所示。

表 4-1　记账凭证中手动输入列和自动显示列

输入顺序	手动输入	自动显示
1	[日]	[年][月]
2	[类型][号]	[凭证编号]
3	每个分录第一行[摘要]	每个分录其余行摘要
4	[科目代码]	[总账科目][明细科目]
5	[借方金额][贷方金额]	[方向]
6	[附件]	

例如，在表中的第 8 行和第 9 行记录“2012 年 8 月 3 日用现金购买办公用品 500 元”这笔分录时，该笔分录是本月涉及现金业务的第一笔凭证，因此凭证类型选择“现”，凭证号为“1”。

“现-1 号”凭证输入的步骤如下：

（1） 在单元格 D8、D9 中分别输入“3”、“3”，B8、B9、C8、C9 分别自动显示 2012、2012、8、8。

（2） 在单元格 E8、E9 中分别选择“现”、“现”，F8、F9 中分别输入“1”、“1”，A8、A9 中自动显示“1-1-1”、“1-1-2”。

（3） 在单元格 G8 中输入“购买办公用品”，单元格 G9 自动显示“购买办公用品”。

（4） 在单元格 H8、H9 中分别输入“660201”、“1001”，相应的单元格 I8、J8、I9 中自动显示“管理费用”、“办公费”、“现金”。

（5） 在单元格 K8、L9 中分别输入“500”、“500”，单元格 N8、N9 自动显示“贷”、“借”。

（6） 在单元格 M8、M9 中分别输入“2”、“2”。

输入后的“现-1 号”记账凭证如图 4-25 所示。

R13

记账凭证汇总表

2012年8月

凭证编号	年	月	日	类型	号	摘　要	科目代码	总账科目	明细科目	借方金额	贷方金额	附件	方向
2-1-1	2012	8	1	银	1	提取备用金	1001	现金		3,000.00		1	借
2-1-2	2012	8	1	银	1	提取备用金	1002	银行存款			3,000.00	1	贷
3-1-1	2012	8	2	转	1	车间领用原材料	500101	生产成本	A产品	50,000.00		3	借
3-1-2	2012	8	2	转	1	车间领用原材料	140301	原材料	甲材料		50,000.00	3	贷
1-1-1	2012	8	3	现	1	购买办公用品	660201	管理费用	办公费	500.00		2	借
1-1-2	2012	8	3	现	1	购买办公用品	1001	现金			500.00	2	贷

图 4-25　“现-1 号”记账凭证

4.4 制作记账凭证查询表

记账凭证查询表的结构和手工记账使用的记账凭证外观基本一致，在会计电算化核算工作中，它通过从记账凭证汇总表中提取相关信息，显示在记账凭证查询表格中。用户在审核凭证无误后可输入审核标记。如果发现记账凭证的内容需要更改，必须返回记账凭证汇总表进行相应的修改。

在查询相关凭证信息时，用户只需输入凭证类型和凭证号数，即可显示凭证日期及相关内容，如果该分录的总行数超过了 6 行，用户还需输入要查询当前凭证的页码。

4.4.1 记账凭证查询表格式设计

记账凭证查询表为用户提供了方便的查询界面，它包含的项目和结果与手工记账使用的记账凭证外观基本一致。

例 4-3 制作记账凭证查询表。

该范例文件见随书光盘“第 4 章”文件夹“会计凭证.xlsx”工作簿中的“会计凭证”工作表。记账凭证的查询界面，如图 4-26 所示，具体制作步骤如下：

记 账 凭 证

总页数：1　　2012年8月31日　　转　字
当前页：1　　　　　　　　　　　20　号

摘　　要	会计科目		借方金额	贷方金额	√
	总账科目	明细科目			
计提城建税、教育附加税	营业税金及附加		4,250.00	-	附
计提城建税、教育附加税	应交税费	应交城市维护建设税	-	2,975.00	件
计提城建税、教育附加税	应交税费	应交教育费附加	-	1,275.00	1
					张
合计	￥ 肆仟贰佰伍拾元整		4,250.00	4,250.00	

会计主管：王某　记账：张某　出纳：董某　审核：鲁某　制表：李某

图 4-26　记账凭证结构

（1） 打开“会计凭证”工作簿，双击“Sheet3”工作表标签，重命名为“会计凭证”。

（2） 在单元格 B3 中输入“记账凭证”，合并并居中区域 B3:L3，设置字体为“华文中宋”，字号为“22”，字体颜色为“深蓝”，添加双底框线。

（3） 在单元格 B5、B6 中分别输入“总页数:”、“当前页:”，居中显示文本。

（4） 选择区域 D5:H6，合并并居中该区域；按 Ctrl+1 组合键，打开“设置单元格格式”对话框，转到“数字”选项卡，在“分类”列表框中选择“日期”，在“类型”列表框中选择“2012 年 3 月 14 日”格式，完成对日期格式的设置。

（5） 在单元格 L5、L6 中分别输入“字”、“号”，居中显示文本。

（6） 选择单元格 K5，选择”数据”/“数据工具”/“数据验证”/“数据验证”命令，打开“数据验证”对话框，转到“设置”选项卡，在“允许”列表中选择“序列”，在“来源”文本框中输入“现”、“银”、“转”。

（7） 在单元格 B7 中输入“摘要”，合并并居中区域 B7:C8，加粗显示文本，设置字号为“12”。

（8） 在单元格 D7 中输入“会计科目”，合并并居中区域 D7:G7，加粗显示文本，设置字号为“12”。

（9） 在单元格 D8 中输入“总账科目”，合并并居中区域 D8:E8，加粗显示文本，设置字号为“12”。

（10） 在单元格 F8 中输入“明细科目”，合并并居中区域 F8:G8，加粗显示文本，设置字号为“12”；在单元格 H7 中输入“借方金额”，合并并居中区域 H7:I8，加粗显示文本，设置字号为“12”。

（11） 选择区域 H9:K14，设置字体为“Arial”，字号为“12”，单击千分位分隔符 , 按钮，设置借方金额和贷方金额的数字格式。

（12） 在单元格 J7 中输入“贷方金额”，合并并居中区域 J7:K8，加粗显示文本，设置字号为“12”。选择区域 H9:K14，设置字体为“Arial”，字号为“12”。

（13） 在单元格 L7 中输入“√”，合并并居中区域 L7:L8。

（14） 在单元格 M7 中输入“附件”，合并并居中区域 M7:M10。

（15） 在单元格 M12 中输入“张”，合并并居中区域 M12:M15。

（16） 在单元格 B15 中输入“合计”，合并并居中区域 B15:C15，加粗显示文本，设置字号为“12”。

（17） 在单元格 B16、D16、F16、H16、J16 中分别输入“会计主管：”、“记账：”、“出纳：”、“审核：”和“指标：”。

（18） 将单元格指针移动到列字母之间，变成✛形状之后，单击并拖动，将单元格区域 B 列至 M 列调整到合适的宽度。选中区域 B9:C14，按 Ctrl＋1 组合键，打开“设置单元格格式”对话框，转到“对齐”选项卡，在“文本控制”类别中去掉“自动换行”复选框的勾选，重新勾选“缩小字体填充”复选框。

（19） 选中区域 B7:L14，按 Ctrl＋1 组合键，打开“设置单元格格式”对话框，单击“边框”选项卡，在“预置”类别中单击“内部”增加内部边框线，在“样式”中选择粗边框线样式，添加上下粗边框线。

（20） 选中区域 B15:L15，按 Ctrl＋1 组合键，打开“设置单元格格式”对话框，转到“边框”选项卡，在“预置”类别中单击“内部”增加内部边框线，在“样式”中选择粗边框线样式，添加上下粗边框线。

4.4.2 设置辅助区域

为了能显示“记账凭证查询表”中指定凭证存储在“记账凭证汇总表”中的每行信息，需要设置辅助区域，区域内输入公式显示指定分录的凭证编号，以此作为索引来显示凭证中的其他信息。

辅助区域在工作表中的位置如图 4-27 所示，其中的公式设置如下：

辅助区域

记 账 凭 证

总页数： 1 　　当前页： 1 　　2012年8月31日 　　转 字 20 号

	摘　　要	总账科目	明细科目	借方金额	贷方金额
3-20					
3-20-1	计提城建税、教育附加税	营业税金及附加		4,250.00	-
3-20-2	计提城建税、教育附加税	应交税费	应交城市维护建设税	-	2,975.00
3-20-3	计提城建税、教育附加税	应交税费	应交教育费附加	-	1,275.00
3-20-4					
3-20-5					
3-20-6					
	合计	¥ 肆仟贰佰伍拾元整		4,250.00	4,250.00

附件 1 张

会计主管： 王某　记账：张某　出纳：董某　审核：鲁某　制表：李某

图 4-27　辅助区域

（1） 选中单元格 A7，在公式栏内输入：

```
=VLOOKUP($K$5,凭证类型对照表,2)&"-"&$K$6
```

公式说明：

VLOOKUP 函数将凭证类型转为“凭证类型对照表”中对应的数字，并用“-”连接此类型凭证的号数。

（2） 显示凭证总页数及设置当前页的数据验证。

凭证的当前页数不能超过分录的总页数，一旦超过，就会显示如图 4-28 所示的警告信息，提示用户重新输入当前页数，否则，凭证中的其他内容不显示。

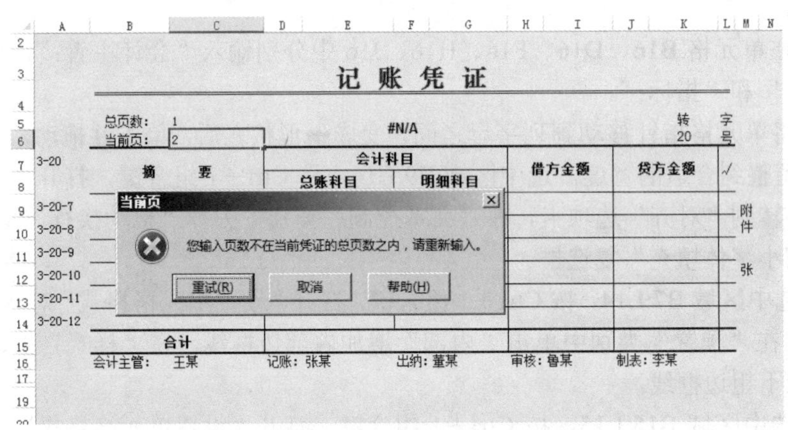

图 4-28　当前页不在总页数范围之内的警告提示

设置的具体步骤和输入的公式如下。

① 显示凭证总页数。

选中单元格 C5，在公式栏中输入公式

```
=ROUNDUP(COUNTIF(记账凭证汇总[凭证编号],A7&"-*")/6,0)
```

公式说明：

COUNTIF 函数统计在记账凭证汇总表“凭证编号”列中同一笔凭证的行数，ROUNDUP 函数向上涉入数字。如果总函数除以 6 包含小数，不管这个小数值为多少，一定分页。

② 设置单元格 C6 的数据验证。

选中单元格 C6，选择”数据”/“数据工具”/“数据验证”/“数据验证”命令，打开“数据验证”对话框；转到“设置”选项卡，在“验证条件”中选择“整数”，显示如图 4-29 所示的对话框，在“最小值”文本框中输入“1”，“最大值”文本框中输入“=C5”；单击“出错警告”选项卡，在“标题”文本框中输入“当前页”，在“输入信息”文本框中输入“您输入页数不在当前凭证的总页数之内，请重新输入”，设置后的“出错警告”选项卡如图 4-30 所示。单击“确定”按钮，关闭对话框，返回工作表界面。

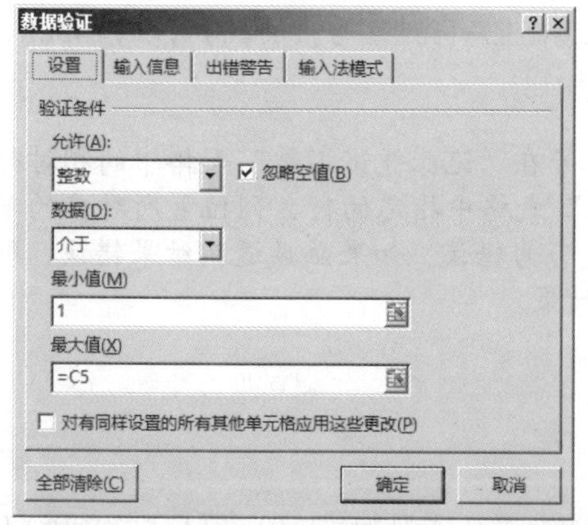

图 4-29　“当前页(C6)”的数据验证条件设置

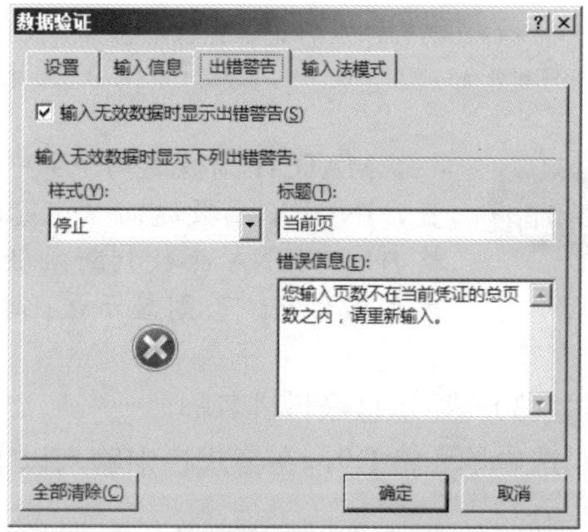

图 4-30　“当前页(C6)”的出错警告设置

（3）选中单元格 A9，在公式栏内输入公式“=$A$7&"-"&($C$6-1)*6+1”，完成对凭证中第 1 行编码的设置。

（4）选中单元格 A10，在公式栏内输入公式“=$A$7&"-"&($C$6-1)*6+2”，完成对凭证中第 2 行编码的设置。

（5）选中单元格 A11，在公式栏内输入公式“=$A$7&"-"&($C$6-1)*6+3”，完成对凭证中第 3 行编码的设置。

（6）选中单元格 A12，在公式栏内输入公式“=$A$7&"-"&($C$6-1)*6+4”，完成对凭证中第 4 行编码的设置。

（7）选中单元格 A13，在公式栏内输入公式“=$A$7&"-"&($C$6-1)*6+5”，完成对凭证中第 5 行编码的设置。

（8）选中单元格 A14，在公式栏内输入公式“=$A$7&"-"&($C$6-1)*6+6”，完成对凭证中第 6 行编码的设置。

4.4.3 自动显示凭证查询内容

设置辅助区域后，用户在凭证的右上角输入要查询的凭证“字”、“号”，通过公式对辅助区域所建立索引的引用，可自动显示凭证日期、分录的每条摘要、总账科目、明细科目、借方金额、贷方金额、合计数和附件张数等信息。

操作步骤如下：

（1）显示日期。

选中单元格 D5，在公式栏内输入公式：

```
=DATE(INDEX(记账凭证汇总,MATCH(A9,记账凭证汇总[凭证编号],0),2),INDEX(记账凭证汇总,MATCH(A9,记账凭证汇总[凭证编号],0),3),INDEX(记账凭证汇总,MATCH(A9,记账凭证汇总[凭证编号],0),4))
```

公式说明：

该公式中，MATCH 函数返回单元格 A9 中凭证编号在名称为“凭证编号”中的行号，INDEX 函数，返回在名称为“记账凭证汇总表”区域中指定行号和列号的单元格值，分别返回年份、月份、日期，最后用 DATE()函数计算日期值。

（2） 显示摘要。

选中单元格 B9，在公式栏中输入公式：

```
=IF(ISNA(INDEX(记账凭证汇总,MATCH(A9,记账凭证汇总[凭证编号],0),7)),"",INDEX(记账凭证汇总,MATCH(A9,记账凭证汇总[凭证编号],0),7))
```

MATCH 函数返回 A9 中的凭证编号在“记账凭证汇总”表格中的相对行位置，INDEX 函数返回“记账凭证汇总”表格中指定的行、列位置所对应的单元格内容，ISNA 函数判断函数的结果是否为错误。如果函数返回结果错误，则该单元格为空；否则显示该函数的计算结果。

（3） 显示总账科目名称。

选中单元格 D9，在公式栏中输入以下公式：

```
=IF(ISNA(INDEX(记账凭证汇总,MATCH(A9,记账凭证汇总[凭证编号],0),9)),"",INDEX(记账凭证汇总,MATCH(A9,记账凭证汇总[凭证编号],0),9))
```

（4） 显示明细科目名称。

选中单元格 F9，在公式栏中输入以下公式：

```
=IF(ISNA(INDEX(记账凭证汇总,MATCH(A9,记账凭证汇总[凭证编号],0),10)),"",INDEX(记账凭证汇总,MATCH(A9,记账凭证汇总[凭证编号],0),10))
```

（5） 显示借方金额。

选中单元格 H9，在公式栏中输入以下公式：

```
=IF(ISNA(INDEX(记账凭证汇总,MATCH(A9,记账凭证汇总[凭证编号],0),11)),"",INDEX(记账凭证汇总,MATCH(A9,记账凭证汇总[凭证编号],0),11))
```

（6） 显示贷方金额。

选中单元格 J9，在公式栏中输入以下公式：

```
=IF(ISNA(INDEX(记账凭证汇总,MATCH(A9,记账凭证汇总[凭证编号],0),12)),"",INDEX(记账凭证汇总,MATCH(A9,记账凭证汇总[凭证编号],0),12))
```

（7） 显示附件。

选中单元格 M11，在公式栏中输入以下公式：

```
=IF(ISNA(INDEX(记账凭证汇总,MATCH(A9,记账凭证汇总[凭证编号],0),13)),"",INDEX(记账凭证汇总,MATCH(A9,记账凭证汇总[凭证编号],0),13))
```

（8） 复制其他行的公式。

选中区域 B9：L9，将鼠标移动到单元格区域右下角，待单元格指针变为实心指针后，单击并向下拖动到第 14 行。

（9） 合计数。

选中单元格 H15，在公式栏中输入以下公式：

```
=IF(C5=C6,SUMIF(记账凭证汇总[凭证编号],A7&"-*",记账凭证汇总[借方金额]),"")
```

公式说明：

如果当前显示的凭证页是该笔凭证的最后一页，即总页数等于当前页时，使用 SUMIF 函数在记账凭证汇总表的[凭证编号]列中查找符合条件的记录，如果找到了，就对记账凭证汇总表的[借方金额]列所对应的数值进行求和；如果显示的不是该笔分录的最后一页，则不进行求和计算，合计栏显示为空。

选中单元格 J15，在公式栏中输入以下公式：

```
=IF(C5=C6,SUMIF(记账凭证汇总[凭证编号],A7&"-*",记账凭证汇总[贷方金额]),"")
```

公式说明：

如果当前显示的凭证页是该笔凭证的最后一页，即总页数等于当前页时，使用 SUMIF 函数在记账凭证汇总表的“凭证编号列”查找符合条件的记录。如果找到了，就对记账凭证汇总表中“贷方金额”列所对应的数值进行求和。

4.4.4　显示大写金额

在记账凭证的合计栏中，单元格 D15 中的金额需要大写显示。

虽然 Excel 提供了将阿拉伯数字转换为对应中文文字大写的函数，但该函数在处理转换包含角和分的大写金额时却无能为力。例如，要将 25312.88 转换为大写，按 Ctrl＋1 组合键，打开“设置单元格格式”对话框，转到“数字”选项卡，在分类列表中选择“特殊”，在“类型”列表中选择“中文大写数字”，则该数字就转换为“贰万伍仟叁佰壹拾贰.捌捌”，显然不符合会计上的大写金额书写规则。

因此，为了能够正确地将人民币金额数字转换为中文大写金额，需要在凭证下方设置如图 4-31 所示的辅助区域。在此区域，首先将金额数字转化为文本，然后再把金额的元、角、分三部分分开处理，最后使用 NUMBERSTING 函数将这三部分组合到一起，以中文大写的金额显示。

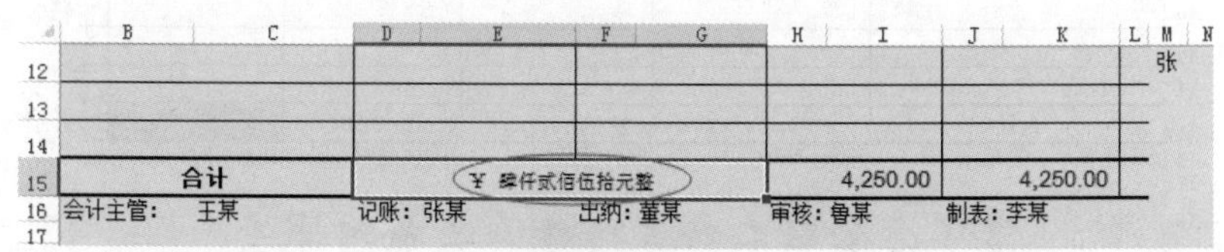

图 4-31　将金额数字转换为大写

将合计金额转换为大写的具体操作步骤如下：

（1） 在单元格 F18、H18、J18 中分别输入“元”、“角”、“分”。

（2） 选中单元格 E18，在公式栏中输入以下公式：

```
=INT(H15)
```

该公式用于提取金额数字“元”的部分。

（3） 选中单元格 G18，在公式栏中输入以下公式：

```
=VALUE(LEFT(RIGHT(FIXED(H15,2),2),1))
```

该公式用于提取金额数字“角”的部分。

（4） 选中单元格 I18，在公式栏中输入以下公式：

```
=VALUE(RIGHT(FIXED(H15,2),1))
```

该公式用于提取金额“分”的部分。

（5） 选中单元格 D15，在公式栏中输入以下公式：

```
=IFERROR("￥"&" "&IF(E18<>0,NUMBERSTRING(E18,2)&"元","")
&IF(G18=I18=0,"",IF(E19<>0,IF(G18<>0,NUMBERSTRING(G18,2)&"角","零"),
IF(G18<>0,NUMBERSTRING(G18,2)&"角","")))
&IF(I18<>0,NUMBERSTRING(I18,2)&"分",IF(E18=G18=0,"","整")),"")
```

将金额转换为中文大写。

4.4.5 提示借贷不相等

用户在输入数据时难免出错，对于这些凭证的错误用手工的方式去检查是很难发现的。可以在凭证查询及审核界面上设置条件格式或者提示语，当凭证合计栏处的借方金额合计数与贷方金额合计数不相等时，就会用很明显的方式显示出来或者弹出如图 4-32 所示的提示语言，提醒用户再次认真检查凭证中输入的内容。

图 4-32 借贷方不相等时的特殊显示及提示语

1. 设置条件格式

当借方金额合计数与贷方金额合计数不相等时，就会用很明显的方式显示出来，具体操作步骤如下：

（1） 选择单元格 J15，选择“开始”/“条件格式”/“新建规则”命令，打开如图 4-33 所示的“新建格式规则”对话框。

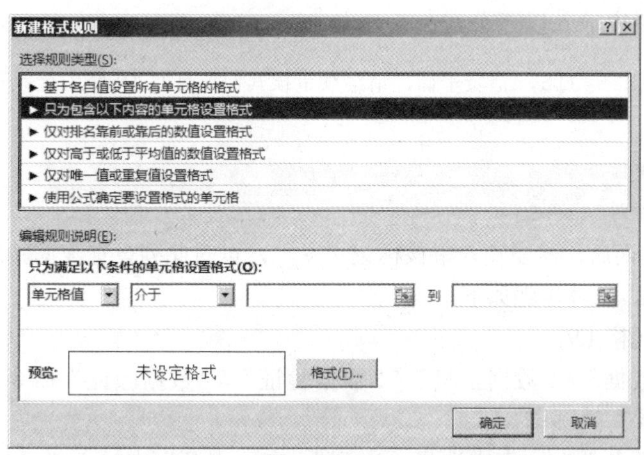

图 4-33 “新建格式规则”对话框

（2） 在“选择规则类型”列表中选择“只为包含以下内容的单元格设置格式”。

（3） 在“编辑规则说明”中，将判断条件“介于”改为“不等于”，单击折叠按钮，选中单元 H15，完成对规则的设定。

（4） 单击“格式”按钮，打开如图 4-34 所示的“设置单元格格式”对话框。转到“填充”选项卡，选择背景色为红色，完成对条件格式的设置。

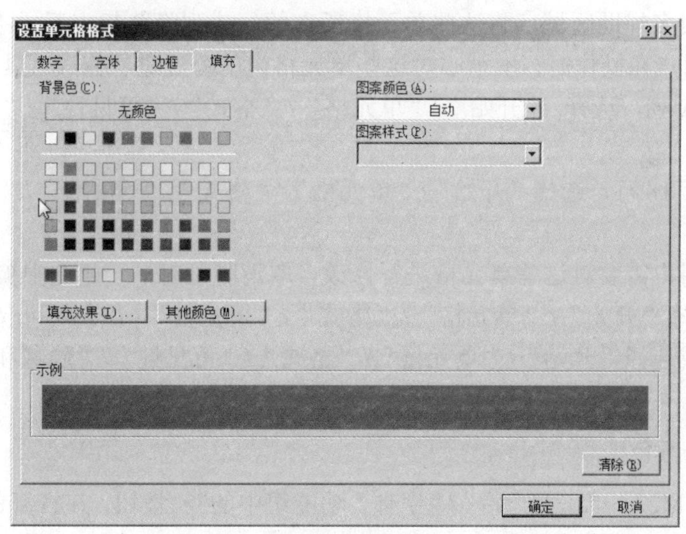

图 4-34 “设置单元格格式”对话框

（5） 单击“确定”按钮，关闭对话框，返回工作表界面。

2. 借贷不相等时的提示信息

当借方金额合计数与贷方金额合计数不相等时，在凭证下方弹出提示语，提醒用户再次认真核对。

操作步骤如下：

（1） 选中区域 C19:J20，合并并居中，设置字体为“华文行楷”，字号为“28”，行高“20”，字体颜色为“紫色”。

（2） 在公式栏内输入以下公式：

```
=IF(C5=C6,IF(H15=J15,"借贷平衡，请继续审核其他项目","借贷方金额不相等，请再次核对审查"),"")
```

4.4.6 输入审核标记

用户审核凭证无误后，需要输入审核标记“√”，可对此列设置数据验证，创建下拉列表，方便用户输入此标记，具体步骤如下：

（1） 选中单元格 L9。

（2） 选择”数据”/“数据工具”/“数据验证”/“数据验证”命令，打开“数据验证”对话框，转到“设置”选项卡。

（3） 在“验证条件”列表中选择“序列”，在“来源”中输入“√”。

（4） 将鼠标移动到 L9 单元格的右下角，待指针变成实心后，单击并拖动单元格 L14，将此单元格中的数据验证复制到该列的其他行单元格中。

4.4.7 美化记账凭证查询表界面

记账凭证查询表创建完成后，需要隐藏工作表中辅助区域、添加背景颜色等来美化界面。

1. 隐藏辅助区域

工作表中有很多辅助区域，将这些单元格所在的行或列隐藏起来后，不仅使界面更加简洁，而且避免了用户在操作时，不小心对这些单元格内的公式进行修改，具体隐藏步骤如下：

（1） 选中 A 列，选择 “开始”/“单元格”/“格式”/“可见性”/“隐藏和取消隐藏”/“隐藏列”命令。

（2） 选中第 18 行，选择“开始”/“单元格”/“格式”/“可见性”/“隐藏和取消隐藏”/“隐藏行”命令。

（3） 如果用户需要对这些单元格进行修改，取消隐藏时，一起选中被隐藏的行/列两边的行/列，然后选择“开始”/“单元格”/“格式”/“可见性”/“隐藏和取消隐藏”/“取消隐藏行”命令（或选择“开始”/“单元格”/“格式”/“可见性”/“隐藏和取消隐藏”/“取消隐藏列”命令）。

2. 设置背景颜色

选中区域 B2:M22，单击“开始”/“字体”功能组中的按钮，在打开的下拉列表的“主体颜色”组中选择“水绿色”。

4.4.8 使用记账凭证查询表

记账凭证查询表的使用非常方便，用户只要在单元格 K5、K6 单元格中输入凭证字号，如果凭证页数超过 1 页，还需在单元格 C6 中输入要显示的当前页码，即可显示指定凭证所包含的所有内容。

用户查询并审核完毕后，在 L 列中相对的位置输入核对标记，I16 中输入审核人的姓名，即可完成对凭证的审核操作。

图 4-35、图 4-36 和图 4-37 分别为几个查询及审核记账凭证的例子。

记 账 凭 证

总页数： 1　　当前页： 1　　2012年8月5日　　银 字 2 号

摘　　要	会计科目		借方金额	贷方金额	√
	总账科目	明细科目			
用支票偿还恒昌公司欠款	应付账款	恒昌公司	23,400.00	-	
用支票偿还恒昌公司欠款	银行存款		-	23,400.00	
合计	￥ 贰万叁仟肆佰元整		23,400.00	23,400.00	

附件 3 张

会计主管： 王某　　记账：张某　　出纳：董某　　审核：鲁某　　制表：李某

借贷平衡，请继续审核其它项目

图 4-35　“银字-2 号”凭证的查询结果

记 账 凭 证

总页数： 2　　当前页： 1　　2012年8月31日　　转 字 23 号

摘　　要	会计科目		借方金额	贷方金额	√
	总账科目	明细科目			
结转成本、费用及支出	本年利润		228,748.50	-	
结转成本、费用及支出	主营业务成本	A产品	-	102,984.67	
结转成本、费用及支出	主营业务成本	B产品	-	87,305.83	
结转成本、费用及支出	营业税金及附加		-	4,250.00	
结转成本、费用及支出	销售费用		-	2,000.00	
结转成本、费用及支出	管理费用		-	25,740.00	
合计					

附件 1 张

会计主管： 王某　　记账：张某　　出纳：董某　　审核：鲁某　　制表：李某

图 4-36　“转字-23 号”凭证的第 1 页

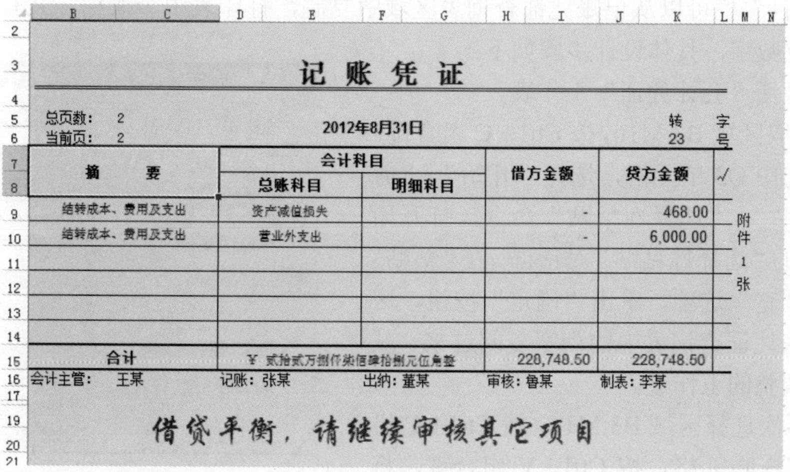

记 账 凭 证

总页数： 2　　当前页： 2　　2012年8月31日　　转 字 23 号

摘　　要	会计科目		借方金额	贷方金额	√
	总账科目	明细科目			
结转成本、费用及支出	资产减值损失		-	468.00	
结转成本、费用及支出	营业外支出		-	6,000.00	
合计	￥ 贰拾贰万捌仟柒佰肆拾捌元伍角整		228,748.50	228,748.50	

附件 1 张

会计主管： 王某　　记账：张某　　出纳：董某　　审核：鲁某　　制表：李某

借贷平衡，请继续审核其它项目

图 4-37　“转字-23 号”凭证的第 2 页及审核标记

4.5　制作记账凭证打印表

用于打印输出的记账凭证和用于查询的记账凭证的格式相差不大，主要区别在于金额部分的显示。因此，可以先将摘要、会计科目等区域复制，然后再对金额部分的单元格进行重新设计，这样能节省很大工作量。

例 4-3　制作记账凭证打印表。

该范例文件见随书光盘“第 4 章”文件夹“会计凭证.xlsx”工作簿中的“会计凭证”工作表。记账凭证的打印界面，如图 4-38 所示，具体制作步骤见 4.5.1 节～4.5.2 节。

记　账　凭　证

总页数：1　　　　2012年8月31日　　　　转　字
当前页：1　　　　　　　　　　　　　　　20　号

摘　要	会计科目		借方金额	贷方金额	√
	总账科目	明细科目	亿千百十万千百十元角分	亿千百十万千百十元角分	
计提城建税、教育附加税	营业税金及附加		425000		
计提城建税、教育附加税	应交税费	应交城市维护建设税		297500	
计提城建税、教育附加税	应交税费	应交教育费附加		127500	
合计	¥ 肆仟贰佰伍拾元整				

附件 1 张

会计主管：王某　记账：张某　出纳：董某　审核：鲁某　制表：李某

图 4-38　记账凭证打印表格式

4.5.1　记账凭证打印表格式设计

记账凭证打印表的结构和记账凭证查询表的结构唯一不同在于金额部分的显示，“摘要”栏、“会计科目”栏可以从记账凭证查询表区域中复制，打印表中金额栏一共有 11 列，每一列只显示一位数字，具体设计步骤如下：

（1）激活“会计凭证”工作表。

（2）选取区域 B3:M16，按 Ctrl＋C 组合键。

（3）选中 Q3 单元格，选择“开始”/“剪贴板”/“粘贴”/“选择性粘贴”命令，打开如图 4-39 所示的“选择性粘贴”对话框。在“粘贴”组中选择“列宽”选项，单击“确定”按钮，这样可以将记账凭证查询表中的列宽复制过来，减少了对列宽调整的工作量。

（4）再次选择区域 B3:M16，按 Ctrl＋C 组合键，单击 Q3 单元格，按 Ctrl＋V 组合键，将记账凭证查询表中的内容和格式复制过来。

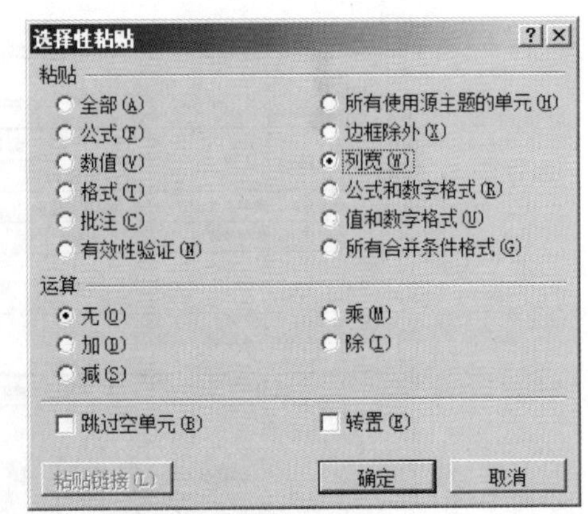

图 4-39　“选择性粘贴”对话框

（5） 删除区域 R5:Z6、Q9:AA14、S15:AA15、单元格 AB11 中的公式。

（6） 选择 X:AB 列，选择“开始”/“单元格”/“插入”/“插入工作表列”命令，插 10 列；选择 AJ:AN 列，选择“开始”/“单元格”/“插入”/“插入工作表列”命令，插 10 列，效果如图 4-40 所示。

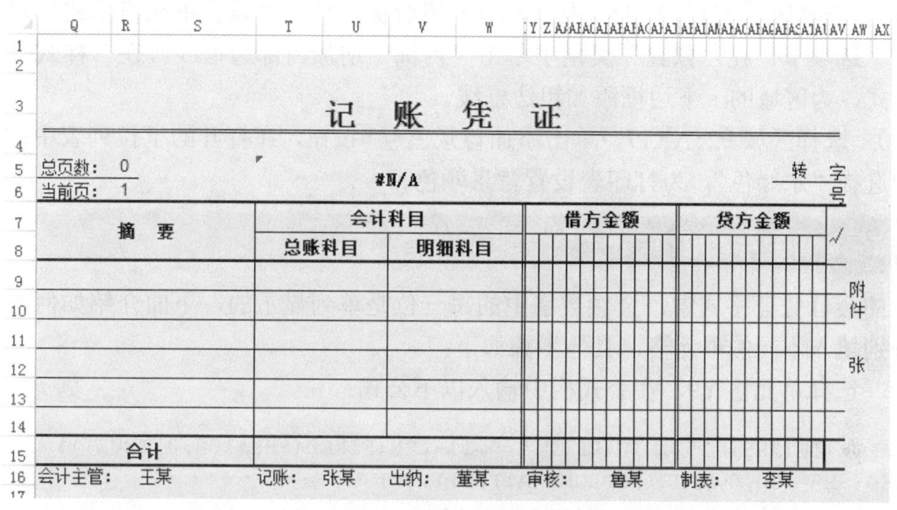

图 4-40 金额数字显示区域

（7） 选择“借方金额”所在的单元格，单击“合并并居中”按钮，取消合并并居中，将单元格 W7 中的文本移动到单元格 X7 中，选择区域 X7:AH8，单击“合并居中”按钮，在重新选取的区域内居中显示“借方金额”标题。用同样的方法合并并居中显示“贷方金额”标题；分别选择区域 W7:W8、AI7:AI8，选择“合并并居中”命令，合并选中的区域。

（8）在单元格 X8 至 AH8、AJ 至 AT 内分别输入“亿”、“千”、“百”、“万”、“千”、“百”、“十”、“元”、“角”、“分”，效果如图 4-41 所示。

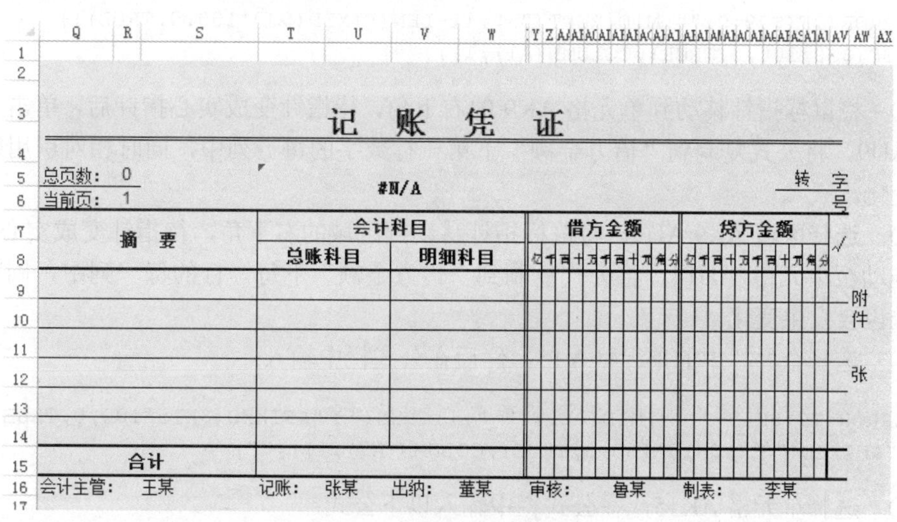

图 4-41 输入金额数字单位

（9） 分别将合并区域 X7:X8、AJ7:AJ8 中 X 列和 AJ 列的列宽设置为 0.2，作为会计科目与借方金额、借方金额和贷方金额之间的分割线；分别选取区域 Y 列:AI 列、AK 列:AU

列，设置列宽为 1。

（10） 选择区域 Q7:AV14，按 Ctrl+1 组合键，打开“设置单元格格式”对话框，转到“边框”选项卡，在“预置”类别中单击“内部”增加内部边框线，在“样式”中选择粗边框线样式，为区域的上下边框添加粗边框线。

（11） 选择区域 Q15:AV15，按 Ctrl+1 组合键，打开“设置单元格格式”对话框，转到“边框”选项卡，在“预置”类别中单击“内部”增加内部边框线，在“样式”中选择粗边框线样式，为区域的上下边框添加粗边框线。

（12） 选择区域 P2:AX17，单击添加背景色按钮，在打开的下拉列表中的“主体颜色”组中选择“水绿色”，为打印表设置背景颜色。

4.5.2 将金额数字拆开并分别填入不同的单元格

标准的会计凭证格式中，金额数字中的每一位是单列显示的，下面介绍如何将金额数字拆开并分别填入不同的单元格，具体步骤如下：

（1） 选择单元格 Y9，在公式栏中输入以下公式：

```
=IFERROR(IF($H9=0,"",MID(REPT(" ",11-LEN(FIXED($H9*100,0,TRUE)))
&FIXED($H9*100,0,TRUE),COLUMN(A1),1)),"")
```

（2） 将鼠标指针移动到单元格 Y9 的右下角，待指针变成实心指针后，单击并拖动至单元格 AI9，将公式复制到“借方金额”下第一行数字的每一列中，同时相对引用的地址也会发生变化。

（3） 选择区域 Y9:AI9，将鼠标指针移动到区域的右下角，待指针变成实心指针后，单击并拖动至单元格 AI14，将公式复制到“借方金额”下每一行的每一列中，同时相对引用的地址也会发生变化。

（4） 选择单元格 AK9，在公式栏中输入以下公式：

```
=IFERROR(IF($J9=0,"",MID(REPT(" ",11-LEN(FIXED($J9*100,0,TRUE)))
&FIXED($J9*100,0,TRUE),COLUMN(A1),1)),"")
```

（5） 将鼠标指针移动到单元格 AK9 的右下角，待指针变成实心指针后，单击并拖动至单元格 AU9，将公式复制到“借方金额”下第一行数字的每一列中，同时相对引用的地址也会发生变化。

（6） 选择区域 AK9:AU9，将鼠标指针移动到区域的右下角，待指针变成实心指针后，单击并拖动至单元格 AU14，将公式复制到“借方金额”下每一行的每一列中，同时相对引用的地址也会发生变化。

（7） 选择合并栏中的单元格 Y15，然后在公式栏中输入：

```
=IFERROR(IF($H15=0,"",MID(REPT(" ",11-LEN("￥"&FIXED($H15*100,0,TRUE)))
&"￥"&FIXED("￥"&$H15*100,0,TRUE),COLUMN(A7),1)),"")
```

（8） 选择单元格 AK15，在公式栏中输入以下公式：

```
=IFERROR(IF($J15=0,"",MID(REPT(" ",11-LEN("￥"&FIXED($J15*100,0,TRUE)))
&"￥"&FIXED("￥"&$J15*100,0,TRUE),COLUMN(A7),1)),"")
```

4.5.3 显示其他打印内容

记账凭证打印表中的其他内容可以通过直接引用来显示，具体步骤如下：

（1） 选择单元格 R5，输入“=C5”；选择单元格 R6，输入“=C6”。

（2） 选择单元格 AR5，输入“=K5”；选择单元格 AR6，输入“=K6”。

（3） 选择单元格 Q9 输入“=B9”，按 Ctrl+C 组合键。

（4） 选择区域 Q9:W15，选择“开始”/“剪贴板”/“粘贴”/“公式”命令，单元格 Q9 中的公式复制到其他单元格中。

4.5.4 设置打印区域

记账凭证查询表和记账凭证表在同一张工作表中，但是打印时只需打印记账凭证打印表，因此可以通过设置“打印区域”来满足这一需求。

具体操作步骤如下：

（1） 选择区域 P2:AX17。

（2） 选择“页面布局”/“页面设置”/“打印区域”/“设置打印区域”命令。

完成打印区域的设置后，单击状态栏中的“分页预览”按钮，打印区域用黄色边框标识出来，而其他不需要打印的区域则以灰色背景显示，如图 4-42 所示。

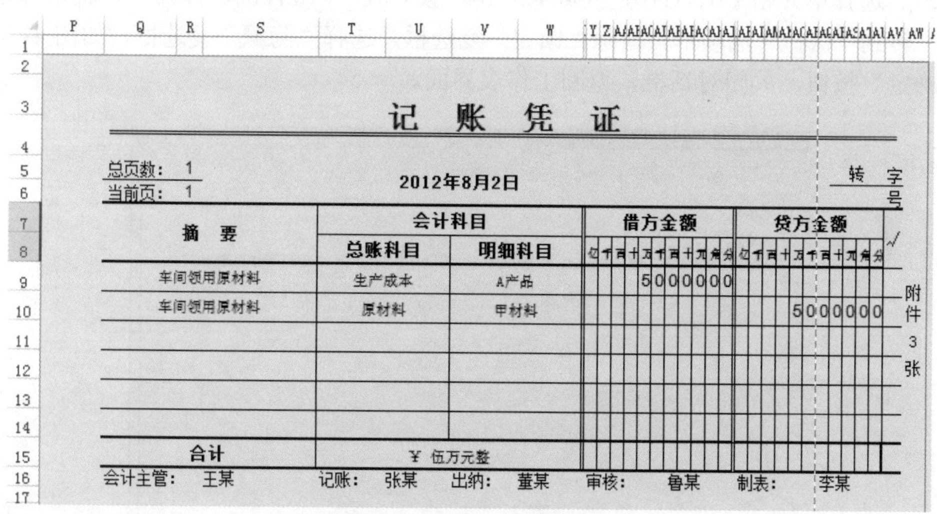

图 4-42 设置“打印区域”

4.5.5 保护计算公式及工作表

由于工作表中有很多格式设置和计算公式，并且某些单元格也不需要输入数据，为了防止用户的不正确操作对这些格式设置和计算公式进行修改，需要对工作表进行保护。

操作步骤如下：

（1） 单击工作表左上角的全选按钮，选中整张工作表，按 Ctrl+1 组合键，打开如图 4-43 所示的“设置单元格格式”对话框。转到“保护”选项卡，选择“锁定”和“隐藏”复选框，单击“确定”按钮，关闭对话框，返回工作表界面。

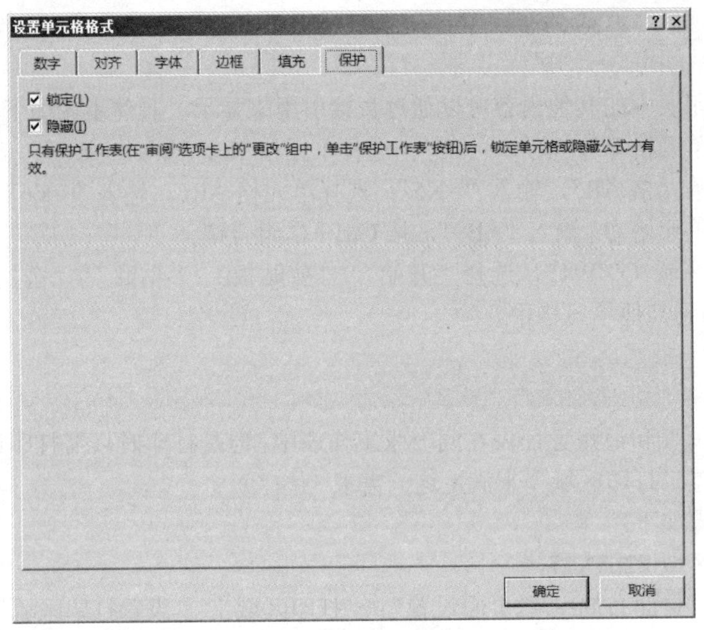

图 4-43　锁定和隐藏整张工作表

（2） 选择单元格 C6、H16、区域 K5:K6，按 Ctrl＋1 组合键，打开“设置单元格格式”对话框，转到“保护”选项卡，清除“锁定”复选框，选择“隐藏”复选框，如图 4-44 所示，单击“确定”按钮，关闭对话框，返回工作表界面。

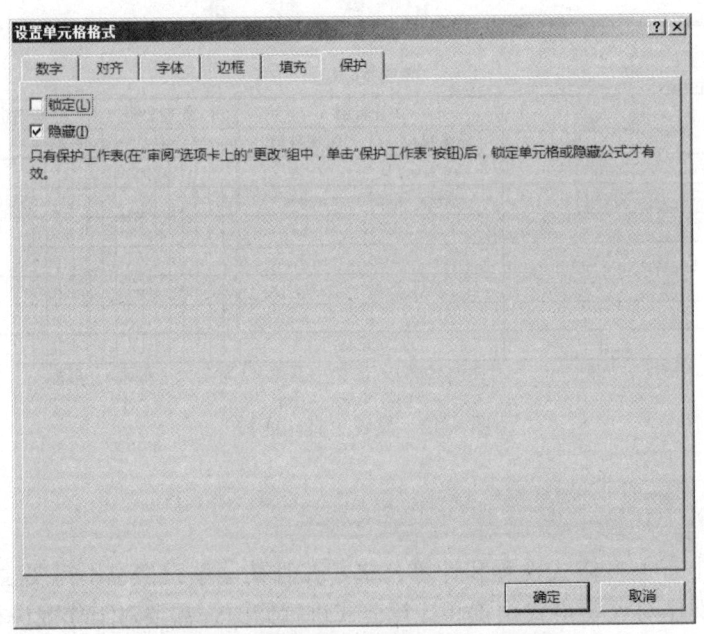

图 4-44　对需要输入数据的单元格解锁

（3） 选择“审阅”/“更改”/“保护工作表”命令，打开如图 4-45 所示的“保护工作表”对话框，选择“选定未锁定的单元格”复选框，单击“确定”按钮，关闭对话框，返回工作表界面。

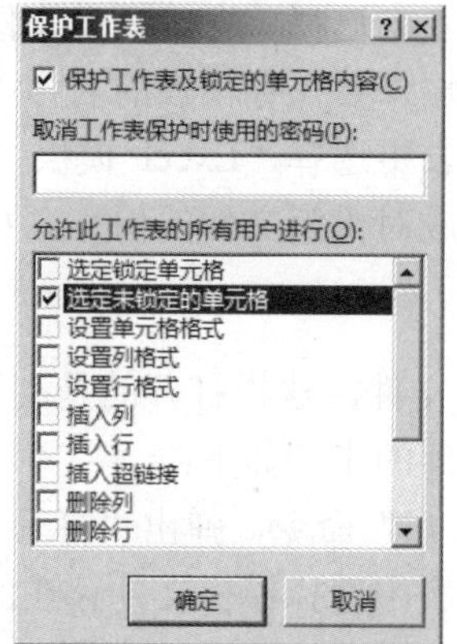

图 4-45 “保护工作表”对话框

进行工作表保护后，用户只能在“记账凭证查询表”中输入凭证“字”、“号”、“当前页”、“审核人”，表中其他内容和“记账凭证打印表”的全部内容在输入上述信息后，可以自动显示。

如果要对保护过的工作表进行修改，必须选择“审阅”/“更改”/“撤销工作表保护”命令来撤销工作表保护。

4.5.6 保存为模板

记账凭证汇总表、查询表、打印表的结构、格式和功能创建完成后，可以将工作表或工作簿保存为模板文件，这样每个月使用模板文件创建新的工作簿，用户只需在已经创建好的表格内输入数据，而不必再次花费大量的时间来重复创建表格，减轻了工作量，提高了工作效率。

1. 保存模板文件

操作步骤如下：

（1） 选择“文件按钮”/“另存为”命令，打开如图 4-46 所示的“另存为”对话框。

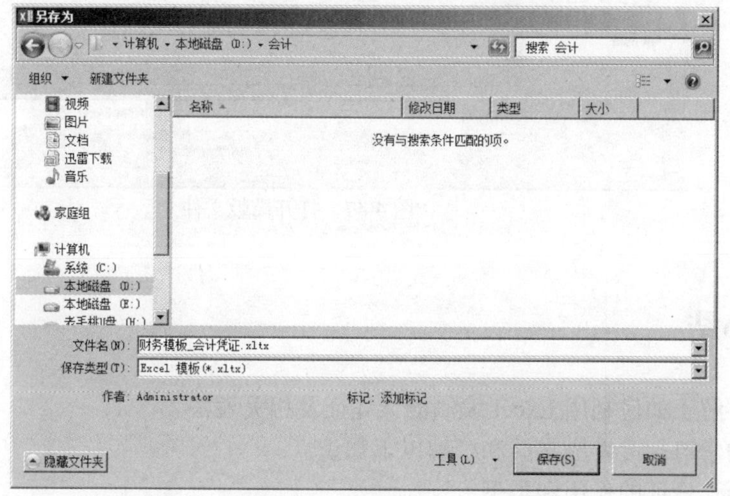

图 4-46 “另存为”对话框

（2） 在“保存位置”下拉列表中选择要存放模板文件的文件夹“D:\会计”。

（3） 在“文件名”文本框中输入要保存模板的名称：财务模板_会计凭证。

（4） 在“保存类型”下拉列表中选择“Excel 模板（*.xltx）”。

（5） 单击“确定”按钮，完成对模板文件的保存。

2. 修改模板文件

修改模板文件不能直接双击该文件，这样打开的是利用模板创建的工作簿，而不是模板文件本身。正确打开并修改模板文件的步骤如下：

（1） 选择“文件按钮”/“打开”命令，弹出“打开”对话框。

（2） 在“查找范围”下拉列表中选择模板文件存在的文件夹。

（3） 在“文件类型”下拉列表中选择“Excel 模板（*.xltx）”。

（4） 单击“打开”按钮，打开模板文件。

（5） 进行相应的修改。

（6） 单击保存按钮。

以下是打开模板文件的另外两种方法。

方法一：右击模板图标，在打开的快捷菜单中选择“打开”命令。

方法二：打开模板文件时，也可以在如图 4-47 所示的“查找范围”下拉列表中找到该文件，直接双击图标。

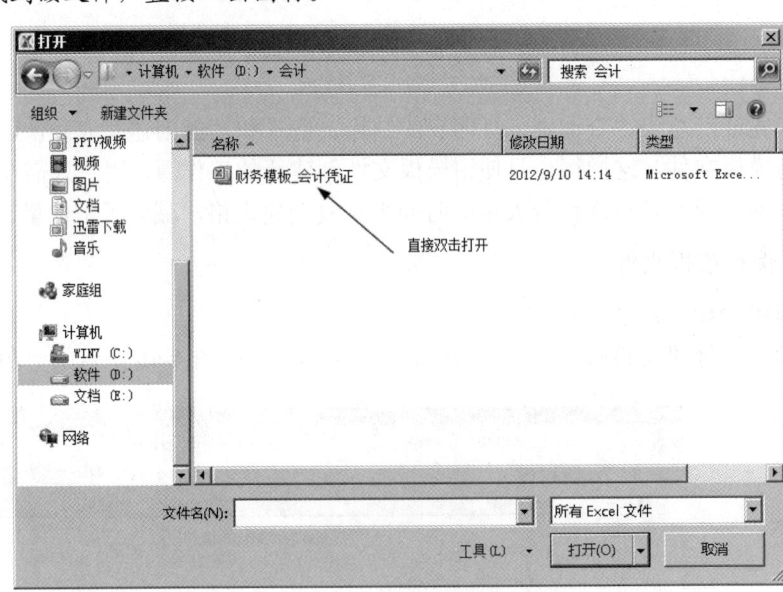

图 4-47 打开模版文件

4.6 本章小结

本章具体讲解了如何利用 Excel 编制会计凭证及相关表格。

通过本章的学习，读者应掌握和了解以下知识点：

- 了解会计凭证的作用和类型。
- 掌握会计科目表的制作方法。

- 掌握如何在会计科目表中添加、删除、更改会计科目。
- 掌握自动显示年月日、会计科目、借贷方向、生成凭证编号的方法。
- 掌握使用数据验证为单元格设置数据条件、提示信息、出错警告信息的方法。
- 掌握辅助区域的设置和使用方法。
- 掌握大写金额的转换方法。
- 掌握将金额分拆到各个不同单元格中的方法。
- 掌握设置打印区域的方法。
- 掌握记账凭证打印表的编制和使用方法。
- 掌握保护工作表的步骤。
- 掌握模板文件的保存、修改方法。
- 掌握使用模板的方法。

4.7 上机练习

资料：

M 公司 8 月份发生的所有经济业务如下：

【1】8 月 1 日从银行提取备用金 3 000 元。

【2】8 月 2 日车间领用甲材料 20 吨，每吨 2 500 元用于 A 产品的生产。

【3】8 月 3 日用现金购买办公用品 500 元。

【4】8 月 4 日缴纳上月的所得税、增值税、城建税和教育费附加，共计 50 102.05 元。

【5】8 月 5 日用支票偿还前恒盛公司欠款 23 400 元。

【6】8 月 6 日由大河公司购入甲材料 20 吨，每吨 2500 元，货款共计 50 000 元，增值税 8 500 元，款项尚未支付，材料已入库。

【7】8 月 7 日采购员王力出差借差旅费 3 000 元。

【8】8 月 8 日销售给万昌公司 B 产品一批，货款 150 000 元，增值税 25 500 元，收到的支票已存入银行。

【9】8 月 9 日将本日到期的应收票据存入银行，共计 32000 元。

【10】8 月 10 日用支票支付第二季度养路费 3 000 元。

【11】8 月 11 日车间领用乙材料 1 吨，共计 3000 元，用于一般耗费。

【12】8 月 12 日签发现金支票，提取本月工资 62 000 元。

【13】8 月 13 日发放本月工资 62 000 元。

【14】8 月 14 日公司招待客户，餐饮费支付现金 600 元。

【15】8 月 15 日车间领用乙材料 15 吨，每吨 3 000 元，用于 B 产品的生产。

【16】8 月 16 日由恒盛公司购入乙材料 10 吨，每吨 3 000 元，材料已入库，开出并承兑一张期限为 3 个月、面值为 35 100 元不带息的商业承兑汇票。

【17】8 月 17 日接到银行通知，代付本月生产车间水费 500 元。

【18】8 月 18 日销售给阳光公司 A 产品一批。货款 80 000 元，增值税 13 600，货款尚未收到。

【19】8 月 19 日用支票支付广告费 2 000 元。

【20】8 月 20 日采购员王力出差回来报销差旅费 2 700，收回现金 300 元。

【21】8 月 21 日以银行存款支付本月电费 2 700 元，其中行政办公室用电 800 元，车间用电 1900 元。

【22】8 月 22 日销售世纪公司 A 产品一批，货款 100 000 元，增值税 17 000，冲销预收账款 15 000 元，其余收转账支票。

【23】8 月 23 日用银行存款支付本月电话费 1 000 元。

【24】8 月 24 日分配本月工资，其中车间 A 产品的生产工人的工资为 22 000 元，生产 B 产品的生产工人的工资为 20 000 元，车间管理人员的工资为 8000 元，行政部人员的工资为 12 000 元。

【25】8 月 25 日摊销本月车间大修理费用 1 000 元。

【26】8 月 26 日材料盘盈 50 Kg，单价 20 元，作为管理费用冲销。

【27】8 月 28 日盘盈一台设备（全新），同类固定资产价格 6 000 元，经领导审批计入营业外收入。

【28】8 月 31 日计提本月折旧，其中车间 10 000 元，行政 6 000 元。

【29】结转本月的制造费用，按工人工资比例进行分配。

【30】结转本月已完工的 A 产品成本。

【31】结转本月销售成本。

【32】计提本月城建税、教育费附加。

【33】按应收账款余额的 0.5%计提坏账准备。

【34】结转本月收入与收益。

【35】结转本月各项收入、费用、支出。

【36】结转本月所得税。

该练习文件见随书光盘“第 4 章-会计凭证”文件夹中的“上机练习-会计凭证”工作簿。

（1） 根据“财务模板_会计凭证.xltx”打开并创建一个新的工作簿，在该工作簿的记账凭证汇总表中输入分录内容，编制如图 4-48 至图 4-50 所示的记账凭证汇总表。

	A	B	C	D	E	F	G	H	I	J	K	L	M	N
3	凭证编号	年	月	日	类型	号	摘　要	科目代码	总账科目	明细科目	借方金额	贷方金额	附件	方向
4	2-1-1	2012	8	1	银	1	提取备用金	1001	现金		5,000.00		1	借
5	2-1-2	2012	8	1	银	1	提取备用金	1002	银行存款			5,000.00	1	贷
6	3-1-1	2012	8	2	转	1	车间领用原材料	500101	生产成本	A产品	50,000.00		3	借
7	3-1-2	2012	8	2	转	1	车间领用原材料	140301	原材料	甲材料		50,000.00	3	贷
8	1-1-1	2012	8	3	现	1	购买办公用品	660201	管理费用	办公费	500.00		2	借
9	1-1-2	2012	8	3	现	1	购买办公用品	1001	现金			500.00	2	贷
10	3-2-1	2012	8	4	转	2	缴纳上月所得税	222101	应交税费	应交增值税	10,373.89		4	借
11	3-2-2	2012	8	4	转	2	缴纳上月所得税	222102	应交税费	应交所得税	38,647.28		4	借
12	3-2-3	2012	8	4	转	2	缴纳上月所得税	222104	应交税费	城市维护建	768.34		4	借
13	3-2-4	2012	8	4	转	2	缴纳上月所得税	222105	应交税费	交教育费附	312.54		4	借
14	3-2-5	2012	8	4	转	2	缴纳上月所得税	1002	银行存款			50,102.05	4	贷
15	2-2-1	2012	8	5	银	2	用支票偿还恒昌	220201	应付账款	恒昌公司	23,400.00		3	借
16	2-2-2	2012	8	5	银	2	用支票偿还恒昌	1002	银行存款			23,400.00	3	贷
17	3-3-1	2012	8	6	转	3	购买原材料	140301	原材料	甲材料	50,000.00		5	借
18	3-3-2	2012	8	6	转	3	购买原材料	222101	应交税费	应交增值税	8,500.00		5	借
19	3-3-3	2012	8	6	转	3	购买原材料	220202	应付账款	大河公司		58,500.00	5	贷
20	1-2-1	2012	8	7	现	2	采购员借差旅费	1221	其他应收款		3,000.00		1	借
21	1-2-2	2012	8	7	现	2	采购员借差旅费	1001	现金			3,000.00	1	贷
22	2-3-1	2012	8	8	银	3	销售产品	1002	银行存款		175,500.00		3	借
23	2-3-2	2012	8	8	银	3	销售产品	600102	主营业务收入	B产品		150,000.00	3	贷
24	2-3-3	2012	8	8	银	3	销售产品	222101	应交税费	应交增值税		25,500.00	3	贷
25	2-4-1	2012	8	9	银	4	汇票到期进账	1002	银行存款		32,000.00		2	借
26	2-4-2	2012	8	9	银	4	汇票到期进账	1121	应收票据			32,000.00	2	贷
27	1-3-1	2012	8	10	现	3	现金支付养路费	660211	管理费用	其他	3,000.00		1	借
28	1-3-2	2012	8	10	现	3	现金支付养路费	1001	现金			3,000.00	1	贷
29	3-4-1	2012	8	11	转	4	车间领用材料用	510105	制造费用	机物料消耗	3,000.00		2	借
30	3-4-2	2012	8	11	转	4	车间领用材料用	140302	原材料	乙材料		3,000.00	2	贷
31	2-5-1	2012	8	12	银	5	提现已备发放工	1001	现金		62,000.00		2	借
32	2-5-2	2012	8	12	银	5	提现已备发放工	1002	银行存款			62,000.00	2	贷

图 4-48　M 公司 8 月份记账凭证

	A	B	C	D	E	F	G	H	I	J	K	L	M	N
33	1-4-1	2012	8	13	现	4	现金发放工资	2211	应付职工薪酬		62,000.00		9	借
34	1-4-2	2012	8	13	现	4	现金发放工资	1001	现金			62,000.00	9	贷
35	1-5-1	2012	8	14	现	5	现金支付招待费	660209	管理费用	招待费	600.00		1	借
36	1-5-2	2012	8	14	现	5	现金支付招待费	1001	现金			600.00	1	贷
37	3-5-1	2012	8	15	转	5	车间领用乙材料	500102	生产成本	B产品	45,000.00		2	借
38	3-5-2	2012	8	15	转	5	车间领用乙材料	140302	原材料	乙材料		45,000.00	2	贷
39	3-6-1	2012	8	16	转	6	购买原材料	140302	原材料	乙材料	30,000.00		5	借
40	3-6-2	2012	8	16	转	6	购买原材料	222101	应交税费	应交增值税	5,100.00		5	借
41	3-6-3	2012	8	16	转	6	购买原材料	2201	应付票据			35,100.00	5	贷
42	2-6-1	2012	8	17	银	6	银行代支水电费	510107	制造费用	水电费	500.00		1	借
43	2-6-2	2012	8	17	银	6	银行代支水电费	1002	银行存款			500.00	1	贷
44	3-7-1	2012	8	18	转	7	销售A产品货款未	112201	应收账款	阳光公司	93,600.00		5	借
45	3-7-2	2012	8	18	转	7	销售A产品货款未	600101	主营业务收入	A产品		80,000.00	5	贷
46	3-7-3	2012	8	18	转	7	销售A产品货款未	222101	应交税费	应交增值税		13,600.00	5	贷
47	2-7-1	2012	8	19	银	7	支票支付广告费	6601	销售费用		2,000.00		2	借
48	2-7-2	2012	8	19	银	7	支票支付广告费	1002	银行存款			2,000.00	2	贷
49	1-6-1	2012	8	20	现	6	采购员报销差旅费	1001	现金		300.00		5	借
50	1-6-2	2012	8	20	现	6	采购员报销差旅费	660208	管理费用	差旅费	2,700.00		5	借
51	1-6-3	2012	8	20	现	6	采购员报销差旅费	1221	其他应收款			3,000.00	5	贷
52	3-8-1	2012	8	21	转	8	分配水电费	660207	管理费用	水电费	800.00		2	借
53	3-8-2	2012	8	21	转	8	分配水电费	510107	制造费用	水电费	1,900.00		2	借
54	3-8-3	2012	8	21	转	8	分配水电费	1002	银行存款			2,700.00	2	贷
55	3-9-1	2012	8	22	转	9	销售A产品	1002	银行存款		102,000.00		4	借
56	3-9-2	2012	8	22	转	9	销售A产品	220301	预收账款	世纪公司	15,000.00		4	借
57	3-9-3	2012	8	22	转	9	销售A产品	600101	主营业务收入	A产品		100,000.00	4	贷
58	3-9-4	2012	8	22	转	9	销售A产品	222101	应交税费	应交增值税		17,000.00	4	贷
59	2-8-1	2012	8	23	银	8	银行代支电话费	660201	管理费用	办公费	1,000.00		1	借
60	2-8-2	2012	8	23	银	8	银行代支电话费	1002	银行存款			1,000.00	1	贷
61	3-10-1	2012	8	24	转	10	分配工资费用	500101	生产成本	A产品	22,000.00		8	借
62	3-10-2	2012	8	24	转	10	分配工资费用	500102	生产成本	B产品	20,000.00		8	借
63	3-10-3	2012	8	24	转	10	分配工资费用	510101	制造费用	工资	8,000.00		8	借
64	3-10-4	2012	8	24	转	10	分配工资费用	660202	管理费用	理人员工	12,000.00		8	借
65	3-10-5	2012	8	24	转	10	分配工资费用	2211	应付职工薪酬			62,000.00	8	贷
66	3-11-1	2012	8	25	转	11	车间摊销修理费	510104	制造费用	修理费	1,000.00		1	借
67	3-11-2	2012	8	25	转	11	车间摊销修理费	2241	其它应付款			1,000.00	1	贷
68	3-12-1	2012	8	26	转	12	盘盈一批材料	140301	原材料	甲材料	860.00		2	借
69	3-12-2	2012	8	26	转	12	盘盈一批材料	1901	待处理财产损益			860.00	2	贷
70	3-13-1	2012	8	26	转	13	盘盈材料冲减费	1901	待处理财产损益		860.00		0	借
71	3-13-2	2012	8	26	转	13	盘盈材料冲减费	660211	管理费用	其他		860.00	0	贷

图 4-49 M 公司 8 月份记账凭证

	A	B	C	D	E	F	G	H	I	J	K	L	M	N
72	3-14-1	2012	8	28	转	14	盘亏一台固定资	1901	待处理财产损益		6,000.00		3	借
73	3-14-2	2012	8	28	转	14	盘亏一台固定资	1601	固定资产			6,000.00	3	贷
74	3-15-1	2012	8	28	转	15	盘亏资产计入营	6711	营业外支出		6,000.00		1	借
75	3-15-2	2012	8	28	转	15	盘亏资产计入营	1901	待处理财产损益			6,000.00	1	贷
76	3-16-1	2012	8	31	转	16	计提折旧	660204	管理费用	折旧费	6,000.00		0	借
77	3-16-2	2012	8	31	转	16	计提折旧	510103	制造费用	折旧费	10,000.00		0	借
78	3-16-3	2012	8	31	转	16	计提折旧	1602	累计折旧			16,000.00	0	贷
79	3-17-1	2012	8	31	转	17	分配制造费用	500101	生产成本	A产品	12,780.95		1	借
80	3-17-2	2012	8	31	转	17	分配制造费用	500102	生产成本	B产品	11,619.05		1	借
81	3-17-3	2012	8	31	转	17	分配制造费用	5101	制造费用			24,400.00	1	贷
82	3-18-1	2012	8	31	转	18	结转完工产品成	140501	库存商品	A产品	84,780.95		1	借
83	3-18-2	2012	8	31	转	18	结转完工产品成	140502	库存商品	B产品	76,619.05		1	借
84	3-18-3	2012	8	31	转	18	结转完工产品成	500101	生产成本	A产品		84,780.95	1	贷
85	3-18-4	2012	8	31	转	18	结转完工产品成	500102	生产成本	B产品		76,619.05	1	贷
86	3-19-1	2012	8	31	转	19	结转销售成本	640101	主营业务成本	A产品	102,984.67		1	借
87	3-19-2	2012	8	31	转	19	结转销售成本	640102	主营业务成本	B产品	87,305.83		1	借
88	3-19-3	2012	8	31	转	19	结转销售成本	140501	库存商品	A产品		102,984.67	1	贷
89	3-19-4	2012	8	31	转	19	结转销售成本	140502	库存商品	B产品		87,305.83	1	贷
90	3-20-1	2012	8	31	转	20	计提城建税、教	6403	营业税金及附加		4,250.00		1	借
91	3-20-2	2012	8	31	转	20	计提城建税、教	222104	应交税费	城市维护建设税		2,975.00	1	贷
92	3-20-3	2012	8	31	转	20	计提城建税、教	222105	应交税费	交教育费附加		1,275.00	1	贷
93	3-21-1	2012	8	31	转	21	计提坏账准备	6701	资产减值损失		468.00		1	借
94	3-21-2	2012	8	31	转	21	计提坏账准备	1231	坏账准备			468.00	1	贷
95	3-22-1	2012	8	31	转	22	结转收入	600101	主营业务收入	A产品	80,000.00		1	借
96	3-22-2	2012	8	31	转	22	结转收入	600101	主营业务收入	A产品	100,000.00		1	借
97	3-22-3	2012	8	31	转	22	结转收入	600102	主营业务收入	B产品	150,000.00		1	借
98	3-22-4	2012	8	31	转	22	结转收入	4103	本年利润			330,000.00	1	贷
99	3-23-1	2012	8	31	转	23	结转成本、费用	4103	本年利润		228,748.50		1	借
100	3-23-2	2012	8	31	转	23	结转成本、费用	640101	主营业务成本	A产品		102,984.67	1	贷
101	3-23-3	2012	8	31	转	23	结转成本、费用	640102	主营业务成本	B产品		87,305.83	1	贷
102	3-23-4	2012	8	31	转	23	结转成本、费用	6403	营业税金及附加			4,250.00	1	贷
103	3-23-5	2012	8	31	转	23	结转成本、费用	6601	销售费用			2,000.00	1	贷
104	3-23-6	2012	8	31	转	23	结转成本、费用	6602	管理费用			25,740.00	1	贷
105	3-23-7	2012	8	31	转	23	结转成本、费用	6701	资产减值损失			468.00	1	贷
106	3-23-8	2012	8	31	转	23	结转成本、费用	6711	营业外支出			6,000.00	1	贷
107	3-24-1	2012	8	31	转	24	计提所得税	6801	所得税费用		25,312.88		1	借
108	3-24-2	2012	8	31	转	24	计提所得税	222102	应交税费	应交所得税		25,312.88	1	贷
109	3-25-1	2012	8	31	转	25	转入本年利润	4103	本年利润		25,312.88		1	借
110	3-25-2	2012	8	31	转	25	转入本年利润	6801	所得税费用			25,312.88	1	贷

图 4-50 M 公司 8 月份记账凭证

（2） 编制记账凭证查询表，查询如图 4-51 所示的“现-1”号凭证、如图 4-52 所示的“银-3”号凭证和如图 4-53 所示的“转-20”号凭证。

记账凭证

总页数：1　　当前页：1　　2012年8月3日　　现　1　字号

摘　　要	会计科目		借方金额	贷方金额	√
	总账科目	明细科目			
购买办公用品	管理费用	办公费	500.00	-	
购买办公用品	现金		-	500.00	
合计	¥ 伍佰元整		500.00	500.00	

附件 2 张

会计主管：王某　　记账：张某　　出纳：董某　　审核：鲁某　　制表：李某

借贷平衡，请继续审核其它项目

图 4-51　“现-1”号记账凭证

记账凭证

总页数：1　　当前页：1　　2012年8月8日　　银　3　字号

摘　　要	会计科目		借方金额	贷方金额	√
	总账科目	明细科目			
销售产品	银行存款		175,500.00	-	
销售产品	主营业务收入	B产品	-	150,000.00	
销售产品	应交税费	应交增值税	-	25,500.00	
合计	¥ 壹拾柒万伍仟伍佰元整		175,500.00	175,500.00	

附件 3 张

会计主管：王某　　记账：张某　　出纳：董某　　审核：鲁某　　制表：李某

借贷平衡，请继续审核其它项目

图 4-52　“银-3”号记账凭证

记账凭证

总页数：1　　当前页：1　　2012年8月31日　　转　20　字号

摘　　要	会计科目		借方金额	贷方金额	√
	总账科目	明细科目			
计提城建税、教育附加税	营业税金及附加		4,250.00	-	
计提城建税、教育附加税	应交税费	应交城市维护建设税	-	2,975.00	
计提城建税、教育附加税	应交税费	应交教育费附加	-	1,275.00	
合计	¥ 肆仟贰佰伍拾元整		4,250.00	4,250.00	

附件 1 张

会计主管：王某　　记账：张某　　出纳：董某　　审核：鲁某　　制表：李某

借贷平衡，请继续审核其它项目

图 4-53　“转-20”号记账凭证

（3） 编制记账凭证打印表，打印上述查询的凭证内容。

第 5 章　编制会计账簿

设置和登记会计账簿是会计账务处理的中心环节。通过对会计账簿的编制，可以从各个角度汇总、查询、反映本期业务发生额，并为编制财务报告提供基础。本章介绍如何根据已创建的会计科目表、记账凭证汇总表中的数据，利用 Excel 创建科目汇总表、科目余额表、总分类账、明细分类账等会计账簿。

5.1　会计账簿概述

会计账簿是指以会计凭证为依据，在具有专门格式的账页内全面、连续、系统、综合地记录各项经济业务的簿籍。

虽然会计凭证也是用来记录经济业务的，但由于会计凭证数量很多，又很分散，而且每张凭证只能记载个别经济业务的内容，所提供的资料是零星的，不能全面、连续、系统地反映和监督一个经济单位在一定时期内某一类和全部经济业务活动情况，且不便于日后查阅。因此，为了给经济管理提供系统的会计核算资料，各单位都必须在凭证的基础上设置和运用登记账簿的方法，把分散在会计凭证上的大量核算资料，加以集中和归类整理，生成有用的会计信息，从而为编制会计报表、进行会计分析以及审计提供主要依据。

5.1.1　会计账簿的意义

会计账簿在会计核算中具有十分重要意义，主要表现在：

（1）可以为经济管理提供连续、全面、系统的会计信息。

（2）通过账簿的设置和登记，可以记载、储存会计信息。

（3）通过账簿的设置和登记，可以分类、汇总会计信息。

（4）便于企业单位考核成本、费用和利润计划的完成情况。

（5）可以为编制会计报表提供资料。

5.1.2　会计账簿的分类

会计账簿可以按照用途、账页格式、外形特征等不同的标准分类。

1. 按用途分类

按用途的不同，会计账簿可以分为序时账簿（又称日记账）、分类账簿和备查账簿 3 类。

（1）序时账簿是按照经济业务发生的时间先后顺序，逐日逐笔登记经济业务的账簿。按其记录内容的不同可分为普通日记账和特种日记账。

① 普通日记账是用来登记全部经济业务情况的日记账。将每天发生的全部经济业务，按发生的先后顺序，编制成记账凭证，根据记账凭证逐笔登记到普通日记账中，例如，企业设置的日记总账就是普通日记账。

② 特种日记账是用来记录某一经济业务发生情况的日记账。将某一类经济业务，按照经济业务发生的先后顺序计入账簿，反映特定项目的详细情况，例如，各经济单位为了加强对现金和银行存款的管理，设置现金日记账和银行存款日记账，来记录现金、银行存款的收、付、结存业务。

（2） 分类账簿。

分类账簿是区别不同等级经济业务的账簿，账户按其提供信息的详细程度，可以分为总分类账和明细分类账。

① 总分类账是按一级科目分类，连续的记录和反应资金增减、成本和利润情况的账簿，它能总括并全面地反映事业单位的经济活动情况，是编制会计报表的依据，所有企业都设置总分类账。

② 明细分类账是根据明细科目开设的账簿，它能详细地反映企业某项经济活动的具体情况。

（3） 备查账簿，又称辅助登记账簿。是对某些在序时账簿和分类账簿等主要账簿中都不予以登记或登记不够详细的经济业务事项进行补充登记时所使用的账簿。例如，经营租赁方式租入，不属于本企业财产，不能计入本企业固定资产账户的机器设备，应收票据贴现等。企业可以根据自身情况，选择设置或不设置此账簿。

2. 按账页格式分类

按账页格式不同，可分为两栏式、三栏式、多栏式和数量金额式四种。

（1） 两栏式账簿。

只有借方和贷方。普通日记账通常采用此种。

（2） 三栏式账簿。

设有借方、贷方和余额。各种日记账、总分类账，以及资本、债券、债务明细账都可采用此种。

（3） 多栏式账簿。

是在账簿的两个基本栏目借方和贷方按照需要分设若干个专栏的账簿。如收入、成本、费用、利润和利润分配明细账。

（4） 数量金额式。

这种账簿的借方、贷方和余额三个栏目内，都分设数量、单价和金额三小栏，以反映财产物资的实物数量和价值量。如原材料、库存商品、产成品和固定资产明细账。

3. 按外形特征分类

（1） 订本账：适用于总分类账、现金日记账和银行存款日记账。

（2） 活页账：适用于各类明细账。

（3） 卡片账：适用于固定资产明细账。

5.2 科目汇总表

科目汇总表是定期对全部记账凭证进行汇总，按各个会计科目列显示其借方发生额和贷方发生额的一种汇总凭证。依据“有借必有贷，借贷必相等”的基本原理，科目汇总表中各个会计科目的借方发生额合计数与贷方发生额合计数应该相等，因此，科目汇总表也具有试算平衡的作用。

5.2.1　科目汇总表账务处理程序概述

在会计核算方法中，科目汇总表账务处理程序是应用较为广泛的一种账务处理程序。它是科目汇总表核算形式下总分类账登记的依据。这种账务处理程序的优点是：可以利用科目汇总表的汇总结果进行账户发生额的试算平衡，大大减轻登记总分类账的工作量。在科目汇总表账务处理程序下，可根据科目汇总表上有关账户的汇总发生额，在月中定期或月末一次性地登记总分类账，可以使登记总分类账的工作量大为减轻。科目汇总表核算程序一般适用于生产规模比较大，业务比较多的单位。

5.2.2　科目汇总表的格式设计

例 5-1　设计 XX 公司 8 月份科目汇总表格式。

为 XX 公司编制如图 5-1 所示的 8 月份科目汇总表，该范例文件见随书光盘“第 5 章”文件夹“会计账簿.xlsx”工作簿中的“科目汇总表”工作表。

科目汇总表格式如图 5-1 所示，具体制作步骤如下：

	A	B	C	D	E
1					
2		科目汇总表			
3		2012年8月			
4					汇字第8号
5		科目代码	会计科目	本期借方发生额	本期贷方发生额
63		6402	其它业务成本	-	-
64		6403	营业税金及附加	4,250.00	4,250.00
65		6411	利息支出	-	-
66		6601	销售费用	2,000.00	2,000.00
67		6602	管理费用	26,600.00	26,600.00
68		6603	财务费用	-	-
69		6701	资产减值损失	468.00	468.00
70		6711	营业外支出	6,000.00	6,000.00
71		6801	所得税费用	25,312.88	25,312.88
72		6901	以前年度损益调整	-	-
73		合计		1,909,404.81	1,909,404.81

图 5-1　科目汇总表的结构

（1）　双击 Excel 模板文件“财务模板_会计凭证.xltx”，利用模板创建名为“会计账簿”的工作簿。

（2）　单击工作表插入标签，插入一张工作表，双击工作表标签，重命名为“科目汇总表”。

（3）　在单元格 B2 中输入“科目汇总表”，合并并居中区域 B2:E2，设置字体为“华文中宋”，字号为“22”，字体加粗，字体颜色为“黑色”，单元格背景色为“蓝色”，行高为“45”。

（4）　选择区域 D3:D4，设置字体为“Arial”，字号为“16”，完成对日期的字体设置。按 Ctrl+1 组合键，打开“设置单元格格式”对话框，转到“数字”选项卡，在“分类”列表框中选择“日期”，在“类型”列表框中选择“2012 年 3 月”格式，单击“确定”按钮，关闭对话框，返回工作表界面，完成对日期格式的设置。

（5）　选择单元格 E4，设置字体为“楷体”，字号为“12”，选择区域 B3:E4，填充背景色为“浅蓝色”。

（6） 在单元格 B5、C5、E5、F5 中分别输入“科目代码”、“会计科目”、“本期借方发生额”、“本期贷方发生额”，设置字号为“12”，行高为“20”。选择区域 B5:F5，居中显示文本。

（7） 选择区域 B5:E6，选择“插入”/“表格”/“表格”命令，选择“包含表标题”复选框，创建如图 5-2 所示的表格区域。按 Ctrl＋F3 组合键，打开“名称管理器”，将表名称更改为“科目汇总表”。

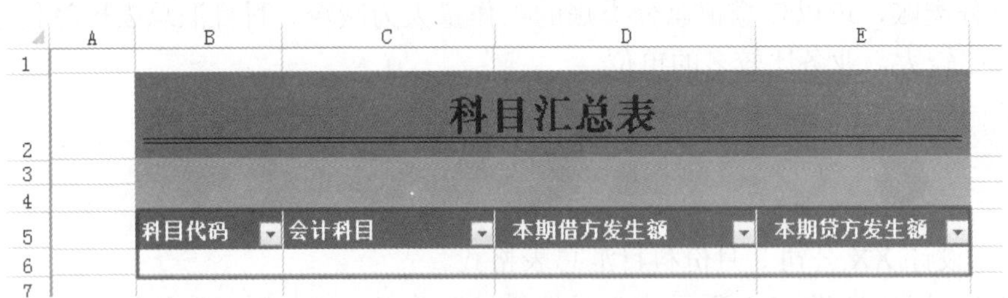

图 5-2　创建表格区域

（8） 选择“表格工具”/“设计”/“表格样式”命令，在“表格样式”下拉列表中选择样式“中等深浅 9”，效果如图 5-3 所示。

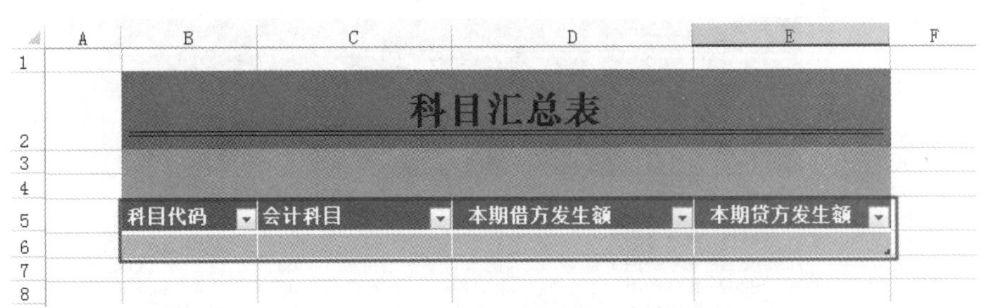

图 5-3　应用表格样式

（9） 选择“科目代码”列，单击“字体”功能区中的“居中显示”按钮；选择“本期借方发生额”列和“本期贷方发生额”列，设置字体为“Arial”，字号默认为“11”。转到“开始”选项卡，在“数字”功能区中单击千分位分隔符按钮，设置借方金额和贷方金额的数字格式。

（10） 将单元格指针移动到 B 列至 E 列的列字母之间，变成✚形状之后，单击并拖动，将单元格区域 B 列至 E 列调整到合适的宽度。

注释　使用单元格样式

单元格样式是相当于对字体常用格式的一种打包设置，如果在 Excel 中经常对部分单元格或区域（如标题）进行数字格式、字体、字号、颜色、对齐方式、边框、填充等内容的设置，用户可以预定义单元格样式，这样不仅方便应用，而且更改样式时，所有使用过该样式的单元格或区域，都会自动更改。

如对科目汇总表的表头“科目汇总表”区域 B2:E2 应用单元格样式，可以按以下步骤进行：

（1）选择“开始”/“样式”/“单元格样式”命令，打开如图 5-4 所示的下拉列表。

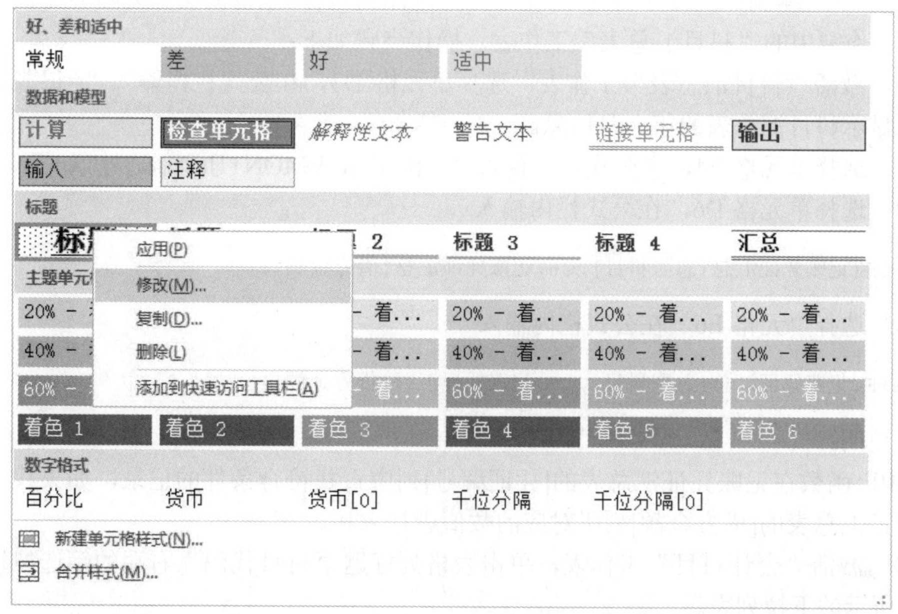

图 5-4　单元格样式

（2）选择“标题”组中的第一个单元格样式，右击在打开的快捷菜单中选择“修改”命令，打开如图 5-5 所示的“样式”对话框。

（3）单击“格式”按钮，弹出“设置单元格格式”对话框。

（4）转到“数字”选项卡，在“分类”列表中选择“文本”；转到“对齐”选项卡，在“文本对齐方式”组中选择水平对齐和垂直对齐均“居中”；转到“字体”选项卡，在“字体”列表中选择“华文中宋”，在“字形”列表中选择“加粗”，在“字号”列表中选择“22”；单击“填充”选项卡，填充背景色为“浅蓝色”；单击“确定”按钮，返回“样式”对话框。

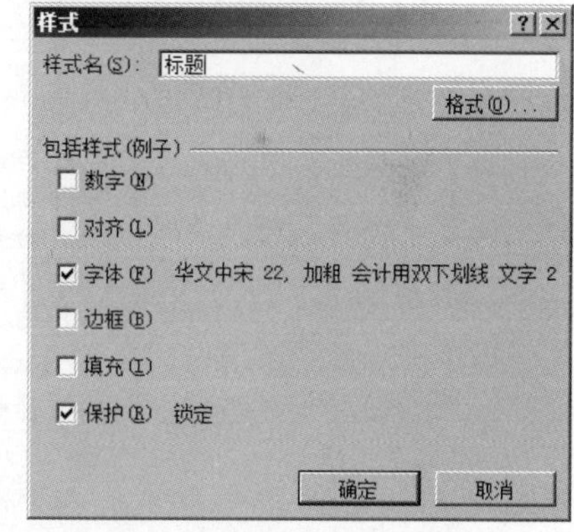

图 5-5　“样式”对话框

（5）单击“确定”按钮，关闭“样式”对话框，完成单元格样式的设置。

（6）选择区域 B2:E2，选择“开始”/“样式”/“单元格样式”命令。

（7）在打开的下拉列表中单击“标题”组中的“标题”样式，应用单元格样式。

5.2.3　利用公式制作科目汇总表

科目汇总表的创建基于记账凭证汇总表，用户既可以选择先构建科目汇总表的表格结构，然后在表格中填充公式；也可以直接以记账凭证汇总表为源数据，创建数据透视表来对总账科目进行分类汇总。

例 5-2　利用公式编制科目汇总表。

为 XX 公司编制如图 5-1 所示的 8 月份科目汇总表，该范例文件见随书光盘“会计账簿.xlsx”工作簿中的“科目汇总表”工作表。操作步骤如下：

（1）激活“科目汇总表”工作表，选择单元格 D3，在公式栏内输入“=记账凭证汇总表!C2”，显示科目汇总表的年、月信息。

（2）选择单元格 E4，在公式栏内输入“="汇字第"&MONTH(D3)&"号"”。

（3）选择单元格 D6，在公式栏内输入

```
=SUMIF(记账凭证汇总[总账科目],C6,记账凭证汇总[借方金额])
```

（4）选择单元格 E6，在公式栏内输入

```
=SUMIF(记账凭证汇总[总账科目],C6,记账凭证汇总[贷方金额])
```

公式说明：

SUMIF 函数在记账凭证汇总表的[凭证编号]列中查找符合条件的记录，如果找到了，就对记账凭证汇总表的[借方金额]列所对应的数值进行求和。

（5）激活“会计科目”工作表，单击表格列标题“科目代码”右端的筛选按钮，弹出如图 5-6 所示的下拉列表。

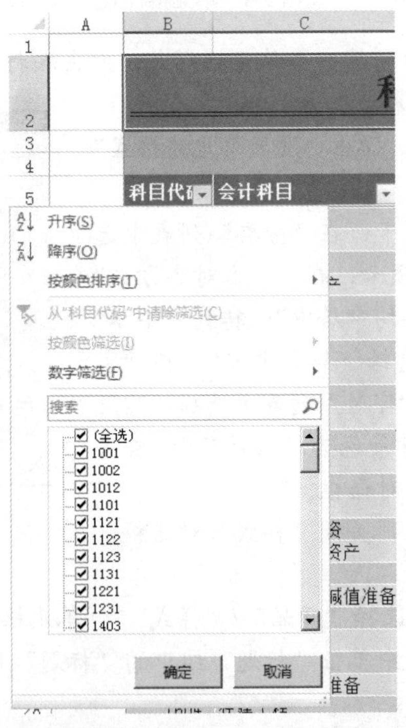

图 5-6　对会计科目表排序

（6）选择下拉列表中的“升序”命令，由于总账科目代码是 4 位，而明细科目代码为 6 位，所以对会计科目表按科目代码进行排序后，所有的总账科目会自动显示在明细科目的上方。

（7）选择区域 B3:C69（即所有的总账科目代码和科目名称），按 Ctrl+C 组合键。

（8） 激活“科目汇总表”工作表，单击单元格 B6，按 Ctrl+V 组合键，表格区域会自动扩展，并且将 D6、E6 中的公式自动填充到表格的扩展区域。

（9） 选择“表格工具”/“设计”/“表格样式选项”命令，在“表格样式选项”功能组中选择“汇总行”复选框，科目汇总表的末端添加如图 5-7 所示的汇总行。

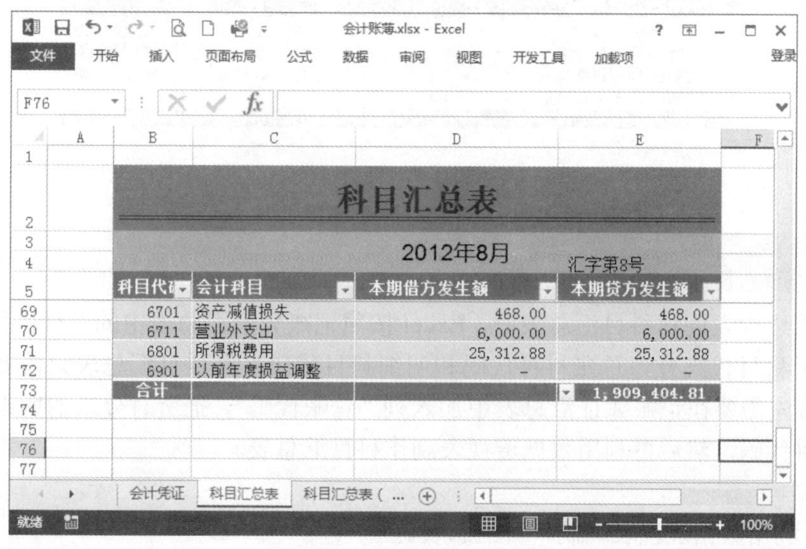

图 5-7 添加汇总行

（10） 选择单元格 D73，单击右端的下拉按钮，弹出如图 5-8 所示的下拉列表，选择“求和”项，显示该列中数值的总和，用同样的方法选择单元格 E73 的“求和”选项，单元格 B73 的“计数”选项。

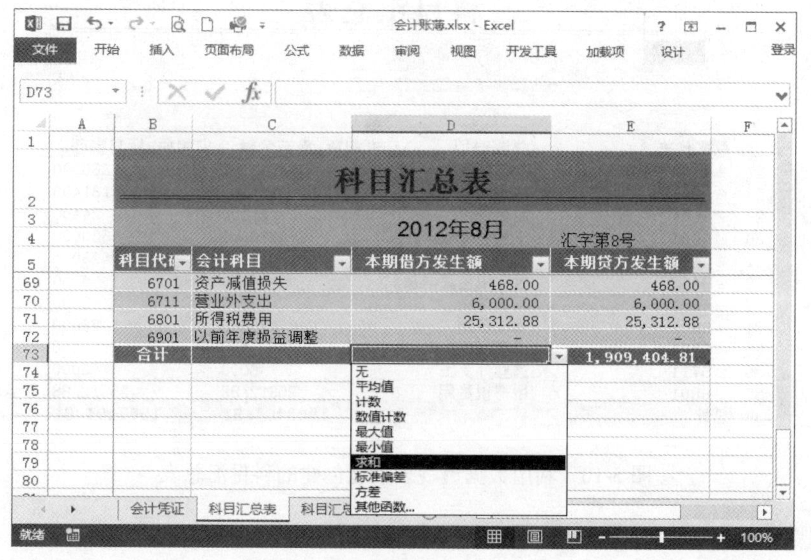

图 5-8 在汇总行内选择“求和”

（11） 选择区域 B73:E73，居中显示该区域内的所有数据。

完成对科目汇总表的创建，效果如图 5-9 所示。

科目代码	会计科目	本期借方发生额	本期贷方发生额
科目汇总表			
2012年8月		汇字第8号	
6701	资产减值损失	468.00	468.00
6711	营业外支出	6,000.00	6,000.00
6801	所得税费用	25,312.88	25,312.88
6901	以前年度损益调整	-	-
合计		1,909,404.81	1,909,404.81

图 5-9　科目汇总表

5.2.4　利用数据透视表制作科目汇总表

使用数据透视表创建科目汇总表时，Excel 按照记账凭证汇总表中的“科目代码”自动分类汇总。由于科目代码分为总账科目代码和明细科目代码，而科目汇总表只需要对一级科目汇总，所以首先需要在记账凭证汇总表中加入列“总账代码”，把所有分录的明细科目代码转换为总账科目代码，然后再利用数据透视表制作科目汇总表。

例 5-3　利用数据透视表编制科目汇总表。

为 XX 公司编制如图 5-10 所示的 8 月份科目汇总表，该范例文件见随书光盘“会计账簿.xlsx”工作簿中的“科目汇总表”工作表。

科目汇总表			
年	(全部)		
月	(全部)		
		值	
总账代码	总账科目	求和项:借方金额	求和项:贷方金额
4103	本年利润	254061.38	330000
5001	生产成本	161400	161400
5101	制造费用	24400	24400
6001	主营业务收入	330000	330000
6401	主营业务成本	190290.5	190290.5
6403	营业税金及附加	4250	4250
6601	销售费用	2000	2000
6602	管理费用	26600	26600
6701	资产减值损失	468	468
6711	营业外支出	6000	6000
6801	所得税费用	25312.88	25312.88
总计		1909404.81	1909404.81

图 5-10　利用数据透视表功能创建的科目汇总表

操作步骤如下：

1. 添加“总账代码”列

在记账凭证汇总表中加入一列“总账代码”，具体步骤如下：

（1）激活“记账凭证汇总表”工作表。

（2）将鼠标移动到表格区域的右下角（单元格 N111），待指针变为↘后，单击并向右拖动一列。

如果相邻的列被隐藏，则不能扩展表格区域，必须先取消隐藏，再扩展表区域。方法是：选择 M 列到 S 列，选择“开始”/“单元格”/“格式”/“隐藏或取消隐藏”/“取消隐藏列”命令。

（3） 在单元格 O3 中输入“总账代码”，居中显示文本。

（4） 选择单元格 O4，在公式栏内输入公式：

```
=LEFT(记账凭证汇总[[#此行],[科目代码]],4)
```

输入公式说明：

输入公式时，单击单元格 H4，就会显示“记账凭证汇总[[#此行],[科目代码]]”该结构引用，使用这样的结构引用，而不直接在公式中输入 H4，可以防止在表中加入其他列后，相对引用地址发生变化，而使用结构引用可以避免这样的问题。

（5） 按 Enter 键，在单元格 O5 旁显示如图 5-11 所示的图标，单击图标的下拉箭头，弹出提示框“使用此公式覆盖当前列中的所有单元格”，单击该提示框，公式自动复制到该列的所有单元格中。

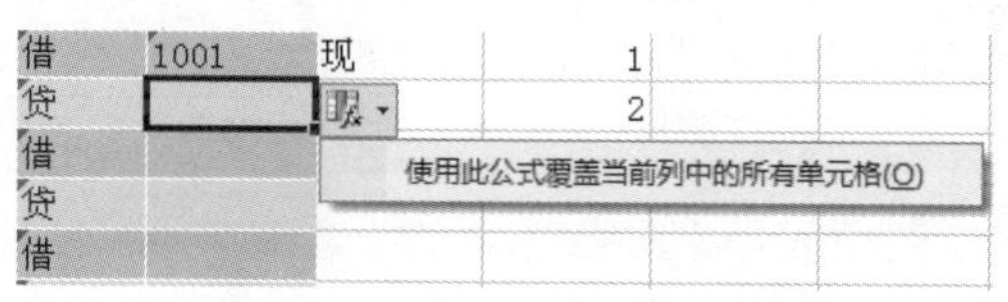

图 5-11 自动复制公式图标

2. 使用数据透视表创建“科目汇总表”

操作步骤如下：

（1） 单击工作表插入标签，插入一张新工作表，双击工作表标签，重命名为“科目汇总表（透视）”。

（2） 在单元格 B2 中输入“科目汇总表”，合并并居中区域 B2:E2，设置行高为“22.5”。选择“开始”/“样式”/“单元格样式”命令，在打开的下拉列表中选择“标题”组中“标题”样式，应用预定义好的单元格标题样式。

（3） 选择单元格 B7，选择“插入”/“表格”/“数据透视表”/“数据透视表”命令，打开如图 5-12 所示的“创建数据透视表”对话框。

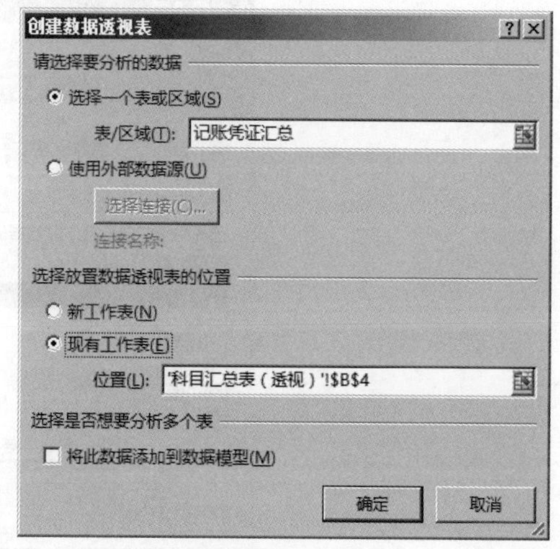

图 5-12 “创建数据透视表”对话框

（4） 在“请选择要分析的数据”中选中“选择一个表或区域”单选按钮，在其后的公式栏内输入“=记账凭证汇总”，单击“确定”按钮，在工作表中显示如图 5-13 所示的

“数据透视表字段列表”对话框。

（5） 在“选择要添加到报表的字段”列表中找到“借方金额”，右击弹出如图 5-14 所示的下拉列表，选择“添加到值”选项。用同样的方法，分别将“贷方金额”字段添加到“数值”区域，“总账代码”、“总账科目”添加到“行标签”区域，“年”、“月”字段添加到“报表筛选”区域。

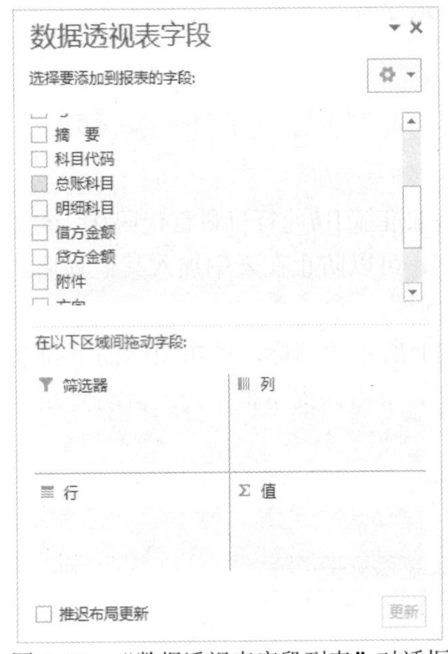

图 5-13 “数据透视表字段列表”对话框

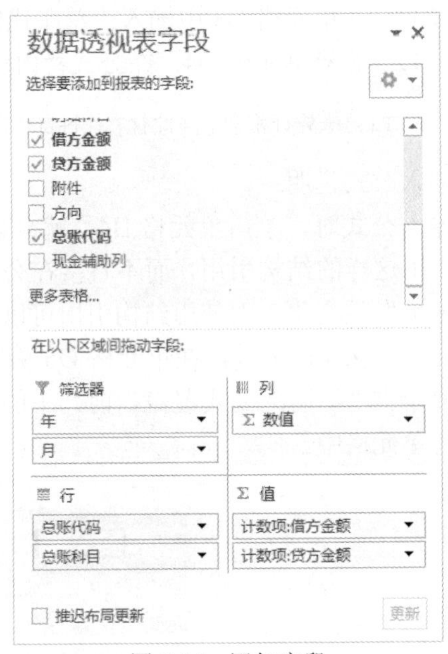

图 5-14 添加字段

（6） 单击“数值”区域的“计数项：借方金额”，在弹出的下拉列表中选择“值字段设置”命令，弹出如图 5-15 所示的“值字段设置”对话框。转到“汇总方式”选项卡，在“计算类型”列表中选择“求和”选项，单击“确定”按钮，关闭对话框，返回工作表界面；用同样的方法为“计数项：贷方金额”选择汇总字段的计算类型“求和”项。

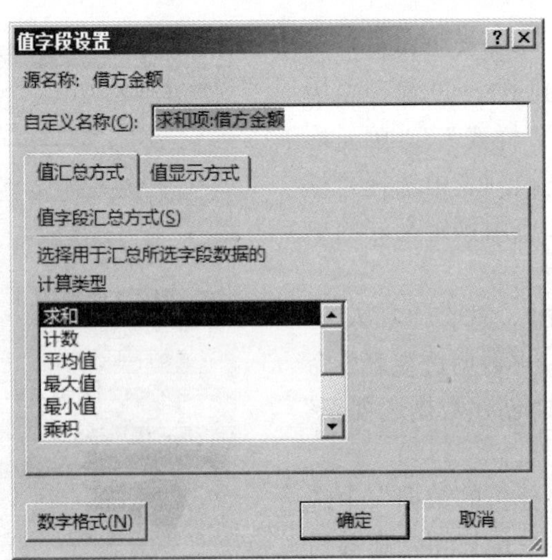

图 5-15 “值字段设置”对话框

（7） 选择“数据透视表工具”/“设计”/“布局”/“分类汇总”/“不显示分类汇总”

命令，取消数据透视表中默认的汇总行。

（8） 选择“数据透视表工具”/“设计”/“布局”/“报表布局”/“以表格形式显示”命令，设置数据透视表的报表布局，效果如图 5-16 所示。

	B	C	D	E
4	年	(全部)		
5	月	(全部)		
6				
7			值	
8	总账代码	总账科目	求和项:借方金额	求和项:贷方金额
9	⊟			
10	⊟1001	现金	65300	69100
11	⊟1002	银行存款	309500	144702.05
12	⊟1121	应收票据		32000
13	⊟1122	应收账款	93600	
14	⊟1221	其他应收款	3000	3000

图 5-16 更改报表布局为“表格”形式显示

（9） 选择“数据透视表工具”/“设计”/“数据透视表样式”命令，在样式功能组中选择合适的表样式。

（10） 分别选择单元格 D8 和 E8，输入“本期借方发生额”和“本期贷方发生额”；选择区域 B8:E8，设置字号为“12”，行高为“20”，居中显示文本。

（11） 选择 B 列，单击“字体”功能区中的“居中显示”按钮；选择 D 列和 E 列，设置字体为“Arial”，字号默认为“11”；选择“开始”/“数字”命令，在“数字”功能区中单击千分位分隔符按钮，设置借方金额和贷方金额的数字格式。

（12） 将单元格指针移动到 B 列至 E 列的列字母之间，变成形状之后，单击并拖动，调整单元格区域 B 列至 E 列到合适的宽度。

用户使用上述步骤创建的科目汇总表，不仅可以查看当月的科目汇总额，而且通过单击数据透视表上方如图 5-17 所示的报表筛选标签，可以查看其他月份的汇总额（前提是记账凭证汇总表中有其他月份的相应数据）。

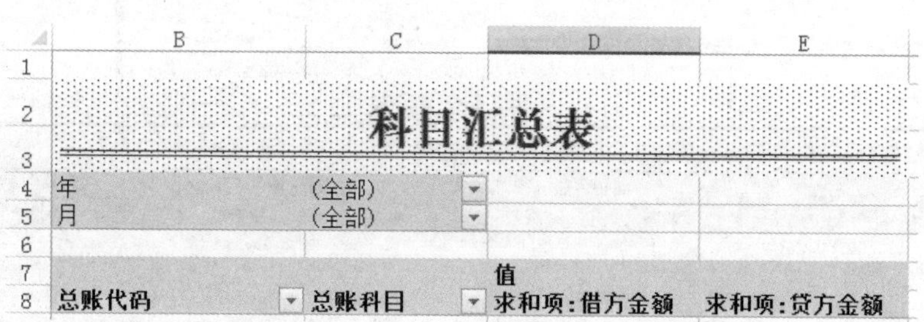

图 5-17 报表筛选标签

3. 冻结表标题区域

为了向下滚动数据时，仍然可以显示表格标题行，可以将表格标题区域冻结，具体步骤如下：

（1） 激活“科目汇总表（透视）”工作表，选择单元格 F9。

（2） 选择“视图”/“冻结窗格”/“冻结拆分窗格”命令，可以将 F9 单元格以上的所有行（第 1～8 行）冻结，当向上滚动标签时，表标题如图 5-18 所示仍然可见。

科目汇总表

年	(全部)		
月	(全部)		
		值	
总账代码	总账科目	求和项:借方金额	求和项:贷方金额
⊟6601	销售费用	2000	2000
⊟6602	管理费用	26600	26600
⊟6701	资产减值损失	468	468
⊟6711	营业外支出	6000	6000
⊟6801	所得税费用	25312.88	25312.88
总计		1909404.81	1909404.81

图 5-18　冻结窗格

5.3　科目余额表

科目余额表是用来记录本期所有会计科目的发生额和余额的表格。它不仅是科目汇总表的进一步延伸，能够反映某一会计期间相关会计科目的期初余额、本期发生额、期末余额，为编制会计报表提供更完善的数据，而且具有试算平衡的功能，以此判断本期记录的分录是否正确。

例 5-4　编制 XX 公司 8 月份科目余额表。

为 XX 公司编制如图 5-19 所示的 8 月份科目余额表，该范例文件见随书光盘“第 5 章”文件夹“会计账簿.xlsx”工作簿中的“科目余额表”工作表。

5.3.1　科目余额表的格式设计

科目余额表的格式如图 5-19 所示，具体制作步骤如下：

科目余额表

2012年8月

科目代码	会计科目	性质	期初余额		本期发生额		期末余额	
			借方	贷方	借方	贷方	借方	贷方
6101	公允价值变动损益	2	-	-	-	-		-
6111	投资收益	2	-	-	-	-		-
6301	营业外收入	2	-	-	-	-		-
6401	主营业务成本	2	-	-	190,290.50	190,290.50		-
6402	其它业务成本	2	-	-	-	-		-
6403	营业税金及附加	2	-	-	4,250.00	4,250.00		-
6411	利息支出	2	-	-	-	-		-
6601	销售费用	2	-	-	2,000.00	2,000.00		-
6602	管理费用	2	-	-	26,600.00	26,600.00		-
6603	财务费用	2	-	-	-	-		-
6701	资产减值损失	2	-	-	468.00	468.00		-
6711	营业外支出	2	-	-	6,000.00	6,000.00		-
6801	所得税费用	2	-	-	25,312.88	25,312.88		-
6901	以前年度损益调整	2	-	-	-	-		-
汇总			7229784.5	7229784.5	1909404.81	1909404.81	7400351.95	7400351.95

图 5-19　科目余额表

（1）在“会计账簿”工作簿中，单击工作表插入标签，插入一张工作表，双击工作表标签，重命名为“科目余额表”。

（2） 在单元格B2中输入“科目余额表”，合并并居中区域B2:I2，设置行高为“45”，选择“开始”/“样式”/“单元格样式”命令，在打开的下拉列表中选择“标题”组中单击“标题”样式，应用预定义的单元格标题样式。

（3） 选择区域B3:I3，设置字体为“Arial”，字号为“16”，行高为“20”，单元格背景为“深蓝（淡色 80%）”，完成对日期的字体设置；按Ctrl＋1组合键，打开“设置单元格格式”对话框，转到“数字”选项卡，在“分类”列表框中选择“日期”，在“类型”列表框中选择“2012年3月”格式，单击“确定”按钮，关闭对话框，返回工作表界面，完成对日期格式的设置。

（4） 在单元格B4、D4、F4、H4中分别输入“科目代码”、“会计科目”、“期初余额”、“本期发生额”、“期末余额”，相对应的分别合并并居中区域B4:B4、C4:C5、D4:E4、F4:G4、H4:I4；在单元格D5、E5、F5、G5、H5、I5中分别输入“借方”、“贷方”、“借方”、“贷方”、“借方”、“贷方”。

（5） 选择区域 B4:I5，设置字号为“12”，行高为“20”，填充背景色为“深蓝（淡色60%）”。

（6） 选择B列，设置列宽为“5”；选择C列，设置列宽为“15”；选择D列至I列，设置列宽为“20”。

（7） 选择D列和I列，设置字体为“Arial”，字号默认为“11”，选择“开始”/“数字”命令，在“数字”功能区中单击千分位分隔符 , 按钮，设置借方金额和贷方金额的数字格式。

（8） 激活“会计科目”工作表，选择区域B3:C69，按Ctrl＋C组合键。

（9） 激活“科目余额表”，单击单元格 B6，按 Ctrl＋V 组合键，将总账科目代码及科目名称复制到科目余额表中。

（10） 选择区域B6：I72，选择“插入”/“表格”/“表格”命令，弹出如图5-20所示的“创建表”对话框，单击“确定”按钮，关闭对话框，返回工作表界面。

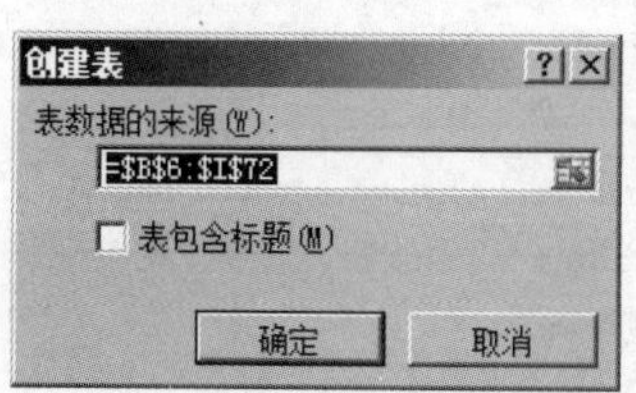

图5-20 “创建表”对话框

（11） 选择“表工具”/“设计”/“表设计选项”命令，在“表样式选项”功能组中勾选“汇总行”复选框，在表格中增加汇总行一列。

（12） 单击单元格 D74，单击右端的下拉箭头，在弹出的下拉列表中选择“求和”，用同样的方法为E74、F74、G74、I74选择该列内数据的汇总类型，即“求和”。

（13） 选择“表格工具”/“设计”/“表格样式”命令，在表样式功能组中选择合适的样式。

通过以上步骤，完成对科目余额表结构的创建，效果如图5-21所示。

科目余额表								
2012年8月								
科目代码	会计科目	性质	期初余额		本期发生额		期末余额	
			借方	贷方	借方	贷方	借方	贷方
列1	列2	列3	列4	列5	列6	列7	列8	列9
1001	现金	1						
1002	银行存款	1						
1012	其它货币资金	1						

图 5-21　“科目余额表”结构

5.3.2　设置日期

选择单元格 B3，在公式栏内输入“=记账凭证汇总表!C2”，显示科目汇总表的年、月信息。

5.3.3　设置期初余额表

在科目余额表中显示所有科目的期初余额，所以需要添加期初余额表，期初余额表的结构如图 5-22 所示。创建步骤如下：

期初余额表			
2012年8月			
科目代码	会计科目	期初借方	期初贷方
1001	现金	19,740.00	
1002	银行存款	567,892.50	
1012	其它货币资金		
1101	交易性金融资产		
1121	应收票据	32,000.00	
1122	应收账款	136,392.00	
1123	预付账款	9,500.00	
1131	应收股利		
1221	其他应收款	12,000.00	
1231	坏账准备		681.96
1403	原材料	97,500.00	
1405	库存商品	422,760.00	
1406	发出商品		
6711	营业外支出		
6801	所得税费用		
6901	以前年度损益调整		
汇总		7,229,784.50	7,229,784.50

图 5-22　期初余额表的结构

（1）在“会计账簿”工作簿中，单击工作表插入标签，插入一张工作表，双击工作表标签，重命名为“期初余额”。

（2）在单元格 B2 中输入“期初余额表”，合并并居中区域 B2:E2，设置行高为“45”。选择“开始”/“样式”/“单元格样式”命令，在打开的下拉列表中的“标题”组中单击“标题”样式，应用预定义的单元格标题样式。

（3）选择区域 B3:E3，设置字体为“Arial”，字号为“16”，完成对日期的字体设置。按 Ctrl+1 组合键，打开“设置单元格格式”对话框。转到“数字”选项卡，在“分类”列表框中选择“日期”，在“类型”列表框中选择“2012 年 3 月”格式，单击“确定”按钮，关闭对话框，返回工作表界面，完成对日期格式的设置。

（4）在单元格 B5、C5、E5、F5 中分别输入“科目代码”、“会计科目”、“借方”“贷方”，设置字号为“12”，行高为“20”。选择区域 B5:F5，居中显示文本。

（5）选择 B 列，单击“字体”功能区中的“居中显示”按钮；选择 D 列和 E 列，设置字体为“Arial”，字号默认为“11”。选择“开始”/“数字”命令，在“数字”功能区中单击千分位分隔符 , 按钮，设置借方金额和贷方金额的数字格式。

（6）将单元格指针移动到 B 列至 E 列的列字母之间，变成✚形状之后，单击并拖动，将单元格区域 B 列至 E 列调整到合适的宽度。

（7）激活“会计科目”工作表，选择区域 B3:C69，按 Ctrl+C 组合键。

（8）激活“科目余额表”，单击单元格 B5，按 Ctrl+V 组合键，将总账科目代码及科目名称复制到期初余额表中。

（9）选择区域 B5:E6，选择“插入”/“表格”/“表格”命令，勾选“包含表标题”复选框，单击“确定”按钮，返回工作表界面，创建表格区域。

（10）选择“表工具”/“设计”/“表设计选项”命令，在“表样式选项”功能组中勾选“汇总行”，在表格中增加汇总行一列。

（11）单击单元格 D73，单击右端的下拉箭头，在弹出的下拉列表中选择“求和”；单击单元格 E73，单击右端的下拉箭头，在弹出的下拉列表中选择“求和”。

（12）选择”表格工具”/“设计”/“表格样式”命令，在表样式功能组中选择合适的样式，并在“名称管理器”中将此表更名为“总账期初余额表”。

在创建的期初余额表内，依次输入表 5-1 中的数据。

表 5-1 总账科目期初余额数据

期初余额表			
2012 年 8 月			
科目代码	会计科目	期初借方	期初贷方
1001	现金	19,740.00	
1002	银行存款	567,892.50	
1121	应收票据	32,000.00	
1122	应收账款	136,392.00	
1123	预付账款	9,500.00	
1221	其他应收款	12,000.00	
1231	坏账准备		681.96
1403	原材料	97,500.00	
1405	库存商品	422,760.00	
1511	长期股权投资	82,000.00	
1601	固定资产	5,200,000.00	
1602	累计折旧		1,280,000.00
1701	无形资产	650,000.00	
2001	短期借款		160,000.00
2202	应付账款		23,400.00
2203	预收账款		15,000.00
2221	应交税费		50,102.05
2231	应付利息		2,000.00
4001	实收资本		5,000,000.00
4101	盈余公积		450,000.00
4103	本年利润		248,600.49

用同样的方法建立明细科目的期初余额表，依次输入表 5-2 中的数据，在“名称管理器”中将表更改名称为“明细期初余额表”。

表 5-2 明细科目期余额数据

明细期初余额			
2012 年 8 月			
代　码	会计科目	期初借方	期初贷方
112201	阳光公司	25,600.00	—
112202	万昌公司	10,792.00	—
140301	甲材料	7,200.00	—
140302	乙材料	50,300.00	—
140501	A 产品	92,580.00	—
140502	B 产品	30,180.00	—
220201	恒昌公司	—	23,400.00
222101	应交增值税	—	10,373.89
222102	应交所得税	—	38,647.28
222103	应交个人所得税	—	-
222104	应交城建市维护税	—	768.34
222105	应交教育费附加	—	312.54

5.3.4 调用期初余额

由于科目余额表中的会计科目和期初余额表中的会计科目都是从会计科目表中复制过来，所以结构和位置都固定，这样期初余额就可以直接从期初余额表中调用（如果单位经济业务发生多期，期初余额则可以从上期的科目余额表的期末余额中调用）。

操作步骤如下：

（1） 激活“科目余额表”，单击单元格 E7，在公式栏内输入“=”。

（2） 激活“期初余额表”工作表内的单元格 D5，按 Enter 键，返回“科目余额表”，公式栏内显示公式“=期初余额表!D5”。

（3） 按 Enter 键，在单元格 D8 旁显示如图 5-23 所示的图标，单击图标的下拉箭头，弹出提示框“使用此公式覆盖当前列中的所有单元格”，单击该提示框，公式自动复制到该列的所有单元格中。

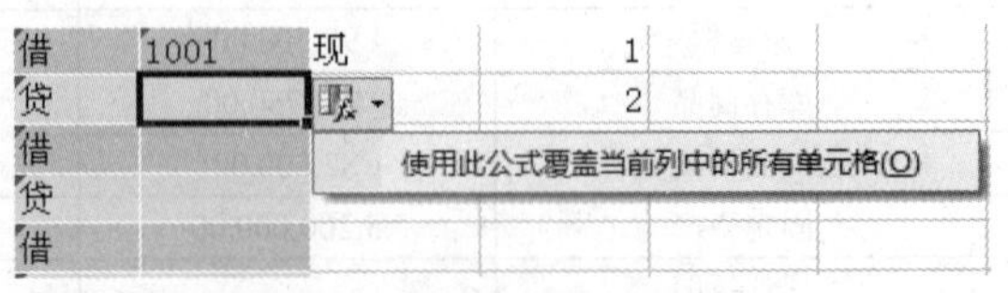

图 5-23 自动复制公式图标

（4） 单击单元格 F7，在公式栏内输入“=”。

（5） 激活“期初余额表”工作表内的单元格 D5，按 Enter 键，返回“科目余额表”，公式栏内显示公式“=期初余额表!E5”。

（6） 按 Enter 键，单击图标的下拉箭头，弹出提示框“使用此公式覆盖当前列中的所有单元格”，单击该提示框，公式自动复制到该列的所有单元格中，完成对所有总账科目的期初余额的调用。

5.3.5 计算本期发生额

科目余额表中的本期发生额可以从本期科目汇总表中调用，也可以参照创建科目汇总表，用 SUMIF 函数汇总符合条件的总账科目发生额，用函数汇总的优点在于，如果科目汇总表中插入一个新的会计科目后，相对引用的地址将会发生变化，而函数是直接从记账凭证中汇总得出的数据，不受其他格式变动的限制，可靠性更强。

用函数计算本期发生额的具体步骤如下：

（1） 选择单元格 F7，在公式栏内输入：

```
=SUMIF(记账凭证汇总[总账科目],C6,记账凭证汇总[借方金额])
```

按 Enter 键，在单元格 F8 旁显示图标，单击图标的下拉箭头，弹出提示框“使用此公式覆盖当前列中的所有单元格”，单击该提示框，公式自动复制到该列的所有单元格中

（2） 选择单元格 G7，在公式栏内输入：

```
=SUMIF(记账凭证汇总[总账科目],C6,记账凭证汇总[贷方金额])
```

按 Enter 键，在单元格 G8 旁显示图标，单击图标的下拉箭头，弹出提示框“使用此公式覆盖当前列中的所有单元格”，单击该提示框，公式自动复制到该列的所有单元格中，完成对本期发生额的计算。

5.3.6 期末余额的计算

期末余额表中的所有会计科目分为五类：资产、负债、所有者权益、成本和损益。根据会计核算的规则，资产/成本类的期末余额=期初余额＋本期借方发生额-本期贷方发生额，负债/所有者权益=期初余额＋本期贷方发生额-本期借方发生额，损益类无余额。所以计算期末余额时，首先需要判断总账会计科目的性质，然后在“科目余额表”中添加辅助列，计算期末余额。

1. 判断会计科目的性质

为方便计算，我们将资产、成本类的会计科目性质设置为“1”，负债、所有者权益的会计科目性质设置为“2”，损益由于本期借方发生额等于本期贷方发生额，所以期末余额为 0。但为便于计算，将其科目性质设置为“1”，除此之外，在资产类中，有部分科目的增加额是在贷方核算的，如“坏账准备”、“长期股权投资减值准备”等科目，需要对这些科目的性质特殊处理，设置为“2”，具体如表 5-3 所示。

表 5-3 会计科目的性质表

代 码	名 称	性 质	代 码	名 称	性 质	代 码	名 称	性 质
1001	现金	1	1606	固定资产清理	1	4103	本年利润	2
1002	银行存款	1	1701	无形资产	1	4104	利润分配	2
1012	其他货币资金	1	1702	累计摊销	2	5001	生产成本	1
1101	交易性金融资产	1	1703	无形资产减值准备	2	5101	制造费用	1
1121	应收票据	1	1811	递延所得税资产	1	5301	研发支出	1
1122	应收账款	1	1901	待处理财产损益	1	6001	主营业务收入	2
1123	预付账款	1	2001	短期借款	2	6051	其他业务收入	2
1131	应收股利	1	2101	交易性金融负债	2	6101	公允价值变动损益	2

（续表）

代　码	名　称	性　质	代　码	名　称	性　质	代　码	名　称	性　质
1221	其他应收款	1	2201	应付票据	2	6111	投资收益	2
1231	坏账准备	2	2202	应付账款	2	6301	营业外收入	2
1403	原材料	1	2203	预收账款	2	6401	主营业务成本	2
1405	库存商品	1	2211	应付职工薪酬	2	6402	其他业务成本	2
1406	发出商品	1	2221	应交税费	2	6403	营业税金及附加	2
1471	存货跌价准备	2	2231	应付利息	2	6411	利息支出	2
1501	持有至到期投资	1	2232	应付股利	2	6601	销售费用	2
1503	可供出售金融资产	1	2241	其他应付款	2	6602	管理费用	2
1511	长期股权	1	2701	长期应付款	2	6603	财务费用	2
1512	长期股权投资减值准备	2	2702	未确认融资费用	2	6701	资产减值损失	2
1521	投资性房地产	1	2801	预计负债	2	6711	营业外支出	
1601	固定资产	1	2901	递延所得税负债	2	6801	所得税费用	2
1602	累计折旧	2	4001	实收资本	2	6901	以前年度损益调整	2
1603	固定资产减值准备	2	4002	资本公积	2			
1604	在建工程	1	4101	盈余公积	2			

操作步骤如下：

（1） 激活“会计科目”工作表。

（2） 将鼠标移动到表格区域的右下角（单元格 C114），待指针变为后，单击并向右拖动一列，扩展表格区域。

（3） 在单元格 D2 中输入“性质”。

（4） 选择单元格 D3，在公式栏中输入公式：

```
=IF(OR(LEFT(B3)="1",LEFT(B3)="5"),1,2)
```

按 Enter 键，在单元格 G8 旁显示图标，单击图标的下拉箭头，弹出提示框“使用此公式覆盖当前列中的所有单元格”，单击该提示框，公式自动复制到该列的所有单元格中，完成对会计科目性质的判断。

公式说明：

该公式选择科目代码的第 1 位数字，如果为 1（资产类）或者 5（成本类），则返回该会计科目的性质 1，否则返回 2。

（5） 将“坏账准备”、“存货跌价准备”、“累计折旧”、“固定资产减值准备”、“长期投资减值准备”和“累计摊销”对应的科目性质改为 2。

2. 计算科目汇总表的期末余额

（1） 激活“科目余额表”。

（2） 按 Ctrl+F3 组合键，打开“名称管理器”对话框，将表 6 的名称改为“科目余额表”。

（3） 选择 D 列，右击鼠标，在打开的快捷菜单中选择“插入”命令，插入一列。

（4） 选择区域 D4:D5，合并并居中，输入“性质”，调整列宽。

（5） 选择单元格 D7，在公式栏内输入公式：

```
=VLOOKUP(科目余额表[[#此行],[列1]],会计科目表,3)
```

按 Enter 键，在单元格 D8 旁显示图标，单击图标的下拉箭头，弹出提示框“使用此公式覆盖当前列中的所有单元格”，单击该提示框，公式自动复制到该列的所有单元格中，完成对会计科目性质的引用。

（6） 选择单元格 I7，在公式栏内输入公式：

```
=IF(科目余额表!$D7=1,科目余额表!$E7+科目余额表!$G7-科目余额表!$H7,"")
```

按 Enter 键，在单元格 D8 旁显示图标，单击图标的下拉箭头，弹出提示框“使用此公式覆盖当前列中的所有单元格”，单击该提示框，公式自动复制到该列的所有单元格中。

（7） 选择单元格 J7，在公式栏内输入公式：

```
=IF(科目余额表!$D7=2,科目余额表!$F7+科目余额表!$H7-科目余额表!$G7,"")
```

按 Enter 键，在单元格 J8 旁显示图标，单击图标的下拉箭头，弹出提示框“使用此公式覆盖当前列中的所有单元格”，单击该提示框，公式自动复制到该列的所有单元格中。

5.3.7 美化工作表

由于创建表格时，自动加了一行如图 5-24 所示的列标题，需要将此行删除，此外需要保留表格的样式，可以将表格区域转换为普通区域。还需冻结标题区域，当向下拖动滚动条时仍然可以使表标题可见。

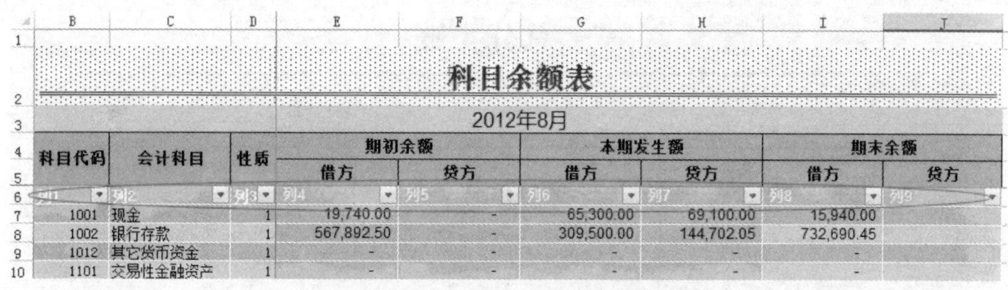

科目余额表

2012年8月

科目代码	会计科目	性质	期初余额		本期发生额		期末余额	
			借方	贷方	借方	贷方	借方	贷方
列1	列2	列3	列4	列5	列6	列7	列8	列9
1001	现金	1	19,740.00	-	65,300.00	69,100.00	15,940.00	
1002	银行存款	1	567,892.50	-	309,500.00	144,702.05	732,690.45	
1012	其它货币资金	1	-	-	-	-	-	
1101	交易性金融资产	1	-	-	-	-	-	

图 5-24 创建表格增加的列标题

1. 将表格转换为普通区域

由于表格的列标题不能删除，所以需要首先将表格转化为普通区域，这样即可以保留表格样式，又能方便的删除表标题，具体步骤如下：

（1） 选择表格区域内的任一单元格。

（2） 选择“表格工具”/“设计”/“工具”/“转换为区域”命令，将表格区域转换为普通区域，保留了表格的样式。

（3） 选择区域 B6:J6，选择“开始”/“单元格”/“删除”命令，删除表格的列标题列。

2. 冻结标题区域

向下滚动数据时，仍然可以显示表格标题行，可以将表格标题区域冻结，具体步骤如下。

（1） 单击单元格 K6。

（2） 选择“视图”/“冻结窗格”/“冻结拆分窗格”命令，可以将 K6 单元格以上的所有行（第 1～5 行）冻结，当向上滚动标签时，表标题仍然可视。

5.4 总分类账

总分类账简称总账，是根据总分类科目开设账户，用来登记全部经济业务，进行总分类核算的账簿。总分类账所提供的核算资料，是编制会计报表的主要依据，任何单位都必须设置总分类账。

总分类账的登记依据和方法，主要取决于所采用的会计核算形式。它可以直接根据各种记账凭证逐笔登记，也可以先把记账凭证按照一定方式进行汇总，编制成科目汇总表或汇总记账凭证，然后据以登记。通过总分类账，可以全面、总括地反应业务单位的财务收支和经济活动情况，并为编制财务报表提供所需的材料。

例 5-5 编制总分类账。

为 XX 公司编制如图 5-25 所示的总分类账，该范例文件见随书光盘“会计账簿.xlsx”工作簿中的“总分类账”工作表。

5.4.1 总分类账表的格式设计

总分类账表的格式如图 5-25 所示，具体制作步骤如下：

总分类账

					科目代码：	1002
					会计科目：	银行存款
2012 年		摘要	借方	贷方	借或贷	余额
月	日					
8	1	期初余额			借	567,892.50
8	31	本期发生额	309,500.00	144,702.05	借	732,690.45
8	31	本月合计	309,500.00	144,702.05	借	732,690.45

图 5-25 总分类账结构

（1） 在“会计账簿”工作簿中，单击工作表插入标签，插入一张工作表，双击工作表标签，重命名为“总分类账”。

（2） 在单元格 B2 中输入“总分类账”，合并并居中区域 B2:I2，设置字体为“华文中宋”，加粗显示，字号为“22”，字体颜色“深蓝（深色 25%）”，行高为“45”，添加双下画线。

（3） 在单元格 G4、G5 中分别输入“科目代码:”、“会计科目：”，加粗显示文本，对齐方式“水平靠右”，设置行高为“15”。

（4） 选择区域 H4:I4，合并并居中，设置字体为“Arial”，字号为“12”，加粗底框线。

（5） 选择区域 B6:C6，合并并居中，设置字体为“Arial”，字号为“12”。

（6） 在单元格 B8、C8 中分别输入“月”、“日”，水平居中显示文本。

（7） 分别选择区域 D6:D7、E6:E7、F6:F7、G6:G7、H6:I7，合并并居中，并输入文本“摘要”、“借方”、“贷方”、“借或贷”、“余额”。

（8） 在 D8、D9、D10 中分别输入“期初余额”、“本期发生额”、“本月合计”，居中显示文本。

（9） 分别选择区域 H8:I8、H9:I9、H10:I10，合并并居中。

（10） 选择区域 B6:I10，按 Ctrl＋1 组合键，打开“设置单元格格式”对话框，转到“边框”选项卡，为区域内部选择细线添加边框、区域上下选择粗线添加边框。

（11） 将单元格指针移动到 B 列至 I 列的列字母之间，变成✛形状之后，单击并拖动，将单元格区域 B 列至 I 列调整到合适的宽度。

（12） 选择区域 E8:I10，设置字体为“Arial”，字号默认为“11”，选择“开始”/“数字”命令，在“数字”功能区中单击千分位分隔符 , 按钮，设置金额的数字格式。

5.4.2 显示科目代码及科目名称

用户在使用总分类账时，只需在下列列表中选择或输入要查询的科目代码，科目名称可自动显示。

1. 输入科目代码

科目代码的输入既可以手工输入，也可以采用数据验证的序列输入方法，具体步骤如下：

（1） 激活“会计科目”工作表，选择区域 B3:B69，按 Ctrl＋C 组合键。

（2）激活“总分类账表”工作表，单击单元格 L4，按 Ctrl＋V 组合键，同时在名称框中输入“总账代码”，为该序列命名。

（3） 选择单元格 H4，选择”数据”/“数据工具”/“数据验证”/“数据验证”命令，打开“数据验证”对话框，转到“设置”选项卡，在“允许”列表中选择“序列”，在“来源”文本框中输入“=总账代码”，如图 5-26 所示。

（4） 单击“确定”按钮，关闭对话框，返回工作表界面。

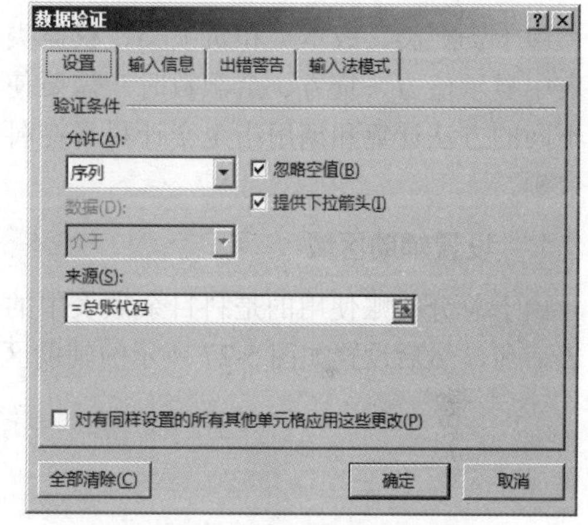

图 5-26 “数据验证”对话框

2. 自动显示科目名称

单击单元格 H5，在公式栏内输入公式：

```
=VLOOKUP(H4,会计科目表,2)
```

5.4.3 显示日期

总分类账的日期显示信息，包括年份、月份和日期，在 Excel 中可以分别使用 YEAR()、MONTH()、DAY()函数来实现。

1. 显示年份

选择单元格 B6，在公式栏内输入公式：

```
=YEAR(记账凭证汇总表!A2)&"年"
```

2. 显示月份

选择单元格 B8，在公式栏内输入公式：

```
=MONTH(记账凭证汇总表!$A$2)
```

选择单元格 B9，在公式栏内输入公式“=B8”。
选择单元格 B10，在公式栏内输入公式“=B9”。

3. 显示日期

在单元格 C8 中输入“1”。
选择单元格 C9，在公式栏内输入公式：

```
=DAY(EOMONTH(记账凭证汇总表!A2,0))
```

选择单元格 C10，在公式栏内输入公式“=C9”。

5.4.4 显示借方、贷方、余额

由于资产类、成本类和负债类、权益类在计算期末余额时的方法不一样，所以在总分类账表中显示借方、贷方、余额数时，需要使用辅助区域。首先判断会计科目的性质，然后使用不同的方法计算和调用指定会计科目在科目余额表中显示期初余额、本期发生额、计算期末余额。

1. 设置辅助区域

由于总分类账使用的是科目余额表中的数据，为了方便地输入公式，需要首先对科目余额表命名，然后设置如图 5-27 所示的辅助区域。

	H	I	J	K	L	M
1						
2						
3			性质			
4	1001		1		1001	
5	现金		期初		1002	
6	余额		借方	贷方	1012	
7			19740	0	1101	
8					1121	
9					1122	
10					1123	

图 5-27 辅助区域

（1） 激活“科目余额表”工作表，选择区域 B6:J73，在名称框中输入“科目余额表”。
（2）激活“总分类账”工作表，在单元格 J3 中输入“性质”。
（3） 选择单元格 J4，在公式栏内输入公式：

```
=VLOOKUP(H4,科目余额表,3)
```

（4） 在单元格 J6、K6 中分别输入“借方”、“贷方”。
（5） 选择单元格 J7，在公式栏内输入公式：

```
=VLOOKUP(H4,科目余额表,4)
```

（6） 选择单元格 K7，在公式栏内输入公式：

```
=VLOOKUP(H4,科目余额表,5)
```

2. 显示借方、贷方、余额、借贷方向。

借方、贷方、余额等单元格内的公式如表 5-4 所示。

表 5-4 总分类账区域内的公式

显示内容	单 元 格	公 式
显示期初余额	H8	=IF(J4=1,J7,IF(J4=2,K7,0))
显示本期发生额	E9	=VLOOKUP(H4,科目余额表,6)
	F9	=VLOOKUP(H4,科目余额表,7)
	H9	=IF(J4=1,ABS(H8+E9-F9),ABS(H8+F9-E9))
显示本月合计数	E10	=E9
	F10	=F9
	H10	=H9
显示借贷方向	G8	=IF(J7<>0,"借",IF(K7<>0,"贷","平"))
	G9	=IF(H9=0,"平",IF(AND(J4=1,H8+E9-F9>0),"借","贷"))
	G10	=G9

5.4.5 美化表格区域

为了使整张表格看起来更美观，需要将辅助列隐藏，为总分类账表添加背景颜色。

1. 隐藏辅助区域

选择 J 列到 L 列，选择“开始”/“单元格”/“格式”/“隐藏或取消隐藏”/“隐藏列”命令。

2. 设置背景色

选择区域 A1:N12，单击“开始”选项卡下的“字体”功能区中的添加背景色按钮，在打开的下拉列表中选择“水绿色（淡色 60%）”。

5.4.6 保护公式、工作表

由于工作表中有很多格式设置和计算公式，并且某些单元格也不需要输入数据，为了防止用户的不正确操作对这些格式设置和计算公式进行修改，需要对工作表进行保护。具体步骤如下：

（1） 单击工作表左上角的全选按钮，选中整张工作表。

（2） 按 Ctrl+1 组合键，弹出“设置单元格格式”对话框，转到“保护”选项卡，勾选“锁定”和“隐藏”复选框，单击“确定”按钮，关闭对话框，返回工作表界面。

（3） 选择单元格 H4，按 Ctrl+1 组合键，弹出“设置单元格格式”对话框，单击“保护”选项卡，勾选“锁定和“隐藏”复选框，单击“确定”按钮，关闭对话框，返回工作表界面。

（4） 选择“审阅”/“更改”/“保护工作表”命令，弹出“保护工作表”对话框，只勾选“选定未锁定的单元格”复选框，单击“确定”按钮，关闭对话框，返回工作表界面。

注意 如果要对保护过的工作表进行修改，必须撤销工作表保护，选择“审阅”/“更改”/“撤销工作表保护”命令。

5.4.7 总分类账表的使用

总分类账表的使用非常简单，用户只需在单元格 H4 中输入科目代码，或者，在下拉列表中选择科目代码，Excel 就会自动生成指定科目代码的总分类账表。

如图 5-28、如图 5-29 和如图 5-30 为几个查询会计科目的总分类账的例子。

总分类账

科目代码: 1002
会计科目: 银行存款

2009 年		摘要	借方	贷方	借或贷	余额
月	日					
8	1	期初余额			借	567,892.50
8	31	本期发生额	309,500.00	144,702.05	借	732,690.45
8	31	本月合计	309,500.00	144,702.05	借	732,690.45

图 5-28 分类账-银行存款（1002）

总分类账

科目代码: 2202
会计科目: 应付账款

2009 年		摘要	借方	贷方	借或贷	余额
月	日					
8	1	期初余额			贷	23,400.00
8	31	本期发生额	23,400.00	58,500.00	贷	58,500.00
8	31	本月合计	23,400.00	58,500.00	贷	58,500.00

图 5-29 总分类账-应付账款（2202）

总分类账

科目代码: 6001
会计科目: 主营业务收入

2009 年		摘要	借方	贷方	借或贷	余额
月	日					
8	1	期初余额			平	-
8	31	本期发生额	330,000.00	330,000.00	平	-
8	31	本月合计	330,000.00	330,000.00	平	-

图 5-30 总分类账-主营业务收入（6001）

5.5 明细分类账

明细分类账，是指按照明细分类账户进行分类登记的账簿。单位可以根据开展经济管理的需要，对经济业务的详细内容进行核算，明细分类账是对总分类账的补充反映。

例 5-6　编制明细分类账。

为 XX 公司编制如图 5-31 所示的明细分类账，该范例文件见随书光盘“第 5 章”文件夹“会计账簿.xlsx”工作簿中的“明细分类账”工作表。

	A	B	C	D	E	F	G	H
1								
2		明细分类账						
3								
4		科目代码：				总账科目：		
5						明细科目：		
6				摘要	借方	贷方	借或贷	余额
7		月	日					
8								
9								
10								
11								
12								

图 5-31　明细分类账格式

5.5.1　明细分类表的格式设计与美化

明细分类账表的格式如图 5-31 所示，具体制作步骤如下：

（1）在“会计账簿”工作簿中，单击工作表插入标签，插入一张工作表，双击工作表标签，重命名为“明细分类账”。

（2）合并并居中区域 B2:H2，设置字体为“华文中宋”，加粗显示，字号为“22”，行高为“45”，字体颜色为“深蓝（深色 25%）”，添加双下画线。

（3）选择区域 B3:C4，合并并居中，加粗显示文本，对齐方式“水平靠右”，设置行高为“15”。

（4）选择单元格 D4，加粗显示文本，对齐方式“水平靠左”，设置字体为“Arial”，字号为“12”，加单下画线。

（5）在单元格 F4、F5 中分别输入“总账科目：”、“明细科目：”，对齐方式“水平靠右”，设置行高为“15”。

（6）选择区域 G4:H4，合并并居中，加粗显示文本，对齐方式“水平居中”，加粗底框线；选择区域 G5:H5，合并并居中，加粗显示文本，对齐方式“水平居中”。

（7）选择区域 B6:C6，合并并居中，设置字体为“Arial”，字号为“12”。

（8）在单元格 B8、C8 中分别输入“月”、“日”，水平居中显示文本。

（9）分别选择区域 D6:D7、E6:E7、F6:F7、G6:G7、H6:H7，合并并居中，并输入文本“摘要”、“借方”、“贷方”、“借或贷”、“余额”。

（10）选择区域 B6:H7，按 Ctrl＋1 组合键，打开“设置单元格格式”对话框，转到“边框”选项卡，为区域内部边框线、下边框线选择细线，上边框线选择粗线，选择区域 B8:H200，为区域内部添加竖边框线。

（11）选择区域 E 列到 H 列，设置字体为“Arial”，字号默认为“11”，选择“开始”/“数字”命令，在“数字”功能区中单击千分位分隔符 , 按钮，设置金额的数字格式。

（12）将单元格指针移动到 B 列至 I 列的列字母之间，变成✛形状之后，单击并拖动，

将单元格区域 B 列至 I 列调整到合适的宽度。

5.5.2 显示表标题、科目代码及科目名称

明细分类账的表标题不同于总分类账的表标题，它是随着用户选择的科目名称的变化而变化的。用户在使用明细分类账时，只需输入或者选择明细科目代码，总账科目名称和明细科目名称就可以自动显示。

1. 输入科目代码

明细分类账中用户只能输入明细科目代码，科目代码的输入既可以手工输入，也可以采用数据验证的序列输入方法。具体步骤如下：

（1） 激活“会计科目”工作表，选择区域 B70:B114，按 Ctrl＋C 组合键。

（2） 激活“明细分类账”工作表，单击单元格 L4，按 Ctrl＋V 组合键，同时在名称框中输入“明细代码”，为该序列命名。

（3） 单击单元格 D4，选择”数据”/“数据工具”/“数据验证”/“数据验证”命令，打开“数据验证”对话框，转到“设置”选项卡，在“允许”列表中选择“序列”，在“来源”文本框中输入“=明细代码”，如图 5-32 所示。

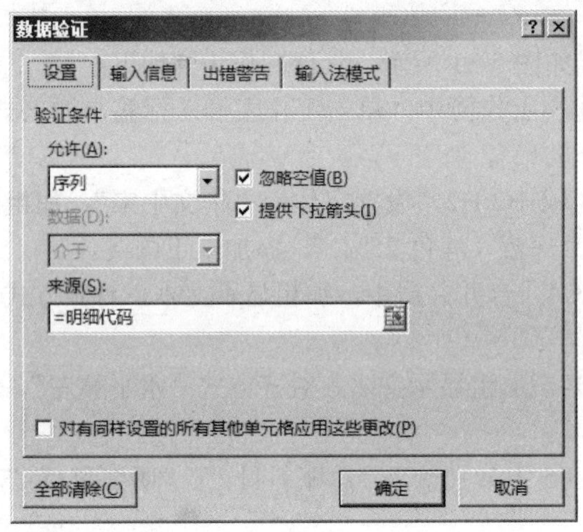

图 5-32 “数据验证”对话框

（4） 单击“确定”按钮，关闭对话框，返回工作表界面。

2. 自动显示总账科目名称

单击单元格 G4，在公式栏内输入公式：

```
=VLOOKUP(VALUE(LEFT(D4,4)),会计科目表,2,FALSE)
```

3. 自动显示明细科目名称

单击单元格 G5，在公式栏内输入公式：

```
=VLOOKUP(D4,会计科目表,2,FALSE)
```

4. 显示表头

单击单元格 B2，在公式栏内输入公式：

```
=G4&"明细分类账"
```

表头、科目代码、总账科目名称、明细科目名称的显示，设置完成，当选择 112201 科目代码时，显示如图 5-33 所示的界面。

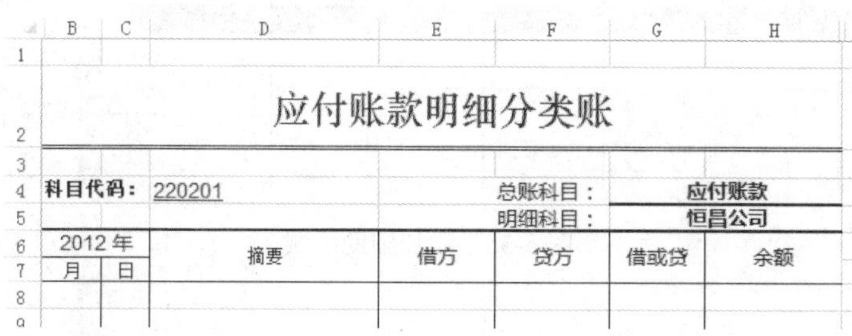

图 5-33 选择“112201”科目代码时表头、科目名称的显示

5.5.3 设置工作表公式

明细分类账中不同的明细科目在当期发生业务的次数不唯一，而且资产类、成本类和负债类、权益类在计算期末余额时方法不一样，所以在明细分类账表中显示每条记录的日期、摘要、借方、贷方、余额数信息时，需要使用辅助列及辅助区域。

1. 添加辅助列和辅助区域

明细分类账主要使用记账凭证汇总表中汇总的数据，所以首先要在记账凭证汇总表中添加一辅助列，利用条件计数函数 COUNTIF()标示出要查找会计科目明细项行数的行号，再用查找函数 VLOOKUP()找出各明细数据项数据填入明细账。添加如图 5-34 所示的辅助列及如图 5-35 所示的辅助区域。

记账凭证汇总表

112201　　2012年8月

凭证编号	明细辅助列	年	月	日	类型	号	摘　要	科目代码	总账科目	明细科目
2-1-1		2012	8	1	银	1	提取备用金	1001	现金	
2-1-2		2012	8	1	银	1	提取备用金	1002	银行存款	
3-1-1		2012	8	2	转	1	车间领用原材料	500101	生产成本	A产品
3-1-2		2012	8	2	转	1	车间领用原材料	140301	原材料	甲材料
1-1-1		2012	8	3	现	1	购买办公用品	660201	管理费用	办公费
1-1-2		2012	8	3	现	1	购买办公用品	1001	现金	
3-2-1		2012	8	4	转	2	缴纳上月所得税、增值	222101	应交税费	应交增值税
3-2-2		2012	8	4	转	2	缴纳上月所得税、增值	222102	应交税费	应交所得税
3-2-3		2012	8	4	转	2	缴纳上月所得税、增值	222104	应交税费	应交城市维护
3-2-4		2012	8	4	转	2	缴纳上月所得税、增值	222105	应交税费	应交教育费附
3-2-5		2012	8	4	转	2	缴纳上月所得税、增值	1002	银行存款	
2-2-1		2012	8	5	银	2	用支票偿还恒昌公司欠	220201	应付账款	恒昌公司
2-2-2		2012	8	5	银	2	用支票偿还恒昌公司欠	1002	银行存款	
3-3-1		2012	8	6	转	3	购买原材料	140301	原材料	甲材料
3-3-2		2012	8	6	转	3	购买原材料	222101	应交税费	应交增值税
3-3-3		2012	8	6	转	3	购买原材料	220202	应付账款	大河公司
1-2-1		2012	8	7	现	2	采购员借差旅费	1221	其他应收款	
1-2-2		2012	8	7	现	2	采购员借差旅费	1001	现金	
2-3-1		2012	8	8	银	3	销售产品	1002	银行存款	

图 5-34 添加辅助列

	A	B	C	D	E	F	G	H	I	J	K	L
1												
2		应收账款明细分类账										
3												
4		科目代码：		112201		总账科目：	应收账款			性质		112201
5						明细科目：	阳光公司			1		112202
6	行数	2012 年		摘要	借方	贷方	借或贷	余额		借方	贷方	140301
7	1	月	日						期初	25600	0	140302
8	行号	8	1	期初余额			借	25,600.00	本期	93600	0	140501
9	112201-1	8	18	销售A产品货款未收	93,600.00	-	借	119,200.00	期末	119200		140502
10	112201-2	8	31	本月合计及余额	93,600.00	-	借	119,200.00				220201
11	112201-3											220202
12	112201-4											220301
13	112201-5											221101
14	112201-6											221102
15	112201-7											221103
16	112201-8											221104

图 5-35　添加辅助区域

操作步骤如下：

（1）激活“记账凭证汇总表”工作表。

（2）选择 B 列，选择“开始”/“单元格”/“插入”/“工作表列”命令，在[年]列之前插入一列，选择第 3 行，在单元格 B3 中输入“明细辅助列”。

（3）选择单元格 B2，设置数字格式为“常规”，在公式栏中输入“=明细分类账!D4”。

（4）选择单元格 B4，在公式栏内输入公式：

```
=IF(COUNTIF(I4,$B$2)>0,$B$2&"-"&COUNTIF($I$4:I4,$B$2),"")
```

按 Enter 键，在单元格 B5 旁显示图标，单击图标的下拉箭头，弹出提示框“使用此公式覆盖当前列中的所有单元格”，单击该提示框，公式自动复制到该列的所有单元格中。

（5）激活“明细分类账”工作表。

（6）在单元格 A6、A8 中输入“行数”、“行号”。

（7）选择单元格 A7，在公式栏内输入“=COUNTIF(记账凭证汇总[科目代码],D4)”统计在记账凭证汇总表 [科目代码]列中出现单元格 A7 中的科目代码的次数，即当前明细账本期业务发生的行数。

（8）选择单元格 A9，在公式栏内输入公式：

```
=IF(ROWS($A$9:$A9)<=$A$6,$D$4&"-"&ROWS($A$9:$A9),"")
```

移动鼠标指针到单元格 A9 的右下角，待指针变为实心时，单击并向下拖动，复制公式到第 200 行。

公式说明：

如果当前明细账第一行小于本期业务行数，那么在单元格 A9 中标出当前明细科目代码及行号，函数 ROWS($A$9:$A9)用于统计区域$A$9:$A9 内的行数，向下复制时，依次标出 2、3、4，这样就能显示当前明细科目代码及各行编号。

（9）在单元格 J4、J6、K7、I7、I8、I9 中依次输入“性质”、“借方”、“贷方”、“期初”、“本期”、“期末”。

（10）选择单元格 J5，在公式栏内输入公式：

```
=VLOOKUP(D4,会计科目表,3,FALSE)
```

显示明细科目的性质。

（11） 选择单元格 J7，在公式栏内输入公式：

```
=VLOOKUP(D4,明细期初余额表,3,FALSE)
```

查找单元格 D4 所显示的明细科目代码在明细期初余额表中对应的期初借方余额。

（12） 选择单元格 K7，在公式栏内输入公式：

```
=VLOOKUP(D4,明细期初余额表,4,FALSE)
```

查找单元格 D4 所显示的明细科目代码在明细期初余额表中对应的期初贷方余额。

（13） 选择单元格 J8，在公式栏内输入公式：

```
=SUMIF(记账凭证汇总[明细辅助列],$D$4&"-"&"*",记账凭证汇总[借方金额])
```

汇总符合在[明细辅助列]中$D$4&"-"&"*"条件所对应的[借方金额]列的值之和。

（14） 选择单元格 K8，在公式栏内输入公式：

```
=SUMIF(记账凭证汇总[明细辅助列],$D$4&"-"&"*",记账凭证汇总[贷方金额])
```

汇总符合在[明细辅助列]中$D$4&"-"&"*"条件所对应的[贷方金额]列的值之和。

（15） 选择单元格 J9，在公式栏内输入公式：

```
=IF(J5=1,J7+J8-K8,K7+K8-J8)
```

如果科目性质为 1，期末余额计算公式为“期初借方余额 J7＋本期借方发生额 J8-本期贷方发生额 K8”。

2. 设置表内公式

如果查找的明细科目在本期有发生额，利用辅助区域内科目代码编号查找在“记账凭证汇总表”中对应的数据。如果没有发生额，则显示期初余额。

（1） 显示年份。

选择单元格 B6，在公式栏内输入公式：

```
=YEAR(记账凭证汇总表!A2)&" 年"
```

（2） 设置第 8 行的公式。

选择单元格 B8，在公式栏内输入公式“=记账凭证汇总表!C2”显示月份。

选择单元格 C8，输入“1”。

选择单元格 D8，输入“期初余额”。

选择单元格 H8，在公式栏内输入公式：

```
=IF(J5=1,J7,IF(J5=2,K7,0))
```

选择单元格 G8，在公式栏内输入公式：

```
=IF(J7<>0,"借",IF(K7<>0,"贷","平"))
```

（3） 设置第 9 行的公式。

选择单元格 B9，在公式栏内输入公式：

```
=IF(ROWS($A$9:$A9)<=$A$7,VLOOKUP($A9,记账凭证汇总[[明细辅助列]:[贷方金额]],3,FALSE),IF(AND(A7>0,ROWS($A$9:$A9)=$A$7+1),$B$8,""))
```

选择单元格 C9，在公式栏内输入公式：

```
=IF(ROWS($A$9:$A9)<=$A$7,VLOOKUP($A9,记账凭证汇总[[明细辅助列]:[贷方金额]],4,FALSE),IF(AND(A8>0,ROWS($A$9:$A9)=$A$7+1),DAY(EOMONTH(记账凭证汇总表!$C$2,0)),""))
```

选择单元格 D9，在公式栏内输入公式：

```
=IF(ROWS($A$9:$A11)<=$A$7,VLOOKUP($A11,记账凭证汇总[[明细辅助列]:[贷方金额]],7,FALSE),IF(AND(A9>0,ROWS($A$9:$A11)=$A$7+1),"本月合计及余额",""))
```

选择单元格 E9，在公式栏内输入公式：

```
=IF(ROWS($A$9:$A9)<=$A$7,VLOOKUP($A9,记账凭证汇总[[明细辅助列]:[贷方金额]],11,FALSE),IF(AND(B8>0,ROWS($A$9:$A9)=$A$7+1),$J$8,""))
```

选择单元格 F9，在公式栏内输入公式：

```
=IF(ROWS($A$9:$A9)<=$A$7,VLOOKUP($A9,记账凭证汇总[[明细辅助列]:[贷方金额]],12,FALSE),IF(AND(C8>0,ROWS($A$9:$A9)=$A$7+1),$K$8,""))
```

选择单元格 G9，在公式栏内输入公式：

```
=IF(D9="","",IF(H9=0,"平",IF(D9<>"本月合计及余额",
IF(OR(AND($J$5=1,H8+E9-F9>0),AND($J$5=2,H8+F9-E9<0)),"借","贷"),
IF(AND($J$5=1,$J$9>0),"借","贷"))))
```

选择单元格 H9，在公式栏内输入公式：

```
=IF(ROWS($A$9:$A9)<=$A$7,IF($J$5=1,ABS(H8+E9-F9),ABS(H8+F9-E9)),IF(D9="本月合计及余额",$J$9,""))
```

（4） 复制公式。

选择区域 B9:H9，移动鼠标指针到区域的右下角，待指针变为实心时，单击并向下拖动，复制公式到第 200 行。

如果“明细分类账”工作表和“会计凭证”工作表在同一个工作簿中建立，在“记账凭证汇总表”中加入辅助列后，会导致“会计凭证”工作表中使用 INDEX (array,row_num,column_num)函数中列标参数的引用错误（如图 5-36 所示），解决此问题的步骤如下：

① 选择单元格 D5，在公式栏中将公式改为：

=DATE(INDEX(记账凭证汇总,MATCH(A9,记账凭证汇总[凭证编号],0),3),INDEX(记账凭证汇总,MATCH(A9,记账凭证汇总[凭证编号],0),4),INDEX(记账凭证汇总,MATCH(A9,记账凭证汇总[凭证编号],0),5))

② 选择单元格 B9，在公式栏中将公式改为：

=IF(ISNA(INDEX(记账凭证汇总,MATCH(A9,记账凭证汇总[凭证编号],0),8)),"",INDEX(记账凭证汇总,MATCH(A9,记账凭证汇总[凭证编号],0),8))

③ 选择单元格 D9，在公式栏中将公式改为：

=IF(ISNA(INDEX(记账凭证汇总,MATCH(A9,记账凭证汇总[凭证编号],0),10)),"",INDEX(记账凭证汇总,MATCH(A9,记账凭证汇总[凭证编号],0),10))

记 账 凭 证

总页数：2　　　　#VALUE!　　　　转　字

当前页：1　　　　　　　　　　　23　号

摘　要	会计科目		借方金额	贷方金额	✓
	总账科目	明细科目			
23	4103	本年利润		228,748.50	
23	640101	主营业务成本	A产品	-	附件
23	640102	主营业务成本	B产品	-	0
23	6403	营业税金及附加		-	张
23	6601	销售费用		-	
23	6602	管理费用		-	
合计					

图 5-36　加入辅助列后在“会计凭证”工作表中的引用错误

④ 选择单元格 F9，在公式栏中将公式改为：

=IF(ISNA(INDEX(记账凭证汇总,MATCH(A9,记账凭证汇总[凭证编号],0),11)),"",INDEX(记账凭证汇总,MATCH(A9,记账凭证汇总[凭证编号],0),11))

⑤ 选择单元格 H9，在公式栏中将公式改为：

=IF(ISNA(INDEX(记账凭证汇总,MATCH(A9,记账凭证汇总[凭证编号],0),12)),"",INDEX(记账凭证汇总,MATCH(A9,记账凭证汇总[凭证编号],0),12))

⑥ 选择单元格 J9，在公式栏中将公式改为：

=IF(ISNA(INDEX(记账凭证汇总,MATCH(A9,记账凭证汇总[凭证编号],0),13)),"",INDEX(记账凭证汇总,MATCH(A9,记账凭证汇总[凭证编号],0),13))

⑦ 选择单元格 M11，在公式栏中将公式改为：

=IF(ISNA(INDEX(记账凭证汇总,MATCH(A9,记账凭证汇总[凭证编号],0),14)),"",INDEX(记账凭证汇总,MATCH(A9,记账凭证汇总[凭证编号],0),14))

⑧ 选择区域 B9:K9，将公式复制到第 10 行至第 14 行。

5.5.4　对本月合计栏设置条件格式

如果明细科目在本期有业务发生，明细分类账的合计栏会如图 5-37 所示突出显示。

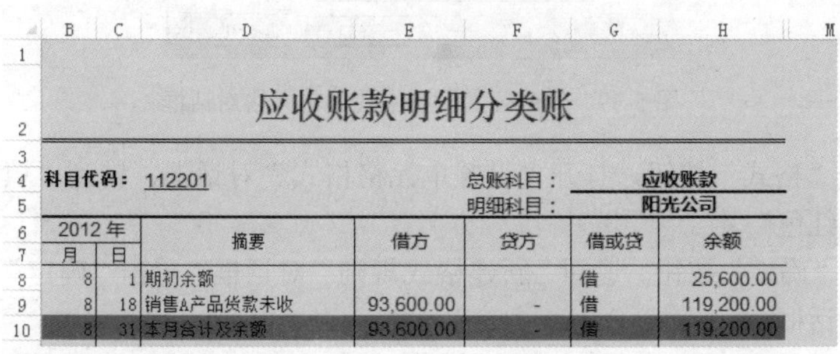

应收账款明细分类账

科目代码：112201　　　　总账科目：应收账款

　　　　　　　　　　　　明细科目：阳光公司

2012 年		摘要	借方	贷方	借或贷	余额
月	日					
8	1	期初余额			借	25,600.00
8	18	销售A产品货款未收	93,600.00	-	借	119,200.00
8	31	本月合计及余额	93,600.00	-	借	119,200.00

图 5-37　对合计栏设置条件格式

设置条件格式的具体步骤如下：

（1） 选择区域 B9:H9。

（2） 选择“开始”/“样式”/“条件格式”/“新建规则”命令，打开如图 5-38 所示的“新建格式规则”对话框。

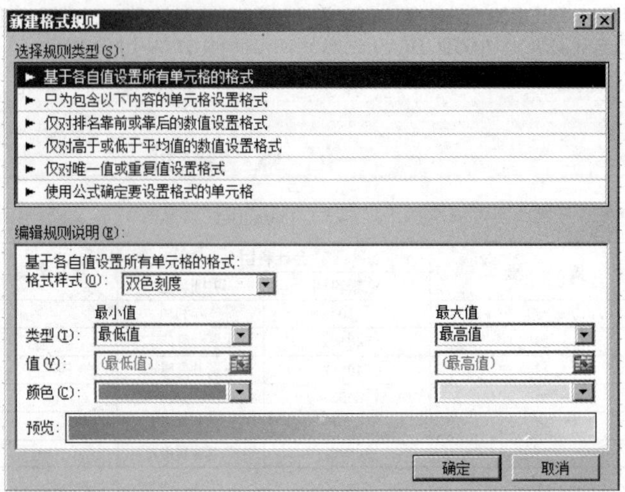

图 5-38 “新建格式规则”对话框

（3） 在“选择规则类型”列表中选择“使用公式确定要设置格式的单元格”，显示如图 5-39 所示的对话框，在“编辑规则说明”公式栏内输入公式：

```
=IF(ROWS($A$9:$A9)=$A$7+1,TRUE,FALSE)
```

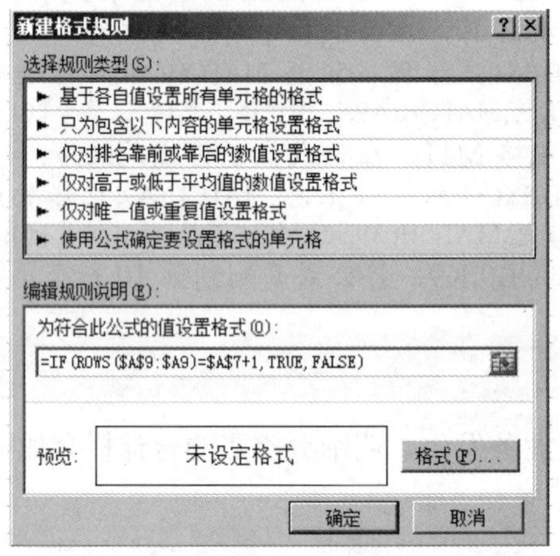

图 5-39 使用公式设置格式的单元格对话框

（4） 单击“格式”按钮，打开“设置单元格格式”对话框，转到“填充”选项卡，在背景色中选择“红色”。

（5） 单击“确定”按钮，返回“新建格式规则”对话框，单击“确定”按钮，关闭“新建格式规则”对话框。

（6） 选择区域 B9:H9，移动鼠标指针到区域的右下角，待指针变为实心时，单击并向下拖动，复制条件格式到第 200 行。

完成对合计栏条件格式的设置。

5.5.5 美化表格区域

为了使整张表格看起来更美观，需要将辅助列隐藏，为总分类账表添加背景颜色。

1. 隐藏辅助区域

分别选择 A 列、I 列到 L 列，选择“开始”/“单元格”/“格式”/“隐藏或取消隐藏”/“隐藏列”命令。

2. 设置背景色

选择区域 B1:M200，单击“开始”选项卡下的“字体”功能区中添加背景色按钮，在打开的下拉列表中选择“水绿色（淡色 60%）”。

5.5.6 保护公式、工作表

由于工作表中有很多格式设置和计算公式，并且某些单元格也不需要输入数据，为了防止用户的不正确操作对这些格式设置和计算公式进行修改，需要对工作表进行保护。具体步骤如下：

（1） 单击工作表左上角的全选按钮，选择整张工作表。

（2） 按 Ctrl＋1 组合键，弹出“设置单元格格式”对话框，转到“保护”选项卡，勾选“锁定”和“隐藏”复选框，单击“确定”按钮，关闭对话框，返回工作表界面。

（3） 选择单元格 D4，按 Ctrl＋1 组合键，弹出“设置单元格格式”对话框，单击“保护”选项卡，勾选“锁定和“隐藏”复选框，单击“确定”按钮，关闭对话框，返回工作表界面。

（4） 选择“审阅”/“更改”/“保护工作表”命令，弹出“保护工作表”对话框，只勾选“选定未锁定的单元格”复选框，单击“确定”按钮，关闭对话框，返回工作表界面。

如果要对保护过的工作表进行修改，必须撤销工作表保护，选择“审阅”/“更改”/“撤销工作表保护”命令。

5.5.7 明细分类账表的使用

明细分类账表的使用非常简单，只需要在单元格 D4 中输入科目代码，或者在下拉列表中选择科目代码，Excel 就会自动生成总分类账表。

如图 5-40、图 5-41、图 5-42 为几个查询会计科目的明细分类账的例子。

应收账款明细分类账

科目代码： 112201　　总账科目： 应收账款
　　　　　　　　　　明细科目： 阳光公司

2012年		摘要	借方	贷方	借或贷	余额
月	日					
8	1	期初余额			借	25,600.00
8	18	销售A产品货款未收	93,600.00	-	借	119,200.00
8	31	本月合计及余额	93,600.00	-	借	119,200.00

图 5-40 明细分类账：应收账款-阳光公司（112201）

原材料明细分类账

科目代码：140302　　总账科目：原材料　　明细科目：乙材料

2012年 月	日	摘要	借方	贷方	借或贷	余额
8	1	期初余额			借	50,300.00
8	11	车间领用材料用于一般消耗	-	3,000.00	借	47,300.00
8	15	车间领用乙材料	-	45,000.00	借	2,300.00
8	16	购买原材料	30,000.00	-	借	32,300.00
8	31	本月合计及余额	30,000.00	48,000.00	借	32,300.00

图 5-41　明细分类账：原材料-乙材料（140302）

应付账款明细分类账

科目代码：220201　　总账科目：应付账款　　明细科目：恒昌公司

2012年 月	日	摘要	借方	贷方	借或贷	余额
8	1	期初余额			贷	23,400.00
8	5	用支票偿还恒昌公司欠款	23,400.00	-	平	-
8	31	本月合计及余额	23,400.00	-	平	-

图 5-42　明细分类账：应付账款-恒昌公司（220201）

5.5.8　保存为模板

科目汇总表、科目余额表、总分类账、明细分类账按照以上步骤设计结构、公式，并对其工作表进行保护后，可以将工作表或工作簿保存为模板文件，这样每个月使用模板文件创建新的工作簿，用户只需在已经创建好的表格内输入数据，而不需要用大量的时间来重复创建表格，减轻了工作量，提高了工作效率。

保存为模板的步骤如下：

（1）选择“文件按钮”/“另存为”命令，弹出“另存为”对话框。

（2）在“保存位置”下拉列表中选择要存放模板文件的文件夹。

（3）在“文件名”文本框中输入要保存模板的名称：财务模板_会计账簿。

（4）在“保存类型”下拉列表中选择“Excel 模板（*.xltx）”。

（5）单击“确定”按钮，完成对模板文件的保存。

用户可以利用“财务模板_会计账簿.xltx”模板文件创建每个月的财务处理工作簿，在“记账凭证汇总表”工作表、“期初余额表”工作表中分别输入记账凭证相关信息和期初余额数后，就能查询并打印会计凭证、科目汇总表、科目余额表、总分类账、明细分类账。

5.6 本章小结

本章主要讲述了如何用 Excel 编制会计账簿，通过本章的学习，读者应掌握和了解以下知识点：

- 了解会计账簿的作用和种类。
- 掌握用公式制作科目汇总表的方法。
- 掌握用数据透视表制作科目汇总表的方法。
- 掌握创建科目余额表的方法。
- 掌握创建总分类账的方法。
- 掌握创建明细分类账的方法。
- 掌握在表格中复制公式的方法。
- 掌握表格区域转换为普通区域的方法。
- 掌握设置条件格式的方法。
- 掌握 INDEX()、MATCH()、IF()、VLOOKUP()、ROWS()等常用函数在制作会计账簿中的应用。

5.7 上机练习

资料：

M 公司 8 月份总账科目和明细科目的期初余额分别如图 5-43 和图 5-44 所示。

总账科目期初余额

科目代	会计科目	期初借方	期初贷方
1001	现金	16,450.00	-
1002	银行存款	473,243.75	-
1121	应收票据	26,666.67	-
1122	应收账款	113,660.00	-
1123	预付账款	7,916.67	-
1221	其他应收款	10,000.00	-
1231	坏账准备	-	568.30
1403	原材料	81,250.00	-
1405	库存商品	352,300.00	-
1511	长期股权投资	68,333.33	-
1601	固定资产	4,333,333.33	-
1602	累计折旧	-	1,066,666.67
1701	无形资产	541,666.67	-
2001	短期借款	-	133,333.33
2202	应付账款	-	19,500.00
2203	预收账款	-	12,500.00
2221	应交税费	-	41,751.71
2231	应付利息	-	1,666.67
4001	实收资本	-	4,166,666.67
4101	盈余公积	-	375,000.00
4103	本年利润	-	207,167.08
汇总		6,024,820.42	6,024,820.42

图 5-43 总账科目期初余额

明细科目期初余额

科目代	会计科	期初借方	期初贷方
112201	阳光公司	21,333.33	-
112202	万昌公司	92,326.67	-
140301	甲材料	39,333.33	-
140302	乙材料	41,916.67	-
140501	A产品	160,483.33	-
140502	B产品	191,816.67	-
220201	恒昌公司	-	19,500.00
222101	应交增值税	-	8,644.91
222102	应交所得税	-	32,206.07
222104	城市维护建	-	640.28
222105	交教育费附	-	260.45

图 5-44 明细科目期初余额

结合第 4 章的上机习题资料，完成以下练习：

（1） 利用数据透视表创建如图 5-45 所示的科目汇总表。

科目汇总表

年	（全部）		
月	（全部）		
		值	
总账代码	总账科目	求和项：借方金	求和项：贷方金额
1122	应收账款	93,600.00	
1221	其他应收款	3,000.00	3,000.00
1231	坏账准备		468.00
1403	原材料	80,860.00	98,000.00
1405	库存商品	161,400.00	190,290.50
1601	固定资产		6,000.00
1602	累计折旧		16,000.00
1901	待处理财产损益	6,860.00	6,860.00
2201	应付票据		35,100.00
2202	应付账款	23,400.00	58,500.00
2203	预收账款	15,000.00	
2211	应付职工薪酬	62,000.00	62,000.00
2221	应交税费	63,702.05	85,662.88
2241	其它应付款		1,000.00
4103	本年利润	254,061.38	330,000.00
5001	生产成本	161,400.00	161,400.00
5101	制造费用	24,400.00	24,400.00
6001	主营业务收入	330,000.00	330,000.00
6401	主营业务成本	190,290.50	190,290.50
6403	营业税金及附加	4,250.00	4,250.00
6601	销售费用	2,000.00	2,000.00
6602	管理费用	26,600.00	26,600.00
6701	资产减值损失	468.00	468.00
6711	营业外支出	6,000.00	6,000.00
6801	所得税费用	25,312.88	25,312.88
总计		**1911404.81**	**1911404.81**

图 5-45　M 公司 8 月份科目会汇总表

（2）　利用公式创建如图 5-46 和图 5-47 所示的科目余额表。

科目余额表

2012年8月

科目代码	会计科目	性质	期初余额		本期发生额		期末余额	
			借方	贷方	借方	贷方	借方	贷方
1001	现金	1	16,450.00	-	67,300.00	69,100.00	14,650.00	
1002	银行存款	1	473,243.75	-	309,500.00	146,702.05	636,041.70	
1012	其它货币资金	1	-	-	-	-	-	
1101	交易性金融资产	1	-	-	-	-	-	
1121	应收票据	1	26,666.67	-	-	32,000.00	-5,333.33	
1122	应收账款	1	113,660.00	-	93,600.00	-	207,260.00	
1123	预付账款	1	7,916.67	-	-	-	7,916.67	
1131	应收股利	1	-	-	-	-	-	
1221	其他应收款	1	10,000.00	-	3,000.00	3,000.00	10,000.00	
1231	坏账准备	2	-	568.30	-	468.00		1,036.30
1403	原材料	1	81,250.00	-	80,860.00	98,000.00	64,110.00	
1405	库存商品	1	352,300.00	-	161,400.00	190,290.50	323,409.50	
1406	发出商品	1	-	-	-	-	-	
1471	存货跌价准备	2	-	-	-	-		-
1501	持有至到期投资	1	-	-	-	-	-	
1503	可供出售金融资产	1	-	-	-	-	-	
1511	长期股权投资	1	68,333.33	-	-	-	68,333.33	
1512	长期股权投资减值	2	-	-	-	-		-
1521	投资性房地产	1	-	-	-	-	-	
1601	固定资产	1	4,333,333.33	-	-	6,000.00	4,327,333.33	
1602	累计折旧	2	-	1,066,666.67	-	16,000.00		1,082,666.67
1603	固定资产减值准备	2	-	-	-	-		-
1604	在建工程	1	-	-	-	-	-	
1606	固定资产清理	1	-	-	-	-	-	
1701	无形资产	1	541,666.67	-	-	-	541,666.67	
1702	累计摊销	2	-	-	-	-		-
1703	无形资产减值准备	2	-	-	-	-		-
1811	递延所得税资产	1	-	-	-	-	-	
1901	待处理财产损益	1	-	-	6,860.00	6,860.00	-	
2001	短期借款	2	-	133,333.33	-	-		133,333.33
2101	交易性金融负债	2	-	-	-	-		-
2201	应付票据	2	-	-	-	35,100.00		35,100.00

图 5-46　科目余额表

	B	C	D	E	F	G	H	I	J
38	2202	应付账款	2	-	19,500.00	23,400.00	58,500.00		54,600.00
39	2203	预收账款	2	-	12,500.00	15,000.00	-		-2,500.00
40	2211	应付职工薪酬	2	-	-	62,000.00	62,000.00		-
41	2221	应交税费	2	-	41,751.71	63,702.05	85,662.88		63,712.54
42	2231	应付利息	2	-	1,666.67	-	-		1,666.67
43	2232	应付股利	2	-	-	-	-		-
44	2241	其它应付款	2	-	-	-	1,000.00		1,000.00
45	2701	长期应付款	2	-	-	-	-		-
46	2702	未确认融资费用	2	-	-	-	-		-
47	2801	预计负债	2	-	-	-	-		-
48	2901	递延所得税负债	2	-	-	-	-		-
49	4001	实收资本	2	-	4,166,666.67	-	-		4,166,666.67
50	4002	资本公积	2	-	-	-	-		-
51	4101	盈余公积	2	-	375,000.00	-	-		375,000.00
52	4103	本年利润	2	-	207,167.08	254,061.38	330,000.00		283,105.70
53	4104	利润分配	2	-	-	-	-		-
54	5001	生产成本	1	-	-	161,400.00	161,400.00	-	
55	5101	制造费用	1	-	-	24,400.00	24,400.00	-	
56	5301	研发支出	1	-	-	-	-	-	
57	6001	主营业务收入	2	-	-	330,000.00	330,000.00		-
58	6051	其它业务收入	2	-	-	-	-		-
59	6101	公允价值变动损益	2	-	-	-	-		-
60	6111	投资收益	2	-	-	-	-		-
61	6301	营业外收入	2	-	-	-	-		-
62	6401	主营业务成本	2	-	-	190,290.50	190,290.50		-
63	6402	其它业务成本	2	-	-	-	-		-
64	6403	营业税金及附加	2	-	-	4,250.00	4,250.00		-
65	6411	利息支出	2	-	-	-	-		-
66	6601	销售费用	2	-	-	2,000.00	2,000.00		-
67	6602	管理费用	2	-	-	26,600.00	26,600.00		-
68	6603	财务费用	2	-	-	-	-		-
69	6701	资产减值损失	2	-	-	468.00	468.00		-
70	6711	营业外支出	2	-	-	6,000.00	6,000.00		-
71	6801	所得税费用	2	-	-	25,312.88	25,312.88		-
72	6901	以前年度损益调整	2	-	-	-	-		-
73	汇总			6024820.417	6024820.417	1911404.81	1911404.81	6195387.867	6195387.867

图 5-47　科目余额表（续图 5-46）

（3）创建总分类账，并查询代码为 2201 的总分类账，查询结果如图 5-48 所示。

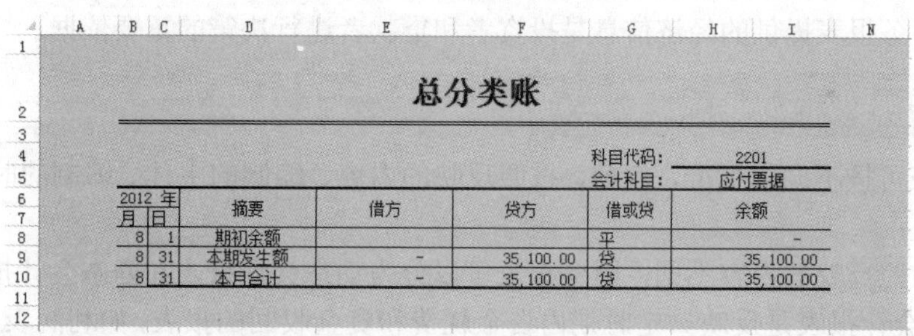

总分类账

科目代码：2201

会计科目：应付票据

2012 年		摘要	借方	贷方	借或贷	余额
月	日					
8	1	期初余额			平	-
8	31	本期发生额	-	35,100.00	贷	35,100.00
8	31	本月合计	-	35,100.00	贷	35,100.00

图 5-48　总分类账-应付票据（2201）

（4）创建明细科目，并查询代码为“140501”的明细分类账，查询结果如图 5-49 所示。

库存商品明细分类账

科目代码：140501　　总账科目：库存商品

明细科目：A产品

2012 年		摘要	借方	贷方	借或贷	余额
月	日					
8	1	期初余额			借	160,483.33
8	31	结转完工产品成本	84,780.95	-	借	245,264.28
8	31	结转销售成本	-	102,984.67	借	142,279.61
8	31	本月合计及余额	84,780.95	102,984.67	借	142,279.61

图 5-49　明细分类账-银行存款（140501）

第 6 章　编制财务报表

财务报表是会计处理的最终环节，是会计工作的定期总结。它是在会计凭证、会计账簿、会计科目汇总表和科目余额表等会计资料的基础上编制的。本章主要介绍如何在编制会计账簿的基础上，利用 Excel 编制财务报表。

6.1　财务报表概述

财务报表综合反映企业某一特定日期财务状况和某一会计期间经营成果、现金流量的总结性书面文件。它是企业财务报告的主要部分，是企业向外传递会计信息的主要手段。

6.1.1　财务报表的作用

财务报表向投资者、债权人、政府及其他报表使用者提供有用的经济决策信息。编制财务报表的作用主要有以下几方面。

（1）财务报表提供的经济信息是评价企业经营业绩和改善经营管理的重要依据。

（2）财务报表提供的经济信息是国家经济管理机构进行宏观调控与管理的重要依据。

（3）财务报表提供的经济信息是投资者和贷款者进行决策的重要依据。

6.1.2　财务报表的分类

财务报表可按不同的标准，例如，按照反映的内容、编制的主体、编制的时间进行分类，具体介绍如下：

（1）按照反映的内容不同，财务报表可以分为动态会计报表和静态会计报表。

① 动态会计报表是反映一定时期内资金耗费和资金收回的报表，如利润表是反映一定时期内经营成果的报表。

② 静态会计报表是综合反映一定时期内资产、负债和所有者权益的财务报表，如资产负债表是反映企业在某一特定日期财务状况的会计报表，它反映企业在某一特定日期拥有和控制的经济资源，所承担的现时义务和所有者对净资产的要求权。

（2）按编制的主体不同，会计报表可以分为单位报表、合并报表和汇总报表。

① 单位报表是指由企业在自身核算基础上，对账簿记录进行加工而编制的会计报表，以反映企业自身的财务状况和经营成果。

② 合并报表是集团公司中的母公司编制的报表，是以母公司及其子公司组成会计主体，以控股公司和其子公司单独编制的个别财务报表为基础，由控股公司编制的反映抵消集团内部往来账项后的集团合并财务状况和经营成果的财务报表。

③ 汇总报表是由会计主管部门或上级机关，根据所属单位报送的会计报表，连同本单位会计报表汇总编制的综合性会计报表。

（3）按编制的时间不同，会计报表可以分为中期报表（包括月报、季报和半年报）、年度报表。

6.2 制作资产负债表

资产负债表是指反映企业在某一特定日期的财务状况的报表，资产负债表包括资产、负债和所有者权益三部分内容。

6.2.1 资产负债表的组成

资产负债表一般采用账户式结构，分为左右两方，左方为资产，右方为负债和所有者权益。资产负债表左右双方平衡，资产总计等于负债加所有者权益，即“资产=负债＋所有者权益”。资产负债表中的三部分按照一定的标准进一步分类并排列。

（1） 资产按资产的流动性大小不同，分为流动资产和非流动资产两类：

① 流动资产类由货币资金、交易性金融资产、应收票据、应收账款、预付账款、其他应收款、应收利息、存货和一年内到期的非流动资产等项目组成。

② 非流动资产是指流动资产以外的资产，主要有持有至到期投资、可供出售金融资产、长期应收款、长期股权投资、固定资产、无形资产、开发支出、长期待摊费递延所得税资产等项目组成。

（2） 按负债的流动性不同，分为流动负债和非流动负债两类：

① 流动负债类由短期借款、应付票据、应付账款、预收账款、应付职工薪酬、应交税费、应付股利、其他应付款、预提费用等项目组成。

② 非流动负债类由长期借款、应付债券、长期应付款、预计负债、递延所得税负债等项目组成。

（3） 所有者权益是企业资产扣除负债后的剩余资产。

按所有者权益的来源不同，由实收资本、资本公积、盈余公积和未分配利润等项目组成。

6.2.2 资产负债表的编制方法

1. 根据总账科目余额直接填列

资产负债表各项目的数据来源，主要是根据总账科目期末余额直接填列，这些项目有以下几种：

（1） 资产类项目有：应收票据、应收股利、应收利息、应收补贴款、固定资产原价、累计折旧、工程物资、固定资产减值准备、固定资产清理、递延税款借项等。

（2） 负债类项目有：短期借款、应付票据、应付工资、应付福利费、应付股利、应交税金、其他应交款、其他应付款、预计负债、长期借款、应付债券、专项应付款、递延税款贷项等。

（3） 所有者权益项目有：实收资本、已归还投资、资本公积、盈余公积等。

2. 根据总账科目余额计算填列

资产负债表某些项目需要根据若干个总账科目的期末余额计算填列，这些项目有：

（1） 资产类的货币资金项目，根据“现金”、“银行存款”、“其他货币资金”科目的期末余额合计填列。

（2）资产类的存货项目，根据“物资采购”、“原材料”、“低值易耗品”、“自制半成品”、“库存商品”、“包装物”、“分期收款发出商品”、“委托加工物资”、“委托代销商品”、“生产成本”等账户的合计，减去“代销商品款”、“存货跌价准备”科目的期末余额后的余额填列。

（3）资产类的固定资产净值项目，根据“固定资产”账户的借方余额减去“累计折旧”账户的贷方余额后的净额填列。

（4）所有者权益类的未分配利润项目，在月（季）报中，根据“本年利润”和“未分配利润”科目的余额计算填列。

3. 根据明细科目的余额计算填列

资产负债表某些项目不能根据总账科目的期末余额或若干个总账科目的期末余额计算填列，需要根据有关科目所属的相关明细科目的期末余额计算填列。

（1）“应收账款”项目，应根据“应收账款”科目所属各明细账户的期末借方余额合计，再加上“预收账款”科目的有关明细科目期末借方余额计算填列。

（2）“应付账款”项目，应根据“应付账款”、“预付账款”科目的有关明细科目的期末贷方余额计算编制。

4. 根据总账科目和明细科目余额分析计算填列

资产负债表上某些项目不能根据有关总账科目的期末余额计算填列，也不能根据有关科目所属明细科目的期末余额计算填列，需要根据总账科目和明细科目余额分析计算填列。

（1）“长期借款”项目，根据“长期借款”总账科目余额扣除“长期借款”科目所属的明细科目中反映的将于一年内到期的长期借款部分分析计算填列。

（2）“长期债权投资”项目、“长期待摊费用”项目，也要分别根据“长期债权投资”科目和“长期待摊费用”科目的期末余额，减去一年内到期的长期债权投资和一年内摊销的数额后的金额计算填列。

5. 根据科目余额减去其备抵项目后的净额填列

具体的项目有：

（1）“应收账款”项目，应根据“应收账款”科目所属各明细科目的期末借方余额合计数，减去“坏账准备”科目中有关应收账款计提的坏账准备期末余额数后的金额填列。

（2）“存货”项目，根据扣除前的存货项目余额减去“存货跌价准备”科目期末余额后的金额填列。

（3）“长期股权投资”项目，应根据“长期股权投资”科目的期末余额，减去“长期投资减值准备”科目中有关股权投资减值准备期末余额后的金额填列。

（4）“固定资产净额”项目，按照“固定资产净值”项目余额减去“固定资产减值准备”科目期末余额后的净额填列。

（5）“在建工程”项目，按照“在建工程”科目的期末余额减去“在建工程减值准备”科目期末余额后的净额填列。

（6）“无形资产”项目，按照“无形资产”科目的期末余额减去“无形资产减值准备”科目期末余额后的净额填列，以反映无形资产的期末可收回金额。

资产负债表的“年初数”栏各项目数字，应根据上年末资产负债表“期末数”栏内所列数字填列。

6.2.3 资产负债表的格式设计

例 6-1 编制 XX 公司 8 月份资产负债表。

为 XX 公司编制如图 6-1 所示的 8 月份资产负债表，该范例文件见随书光盘“第 6 章”文件夹“会计报表.xlsx”工作簿中的“资产负债表”工作表。

资产负债表的格式如图 6-1 所示，制作步骤如下：

资产负债表					
编制单位:		2012年8月31日			单位：元
资　　产	期初余额	期末余额	负债及所有者权益	期初余额	期末余额
流动资产:			流动负债:		
货币资金			短期借款		
交易性金融资产			交易性金融负债		
应收票据			应付票据		
应收账款			应付账款		
预付账款			预收账款		
应收股利			应付职工薪酬		
应收利息			应交税费		
其他应收款			应付利息		
存货			应付股利		
其中：消耗性生物资产			其他应付款		
一年内到期的非流动资产			预计负债		
其他流动资产			一年内到期的非流动负债		
流动资产合计			其他流动负债		
非流动资产:			流动负债合计		
可供出售金融资产			非流动负债:		
持有至到期投资			长期借款		
投资性房地产			应付债券		
长期股权投资			长期应付款		
长期应收款			专项应付款		
固定资产			递延所得税负债		
在建工程			其他非流动负债		
工程物资			非流动负债合计		
固定资产清理			负债合计		
生产性生物资产					
油气资产			所有者权益（或股东权益）:		
无形资产			实收资本（或股本）		
开发支出			资本公积		
商誉			盈余公积		
长期待摊费用			本年利润		
递延所得税资产			减：库存股		
其他非流动资产			所有者权益（或股东权益）合计		
非流动资产合计					
资产总计			负债和所有者（或股东权益）合计		

图 6-1 资产负债表的格式

（1）双击 Excel 模板文件“财务模板_会计模板.xltx”，利用模板打开并新建名为“会计报表”的工作簿，单击工作表插入标签，插入一张工作表，双击工作表标签，重命名为“资产负债表”。

（2）在单元格 A1 中输入“资产负债表”，合并并居中区域 A1:F2，设置行高为“22.5”。选择“开始”/“样式”/“单元格样式”命令，在打开的下拉列表中“标题”组中选择“标题”样式，应用预定义的单元格标题样式。

（3）在单元格 A3、F3 中分别输入“编制单位:”、“单位：元”，设置字号为“12”，行高为“20”。

（4）选择区域 C3:D3，合并并居中，设置字体为“Arial”，字号为“16”，行高为“20”，单元格背景为“深蓝（淡色 80%）”，完成对日期的字体设置。按 Ctrl+1 组合键，打开“设置单元格格式”对话框，转“数字”选项卡，在“分类”列表框中选择“日期”，在“类型”列表框中选择“2012 年 3 月 14 日”格式，单击“确定”按钮，关闭对话框，返回工作表界面，完成对日期格式的设置。

（5） 在单元格 A4、B4、C4、D4、E4、F4 中分别输入“资产”、“期初余额”、“期末余额”、“负债及所有者权益”、“期初余额”、“期末余额”。

（6） 选取区域 A4:F4，设置字号为“12”，行高为“20”，填充背景色为“深蓝（淡色 60%）”。

（7） 选取 B 列、C 列、E 列和 F 列，设置字体为“Arial”，字号默认为“11”，选择“开始”/“数字”，在“数字”功能区中单击千分位分隔符 , 按钮，设置借方金额和贷方金额的数字格式。

（8） 参照图 6-1 所示的资产负债表的格式在区域 A5:A38 和区域 B5:B38 内输入资产负债表项目。

（9） 将单元格指针移动到 A 列至 F 列的列字母之间，变成 ✛ 形状之后，单击并拖动，将单元格区域 A 列至 F 列调整到合适的宽度。

6.2.4 资产负债表公式设计

资产负债表内的公式包括日期和表内项目公式，表内的数据主要来源于“科目余额表”，在表内输入公式的方法和步骤如下：

（1） 选中单元格 C3，在公式栏内输入：

```
=EOMONTH(记账凭证汇总表!C2,0)
```

（2） 参照图 6-2、图 6-3 和图 6-4 在资产负债表内输入公式。

	A	B
1		
2		
3	编制单位:	
4	资　　产	期初余额
5	流动资产:	
6	货币资金	=SUM(科目余额表!E6:E8)
7	交易性金融资产	=科目余额表!E9
8	应收票据	=科目余额表!E10
9	应收账款	=科目余额表!E11-科目余额表!F15
10	预付账款	=科目余额表!E12
11	应收股利	=科目余额表!E13
12	应收利息	
13	其他应收款	=科目余额表!E14
14	存货	=SUM(科目余额表!E16:E18)-科目余额表!E19
15	其中：消耗性生物资产	
16	一年内到期的非流动资产	
17	其他流动资产	
18	流动资产合计	=SUM(B6:B14)+SUM(B16:B17)
19	非流动资产:	
20	可供出售金融资产	=科目余额表!E21
21	持有至到期投资	=科目余额表!E20
22	投资性房地产	=科目余额表!E24
23	长期股权投资	=科目余额表!E22-科目余额表!F23
24	长期应收款	
25	固定资产	=科目余额表!E25-科目余额表!F26-科目余额表!F27
26	在建工程	=科目余额表!E28
27	工程物资	
28	固定资产清理	=科目余额表!E29
29	生产性生物资产	
30	油气资产	
31	无形资产	=科目余额表!E30-科目余额表!F31-科目余额表!F32
32	开发支出	
33	商誉	
34	长摊待摊费用	
35	递延所得税资产	
36	其他非流动资产	
37	非流动资产合计	=SUM(B20:B36)
38	资产总计	=B18+B37

图 6-2 资产负债表内的公式（B 列）

	A	C
1		
2		
3	编制单位：	=EOMONTH(记账凭证汇总表!C2,0)
4	资　　产	期末余额
5	流动资产：	
6	货币资金	=SUM(科目余额表!I6:I8)
7	交易性金融资产	=科目余额表!I9
8	应收票据	=科目余额表!I10
9	应收账款	=科目余额表!I11-科目余额表!J15
10	预付账款	=科目余额表!I12
11	应收股利	=科目余额表!I13
12	应收利息	
13	其他应收款	=科目余额表!I14
14	存货	=SUM(科目余额表!I16:I18)-科目余额表!J19
15	其中：消耗性生物资产	
16	一年内到期的非流动资产	
17	其他流动资产	
18	流动资产合计	=SUM(C6:C14)+SUM(C16:C17)
19	非流动资产：	
20	可供出售金融资产	=科目余额表!I20
21	持有至到期投资	=科目余额表!I20
22	投资性房地产	=科目余额表!I24
23	长期股权投资	=科目余额表!I22-科目余额表!J23
24	长期应收款	
25	固定资产	=科目余额表!I25-科目余额表!J26-科目余额表!J27
26	在建工程	=科目余额表!F28
27	工程物资	
28	固定资产清理	=科目余额表!I29
29	生产性生物资产	
30	油气资产	
31	无形资产	=科目余额表!I30-科目余额表!J31-科目余额表!J32
32	开发支出	
33	商誉	
34	长摊待摊费用	
35	递延所得税资产	
36	其他非流动资产	
37	非流动资产合计	=SUM(C20:C36)
38	资产总计	=C18+C37

图 6-3　资产负债表内的公式（C 列）

	D	E	F
1			
2			
3			单位：元
4	负债及所有者权益	期初余额	期末余额
5	流动负债：		
6	短期借款	=科目余额表!F35	=科目余额表!J35
7	交易性金融负债	=科目余额表!F36	=科目余额表!J36
8	应付票据	=科目余额表!F37	=科目余额表!J37
9	应付账款	=科目余额表!F38	=科目余额表!J38
10	预收账款	=科目余额表!F39	=科目余额表!J39
11	应付职工薪酬	=科目余额表!F40	=科目余额表!J40
12	应交税费	=科目余额表!F41	=科目余额表!J41
13	应付利息	=科目余额表!F42	=科目余额表!J42
14	应付股利	=科目余额表!F43	=科目余额表!J43
15	其他应付款	=科目余额表!F44	=科目余额表!J44
16	预计负债		
17	一年内到期的非流动负债		
18	其他流动负债		
19	流动负债合计	=SUM(E6:E18)	=SUM(F6:F18)
20	非流动负债：		
21	长期借款		
22	应付债券		
23	长期应付款	=科目余额表!F45	=科目余额表!J45
24	专项应付款		
25	递延所得税负债	=科目余额表!F48	=科目余额表!J48
26	其他非流动负债		
27	非流动负债合计	=SUM(E21:E26)	=SUM(F21:F26)
28	负　债　合　计	=E19+E27	=F19+F27
29			
30	所有者权益（或股东权益）：		
31	实收资本（或股本）	=科目余额表!F49	=科目余额表!J49
32	资本公积	=科目余额表!F50	=科目余额表!J50
33	盈余公积	=科目余额表!F51	=科目余额表!J51
34	本年利润	=科目余额表!F52	=科目余额表!J52
35	减：库存股		
36	所有者权益（或股东权益）合计	=SUM(E31:E34)-E35	=SUM(F31:F34)-F35
37			
38	负债和所有者（或股东权益）合计	=E28+E36	=F28+F36

图 6-4　资产负债表内的公式（E 列、F 列）

6.2.5　美化表格

为了快速的美化表格，可以先将资产负债表设为表格区域，选择合适的表样式，再将表格区域转换为普通区域，具体步骤如下：

（1）选择区域 A4:F38，选择“插入”/“表格”/“表格”命令。

（2）在弹出的“创建表”对话框中，选择“包含表标题”，单击“确定”按钮，关闭对话框，将区域 A4:F38 转化为表格区域。

（3）选择“表格工具”/“设计”/“表格样式”命令，在表格样式下拉列表中选择合适的表样式。

（4）选择“表格工具”/“设计”/“工具”/“转换为区域”命令，虽然将表格区域转换为普通区域，但是保留，表格的样式。

能力拓展：使用“新建窗口”功能

多窗口多表并列显示，可以快速从同一工作簿中的其他工作表中提取数据，方法如下：

（1）选择“视图”/“窗口”/“新建窗口”命令，为当前工作簿新建一个窗口，实际上它们是两个相同的工作簿，分别在工作簿名后用“：1”和“：2”来区分，如图 6-5 所示。

（2）选择“视图”/“窗口”/“全部重排”命令，弹出如图 6-6 所示的“重排窗口”对话框，勾选“垂直并排”复选框，重排后的窗口如图 6-5 所示，这样可以方便地在同一个工作簿的不同工作表之间切换，方便表内的公式输入。

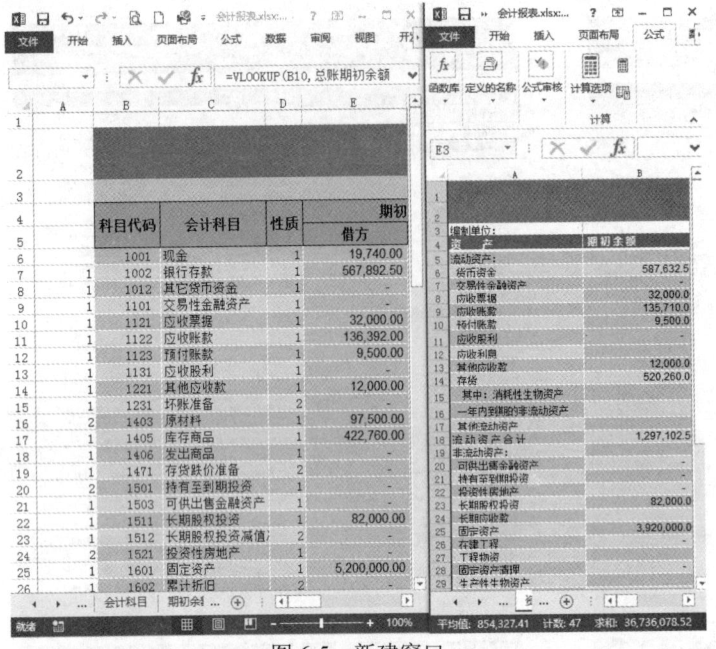

图 6-5　新建窗口

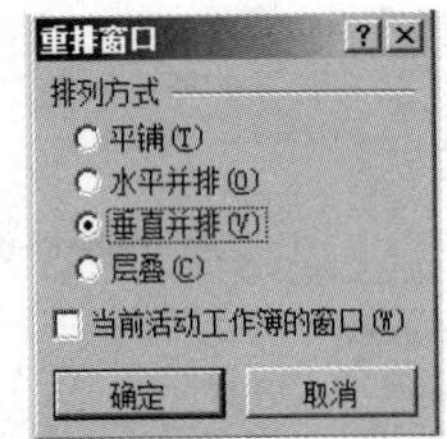

图 6-6　“重排窗口”对话框

6.2.6　保护公式、工作表

由于工作表中有很多格式设置和计算公式，并且某些单元格也不需要输入数据，为了防止用户不正确操作对这些格式设置和计算公式进行修改，需要对工作表进行保护。具体步骤如下：

（1）单击工作表左上角的全选按钮，选取整张工作表。

（2）按 Ctrl+1 组合键，弹出“设置单元格格式”对话框，转到“保护”选项卡，勾选“锁定”和“隐藏”复选框，单击“确定”按钮，关闭对话框，返回工作表界面。

（3）选择“审阅”/“更改”/“保护工作表”命令，弹出“保护工作表”对话框，只勾选“选定未锁定的单元格”复选框，单击“确定”按钮，关闭对话框，返回工作表界面。

如果要对保护过的工作表进行修改，必须撤销工作表保护，选择“审阅”/“更改”/“撤销工作表保护”命令。

6.3　制作利润表

利润表是反映企业在一定期间生产经营成果的会计报表，该表把一定期间内的收入与同一期间的相关费用配比，以计算出企业一定时间内的净利润（净亏损）。

6.3.1　利润表的组成及编制方法

利润表结构主要有单步式和多步式两种。在我国，企业利润表采用的基本上是多步式结构，即通过对当期的收入、费用、支出项目按性质加以归类，按利润形成的主要环节列示一些中间性利润指标，分步计算当期经济损益。

利润表主要反映以下几方面的内容：

（1） 营业收入，由主营业务收入和其他业务收入组成。

（2） 营业利润，营业收入减去营业成本（主营业务成本、其他业务成本）营业税金及附加、销售费用、管理费用、财务费用、资产减值损失，加上公允价值变动收益、投资收益，即为营业利润。

（3） 利润总额，营业利润加上营业外收入，减去营业外支出，即为利润总额。

（4） 净利润，利润总额减去所得税费用，即为净利润。

（5） 每股收益，普通股或潜在普通股已公开交易的企业，以及正处于公开发行普通股或潜在普通股过程中的企业，还应当在利润表中列示每股收益信息，包括基本每股收益和稀释每股收益两项指标。

此外，为了使报表使用者通过比较不同期间利润的实现情况，利润表各项目再分为“本期金额”和“上期金额”两栏分别填列。

6.3.2　利润表的格式设计

例 6-2　编制 XX 公司 8 月份利润表。

为 XX 公司编制如图 6-7 所示的 8 月份资产负债表，该范例文件见随书光盘“第 6 章”文件夹“会计报表.xlsx”工作簿中的“利润表”工作表。

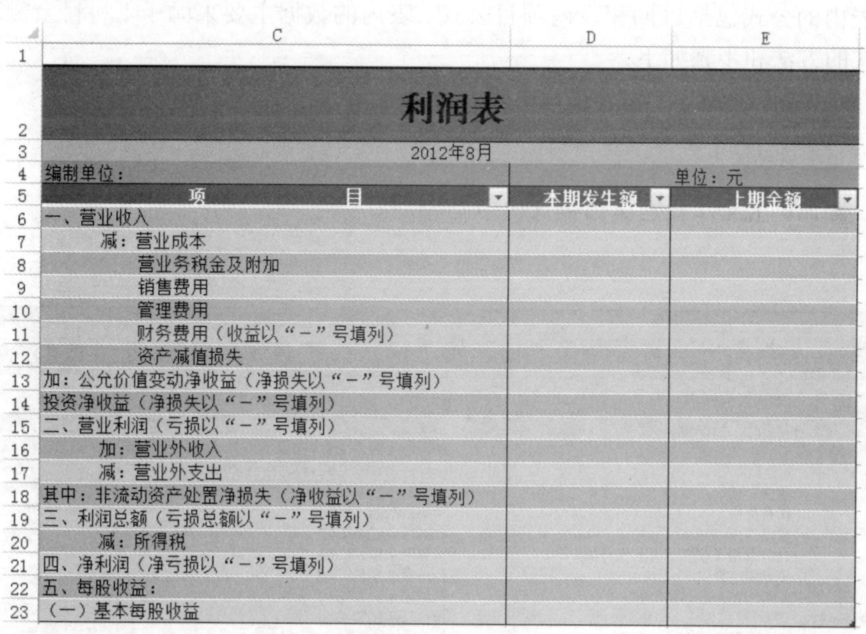

	C	D	E
1			
2	利润表		
3	2012年8月		
4	编制单位：	单位：元	
5	项　　目	本期发生额	上期金额
6	一、营业收入		
7	减：营业成本		
8	营业务税金及附加		
9	销售费用		
10	管理费用		
11	财务费用（收益以“－”号填列）		
12	资产减值损失		
13	加：公允价值变动净收益（净损失以“－”号填列）		
14	投资净收益（净损失以“－”号填列）		
15	二、营业利润（亏损以“－”号填列）		
16	加：营业外收入		
17	减：营业外支出		
18	其中：非流动资产处置净损失（净收益以“－”号填列）		
19	三、利润总额（亏损总额以“－”号填列）		
20	减：所得税		
21	四、净利润（净亏损以“－”号填列）		
22	五、每股收益：		
23	（一）基本每股收益		

图 6-7　利润表格式

利润表的格式如图 6-7 所示，制作步骤如下：

（1） 在“会计报表”工作簿中，单击工作表插入标签，插入一张工作表，双击工作表标签，重命名为“利润表”。

（2） 在单元格 C1 中输入“利润表”，合并并居中区域 C1:E1，设置行高为“45”。选择“开始”/“样式”/“单元格样式”命令，在打开的下拉列表中的“标题”组中单击“标题”样式，应用预定义的单元格标题样式。

（3） 选择区域 C2:E2，合并并居中，设置字体为“Arial”，字号为“16”，行高为“20”，单元格背景为“深蓝（淡色 80%）”，完成对日期的字体设置。按 Ctrl＋1 组合键，打开“设置单元格格式”对话框，转到“数字”选项卡，在“分类”列表框中选择“日期”，在“类型”列表框中选择“2012 年 3 月”格式，单击“确定”按钮，关闭对话框，返回工作表界面，完成对日期格式的设置。

（4） 在单元格 C4、E4 中分别输入“编制单位:”、“单位：元”，设置字号为“12”，行高为“20”。

（5） 在单元格 C5、D5、E5 中分别输入“项目”、“本期发生额”、“上期发生额”。

（6） 选取区域 C5:E5，设置字号为“12”，行高为“20”，填充背景色为“深蓝（淡色 60%）”。

（7） 选取 D 列和 E 列，设置字体为“Arial”，字号默认为“11”。选择“开始”/“数字”，在“数字”功能区中单击千分位分隔符 , 按钮，设置借方金额和贷方金额的数字格式。

（8） 参照图 6-7 所示的利润表的格式在区域 C6:C23 内输入利润表项目。

（9） 将单元格指针移动到 A 列至 F 列的列字母之间，变成✛形状之后，单击并拖动，将单元格区域 A 列至 F 列调整到合适的宽度。

6.3.3 利润表的公式设计

利润表内的公式包括日期和表内项目公式，表内的数据主要来源于“科目余额表”，在表内输入公式的方法和步骤如下：

（1） 选中单元格 C3，在公式栏内输入：

```
=记账凭证汇总表!C2
```

（2） 参照图 6-8 在利润表内输入以下公式：

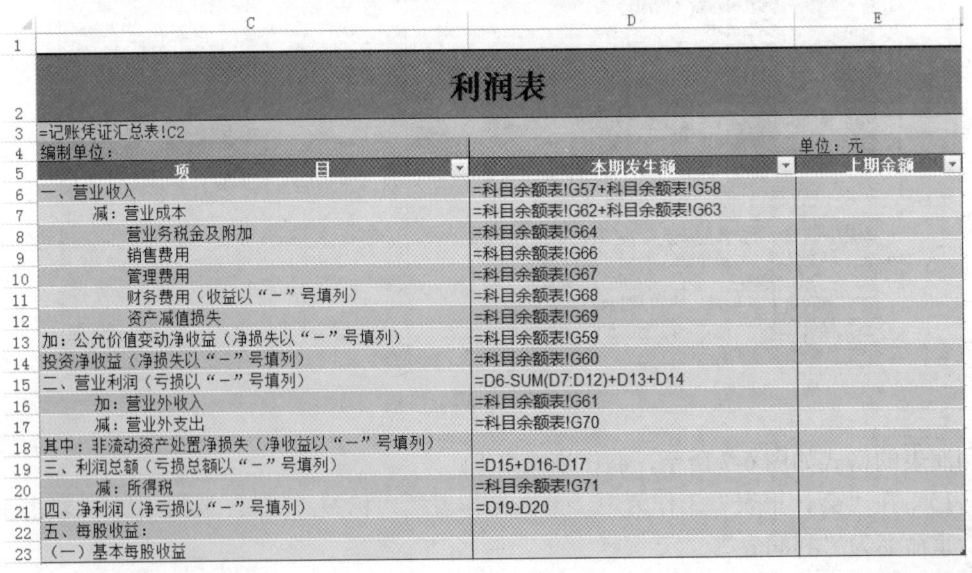

	C	D	E
1			
2	利润表		
3	=记账凭证汇总表!C2		
4	编制单位:		单位：元
5	项　　目	本期发生额	上期金额
6	一、营业收入	=科目余额表!G57+科目余额表!G58	
7	减：营业成本	=科目余额表!G62+科目余额表!G63	
8	营业务税金及附加	=科目余额表!G64	
9	销售费用	=科目余额表!G66	
10	管理费用	=科目余额表!G67	
11	财务费用（收益以“－”号填列）	=科目余额表!G68	
12	资产减值损失	=科目余额表!G69	
13	加：公允价值变动净收益（净损失以“－”号填列）	=科目余额表!G59	
14	投资净收益（净损失以“－”号填列）	=科目余额表!G60	
15	二、营业利润（亏损以“－”号填列）	=D6-SUM(D7:D12)+D13+D14	
16	加：营业外收入	=科目余额表!G61	
17	减：营业外支出	=科目余额表!G70	
18	其中：非流动资产处置净损失（净收益以“－”号填列）		
19	三、利润总额（亏损总额以“－”号填列）	=D15+D16-D17	
20	减：所得税	=科目余额表!G71	
21	四、净利润（净亏损以“－”号填列）	=D19-D20	
22	五、每股收益：		
23	（一）基本每股收益		

图 6-8　利润表内的公式

能力拓展

多窗口多表并列显示快速从同一工作簿中的其他工作表中提取数据，方法如下：

（1） 选择“视图”/“窗口”/“新建窗口”命令，为当前工作簿新建一个窗口。

（2） 选择“视图”/“窗口”/“全部重排”命令，弹出“重排窗口”对话框，勾选“垂直并排”或“水平并排”复选框，重排窗口后可以更方便地在表内输入公式。

6.3.4 美化表格

为了快速的美化表格，可以先将利润表设为表格区域，选择合适的表样式，再将表格区域转换为普通区域，具体步骤如下：

（1） 选择区域 C5:E23，选择“插入”/“表格”/“表格”命令，打开“创建表”对话框。

（2） 选择“包含表标题”复选框。

（3） 选择“表格工具”/“设计”/“表格样式”命令，在表样式下拉列表中选择合适的表样式。

（4） 选择“表工具”/“设计”/“工具”/“转换为区域”命令，将表格区域转换为普通区域，但是保留表格的样式。

6.3.5 保护工作表

由于工作表中有很多格式设置和计算公式，并且某些单元格也不需要输入数据，为了防止用户不正确操作对这些格式设置和计算公式进行修改，需要对工作表进行保护。具体步骤如下：

（1） 单击工作表左上角的全选按钮，选取整张工作表。

（2） 按 Ctrl＋1 组合键，弹出“设置单元格格式”对话框，转到“保护”选项卡，勾选“锁定”和“隐藏”复选框，单击“确定”按钮，关闭对话框，返回工作表界面。

（3） 选择“审阅”/“更改”/“保护工作表”命令，弹出“保护工作表”对话框，只勾选“选定未锁定的单元格”复选框，单击“确定”按钮，关闭对话框，返回工作表界面。

如果要对保护过的工作表进行修改，必须撤销工作表保护，选择“审阅”/“更改”/“撤销工作表保护”命令。

6.4 制作现金流量表

现金流量表是以现金为基础编制的，反映企业在某一特定时期内经营活动、投资活动和筹资活动等对现金及现金等价物产生影响的会计报表。现金流量表有助于使用者了解和评价企业获取现金的能力，发现企业在财务方面存在的问题，并预测企业未来的现金流量。

6.4.1 现金流量表的组成

根据《企业会计准则第 31 号、现金流量表》的要求，现金流量表由以下 3 大部分组成：

1. 经营活动产生的现金流量

经营活动是指企业投资活动和筹资活动以外的所有交易和事项。该项目包括经营活动流入和经营活动流出。

（1） 经营活动流入的现金主要包括：①销售商品、提供劳务收到的现金；②收到的税费返还；③收到其他与经营活动有关的现金；④经营活动现金流入小计。

（2） 经营活动流出的现金主要包括：①购买商品、接受劳务支付的现金；②支付给职工以及为职工支付的现金；③支付的各项税费；④支付其他与经营活动有关的现金；⑤经营活动现金流出小计。

2. 投资活动产生的现金流量

投资活动是指企业长期资产的构建和不包括现金等价物范围内的投资及处置活动。

（1） 投资活动产生的现金主要包括：①收回投资收到的现金；②取得投资收益收到的现金；③处置固定资产、无形资产和其他长期资产收回的现金净额；④处置子公司及其他营业单位收到的现金净额；⑤收到其他与投资活动有关的现金。

（2） 投资活动流出的现金包括：①购建固定资产、无形资产和其他长期资产支付的现金；②投资支付的现金；③取得子公司及其他营业单位支付的现金净额；④支付其他与投资活动有关的现金。

3. 筹资活动产生的现金流量

筹资活动是指导致企业资本及债务规模和构成发生变化的活动。它包含筹资活动引起的现金流入和现金流出两个项目。

（1） 投资活动流入的现金包括：①吸收投资收到的现金；②取得借款收到的现金；③收到其他与筹资活动有关的现金。

（2） 投资活动现金的流出包括：①偿还债务支付的现金；②分配股利、利润或偿付利息支付的现金；③支付其他与筹资活动有关的现金。

6.4.2 现金流量表的编制方法

现金流量表的编制方法有很多，例如，用工作底稿法、T 型账户法、直接利用日记账或会计记录来编制等。本节我们采用直接从会计记录中提取现金流量数据，这就需要在记账凭证汇总表中加入一辅助列，用户在输入每一笔会计分录的时候，就应该对它所对应的现金流量项目进行分类。

添加辅助列的步骤如下：

（1） 激活“记账凭证汇总表”工作表。

（2） 在区域 T9:T36 内输入如图 6-9 所示的内容。

（3） 选中区域 T9:T36，在名称框中输入“现金流量表项目”，为此区域命名。

（4） 将表格区域向右扩展一列，并在 Q3 单元格中输入“现金辅助列”。

（5） 选中单元格 Q4，选择”数据”/“数据工具”/“数据验证”/“数据验证”命令，打开“数据验证”对话框。转到“设置”选项卡，在“允许”列表中选择“序列”，在“来源”中输入“=现金流量表项目”，单击“确定”按钮，关闭对话框，返回工作表界面。

（6） 向下复制单元格 Q4 中的数据验证设置到该列的其他单元格内。

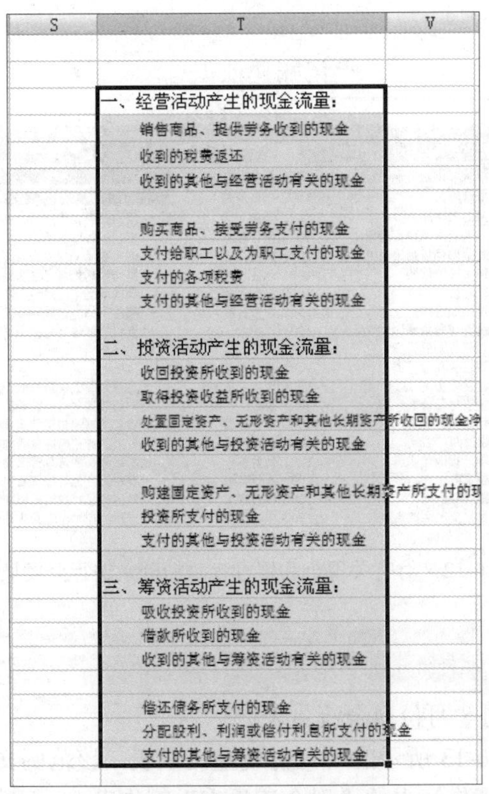

图 6-9 现金流量表项目序列

（7） 单击“总账科目”列右端的筛选和排序按钮，打开如图 6-10 所示的下拉列表。

（8） 在筛选框中，清除“全选”复选框，重新勾选如图 6-11 所示的“现金”和“银行存款”复选框，筛选出所有关于现金和银行存款的分录。

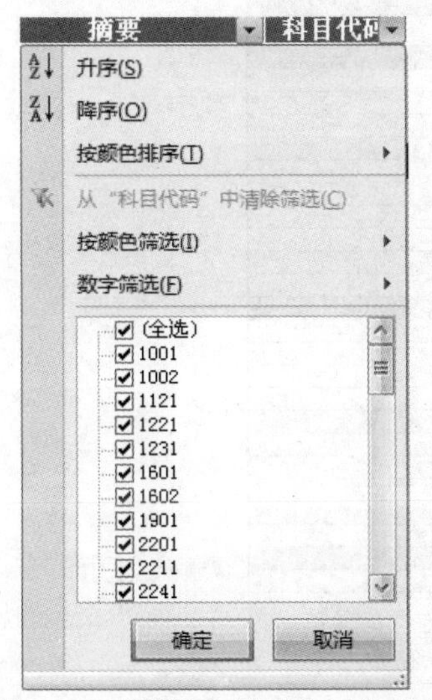

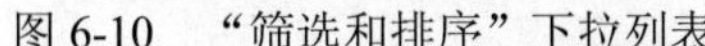
图 6-10 “筛选和排序”下拉列表

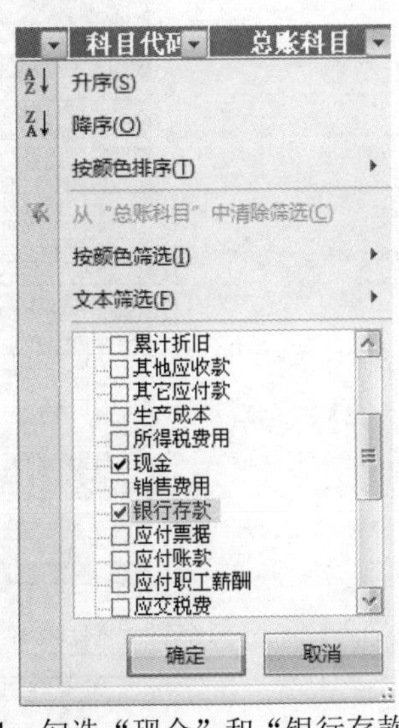

图 6-11 勾选“现金”和“银行存款”两项

（9） 分析每笔分录，并在 Q 列所对应的单元格内选择如图 6-12 所示的现金流量表项目。

记账凭证汇总

2012年8月

号	摘　要	科目代码	总账科目	现金辅助列
1	提取备用金	1001	现金	
1	提取备用金	1002	银行存款	
1	购买办公用品	1001	现金	支付的其他与经营活动有关的现金
2	缴纳上月所得税、增值	1002	银行存款	支付的各项税费
2	用支票偿还恒昌公司欠	1002	银行存款	购买商品、接受劳务支付的现金
2	采购员借差旅费	1001	现金	支付的其他与经营活动有关的现金
3	销售产品	1002	银行存款	销售商品、提供劳务收到的现金
4	汇票到期进账	1002	银行存款	购买商品、接受劳务支付的现金
3	现金支付养路费	1001	现金	支付的其他与经营活动有关的现金
5	提现已备发放工资	1001	现金	
5	提现已备发放工资	1002	银行存款	
4	现金发放工资	1001	现金	支付给职工以及为职工支付的现金
5	现金支付招待费	1001	现金	支付的其他与经营活动有关的现金
6	银行代支水电费	1002	银行存款	支付的其他与经营活动有关的现金
7	支票支付广告费	1002	银行存款	支付的其他与经营活动有关的现金
6	采购员报销差旅费	1001	现金	收到的其他与经营活动有关的现金
8	分配水电费	1002	银行存款	支付的其他与经营活动有关的现金
9	销售A产品	1002	银行存款	销售商品、提供劳务收到的现金
8	银行代支电话费费	1002	银行存款	支付的其他与经营活动有关的现金

图 6-12　对有关现金和银行存款的分录进行分类填列

6.4.3　现金流量表的格式设计

例 6-3　编制 XX 公司 8 月份现金流量表。

为 XX 公司编制如图 6-13 所示的 8 月份现金流量表，该范例文件见随书光盘“第 6 章”文件夹“会计报表.xlsx”工作簿中的“现金流量表”工作表。

现金流量表的格式如图 6-13 所示，操作步骤如下：

现金流量表

2012年8月

编制单位：	单位：元
项　　　目	金额
一、经营活动产生的现金流量：	
销售商品、提供劳务收到的现金	
收到的税费返还	
收到的其他与经营活动有关的现金	
现金流入小计	
购买商品、接受劳务支付的现金	
支付给职工以及为职工支付的现金	
支付的各项税费	
支付的其他与经营活动有关的现金	
现金流出小计	
经营活动产生的现金流量净额	
二、投资活动产生的现金流量：	
收回投资所收到的现金	
取得投资收益所收到的现金	
处置固定资产、无形资产和其他长期资产所收回的现金净额	
收到的其他与投资活动有关的现金	
现金流入小计	
购建固定资产、无形资产和其他长期资产所支付的现金	
投资所支付的现金	
支付的其他与投资活动有关的现金	
现金流出小计	
投资活动产生的现金流量净额	
三、筹资活动产生的现金流量：	
吸收投资所收到的现金	
借款所收到的现金	
收到的其他与筹资活动有关的现金	
现金流入小计	
偿还债务所支付的现金	
分配股利、利润或偿付利息所支付的现金	
支付的其他与筹资活动有关的现金	
现金流出小计	
筹资活动产生的现金流量净额	
四、汇率变动对现金的影响	
五、现金及现金等价物净增加额	

图 6-13　现金流量表的格式

（1） 在“会计报表”工作簿中单击工作表插入标签，插入一张工作表，双击工作表标签，重命名为“现金流量表”。

（2） 在单元格B1中输入“现金流量表”，合并并居中区域B1:C1，设置行高为“45”。选择“开始”/“样式”/“单元格样式”命令，在打开的下拉列表中的“标题”组中单击“标题”样式，应用预定义好的单元格标题样式。

（3） 选择区域B2:C2，合并并居中，设置字体为“Arial”，字号为“16”，行高为“20”，单元格背景为“深蓝（淡色 80%）”，完成对日期的字体设置。按 Ctrl＋1 组合键，打开“设置单元格格式”对话框，转到“数字”选项卡，在“分类”列表框中选择“日期”，在“类型”列表框中选择“2012年3月”格式，单击“确定”按钮，关闭对话框，返回工作表界面，完成对日期格式的设置。

（4） 在单元格B3、C3中分别输入“编制单位:”、“单位：元”，设置字号为“12”，行高为“20”，加粗显示。

（5） 在单元格B5、C5中分别输入“项目”、“金额”。

（6） 选取C列，设置字体为“Arial”，字号默认为“11”。选择“开始”/“数字”命令，在“数字”功能区中单击千分位分隔符 , 按钮，设置借方金额和贷方金额的数字格式。

（7） 激活“记账凭证汇总表”工作表，选取区域T9:T36，按Ctrl＋C组合键。

（8） 激活“现金流量表”工作表，选中单元格B5，按Ctrl＋V组合键。

（9） 将单元格指针移动到A列至F列的列字母之间，变成✥形状之后，单击并拖动，将单元格区域A列至F列调整到合适的宽度。

6.4.4 现金流量表的公式设计

现金流量表内的公式包括日期和表内项目公式，具体的公式输入如下：

（1） 选中单元格B2，在公式栏内输入公式：

```
=记账凭证汇总表!C2
```

（2） 表内其他项目的公式：

选中单元格B6，在公式栏内输入公式

```
=SUMIF(记账凭证汇总[现金辅助列],B6,记账凭证汇总[借方金额])
```

选中单元格B7，在公式栏内输入公式

```
=SUMIF(记账凭证汇总[现金辅助列],B7,记账凭证汇总[借方金额])
```

选中单元格B8，在公式栏内输入公式

```
=SUMIF(记账凭证汇总[现金辅助列],B8,记账凭证汇总[借方金额])
```

选中单元格B10，在公式栏内输入公式

```
=SUMIF(记账凭证汇总[现金辅助列],B10,记账凭证汇总[借方金额])
```

选中单元格B11，在公式栏内输入公式

```
=SUMIF(记账凭证汇总[现金辅助列],B11,记账凭证汇总[借方金额])
```

选中单元格 B12，在公式栏内输入公式

=SUMIF(记账凭证汇总[现金辅助列],B12,记账凭证汇总[借方金额])

选中单元格 B13，在公式栏内输入公式

=SUMIF(记账凭证汇总[现金辅助列],B13,记账凭证汇总[借方金额])

选中单元格 B16，在公式栏内输入公式

=SUMIF(记账凭证汇总[现金辅助列],B16,记账凭证汇总[借方金额])

选中单元格 B17，在公式栏内输入公式

=SUMIF(记账凭证汇总[现金辅助列],B17,记账凭证汇总[借方金额])

选中单元格 B18，在公式栏内输入公式

=SUMIF(记账凭证汇总[现金辅助列],B18,记账凭证汇总[借方金额])

选中单元格 B19，在公式栏内输入公式

=SUMIF(记账凭证汇总[现金辅助列],B19,记账凭证汇总[借方金额])

选中单元格 B20，在公式栏内输入公式

=SUMIF(记账凭证汇总[现金辅助列],B20,记账凭证汇总[借方金额])

选中单元格 B22，在公式栏内输入公式

=SUMIF(记账凭证汇总[现金辅助列],B22,记账凭证汇总[借方金额])

选中单元格 B23，在公式栏内输入公式

=SUMIF(记账凭证汇总[现金辅助列],B23,记账凭证汇总[借方金额])

选中单元格 B24，在公式栏内输入公式

=SUMIF(记账凭证汇总[现金辅助列],B24,记账凭证汇总[借方金额])

选中单元格 B27，在公式栏内输入公式

=SUMIF(记账凭证汇总[现金辅助列],B27,记账凭证汇总[借方金额])

选中单元格 B28，在公式栏内输入公式

=SUMIF(记账凭证汇总[现金辅助列],B28,记账凭证汇总[借方金额])

选中单元格 B29，在公式栏内输入公式

=SUMIF(记账凭证汇总[现金辅助列],B29,记账凭证汇总[借方金额])

选中单元格 B30，在公式栏内输入公式

=SUMIF(记账凭证汇总[现金辅助列],B30,记账凭证汇总[借方金额])

选中单元格 B32，在公式栏内输入公式

=SUMIF(记账凭证汇总[现金辅助列],B32,记账凭证汇总[借方金额])

选中单元格B33，在公式栏内输入公式

=SUMIF(记账凭证汇总[现金辅助列],B33,记账凭证汇总[借方金额])

选中单元格B34，在公式栏内输入公式

=SUMIF(记账凭证汇总[现金辅助列],B34,记账凭证汇总[借方金额])

选中单元格B37，在公式栏内输入公式

=SUMIF(记账凭证汇总[现金辅助列],B37,记账凭证汇总[借方金额])

（3） 现金流入、流出、净额行的公式

选中单元格B9，在公式栏内输入公式“=SUM(C6:C8)”

选中单元格B14，在公式栏内输入公式“=SUM(C10:C13)”

选中单元格B15，在公式栏内输入公式“=C9-C14”

选中单元格B21，在公式栏内输入公式“=SUM(C17:C20)”

选中单元格B25，在公式栏内输入公式“=SUM(C22:C24)”

选中单元格B26，在公式栏内输入公式“=C21-C25”

选中单元格B31，在公式栏内输入公式“=SUM(C28:C30)”

选中单元格B35，在公式栏内输入公式“=SUM(C32:C34)”

选中单元格B36，在公式栏内输入公式“=C31-C35”

选中单元格B38，在公式栏内输入公式“=C15＋C26＋C36”

6.4.5 美化表格

为了使现金流量表的各个类别和现金流入小计栏、现金流出小计栏更清晰地显示出来，可以参照图6-13对这些行设置不同的颜色背景，并加上边框。

6.4.6 保护工作表

由于工作表中有很多格式设置和计算公式，并且某些单元格也不需要输入数据，为了防止用户不正确操作对这些格式设置和计算公式进行修改，需要对工作表进行保护。具体步骤如下：

（1） 单击工作表左上角的全选按钮，选取整张工作表。

（2） 按Ctrl＋1组合键，打开“设置单元格格式”对话框，转到“保护”选项卡，勾选“锁定”和“隐藏”复选框，单击“确定”按钮，关闭对话框，返回工作表界面。

（3） 选择“审阅”/“更改”/“保护工作表”命令，打开“保护工作表”对话框，选择“选定未锁定的单元格”复选框，单击“确定”按钮，关闭对话框，返回工作表界面。

如果要对保护过的工作表进行修改，必须撤销工作表保护，选择“审阅”/“更改”/“撤销工作表保护”命令。

6.4.7 保存为模板

资产负债表、利润表、现金流量表按照以上步骤设计结构、公式，并对其工作表进行保护后，可以将工作表或工作簿保存为模板文件，这样每个月使用模板文件创建新的工作簿，用户只需在已经创建好的表格内输入数据，而不需要用大量的时间来重复创建表格，减轻了工作量，提高了工作效率。

保存为模板的步骤如下：

（1） 选择“文件按钮”/“另存为”命令，弹出“另存为”对话框。

（2） 在“保存位置”下拉列表中选择要存放模板文件的文件夹。

（3） 在“文件名”文本框中输入要保存模板的名称：财务模板_会计报表。

（4） 在“保存类型”下拉列表中选择“Excel 模板（*.xltx）”。

（5） 单击“确定”按钮，关闭对话框，完成对模板文件的保存。

“财务模板_会计报表.xltx”模板文件包含账务处理的程序中所有应用的表格结构。用户只需使用该模板文件创建每个月的财务处理工作簿，在“记账凭证汇总表”工作表、“期初余额表”工作表中输入记账凭证相关信息和期初余额数后，就能查询并打印会计凭证、科目汇总表、科目余额表、总分类账、明细分类账、资产负债表、利润表和现金流量表等。

6.5 本章小结

本章具体讲解了如何利用 Excel 编制会计报表。

通过本章的学习，读者应掌握和了解以下知识点：

- 了解资产负债表的组成。
- 掌握资产负债表中各个项目的编制方法。
- 掌握新建窗口查看同一工作簿中不同工作表的方法。
- 掌握利润表的结构及编制方法。
- 掌握在记账凭证汇总表中设置现金流量辅助区域的方法。
- 掌握在表格中筛选特定项目的方法。
- 掌握现金流量表的编制方法。

6.6 上机练习

结合第 4 章、第 5 章上机练习中的资料，完成以下练习。

（1） 编制如图 6-14 所示的资产负债表。

	A	B	C	D	E	F
1-2	资产负债表					
3	编制单位:			2012年8月31日		单位：元
4	资 产	期初余额	期末余额	负债及所有者权益	期初余额3	期末余额4
5	流动资产:			流动负债:		
6	货币资金	489,693.75	650,691.70	短期借款	133,333.33	133,333.33
7	交易性金融	-	-	交易性金融负债	-	-
8	应收票据	26,666.67	-5,333.33	应付票据	-	35,100.00
9	应收账款	113,091.70	206,223.70	应付账款	19,500.00	54,600.00
10	预付账款	7,916.67	7,916.67	预收账款	12,500.00	-2,500.00
11	应收股利	-	-	应付职工薪酬	-	-
12	应收利息			应交税费	41,751.71	63,712.54
13	其他应收款	10,000.00	10,000.00	应付利息	1,666.67	1,666.67
14	存货	433,550.00	387,519.50	应付股利	-	-
15	其中：消耗性生物资产			其他应付款	-	1,000.00
16	一年内到期的非流动资产			预计负债		
17	其他流动资产			一年内到期的非流动负债		
18	流动资产合	1,080,918.78	1,257,018.23	其他流动负债		
19	非流动资产:			流动负债合计	208,751.71	286,912.54
20	可供出售金	-	-	非流动负债:		
21	持有至到期	-	-	长期借款		
22	投资性房地	-	-	应付债券		
23	长期股权投	68,333.33	68,333.33	长期应付款	-	-
24	长期应收款			专项应付款		
25	固定资产	3,266,666.67	3,244,666.67	递延所得税负债	-	-
26	在建工程	-		其他非流动负债		
27	工程物资			非流动负债合计	-	-
28	固定资产清	-	-	负 债 合 计	208,751.71	286,912.54
29	生产性生物资产					
30	油气资产			所有者权益（或股东权益）：		
31	无形资产	541,666.67	541,666.67	实收资本（或股本）	4,166,666.67	4,166,666.67
32	开发支出			资本公积	-	-
33	商誉			盈余公积	375,000.00	375,000.00
34	长摊待摊费用			本年利润	207,167.08	283,105.70
35	递延所得税资产			减：库存股		
36	其他非流动资产			所有者权益（或股东权益）合计	4,748,833.74	4,824,772.36
37	非流动资产合	3,876,666.67	3,854,666.67			
38	资 产 总 计	4,957,585.45	5,111,684.90	负债和所有者（或股东权益）合计	4,957,585.45	5,111,684.90

图 6-14 资产负债表

（2） 编制如图 6-15 所示的利润表。

	C	D	E
1			
2	利润表		
3	2012年8月		
4	编制单位:		单位：元
5	项 目	本期发生额	上期金额
6	一、营业收入	330,000.00	
7	减：营业成本	190,290.50	
8	营业务税金及附加	4,250.00	
9	销售费用	2,000.00	
10	管理费用	26,600.00	
11	财务费用（收益以“－”号填列）	-	
12	资产减值损失	468.00	
13	加：公允价值变动净收益（净损失以“－”号填列）	-	
14	投资净收益（净损失以“－”号填列）	-	
15	二、营业利润（亏损以“－”号填列）	106,391.50	
16	加：营业外收入	-	
17	减：营业外支出	6,000.00	
18	其中：非流动资产处置净损失（净收益以“－”号填列）		
19	三、利润总额（亏损总额以“－”号填列）	100,391.50	
20	减：所得税	25,312.88	
21	四、净利润（净亏损以“－”号填列）	75,078.62	
22	五、每股收益：		
23	（一）基本每股收益		

图 6-15 利润表

（3） 编制如图 6-16 所示的现金流量表。

	B	C
1	现金流量表	
2	2012年8月	
3	编制单位：	单位：元
4	项　　　　目	金额
5	一、经营活动产生的现金流量：	
6	销售商品、提供劳务收到的现金	277,500.00
7	收到的税费返还	-
8	收到的其他与经营活动有关的现金	300.00
9	现金流入小计	277,800.00
10	购买商品、接受劳务支付的现金	32,000.00
11	支付给职工以及为职工支付的现金	-
12	支付的各项税费	-
13	支付的其他与经营活动有关的现金	-
14	现金流出小计	32,000.00
15	经营活动产生的现金流量净额	245,800.00
16	二、投资活动产生的现金流量：	-
17	收回投资所收到的现金	-
18	取得投资收益所收到的现金	-
19	处置固定资产、无形资产和其他长期资	-
20	收到的其他与投资活动有关的现金	-
21	现金流入小计	-
22	购建固定资产、无形资产和其他长期资	-
23	投资所支付的现金	-
24	支付的其他与投资活动有关的现金	-
25	现金流出小计	-
26	投资活动产生的现金流量净额	-
27	三、筹资活动产生的现金流量：	-
28	吸收投资所收到的现金	-
29	借款所收到的现金	-
30	收到的其他与筹资活动有关的现金	-
31	现金流入小计	-
32	偿还债务所支付的现金	-
33	分配股利、利润或偿付利息所支付的现	-
34	支付的其他与筹资活动有关的现金	-
35	现金流出小计	-
36	筹资活动产生的现金流量净额	-
37	四、汇率变动对现金的影响	-
38	五、现金及现金等价物净增加额	245,800.00

图 6-16　现金流量表

第 7 章 Excel 在固定资产管理中的应用

固定资产是企业日常经营活动不可缺少的条件，且数量多、分布在企业的各个部门，管理难度比较大，如何能够合理有效地组织固定资产的管理和核算，对于保证其完整性并充分发挥其效能，具有重要意义。

Excel 提供了计算固定资产折旧的函数公式和相关功能，学习掌握了这些公式和功能，固定资产的核算将会变得简单易行。本章介绍如何利用 Excel 制作固定资产卡片、计算固定资产折旧、分配折旧费用及生成相关凭证、编制固定资产的分析图表等内容。

7.1 固定资产概述

固定资产是指为生产商品、提供劳务、出租或经营管理而持有的，使用寿命超过一个会计年度的有形资产。如房屋建筑、机器设备、办公设备、运输设备等。下面简单介绍固定资产的特征、确认、分类，核算中需要建立的工作表及各表的功能。

7.1.1 固定资产的特征

固定资产是指同时具有下列特征的有形资产。

1. 为生产商品、提供劳务、出租或经营管理而持有的

企业持有固定资产的目的是用于生产商品、提供劳务、出租或经营管理，而不是直接用于出售。其中，出租是指以经营租赁方式出租机器设备等。

2. 使用寿命超过一个会计年度

固定资产的使用寿命超过一个会计年度，意味着固定资产属于长期资产。固定资产的使用寿命，是指企业使用固定资产的预计期间，或者该固定资产所能生产产品或提供劳务的数量。通常情况下，固定资产的使用寿命是指使用固定资产的预计使用期间，某些机器设备或运输设备等固定资产的使用寿命，也可以以该固定资产所能生产产品或提供劳务的数量来表示，例如，发电设备可按其预计发电量估计使用寿命。

3. 使用寿命是有限的

固定资产随着在生产经营过程中的不断使用，科技的迅速发展，其服务能力与价值逐渐在使用过程中减小。因此，企业必须在固定资产的有效期内，通过固定资产折旧费用的方式，逐渐、部分地转化为生产成本或费用，实现对企业固定资产损失价值的补偿。

4. 固定资产必须是有形资产

该特征将固定资产与无形资产区别开来。有些无形资产可能同时符合固定资产的其他特征。例如，无形资产是为生产商品、提供劳务而持有，使用寿命超过一个会计年度，但是由

于其没有实物形态，所以不属于固定资产。

7.1.2 固定资产的确认

一项资产如要作为固定资产加以确认，首先需要符合固定资产的定义，其次还要符合固定资产的确认条件，即与该固定资产有关的经济利益很可能流入企业，同时，该固定资产的成本能够可靠地计量。

1. 与该固定资产有关的经济利益很可能流入企业

企业在确认固定资产时，需要判断与该项固定资产有关的经济利益是否很可能流入企业。实务中，主要通过判断与该固定资产所有权相关的风险和报酬是否转移到了企业来确定。

通常情况下，取得固定资产所有权是判断与固定资产所有权有关的风险和报酬是否转移到企业的一个重要标志。凡是所有权已属于企业，无论企业是否收到或拥有该固定资产，均可作为企业的固定资产，反之，如果没有取得所有权，即使存放在企业，也不能作为企业的固定资产。但是所有权是否转移不是判断的唯一标准。在有些情况下，某项固定资产的所有权虽然不属于企业，但是，企业能够控制与该项固定资产有关的经济利益流入企业，在这种情况下，企业应将该固定资产予以确认。例如，融资租赁方式下租入的固定资产，企业（承租人）虽然不拥有该项固定资产的所有权，但企业能够控制与该固定资产有关的经济利益流入企业，与该固定资产所有权相关的风险和报酬实质上已转移到了企业，因此，符合固定资产确认的第一个条件。

2. 该固定资产的成本能够可靠地计量

成本能够可靠地计量是资产确认的一项基本条件。要确认固定资产，企业取得该固定资产所发生的支出必须能够可靠地计量。企业在确定固定资产成本时，有时需要根据所获得的最新资料，对固定资产的成本进行合理的估计。如果企业能够合理地估计出固定资产的成本，则视同固定资产的成本能够可靠地计量。

7.1.3 固定资产的分类

固定资产种类繁多，规格和用途也各不相同，为了加强固定资产的管理，必须对固定资产进行科学的分类。

企业的固定资产根据不同的管理需要和核算要求以及不同的分类标准，可以进行不同的分类。

1. 按固定资产的经济用途和使用情况综合分类

（1） 生产经营用固定资产。
（2） 非生产经营用固定资产。
（3） 租出固定资产。
（4） 不需用的固定资产。
（5） 未使用的固定资产。
（6） 土地。
（7） 融资租入固定资产。

2. 按固定资产的所有权划分，可分为自有固定资产和租入固定资产

（1） 自有固定资产是指企业具有所有权的固定资产，包括自用固定资产和租出固定资产。租出固定资产是指企业在经营租赁方式下出租给其他单位使用的固定资产。

（2） 租入固定资产是指企业不具有所有权，而是根据租赁合同向其他单位租入的固定资产。

3. 按固定资产的经济用途划分，可分为生产经营用固定资产和非生产经营用固定资产

（1） 生产经营用固定资产是指参与生产经营过程或直接为生产经营服务的资产，如生产经营使用的房屋、建筑物、机器设备、动力设备、传导设备、工具、仪器、生产工具、运输设备、管理用具等。

（2） 非生产经营用固定资产是指不直接参加或服务于生产经营过程的各种固定资产，如职工宿舍、招待所、食堂、俱乐部、浴室和其他固定资产。

7.1.4 固定资产核算

企业中对固定资产的核算包括确定、增加、折旧的计算及分配、减少等内容。在此基础上生成各种统计分析图表，以进一步地管理和分析企业的固定资产使用情况。

基于以上核算内容，我们需要首先创建一个工作簿，命名为“固定资产管理”，在该工作簿中包含以下几个工作表：

（1） 基础信息：为方便内容的输入及公式的引用，设置基础信息表，表中包含相关会计科目、固定资产类别、使用部门、使用状况、折旧方法、增加方式、减少原因等项目。

（2） 固定资产卡片：登记固定资产的各个项目，并计算固定资产的折旧。

（3） 固定资产清单：汇总企业内固定资产的所有信息。

（4） 折旧费用分配表：将每月的折旧费用分配到相应的科目中。

（5） 记账凭证清单：根据折旧费用分配表创建的有关折旧费用分配的记账凭证。

7.2 编制固定资产卡片

固定资产卡片是按照固定资产项目开设，用以对固定资产明细进行核算的账簿。固定资产卡片通常为正反两面，固定资产的正面如图 7-1 所示，标明固定资产编号、名称、规格、原值、预计残值、折旧年限、月折旧率、折旧记录、月折旧额、使用、保管部门和内部转移记录等信息；固定资产卡片的反面如图 7-2 所示，列明了原值变动、大修理记录，停用记录，主体、附属设备及其变动记录，出售记录，报废清理记录等信息。

“固定资产卡片”通常一式三份，分别由会计部门、使用部门和财产管理部门登记保管，并按固定资产类别顺序排列。在每类下，再按使用单位分组排列。遇有内部调动，应随时登记有关卡片，并相应转移它的存放位置，以便及时了解固定资产的存在和变动情况。会计部门保管的卡片，还应定期与财产保管部门和使用部门保管的卡片进行核对。

固定资产卡片

卡片编号	1001			日期	2012年8月
固定资产编号	CF-01	固定资产名称	电脑	类别	办公设备
使用部门	财务部	使用状况	正常使用	计量单位	台
增加方式	购入	规格型号		数量	6
开始使用日期	2008年5月	原值	40,000.00	月折旧额	633.33
使用年限	5	残值率	5%	已计提累计折旧	31,666.66
已计提月数	50	预计净残值	2,000.00	尚可计提折旧	6,333.34
尚可计提月数	10	折旧方法	年限平均法	折旧费用科目	管理费用

折旧额计算

年份	年折旧额	年折旧率	累计折旧	年末折余价值	月折旧额
0				40,000.00	
1	7,600.00	19.00%	7,600.00	32,400.00	633.33
2	7,600.00	19.00%	15,200.00	24,800.00	633.33
3	7,600.00	19.00%	22,800.00	17,200.00	633.33
4	7,600.00	19.00%	30,400.00	9,600.00	633.33
5	7,600.00	19.00%	38,000.00	2,000.00	633.33

图 7-1　固定资产卡片正面

<table>
<tr><th colspan="5">停用或恢复使用</th><th colspan="9">主体及附属设备及其变更登记</th></tr>
<tr><th colspan="3">停用</th><th colspan="2">恢复使用</th><th colspan="3">主体及附属设备</th><th colspan="6">主体及附属配备变更登记</th></tr>
<tr><th>日期</th><th>凭证</th><th>原因</th><th>日期</th><th>凭证</th><th>名称及摘要</th><th>单位</th><th>数量</th><th>日期</th><th>凭证</th><th>名称及摘要</th><th>单位</th><th>增加数量</th><th>减少数量</th></tr>
<tr><td></td><td></td><td></td><td></td><td></td><td rowspan="4"></td><td rowspan="4"></td><td rowspan="4"></td><td rowspan="4"></td><td rowspan="4"></td><td rowspan="4"></td><td rowspan="4"></td><td rowspan="4"></td><td rowspan="4"></td></tr>
<tr><th colspan="5">大修理记录</th></tr>
<tr><th>完工日期</th><th>凭证</th><th>摘要</th><th colspan="2">大修理费用</th></tr>
<tr><td></td><td></td><td></td><td colspan="2"></td></tr>
</table>

图 7-2　固定资产卡片反面

例 7-1　编制固定资产卡片。

XX 公司是以加工铝制品为主的中小型制造企业，公司拥有多台用于生产制造的机器设备、交通工具、作为办公用品核算的固定资产等，需要一一为之编制如图 7-1 所示的固定资产卡片，方便管理人员了解固定资产的使用和修理情况。

该范例文件见随书光盘“第 7 章”文件夹，“固定资产管理.xlsx”工作簿中的“卡片”工作表。具体制作步骤在 7.2.1 节～7.2.8 节中详细介绍。

7.2.1　固定资产卡片的格式设计

企业根据自身的特点，固定资产卡片正反面的格式会有所不同。反面通常为备注型信息，不含公式，这里仅以正面为例介绍固定资产卡片的制作方法。

假设某企业的固定资产卡片的格式如图 7-3 所示，该卡片包含固定资产的基本信息和折旧额计算两大部分，格式的具体设计步骤如下：

（1）打开工作簿“固定资产管理”，双击工作表标签“Sheet1”，重命名为“卡片”。

（2）在单元格 B1 中输入“固定资产卡片”，合并并居中区域 B1:G1，转到“开始”选项卡，在“字体”功能区中，设置字体为“华文中宋”，字号为“22”，字体颜色为“深蓝色”，添加双底框线，设置行高为“45”。

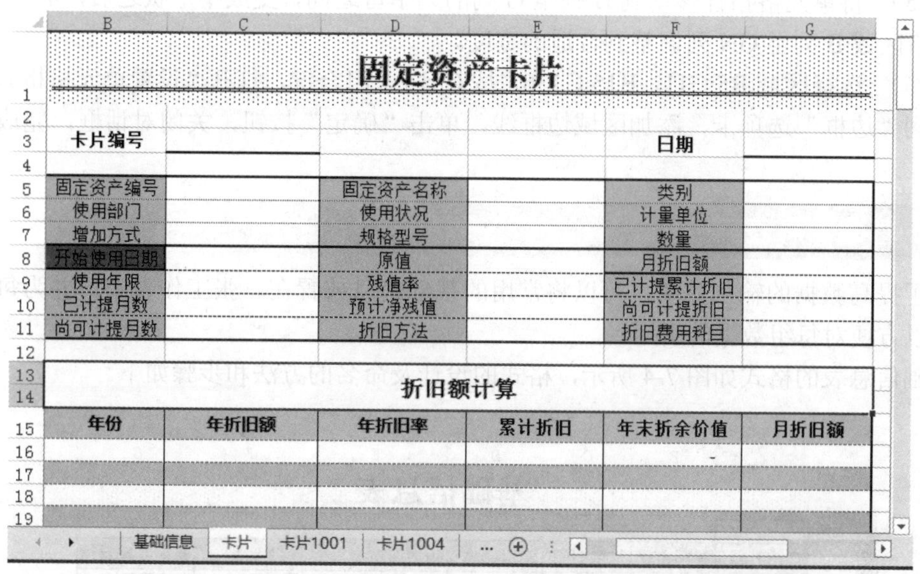

图 7-3 固定资产卡片格式

（3） 在单元格 B3、F3 中分别输入“卡片编号”、“日期”，加粗显示文本。

（4） 选择单元格 C3、G3，设置字体为“Arial”，字号为“10”，并添加粗底框线。

（5） 选择单元格 G3，按 Ctrl＋1 组合键，打开“设置单元格格式”对话框，转到“数字”选项卡，在“分类”列表框中选择“日期”，在“类型”列表框中选择“2012 年 3 月”格式，单击“确定”按钮，关闭对话框，完成对单元格 G3 日期格式的设置。

（6） 在单元格 B5 至 B11 中分别输入“固定资产编号”、“使用部门”、“增加方式”、“开始使用日期”、“使用年限”、“已计提月数”、“尚可计提月数”。

（7） 在单元格 D5 至 D11 中分别输入“固定资产名称”、“使用状况”、“规则型号”、“原值”、“残值率”、“预计净残值”、“折旧方法”。

（8） 在单元格 F5 至 F11 中分别输入“类别”、“计量单位”、“数量”、“月折旧额”、“已计提累计折旧”、“尚可计提折旧”、“折旧费用科目”。

（9） 选择单元格 E9，单击“开始”选项卡，在“数字”功能区中单击百分比 % 按钮，完成对单元格 E9 数据格式的设置。

（10） 选择区域 B13：G13，合并后居中，在合并单元格内输入“折旧额计算”，设置字号为“14”，加粗显示文本。

（11） 在单元格 B15 至 G15 中分别输入“年份”、“年折旧额”、“年折旧率”、“累计折旧”、“年末折余价值”、“月折旧额”。

（12） 分别选择区域 C8:C11、E8:E11、G8:G11、B16:G136，设置字体为“Arial”，字号为“10”。

（13） 选择区域 D17:D136，按 Ctrl＋1 组合键，打开“设置单元格格式”对话框，转到“数字”选项卡，在“分类”列表框中选择“百分比”，将小数位数设置为“2”，单击“确定”按钮，关闭对话框，完成该区域数字格式的设置。

（14） 单击全选按钮，选择整张工作表，转到“开始”选项卡，在“对齐方式”功能组中单击水平居中☰按钮，使工作表中所有数据居中显示。

（15） 将单元格指针移动到 B 列至 G 列的列字母之间，变成✛形状之后，单击并拖动，将单元格区域 B 列至 GN 列调整到合适的宽度。

（16） 选择区域 B5:G11、B15:G136，按 Ctrl＋1 组合键，打开“设置单元格格式”对话框，转到“边框”选项卡，添加区域边框线，单击“确定”按钮，关闭对话框，完成对边框的设置。

7.2.2 基础信息表

为了提高数据的输入效率，可以将常用的基础信息放置在一张工作表中，并为每组数据命名，以方便对每组数据的引用。

基础信息表的格式如图 7-4 所示，格式的设计及命名的方法和步骤如下。

	A	B	C	D	E	F	G
1	基础信息表						
2							
3	增加方式	类别名称	使用部门	使用状况	折旧方法	相关科目	折旧费用科目
4	购入	房屋建筑	行政部	正常使用	年限平均法	固定资产	制造费用
5	在建工程转	机器设备	财务部	未使用	双倍余额递减法	累计折旧	管理费用
6	接受投入	办公设备	制造部	融资租入	年数总和法	固定资产清理	销售费用
7	盘盈	运输设备	销售部	经营性租出	工作量法	在建工程	其他业务成本
8	自建			不需用		工程物资	
9				已提足折旧			
10				报废			

图 7-4 基础信息表

1. 格式设计

（1） 打开工作簿“固定资产管理”，双击工作表标签“Sheet2”重命名为“基础信息”。

（2） 在单元格 A1 中输入“基础信息”，合并并居中区域 A1:G1，设置字体为“华文中宋”，字号为“22”，字体颜色“深蓝色”，添加双底框线，行高为“45”。

（3） 在单元格 A3 至 G3 中分别输入“增加方式”、“类别名称”、“使用部门”、“使用状况”、“折旧方法”、“相关科目”、“折旧费用科目”。

（4） 在单元格区域 A4:A10、B4:B10、C4:C10、D4:D10、E4:E10、F4:F10、G4:G10 中分别输入如图 7-3 所示的内容。

企业可以根据自身的情况增加或减少以上项目的数量及内容。

（5） 单击全选按钮，选中整张工作表，转到“开始”选项卡，在“对齐方式”功能组中单击水平居中☰按钮，使工作表中所有数据居中显示。

（6） 将单元格指针移动到 A 列至 G 列的列字母之间，变成✛形状之后，单击并拖动，将单元格区域 A 列至 G 列调整到合适的宽度。

（7） 选择区域 A3:G10，按 Ctrl＋1 组合键，打开“设置单元格格式”对话框，转到“边框”选项卡，添加区域边框线，单击“确定”按钮，关闭对话框，完成对边框的设置。

2. 命名

（1） 选择区域 A4:A10，在名称框中输入“增加方式”，按 Enter 键完成命名。

（2） 选择区域 B4:B10，在名称框中输入“类别名称”，按 Enter 键完成命名。

（3） 选择区域 C4:C10，在名称框中输入“使用部门”，按 Enter 键完成命名。

（4） 选择区域 D4:D10，在名称框中输入“使用状况”，按 Enter 键完成命名。

（5） 选择区域 E4:E10，在名称框中输入“折旧方法”，按 Enter 键完成命名。

（6） 选择区域 F4:F10，在名称框中输入“相关科目”，按 Enter 键完成命名。

（7） 选择区域 G4:G10，在名称框中输入“折旧费用科目”，按 Enter 键完成命名。

7.2.3 设置数据验证序列

在固定资产卡片的部分单元格中输入的数据内容比较固定。例如，“增加方式”可以选择“购入”、“在建工程转入”、“接受投入”、“盘盈”、“自建”；“折旧方法”可以选择“年限平均法”、“工作量法”、“年数总和法”、“双倍余额递减法”。为了提高数据输入的准确性和效率，可以通过对这些单元格设置数据验证序列来实现。具体的方法和步骤如下：

（1） 选择单元格 C6，选择”数据”/“数据工具”/“数据验证”/“数据验证”命令，打开“数据验证”对话框。

（2） 在“验证条件”下的“允许”列表中选择“序列”，界面显示效果如图 7-5 所示。

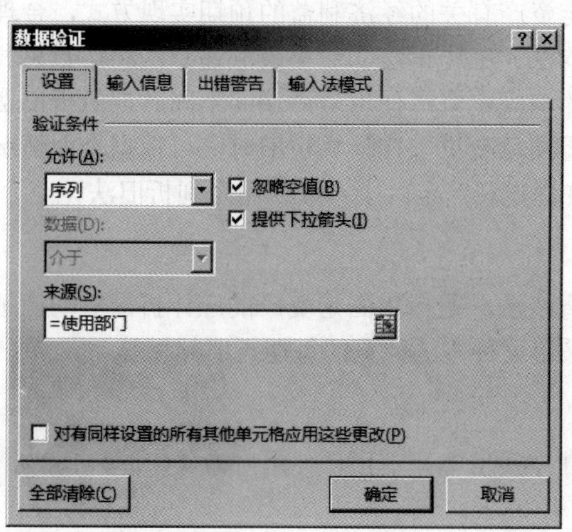

图 7-5 选择“序列”后的“数据验证”对话框

（3） 在“来源”文本框中输入“=使用部门”。

（4） 单击“确定”按钮，关闭对话框，完成对单元格 C6 的数据验证设置。

（5） 用同样的方法分别对单元格 C7、E6、G5、E11、G11 设置数据验证，其中“来源”文本框中分别输入“增加方式”、“使用状况”、“类别名称”、“折旧方法”、“折旧费用科目”。

通过以上步骤设置单元格的数据验证后，用户再输入数据就会十分方便。例如，要在单元格 C6 中输入部门名称，单击单元格 C6 后，显示如图 7-6 所示的“部门”下拉列表，用户只需在列表中选择相应的部门名称并单击即可输入。

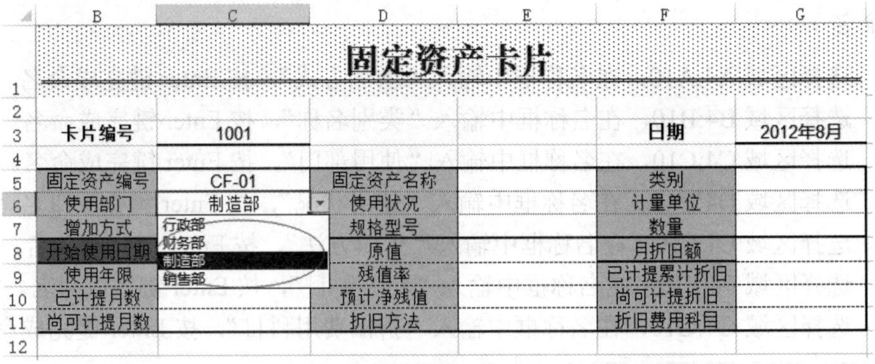

B	C	D	E	F	G
固定资产卡片					
卡片编号	1001			日期	2012年8月
固定资产编号	CF-01	固定资产名称		类别	
使用部门	制造部	使用状况		计量单位	
增加方式	行政部	规格型号		数量	
开始使用日期	财务部	原值		月折旧额	
使用年限	制造部	残值率		已计提累计折旧	
已计提月数	销售部	预计净残值		尚可计提折旧	
尚可计提月数		折旧方法		折旧费用科目	

图 7-6 “部门”下拉列表

7.2.4 固定资产折旧方法

固定资产的价值会随着资产的使用而逐渐消耗，逐步转移到产品成本和期间费用中去，并以折旧费的形式在收入中得到补偿。固定资产的损耗包括有形损耗和无形损耗。

固定资产折旧应该在使用寿命内按照确定的方法对应计折旧额进行系统分摊。应计折旧额是指应当计提折旧的固定资产的原价扣除其预计净残值后的金额。影响折旧额计算的因素有：固定资产的原值、净残值、使用年限和折旧计算方法。

企业应当根据与固定资产有关的经济利益的预期实现方式，合理选择折旧方法。固定资产折旧方法包括年限平均法、工作量法、双倍余额递减法和年数总和法等。企业选用不同的固定资产折旧方法，将影响固定资产使用寿命期间不同时期的折旧费用，因此，固定资产的折旧方法一经确定，不得随意变更。在计算折旧时，可根据企业情况选择个别折旧法、分类折旧法和综合折旧法。在固定资产卡片上一般应用个别折旧法。

1. 年限平均法

年限平均法，又称直线法，是指将固定资产的应计折旧额均衡地分摊到固定资产预计使用寿命内的一种方法。采用这种方法计算的每期折旧额相等。

计算公式如下：

年折旧率 =（1-预计净残值率）÷预计使用寿命（年）×100%

月折旧率 = 年折旧率÷12

月折旧额 = 固定资产原价×月折旧率

平均年限法一般适用于固定资产在预计使用年限内各期负荷比较均衡的情况。

Excel 提供了财务函数 SLN()，按直线折旧法计算固定资产折旧。它返回的是每期直线折旧额。其语法为：

```
SLN(cost,salvage,life)
```

其中，cost 为资产原值；salvage 为净残值；life 为折旧年限。

2. 工作量法

工作量法是根据实际工作量计算每期应提折旧额的一种方法。计算公式如下：

单位工作量折旧额 = 固定资产原价×（1－预计净残值率）÷预计总工作量

某项固定资产月折旧额 = 该项固定资产当月工作量×单位工作量折旧额

工作量法一般用于固定资产在预计使用年限内各期负荷不均衡的情况，比如车辆、飞机、船舶等固定资产的折旧。

Excel 中同样可以用函数 SLN()按工作量法计算固定资产折旧，它返回的是每单位的工作量折旧额。其中，life 参数为预计总工作量。

3. 双倍余额递减法

双倍余额递减法是指在不考虑固定资产预计净残值的情况下，根据每期期初固定资产原价减去累计折旧后的金额和双倍的直线法折旧率计算固定资产折旧的一种方法。应用这种方法计算折旧额时，由于每年年初固定资产净值没有扣除预计净残值，所以在计算固定资产折旧额时，应在其折旧年限到期前两年内，将固定资产净值扣除预计净残值后的余额平均摊销。计算公式如下：

年折旧率 =2÷预计使用寿命（年）×100%

月折旧率 = 年折旧率÷12

月折旧额 =（固定资产原价－累计折旧）×月折旧率

该方法适用于受技术影响较大的固定资产的折旧。

Excel 提供了财务函数 DDB()，按双倍余额递减法计算固定资产折旧。它返回的是固定资产在给定的期间内的折旧额。其语法为：

```
DDB(cost,salvage,life,period,factor)
```

其中，cost 为资产原值；salvage 为净残值；life 为折旧年限；period 为需要计算折旧值的期间，period 必须使用与 life 相同的单位；factor 为余额递减速率,如果 factor 被省略，则假设为 2（双倍余额递减法）。

4. 年数总和法

年数总和法，又称年限合计法，是指将固定资产的原价减去预计净残值后的余额，乘以一个以固定资产尚可使用寿命为分子、以预计使用寿命逐年数字之和为分母的逐年递减的分数计算每年的折旧额。计算公式如下：

年折旧率 = 尚可使用寿命÷预计使用寿命的年数总和×100%

月折旧率 = 年折旧率÷12

月折旧额 =（固定资产原价－预计净残值）×月折旧率

该方法适用于受技术影响较大的固定资产的折旧。

Excel 提供了财务函数 SYD()，按年数总和法计算固定资产折旧。它返回的是固定资产在给定的期间内的折旧额。其语法为：

```
SYD(cost,salvage,life,per)
```

其中，cost 为资产原值；salvage 为净残值；life 为折旧年限；period 为需要计算折旧值的期间；per 为期间，单位与 life 相同。

企业应当按月计提固定资产折旧，当月增加的固定资产，当月不计提折旧，从下月起计提折旧；当月减少的固定资产，当月仍计提折旧，从下月起不计提折旧。计提的固定资产折旧，应当根据用途计入相关资产的成本或者当期损益。例如，基本生产车间使用的固定资产，其计提的折旧应计入制造费用；管理部门使用的固定资产，计提的折旧应计入管理费用；销售部门使用的固定资产，计提的折旧应计入销售费用；未使用固定资产，其计提的折旧应计入管理费用等。

7.2.5 按年和按工作量计提折旧时的设置

由于固定资产在使用年限平均法、年数总和法、双倍余额递减法计算折旧时使用的单位是年，而在计算直线法时使用的单位是工作量，两种方法下固定资产卡片的部分单元格显示有所差异，为了使固定资产卡片能使用这两种情况，需要对这些单元格的显示及条件格式进行适当的处理。

1. 单元格显示

在单元格 E11 中选择“工作量法”时，固定资产卡片在基本资料的下方会多出一行，即第 12 行，并且在折旧额计算区域的标题行与选择其他折旧方法时，也会有所差异，具体变化如图 7-7 所示。

	B	C	D	E	F	G
1	固定资产卡片					
2						
3	卡片编号	1001			日期	2012年8月
4						
5	固定资产编号	CF-01	固定资产名称	厂房	类别	房屋建筑
6	使用部门	制造部	使用状况	正常使用	计量单位	栋
7	增加方式	购入	规格型号		数量	1
8	开始使用日期		原值		月折旧额	
9	使用年限		残值率		已计提累计折旧	
10	已计提月数		预计净残值	-	尚可计提折旧	
11	尚可计提月数		折旧方法	工作量法	折旧费用科目	制造费用
12	预计总工作量		累计总工作量		本月工作量	
13						
14			折旧额计算			
15	累计总工作量	单位工作量折旧额		累计折旧	年末折余价值	月折旧额

图 7-7 选择“工作量法”后单元格的显示

使固定资产卡片在选择“工作量法”时显示不同界面的操作步骤如下：

（1） 选择单元格 B12，在公式栏内输入“=IF(E11="工作量法","预计总工作量","")”。

（2） 选择单元格 C12，在公式栏内输入“=IF(E11="工作量法","   ","")”。

（3） 选择单元格 D12，在公式栏内输入“=IF(E11="工作量法","累计总工作量","")”。

（4） 选择单元格 E12，在公式栏内输入“=IF(E11="工作量法","   ","")”。

（5） 选择单元格 F12，在公式栏内输入“=IF(E11="工作量法","本月工作量","")”。

（6） 选择单元格 G12，在公式栏内输入“=IF(E11="工作量法","   ","")”。

（7） 选择单元格 B15，在公式栏内输入“=IF(E11="工作量法","累计总工作量","年份")”。

（8） 选择单元格 C15，在公式栏内输入“=IF(E11="工作量法","单位工作量折旧额","年折旧额")”。

（9） 选择单元格 D15，在公式栏内输入“=IF(E11="工作量法","","年折旧率")”。

2. 条件格式设置

选择“工作量法”时，单元格 B12、D12、F12 是在基本信息表格下增加的一行，为了给这些单元格增加边框，可以对其进行条件格式设置，具体方法和步骤如下：

（1） 选择区域 B12:G12。

（2） 选择“开始”/“样式”/“条件格式”/“新建规则”命令，打开如图 7-8 所示的“新建格式规则”对话框。

（3） 在“选择规则类型”列表中选择“使用公式确定要设置格式的单元格”，显示如图 7-9 所示的对话框，在“编辑规则说明”的公式栏内输入公式：

```
=IF($E$11="工作量法",TRUE,FALSE)
```

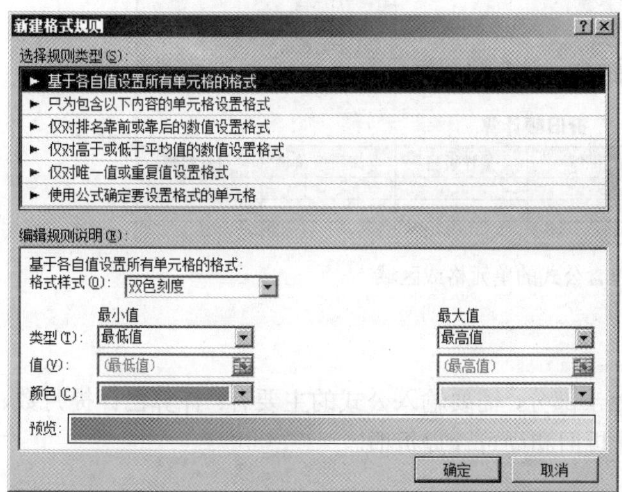

图 7-8　“新建格式规则”对话框

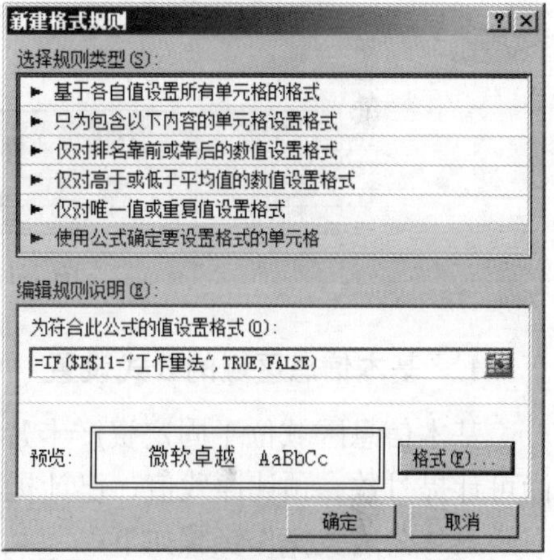

图 7-9　“新建格式规则”对话框

（4） 单击“格式”按钮，打开“设置单元格格式”对话框，转到“边框”选项卡，在“预置”组中选择“外边框”。

（5） 单击“确定”按钮，关闭“设置单元格格式”对话框，返回“新建格式规则”对话框。

（6） 单击“确定”按钮，关闭“新建格式规则”对话框，返回工作表界面。

通过以上操作，当在单元格 E11 中选择“工作量法”时，固定资产卡片的第 12 行就会添加如图 7-10 所示的边框，选择其他折旧方法时，该行则不显示边框。

	B	C	D	E	F	G
7	增加方式	购入	规格型号		数量	
8	开始使用日期		原值		月折旧额	
9	使用年限		残值率		已计提累计折旧	
10	已计提月数		预计净残值	-	尚可计提折旧	
11	尚可计提月数		折旧方法	工作量法	折旧费用科目	制造费用
12	预计总工作量		累计总工作量		本月工作量	
13						
14	折旧额计算					
15	累计总工作量	单位工作量折旧额		累计折旧	年末折余价值	月折旧额
16	0				-	

图 7-10　选择“工作量法”后添加的边框

7.2.6 设置固定资产卡片的计算公式

固定资产卡片中包含公式的单元格和区域如图 7-11 中所示的黄色区域，绿色为设置下拉列表的单元格，剩余部分才是需要手动输入的单元格。用户只需在这些区域手动输入数据，在绿色单元格的下拉列表中选择并输入数据，所有黄色区域内的单元格内容都会自动显示。

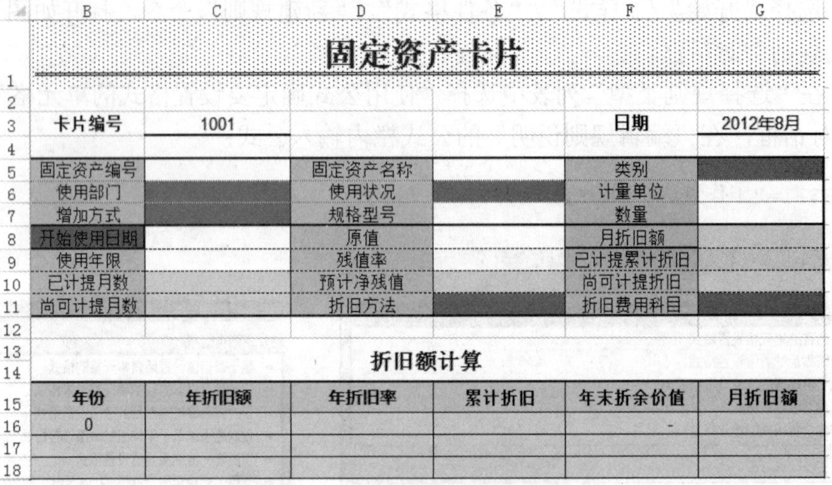

固定资产卡片

卡片编号	1001			日期	2012年8月
固定资产编号		固定资产名称		类别	
使用部门		使用状况		计量单位	
增加方式		规格型号		数量	
开始使用日期		原值		月折旧额	
使用年限		残值率		已计提累计折旧	
已计提月数		预计净残值		尚可计提折旧	
尚可计提月数		折旧方法		折旧费用科目	

折旧额计算

年份	年折旧额	年折旧率	累计折旧	年末折余价值	月折旧额
0				-	

图 7-11 包含公式的单元格或区域

1. 基本信息区域的公式设置

基本信息区域位于固定资产卡片的上半部分，需要输入公式的主要有：计算已计提月数、尚可计提月数、预计净残值、已计提累计折旧和尚可计提折旧。

具体公式及操作步骤如下：

（1） 已计提月数。

选择单元格 C10，在公式栏内输入公式：

```
=IF(C9="","",IF((YEAR(G3)-YEAR(C8))*12+MONTH(G3)-MONTH(C8)-1<=C9*12,(YEAR
(G3)-YEAR(C8))*12+MONTH(G3)-MONTH(C8)-1,C9*12))
```

公式说明：

公式的含义是当计提折旧的月数小于使用年限的总月数时，显示已计提的总月数，否则显示使用年限的总月数。

其中“YEAR(G3)-YEAR(C8))*12＋MONTH(G3)-MONTH(C8)”计算使用年限的使用月数，由于当月增加的固定资产不计提折旧，因此需要使用月数减去 1。“C9*12”计算使用年限的总月数。

（2） 尚可计提月数。

选择单元格 C11，在公式栏内输入公式：

```
=IF(C9="","",IF(C9*12-C10>=0,C9*12-C10,"已提足折旧"))
```

（3） 预计净残值。

选择单元格 E10，在公式栏内输入公式：

```
=E8*E9
```

（4） 月折旧额。

选择单元格G8，在公式栏内输入公式：

```
=IF(E8="","",IF(E11="工作量法",$G$17,IF(MOD(C10,12)=0,
VLOOKUP(C10/12,B17:G108,7),VLOOKUP(ROUNDUP(C10/12,0),B17:G108,6))))
```

（5） 已计提累计折旧。

选择单元格G9，在公式栏内输入公式：

```
=IF(G8="","",IF(E11="工作量法",E12*C17,IF(MOD(C10,12)=0,
INDEX(E17:E136,MATCH(C10/12,B17:B136)),INDEX(E17:E136,MATCH(INT(C10/12),
B17:B136))+G8*MOD(C10,12))))
```

（6） 尚可计提折旧。

选择单元格G10，在公式栏内输入公式：

```
=IF(G8="","",E8-E10-G9)
```

（7） 选择“工作量法”之外的方法时不显示“预计总工作量”。

选择单元格C12，在公式栏内输入公式：

```
=IF(E11="工作量法","  ","")
```

（8） 选择“工作量法”之外的方法时不显示“累计总工作量”。

选择单元格E12，在公式栏内输入公式：

```
=IF(E11="工作量法"," ","")
```

（9） 选择“工作量法”之外的方法时不显示“本月工作量”。

选择单元格G12，在公式栏内输入公式：

```
=IF(E11="工作量法"," ","")
```

2. 计算折旧区域的公式设置

计算折旧的区域位于卡片的下半部分，需要输入公式的有：显示年份、计算年折旧额、计算年折旧率、计算累计折旧、计算年末折余价值、计算月折旧额。

具体公式及操作步骤如下：

（1） 显示年份。

选择单元格B17，在公式栏内输入公式：

```
=IF($E$11="工作量法",IF(ROW()=17,$E$12,""),
IF(ROW()-ROW($B$16)<=$C$9,ROW()-ROW($B$16),""))
```

（2） 计算年折旧额。

选择单元格C17，在公式栏内输入公式：

```
=IF(B17="","",ROUND(IF($E$11="直线法",SLN($E$8,$E$10,$C$9),
IF($E$11="年限平均法",SLN($E$8,$E$10,$C$9),
```

```
IF($E$11="年数总和法",SYD($E$8,$E$10,$C$9,B17),IF($E$11="双倍余额递减法",
IF(B17<=$C$9-2,DDB($E$8,$E$10,$C$9,B17),(INDEX($F$17:$F$136,MATCH($C$9-2,
$B$17:$B$136))-$E$10)/2),IF(E11="工作量法",SLN($E$8,$E$10,$C$12))))),2))
```

（3） 计算年折旧率。

选择单元格 D17，在公式栏内输入公式：

```
=IF(OR(B17="",$D$15=""),"",ROUND(IF($E$11="年限平均法",(1-$E$9)/$C$9,
IF($E$11="双倍余额递减法",2/$C$9,
IF($E$11="年数总和法",($C$9-B16)/($C$9*($C$9+1)/2)))),2))
```

（4） 计算累计折旧。

选择单元格 E17，在公式栏内输入公式：

```
=IF(B17="","",IF($E$11="工作量法",B17*C17,E16+C17))
```

（5） 计算年末折余价值。

选择单元格 F16，在公式栏内输入公式：

```
=E8
```

选择单元格 F17，在公式栏内输入公式：

```
=IF(B17="","",$F$16-E17)
```

（6） 计算月折旧额。

选择单元格 G17，在公式栏内输入公式：

```
=IF(B17="","",IF($E$11="工作量法",$G$12*C17,ROUND(C17/12,2)))
```

（7） 复制公式。

选择区域 B17:G17，向下填充到任意行。

7.2.7 设置镶边行

固定资产折旧年限如果比较长时，折旧额计算区域可以设置如图 7-12 所示的镶边行，使计算表的可视性更强，不仅美化表格，而且方便数据的查找与浏览。

	B	C	D	E	F	G
13	折旧额计算					
14						
15	年份	年折旧额	年折旧率	累计折旧	年末折余价值	月折旧额
16	0				1,000,000.00	
17	1	100,000.00	10.00%	100,000.00	900,000.00	8,333.33
18	2	100,000.00	10.00%	200,000.00	800,000.00	8,333.33
19	3	100,000.00	10.00%	300,000.00	700,000.00	8,333.33
20	4	100,000.00	10.00%	400,000.00	600,000.00	8,333.33
21	5	100,000.00	10.00%	500,000.00	500,000.00	8,333.33
22	6	100,000.00	10.00%	600,000.00	400,000.00	8,333.33
23	7	100,000.00	10.00%	700,000.00	300,000.00	8,333.33
24	8	100,000.00	10.00%	800,000.00	200,000.00	8,333.33
25	9	100,000.00	10.00%	900,000.00	100,000.00	8,333.33
26	10	100,000.00	10.00%	1,000,000.00	-	8,333.33

图 7-12 设置镶边行后的效果

设置镶边行的操作步骤如下：

（1） 选择区域 B17:G17。

（2） 选择“开始”/“样式”/“条件格式”/“新建规则”命令，打开“新建格式规则”对话框。

（3） 在“选择规则类型”列表中选择“使用公式确定要设置格式的单元格”，显示如图 7-13 所示的对话框，在“编辑规则说明”的公式栏内输入公式：

```
=IF(MOD(ROW(),2)=1,TRUE,FALSE)
```

（4） 单击“格式”按钮，打开“设置单元格格式”对话框，转到“填充”选项卡，选择背景色为“淡蓝色”。

（5） 单击“确定”按钮，关闭“设置单元格格式”对话框，返回“新建格式规则”对话框。

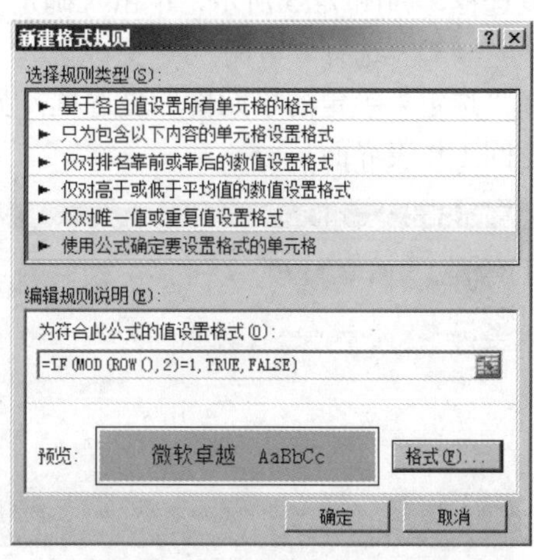

图 7-13 “新建格式规则”对话框

（6） 单击“确定”按钮，关闭“新建格式规则”对话框，返回工作表界面。

7.2.8 保护工作表

固定资产卡片中包含格式设置和计算公式，为了防止用户的不正确操作对这些格式设置和计算公式进行修改，需要对工作表进行保护。

保护工作表的方法和步骤如下：

（1） 单击工作表左上角的全选按钮，选中整张工作表，按 Ctrl＋1 组合键，打开如图 7-14 所示的“设置单元格格式”对话框，转到“保护”选项卡，选择“锁定”和“隐藏”复选框，单击“确定”按钮，关闭对话框，返回工作表界面。

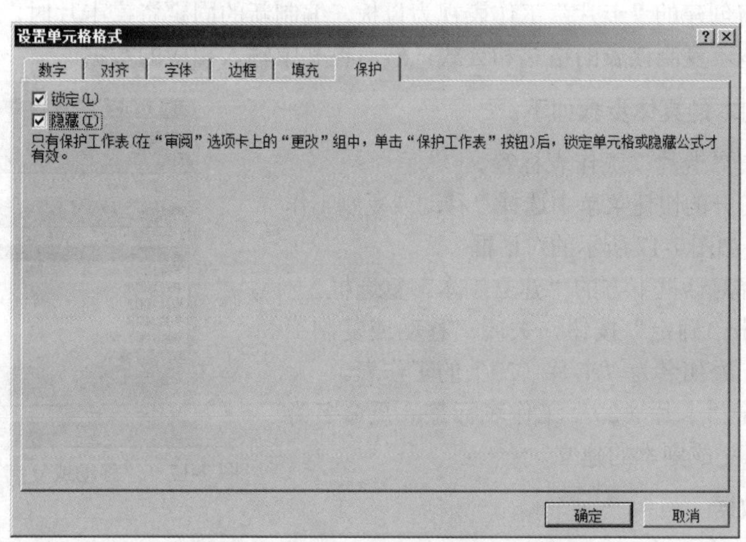

图 7-14 锁定和隐藏整张工作表

（2） 选择单元格 C3、G3、E11、G11、C12、E12、G12，区域 C5:C9、E5:E9、G5:G7，按 Ctrl＋1 组合键，弹出“设置单元格格式”对话框，转到“保护”选项卡，只选择“隐藏”

复选框，如图 7-15 所示，单击“确定”按钮，关闭对话框，返回工作表界面。

（3） 选择“审阅”/“更改”/“保护工作表”命令，弹出“保护工作表”对话框，只选择“选定未锁定的单元格”复选框，界面如图 7-16 所示，单击“确定”按钮，关闭对话框，返回工作表界面。

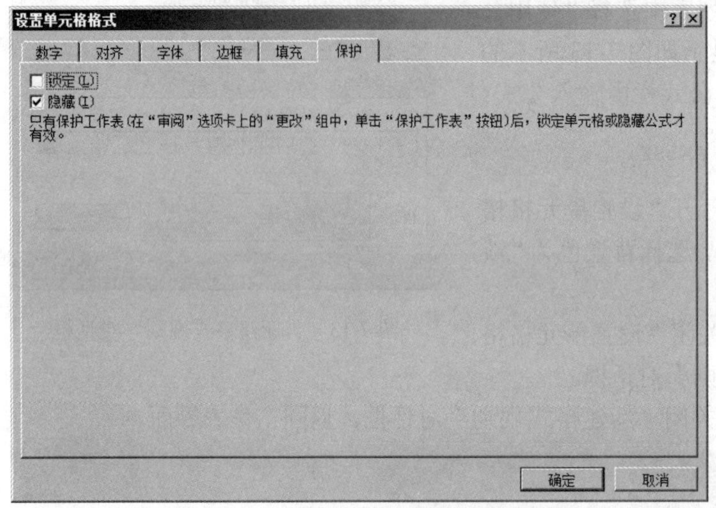

图 7-15　对需要输入数据的单元格解锁

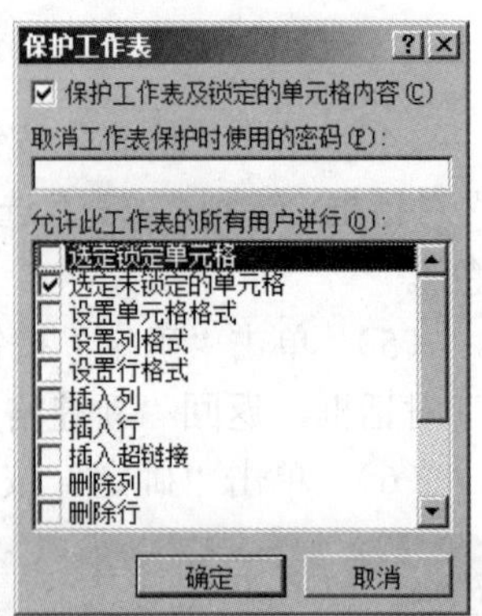

图 7-16　“保护工作表”对话框

如果要对保护过的工作表进行修改，必须撤销工作表保护，选择“审阅”/“更改”/“撤销工作表保护”命令。

7.2.9　卡片的使用

用户可以将创建的“卡片”工作表视为母板，编制新的固定资产卡片时，首先为“卡片”工作表建立副本，复制该表的格式和公式，然后在其中输入相应的数据。

1. 建立副本的具体步骤如下：

（1） 右击“卡片”工作表标签。

（2） 在打开的快捷菜单中选择“移动或复制工作表”命令，打开如图 7-17 所示的对话框。

（3） 选择对话框下方的“建立副本”复选框。

（4） 单击“确定”按钮，关闭“移动或复制工作表”对话框，添加名为“卡片（2）”的工作表。

（5） 双击“卡片（2）”工作表标签，重命名为“卡片 1001”，完成副本的建立。

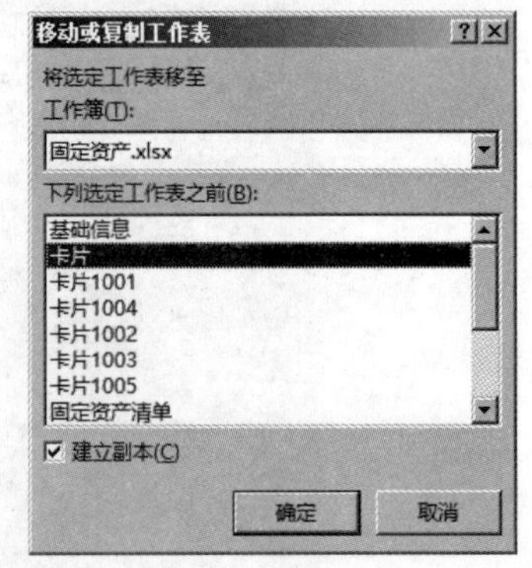

图 7-17　“移动或复制工作表”对话框

2. 输入数据

以编制财务部 6 台电脑的固定资产卡片为例，介绍卡片的使用方法：

（1） 激活“卡片 1001”工作表。

（2） 在单元格 C3、G3 中分别输入“1001”、“2012-8”。

（3） 在单元格 C5、E5、G7 中分别输入“CF-01”、“电脑”、“6”。

（4） 在单元格 C6、C7、E6、G5、E11、G11 中分别选择“财务部”、“购入”、“正常使用”、“办公设备”。

（5） 在单元格 C8、C9、E8、E9 中输入“2008-5”、“5”、“40 000”、“5”。

（6） 输入以上数据后，显示整张卡片的所有数据，效果如图 7-18 所示。

固定资产卡片

卡片编号	1001			日期	2012年8月
固定资产编号	CF-01	固定资产名称	电脑	类别	办公设备
使用部门	财务部	使用状况	正常使用	计量单位	台
增加方式	购入	规格型号		数量	6
开始使用日期	2008年5月	原值	40,000.00	月折旧额	633.33
使用年限	5	残值率	5%	已计提累计折旧	31,666.66
已计提月数	50	预计净残值	2,000.00	尚可计提折旧	6,333.34
尚可计提月数	10	折旧方法	年限平均法	折旧费用科目	管理费用

折旧额计算

年份	年折旧额	年折旧率	累计折旧	年末折余价值	月折旧额
0				40,000.00	
1	7,600.00	19.00%	7,600.00	32,400.00	633.33
2	7,600.00	19.00%	15,200.00	24,800.00	633.33
3	7,600.00	19.00%	22,800.00	17,200.00	633.33
4	7,600.00	19.00%	30,400.00	9,600.00	633.33
5	7,600.00	19.00%	38,000.00	2,000.00	633.33

图 7-18　卡片 1001

7.3　编制固定资产清单

固定资产清单汇总了每项固定资产的所有信息，如图 7-19 所示，它是固定资产管理系统的核心数据资料。

固 定 资 产 清 单

2012年8月

卡片编号	资产编号	资产名称	类别	增加方式	使用部门	费用科目	使用状况	资产原值	净残值率	预计净残值	使用年限	开始使用日期	已计提月数	折旧方法	至上月累计折旧	本月折旧	本月末净值
1001	CF-01	电脑	办公设备	购入	财务部	管理费用	正常使用	40,000.00	5%	2,000.00	5	2008年5月	50	年限平均法	31,666.66	633.33	7,700.01
1002	DZ-01	服务器	办公设备	购入	行政部	管理费用	正常使用	800,000.00	4%	32,000.00	8	2005年1月	90	年数总和法	757,333.35	1,777.78	40,888.87
1003	QC-01	汽车	运输设备	购入	销售部	销售费用	正常使用	800,000.00	4%	32,000.00	5	2008年1月	54	工作量法	576,000.00	1,440.00	222,560.00
1004	CF-01	生产线	机器设备	购入	制造部	制造费用	正常使用	1,000,000.00	4%	40,000.00	10	2006年1月	78	双倍余额递减法	764,070.42	4,369.07	231,560.51

图 7-19　固定资产清单

例 7-2　编制固定资产清单。

为 XX 公司编制如图 7-19 所示的固定资产清单，以汇总公司内固定资产的所有明细信息。

该范例文件见随书光盘“第 7 章”文件夹，“固定资产管理.xlsx”工作簿中的“固定资产清单”工作表。具体制作步骤在本节 7.3.1～7.3.4 中详细介绍。

7.3.1　固定资产清单的格式设计

固定资产清单的格式如图 7-20 所示，其设计步骤如下：

（1） 打开“固定资产管理”工作簿，双击工作表标签“Sheet2”，重命名为“固定资产清单”。

固定资产清单

2012年8月

卡片编号	资产编号	资产名称	类别	增加方式	使用部门	费用科目	使用状况	资产原值	净残值率	预计净残值	使用年限	开始使用日期	已计提月份	折旧方法	至上月累计折旧	本月折旧	本月末净值

图 7-20　固定资产清单的格式

（2） 选择区域 I2:M2，转到“开始”选项卡，在“字体”功能区中设置字体为“Arial”，字号为“16”，完成字体的设置。按 Ctrl＋1 组合键，打开“设置单元格格式”对话框，转到“数字”选项卡，在“分类”列表框中选择“日期”，在“类型”列表框中选择“2012 年 3 月”格式，单击“确定”按钮，关闭对话框，完成对区域日期的格式设置。

（3） 在单元格 B1 中输入“固定资产清单”，选择区域 B1:Q1，转到“开始”选项卡，在“对齐方式”功能组中选择“合并后居中”命令；在“字体”功能组中设置字体为“华文中宋”，字号为“22”，字体颜色“深蓝色”，添加双底框线；在“单元格”功能组中设置行高为“45”。

（4） 在单元格 A1 至 R1 中分别输入“卡片编号”、“资产编号”、“资产名称”、“资产类别”、“增加方式”、“使用部门”、“费用科目”、“使用状况”、“资产原值”、“净残值率”、“预计净残值”、“使用年限”、“开始使用日期”、“已计提月份”、“折旧方法”、“至上月累计折旧”、“本月折旧”、“本月末净值”。

（5） 选择区域 A3：R200，选择“插入”/“表格”/“表格”命令，打开如图 7-21 所示的“创建表”对话框，选择“表包含标题”复选框，将所选区域转化为表格。

（6） 选择“表格工具”/“设计”/“表格样式”命令，在“表样式”下拉列表中选择合适的样式。

（7） 按 Ctrl＋F3 组合键，打开如图 7-22 所示的“名称管理器”对话框。

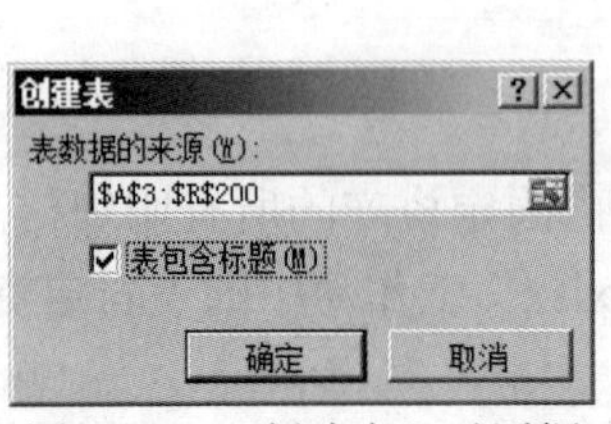

图 7-21　“创建表”对话框

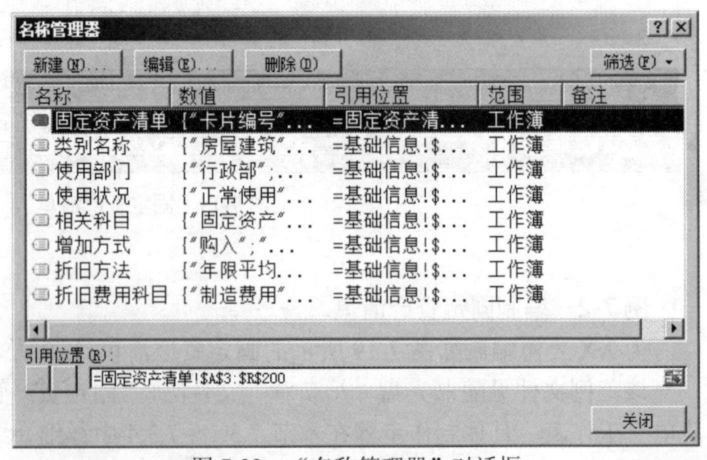

图 7-22　“名称管理器”对话框

（8） 选择“表 2”，单击“编辑”按钮，弹出如图 7-23 所示的“编辑名称”对话框。

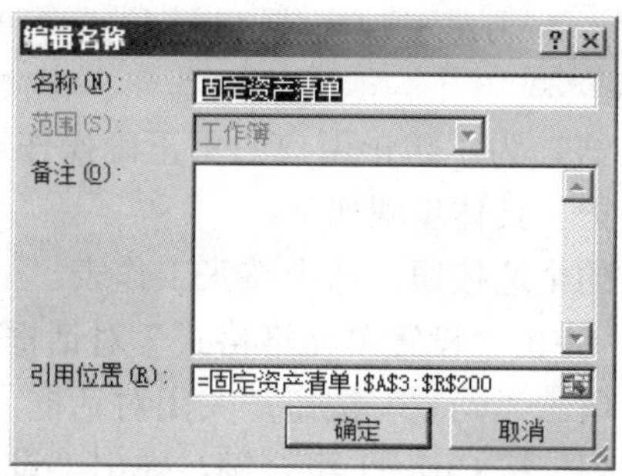

图 7-23 “编辑名称”对话框

（9） 在“名称”框中输入“固定资产清单”。

（10） 单击“确定”按钮，关闭“编辑名称”对话框，返回“名称管理器”对话框，单击“确定”按钮，关闭“名称管理器”对话框，返回工作表界面，完成对该表的命名。

（11） 单击全选按钮，选择整张工作表，转到“开始”选项卡，在“对齐方式”功能组中单击水平居中按钮，使工作表中所有数据居中显示。

（12） 选中 J 列，单击“开始”/“数字”功能区中的%按钮，完成对该列的数据格式设置。

（13） 将单元格指针移动到 B 列至 R 列的列字母之间，变成✢形状之后，单击并拖动，将单元格区域 B 列至 R 列调整到合适的宽度。

（14） 选择区域 A3:G136，按 Ctrl＋1 组合键，打开“设置单元格格式”对话框，转到“边框”选项卡，添加区域边框线。

7.3.2 固定资产清单的公式设置

固定资产清单的格式设置好后，用户参照如图 7-24 所示中的内容，在工作表的第 4 行对应的单元格中输入相应的公式，其他行的公式可以通过复制本行得到。

选择区域 B4:R4，将第 4 行中的公式向下复制到所需要的行。

单元格名称	单元格地址	公式
卡片编号	A4	1001
资产编号	B4	=IF(A4="","",INDIRECT("卡片"&A$4&"!C5"))
资产名称	C4	=IF(A4="","",INDIRECT("卡片"&A$4&"!E5"))
类别	D4	=IF(A4="","",INDIRECT("卡片"&A$4&"!G5"))
增加方式	E4	=IF(A4="","",INDIRECT("卡片"&A$4&"!C7"))
使用部门	F4	=IF(A4="","",INDIRECT("卡片"&A$4&"!C6"))
费用科目	G4	=IF(A4="","",INDIRECT("卡片"&A$4&"!G11"))
使用状况	H4	=IF(A4="","",INDIRECT("卡片"&A$4&"!E6"))
资产原值	I4	=IF(A4="","",INDIRECT("卡片"&A$4&"!E8"))
净残值率	J4	=IF(A4="","",INDIRECT("卡片"&A$4&"!E9"))
预计净残值	K4	=IF(A4="","",INDIRECT("卡片"&A$4&"!E10"))
使用年限	L4	=IF(A4="","",INDIRECT("卡片"&A$4&"!C9"))
开始使用日期	M4	=IF(A4="","",INDIRECT("卡片"&A$4&"!C8"))
已计提月份	N4	=IF(A4="","",INDIRECT("卡片"&A$4&"!C10"))
折旧方法	O4	=IF(A4="","",INDIRECT("卡片"&A$4&"!E11"))
至上月累计折旧	P4	=IF(A4="","",INDIRECT("卡片"&A$4&"!G9"))
本月折旧	Q4	=IF(A4="","",INDIRECT("卡片"&A$4&"!G8"))
本月末净值	R4	=IF(A4="","",I4-P4-O4)

图 7-24 固定资产清单中的公式

7.3.3 保护工作表

固定资产清单包含大量公式，为了防止用户的不正确操作对这些格式设置和计算公式进行修改，需要对工作表进行保护。具体步骤如下：

（1） 单击工作表左上角的全选按钮，选中整张工作表。

（2） 按 Ctrl+1 组合键，弹出“设置单元格格式”对话框，转到“保护”选项卡，选择“锁定”和“隐藏”复选框，单击“确定”按钮，关闭对话框，返回工作表界面。

（3） 选择“卡片编号”列，按 Ctrl+1 组合键，弹出“设置单元格格式”对话框，转到“保护”选项卡，只选择“隐藏”复选框，单击“确定”按钮，关闭对话框，返回工作表界面。

（4） 选择“审阅”/“更改”/“保护工作表”命令，弹出“保护工作表”对话框，只选择“选定未锁定的单元格”复选框，单击“确定”按钮，关闭对话框，返回工作表界面。

7.3.4 固定资产清单的使用

固定资产清单的使用非常简单，只需输入卡片编号，其他信息即可从相应的卡片中提取信息，自动显示。

7.4 编制固定资产折旧费用分配表

月末，企业根据固定资产的受益对象计提折旧，借记有关成本费用科目，贷记“累计折旧”科目。不同的固定资产折旧的借记科目也不同，因此需要根据固定资产清单的“费用科目”分类汇总，编制如图 7-25 所示的固定资产折旧费用分配表。

折旧费用分配表

2012年8月

费用科目	本月折旧费用
管理费用	2,411.11
销售费用	1,440.00
制造费用	4,369.07
(空白)	-
总计	8,220.18

图 7-25 折旧费用分配表

例 7-3 编制固定资产折旧费用分配表。

使用 Excel 数据透视表功能，为 XX 公司编制如图 7-25 所示的固定资产折旧费用分配表，作为制作记账凭证清单的依据。

该范例文件见随书光盘“第 7 章”文件夹，“固定资产管理.xlsx”工作簿中的“折旧费用分配表”工作表。具体制作步骤在 7.4.1 节～7.4.2 节中详细介绍。

7.4.1 建立数据透视表

固定资产折旧费用分配表可以使用固定资产清单作为源数据建立数据透视表，具体操作步骤如下：

（1） 打开工作簿“固定资产管理”，双击工作表标签“Sheet3”重命名为“折旧费用分配表”。

（2） 在单元格 B1 中输入“折旧费用分配表”，合并并居中区域 B1:C1，设置字体为“华文中宋”，字号为“22”，字体颜色“深蓝色”，设置行高为“45”，添加双底框线。

（3） 选择单元格 B3，选择“插入”/“表格”/“数据透视表”/“数据透视表”命令，打开如图 7-26 所示“创建数据透视表”对话框。

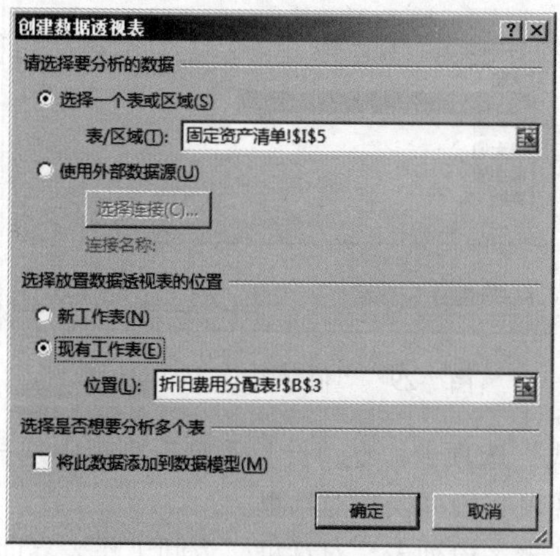

图 7-26 “创建数据透视表”对话框

（4） 在“请选择要分析的区域”中勾选“选择一个表或区域”单选按钮，在其后的公式栏内输入“=固定资产清单”，单击“确定”按钮，弹出如图 7-27 所示的“数据透视表字段列表”对话框。

（5） 在“选择要添加到报表的字段”列表将“费用科目”字段拖到“行标签”区域，将“本月折旧”字段拖动到“数值”区域，如图 7-28 所示。

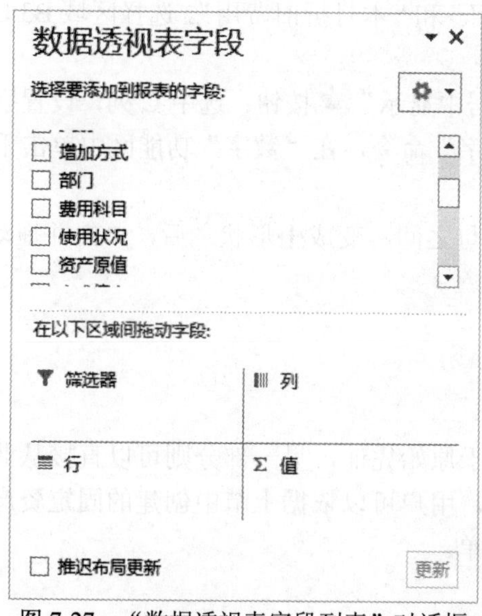

图 7-27 “数据透视表字段列表”对话框

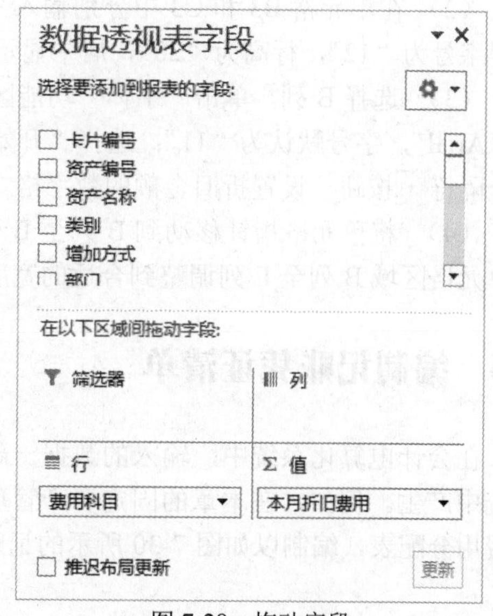

图 7-28 拖动字段

（6） 单击“数值”区域的“计数项：本月折旧”字段，在打开的下拉列表中选择“值字段设置”命令，弹出如图 7-29 所示的“值字段设置”对话框。

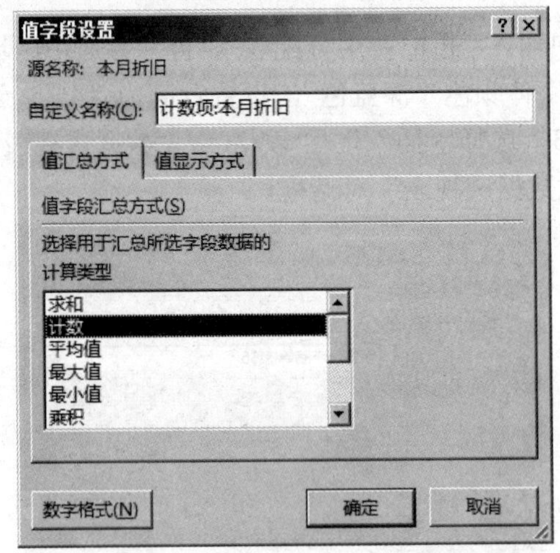

图 7-29 “值字段设置”对话框

（7） 转到“汇总方式”选项卡，在“计算类型”列表中选择“求和”选项，单击“确定”按钮，返回“数据透视表字段列表”对话框。

（8） 关闭“数据透视表字段列表”对话框，返回工作表界面。

完成固定资产折旧费用分配表的创建。

7.4.2 美化数据透视表

创建上述数据透视表后，可以对其进行进一步的美化和数据格式设置，具体步骤如下：

（1） 选择“数据透视表工具”/“设计”/“数据透视表样式”命令，在样式功能组中选择合适的表样式。

（2） 在单元格 B3 和 C3 中分别输入“费用科目”和“本月折旧费用”。选择区域 B3:C3，设置字号为“12”，行高为“20”，居中显示文本。

（3） 选择 B 列，单击“字体”功能区中的“居中显示”按钮；选中 C 列，设置字体为“Arial”，字号默认为“11”；选择“开始”/“数字”命令，在“数字”功能区中单击千分位分隔符按钮，设置折旧金额的数字格式。

（4） 将单元格指针移动到 B 列至 E 列的列字母之间，变成形状之后，单击并拖动，将单元格区域 B 列至 E 列调整到合适的宽度。

7.5 编制记账凭证清单

在会计电算化系统中，输入的数据一部分来源于原始凭证，另一部分则可以直接从业务系统中产生。例如，在本章的固定资产管理系统中，用户可以依据上节中创建的固定资产折旧费用分配表，编制以如图 7-30 所示的记账凭证清单。

	B	C	D	E	F	G	H
1	记账凭证清单						
2			2012年8月				
3	日期	摘要	总账科目	明细科目	借方金额	贷方金额	附件
4	8月31日	计提折旧	管理费用	折旧费	2,411.11		1
5	8月31日	计提折旧	销售费用	折旧费	1,440.00		1
6	8月31日	计提折旧	制造费用	折旧费	4,369.07		1
7	8月31日	计提折旧	累计折旧			8,220.18	1

图 7-30　记账凭证清单

例 7-4　编制固定资产清单。

为 XX 公司编制如图 7-30 所示的记账凭证清单，方便会计工作人员在记账凭证汇总表中登记凭证的详细信息。

该范例文件见随书光盘“第 7 章”文件夹 “固定资产管理.xlsx”工作簿中的“记账凭证清单”工作表。具体制作步骤在本节 7.5.1～7.5.2 中详细介绍。

7.5.1　记账凭证清单结构设计

记账凭证清单的结构如图 7-31 所示，具体的设计步骤如下：

（1） 打开工作簿“固定资产管理”，单击工作表插入标签，插入一张工作表，双击该工作表标签，重命名为“记账凭证清单”。

（2） 在单元格 B1 中输入“记账凭证清单”，合并并居中区域 B1:H1，设置字体为“华文中宋”，字号为“22”，字体颜色为“深蓝色”，设置行高为“45”，添加双底框线。

	B	C	D	E	F	G	H
1	记账凭证清单						
2			2012年8月				
3	日期	摘要	总账科目	明细科目	借方金额	贷方金额	附件
4							
5							
6							

图 7-31　记账凭证清单的格式

（3） 选择区域 D2:F2，设置字体为“Arial”，字号为“16”，完成对日期的字体设置。按 Ctrl＋1 组合键，打开“设置单元格格式”对话框，转到“数字”选项卡，在“分类”列表框中选择“日期”，在“类型”列表框中选择“2012 年 3 月”格式，完成对日期的格式设置。

（4） 在单元格 A1 至 H1 中分别输入“日期”、“摘要”、“总账科目”、“明细科目”、“借方金额”、“贷方金额”、“附件”。

（5） 在单元格 C3 中输入“计提折旧”，向下填充到第 7 行。

（6） 在单元格 D3 至 D7 中分别输入“管理费用”、“销售费用”、“制造费用”和“累计折旧”。

（7） 在单元格 E3 中输入“折旧费”，向下填充到第 6 行。

（8） 选择区域 B3:H7，设置字体为“Arial”，居中显示文本。

7.5.2　记账凭证清单公式设计

记账凭证清单中的公式包含日期的显示、借方金额和贷方金额的引用，具体步骤如下：

1. 显示日期

（1） 选择单元格 D2，在公式栏内输入“=固定资产清单!I2”。

（2） 选择单元格 B4，在公式栏内输入公式：

```
=MONTH($D$2)&"月"&DAY(EOMONTH($D$2,0))&"日"
```

（3） 选择单元格 B4，向下填充到第 7 行。

2. 显示借/贷方金额

（1） 选择单元格 F4，在公式栏内输入公式：

```
=INDEX(折旧费用分配表!C4:C200,MATCH(D4,折旧费用分配表!B4:B200,0))
```

（2） 选择单元格 F4，向下填充到第 6 行。

（3） 选择单元格 G7，在公式栏内输入公式：

```
=INDEX(折旧费用分配表!C4:C200,MATCH("总计",折旧费用分配表!B4:B200,0))
```

7.6 保存为模板文件

用户可将上述工作簿中的全部或部分工作表保存为模板文件，这样添加固定资产时，只需要使用卡片模板创建新的工作表。在输入所有固定资产信息后，月底制作固定资产折旧费用分配表时，刷新即可更新当月数据，这样用户每个月管理固定资产就不需要用大量的时间来重复创建表格，减轻了工作量，提高了工作效率。

例 7-5 保存为模板文件。

具体操作步骤如下：

（1） 选择“文件按钮”/“另存为”命令，打开如图 7-32 所示的“另存为”对话框。

（2） 在“保存位置”下拉列表中选择要存放模板文件的文件夹。

（3） 在“文件名”文本框中输入要保存模板的名称“固定资产管理模板”。

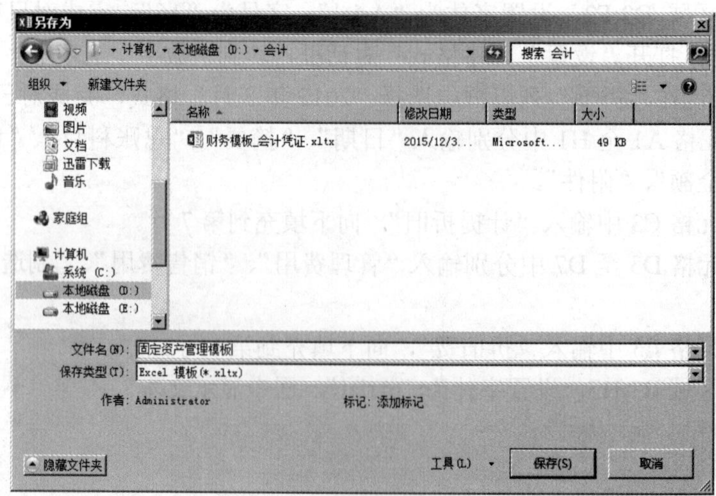

图 7-32 “另存为”对话框

（4）在“保存类型”下拉列表中选择“Excel 模板（*.xltx）”。

（5）单击“确定”按钮，关闭对话框，返回工作表界面，完成对模板文件的保存。

7.7　本章小结

本章主要讲述了如何用 Excel 编制固定资产管理系统。通过本章的学习，读者应了解和掌握以下知识点：

- 了解固定资产的确认、分类和折旧方法的选择和计算。
- 掌握折旧函数 SLN()、DDB()、SYD()的应用。
- 掌握按年和按工作量计算折旧时的卡片处理。
- 掌握设置数据验证的方法。
- 掌握固定资产卡片的制作。
- 掌握使用数据透视表制作固定资产折旧费用分配表的方法。

7.8　上机练习

（1）A 公司各部门的固定资产介绍如下：

制造部拥有一辆汽车，作为运输设备使用工作量法对其进行核算。该汽车 2009 年 1 月购入并开始使用至今，原值 750 000 元，预计净残值为 3%，使用年限为 15 年，预计总工作量为 2 000 000 公里，至今累计工作量为 500 000 公里，本月工作量为 4 000 公里。

为扩大生产，于 2007 年 3 月添置一条生产线，作为机器设备使用年限平均法对其进行核算。该流水线原值 780 000 元，预计净残值 5%，使用年限为 10 年。

财务部一台服务器和 10 台电脑都作为办公设备核算，购买日期为 2005 年 12 月，其中服务器原值 100 000 元，10 台电脑总价 80000 元，预计使用年限分别为 15 年、10 年，预计净残值都为 2%，服务器使用双倍余额递减法核算，电脑采用年数总和法核算。

该练习文件见“第 7 章”文件夹中的“上机练习-固定资产”工作簿。

基于以上资料，为汽车、流水线、服务器、电脑分别编制如图 7-33 至图 7-36 所示的固定资产卡片，卡片编号分别为 1001、1002、1003、1004。

固定资产卡片

卡片编号	1001			日期	2012年8月
固定资产编号	QC-02	固定资产名称	汽车	类别	运输设备
使用部门	制造部	使用状况	正常使用	计量单位	辆
增加方式	购入	规格型号		数量	1
[illegible]	2009年1月	原值	750,000.00	月折旧额	1,440.00
使用年限	15	残值率	3%	已计提累计折旧	180,000.00
已计提月数	42	预计净残值	22,500.00	尚可计提折旧	547,500.00
尚可计提月数	138	折旧方法	工作量法	折旧费用科目	销售费用
预计总工作量	2,000,000.00	累计总工作量	500,000.00	本月工作量	4,000.00

折旧额计算

累计总工作量	单位工作量折旧额		累计折旧	年末折余价值	月折旧额
0				750,000.00	
500000	0.36		180,000.00	570,000.00	1,440.00

图 7-33　固定资产卡片-汽车（1001）

固定资产卡片

卡片编号	1002			日期	2012年8月
固定资产编号	CF-01	固定资产名称	生产线	类别	机器设备
使用部门	制造部	使用状况	正常使用	计量单位	条
增加方式	购入	规格型号		数量	1
开始使用日期	2007年3月	原值	1,000,000.00	月折旧额	7,916.67
使用年限	10	残值率	5%	已计提累计折旧	506,666.68
已计提月数	64	预计净残值	50,000.00	尚可计提折旧	443,333.32
尚可计提月数	56	折旧方法	年限平均法	折旧费用科目	制造费用

折旧额计算

年份	年折旧额	年折旧率	累计折旧	年末折余价值	月折旧额
0				1,000,000.00	
1	95,000.00	10.00%	95,000.00	905,000.00	7,916.67
2	95,000.00	10.00%	190,000.00	810,000.00	7,916.67
3	95,000.00	10.00%	285,000.00	715,000.00	7,916.67
4	95,000.00	10.00%	380,000.00	620,000.00	7,916.67
5	95,000.00	10.00%	475,000.00	525,000.00	7,916.67
6	95,000.00	10.00%	570,000.00	430,000.00	7,916.67
7	95,000.00	10.00%	665,000.00	335,000.00	7,916.67
8	95,000.00	10.00%	760,000.00	240,000.00	7,916.67
9	95,000.00	10.00%	855,000.00	145,000.00	7,916.67
10	95,000.00	10.00%	950,000.00	50,000.00	7,916.67

图 7-34　固定资产卡片-生产线（1002）

固定资产卡片

卡片编号	1003			日期	2012年8月
固定资产编号	DZ-01	固定资产名称	服务器	类别	办公设备
使用部门	办公室	使用状况	正常使用	计量单位	台
增加方式	购入	规格型号		数量	1
开始使用日期	2005年12月	原值	10,000.00	月折旧额	47.08
使用年限	15	残值率	2%	已累计折旧	6,092.03
已计提月数	79	预计净残值	200.00	尚可计提折旧	3,707.97
尚可计提月数	101	折旧方法	双倍余额递减法	折旧费用科目	管理费用

折旧额计算

年份	年折旧额	年折旧率	累计折旧	年末折余价值	月折旧额
0				10,000.00	
1	1,333.33	13.00%	1,333.33	8,666.67	111.11
2	1,155.56	13.00%	2,488.89	7,511.11	96.30
3	1,001.48	13.00%	3,490.37	6,509.63	83.46
4	867.95	13.00%	4,358.32	5,641.68	72.33
5	752.22	13.00%	5,110.54	4,889.46	62.69
6	651.93	13.00%	5,762.47	4,237.53	54.33
7	565.00	13.00%	6,327.47	3,672.53	47.08
8	489.67	13.00%	6,817.14	3,182.86	40.81
9	424.38	13.00%	7,241.52	2,758.48	35.37
10	367.80	13.00%	7,609.32	2,390.68	30.65
11	318.76	13.00%	7,928.08	2,071.92	26.56
12	276.26	13.00%	8,204.34	1,795.66	23.02
13	239.42	13.00%	8,443.76	1,556.24	19.95
14	678.12	13.00%	9,121.88	878.12	56.51
15	678.12	13.00%	9,800.00	200.00	56.51

图 7-35　固定资产卡片-服务器（1003）

固定资产卡片

卡片编号	1004			日期	2009年8月
固定资产编号	CF-01	固定资产名称	电脑	类别	办公设备
使用部门	办公室	使用状况	正常使用	计量单位	台
增加方式	购入	规格型号		数量	10
开始使用日期	2005年12月	原值	80,000.00	月折旧额	831.52
使用年限	10	残值率	2%	已计提累计折旧	44,307.92
已计提月数	43	预计净残值	1,600.00	尚可计提折旧	34,092.08
尚可计提月数	77	折旧方法	年数总和法	折旧费用科目	管理费用

折旧额计算

年份	年折旧额	年折旧率	累计折旧	年末折余价值	月折旧额
0				80,000.00	
1	14,254.55	18.00%	14,254.55	65,745.45	1,187.88
2	12,829.09	16.00%	27,083.64	52,916.36	1,069.09
3	11,403.64	15.00%	38,487.28	41,512.72	950.30
4	9,978.18	13.00%	48,465.46	31,534.54	831.52
5	8,552.73	11.00%	57,018.19	22,981.81	712.73
6	7,127.27	9.00%	64,145.46	15,854.54	593.94
7	5,701.82	7.00%	69,847.28	10,152.72	475.15
8	4,276.36	5.00%	74,123.64	5,876.36	356.36
9	2,850.91	4.00%	76,974.55	3,025.45	237.58
10	1,425.45	2.00%	78,400.00	1,600.00	118.79

图 7-36　固定资产卡片-电脑（1004）

（2）　基于以上资料编制 A 公司如图 7-37 所示的固定资产清单。

固 定 资 产 清 单

2012年8月

卡片编号	资产编号	资产名称	类别	增加方式	使用部门	费用科目	使用状况	资产原值	净残值率	预计净残值	使用年限	开始使用日期	已计提月份	折旧方法	至上月累计折旧	本月折旧	本月末净值
1001	QC-02	汽车	运输设备	购入	制造部	销售费用	正常使用	750,000.00	3%	22,500.00	15	2009年1月	42	工作量法	180,000.00	1,440.00	568,560.00
1002	CF-01	生产线	机器设备	购入	制造部	制造费用	正常使用	1,000,000.00	5%	50,000.00	10	2007年3月	64	年限平均法	506,666.68	7,916.67	485,416.65
1003	DZ-01	服务器	办公设备	购入	办公室	管理费用	正常使用	10,000.00	2%	200.00	15	2005年12月	79	双倍余额递减法	6,092.03	47.08	3,860.89
1004	CF-01	电脑	办公设备	购入	办公室	管理费用	正常使用	80,000.00	2%	1,600.00	10	2005年12月	79	年数总和法	67,471.51	475.15	12,053.34

图 7-37　A 公司固定资产清单

（3）　基于固定资产清单编制 A 公司 8 月份如图 7-38 所示的折旧费用分配表。

折旧费用分配表

2012年8月

费用科目	本月折旧费用
管理费用	522.23
销售费用	1,440.00
制造费用	7,916.67
(空白)	
	-
总计	**9,878.90**

图 7-38　月份固定资产折旧费用分配表

（4） 基于固定资产清单编制 A 公司 8 月份如图 7-39 所示的记账凭证清单。

	A	B	C	D	E	F	G	H	I
1		记账凭证清单							
2		2012年8月							
3		日期	摘要	总账科目	明细科目	借方金额	贷方金额	附件	
4		8月31日	计提折旧	管理费用	折旧费	522.23		1	
5		8月31日	计提折旧	销售费用	折旧费	1,440.00		1	
6		8月31日	计提折旧	制造费用	折旧费	7,916.67		1	
7		8月31日	计提折旧	累计折旧			9,878.90	1	

图 7-39 8 月份固定资产记账凭证清单

第 8 章 Excel 在工资管理中的应用

工资核算是单位财务工作的重要组成部分。由于工资数据计算量比较大，而工资的核算即要准确无误，又要严格按规定时间完成，所以面对大量的表格，学习如何运用 Excel 及时、准确地对工资进行核算和管理，提高工作效率和工作的准确性将具有十分重要的意义。

8.1 工资核算概述

工资数据具有业务重复性强、工资核算方法固定等特点，针对每个人每个月的工资数据来分析，其数据变动量并不大。所以基于数据变动相对稳定但工资核算数据量大的特点，用 Excel 来处理此类数据，能提高工资核算、工资管理的速度和精准性。

在工资核算中，职工基本信息、工资调整情况、出勤、加班、迟到等信息是工资核算的基础信息，在这些信息基础上，结合个人所得税的计算、社保金的计提，就能进行工资的核算、工资条的制作和工资的汇总、分配。

在工资核算中，数据处理的基本流程如图 8-1 所示。

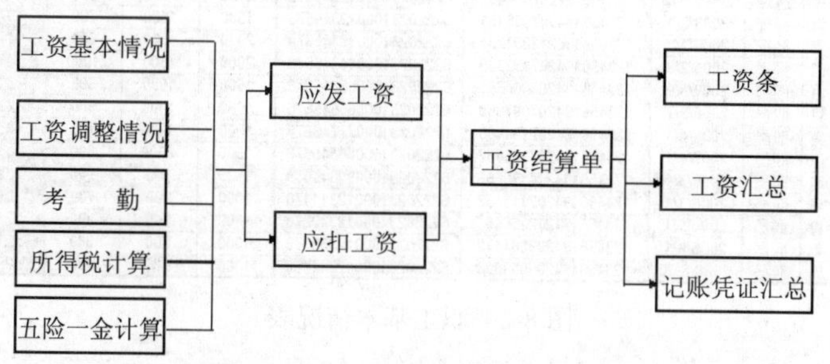

图 8-1　工资核算数据处理流程图

根据上述流程，我们需要先创建一个名为“工资管理”的工作簿，在该工作簿中新建并重命名以下几个工作表：

（1） 职工基本情况表：核算职工的姓名、编号、部门、基本工资、岗位工资、工龄工资等基本信息。

（2） 工资调整表：核算绩效工资、奖金、补贴等项目。

（3） 考勤表：记录职员的出勤、加班、请假等信息，并基于此计算职工的加班费、请假、迟到等扣款。

（4） 社保金计算表：核算每位职工、企业在社保金每个项目中的计提数、合计数。

（5） 个人所得税计算表：核算每位职工的应纳税所得额和应缴纳的个人所得税。

（6） 工资结算单：核算每个职工的工资明细项目，并计算应发工资、应扣工资、实发工资。

（7） 工资条：单独显示每位职工的工资项目，便于打印。

（8） 工资汇总表：核算每个部门的工资总额。

（9） 记账凭证清单：核算工资的分配、社保金的计提，输出记账凭证分录。

8.2 编制职工基本情况表

为了便于人事管理，每个企业都会创建职工基本情况表，通过对人员资料进行记录、统计，为后续的薪资管理做准备。

职工基本情况表是企业职工基本信息的汇总表，包含职工的姓名、编号、部门、性别、职务、参加工作时间、身份证号、银行账号、联系电话、E-mail 等基本信息和基本工资、岗位工资、工龄工资等调整前的工资信息。

例 8-1 编制 A 公司职工基本情况表。

A 公司的职工基本情况如图 8-2 所示，该表主要记录职工的基本信息及基本工资。

该范例文件见随书光盘“第 8 章”文件夹，“工资管理”工作簿中的“职工基本情况表”工作表。具体制作方法及步骤见 8.2.1 节～8.2.2 节。

职工基本情况表

员工编号	姓名	部门	性别	职务	就职时间	身份证号	银行账号	基本工资	岗位工资	工龄工资	调整前合计	联系电话	E-mail
1001	刘备	行政部	男	经理	2007/1/10	123456194207084451	6222023100012345678	2000	1500	800	4300		
1002	诸葛亮	人事部	男	经理	2008/3/1	123456194207086451	6222023100022345678	1500	1500	700	3700		
1003	曹操	销售部	男	经理	2009/1/3	123456194212031234	6222023100033345678	2000	1500	600	4100		
1004	孙权	制造部	男	经理	2005/2/3	123456194207123343	6222023100044345678	2000	1500	1000	4500		
1005	关羽	人事部	男	职员	2009/3/9	123456194206085651	6222023100055345678	1500	1000	600	3100		
1006	张飞	行政部	男	职员	2006/9/7	123456194207087859	6222023100066645678	1000	1000	900	2900		
1007	夏侯渊	财务部	男	职员	2008/4/1	123456194207134435	6222023100077745678	1200	1000	700	2900		
1008	刘烨	销售部	男	职员	2007/4/1	123456194203246457	6222023100088845678	1500	1000	800	3300		
1009	孙策	制造部	男	职员	2006/3/1	123456194211235563	6222023100099945678	1500	800	900	3200		
1010	黄盖	人事部	男	职员	2008/3/1	123456194202113452	6222023100012311178	1000	800	700	2500		
1011	李通	行政部	男	职员	2006/9/1	123456194212266451	6222023100012322278	1000	800	900	2700		
1012	鲁肃	财务部	男	职员	2006/9/1	123456194209084442	6222023100012333378	1000	800	900	2700		
1013	司马懿	人事部	男	职员	2008/8/30	123456194206053398	6222023100012344478	1000	800	700	2500		

图 8-2 职工基本情况表

8.2.1 职工基本情况表的格式设计

职工基本情况表的格式如图 8-3 所示，详细制作步骤如下：

职工基本情况表

员工编号	姓名	部门	性别	职务	就职时间	身份证号	银行账号	基本工资	岗位工资	工龄工资	调整前合计	联系电话	E-mail

图 8-3 职工基本情况表

（1） 新建名为“工资管理”的工作簿，双击工作表标签“Sheet1”重命名为“职工基本情况表”。

（2） 在单元格 C1 中输入“职工基本情况表”，合并并居中区域 C1:L1。转到“开始”选项卡，在“字体”功能组中设置字体为“华文中宋”，字号为“22”，字体颜色“深蓝色”，添加双底框线。在“单元格”功能组中设置行高为“45”。

（3） 在单元格 A3 至 N3 中分别输入“员工编号”、“姓名”、“部门”、“性别”、“职务”、“就职时间”、“身份证号”、“银行账号”、“基本工资”、“岗位工资”、“工龄工资”、“调整前合计”、“联系电话”、“E-mail”。

这里仅仅是举例，单位可以根据自身情况添加或减少基本情况项目和工资项目。

（4） 选择 F 列，设置[就职时间]列的日期格式，选择“开始”/“数字”命令，在“数字”功能区的下拉列表中选择“短日期”格式。

（5） 选择 G 列和 H 列，这两列输入的是身份证号和银行账号，数字均超过 15 位，所以需要将其设置为文本格式，转到“开始”选项卡，在“数字”功能区的下拉列表中选择“文本”格式。

（6） 选择区域 G4:N16，设置字体为“Arial”，字号为“9”，居中显示文本。

（7） 将单元格指针移动到 A 列至 N 列的列字母之间，变成✛形状之后，单击并拖动，将单元格区域 A 列至 N 列调整到合适的宽度。

（8） 按 Ctrl＋1 组合键，打开“设置单元格格式”对话框，转到“边框”选项卡，添加区域边框线，单击“确定”按钮，关闭对话框，完成边框的设置。

（9） 选择区域 A3:N16，选择“插入”/“表格”/“表格”命令，打开如图 8-4 所示的“创建表”对话框，选择“表包含标题”复选框，单击“确定”按钮，返回工作表界面，将所选区域转化为表格。

（10） 选择”表格工具”/“设计”/“表格样式”命令，在表格样式的下拉列表中选择合适的样式。

（11） 按 Ctrl＋F3 组合键，打开“名称管理器”，选择“表 1”，单击“编辑”按钮，打开如图 8-5 所示的“编辑名称”对话框，在“名称”文本框中输入“职工基本情况表”，单击“确定”按钮，返回“名称管理器”，显示更改后的表名称，如图 8-6 所示。

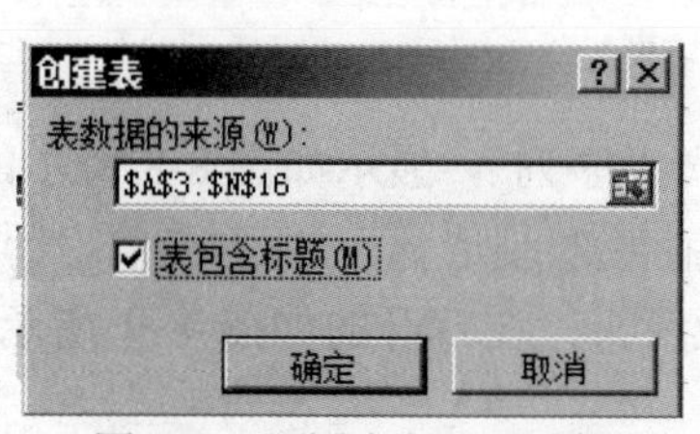

图 8-4 “创建表”对话框

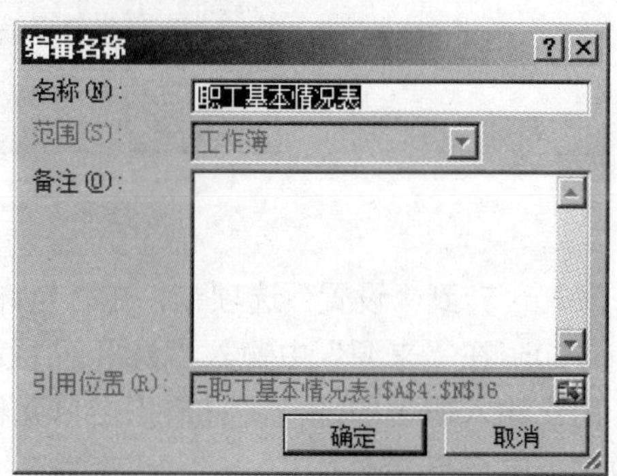

图 8-5 “编辑名称”对话框

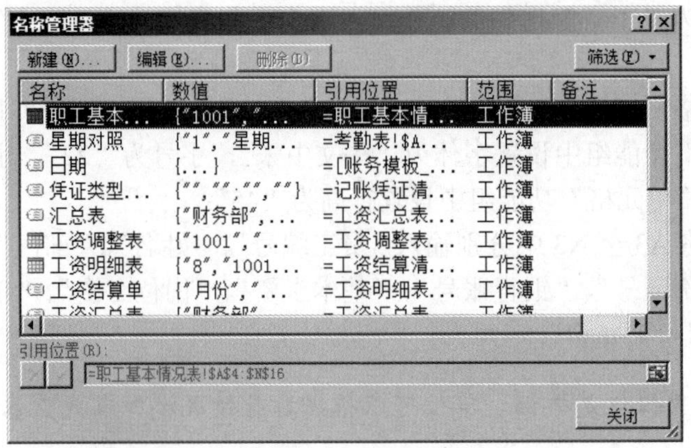

图 8-6　更改后的“职工基本情况表”名称

8.2.2　职工基本情况表的公式设计

职工基本情况表内需要输入公式的列有“工龄工资”列和“调整前合计”列，其次为方便职工的信息输入，可以对“部门”列、“性别”列进行数据验证设置，创建下拉列表。

1. 为“部门”列的设置数据验证序列

具体操作步骤如下：

（1） 选择“部门”列，选择”数据”/“数据工具”/“数据验证”/“数据验证”命令，打开如图 8-7 所示的“数据验证”对话框。

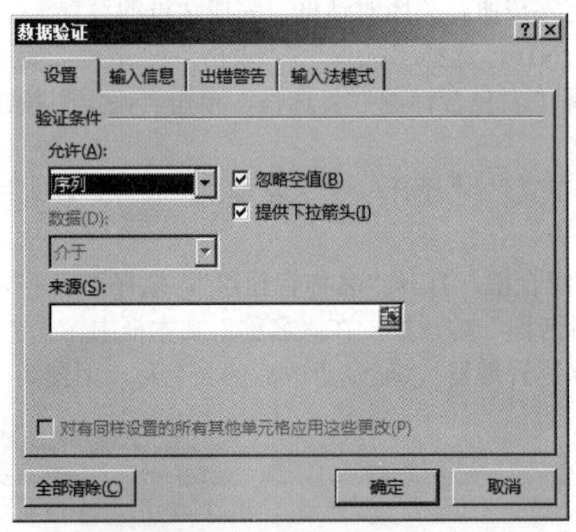

图 8-7　“数据验证”对话框

（2） 转到“设置”选项卡，在“允许”列表中选择“序列”，显示如图 8-8 所示的界面。

（3） 在“来源”中输入“人事部,行政部,财务部,销售部,制造部”。

用户输入职工的部门，只需点击单元格右端的下拉箭头，在打开的如图 8-9 所示的部门下拉菜单中选择并输入。

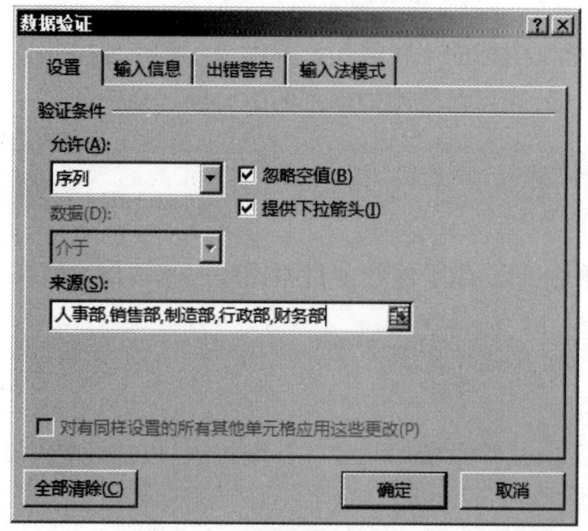

图 8-8 “数据验证”对话框

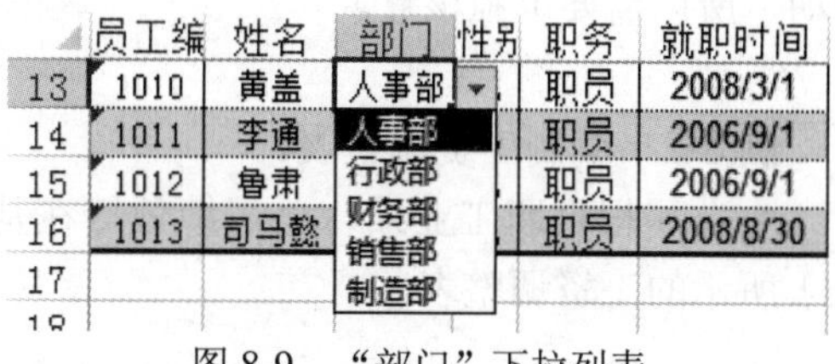

图 8-9 “部门”下拉列表

2. 为“性别”列设置数据验证序列

具体操作步骤如下：

（1） 选择“性别”列，选择”数据”/“数据工具”/“数据验证”/“数据验证”命令，打开“数据验证”对话框。

（2） 转到“设置”选项卡，在“允许”列表中选择“序列”，在“来源”中输入“男，女”。

3. 计算工龄工资

假设每工作一年，工龄工资增加 100 元，以每年的 1 月份为准计算年份，利用有关的时间函数，实现工龄工资的自动计算。

选择单元格 K4，在公式栏内输入：

```
=IF(ISBLANK(F4),"",(YEAR(TODAY())-YEAR(F4))*100)
```

其中，“YEAR(TODAY())-YEAR(F4)”计算的是实际工龄，“(YEAR(TODAY())-YEAR(F4))*100”是根据实际工龄计算的工资。

按 Enter 键，在单元格 K5 旁显示图标，如图 8-10 所示，单击图标的下拉箭头，弹出提示框“使用此公式覆盖当前列中的所有单元格”，单击该提示框，公式自动复制到该列的所有单元格中。

图 8-10 提示自动复制公式按钮

4. 计算调整前合计工资

调整前的合计工资包含基本工资、岗位工资、工龄工资，选择单元格 L4，在公式栏内输入“=SUM(I4:K4)”。

按 Enter 键，在单元格 L5 旁显示图标，单击图标的下拉箭头，弹出提示框“使用此公式覆盖当前列中的所有单元格”，单击该提示框，公式自动复制到该列的所有单元格中。

8.3 编制工资调整表

工资调整表主要核算绩效工资、奖金及各种补贴，由于这些项目相比职工基本信息较易变动，所以需要单独核算。

例 8-2 编制工资调整表。

A 公司根据职工业绩、公司绩效等在基本工资基础上增加奖金、补贴等项目，编制如图 8-11 所示的工资调整表。

工资调整表

2012年9月

员工编号	姓名	部门	调整前合计	绩效工资	奖金	交通补贴	午餐补贴	住房补贴	其它补贴	调整后合计
1001	刘备	行政部	4300	2000	1000	100	20	500	100	8020
1002	诸葛亮	人事部	3700	1800	1000	100	20	500	100	7220
1003	曹操	销售部	4100	2500	1000	100	20	500	100	8320
1004	孙权	制造部	4500	2000	1000	100	20	500	100	8220
1005	关羽	人事部	3100	1500	1000	80	20	300	100	6100
1006	张飞	行政部	2900	1500	500	80	20	300	50	5350
1007	夏侯渊	财务部	2900	1500	500	80	20	300	50	5350
1008	刘烨	销售部	3300	1500	500	80	20	200	50	5650
1009	孙策	制造部	3200	1200	300	80	20	200	50	5050
1010	黄盖	人事部	2500	1200	300	80	20	200	50	4350
1011	李通	行政部	2700	1200	300	80	20	200	50	4550
1012	鲁肃	财务部	2700	1200	300	80	20	200	50	4550
1013	司马懿	人事部	2500	1200	300	80	20	200	50	4350

图 8-11 工资调整表

该范例文件见随书光盘“第 8 章”文件夹“工资管理”工作簿中的“工资调整表”工作表。具体制作方法及步骤见 8.3.1 节～8.3.2 节。

8.3.1 工资调整表的格式设计

工资调整表的格式如图 8-12 所示，具体制作步骤如下：

工资调整表

2012年9月

员工编号	姓名	部门	调整前合计	绩效工资	奖金	交通补贴	午餐补贴	住房补贴	其它补贴	调整后合计

图 8-12 工资调整表格式

（1） 打开“工资管理”工作簿，双击工作表标签“Sheet2”，重命名为“工资调整表”。

（2） 在单元格 B1 中输入“工资调整表”，合并并居中区域 B1:J1，单击“开始”选项卡，在“字体”功能组中设置字体为“华文中宋”，字号为“22”，字体颜色“深蓝色”，添加双底框线。在“单元格”功能组中设置行高为“45”。

（3） 选择区域 D1:G1，设置字体为“Arial”，字号为“16”，行高为“20”，单元格背景为“深蓝（淡色 80%）”，完成对日期的字体设置。按 Ctrl＋1 组合键，打开“设置单元格格式”对话框，转到“数字”选项卡，在“分类”列表框中选择“日期”，在“类型”列表框中选择“2012 年 3 月”格式，单击“确定”按钮，关闭对话框，完成对日期格式的设置。

（4）在单元格 A3 至 J3 中分别输入“员工编号”、“姓名”、“部门”、“调整前工资”、“绩效工资”、“奖金”、“交通补贴”、“午餐补贴”、“住房补贴”、“其他补贴”、“调整后合计”。

单位可以根据自身情况添加或减少补贴等项目。

（5） 选择区域 A3:K16，设置字体为“Arial”，字号为“9”，居中显示文本。

（6） 将单元格指针移动到 A 列至 K 列的列字母之间，变成✚形状之后，单击并拖动，将单元格区域 B 列至 I 列调整到合适的宽度。

（7） 按 Ctrl＋1 组合键，打开“设置单元格格式”对话框，转到“边框”选项卡，添加区域边框线。

（8） 选择区域 A3：K16，选择“插入”/“表格”/“表格”命令，打开如图 8-13 所示的“创建表”对话框，选择“表包含标题”复选框，单击“确定”按钮，关闭对话框，返回工作表界面，将所选区域转换为表格。

（9） 选择”表格工具”/“设计”/“表格样式”命令，在打开的表格样式下拉列表中选择合适的样式。

（10） 按 Ctrl＋F3 组合键，打开“名称管理器”，选择“表 2”。

（11） 单击“编辑”按钮，打开如图 8-14 所示的“编辑名称”对话框，在“名称”文本栏中输入“工资调整表”。

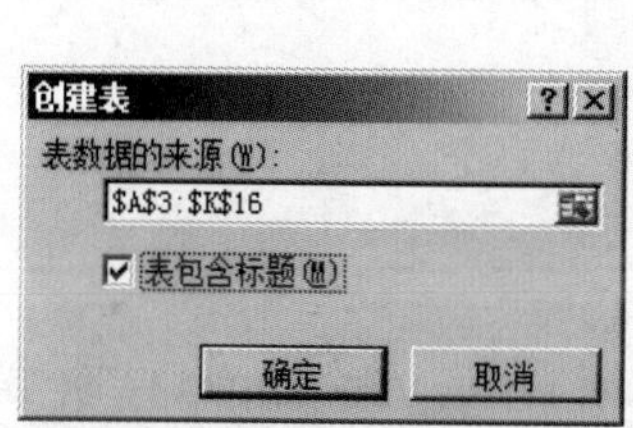

图 8-13 “创建表”对话框

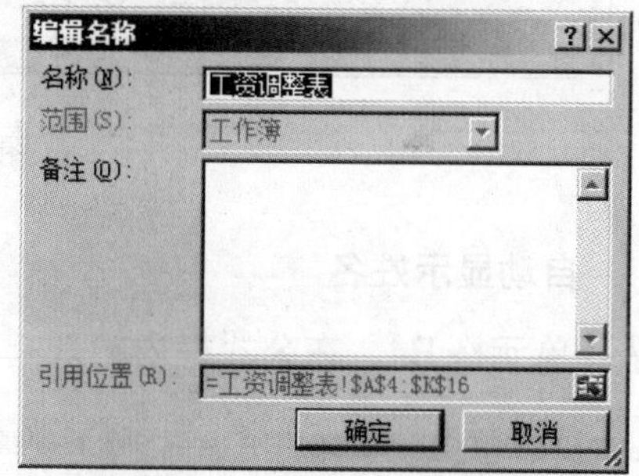

图 8-14 “编辑名称”对话框

（12） 单击“确定”按钮，返回“名称管理器”对话框，在如图 8-15 所示的名称列表中显示更具描述性的表名称。

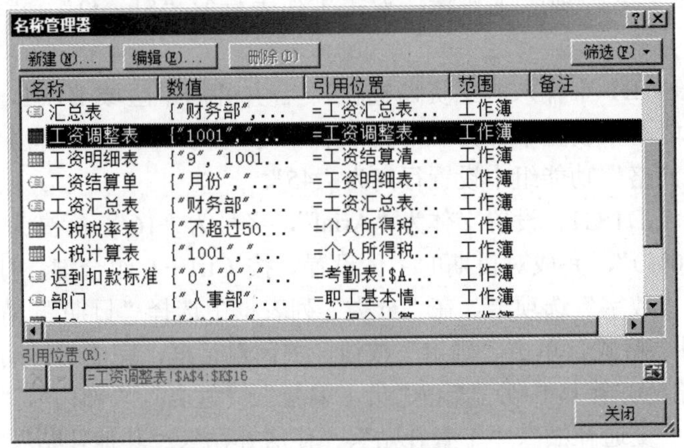

图 8-15　更改后的“工资调整表”名称

8.3.2　工资调整表的公式设计

工资调整表中需要输入公式的区域如图 8-16 所示，用户在第一列输入职工代码，通过公式自动显示职工姓名、部门、调整前工资。在 E 列至 J 列输入绩效工资、奖金及各种补贴，利用汇总函数 SUM()计算调整后的工资合计数。

工资调整表

2012年9月

员工编号	姓名	部门	调整前合计	绩效工资	奖金	交通补贴	午餐补贴	住房补贴	其它补贴	调整后合计

图 8-16　公式区域

1. 自动显示姓名

选择单元格 B4，在公式栏内输入：

```
=IF(ISERROR(VLOOKUP(A4,职工基本情况表,2,FALSE)),"",VLOOKUP(A4,职工基本情况表,2,FALSE))
```

按 Enter 键，在单元格 B5 旁显示图标，单击图标的下拉箭头，弹出提示框“使用此公式覆盖当前列中的所有单元格”，单击该提示框，公式自动复制到该列的所有单元格中。

2. 自动显示部门

选择单元格 C4，在公式栏内输入：

```
=IF(ISERROR(VLOOKUP(A4,职工基本情况表,3,FALSE)),"",VLOOKUP(A4,职工基本情况表,3,FALSE))
```

按 Enter 键，在单元格 C5 旁显示图标，单击图标的下拉箭头，弹出提示框“使用此公式覆盖当前列中的所有单元格”，单击该提示框，公式自动复制到该列的所有单元格中。

3. 显示调整前的合计工资

选择单元格 D4，在公式栏内输入公式“=职工基本情况表!L4”。

按 Enter 键，在单元格 D5 旁显示图标，单击图标的下拉箭头，弹出提示框“使用此公式覆盖当前列中的所有单元格”，单击该提示框，公式自动复制到该列的所有单元格中。

4. 计算调整后的合计工资

选择单元格 K4，在公式栏内输入公式“=SUM(工资调整表!$D4:$J4)”。

按 Enter 键，在单元格 K5 旁显示图标，单击图标的下拉箭头，弹出提示框“使用此公式覆盖当前列中的所有单元格”，单击该提示框，公式自动复制到该列的所有单元格中。

8.4 编制考勤表

考勤表是企业每天都要用到的表格之一。考勤表不仅记录了每个员工的出勤情况，而且为加班费以及请假、迟到的扣款计算都提供了基础信息。

例 8-3 编制考勤表。

A 公司根据 9 月份员工出勤情况，编制如图 8-17 所示的考勤表，并根据考勤记录计算加班费、请假迟到扣款。

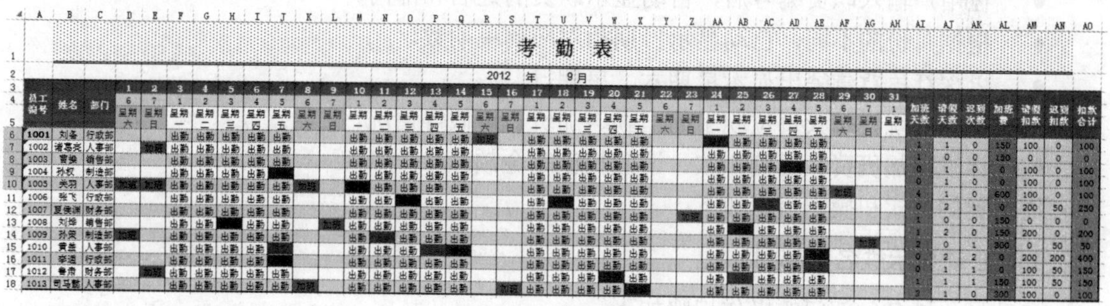

考勤表

2012 年 9月

员工编号	姓名	部门	1	2	3	4	5	6	7	8	9	10	11	12	13	14	15	16	17	18	19	20	21	22	23	24	25	26	27	28	29	30	31	加班天数	请假天数	迟到次数	加班费	请假扣款	迟到扣款	扣款合计
			6	7	1	2	3	4	5	6	7	1	2	3	4	5	6	7	1	2	3	4	5	6	7	1	2	3	4	5	6	7	1							
			星期六	星期日	星期一	星期二	星期三	星期四	星期五	星期六	星期日	星期一	星期二	星期三	星期四	星期五	星期六	星期日	星期一	星期二	星期三	星期四	星期五	星期六	星期日	星期一	星期二	星期三	星期四	星期五	星期六	星期日	星期一							
1001	刘备	行政部			出勤	出勤	出勤	出勤	出勤			出勤	出勤	出勤	出勤	出勤	加班		出勤	出勤	出勤	出勤	出勤			[illegible]	出勤	出勤	出勤	出勤				1	1	0	150	100	0	100
1002	诸葛亮	人事部		加班	出勤	出勤	出勤	出勤	出勤			出勤	出勤	出勤	出勤	出勤			出勤	出勤	出勤	出勤	出勤			出勤	出勤	出勤	出勤	出勤				1	0	0	150	0	0	0
1003	曹操	销售部			出勤	出勤	出勤	出勤	出勤			出勤	出勤	出勤	出勤	出勤			出勤	出勤	出勤	出勤	出勤			出勤	出勤	出勤	[illegible]	出勤				0	1	0	0	100	0	100
1004	孙权	制造部			出勤	出勤	出勤	出勤	[illegible]			出勤	出勤	出勤	出勤	出勤			出勤	出勤	出勤	出勤	出勤			出勤	出勤	出勤	出勤	出勤				0	1	0	0	100	0	100
1005	关羽	人事部	加班	加班	出勤	出勤	出勤	出勤	出勤	加班		[illegible]	出勤	出勤	出勤	出勤			出勤	出勤	出勤	出勤	出勤			出勤	出勤	出勤	出勤	出勤	加班			4	1	0	600	100	0	100
1006	张飞	行政部			出勤	出勤	出勤	出勤	出勤			出勤	出勤	[illegible]	出勤	出勤			出勤	[illegible]	出勤	出勤	出勤			出勤	出勤	[illegible]	出勤	出勤				0	2	1	0	200	50	250
1007	夏侯渊	财务部			出勤	出勤	出勤	出勤	出勤			出勤	出勤	出勤	出勤	出勤			出勤	出勤	出勤	出勤	出勤		加班	出勤	出勤	出勤	出勤	出勤				1	0	0	150	0	0	0
1008	刘晔	销售部			出勤	出勤	[illegible]	出勤	出勤		加班	出勤	出勤	出勤	出勤	出勤			出勤	出勤	出勤	出勤	出勤			出勤	[illegible]	出勤	出勤	出勤				1	2	0	150	200	0	200
1009	孙策	制造部	加班		出勤	出勤	出勤	出勤	出勤			出勤	[illegible]	出勤	出勤	出勤			出勤	出勤	出勤	出勤	出勤			出勤	出勤	出勤	出勤	出勤		加班		2	0	1	300	0	50	50
1010	黄盖	人事部			出勤	出勤	出勤	出勤	[illegible]			出勤	出勤	出勤	[illegible]	[illegible]			出勤	出勤	出勤	出勤	出勤			出勤	出勤	出勤	出勤	[illegible]				0	2	2	0	200	200	400
1011	李通	行政部			出勤	出勤	出勤	出勤	[illegible]			出勤	出勤	出勤	出勤	出勤			出勤	出勤	出勤	出勤	出勤			出勤	出勤	出勤	出勤	[illegible]				0	1	1	0	100	50	150
1012	鲁肃	财务部		加班	出勤	出勤	出勤	出勤	出勤			出勤	出勤	出勤	出勤	出勤			出勤	出勤	出勤	[illegible]	出勤			出勤	[illegible]	出勤	出勤	出勤				1	1	1	150	100	50	150
1013	司马懿	人事部			出勤	出勤	出勤	出勤	出勤	加班		出勤	出勤	出勤	出勤	出勤		加班	出勤	出勤	出勤	出勤	[illegible]			出勤	出勤	出勤	出勤	出勤				2	1	0	300	100	0	100

图 8-17 考勤表

该范例文件见随书光盘“第 8 章”文件夹“工资管理”工作簿中的“考勤表”工作表。具体制作方法及步骤见 8.4.1 节～8.4.2 节。

8.4.1 考勤表的格式设计

考勤表的格式如图 8-18 所示，具体制作步骤如下：

（1） 打开“工资管理”工作簿，双击工作表标签“Sheet3”，重命名为“考勤表”。

（2） 在单元格 B1 中输入“考勤表”，合并并居中区域 B1:AN1，设置字体为“华文中宋”，字号为“22”，字体颜色“深蓝色”，添加双底框线，设置行高为“45”。

考 勤 表

2012 年 9月

员工编号	姓名	部门	1	2	3	4	5	6	7	8	9	10	11	12	13	14	15	16	17	18	19	20	21	22	23	24	25	26	27	28	29	30	31	加班天数	请假天数	迟到次数	加班费	请假扣款	迟到扣款	扣款合计
			6	7	1	2	3	4	5	6	7	1	2	3	4	5	6	7	1	2	3	4	5	6	7	1	2	3	4	5	6	7	1							
			星期六	星期日	星期一	星期二	星期三	星期四	星期五	星期六	星期日	星期一	星期二	星期三	星期四	星期五	星期六	星期日	星期一	星期二	星期三	星期四	星期五	星期六	星期日	星期一	星期二	星期三	星期四	星期五	星期六	星期日	星期一							
1001																																								
1002																																								
1003																																								
1004																																								
1005																																								
1006																																								
1007																																								
1008																																								
1009																																								
1010																																								
1011																																								
1012																																								
1013																																								

图 8-18　考勤表格式

（3） 合并并居中区域 R2:S2，输入“2012”，在单元格 T2 中输入“年”，在 U2 中输入“9”，在 V2 中输入“月”，设置行高为“20”。

（4） 在单元格 A1 至 C1 中分别输入“员工编号”、“姓名”、“部门”，合并并居中区域 A3:A5、B3:B5、C3:C5。

（5） 在 D3 至 AH3 中分别输入数字 1～31。

（6） 分别合并并在居中区域 AI3:AI5、AJ3:AJ5、AK3:AK5、AL3:ALI5、AM3:AM5、AN3:AN5、AO3:AO5 中分别输入“加班天数”、“请假天数”、“迟到天数”、“加班费”、“请假扣款”、“迟到扣款”和“扣款合计”。

（7） 选择区域 A3:AO3，选择“开始”/“对齐方式”/“自动换行”命令。

（8） 选择区域 A3: AO18，设置字号为“9”，列宽为“4”，居中显示文本。

8.4.2 考勤表的公式设计

考勤表内输入的公式应具有以下功能：

- 在用户输入职员编号后，自动显示职员的姓名和部门。
- 根据月份的不同，自动显示日期相对应的星期数。
- 以深红色背景突出显示星期六、星期日。
- 核算并统计每天每位职工的出勤、加班、请假等情况。
- 计算出加班费、迟到扣款、请假扣款等金额。

需设置的公式和操作步骤如下：

1. 自动显示姓名、部门

自动显示姓名、部门的操作步骤如下：

（1） 选择单元格 B6，在公式栏内输入：

```
=IF(ISERROR(VLOOKUP(A6,职工基本情况表,2)),"",VLOOKUP(A6,职工基本情况表,2))
```

（2） 选择单元格 C6，在公式栏内输入：

```
=IF(ISERROR(VLOOKUP(A6,职工基本情况表,3)),"",VLOOKUP(A6,职工基本情况表,3))
```

（3） 选择区域 B6:C6，将其向下填充复制到需要的行数。

2. 自动显示星期

自动显示星期数的操作步骤如下：

（1） 选择单元格 D4，在公式栏中输入“=WEEKDAY(DATE($R$2,$U$2,D3),2)”。

其中，单元格 R2 中是年、U2 是月、D3 是日期，WEEKDAY 函数显示该年月日所对应的星期数字。

（2） 在区域 AR11:AS17 内输入星期数字和星期数字的大写，如图 8-19 所示，并在名称框中输入“星期对照”，为此区域命名，以便在公式中引用。

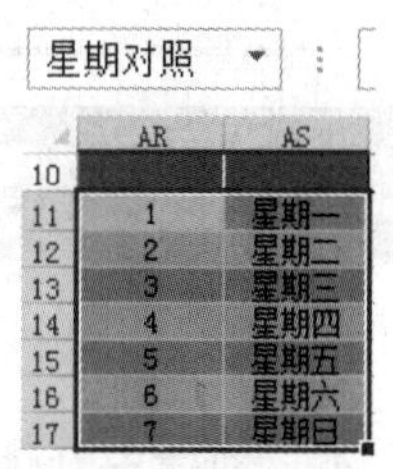

图 8-19 星期对照表

（3） 选择单元格 D5，在公式栏中输入：

```
=VLOOKUP(D4,考勤表!$AR$11:$AS$17,2)
```

将单元格 D4 中的星期数字，返回“星期对照”表中对应的星期大写。

（4） 复制公式。

选择区域 D4:D5，向右填充复制公式到 AH 列。

（5） 隐藏星期数字列。

选择第 4 行，选择“开始”/“单元格”/“格式”/“隐藏或取消隐藏”/“隐藏行”命令。

3. 突出显示“星期六”、“星期日”

由于星期六、星期日的位置随月数的变化而变化，要突出显示包含这些内容的单元格，就需使用条件格式功能组来满足这一需求。具体操作步骤如下：

（1） 选择 D5:AH5，选择“开始”/“样式”/“条件格式”/“突出显示单元格规则”/“文本包含”命令，打开如图 8-20 所示的“文本中包含”对话框。

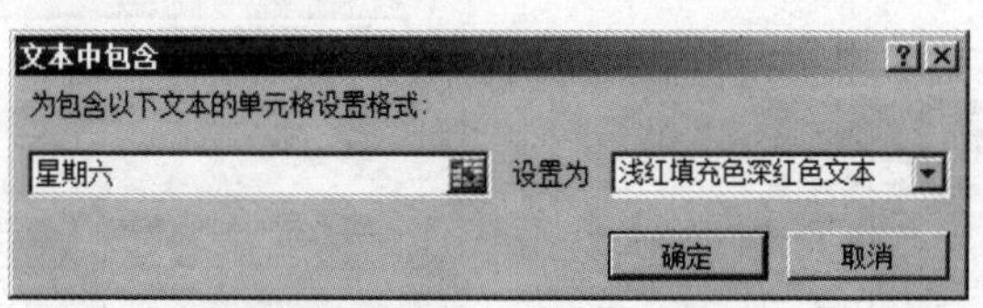

图 8-20 “文本中包含”对话框

（2） 在左边的文本框中输入“星期六”，单击“确定”按钮，关闭对话框，考勤表第 5 行中所有包含“星期六”的单元格就会以深红色背景显示，如图 8-21 所示。

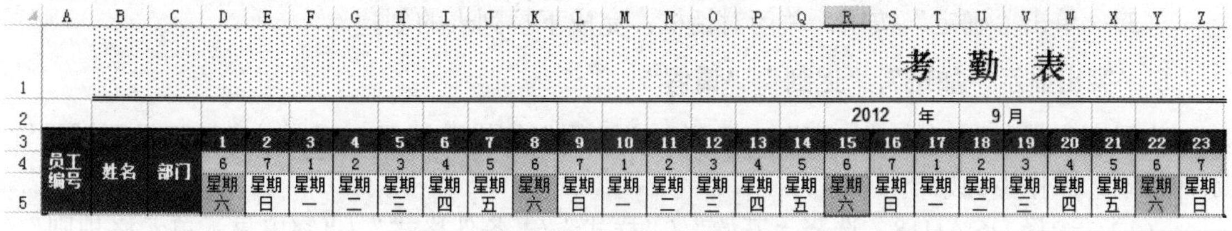

图 8-21 包含“星期六”的单元格以深红色背景突出显示

（3） 选择 D5:AH5，选择“开始”/“样式”/“条件格式”/“突出显示单元格规则”/“文本包含”命令，打开“文本中包含”对话框。

（4） 在左边的文本框中输入“星期日”，单击“确定”按钮，考勤表中第 5 行中所有包含“星期日”的单元格就会以深红色背景显示，如图 8-22 所示。

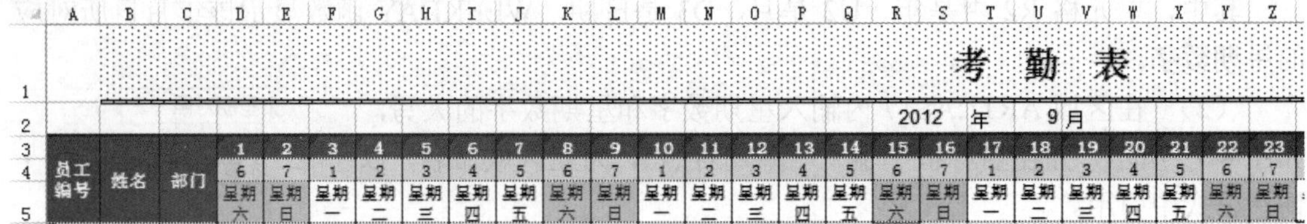

图 8-22 包含“星期日”的单元格以深红色背景突出显示

4. 创建出勤情况下拉列表

为方便职工的出勤情况的输入，可以创建如图 8-23 所示的下拉列表。用户单击单元格后，只需在列表中选择相应的出勤情况，单击即可输入。

创建下拉列表的具体操作步骤如下：

（1） 选择区域 D6:AH18，选择”数据”/“数据工具”/“数据验证”/“数据验证”命令，打开如图 8-24 所示的“数据验证”对话框。

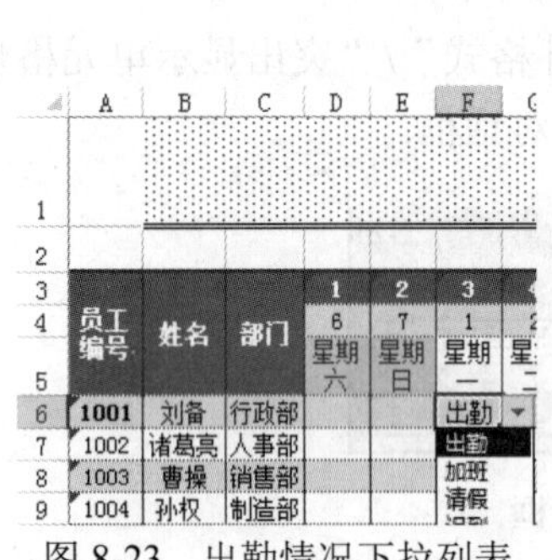

图 8-23 出勤情况下拉列表

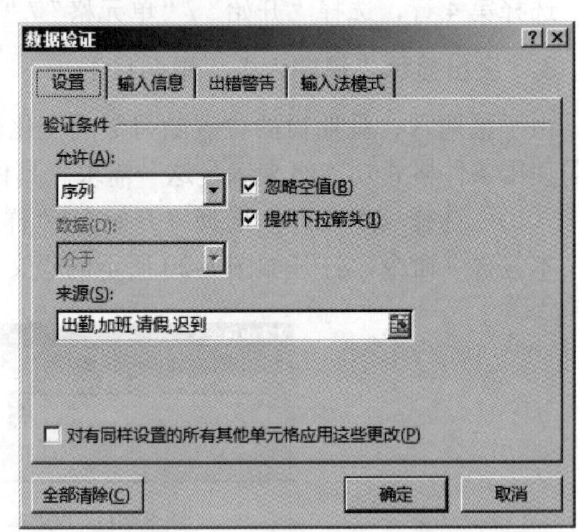

图 8-24 “数据验证”对话框

（2） 转到“设置”选项卡，在“允许”列表中选择“序列”，在“来源”中输入“出勤,加班,请假,迟到”。

（3） 单击“确定”按钮，关闭对话框，完成下拉列表的创建。

5. 突出显示“加班”、“迟到”、“请假”

为了突出显示职工的“加班”、“迟到”、“请假”等出勤情况，可以对考勤记录区域设置条件格式。操作步骤如下：

（1） 选择 D6:AH18，选择“开始”/“样式”/“条件格式”/“突出显示单元格规则”/“文本包含”命令，打开“文本中包含”对话框。

（2） 在左边的文本框中输入“加班”。

（3） 单击条件设置框右端的下拉箭头，显示如图 8-25 所示的下拉列表。

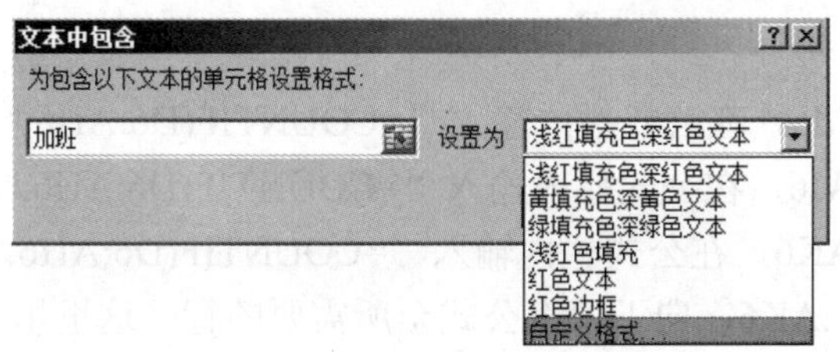

图 8-25 选择“自定义格式”选项

（4） 选择“自定义格式”选项，打开如图 8-26 所示的“设置单元格格式”对话框，转到“填充”选项卡，添加背景色为“绿色”。

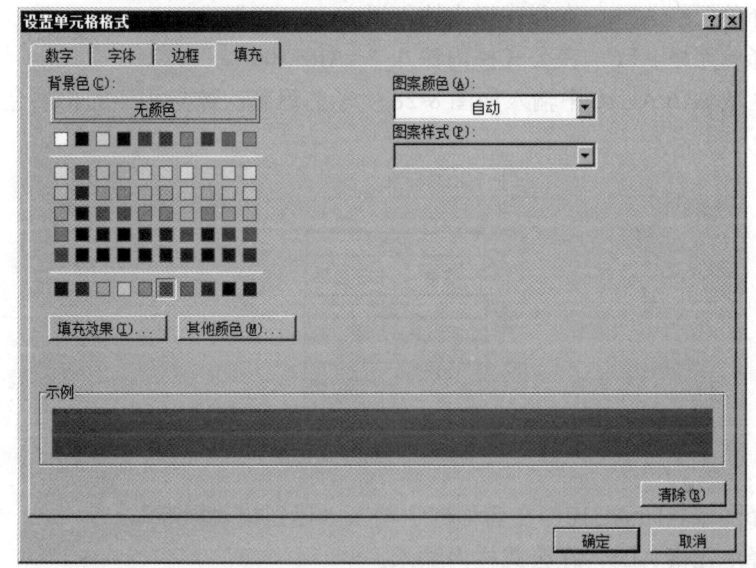

图 8-26 “设置单元格格式”对话框

（5） 用同样的方法为“请假”、“迟到”单元格添加“紫色”、“红色”背景。

用户在工作表中记录当月的出勤情况后，Excel 将自动判断单元格的内容，并以相应的颜色突出显示“加班”、“迟到”、“请假”，效果如图 8-27 所示。

	D	E	F	G	H	I	J	K	L	M	N	O	P	Q	R	S	T	U	V
4	6	7	1	2	3	4	5	6	7	1	2	3	4	5	6	7	1	2	3
5	星期六	星期日	星期一	星期二	星期三	星期四	星期五	星期六	星期日	星期一	星期二	星期三	星期四	星期五	星期六	星期日	星期一	星期二	星期三
6			出勤	出勤	出勤	出勤	出勤			出勤	出勤	出勤	出勤	出勤	加班		出勤	出勤	出勤
7		加班	出勤	[illegible]	出勤	出勤	出勤			出勤	出勤	出勤	出勤	出勤			出勤	出勤	出勤
8			出勤	出勤	出勤	出勤	出勤			出勤	出勤	出勤	出勤	出勤			出勤	出勤	出勤
9			出勤	出勤	出勤	出勤	[illegible]			出勤	出勤	出勤	出勤	出勤			出勤	出勤	出勤
10	加班	加班	出勤	出勤	出勤	出勤	出勤	加班		[illegible]	出勤	出勤	出勤	出勤			出勤	出勤	出勤
11			出勤	出勤	出勤	出勤	出勤			出勤	出勤	[illegible]	出勤	出勤			出勤	[illegible]	出勤
12			出勤	出勤	出勤	出勤	出勤			出勤	出勤	出勤	出勤	出勤			出勤	出勤	出勤
13			出勤	出勤	[illegible]	出勤	出勤		加班	出勤	出勤	出勤	出勤	出勤			出勤	出勤	出勤
14	加班		出勤	出勤	出勤	出勤	出勤			出勤	[illegible]	出勤	出勤	出勤			出勤	出勤	出勤
15			出勤	出勤	出勤	出勤	[illegible]			出勤	出勤	出勤	[illegible]	[illegible]			出勤	出勤	出勤
16			出勤	出勤	出勤	出勤	[illegible]			出勤	出勤	出勤	出勤	出勤			出勤	出勤	出勤
17		加班	出勤	出勤	出勤	出勤	出勤			出勤	出勤	出勤	出勤	出勤			出勤	出勤	出勤
18			出勤	出勤	出勤	出勤	出勤	加班		出勤	出勤	出勤	出勤	出勤		加班	出勤	出勤	出勤

图 8-27 以不同的颜色突出显示出勤记录信息

6. 统计加班天数、请假天数、迟到天数

（1） 选择单元格 AI6，在公式栏内输入“=COUNTIF(D6:AH6,"加班")”。

（2） 选择单元格 AJ6，在公式栏内输入“=COUNTIF(D6:AH6,"请假")”。

（3） 选择单元格 AK6，在公式栏内输入“=COUNTIF(D6:AH6,"迟到")”。

（4） 选择区域 AI6:AK6，向下填充公式至所需要的行（这里填充到第 18 行）。

7. 计算加班费、请假扣款、迟到扣款

A 公司规定加班费按天数计算，每加班一天按 150 计算；请假按天数计算，每请假一天扣除 100 元；迟到 1 次 50 元、2 次 100 元、3 次 300 元、3 次以上扣除 500 元。

按以上规则，计算计算加班费、请假扣款、迟到扣款的操作步骤如下：

（1） 选择单元格 AL6，在公式栏内输入“=AI6*150”。

（2） 选择单元格 AL6，在公式栏内输入“=AI6*100”。

（3） 在区域 AT6:AU10 中输入如图 8-28 所示的迟到次数与相应的扣款金额。

迟到扣款标准

	AT	AU	AV
4	迟到		
5	次数	扣款金额	
6	0	0	
7	1	50	
8	2	100	
9	3	300	
10	4	500	

图 8-28 迟到扣款标准

（4） 选择区域 AT6:AU10，在名称框中输入“迟到扣款标准”。

（5） 选择单元格 AL6，在公式栏内输入：

```
=AK6*VLOOKUP(AK6,迟到扣款标准,2,TRUE)
```

公式说明：

VLOOKUP 函数返回 AK6 单元格中的迟到次数对应“迟到扣款标准”中第 2 列的扣款金额，如果函数的第 4 个参数为 TRUE 或省略时，则返回精确匹配值或近似匹配值，也就是说如果迟到超过 4 次，按最高金额 500 元扣款。

8. 计算扣款合计数

（1） 选择单元格 AO100，在公式栏内输入“=AM6＋AN6”。

（2） 选择单元格 AO100，向下填充到需要的行（这里填充到 18 行）。

8.5 编制个人所得税计算表

按照我国税法规定，工资薪酬超过个人所得税起征点的，应缴纳个人所得税。工资、薪金所得，按月征收，目前我国规定的工薪个人所得税的起征点是 3500 元，即对每月收入超过 3500 元以上的部分征税。适用的税率级别见表 8-1 所示。

表 8-1　工资、薪金所得税超额累进税率

级　数	全月应纳税所得额	上一范围上限	税　率	速算扣除数
1	不超过 1500 元的	—	3%	—
2	超过 1500 元至 4 500 元部份	1500.00	10%	105.00
3	超过 4 500 元至 9 000 元部份	4 500.00	20%	555.00
4	过 9 000 元至 35 000 元部份	9 000.00	25%	1005.00
5	超过 35 000 元至 55 000 元部份	35 000.00	30%	2 755.00
6	超过 55 000 元至 80 000 元部份	55 000.00	35%	5 505.00
7	超过 80 000 元部份	80 000.00	45%	13 505.00

例 8-4　编制个人所得税计算表。

根据以上资料和工资调整表，编制 A 公司 8 月份如图 8-29 所示的个人所得税计算表。

该范例文件见随书光盘“第 8 章”文件夹“工资管理”工作簿中的“个人所得税计算表”工作表。具体制作方法及步骤见 8.5.1 节～8.5.2 节。

个人所得税计算表

2012年9月

员工编号	姓名	部门	应发工资	应税所得税额	适用税率	速算扣除数	应缴个人所得税
1001	刘备	行政部	8020	4520	20%	555	349
1002	诸葛亮	人事部	7220	3720	10%	105	267
1003	曹操	销售部	8320	4820	20%	555	409
1004	孙权	制造部	8220	4720	20%	555	389
1005	关羽	人事部	6100	2600	10%	105	155
1006	张飞	行政部	5350	1850	10%	105	80
1007	夏侯渊	财务部	5350	1850	10%	105	80
1008	刘烨	销售部	5650	2150	10%	105	110
1009	孙策	制造部	5050	1550	10%	105	50
1010	黄盖	人事部	4350	850	3%	0	25.5
1011	李通	行政部	4550	1050	3%	0	31.5
1012	鲁肃	财务部	4550	1050	3%	0	31.5
1013	司马懿	人事部	4350	850	3%	0	25.5

图 8-29　个人所得税计算表

8.5.1　个人所得税计算表格式设计

个人所得税计算表格式如图 8-30 所示，具体设计步骤如下：

图 8-30　个人所得税计算表格式

（1） 打开工作簿“工资管理”，单击工作表插入标签，插入一张工作表，双击工作表标签，重命名为“个人所得税计算表”。

（2） 在单元格 B1 中输入“个人所得税计算表”，合并并居中区域 B1:I1，设置字体为“华文中宋”，字号为“22”，字体颜色“深蓝色”，添加双底框线，设置行高为“45”。

（3） 选择区域 B2:I2，设置字体为“Arial”，字号为“12”，行高为“20”，输入“=工资调整表!D2”。

（4） 在单元格 B3 至 I3 中分别输入“员工编号”、“姓名”、“部门”、“应发工资”、“应税所得税额”、“使用所得税率”、“速算扣除数”、“应缴个人所得税”。

（5） 选择区域 B4:I16，设置字体为“Arial”，字号为“9”，居中显示文本。

（6） 选择区域 G4:G16，转到“开始”选项卡，在“数字”功能区中单击%百分比按钮，设置“适用税率”列的数据格式。

（7） 将单元格指针移动到 A 列至 I 列的列字母之间，变成✚形状之后，单击并拖动，将单元格区域 A 列至 I 列调整到合适的宽度。

（8） 按 Ctrl+1 组合键，打开“设置单元格格式”对话框，转到“边框”选项卡，添加区域边框线。

（9） 选择区域 B3:I16，选择“插入”/“表格”/“表格”命令，打开如图 8-31 所示的“创建表”对话框，选择“表包含标题”复选框，单击“确定”按钮，关闭对话框，返回工作表界面，将所选区域转化为表格。

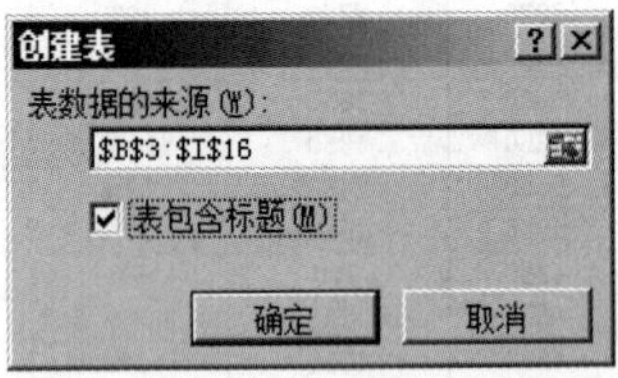

图 8-31 “创建表”对话框

（10） 选择“表格工具”/“设计”/“表格样式”命令，在打开的表样式下拉列表中选择合适的样式。

（11） 按 Ctrl+F3 组合键，打开“名称管理器”，选择“表 3”行，单击“编辑”按钮，打开“编辑名称”对话框。

（12） 在“名称”文本框中输入“个税计算表”，单击“确定”按钮，返回“名称管理器”，显示更改后更具描述性的表名称。

（13） 单击“确定”按钮，关闭对话框，完成对表 3 的重命名。

8.5.2 个人所得税计算表的公式设计

计算个人所得税通常使用速算扣除数法。在个人所得税计算表中输入公式前，需首先创建“个税税率表”，然后使用 LOOKUP()函数查找每位员工的应纳税所得额各自适用的税率。

1. 创建“个税税率表”

操作步骤如下：

（1） 在区域 K5:O12 开始中创建如图 8-32 所示的个税税率表。

（2） 选择区域 K5:O12，选择“插入”/“表格”/“表格”命令，弹出如图 8-33 所示的“创建表”对话框，选择“表包含标题”复选框，单击“确定”按钮，关闭对话框，返回工作表界面，将所选区域转换为表格。

应纳税所得额范围	下限	上限	税率	速算扣除数
不超过1500元的	-	1,500.00	3%	-
超过1500元至4 500元部份	1,501.00	4,500.00	10%	105.00
超过4 500元至9 000元部份	4,501.00	9,000.00	20%	555.00
过9 000元至35 000元部份	9,001.00	35,000.00	25%	1,005.00
超过35 000元至55 000元部份	35,001.00	55,000.00	30%	2,755.00
超过55 000元至80 000元部份	55,001.00	80,000.00	35%	5,505.00
超过80 000元部份	80,000.00		45%	13,505.00

图 8-32 个税税率表

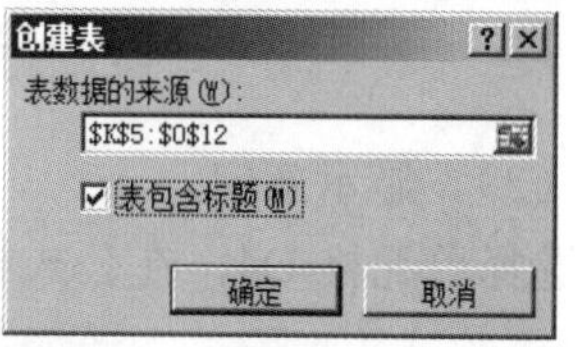

图 8-33 “创建表”对话框

（3） 按 Ctrl+F3 组合键，打开如图 8-34 所示的“名称管理器”对话框。

（4） 选中“表 4”行，单击“编辑”按钮，打开如图 8-35 所示的“编辑名称”对话框，在“名称”文本框中输入“个税税率表”。

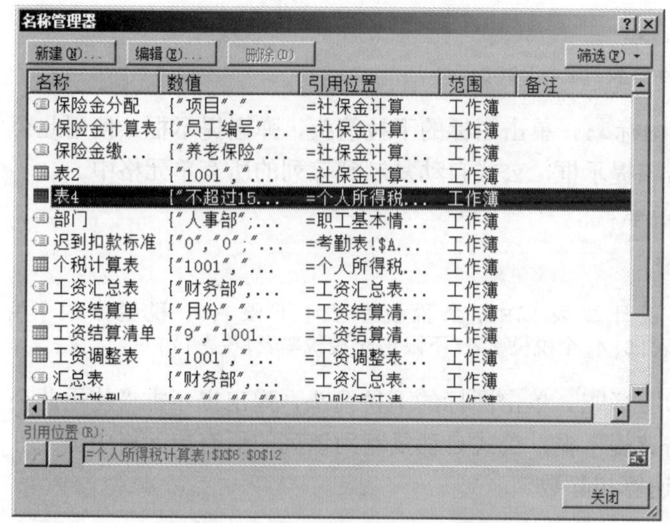

图 8-34 “名称管理器”对话框

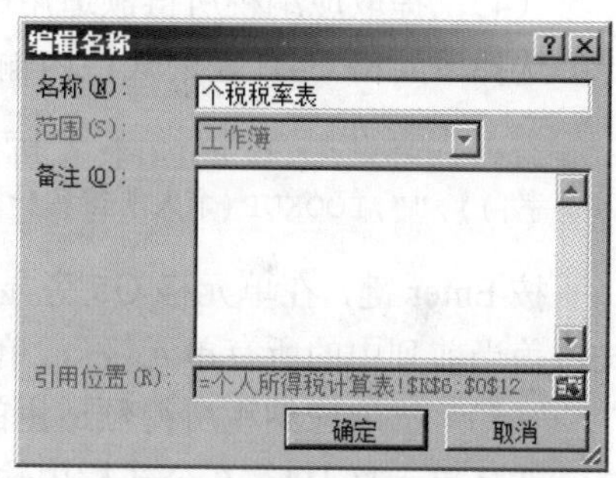

图 8-35 “编辑名称”对话框

（5） 单击“确定”按钮，关闭“编辑名称”对话框，返回“名称管理器”对话框。

（6） 单击“确定”按钮，关闭“名称管理器”对话框，完成对表 4 的重命名。

2. 个人所得税计算表中的公式设计

输入的公式和具体的操作步骤如下：

（1） 显示姓名。

用户输入员工编号后，通过以下公式可自动显示职工姓名和部门。

选择单元格 C4，在公式栏内输入：

```
=IF(ISERROR(VLOOKUP(B4,职工基本情况表,2)),"",VLOOKUP(B4,职工基本情况表,2))
```

按 Enter 键，在单元格 C5 旁显示如图 8-36 所示的图标，单击图标的下拉箭头，弹出提示框“使用此公式覆盖当前列中的所有单元格”，单击该提示框，公式自动复制到该列的所有单元格中。

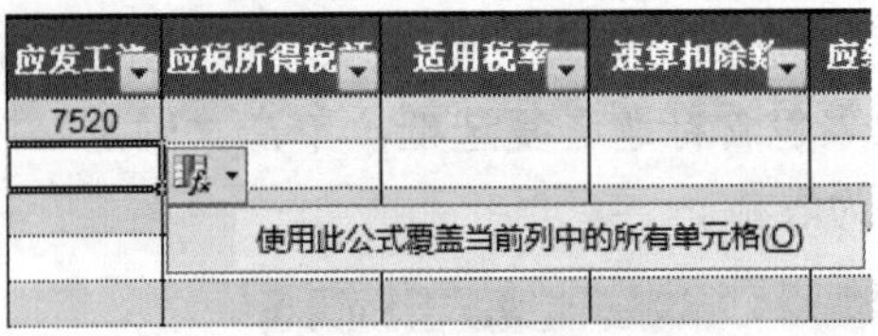

图 8-36　自动覆盖公式列的图标

（2）　显示部门。

选择单元格 D4，在公式栏内输入：

```
=IF(ISERROR(VLOOKUP(B4,职工基本情况表,3)),"",VLOOKUP(B4,职工基本情况表,3))
```

按 Enter 键，在单元格 D5 旁显示图标，单击图标的下拉箭头，弹出提示框“使用此公式覆盖当前列中的所有单元格”，单击该提示框，公式自动复制到该列的所有单元格中。

（3）　计算应税所得税额。

选择单元格 F4，在公式栏内输入：

```
=IF(ISBLANK(B4),"",个人所得税计算表!$E4-2000)
```

按 Enter 键，在单元格 F5 旁显示图标，单击图标的下拉箭头，弹出提示框“使用此公式覆盖当前列中的所有单元格”，单击该提示框，公式自动复制到该列的所有单元格中。

（4）　提取应纳税所得额适用的税率。

选择单元格 G4，在公式栏内输入：

```
=IF(ISERROR(LOOKUP(个人所得税计算表!$F4,个税税率表[下限],个税税率表[税率])),"",LOOKUP(个人所得税计算表!$F4,个税税率表[下限],个税税率表[税率]))
```

按 Enter 键，在单元格 G5 旁显示图标，单击图标的下拉箭头，弹出提示框“使用此公式覆盖当前列中的所有单元格”，单击该提示框，公式自动复制到该列的所有单元格中。

（5）　提取应纳税所得额适用的速算扣除数。

选择单元格 H4，在公式栏内输入：

```
=IF(ISERROR(LOOKUP(个人所得税计算表!$F4,个税税率表[下限],个税税率表[速算扣除数])),"",LOOKUP(个人所得税计算表!$F4,个税税率表[下限],个税税率表[速算扣除数]))
```

按 Enter 键，在单元格 H5 旁显示图标，单击图标的下拉箭头，弹出提示框“使用此公式覆盖当前列中的所有单元格”，单击该提示框，公式自动复制到该列的所有单元格中。

（6）　计算应缴纳的个人所得税。

选择单元格 I4，在公式栏内输入：

```
=IF(ISERROR(个人所得税计算表!$F4*个人所得税计算表!$G4-个人所得税计算表!$H4),"",个人所得税计算表!$F4*个人所得税计算表!$G4-个人所得税计算表!$H4)
```

按 Enter 键，在单元格 I5 旁显示图标，单击图标的下拉箭头，弹出提示框“使用此公式覆盖当前列中的所有单元格”，单击该提示框，公式自动复制到该列的所有单元格中。

8.6　编制社保金计算表

为维护劳动者的合法权益，我国新颁布的劳动法规定，用户单位应与员工签订用工合同，并按规定缴纳社保金。其中单位和个人共同承担的缴纳项目有养老保险、医疗保险、失业保险、住房公积金；单位全额缴纳的有工伤保险、生育保险。

在计算中用到的社保金缴纳税率见表 8-2 所示。

表 8-2　社保金缴纳比例表

项　　目	单　　位	个　　人	合　　计
养老保险	20%	8%	28%
医疗保险	10%	2%	12%
失业保险	1.50%	0.50%	2%
工伤	1%	0	1%
生育	0.80%	0	1%
住房公积金	10%	10%	20%
合计	43%	21%	64%

社保金在缴纳时按工资总额或上年的平均工资为基数计提，且不能低于社会最低缴纳费基数缴纳。“社保金”工作表中除了核算企业为每位职工计提缴纳的各种险种的金额，还应该计算企业自身承担部分各种险种计提金额，为后续工资和费用的分配做准备。

例 8-5　编制社保金计算表。

基于调整后的工资总额计算各项社保金，编制如图 8-37 的社保金计算表。

该范例文件见随书光盘“第 8 章”文件夹中“工资管理”工作簿中的“社保金计算表”工作表。具体制作方法及步骤见 8.6.1 节～8.6.4 节。

社保金计算表

2012年9月

员工编号	姓名	部门	基数	养老保险	医疗保险	失业保险	住房公积金	合计
1001	刘备	行政部	8020	641.6	160.4	40.1	802	1644.1
1002	诸葛亮	人事部	7220	577.6	144.4	36.1	722	1480.1
1003	曹操	销售部	8320	665.6	166.4	41.6	832	1705.6
1004	孙权	制造部	8220	657.6	164.4	41.1	822	1685.1
1005	关羽	人事部	6100	488	122	30.5	610	1250.5
1006	张飞	行政部	5350	428	107	26.75	535	1096.75
1007	夏侯渊	财务部	5350	428	107	26.75	535	1096.75
1008	刘烨	销售部	5650	452	113	28.25	565	1158.25
1009	孙策	制造部	5050	404	101	25.25	505	1035.25
1010	黄盖	人事部	4350	348	87	21.75	435	891.75
1011	李通	行政部	4550	364	91	22.75	455	932.75
1012	鲁肃	财务部	4550	364	91	22.75	455	932.75
1013	司马懿	人事部	4350	348	87	21.75	435	891.75
汇总			77080.00	6166.40	1541.60	385.40	7708.00	15801.40

图 8-37　社保金计算表格式

8.6.1 社保金计算表格式设计

社保金计算表格式如图 8-38 所示，具体设计步骤如下：

（1） 打开工作簿“工资管理”，单击工作表插入标签，插入一张工作表，双击该工作表标签，重命名为“社保金计算表”。

（2） 在单元格 B1 中输入“社保金计算表”，合并并居中区域 B1:I1，设置字体为“华文中宋”，字号为“22”，字体颜色“深蓝色”，添加双底框线，设置行高为“45”。

（3） 选择区域 B2:I2，设置字体为“Arial”，字号为“12”，行高为“20”，输入“=工资调整表!D2”。

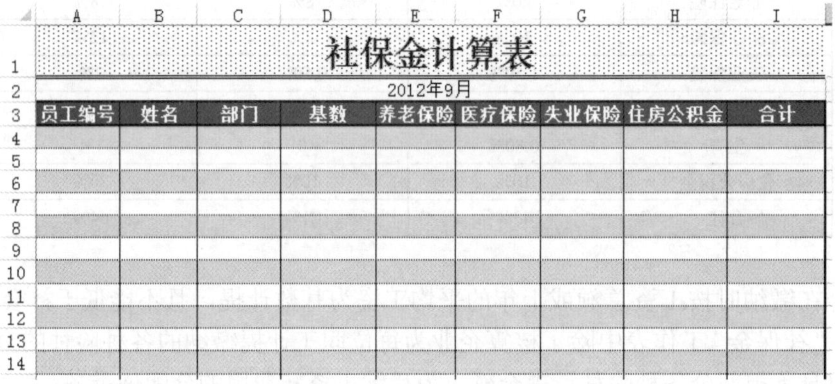

	A	B	C	D	E	F	G	H	I
1	社保金计算表								
2	2012年9月								
3	员工编号	姓名	部门	基数	养老保险	医疗保险	失业保险	住房公积金	合计
4									
5									
6									
7									
8									
9									
10									
11									
12									
13									
14									

图 8-38　社保金计算表格式

（4） 在单元格 B3 至 I3 中分别输入“员工编号”、“姓名”、“部门”、“养老保险”、“医疗保险”、“失业保险”、“住房公积金”、“合计”。

（5） 选择区域 D4:I16，设置字体为“Arial”，字号为“9”，居中显示文本。

（6） 将单元格指针移动到 A 列至 I 列的列字母之间，变成形状之后，单击并拖动，将单元格区域 A 列至 I 列调整到合适的宽度。

（7） 按 Ctrl＋1 组合键，打开“设置单元格格式”对话框，转到“边框”选项卡，添加区域边框线。

（8） 选择区域 A3:I16，选择“插入”/“表格”/“表格”命令，弹出如图 8-39 所示的“创建表”对话框，选择“表包含标题”复选框，单击“确定”按钮，关闭对话框，返回工作表界面，将所选区域转化为表格区域。

（9） 选择“表格工具”/“设计”/“表格样式”命令，在打开的表样式下拉列表中选择合适的样式。

（10） 按 Ctrl＋F3 组合键，打开“名称管理器”，选择“表 5”。

（11） 单击“编辑”按钮，打开如图 8-40 所示的“编辑名称”对话框，在“名称”文本栏中输入“保险金计算表”。

（12） 单击“确定”按钮，关闭“编辑名称”对话框，返回“名称管理器”对话框，对话框中显示更改后更具描述性的表名称。

（13） 单击“确定”按钮，关闭“名称管理器”对话框，返回工作表界面。

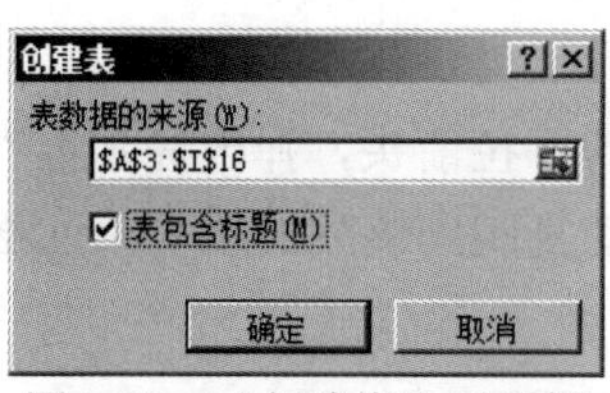

图 8-39　“创建表”对话框

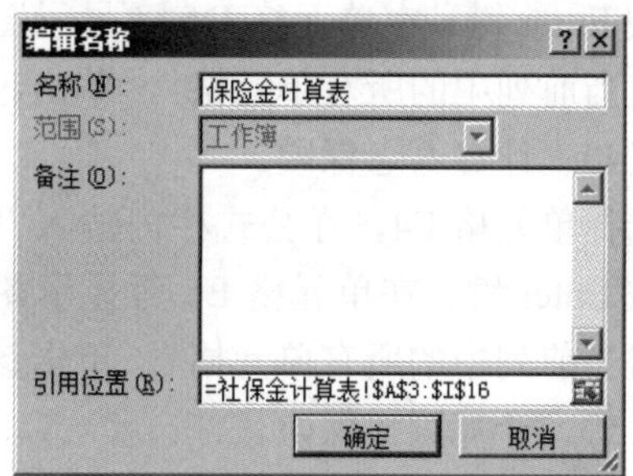

图 8-40　“编辑名称”计算表

8.6.2　社保金的计算

社保金的计算需要使用社保金缴纳比例表，且只核算企业和个人共同承担的四项险种，即养老保险、医疗保险、失业保险和住房公积金。

1. 创建社保金缴纳比例表

操作步骤如下：

（1）　在区域 K2:N10 中创建如图 8-41 所示的社保金缴纳比例表。

	K	L	M	N
2	社保金缴纳比例			
3	项目	单位	个人	合计
4	养老保险	20.00%	8.00%	28.00%
5	医疗保险	10.00%	2.00%	12.00%
6	失业保险	1.50%	0.50%	2.00%
7	工伤	1.00%	0.00%	1.00%
8	生育	0.80%	0.00%	0.80%
9	住房公积金	10.00%	10.00%	20.00%
10	合计	43.30%	20.50%	63.80%

图 8-41　社保金缴纳比例

（2）　选择区域 K3:N10，选择“插入”/“表格”/“表格”命令，弹出“创建表”对话框，勾选“表包含标题”复选框，单击“确定”按钮，关闭对话框。

2. 社保金计算表中的公式设计

操作步骤及输入的公式如下：

（1）　显示姓名。

用户输入员工编号后，通过以下公式可自动显示职工姓名和部门：

选择单元格 B4，在公式栏内输入“=VLOOKUP(A4,职工基本情况表,2,FALSE)”。

按 Enter 键，在单元格 B5 旁显示图标，单击图标的下拉箭头，弹出提示框“使用此公式覆盖当前列中的所有单元格”，单击该提示框，公式自动复制到该列的所有单元格中。

（2）　显示部门。

选择单元格 C4，在公式栏内输入“=VLOOKUP(A4,职工基本情况表,3,FALSE)”。

按 Enter 键，在单元格 C5 旁显示图标，单击图标的下拉箭头，弹出提示框“使用此公式覆盖当前列中的所有单元格”，单击该提示框，公式自动复制到该列的所有单元格中。

（3）　提取基数。

选择单元格 D4，在公式栏内输入“=工资调整表!K4”。

按 Enter 键，在单元格 D5 旁显示图标，单击图标的下拉箭头，弹出提示框“使用此公式覆盖当前列中的所有单元格”，单击该提示框，公式自动复制到该列的所有单元格中。

（4） 计算养老保险。

选择单元格 E4，在公式栏内输入“=D4*$M$4”。

按 Enter 键，在单元格 E5 旁显示图标，单击图标的下拉箭头，弹出提示框“使用此公式覆盖当前列中的所有单元格”，单击该提示框，公式自动复制到该列的所有单元格中。

（5） 计算医疗保险。

选择单元格 F4，在公式栏内输入“=D4*$M$5”。

按 Enter 键，在单元格 F5 旁显示图标，单击图标的下拉箭头，弹出提示框“使用此公式覆盖当前列中的所有单元格”，单击该提示框，公式自动复制到该列的所有单元格中。

（6） 计算失业保险。

选择单元格 G4，在公式栏内输入“=D4*$M$6”。

=LOOKUP(个人所得税计算表!$F4,个税税率表[下限],个税税率表[税率])

按 Enter 键，在单元格 G5 旁显示图标，单击图标的下拉箭头，弹出提示框“使用此公式覆盖当前列中的所有单元格”，单击该提示框，公式自动复制到该列的所有单元格中。

（7） 计算住房公积金。

选择单元格 H4，在公式栏内输入“=D4*$M$9”

=LOOKUP(个人所得税计算表!$F4,个税税率表[下限],个税税率表[税率])

按 Enter 键，在单元格 H5 旁显示图标，单击图标的下拉箭头，弹出提示框“使用此公式覆盖当前列中的所有单元格”，单击该提示框，公式自动复制到该列的所有单元格中。

（8） 计算合计数。

选择单元格 J4，在公式栏内输入“=SUM(E4:H4)”

=LOOKUP(个人所得税计算表!$F4,个税税率表[下限],个税税率表[税率])

按 Enter 键，在单元格 J5 旁显示图标，单击图标的下拉箭头，弹出提示框“使用此公式覆盖当前列中的所有单元格”，单击该提示框，公式自动复制到该列的所有单元格中。

8.6.3 社保金计提表格式设计

社保金计提表核算企业和个人分别按每种险种计提的金额，它为后续的费用分配提供基础，社保金计提表的格式如图 8-42 所示，具体制作步骤如下：

	K	L	M	N
13–14	社保金计提表			
15	项目	企业	个人	合计
16	养老保险	15416	6166.4	21582.4
17	医疗保险	7708	1541.6	9249.6
18	失业保险	1156.2	385.4	1541.6
19	工伤	770.8	0	770.8
20	生育	616.64	0	616.64
21	住房公积金	7708	7708	15416
22	合计	33375.64	15801.4	49177.04

图 8-42 社保金计提表的格式

（1） 激活工作表“社保金计算表”。

（2） 在单元格 K13 中输入“社保金计算表”，合并并居中区域 K13:N13，设置字体为

"华文中宋"，字号为"22"，字体颜色"深蓝色"，设置行高为"45"，添加双底框线。

（3） 选择区域 K15:N15，设置字体为"Arial"，字号为"12"，行高为"20"。

（4） 在单元格 K15 至 N15 中分别输入"项目"、"企业"、"个人"、"合计"。

（5） 选择区域 L16:N22，设置字体为"Arial"，字号为"9"，居中显示文本。

（6） 将单元格指针移动到 K 列至 N 列的列字母之间，变成✛形状之后，单击并拖动，将单元格区域 A 列至 I 列调整到合适的宽度。

8.6.4 社保金计提表公式设计

社保金计提表内需输入的公式，具体如下：

（1） 选择单元格 L16，在公式栏内输入"=$D$17*$L4"。

（2） 选择单元格 M16，在公式栏内输入"=$D$17*$M4"。

（3） 选择单元格 N16，在公式栏内输入"=L16+M16"。

（4） 选择区域 L16:N16，向下填充到第 22 行。

8.7 编制工资结算清单

工资结算单是对所有职工的工资项目及金额的汇总表，它是制作工资条、进行各种分析的核心数据。工资结算单通过对以上表格中数据的提取，核算应发工资、应扣工资、实发工资。

例 8-6 编制工资结算清单。

基于工资调整表、考勤表、个人所得税计算表、社保金计算表编制如图 8-43 所示的的工资结算清单。

工资结算清单

2012年9月

姓名	部门	基本工资	岗位工资	工龄工资	绩效	奖金	加班费	交通补贴	午餐补贴	住房补贴	其他补贴	应发工资	养老保险	医疗保险	失业保险	住房公积金	迟到请假扣款	个税	应扣工资	实发工资
刘备	行政部	2000.00	1500.00	800.00	2000.00	1000.00	150.00	100.00	20.00	500.00	100.00	8170.00	641.60	160.40	40.10	802.00	100.00	349.00	2093.10	6076.90
诸葛亮	人事部	1500.00	1500.00	700.00	1800.00	1000.00	150.00	100.00	20.00	500.00	100.00	7370.00	577.60	144.40	36.10	722.00	0.00	267.00	1747.10	5622.90
曹操	销售部	2000.00	1500.00	600.00	2500.00	1000.00	0.00	100.00	20.00	500.00	100.00	8320.00	665.60	166.40	41.60	832.00	100.00	409.00	2214.60	6105.40
孙权	制造部	2000.00	1500.00	1000.00	2000.00	1000.00	0.00	100.00	20.00	500.00	100.00	8220.00	657.60	164.40	41.10	822.00	100.00	389.00	2174.10	6045.90
关羽	人事部	1500.00	1000.00	600.00	1500.00	1000.00	600.00	80.00	20.00	300.00	100.00	6700.00	488.00	122.00	30.50	610.00	100.00	155.00	1505.50	5194.50
张飞	行政部	1000.00	1000.00	900.00	1500.00	500.00	0.00	80.00	20.00	300.00	50.00	5350.00	428.00	107.00	26.75	535.00	250.00	80.00	1426.75	3923.25
夏侯渊	财务部	1200.00	1000.00	700.00	1500.00	500.00	150.00	80.00	20.00	300.00	50.00	5500.00	428.00	107.00	26.75	535.00	0.00	80.00	1176.75	4323.25
刘烨	销售部	1500.00	1000.00	800.00	1500.00	500.00	150.00	80.00	20.00	200.00	50.00	5800.00	452.00	113.00	28.25	565.00	200.00	110.00	1468.25	4331.75
孙策	制造部	1500.00	800.00	900.00	1200.00	300.00	300.00	80.00	20.00	200.00	50.00	5350.00	404.00	101.00	25.25	505.00	50.00	50.00	1135.25	4214.75
黄盖	人事部	1000.00	800.00	700.00	1200.00	300.00	0.00	80.00	20.00	200.00	50.00	4350.00	348.00	87.00	21.75	435.00	400.00	25.50	1317.25	3032.75
李通	行政部	1000.00	800.00	900.00	1200.00	300.00	0.00	80.00	20.00	200.00	50.00	4550.00	364.00	91.00	22.75	455.00	150.00	31.50	1114.25	3435.75
鲁肃	财务部	1000.00	800.00	900.00	1200.00	300.00	150.00	80.00	20.00	200.00	50.00	4700.00	364.00	91.00	22.75	455.00	150.00	31.50	1114.25	3585.75
司马懿	人事部	1000.00	800.00	700.00	1200.00	300.00	300.00	80.00	20.00	200.00	50.00	4650.00	348.00	87.00	21.75	435.00	100.00	25.50	1017.25	3632.75

图 8-43 工资结算清单

该范例文件见随书光盘"第 8 章"文件夹，"工资管理"工作簿中的"工资结算清单"工作表。具体制作方法及步骤见 8.7.1 节～8.7.2 节。

8.7.1 工资结算清单的格式设计

工资结算清单的格式如图 8-44 所示，具体制作步骤如下：

（1） 打开工作簿"工资管理"，单击工作表插入标签，插入一张工作表，双击该工作表标签，重命名为"工资结算清单"。

（2） 在单元格 B1 中输入"工资结算清单"，合并并居中区域 B1:V1，设置字体为"华文中宋”，字号为“22”，字体颜色“深蓝色”，设置行高为“45”，添加双底框线。

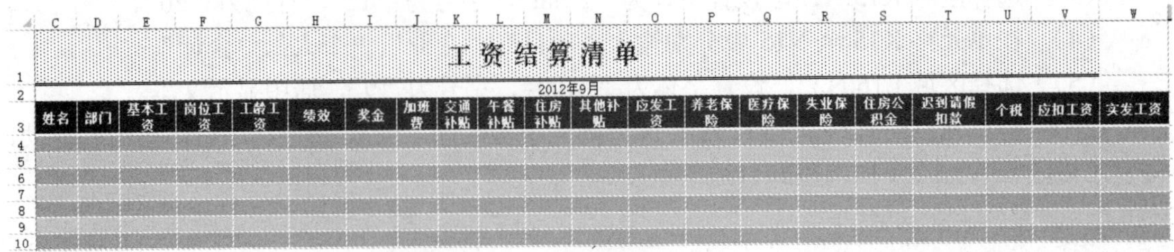

图 8-44　工资结算清单的格式

（3） 选择区域 A2:W2，设置字体为“Arial”，字号为“12”，行高为“20”，输入“=工资调整表!D2”。

（4） 在单元格 A3 至 W3 中分别输入“月份”、“员工编号”、“姓名”、“部门”、“基本工资”、“岗位工资”、“工龄工资”、“绩效”、“奖金”、“加班费”、“交通补贴”、“午餐补贴”、“住房补贴”、“其他补贴”、“应发工资”、“养老保险”、“医疗保险”、“失业保险”、“住房公积金”、“迟到请假扣款”、“个税”、“营口合计”、“实发工资”。

（5） 选择区域 A4:W16，设置字体为“Arial”，字号为“9”，居中显示文本。

（6） 选择区域 E4:W16，选择“开始”/“数字”命令，在数字功能区中单击%百分比按钮，设置“适用税率”列的数据格式。

（7） 将单元格指针移动到 A 列至 WI 列的列字母之间，变成✢形状之后，单击并拖动，将单元格区域 A 列至 W 列调整到合适的宽度。

（8） 按 Ctrl+1 组合键，打开“设置单元格格式”对话框，转到“边框”选项卡，添加区域边框线。

（9） 选择区域 A3:W16，选择“插入”/“表格”/“表格”命令，打开如图 8-45 所示的“创建表”对话框，选择“表包含标题”复选框，单击“确定”按钮，关闭对话框，返回工作表界面，将所选区域转化为表格。

（10） 选择”表格工具”/“设计”/“表格样式”命令，在表样式的下拉列表中选择合适的样式。

（11） 按 Ctrl+F3 组合键，打开“名称管理器”对话框，选择“表 6”。

（12） 单击“编辑”按钮，打开如图 8-46 所示的“编辑名称”对话框，在“名称”文本框中输入“工资结算清单”。

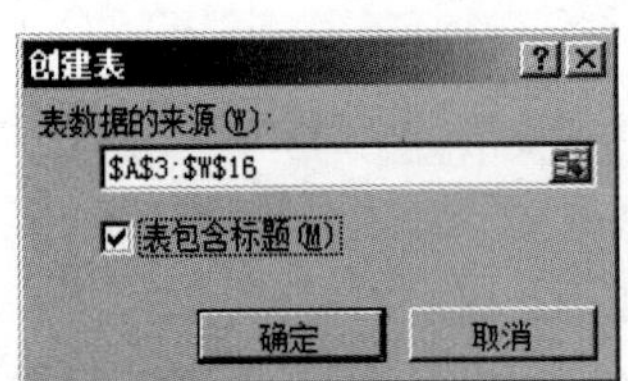

图 8-45　“创建表”对话框

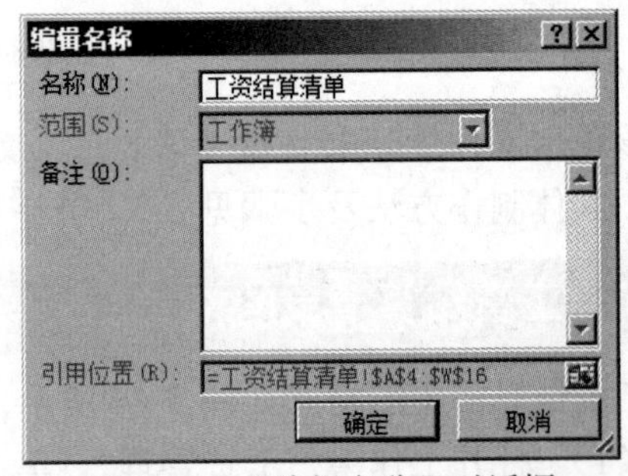

图 8-46　“编辑名称”对话框

（13） 单击“确定”按钮，关闭“编辑名称”对话框，返回“名称管理器”对话框。

（14） 单击“确定”按钮，关闭“名称管理器”对话框。

8.7.2 工资结算清单的公式设计

工资结算清单中的公式主要是从“职工基本情况表”、“工资调整表”、“考勤表”、“个人所得税计算表”、“社保金计算表”中提取数据，具体公式如下：

1. 自动显示月份

（1） 选择单元格 A4，在公式栏内输入“=MONTH($A$2)”。
（2） 选择单元格 A4，将其向下填充复制到需要的行数。

2. 自动显示姓名、部门

（1） 选择单元格 C4，在公式栏内输入“=VLOOKUP(A4,职工基本情况表,2,FALSE)”。
（2） 选择单元格 D4，在公式栏内输入“=VLOOKUP(A4,职工基本情况表,3,FALSE)”。
（3） 选择区域 C4:D4，将其向下填充复制到需要的行数。

3. 自动显示基本工资、岗位工资、工龄工资

（1） 选择单元格 E4，在公式栏内输入“=职工基本情况表!I4”。
（2） 选择单元格 F4，在公式栏内输入“=职工基本情况表!J4”。
（3） 选择单元格 G4，在公式栏内输入“=职工基本情况表!K4”。
（4） 选择区域 E4:G4，将其向下填充复制到需要的行数。

4. 显示绩效工资、奖金

（1） 选择单元格 H4，在公式栏内输入“=工资调整表!$E4”。
（2） 选择单元格 I4，在公式栏内输入“=工资调整表!$F4”。
（3） 选择区域 H4:I4，将其向下填充复制到需要的行数。

5. 显示加班费

（1） 选择单元格 J4，在公式栏内输入“=考勤表!AL6”。
（2） 选择单元格 J4，将其向下填充复制到需要的行数。

6. 显示各种补贴项目

（1） 选择单元格 K4，在公式栏内输入“=工资调整表!$G4”。
（2） 选择单元格 L4，在公式栏内输入“=工资调整表!$H4”。
（3） 选择单元格 M4，在公式栏内输入“=工资调整表!$I4”。
（4） 选择单元格 N4，在公式栏内输入“=工资调整表!$J4”。
（5） 选择区域 K4:N4，将其向下填充复制到需要的行数。

7. 合计应发工资

（1） 选择单元格 O4，在公式栏内输入“=SUM(E4:N4)”。
（2） 选择单元格 O4，将其向下填充复制到需要的行数。

8. 显示三险一金项目

（1） 选择单元格 P4，在公式栏内输入“=社保金计算表!E4”。
（2） 选择单元格 Q4，在公式栏内输入“=社保金计算表!F4”。

（3） 选择单元格 R4，在公式栏内输入“=社保金计算表!G4”。

（4） 选择单元格 S4，在公式栏内输入“=社保金计算表!H4”。

（5） 选择区域 P4:S4，将其向下填充复制到需要的行数。

9. 显示迟到请假扣款

（1） 选择单元格 T4，在公式栏内输入“=考勤表!AO6”。

（2） 选择单元格 T4，将其向下填充复制到需要的行数。

10. 显示个税

（1） 选择单元格 U4，在公式栏内输入“=个人所得税计算表!$I4”。

（2） 选择单元格 U4，将其向下填充复制到需要的行数。

11. 计算应扣合计

（1） 选择单元格 V4，在公式栏内输入“=SUM(P4:U4)”。

（2） 选择单元格 V4，将其向下填充复制到需要的行数。

12. 计算实发工资

（1） 选择单元格 V4，在公式栏内输入“=O4-V4”。

（2） 选择单元格 V4，将其向下填充复制到需要的行数。

8.8 制作工资条

工资条是发放给职工的工资项目清单，其数据来源于工资结算单。工资条包含各个组成部分的项目名称和金额。

例 8-7 编制工资条。

基于工资结算清单制作如图 8-47 所示的工资条。

该范例文件见随书光盘“第 8 章”文件夹，“工资管理”工作簿中的“工资条”工作表。具体制作方法及步骤见 8.8.1 节～8.8.4 节。

工 资 条

月份	员工编号	姓名	部门	基本工资	岗位工资	工龄工资	绩效	奖金	加班费	交通补贴	午餐补贴	住房补贴	其他补贴	应发工资	养老保险	医疗保险	失业保险	住房公积金	迟到请假扣款	个税	应扣工资	实发工资
9	1001	刘备	行政部	2000	1500	800	2000	1000	150	100	20	500	100	8170	641.6	160.4	40.1	802	100	349	2093.1	6076.9
月份	员工编号	姓名	部门	基本工资	岗位工资	工龄工资	绩效	奖金	加班费	交通补贴	午餐补贴	住房补贴	其他补贴	应发工资	养老保险	医疗保险	失业保险	住房公积金	迟到请假扣款	个税	应扣工资	实发工资
9	1002	诸葛亮	人事部	1500	1500	700	1800	1000	150	100	20	500	100	7370	577.6	144.4	36.1	722	0	267	1747.1	5622.9
月份	员工编号	姓名	部门	基本工资	岗位工资	工龄工资	绩效	奖金	加班费	交通补贴	午餐补贴	住房补贴	其他补贴	应发工资	养老保险	医疗保险	失业保险	住房公积金	迟到请假扣款	个税	应扣工资	实发工资
9	1003	曹操	销售部	2000	1500	600	2500	1000	0	100	20	500	100	8320	665.6	166.4	41.6	832	100	409	2214.6	6105.4
月份	员工编号	姓名	部门	基本工资	岗位工资	工龄工资	绩效	奖金	加班费	交通补贴	午餐补贴	住房补贴	其他补贴	应发工资	养老保险	医疗保险	失业保险	住房公积金	迟到请假扣款	个税	应扣工资	实发工资
9	1004	孙权	制造部	2000	1500	1000	2000	1000	0	100	20	500	100	8220	657.6	164.4	41.1	822	100	389	2174.1	6045.9
月份	员工编号	姓名	部门	基本工资	岗位工资	工龄工资	绩效	奖金	加班费	交通补贴	午餐补贴	住房补贴	其他补贴	应发工资	养老保险	医疗保险	失业保险	住房公积金	迟到请假扣款	个税	应扣工资	实发工资
9	1005	关羽	人事部	1500	1000	600	1500	1000	600	80	20	300	100	6700	488	122	30.5	610	100	155	1505.5	5194.5
月份	员工编号	姓名	部门	基本工资	岗位工资	工龄工资	绩效	奖金	加班费	交通补贴	午餐补贴	住房补贴	其他补贴	应发工资	养老保险	医疗保险	失业保险	住房公积金	迟到请假扣款	个税	应扣工资	实发工资
9	1006	张飞	行政部	1000	1000	900	1500	500	0	80	20	300	50	5350	428	107	26.75	535	250	80	1426.75	3923.25

图 8-47 工资条格式

8.8.1　工资条格式设计

工资条的格式如图 8-47 所示，用户只需输入标题、设计数字格式，其他内容可通过公式自动生成，格式内容如下：

（1） 打开工作簿“工资管理”，单击工作表插入标签，插入一张工作表，双击该工作表标签，重命名为“工资条”。

（2） 在单元格 B1 中输入“工资条”，合并并居中区域 C1:U1，设置字体为“华文中宋”，字号为“22”，字体颜色“深蓝色”，设置行高为“45”，添加双底框线。

（3） 选择 P 列到 W 列，设置数字格式为数字，小数点 2 位。

（4） 选择区域 A2:W200，设置字体为“Arial”，字号为“10”，行高为“20”，文本居中。

8.8.2　工资条公式设计

工资条中的数据来源于工资结算清单，数据项目结构、金额都相同，唯一不同的是工资条用一行空格将每个人的工资项目隔开并分别列示。

输入的公式及具体操作步骤如下：

（1） 选择单元格 A2，在公式栏内输入：

```
=IF(MOD(ROW(),3)=1,"",IF(MOD(ROW(),3)=2,INDEX(工资结算清单[#全部],1,COLUMN()),
IF(MOD(ROW(),3)=0,INDEX(工资结算清单[#全部],ROW()/3+1,COLUMN()),"")))
```

公式说明：

ROW()函数返回当前单元格所在的行数，COLUMU()函数返回当前单元格所在的列数，MOD 函数返回行数与除数 3 的余数。如果余数为 1，显示工资条直接的空格；如果余数为 2，显示工资条各个项目的名称，即工资结算清单表格中的标题行；如果余数为 0，显示工资条的数据行。

（2） 选择单元格 A2，向右填充公式到单元格 W2。

（3） 选择区域 A2:W2，向下填充公式到需要的行，显示如图 8-48 所示的界面。

	A	B	C	D	E	F	G	H	I	J	K	L	M	N	O	P	Q	R	S	T	U	V	W
1			工 资 条																				
2	月份	员工编号	姓名	部门	基本工资	岗位工资	工龄工资	绩效	奖金	加班费	交通补贴	午餐补贴	住房补贴	其他补贴	应发工资	养老保险	医疗保险	失业保险	住房公积金	迟到请假扣款	个税	应扣工资	实发工资
3	9	1001	刘备	行政部	2000	1500	800	2000	1000	150	100	20	500	100	8170	641.6	160.4	40.1	802	100	349	2093.1	6076.9
4																							
5	月份	员工编号	姓名	部门	基本工资	岗位工资	工龄工资	绩效	奖金	加班费	交通补贴	午餐补贴	住房补贴	其他补贴	应发工资	养老保险	医疗保险	失业保险	住房公积金	迟到请假扣款	个税	应扣工资	实发工资
6	9	1002	诸葛亮	人事部	1500	1500	700	1800	1000	150	100	20	500	100	7370	577.6	144.4	36.1	722	0	267	1747.1	5622.9
7																							
8	月份	员工编号	姓名	部门	基本工资	岗位工资	工龄工资	绩效	奖金	加班费	交通补贴	午餐补贴	住房补贴	其他补贴	应发工资	养老保险	医疗保险	失业保险	住房公积金	迟到请假扣款	个税	应扣工资	实发工资
9	9	1003	曹操	销售部	2000	1500	600	2500	1000	0	100	20	500	100	8320	665.6	166.4	41.6	832	100	409	2214.6	6105.4

图 8-48　输入公式后的工资条界面

8.8.3　添加边框

在 Excel 中通过设置条件格式，可以为每个职工的工资条添加边框，具体的操作步骤如下：

（1） 选择区域 A2:W100。

（2） 选择“开始”/“样式”/“条件格式”/“新建规则”命令，打开如图 8-49 所示的

“新建格式规则”对话框。

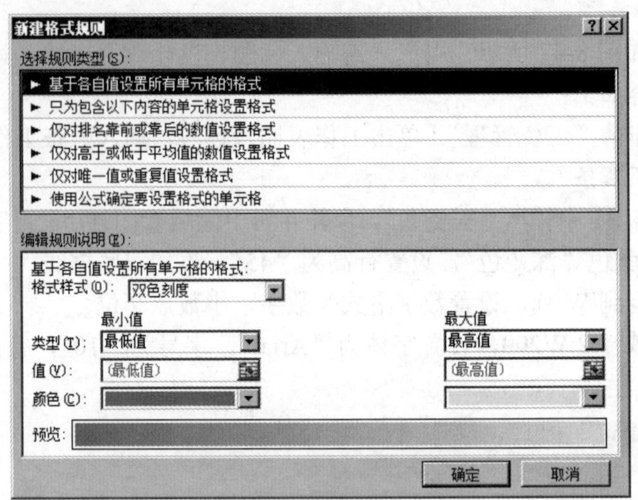

图 8-49 “新建格式规则”对话框

（3） 在“选择规则类型”列表中选择“使用公式确定要设置格式的单元格”，显示如图 8-50 所示的对话框，在“编辑规则说明”公式栏内输入公式：

```
=IF(OR(MOD(ROW(),3)=2, MOD(ROW(),3)=0),TRUE,FALSE)
```

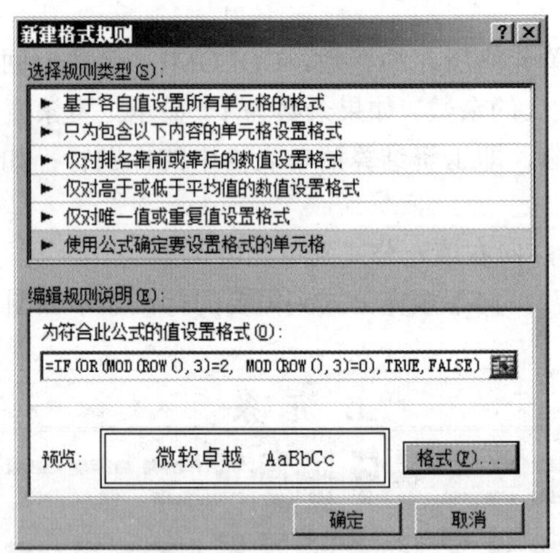

图 8-50 “新建格式规则”对话框

（4） 单击“格式”按钮，打开“设置单元格格式”对话框，转到“边框”选项卡，将单元格四周全加上边框。

（5） 单击“确定”按钮，关闭“设置单元格格式”对话框，返回“新建格式规则”对话框。

（6） 单击“确定”按钮，关闭“新建格式规则”对话框，返回工作表，显示如图 8-51 所示的界面。

	A	B	C	D	E	F	G	H	I	J	K	L	M	N	O	P	Q	R	S	T	U	V	W
1			工 资 条																				
2	月份	员工编号	姓名	部门	基本工资	岗位工资	工龄工资	绩效	奖金	加班费	交通补贴	午餐补贴	住房补贴	其他补贴	应发工资	养老保险	医疗保险	失业保险	住房公积金	迟到请假扣款	个税	应扣工资	实发工资
3	9	1001	刘备	行政部	2000	1500	800	2000	1000	150	100	20	500	100	8170	641.6	160.4	40.1	802	100	349	2093.1	6076.9
4																							
5	月份	员工编号	姓名	部门	基本工资	岗位工资	工龄工资	绩效	奖金	加班费	交通补贴	午餐补贴	住房补贴	其他补贴	应发工资	养老保险	医疗保险	失业保险	住房公积金	迟到请假扣款	个税	应扣工资	实发工资
6	9	1002	诸葛亮	人事部	1500	1500	700	1800	1000	150	100	20	500	100	7370	577.6	144.4	36.1	722	0	267	1747.1	5622.9
7																							
8	月份	员工编号	姓名	部门	基本工资	岗位工资	工龄工资	绩效	奖金	加班费	交通补贴	午餐补贴	住房补贴	其他补贴	应发工资	养老保险	医疗保险	失业保险	住房公积金	迟到请假扣款	个税	应扣工资	实发工资
9	9	1003	曹操	销售部	2000	1500	600	2500	1000	0	100	20	500	100	8320	665.6	166.4	41.6	832	100	409	2214.6	6105.4

图 8-51 添加边框后的工资条

8.8.4 突出显示工资条的标题行

在 Excel 中通过设置条件格式，可以将工资条的标题行以显著的颜色显示，具体的操作步骤如下：

（1） 选择区域 A2:W100。

（2） 选择“开始”/“样式”/“条件格式”/“新建规则”命令，打开“新建格式规则”对话框。

（3） 在“选择规则类型”列表中选择“使用公式确定要设置格式的单元格”，显示如图 8-52 所示的对话框，在“编辑规则说明”的公式栏内输入公式：

```
=IF(MOD(ROW(),3)=2,TRUE,FALSE)
```

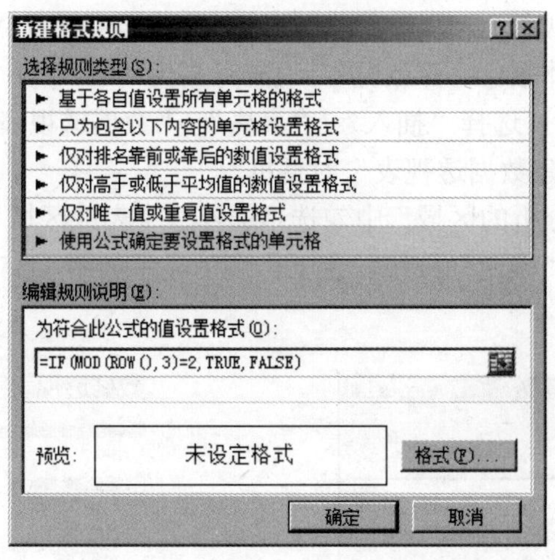

图 8-52 “新建格式规则”对话框

（4） 单击“格式”按钮，打开“设置单元格格式”对话框，转到“填充”选项卡，在背景色中选择“蓝色”。

（5） 单击“确定”按钮，关闭“设置单元格格式”对话框，返回“新建格式规则”对话框。

（6） 单击“确定”按钮，关闭“新建格式规则”对话框，返回工作表，显示如图 8-47 所示的界面。

8.9　编制工资汇总表

工资汇总表是将职工工资按部门汇总，计算得到每个部门的所有职工当月的应发工资总额。工资总额汇总表是应付职工薪酬分配核算的基础，可以用数据透视表功能从“工资结算单”中创建。

例 8-8　编制工资汇总表。

基于工资结算清单制作如图 8-53 所示的工资汇总表。

该范例文件见“工资管理”工作簿中的“工资汇总表”工作表，制作的具体步骤如下：

（1）　打开“工资管理”工作簿，单击工作表插入标签，插入一张工作表，双击该工作表标签，重命名为“工资汇总表”。

	A	B	C
4	月份	（全部）	
5			
7	部门	部门应发工资	部门实发工资
8	财务部	9,600.00	7,471.00
9	人事部	21,870.00	16,606.90
10	销售部	13,520.00	10,050.15
11	行政部	17,170.00	12,791.40
12	制造部	12,970.00	9,848.15
13	总计	75,130.00	56,767.60

图 8-53　工资汇总表格式

（2）　在单元格 A2 中输入“科目汇总表”，合并并居中区域 A2:C2，设置字体为“华文中宋”，字号为“22”，字体颜色“深蓝色”，设置行高为“45”，添加双底框线。

（3）　选择单元格 A7，选择“插入”/“表格”/“数据透视表”/“数据透视表”命令，打开如图 8-54 所示的“创建数据透视表”对话框。

（4）　在“请选择要分析的区域”中勾选“选择一个表或区域”，在其后的公式栏内输入“=工资结算清单”，单击“确定”按钮，在工作表中显示如图 8-55 所示的“数据透视表字段列表”对话框。

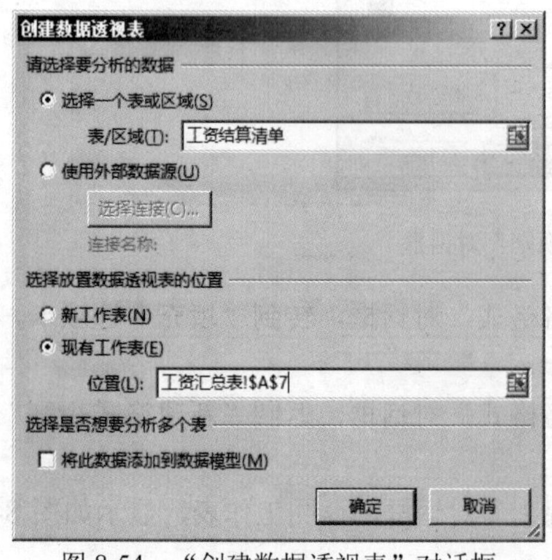

图 8-54　“创建数据透视表”对话框

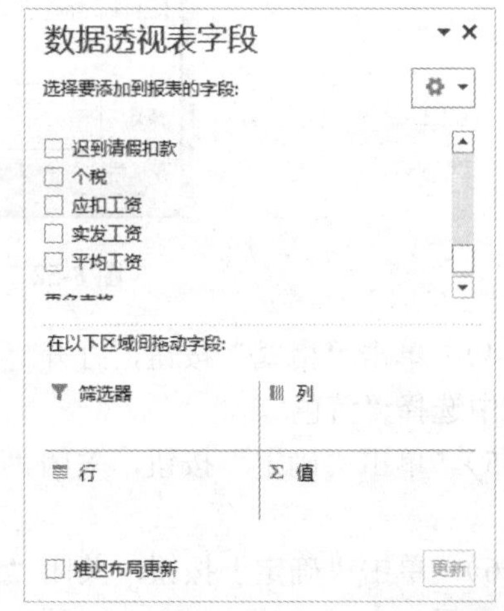

图 8-55　“数据透视表字段列表”对话框

（5） 将“选择要添加到报表的字段”列表中的“部门”字段，添加到“行标签”区域，将“应发工资”、“实发工资”拖动到“数值”区域，“月份”字段添加到“报表筛选”区域，数据透视表的布局如图 8-56 所示。

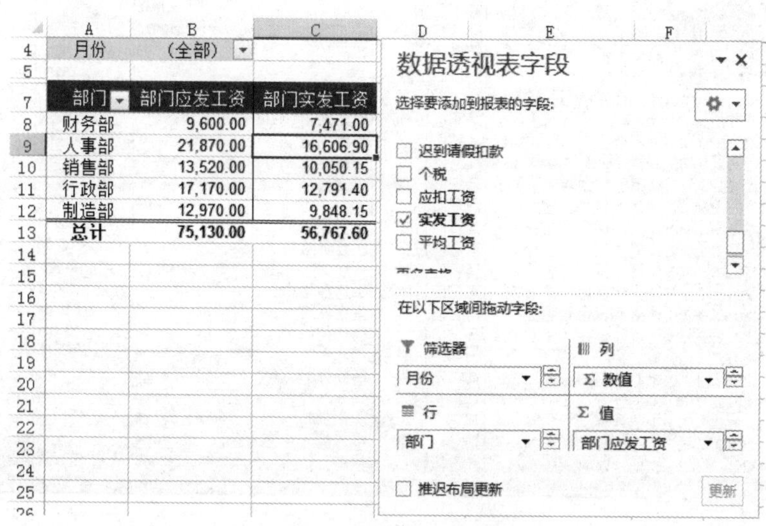

图 8-56　数据透视表的布局

（6） 关闭“数据透视表字段列表”对话框。

（7） 选择“数据透视表工具”/“设计”/“数据透视表样式”命令，在样式功能组中选择合适的表样式。

（8） 分别选择单元格 B7 和 C7，输入“部门应发工资”和“部门实发工资”；选择区域 B7:C7，设置字号为“12”，行高为“20”，居中显示文本。

（9） 选择区域 B8:C12，单击“字体”功能区中的“居中显示”按钮。选择 D 列和 E 列，设置字体为“Arial”，字号默认为“10”，选择“开始”/“数字”命令，在“数字”功能区中单击千分位分隔符按钮，设置金额的数字格式。

（10） 将单元格指针移动到 B 列至 E 列的列字母之间，变成形状之后，单击并拖动，将单元格区域 B 列至 E 列调整到合适的宽度。

（11） 若更改工资结算清单中的任意数据，需刷新工资汇总数据透视表，方法为：选择数据透视表的任意单元格，选择“数据透视表工具”/“选项”/“数据”/“刷新”命令。

8.10　编制记账凭证清单

每月末，企业应将本月的应付工资、计提的社保金按照发生的部门及与产品的关系进行分配，并输出分录。

例 8-9　编制工资汇总表。

基于工资汇总表和社保金计算表制作如图 8-57 所示的工资汇总表。

该范例文件见随书光盘“第 8 章”文件夹，“工资管理”工作簿中的“工资汇总表”工作表，制作的具体步骤见 8.10.1 节～8.10.2 节。

工资记账凭证清单

日期	摘要	总账科目	明细科目	借方金额	贷方金额	附件
2012/9/30	分配工资	管理费用		48640		1
2012/9/30	分配工资	制造费用		12970		1
2012/9/30	分配工资	销售费用		13520		1
2012/9/30	分配工资	应付职工薪酬			75130	1
2012/9/30	计提社保金（个人）	应付职工薪酬		15801.4		1
2012/9/30	计提社保金（个人）	其它应付款	养老保险		6166.4	1
2012/9/30	计提社保金（个人）	其它应付款	医疗保险		1541.6	1
2012/9/30	计提社保金（个人）	其它应付款	失业保险		385.4	1
2012/9/30	计提社保金（个人）	其它应付款	住房公积金		7708	1
2012/9/30	计提社保金（企业）	管理费用		49177.04		1
2012/9/30	计提社保金（企业）	其它应付款	养老保险		15416	1
2012/9/30	计提社保金（企业）	其它应付款	医疗保险		7708	1
2012/9/30	计提社保金（企业）	其它应付款	失业保险		1156.2	1
2012/9/30	计提社保金（企业）	其它应付款	工伤保险		770.8	1
2012/9/30	计提社保金（企业）	其它应付款	生育保险		616.64	1
2012/9/30	计提社保金（企业）	其它应付款	住房公积金		7708	1
2012/9/30	缴纳社保	其它应付款	养老保险	21582.4		1
2012/9/30	缴纳社保	其它应付款	医疗保险	9249.6		1
2012/9/30	缴纳社保	其它应付款	失业保险	1541.6		1
2012/9/30	缴纳社保	其它应付款	工伤保险	770.8		1
2012/9/30	缴纳社保	其它应付款	生育保险	616.64		1
2012/9/30	缴纳社保	其它应付款	住房公积金	15416		1
2012/9/30	缴纳社保	银行存款			49177.04	1

图 8-57　工资记账凭证清单

8.10.1　记账凭证清单格式设计

记账凭证清单的格式如图 8-58 所示，制作步骤如下：

工资记账凭证清单

日期	摘要	总账科目	明细科目	借方金额	贷方金额	附件
2012/9/30	分配工资	管理费用				
2012/9/30	分配工资	制造费用				
2012/9/30	分配工资	销售费用				
2012/9/30	分配工资	应付职工薪酬				
2012/9/30	计提社保金（个人）	应付职工薪酬				
2012/9/30	计提社保金（个人）	其它应付款	养老保险			
2012/9/30	计提社保金（个人）	其它应付款	医疗保险			
2012/9/30	计提社保金（个人）	其它应付款	失业保险			
2012/9/30	计提社保金（个人）	其它应付款	住房公积金			
2012/9/30	计提社保金（企业）	管理费用				
2012/9/30	计提社保金（企业）	其它应付款	养老保险			
2012/9/30	计提社保金（企业）	其它应付款	医疗保险			
2012/9/30	计提社保金（企业）	其它应付款	失业保险			
2012/9/30	计提社保金（企业）	其它应付款	工伤保险			
2012/9/30	计提社保金（企业）	其它应付款	生育保险			
2012/9/30	计提社保金（企业）	其它应付款	住房公积金			
2012/9/30	缴纳社保	其它应付款	养老保险			
2012/9/30	缴纳社保	其它应付款	医疗保险			
2012/9/30	缴纳社保	其它应付款	失业保险			
2012/9/30	缴纳社保	其它应付款	工伤保险			
2012/9/30	缴纳社保	其它应付款	生育保险			
2012/9/30	缴纳社保	其它应付款	住房公积金			
2012/9/30	缴纳社保	银行存款				

图 8-58　工资记账凭证清单格式

（1）　打开工作簿“工资管理”，单击工作表插入标签，插入一张工作表，双击该工作表标签，重命名为“记账凭证清单”。

（2） 在单元格 B1 中输入“工资记账凭证清单”，合并并居中区域 B1:F1，设置字体为“华文中宋”，字号为“22”，字体颜色“深蓝色”，设置行高为“45”，添加双底框线。

（3） 在单元格 A2 至 W2 中分别输入“日期”、“摘要”、“科目名称”、“明细科目”、“借方金额”、“贷方金额”、“附件”，设置行高为 20，字体加粗。

（4） 在 B3:E25 中输入如图 8-58 所示的摘要、总账科目、明细科目名称。

（5） 选择区域 A3:F25，设置字体为“Arial”，字号为“9”，日期格式为“短日期”，居中显示文本。

（6） 选择区域 E3:F25，设置字体为“Arial”，字号为“9”。

（7） 将单元格指针移动到 A 列至 F 列的列字母之间，变成✛形状之后，单击并拖动，将单元格区域 A 列至 F 列调整到合适的宽度

（8） 按 Ctrl＋1 组合键，打开“设置单元格格式”对话框，在“边框”选项卡中添加区域边框线。

8.10.2 记账凭证的公式设计

记账凭证清单的格式基本固定，数据来源于“工资汇总表”工作表和“社保金计算”工作表，需要设置公式显示的内容有日期、借方金额、贷方金额、附件，具体如下：

1. 显示日期

（1） 选择单元格 A3，在公式栏内输入“=EOMONTH(工资调整表!$D$2,0)”。

（2） 选择单元格 A3，向下填充到第 25 行。

2. 显示分配工资的借/贷方金额

（1） 选择单元格 E3，在公式栏内输入：

```
=GETPIVOTDATA("部门应发工资",工资汇总表!$A$6,"部门","财务部")
+GETPIVOTDATA("部门应发工资",工资汇总表!$A$6,"部门","人事部")+
GETPIVOTDATA("部门应发工资",工资汇总表!$A$6,"部门","行政部")
```

GETPIVOTDATA()函数返回数据透视表中的数据，用户输入以上部分时，单击相应单元格即可自动生成公式。

例如，在公式栏内输入“=”后，单击“工资汇总表”中的单元格 B8，公式栏内就会显示 GETPIVOTDATA("部门应发工资",工资汇总表!$A$6,"部门","财务部")。

（2） 选择单元格 E4，在公式栏内输入：

```
=SUMIF(工资汇总表!A8:A12,"制造部",工资汇总表!B8:B12)
```

（3） 选择单元格 E5，在公式栏内输入：

```
=SUMIF(工资汇总表!A8:A12,"销售部",工资汇总表!B8:B12)
```

（4） 选择单元格 F6，在公式栏内输入：

```
=GETPIVOTDATA("部门应发工资",工资汇总表!$A$6)
```

3. 显示计提社保金（个人）的

（1） 选择单元格 E7，在公式栏内输入“=社保金计算表!M22”。
（2） 选择单元格 F8，在公式栏内输入“=社保金计算表!M16”。
（3） 选择单元格 F9，在公式栏内输入“=社保金计算表!M17”。
（4） 选择单元格 F10，在公式栏内输入“=社保金计算表!M18”。
（5） 选择单元格 F11，在公式栏内输入“=社保金计算表!M21”。

4. 显示计提社保金（企业）借/贷方金额

（1） 选择单元格 E12，在公式栏内输入“=社保金计算表!N22”。
（2） 选择单元格 F13，在公式栏内输入“=社保金计算表!L16”。
（3） 选择单元格 F14，在公式栏内输入“=社保金计算表!L17”。
（4） 选择单元格 F15，在公式栏内输入“=社保金计算表!L18”。
（5） 选择单元格 F16，在公式栏内输入“=社保金计算表!L21”。
（6） 选择单元格 F17，在公式栏内输入“=社保金计算表!L18”。
（7） 选择单元格 F18，在公式栏内输入“=社保金计算表!L21”。

5. 显示缴纳社保的借/贷方金额

（1） 选择单元格 E19，在公式栏内输入“=社保金计算表!N16”。
（2） 选择单元格 E20，在公式栏内输入“=社保金计算表!N17”。
（3） 选择单元格 E21，在公式栏内输入“=社保金计算表!N18”。
（4） 选择单元格 E22，在公式栏内输入“=社保金计算表!N19”。
（5） 选择单元格 E23，在公式栏内输入“=社保金计算表!N20”。
（6） 选择单元格 E24，在公式栏内输入“=社保金计算表!N21”。
（7） 选择单元格 F25，在公式栏内输入“=社保金计算表!N22”。

8.11 保存为工资模板文件

工资管理过程中使用的表格格式基本固定，因此可以将工作表或工作簿保存为模板文件，这样每个月只要使用模板文件就可以快速创建新的“工资管理”工作簿，而不用再次花费大量的时间重复创建表格，从而减轻工作量，提高工作效率。

例 8-10 创建模板文件。

操作步骤如下：

（1） 选择“文件按钮”/“另存为”命令，打开如图 8-59 所示的“另存为”对话框。
（2） 在“保存位置”下拉列表中选择要存放模板文件的文件夹。
（3） 在“文件名”文本框中输入要保存模板的名称：“工资管理模板”。
（4） 在“保存类型”下拉列表中选择“Excel 模板（*.xltx）”。
（5） 单击“确定”按钮，完成对模板文件的保存。

利用模板文件创建其他月份的工资管理文件时，用户只需双击模板文件，在“职工基本情况表”和“工资调整表”中输入相关资料，结合每个月的考勤记录，就可以自动计算个人所得税、社保金额，自动生成工资结算清单、工资条、工资汇总表、记账凭证清单。

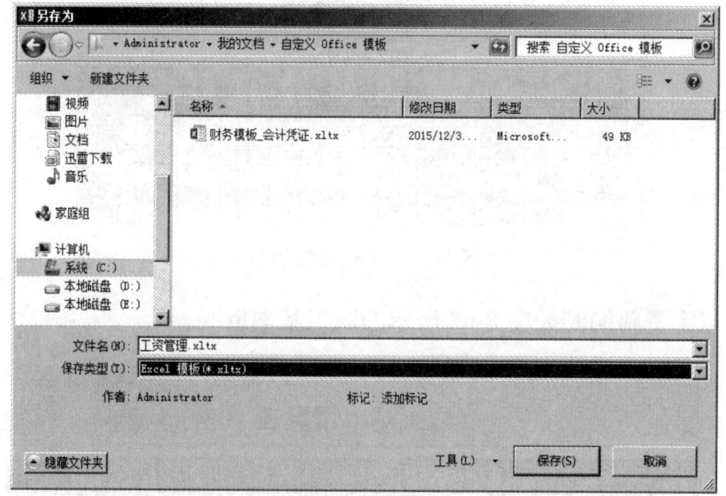

图 8-59 “另存为”对话框

8.12 本章小结

本章介绍了如何使用 Excel 对职工工资进行核算和管理，通过本章的学习，读者应掌握和了解以下知识点：

- 掌握工龄工资的计算。
- 掌握考勤表中星期的显示方法。
- 掌握考勤表中统计职工出勤情况的公式。
- 掌握个人所得税的计算公式。
- 掌握社保金的计算公式。
- 掌握工资条的制作方法。
- 掌握工资汇总表、记账凭证清单的制作方法。
- 掌握工资模板的制作方法。

8.13 上机练习

某公司职工的相关资料和工资调整项目如图 8-60 和图 8-61 所示，见随书光盘“第 8 章”文件夹中的“上机练习-工资”工作簿。

职工基本情况表

员工编号	姓名	部门	性别	职务	就职时间	身份证号	银行账号	基本工资	岗位工资	工龄工资	调整前合计	联系电话	E-mail
1001	赵云	人事部	男	职员	2008/10/9			2500	300	700	3500		
1002	周泰	销售部	男	职员	2007/9/20			2600	200	800	3600		
1003	马超	制造部	男	职员	2009/1/1			2500	250	600	3350		
1004	黄盖	制造部	男	职员	2008/7/10			2500	350	700	3550		
1005	吕布	财务部	男	经理	2006/9/1			4000	500	900	5400		
1006	姜维	销售部	男	职员	2009/3/5			2500	400	600	3500		

图 8-60 职工资料

工资调整表

2012年9月

员工编号	姓名	部门	调整前合计	绩效工资	奖金	交通补贴	午餐补贴	住房补贴	其它补贴	调整后合计
1001	赵云	人事部	3500	1000	500	300	350	200	100	5950
1002	周泰	销售部	3600	1800	500	300	350	200	100	6850
1003	马超	制造部	3350	1500	500	300	350	200	100	6300
1004	黄盖	制造部	3550	1700	500	300	350	200	100	6700
1005	吕布	财务部	5400	2500	1000	300	350	500	100	10150
1006	姜维	销售部	3500	2000	500	300	350	200	100	6950

图 8-61　工资调整项目

（1） 根据以上资料编制如图 8-62 所示的职工基本情况表。

职工基本情况表

员工编号	姓名	部门	性别	职务	就职时间	身份证号	银行账号	基本工资	岗位工资	工龄工资	调整前合计	联系电话	E-mail
1001	赵云	人事部	男	职员	2008/10/9			2500	300	700	3500		
1002	周泰	销售部	男	职员	2007/9/20			2600	200	800	3600		
1003	马超	制造部	男	职员	2009/1/1			2500	250	600	3350		
1004	黄盖	制造部	男	职员	2008/7/10			2500	350	700	3550		
1005	吕布	财务部	男	经理	2006/9/1			4000	500	900	5400		
1006	姜维	销售部	男	职员	2009/3/5			2500	400	600	3500		

图 8-62　职工基本情况表

（2） 编制如图 8-63 所示的职工工资调整表。

工资调整表

2012年9月

员工编号	姓名	部门	调整前合计	绩效工资	奖金	交通补贴	午餐补贴	住房补贴	其它补贴	调整后合计
1001	赵云	人事部	3500	1000	500	300	350	200	100	5950
1002	周泰	销售部	3600	1800	500	300	350	200	100	6850
1003	马超	制造部	3350	1500	500	300	350	200	100	6300
1004	黄盖	制造部	3550	1700	500	300	350	200	100	6700
1005	吕布	财务部	5400	2500	1000	300	350	500	100	10150
1006	姜维	销售部	3500	2000	500	300	350	200	100	6950

图 8-63　职工工资调整表

（3） 编制如图 8-64 所示的个人所得税计算表。

个人所得税计算表

2012年9月

员工编号	姓名	部门	应发工资	应税所得税额	适用税率	速算扣除数	应缴个人所得税
1001	赵云	人事部	5950	3950	10%	105	290
1002	周泰	销售部	6850	4850	20%	555	415
1003	马超	制造部	6300	4300	10%	105	325
1004	黄盖	制造部	6700	4700	20%	555	385
1005	吕布	财务部	10150	8150	20%	555	1075
1006	姜维	销售部	6950	4950	20%	555	435

图 8-64　个人所得税计算表

（4） 编制如图 8-65 所示的社保金计提表。

保险金计算表

2012年9月

员工编号	姓名	部门	基数	养老保险	医疗保险	失业保险	住房公积金	合计
1001	赵云	人事部	5950	476	119	29.75	595	1219.75
1002	周泰	销售部	6850	548	137	34.25	685	1404.25
1003	马超	制造部	6300	504	126	31.5	630	1291.5
1004	黄盖	制造部	6700	536	134	33.5	670	1373.5
1005	吕布	财务部	10150	812	203	50.75	1015	2080.75
1006	姜维	销售部	6950	556	139	34.75	695	1424.75
汇总			42900.00	3432.00	858.00	214.50	4290.00	8794.50

图 8-65 社保金计提表

（5） 制作如图 8-66 所示的工资结算清单。

工资结算清单

2012年9月

月份	员工编号	姓名	部门	基本工资	岗位工资	工龄工资	绩效	奖金	加班费	交通补贴	午餐补贴	住房补贴	其他补贴	应发工资	养老保险	医疗保险	失业保险	住房公积金	迟到请假扣款	个税	应扣工资	实发工资
9	1001	赵云	人事部	2500.00	300.00	700.00	1000.00	500.00	150.00	300.00	350.00	200.00	100.00	6100.00	476.00	119.00	29.75	595.00	100.00	290.00	1609.75	4490.25
9	1002	周泰	销售部	2600.00	200.00	800.00	1800.00	500.00	150.00	300.00	350.00	200.00	100.00	7000.00	548.00	137.00	34.25	685.00	0.00	415.00	1819.25	5180.75
9	1003	马超	制造部	2500.00	250.00	600.00	1500.00	500.00	0.00	300.00	350.00	200.00	100.00	6300.00	504.00	126.00	31.50	630.00	100.00	325.00	1716.50	4583.50
9	1004	黄盖	制造部	2500.00	350.00	700.00	1700.00	500.00	0.00	300.00	350.00	200.00	100.00	6700.00	536.00	134.00	33.50	670.00	100.00	385.00	1858.50	4841.50
9	1005	吕布	财务部	4000.00	500.00	900.00	2500.00	1000.00	600.00	300.00	350.00	500.00	100.00	10750.00	812.00	203.00	50.75	1015.00	100.00	1075.00	3255.75	7494.25
9	1006	姜维	销售部	2500.00	400.00	600.00	2000.00	500.00	0.00	300.00	350.00	200.00	100.00	6950.00	556.00	139.00	34.75	695.00	250.00	435.00	2109.75	4840.25

图 8-66 工资结算清单

（6） 制作如图 8-67 所示的工资条。

工 资 条

月份	员工编号	姓名	部门	基本工资	岗位工资	工龄工资	绩效	奖金	加班费	交通补贴	午餐补贴	住房补贴	其他补贴	应发工资	养老保险	医疗保险	失业保险	住房公积金	迟到请假扣款	个税	应扣工资	实发工资
9	1001	赵云	人事部	2500	300	700	1000	500	150	300	350	200	100	6100	476.00	119.00	29.75	595.00	100.00	290.00	1609.75	4490.25
月份	员工编号	姓名	部门	基本工资	岗位工资	工龄工资	绩效	奖金	加班费	交通补贴	午餐补贴	住房补贴	其他补贴	应发工资	养老保险	医疗保险	失业保险	住房公积金	迟到请假扣款	个税	应扣工资	实发工资
9	1002	周泰	销售部	2600	200	800	1800	500	150	300	350	200	100	7000	548.00	137.00	34.25	685.00	0.00	415.00	1819.25	5180.75
月份	员工编号	姓名	部门	基本工资	岗位工资	工龄工资	绩效	奖金	加班费	交通补贴	午餐补贴	住房补贴	其他补贴	应发工资	养老保险	医疗保险	失业保险	住房公积金	迟到请假扣款	个税	应扣工资	实发工资
9	1003	马超	制造部	2500	250	600	1500	500	0	300	350	200	100	6300	504.00	126.00	31.50	630.00	100.00	325.00	1716.50	4583.50
月份	员工编号	姓名	部门	基本工资	岗位工资	工龄工资	绩效	奖金	加班费	交通补贴	午餐补贴	住房补贴	其他补贴	应发工资	养老保险	医疗保险	失业保险	住房公积金	迟到请假扣款	个税	应扣工资	实发工资
9	1004	黄盖	制造部	2500	350	700	1700	500	0	300	350	200	100	6700	536.00	134.00	33.50	670.00	100.00	385.00	1858.50	4841.50
月份	员工编号	姓名	部门	基本工资	岗位工资	工龄工资	绩效	奖金	加班费	交通补贴	午餐补贴	住房补贴	其他补贴	应发工资	养老保险	医疗保险	失业保险	住房公积金	迟到请假扣款	个税	应扣工资	实发工资
9	1005	吕布	财务部	4000	500	900	2500	###	600	300	350	500	100	10750	812.00	203.00	50.75	1015.00	100.00	1075.00	3255.75	7494.25

图 8-67 工资条

第 9 章　Excel 在应收账款管理中的应用

应收账款是企业营运资金管理的重要环节，它关系到企业的资金是否能够顺畅流通，及时准确地了解应收账款的分布、坏账的计提情况，对于款项的收回、信用政策的制定、业绩考核都具有重要意义。本章主要介绍 Excel 在应收账款管理中的应用。虽然介绍的是应收账款的管理，但是其设计方法同样适用于应付账款的管理。

9.1　应收账款核算概述

应收账款的管理包括对应收款项的核算、已收款项的核算、计提坏账、从不同角度分析应收账款的分布结构。在核算之前，需设置一张工作表，保存客户、业务员、常用摘要、坏账在不同的账龄区间内计提的比例等基本信息。

应收账款管理中，数据处理的基本流程如图 9-1 所示。

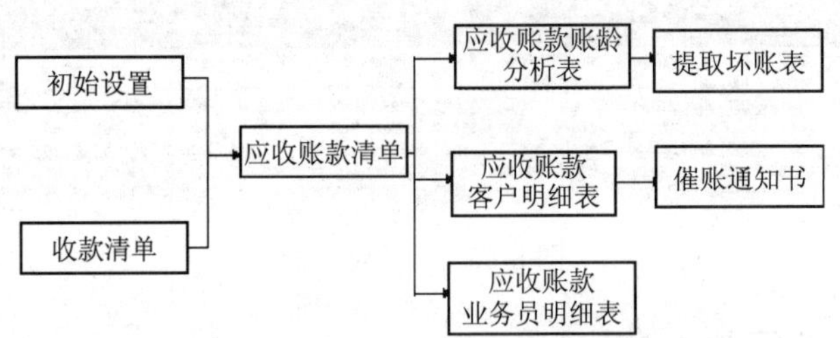

图 9-1　应收账款管理的数据处理流程

根据以上数据处理流程，我们首先需要创建一个名为“应收账款管理”的工作簿，该工作簿中应包含以下工作表：

（1） 基础信息：存储客户、业务员及其他基本资料。

（2） 收款清单：记录收款的日期、合同号、客户、收款金额等收款信息。

（3） 应收账款清单：记录应收账款的基本信息，并根据信用期判断应收账款的账龄区间。

（4） 应收账款账龄分析表：基于应收账款清单，利用公式计算不同应收账款在不同账龄区间内的分布。

（5） 提取坏账表：基于应收账款账龄分析表，计提不同账龄区间计提的坏账准备金额。

（6） 应收账款客户明细表：基于应收账款清单，利用公式计算不同应收账款在不同客户间的分布。

（7） 应收账款业务员明细表：基于应收账款清单，利用公式计算不同责任人所负责的应收账款。

（8） 催账通知书：基于应收账款客户明细表，用于向客户催收应收账款的文书。

9.2　应收账款管理初始设置

基本信息表是应收账款管理的基础表格之一。它包括对应收账款往来客户基本资料、业务员基本资料、常用摘要、不同账龄提取坏账准备率等信息。

例 9-1　制作基本信息表。

A 公司应收账款管理中所需要设置的基本信息如图 9-2 至图 9-4 所示，其中图 9-2 是客户基本资料，图 9-3 是业务员基本资料，图 9-4 是关于坏账准备提取比率和常用摘要等基本信息。

客户基本资料					
客户名称	联系电话	邮箱	地址	法定代表人	业务种类
A公司					
B公司					
C公司					
D公司					
E公司					
F公司					

图 9-2　客户基本资料

业务员基本资料					
业务员	性别	联系电话	邮箱	负责地区	
赵云					
周泰					
马超					
黄盖					
吕布					
姜维					

图 9-3　业务员基本资料

坏账准备提取率							
账龄	信用期内	0-3个月	3-6个月	6-12个月	1-2年	2-3年	4年以上
坏账准备提取率	0%	3%	5%	10%	15%	20%	50%

常用摘要
销售A产品
销售B产品
收款

图 9-4　其他基本信息

该范例文件见随书光盘“第 9 章”文件夹“应收账款管理”工作簿中的“基本信息”工作表，制作方法具体如下。

1.　设置客户基本资料

操作步骤如下：

（1）　新建名为“应收账款管理”工作簿，双击“Sheet1”工作表标签，重命名为“基本信息”。

（2）　选择单元格 A1，输入“客户基本资料”。

（3）　选择区域 A1:F1，转到“开始”选项卡，在“对齐方式”功能组中单击“合并后居中”按钮，合并该区域，并使文本居中显示。在“字体”功能组中设置字体为“华文中宋”，字号为“16”。在“单元格”功能组中设置行高为“20”。

（4）　在单元格 A2 至 F2 中依次输入文本“客户名称”、“联系电话”、“邮箱”、“地址”、“法定代表人”和“业务种类”。

（5）　在单元格 A3 至 A8 中依次输入如图 9-2 所示的公司名称。

（6）　选择区域 A1:F8，按 Ctrl＋1 组合键，打开如图 9-5 所示的“设置单元格格式”对话框，转到“边框”选项卡，设置如图 9-2 所示的边框，单击“确定”按钮，关闭对话框，返回工作表界面，完成对客户基本资料的设置。

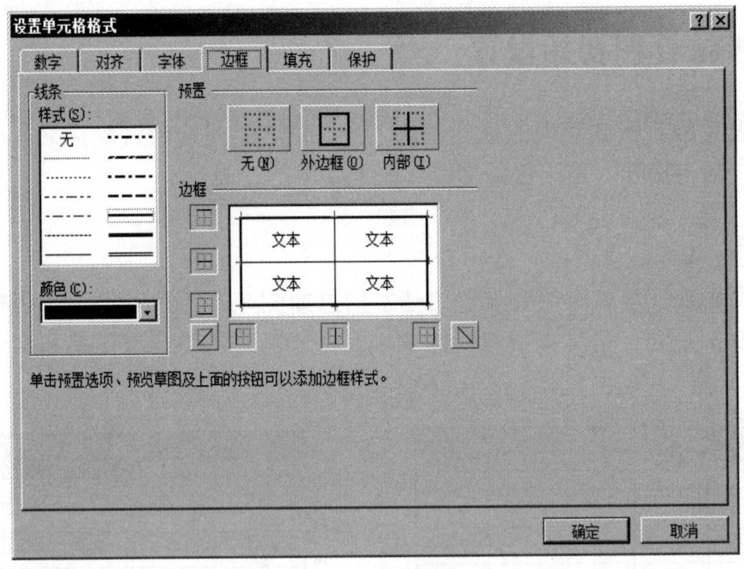

图 9-5 “设置单元格格式”对话框

（7） 选择区域 A3:A8，在名称框中输入“客户”，按 Enter 键，完成对客户名称区域的命名，方便创建数据验证序列。

2. 设置业务员基本资料

操作步骤如下：

（1） 激活“基本信息”工作表。

（2） 选择单元格 A10，输入“业务员基本资料”。

（3） 选择区域 A10:F10，合并并居中，设置字体为“华文中宋”，字号为“16”，行高为“20”。

（4）在单元格 A2 至 E2 中依次输入文本“业务员”、“性别”、“联系电话”、“邮箱”、“负责地区”。

（5） 在单元格 A12 至 A17 中依次输入如图 9-3 所示的业务员姓名。

（6） 选择区域 A10:F17，按 Ctrl＋1 组合键，打开“设置单元格格式”对话框，转到“边框”选项卡，设置如图 9-3 所示的边框，单击“确定”按钮，关闭对话框，返回工作表界面，完成对业务员基本资料的设置。

（7） 选择区域 A12:A17，在名称框中输入“业务员”，按 Enter 键，完成对业务员姓名区域的命名，方便创建数据验证序列。

3. 设置其他基本资料

操作步骤如下：

（1） 激活“基本信息”工作表。

（2） 选择单元格 H1，输入“坏账准备提取率”。

（3） 选择区域 H1:O1，合并并居中，设置字体为“华文中宋”，字号为“16”，行高为“20”。

（4） 在单元格 H2 至 O2 中分别输入“账龄”、“信用期内”、“0-3 个月”、“3-6 个月”、

"6-12 个月"、"1-2 年"、"2-3 年"、"4 年以上"。

（5） 选择区域 I3:O3，转到"开始"选项卡，在"数字"功能组中单击 % 百分比按钮，设置区域内的数字格式。

（6）在单元格 H3 至 O3 中分别输入"坏账准备提取率"、"0"、"3"、"5"、"10"、"15"、"20"、"50"。

（7）在单元格 H6:H9 中分别输入"常用摘要"、"销售 A 产品"、"销售 B 产品"、"收款"。

（8） 选择区域 H1:O1，按 Ctrl＋1 组合键，打开 "设置单元格格式"对话框，转到"边框"选项卡，设置如图 9-4 所示的边框，单击"确定"按钮，关闭对话框，返回工作表界面，完成对其他基本资料的设置。

客户基本资料、业务员基本资料、其他基本信息的设置可以在同一张工作表中，也可以在不同的工作表中分开设置。这里只介绍设计的基本方法，用户可以根据单位的具体情况添加、更改项目的名称和数量。

9.3 编制收款清单

收款清单是编制应收账款清单的基础表格之一，该表不仅记录了收回的是哪笔应收账款、客户金额、收回款项的业务员姓名、收回的时间、金额等，而且为计算应收账款清单中的应收余额项目提供了基础数据。

例 9-2 编制收款清单。

A 公司 8 月份共收回 5 笔应收账款，编制如图 9-6 所示的应收清单。

收款清单

2012年8月

日期	合同号	摘要	业务员	客户名称	收款金额
2012/8/2	12-05-006	销售B产品	黄盖	E公司	27,800.00
2012/8/15	09-09-010	销售A产品	赵云	A公司	10,000.00
2012/8/16	11-12-022	销售B产品	周泰	B公司	15,000.00
2012/8/25	12-03-023	销售A产品	黄盖	D公司	32,000.00
2012/8/29	12-01-015	销售B产品	马超	C公司	97,640.00

图 9-6 收款清单

该范例文件见随书光盘"第 9 章"文件夹"应收账款管理"工作簿中的"应收清单"工作表，具体制作步骤如下：

（1） 打开"应收账款管理"工作簿，双击"Sheet2"工作表标签，重命名为"收款清单"。

（2） 在单元格 A1 中输入"收款清单"，合并并居中区域 A1:Q1，设置字体为"华文中宋"，字号为"22"，字体颜色"深蓝色"，添加双底框线，设置行高为"45"。

（3） 选择区域 A2:F2，合并并居中，设置字体为"Arial"，字号为"12"，行高为"20"，输入"2012-8"。

（4） 选择区域 A2:F2，按 Ctrl＋1 组合键，打开"设置单元格格式"对话框，转到"数字"选项卡，在"分类"列表框中选择"日期"，在"类型"列表框中选择"2012 年 3 月 14

日”格式，单击“确定”按钮，关闭对话框，完成对日期格式的设置，日期显示为“2012 年 8 月”。

（5） 在单元格 A3 至 F3 中分别输入“日期”、“合同号”、“摘要”、“业务员”、“客户名称”、“收款金额”。

（6） 在区域 A3:F8 内输入如图 9-6 所示的内容。

（7） 选择区域 A4:F8，设置字体为“Arial”，字号为“9”，居中显示文本。

（8） 将单元格指针移动到 A 列至 Q 列的列字母之间，变成形状之后，单击并拖动，将单元格区域 A 列至 Q 列调整到合适的宽度。

（9） 选择区域 A3:F8，按 Ctrl＋1 组合键，打开“设置单元格格式”对话框，单击“边框”选项卡，添加区域边框线。

（10） 选择区域 A3:F8，选择“插入”/“表格”/“表格”命令，弹出如图 9-7 所示的“创建表”对话框，选择“表包含标题”复选框，单击“确定”按钮，关闭对话框，返回工作表界面，将所选区域转化为表格区域。

（11） 选择“表格工具”/“设计”/“表格样式”命令，在打开的表样式下拉列表中选择合适的样式。

（12） 按 Ctrl＋F3 组合键，打开如图 9-8 所示的“名称管理器”对话框，选择“表 1”。

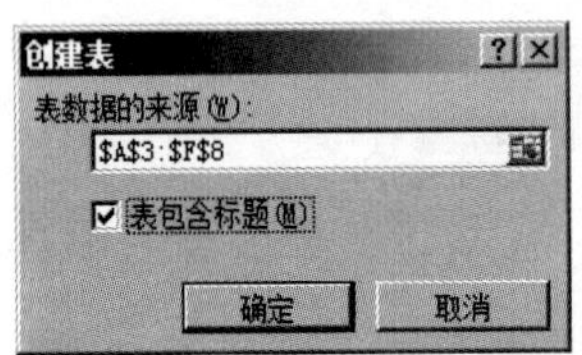

图 9-7 “创建表”对话框

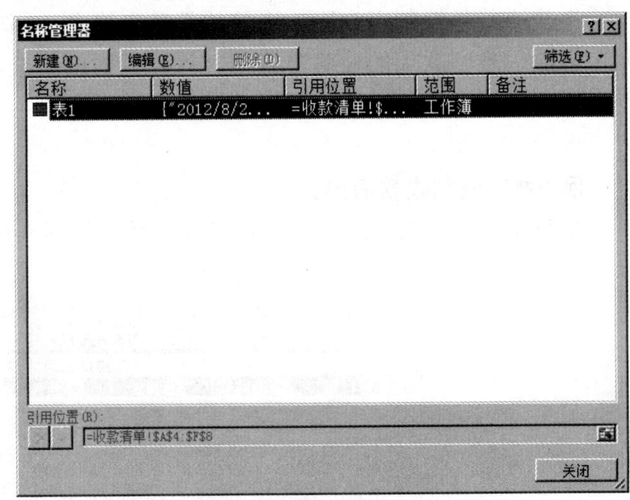

图 9-8 “名称管理器”对话框

（13） 单击“编辑”按钮，打开如图 9-9 所示的“编辑名称”对话框，在“名称”文本框中输入“收款清单”。

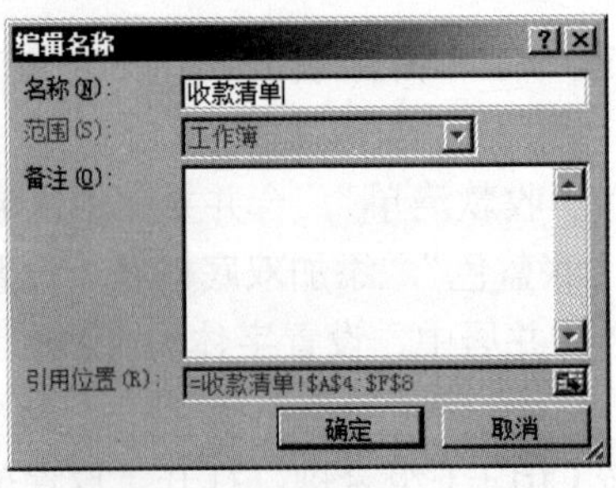

图 9-9 “编辑名称”对话框

（14） 单击“确定”按钮，关闭“编辑名称”对话框，返回“名称管理器”对话框，对话框中显示更改后更具描述性的表名称。

（15） 单击“确定”按钮，关闭“名称管理器”，返回工作表界面，完成应收清单的表格设计和表格的重命名。

注释 使用单元格样式

单元格样式是相当于对字体常用格式的一种打包设置。如果在Excel中经常对部分单元格或区域（如标题）进行数字格式、字体、字号、颜色、对齐方式。边框、填充等内容的设置，用户可以预定义单元格样式，这样不仅方便应用，而且更改样式时，所有使用过该样式的单元格或区域，都会自动更改。

在第 5 章的 5.2.2 节中已详细介绍了怎样修改单元格样式，如果不想在一个新的工作簿中重新创建这些样式，可以通过以下步骤从其他工作簿中合并样式：

（1） 打开“会计账簿.xlsx”工作簿。

（2） 激活“应收账款 管理.xlsx”工作簿。

（3） 选择“开始”/“样式”/“单元格样式”/“合并样式”命令，打开如图 9-10 所示的“合并样式”对话框。

（4） 选择“会计账簿.xlsx”，单击“确定”按钮，关闭对话框，返回工作表界面，完成对其他工作簿中样式的合并。

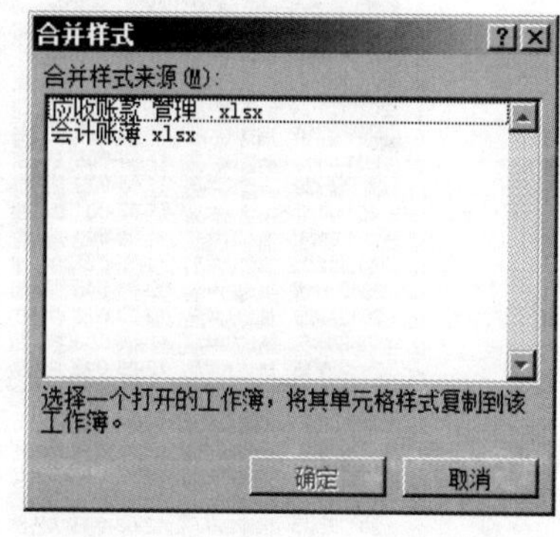

图 9-10　“合并样式”对话框

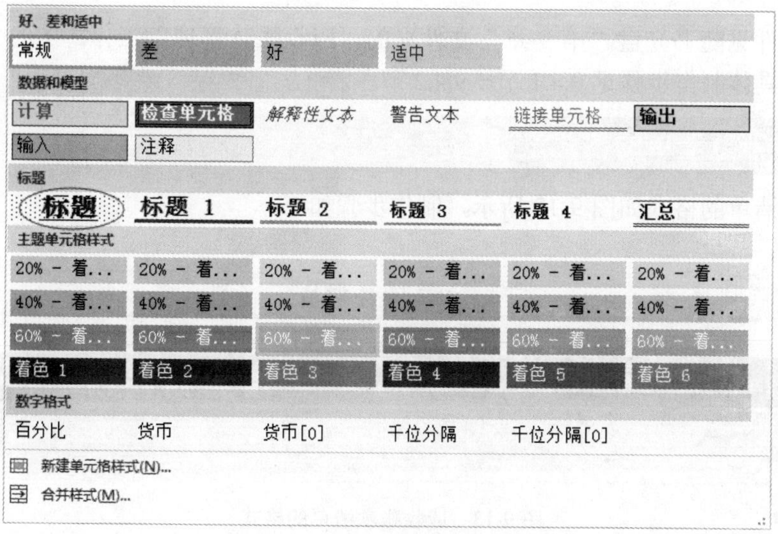

（5） 选择“开始”/“样式”/“单元格样式”命令，打开如图 9-11 所示的下拉列表，显示了合并后的单元格样式。

图 9-11　合并后的单元格样式

9.4 编制应收账款清单

应收账款清单按时间顺序记录了每笔应收账款发生的日期、客户名称、摘要、合同号、业务员、应收金额、信用期，并根据信用期间计算所属的账龄区间。

例 9-3 编制应收账款清单。

A 公司截止 8 月 31 日共有 24 笔应收账款业务，为便于应收账款的统一管理，编制如图 9-12 所示的应收账款清单。

应收账款清单

2012年8月31日

发生日期	摘要	合同号	客户名称	业务员	应收金额	信用期	应收余额	是否本期	信用期内	0-3个月	3-6个月	6-12个月	1-2年	2-3年	4年以上	备注
2008/7/9	销售B产品	08-07-001	E公司	黄盖	5,000.00	30	5,000.00	0	0						1	
2009/9/10	销售A产品	09-09-010	A公司	赵云	15,000.00	30	5,000.00	0	0					1		
2010/7/9	销售A产品	10-07-009	B公司	周泰	3,000.00	30	3,000.00	0	0					1		
2010/11/24	销售B产品	10-11-024	C公司	马超	26,000.00	30	26,000.00	0	0				1			
2011/2/8	销售A产品	11-08-008	D公司	黄盖	30,000.00	30	30,000.00	0	0				1			
2011/4/8	销售B产品	11-04-008	E公司	黄盖	12,800.00	30	12,800.00	0	0				1			
2011/5/29	销售B产品	11-05-029	F公司	吕布	9,000.00	30	9,000.00	0	0				1			
2011/7/1	销售A产品	11-07-001	D公司	姜维	56,000.00	30	56,000.00	0	0				1			
2011/9/9	销售B产品	11-09-009	A公司	赵云	5,800.00	30	5,800.00	0	0			1				
2011/12/22	销售B产品	11-12-022	B公司	周泰	23,000.00	30	8,000.00	0	0			1				
2012/1/15	销售B产品	12-01-015	C公司	马超	120,000.00	90	22,360.00	0	0		1					
2012/3/23	销售A产品	12-03-023	D公司	黄盖	49,800.00	30	17,800.00	0	0		1					
2012/5/6	销售B产品	12-05-006	E公司	黄盖	39,600.00	30	11,800.00	0	0	1						
2012/5/15	销售A产品	12-05-015	F公司	吕布	32,100.00	30	32,100.00	0	0	1						
2012/6/20	销售A产品	12-06-020	D公司	姜维	8,700.00	30	8,700.00	0	0	1						
2012/7/2	销售A产品	12-07-002	A公司	赵云	79,630.00	30	79,630.00	0	0	1						
2012/7/15	销售B产品	12-07-015	B公司	周泰	94,300.00	60	94,300.00	0	1							
2012/7/23	销售A产品	12-07-023	C公司	马超	67,000.00	30	67,000.00	0	0	1						
2012/8/15	销售B产品	12-08-001	D公司	黄盖	63,000.00	30	63,000.00	1	1							
2012/8/15	销售B产品	12-08-003	A公司	赵云	7,600.00	30	7,600.00	1	1							
2012/8/18	销售A产品	12-08-005	E公司	黄盖	4,900.00	30	4,900.00	1	1							
2012/8/18	销售A产品	12-08-006	C公司	马超	18,000.00	60	18,000.00	1	1							
2012/8/19	销售B产品	12-08-007	B公司	周泰	5,600.00	30	5,600.00	1	1							
2012/8/28	销售B产品	12-08-010	F公司	吕布	39,000.00	30	39,000.00	1	1							

图 9-12 应收账款清单

该范例文件见随书光盘“第 9 章”文件夹的“应收账款管理”工作簿中的“应收账款清单”工作表，具体制作步骤见 9.4.1 节～9.4.2 节。

9.4.1 应收账款清单的格式设计

应收账款清单的格式如图 9-13 所示，制作步骤如下：

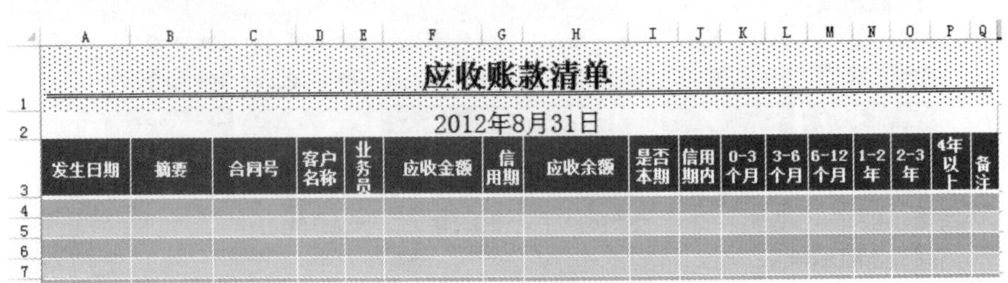

应收账款清单

2012年8月31日

发生日期	摘要	合同号	客户名称	业务员	应收金额	信用期	应收余额	是否本期	信用期内	0-3个月	3-6个月	6-12个月	1-2年	2-3年	4年以上	备注

图 9-13 应收账款清单的格式

（1） 打开“应收账款管理”工作簿，双击“Sheet3”工作表标签，重命名为“应收账款清单”。

（2） 在单元格 A1 中输入“应收账款清单”，合并并居中区域 A1:Q1。选择“开始”/“样式”/“单元格样式”命令，在打开的下拉列表中选择“标题样式”，设置行高为“45”。

（3） 选择区域 A2:Q2，合并并居中，设置字体为“Arial”，字号为“12”，行高为“20”，输入“2012-8-31”。

（4） 选择区域 A2:Q2，按 Ctrl＋1 组合键，打开“设置单元格格式”对话框，转到“数字”选项卡，在“分类”列表框中选择“日期”，在“类型”列表框中选择“2012 年 3 月 14 日”格式，单击“确定”按钮，关闭对话框，完成对日期格式的设置，日期显示为“2012 年 8 月 31 日”。

（5） 在单元格 A3 至 Q3 中分别输入“发生日期”、“摘要”、“合同号”、“客户名称”、“业务员”、“应收账款”、“信用期”、“应收余额”、“是否本期”、“信用期内”、“0-3 个月”、“3-6 个月”、“6-12 个月”、“1-2 年”、“2-3 年”、“4 年以上”、“备注”。

（6） 选择区域 A4:Q27，设置字体为“Arial”，字号为“9”，居中显示文本。

（7） 将单元格指针移动到 A 列至 Q 列的列字母之间，变成形状之后，单击并拖动，将单元格区域 A 列至 Q 列调整到合适的宽度。

（8） 选择区域 A4:Q27，按 Ctrl＋1 组合键，打开“设置单元格格式”对话框，转到“边框”选项卡，添加区域边框线。

（9） 选择区域 A3:Q27，选择“插入”/“表格”/“表格”，弹出如图 9-14 所示的“创建表”对话框，选择“表包含标题”复选框，单击“确定”按钮，关闭对话框，返回工作表界面，将所选区域转化为表格区域。

（10） 选择“表格工具”/“设计”/“表格样式”命令，在打开的表样式下拉列表中选择合适的样式。

（11） 按 Ctrl＋F3 组合键，打开“名称管理器”，选择“表 2”。

（12） 单击“编辑”按钮，打开如图 9-15 所示的“编辑名称”对话框，在“名称”文本栏中输入“应收清单”。

图 9-14 “创建表”对话框

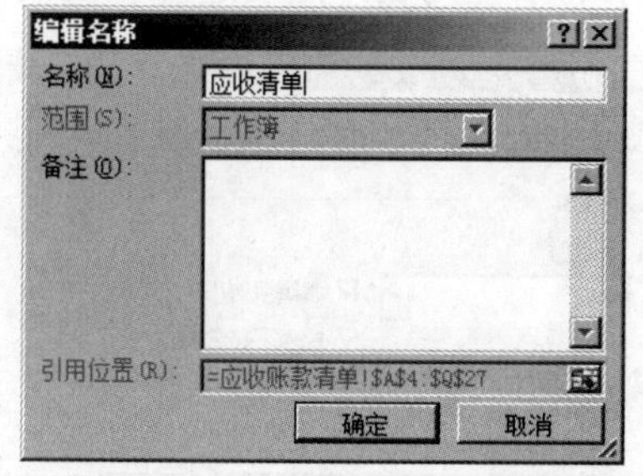

图 9-15 “编辑名称”对话框

（13） 单击“确定”按钮，关闭“编辑名称”对话框，返回“名称管理器”对话框，对话框中显示更改后更具描述性的表名称。

（14） 单击“确定”按钮，关闭“名称管理器”，返回工作表界面，完成应收账款清单表格的重命名。

9.4.2 应收账款清单的公式设计

应收账款清单中的公式所在区域如图 9-16 所示，用户手动输入 A 列到 G 列的基本信息后，黄色覆盖的区域可以通过公式计算出来。

图 9-16　应收账款清单中的公式区域

1. 创建“摘要”列的下拉列表

由于“摘要”列、“客户名称”列、“业务员”列中输入的数据比较固定，可以通过设置数据验证创建下拉列表，从而更准确、更快速地输入相关数据。设置数据验证的步骤如下：

（1） 选择单元格 B4，选择“开始”/”数据”/“数据工具”/“数据验证”/“数据验证”命令，打开“数据验证”对话框。

（2） 单击“验证条件”右端的下拉按钮，在打开的列表中选择“序列”，显示如图 9-17 所示的界面。

（3） 在“来源”文本框中输入“=常用摘要”。

（4） 单击“确定”按钮，关闭对话框，返回工作表界面，完成对此单元格数据验证的设置。

（5） 选择单元格 B4，向下填充数据验证的设置到第 27 行。

用同样的方法创建“客户名称”列、“业务员”列的下拉列表，在“来源”文本框中分别输入“=客户”、“=业务员”。在这 3 列中输入数据时，用户只需单击单元格，即可弹出如图 9-18 所示的下拉列表，然后选择相应的项目单击即可输入。

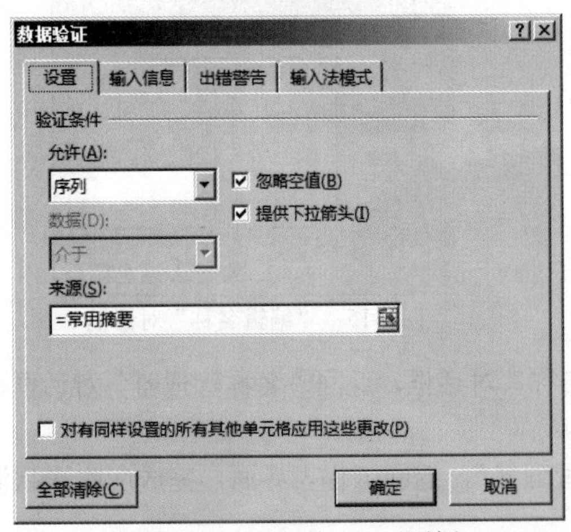

图 9-17　“数据验证”对话框

图 9-18　“业务员”下拉列表

2. 计算应收余额

应收账款产生后，必然会带来应收账款的收回，但并不是每笔应收账款都能全额收回，为了核算每笔合同对应的应收余额，应当将应收金额减去收款清单中同一合同号所对应的收款数。

选择单元格 H4，在公式栏内输入：

```
=F4-SUMIF(收款清单[合同号],C4,收款清单[收款金额])
```

按 Enter 键，在单元格 F5 旁显示图标，单击图标的下拉箭头，弹出提示框“使用此公式覆盖当前列中的所有单元格”，单击该提示框，公式自动复制到该列的所有单元格中。

3. 判断应收账款是否属于本期

由于应收账款清单记录了公式内所有的应收账款信息，为了分析在某一期间内期初和期末内发生的应收账款，应首先根据发生日期判断应收账款是否属于本期。如果输入本期，显示“1”，否则显示“0”。

选择单元格 I4，在公式栏内输入公式：

```
=IF(MONTH($A$2)=MONTH(A4),1,0)
```

按 Enter 键，在单元格 F5 旁显示图标，单击图标的下拉箭头，弹出提示框“使用此公式覆盖当前列中的所有单元格”，单击该提示框，公式自动复制到该列的所有单元格中。

4. 判断应收账款的账龄期间

为了便于后续对应收账款按照账龄进行分类汇总，首先应根据每笔应收账款的信用期与本期的日期差，计算其对应的账龄，并显示“1”。

（1） 选择单元格 J4，在公式栏内输入公式：

```
=IF(($A$2-A4)/G4<=1,1,0)
```

（2） 选择单元格 K4，在公式栏内输入公式：

```
=IF(AND(($A$2-A4-G4)/30>0,($A$2-A4-G4)/30<=3),1,"")
```

（3） 选择单元格 L4，在公式栏内输入公式：

```
=IF(AND(($A$2-A4-G4)/30>3,($A$2-A4-G4)/30<=6),1,"")
```

（4） 选择单元格 M4，在公式栏内输入公式：

```
=IF(AND(($A$2-A4-G4)/30>6,($A$2-A4-G4)/30<=12),1,"")
```

（5） 选择单元格 N4，在公式栏内输入公式：

```
=IF(AND(($A$2-A4-G4)/360>1,($A$2-A4-G4)/360<=2),1,"")
```

（6） 选择单元格 O4，在公式栏内输入公式：

```
=IF(AND(($A$2-A4-G4)/360>2,($A$2-A4-G4)/360<=3),1,"")
```

（7） 选择单元格 P4，在公式栏内输入公式：

```
=IF(($A$2-A4-G4)/360>4,1,"")
```

（8） 选择区域 J4:P4，向下填充公式到第 27 行。

9.5　应收账款账龄分析表

应收账款的账龄，指的是信用期已到但是还没有收回的应收账款到目前为止所经历的时间。编制应收账款分析表，可以了解应收账款在各个顾客之间的金额分布情况及其拖欠时间的长短。除此之外，应收账款账龄分析表还提供以下信息。

1.　汇总不同账龄区间的应收账款

根据账龄长度，将应收账款分为几个时间段，汇总各个时间段内的应收账款总额。

2.　集中度分析

将每个账龄下的应收账款额度除以应收账款总额。根据这个比例可以分析哪个时间段内的应收账款最多，整体应收账款的分散程度。

账龄分析表提供的以上信息，可使管理当局了解收款、欠款情况，判断欠款的可回收程度和可能发生的损失。利用该表，管理当局还可酌情采取放宽或紧缩的商业信用政策，并作为衡量负责收款部门、人员和资信部门工作效率的依据。

例 9-4　编制应收账款账龄分析表。

A 公式根据应收账款的挂账时间分为信用期内和逾期账龄两个项目核算，其中逾期账龄又分为 0～3 个月、3～6 个月、6～12 个月、1～2 年、2～3 年、4 年以上。在应收账款清单的基础上编制如图 9-19 所示的应收账款账龄分析表。

应收账款账龄分析表

2012年8月

客户	信用期内	逾期账龄						合计
		0-3个月	3-6个月	6-12个月	1-2年	2-3年	4年以上	
A公司	7,600.00	79,630.00	-	5,800.00	-	5,000.00	-	98,030.00
B公司	99,900.00	-	-	8,000.00	-	3,000.00	-	110,900.00
C公司	18,000.00	67,000.00	22,360.00	-	26,000.00	-	-	133,360.00
D公司	63,000.00	8,700.00	17,800.00	-	86,000.00	-	-	175,500.00
E公司	4,900.00	11,800.00	-	-	12,800.00	-	5,000.00	34,500.00
F公司	39,000.00	32,100.00	-	-	9,000.00	-	-	80,100.00
合计	232,400.00	199,230.00	40,160.00	13,800.00	133,800.00	8,000.00	5,000.00	632,390.00
所占比例	37%	32%	6%	2%	21%	1%	1%	100%

图 9-19　应收账款账龄分析表

该范例文件见随书光盘“第 9 章”文件夹的“应收账款管理”工作簿中的“应收账款账龄分析表”工作表。具体制作步骤见 9.5.1 节～9.5.2 节。

9.5.1　应收账款账龄分析表的格式设计

应收账款账龄分析表的格式如图 9-20 所示，制作步骤如下：

（1）　打开“应收账款管理”工作簿，单击工作表标签插入按钮，插入一张工作表，双击该工作表标签，重命名为“应收账款账龄分析表”。

（2）　在单元格 A1 中输入“应收账款账龄分析表”，合并并居中区域 A1:I1，应用“标题”样式，设置行高为“45”。

（3）　选择区域 A2:I2，合并并居中，设置字体为“Arial”，字号为“12”，行高为“20”，输入“2012-8”。

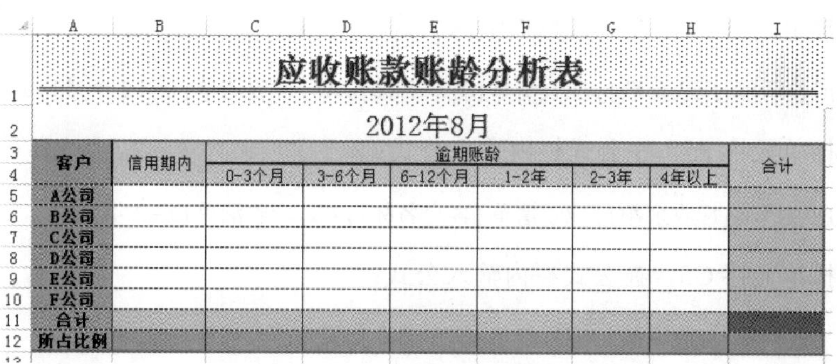

图 9-20　应收账款账龄分析表格式

（4）选择区域 A2:F2，按 Ctrl＋1 组合键，打开“设置单元格格式”对话框，转到“数字”选项卡，在“分类”列表框中选择“日期”，在“类型”列表框中选择“2012 年 3 月 14 日”格式，单击“确定”按钮，关闭对话框，完成对日期格式的设置，日期显示为“2012 年 8 月”。

（5）在单元格 A3 中输入“客户”，合并并居中区域 A3:A4。

（6）在单元格 B3 中输入“信用期内”，合并并居中区域 B3:B4。

（7）在单元格 C3 中输入“逾期账龄”，合并并居中区域 C3:H3。

（8）在单元格 I3 中输入“合计”，合并并居中区域 I3:I4。

（9）在单元格 C4 至 H4 中分别输入“0-3 个月”、“3-6 个月”、“6-12 个月”、“1-2 年”、“2-3 年”、“4 年以上”。

（10）在单元格 A5 至 A12 中分别输入如图 9-20 所示的内容。

（11）选择区域 B5:I11，设置字体为“Arial”，字号为“9”，居中显示文本。

（12）选择区域 B12:I12，转到“开始”选项卡，在“数字”功能组中单击 % 百分比按钮，完成对该区域数字格式的设置。

（13）将单元格指针移动到 A 列至 I 列的列字母之间，变成✛形状之后，单击并拖动，将单元格区域 A 列至 I 列调整到合适的宽度。

（14）选择区域 A4:F8，按 Ctrl＋1 组合键，打开“设置单元格格式”对话框，转到“边框”选项卡，添加如图 9-20 所示的边框线。

9.5.2　应收账款账龄分析表的公式设计

应收账款账龄分析表内的公式主要使用 SUMIF()函数、SUMIFS()函数，对应收账款清单中符合指定条件的应收账款余额进行合计。

1. 统计各公司在不同账龄区间内的应收账款

（1）选择单元格 B5，在公式栏内输入公式：

```
=SUMIFS(应收清单[应收余额],应收清单[客户名称],A5,应收清单[信用期内],1)
```

（2）选择单元格 C5，在公式栏内输入公式：

```
=SUMIFS(应收清单[应收余额],应收清单[客户名称],A5,应收清单[0-3 个月],1)
```

（3）选择单元格 D5，在公式栏内输入公式：

=SUMIFS(应收清单[应收余额],应收清单[客户名称],A5,应收清单[3-6 个月],1)

（4） 选择单元格 E5，在公式栏内输入公式：

=SUMIFS(应收清单[应收余额],应收清单[客户名称],A5,应收清单[6-12 个月],1)

（5） 选择单元格 F5，在公式栏内输入公式：

=SUMIFS(应收清单[应收余额],应收清单[客户名称],A5,应收清单[1-2 年],1)

（6） 选择单元格 G5，在公式栏内输入公式：

=SUMIFS(应收清单[应收余额],应收清单[客户名称],A5,应收清单[2-3 年],1)

（7） 选择单元格 H5，在公式栏内输入公式：

=SUMIFS(应收清单[应收余额],应收清单[客户名称],A5,应收清单[4 年以上],1)

（8） 选择区域 B5:H5，向下填充复制到第 10 行，显示如图 9-21 所示的界面。

应收账款账龄分析表

2012年8月

客户	信用期内	逾期账龄						合计
		0-3个月	3-6个月	6-12个月	1-2年	2-3年	4年以上	
A公司	7,600.00	79,630.00	-	5,800.00	-	5,000.00	-	
B公司	99,900.00	-	-	8,000.00	-	3,000.00	-	
C公司	18,000.00	67,000.00	22,360.00	-	26,000.00	-	-	
D公司	63,000.00	8,700.00	17,800.00	-	86,000.00	-	-	
E公司	4,900.00	11,800.00	-	-	12,800.00	-	5,000.00	
F公司	39,000.00	32,100.00	-	-	9,000.00	-	-	
合计								
所占比例								

图 9-21　各公司在不同账龄区间内的应收账款

2. 合计栏

（1） 选择单元格 I5，在公式栏内输入“=SUM(B5:H5)”。

（2） 选择单元格 I5，向下填充到单元格 I11。

（3） 选择单元格 B11，在公式栏内输入“=SUM(B5:B10)”。

（4） 选择单元格 B11，向右填充到单元格 H11，显示如图 9-22 所示的界面。

应收账款账龄分析表

2012年8月

客户	信用期内	逾期账龄						合计
		0-3个月	3-6个月	6-12个月	1-2年	2-3年	4年以上	
A公司	7,600.00	79,630.00	-	5,800.00	-	5,000.00	-	98,030.00
B公司	99,900.00	-	-	8,000.00	-	3,000.00	-	110,900.00
C公司	18,000.00	67,000.00	22,360.00	-	26,000.00	-	-	133,360.00
D公司	63,000.00	8,700.00	17,800.00	-	86,000.00	-	-	175,500.00
E公司	4,900.00	11,800.00	-	-	12,800.00	-	5,000.00	34,500.00
F公司	39,000.00	32,100.00	-	-	9,000.00	-	-	80,100.00
合计	232,400.00	199,230.00	40,160.00	13,800.00	133,800.00	8,000.00	5,000.00	632,390.00
所占比例								

图 9-22　合计金额

3. 集中度分析

集中度分析就是将每个账龄下的应收账款额度除以应收账款总额。根据这个比例可以分

析哪个时间段内的应收账款最多，从而判断整体应收账款的分散程度。

（1） 选择单元格 B12，在公式栏内输入公式“=B11/$I$11”。

（2） 选择单元格 B12，向右填充到单元格 I12，显示如图 9-23 所示的界面。

应收账款账龄分析表

2012年8月

客户	信用期内	逾期账龄						合计
		0-3个月	3-6个月	6-12个月	1-2年	2-3年	4年以上	
A公司	7,600.00	79,630.00	-	5,800.00	-	5,000.00	-	98,030.00
B公司	99,900.00	-	-	8,000.00	-	3,000.00	-	110,900.00
C公司	18,000.00	67,000.00	22,360.00	-	26,000.00	-	-	133,360.00
D公司	63,000.00	8,700.00	17,800.00	-	86,000.00	-	-	175,500.00
E公司	4,900.00	11,800.00	-	-	12,800.00	-	5,000.00	34,500.00
F公司	39,000.00	32,100.00	-	-	9,000.00	-	-	80,100.00
合计	232,400.00	199,230.00	40,160.00	13,800.00	133,800.00	8,000.00	5,000.00	632,390.00
所占比例	37%	32%	6%	2%	21%	1%	1%	100%

图 9-23　集中度分析

9.6　编制坏账提取表

计提坏账的方法有应收账款余额百分比法、账龄分析法、销货百分比法。这里只介绍账龄分析法在 Excel 中的应用。

账龄分析法就是根据应收账款的时间长短来估计坏账损失的一种方法。采用账龄分析法时，将不同账龄的应收账款进行分组，并根据前期坏账实际发生的有关资料，估计各账龄组的坏账损失百分比，再将各账龄组的应收账款金额乘以对应的估计坏账损失百分比数，计算出各组的估计坏账损失额之和，即为当期的坏账损失预计金额。

例 9-5　编制坏账提取表。

A 公司对各个账龄组估计的坏账损失比例如图 9-24 所示，根据应收账款账龄分析表编制如图 9-25 所示的应收账款坏账提取表。

坏账准备提取率

账龄	信用期内	0-3个月	3-6个月	6-12个月	1-2年	2-3年	4年以上
坏账准备提取率	0%	3%	5%	10%	15%	20%	50%

图 9-24　坏账准备提取率

应收账款坏账提取表

2012年8月

客户	信用期内	逾期账龄						合计	提取坏账
		0-3个月	3-6个月	6-12个月	1-2年	2-3年	4年以上		
A公司	7,600.00	79,630.00	-	5,800.00	-	5,000.00	-	98,030.00	3,968.90
B公司	99,900.00	-	-	8,000.00	-	3,000.00	-	110,900.00	1,400.00
C公司	18,000.00	67,000.00	22,360.00	-	26,000.00	-	-	133,360.00	7,028.00
D公司	63,000.00	8,700.00	17,800.00	-	86,000.00	-	-	175,500.00	14,051.00
E公司	4,900.00	11,800.00	-	-	12,800.00	-	5,000.00	34,500.00	4,774.00
F公司	39,000.00	32,100.00	-	-	9,000.00	-	-	80,100.00	2,313.00
合计	232,400.00	199,230.00	40,160.00	13,800.00	133,800.00	8,000.00	5,000.00	632,390.00	33,534.90
坏账提取比例	0%	3%	5%	10%	15%	20%	50%		
坏账准备	-	5,976.90	2,008.00	1,380.00	20,070.00	1,600.00	2,500.00	33,534.90	

图 9-25　应收账款坏账提取表

该范例文件见随书光盘“第 9 章”文件夹的“应收账款管理”工作簿中的“坏账提取”工作表。具体制作步骤见 9.6.1 节～9.6.2 节。

9.6.1 编制坏账提取表

坏账提取表是在应收账款账龄分析表的基础之上编制而成的。具体制作步骤如下：

（1） 打开“应收账款管理”工作簿，单击工作表标签插入按钮，插入一张工作表，双击该工作表标签，重命名为“坏账提取”。

（2） 在单元格 A1 中输入“应收账款账龄分析表”，合并并居中区域 A1:I1，应用“标题”样式，设置行高为“45”。

（3） 选择区域 A2:J2，合并并居中，设置字体为“Arial”，字号为“12”，行高为“20”，输入“2012-8”。

（4） 选择区域 A2:J2，按 Ctrl＋1 组合键，打开“设置单元格格式”对话框，转到“数字”选项卡，在“分类”列表框中选择“日期”，在“类型”列表框中选择“2012 年 3 月 14 日”格式，单击“确定”按钮，关闭对话框，完成对日期格式的设置，日期显示为“2012 年 8 月”。

（5） 激活“应收账款账龄分析表”，选择区域 A3:I11，按 Ctrl＋C 组合键。

（6） 激活“坏账提取”表，选择单元格 A3，按 Ctrl＋V 组合键，单击粘贴区域右下角的按钮，打开如图 9-26 所示的下拉列表，选择“保持源列宽”选项。

（7） 在单元格 A12、A13 内分别输入“坏账提取比例”、“坏账准备”。

（8） 在单元格 J3 内输入“提取坏账”，选择区域 J3:J4，合并并居中。

（9） 选择区域 B12:I12，转到“开始”选项卡，在“数字”功能组中单击 % 百分比按钮，完成对该区域数字格式的设置。

图 9-26 选择性粘贴下拉列表

（10） 选择区域 B13:I13，设置字体为“Arial”，字号为“9”，居中显示文本。

（11） 选择区域 A3:J13，按 Ctrl＋1 组合键，打开“设置单元格格式”对话框，转到“边框”选项卡，添加如图 9-25 所示的边框线。

（12） 选择单元格 B12，在公式栏内输入“=基本信息!I3”。

（13） 选择单元格 B13，在公式栏内输入“=B11*B12”。

（14） 选择区域 B12:B13，向右填充复制公式到 H 列。

（15） 选择单元格 J5，在公式栏内输入公式“=SUMPRODUCT(B5:H5,$B$12:$H$12)”。

（16） 选择单元格 J5，向下填充复制公式到第 11 行。

9.6.2 坏账准备占比分析

为了更为直观地反映提取的坏账在不同账龄段内分布的情况，可以用 Excel 中的图表来表示。

例 9-6 制作饼图“提取坏账占比分析”。

A 公司管理层要求提供能够反映每个账龄段内计提的坏账准备图表，如图 9-26 所示，以更好地控制应收账款的管理。

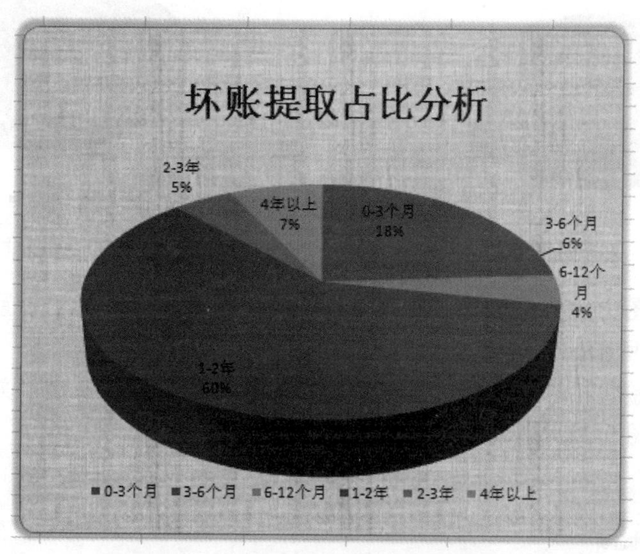

图 9-26 饼图“坏账提取占比分析”

该范例文件见随书光盘“应收账款管理”工作簿中的“坏账提取”工作表，具体制作步骤如下：

（1） 激活“坏账提取”工作表。

（2） 选择区域 C4:H4，按 Ctrl 键不放，选择区域 C13:H13。

（3） 选择“插入”/“图表”/“饼图”命令，打开如图 9-27 所示的下拉列表。

（4） 选择“三维饼图”中的第一个类型，在工作表内插入如图 9-28 所示的图表。

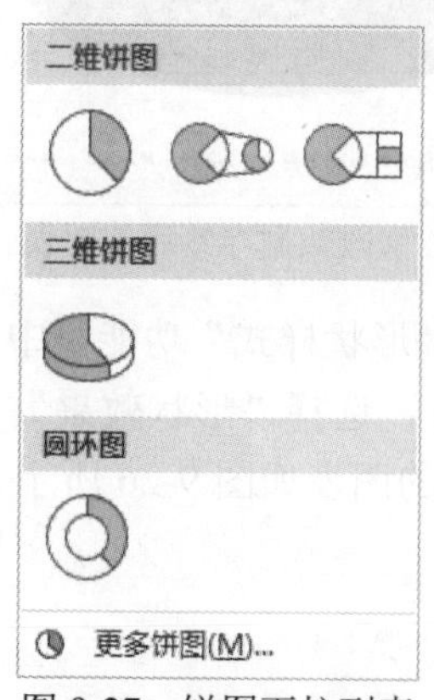

图 9-27 饼图下拉列表

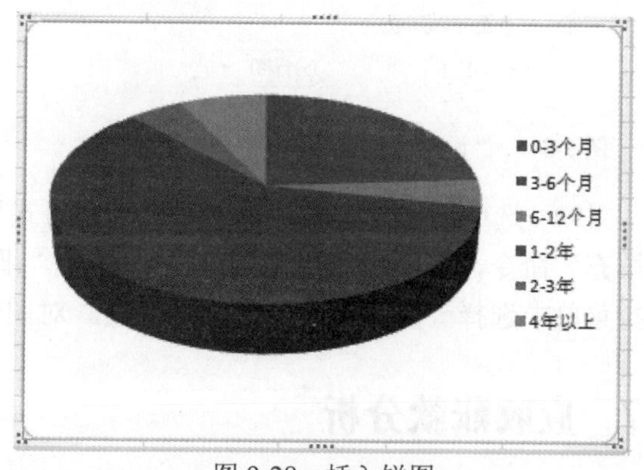

图 9-28 插入饼图

（5） 选择“图表工具”/“设计”命令，在“图表布局”功能组中选择第二种布局后，显示如图 9-29 所示的图表。

（6） 单击“图表标题”，更改为“坏账提取占比分析”，单击图例，拖动到图表下方，显示如图 9-30 所示的效果。

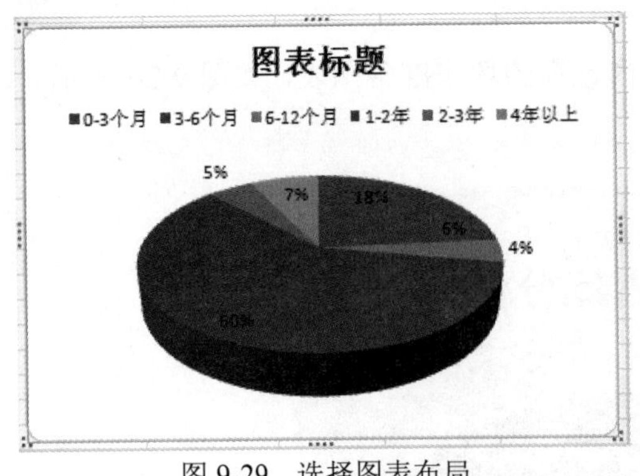

图 9-29　选择图表布局

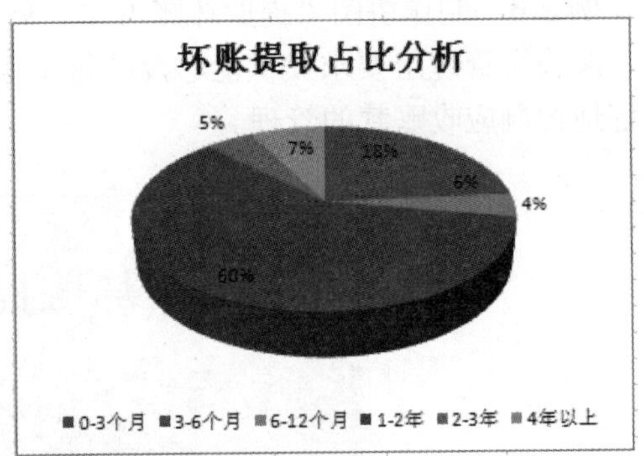

图 9-30　修改图表布局

（7） 单击饼图中的数据标签，右击在打开的快捷菜单中选择“设置数据标签格式”命令，打开如图 9-31 所示的对话框。

（8） 在“标签包括”功能组中选择“类别名称”复选框，单击“关闭”按钮，返回工作表界面，显示如图 9-32 所示的图表。

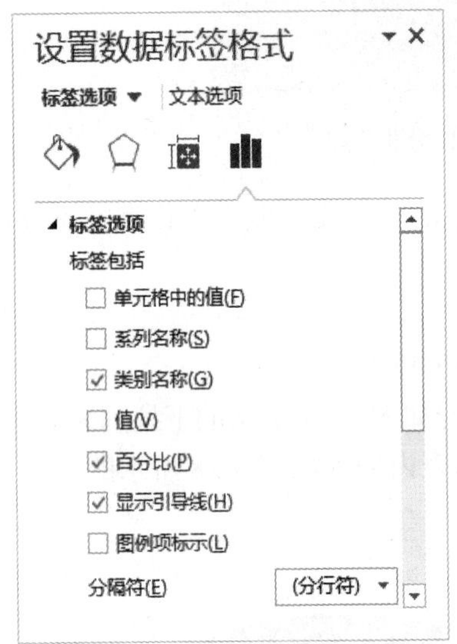

图 9-31　“设置数据标签格式”对话框

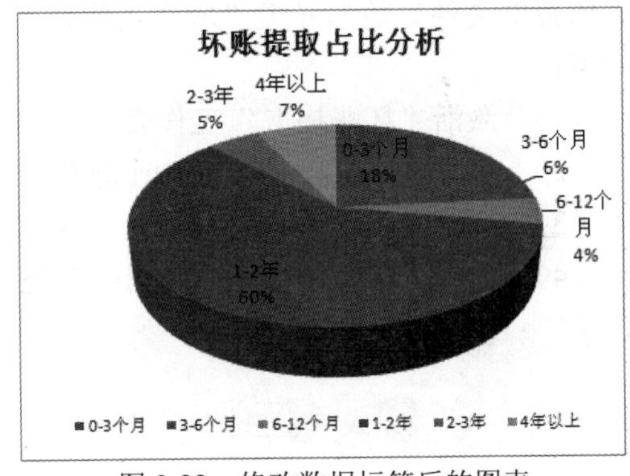

图 9-32　修改数据标签后的图表

（9） 选中图表，单击“图表工具”/“格式”选项卡，在“形状样式”功能组中选择“形状填充”命令，在下拉菜单中选择“纹理”/“纸沙草纸”命令，选择“形状效果”命令，在下拉菜单中选择“发光”组中的合适选项。对图表进行美化后的图表如图 9-26 所示。

9.7　应收账款分析

为了加强对应收账款的控制，为管理层提供应收账款在不同客户之间的分布情况、各个业务员款项收回状况等信息，需编制应收账款客户明细表和应收账款业务员明细表。

9.7.1　应收账款客户明细表

应收账款客户明细表根据客户名称汇总本期期初应收账款金额、本期应收账款、本期收款金额、本期期末应收账款余额。管理层可以根据应收账款在不同客户之间的分布情况和回收情况，调整对不同公司的信用政策。

例 9-7 编制应收账款客户明细表。

A 公司管理层要求编制能反映应收账款在不同客户之间的分布情况的报表，如图 9-33 所示。

	A	B	C	D	E	F
1	应收账款客户明细表					
2	2012年8月					
3	客户	期初余额	本期		期末余额	比例
4			应收账款	已收		
5	A公司	100,430.00	7,600.00	10,000.00	98,030.00	16%
6	B公司	120,300.00	5,600.00	15,000.00	110,900.00	18%
7	C公司	213,000.00	18,000.00	97,640.00	133,360.00	21%
8	D公司	144,500.00	63,000.00	32,000.00	175,500.00	28%
9	E公司	57,400.00	4,900.00	27,800.00	34,500.00	5%
10	F公司	41,100.00	39,000.00	-	80,100.00	13%
11	合计	676,730.00	138,100.00	182,440.00	632,390.00	100%

图 9-33 应收账款客户明细表

该范例文件见随书光盘“第 9 章”文件夹的“应收账款管理”工作簿中的“应收账款客户明细表”工作表。具体制作步骤如下：

（1） 打开“应收账款管理”工作簿，单击工作表标签插入按钮，插入一张工作表，双击该工作表标签，重命名为“应收账款客户明细表”。

（2） 在单元格 A1 中输入“应收账款客户明细表”，合并并居中区域 A1:F1，应用“标题”样式，设置行高为“45”。

（3） 选择区域 A2:F2，合并并居中，设置字体为“Arial”，字号为“12”，行高为“20”，输入“2012-8”。

（4） 选择区域 A2:F2，按 Ctrl＋1 组合键，打开“设置单元格格式”对话框，转到“数字”选项卡，在“分类”列表框中选择“日期”，在“类型”列表框中选择“2012 年 3 月 14 日”格式，单击“确定”按钮，关闭对话框，完成对日期格式的设置，日期显示为“2012 年 8 月”。

（5） 在区域 A3:F4、区域 A5:A11 内分别输入如图 9-33 所示的内容。

（6） 选择单元格 B5，在公式栏内输入：

```
=SUMIFS(应收清单[应收金额],应收清单[客户名称],应收账款客户明细表!A5,应收清单[是否本期],0)
```

（7） 选择单元格 C5，在公式栏内输入：

```
=SUMIFS(应收清单[应收金额],应收清单[客户名称],应收账款客户明细表!A5,应收清单[是否本期],1)
```

（8） 选择单元格 D5，在公式栏内输入：

```
=SUMIF(收款清单[客户名称],A5,收款清单[收款金额])
```

（9） 选择单元格 E5，在公式栏内输入“=B5＋C5−D5”。

（10） 选择单元格 F5，在公式栏内输入“=E5/$E$11”。

（11） 选择单元格 B11，在公式栏内输入公式“=SUM(B5:B10)”。

（12） 选择区域 B5:F5，向下填充公式到第 10 行。

（13） 选择单元格 B11，向右填充公式到 F 列。

（14） 选择区域 F5:F11，转到“开始”选项卡，在“数字”功能组中单击 % 百分比按钮，完成对该区域数字格式的设置。

（15） 将单元格指针移动到 A 列至 F 列的列字母之间，变成✛形状之后，单击并拖动，将单元格区域 A 列至 F 列调整到合适的宽度。

（16） 选择区域 A3:F11，按 Ctrl＋1 组合键，打开“设置单元格格式”对话框，转到“边框”选项卡，添加如图 9-33 所示的边框线。

9.7.2 应收账款业务员明细表

应收账款业务员明细表根据业务员名称汇总本期期初应收账款金额、本期应收账款、本期收款金额、本期期末应收账款余额。管理层可以根据不同业务员的应收账款回收情况作为其业绩考核的依据。

例 9-8 编制应收账款业务员明细表。

A 公司管理层要求编制能反映各个业务员的应收账款回收情况的报表，如图 9-34 所示。

	A	B	C	D	E	F
1	应收账款客户明细表					
2	2012年8月					
3	客户	期初余额	本期		期末余额	比例
4			应收账款	已收		
5	A公司	100,430.00	7,600.00	10,000.00	98,030.00	16%
6	B公司	120,300.00	5,600.00	15,000.00	110,900.00	18%
7	C公司	213,000.00	18,000.00	97,640.00	133,360.00	21%
8	D公司	144,500.00	63,000.00	32,000.00	175,500.00	28%
9	E公司	57,400.00	4,900.00	27,800.00	34,500.00	5%
10	F公司	41,100.00	39,000.00	-	80,100.00	13%
11	合计	676,730.00	138,100.00	182,440.00	632,390.00	100%

图 9-34 应收账款客户明细表

该范例文件见随书光盘“应收账款管理”工作簿中的“应收账款业务员明细表”工作表。具体制作步骤如下：

（1） 打开“应收账款管理”工作簿，单击工作表标签插入按钮，插入一张工作表，双击该工作表标签，重命名为“应收账款业务员明细表”。

（2） 在单元格 A1 中输入“应收账款业务员明细表”，合并并居中区域 A1:F1，应用“标题”样式，设置行高为“45”。

（3） 选择区域 A2:F2，合并并居中，设置字体为“Arial”，字号为“12”，行高为“20”，输入“2012-8”。

（4） 选择区域 A2:F2，按 Ctrl＋1 组合键，打开“设置单元格格式”对话框，转到“数字”选项卡，在“分类”列表框中选择“日期”，在“类型”列表框中选择“2012 年 3 月 14 日”格式，单击“确定”按钮，关闭对话框，完成对日期格式的设置，日期显示为“2012 年

8 月”。

（5） 在区域 A3:F4、区域 A5:A11 内分别输入如图 9-34 所示的内容。

（6） 选择单元格 B5，在公式栏内输入：

```
=SUMIFS(应收清单[应收金额],应收清单[业务员], A5,应收清单[是否本期],0)
```

（7） 选择单元格 C5，在公式栏内输入：

```
=SUMIFS(应收清单[应收金额],应收清单[业务员], A5,应收清单[是否本期],1)
```

（8） 选择单元格 D5，在公式栏内输入：

```
=SUMIF(收款清单[业务员],A5,收款清单[收款金额])
```

（9） 选择单元格 E5，在公式栏内输入“=B5＋C5-D5”。

（10） 选择单元格 F5，在公式栏内输入“=E5/$E$11”。

（11） 选择单元格 B11，在公式栏内输入公式“=SUM(B5:B10)”。

（12） 选择区域 B5:F5，向下填充公式到第 10 行。

（13） 选择单元格 B11，向右填充公式到 F 列。

（14） 选择区域 F5:F11，转到“开始”选项卡，在“数字”功能组中单击 % 百分比按钮，完成对该区域数字格式的设置。

（15） 将单元格指针移动到 A 列至 F 列的列字母之间，变成✛形状之后，单击并拖动，将单元格区域 A 列至 F 列调整到合适的宽度。

（16） 选择区域 A3:F11，按 Ctrl＋1 组合键，打开“设置单元格格式”对话框，转到“边框”选项卡，添加如图 9-34 所示的边框线。

9.8 催款通知书

催款通知书是交款单位或个人在超过规定期限，未按时交付款项时使用的通知书。发送催款通知书可以及时了解对方单位拖欠款的原因，沟通信息，以便采取相应的对策和措施，协调双方的关系。

9.8.1 制作催款通知书

例 9-9 编制催款通知书。

A 公司管理层为了加强应收账款的收回，要求编制并发送如图 9-35 所示的催款通知书。

该范例文件见随书光盘“第 9 章”文件夹的“应收账款管理”工作簿中的“催款通知书”工作表，制作步骤如下：

（1） 打开“应收账款管理”工作簿，单击工作表标签插入按钮，插入一张工作表，双击该工作表标签，重命名为“催款通知书”。

（2） 选择单元格 C3，输入“应收账款催款通知书”，选择区域 C3:G4，合并并居中显示。

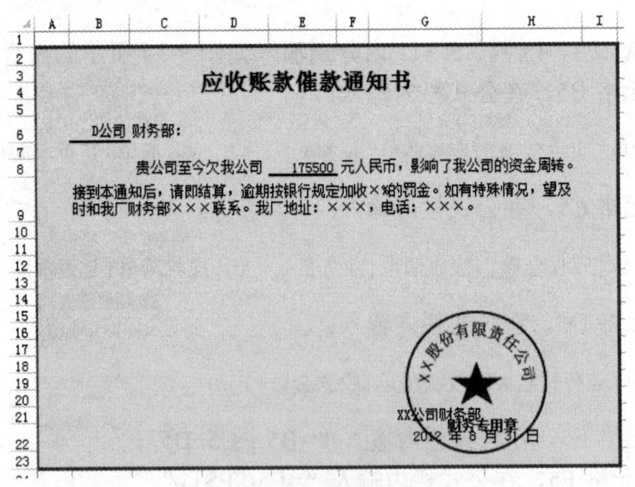

图 9-35　应收账款催款通知单

（3） 选择单元格 B6，选择”数据”/“数据工具”/“数据验证”/“数据验证”命令，打开“数据验证”对话框，在“允许”列表中选择“序列”，显示如图 9-36 所示的界面。

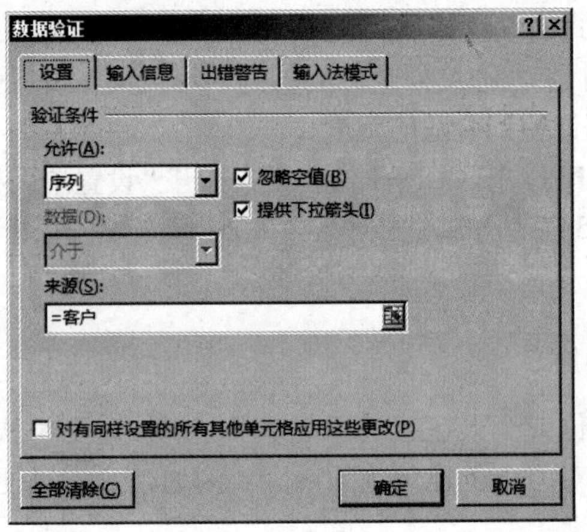

图 9-36　“数据验证”对话框

（4） 在“来源”文本框中输入“=客户”。

（5） 单击“确定”按钮，关闭对话框，创建客户下拉列表。

（6） 选择单元格 C6，输入“财务部:”。

（7） 选择单元格 C8，输入“贵公司至今欠我公司”，选择区域 C8:D8，合并并居中该区域。

（8） 选择单元格 E8，在公式栏内输入“=IF(B6="","",VLOOKUP(B6,应收账款客户明细表!A5:E10,5))”，添加粗下框线。

（9） 选择单元格 F8，输入“元人民币，影响了我公司的资金周转。”，选择区域 F8:H8，合并该区域。

（10） 选择单元格 B9，输入“接到本通知后，请即结算，逾期按银行规定加收×%的罚金。如有特殊情况，望及时和我厂财务部×××联系。我厂地址：×××，电话：×××。”。

（11） 选择区域B9:H9，合并该区域，转到“开始”选项卡，在“对齐方式”功能组中单击“自动换行”按钮，将单元格指针移动到第8行至第9行之间，变成‡形状之后，单击并拖动到可以显示所有文本的高度。

（12） 选择单元格G21，输入“XX公司财务部”。

（13） 选择区域G22:H22，合并并居中，输入“2012 年8月31日”。

（14） 选择区域A2:I23，添加如图9-36所示的边框。

（15） 选择区域A2:I23，转到“开始”选项卡，在“字体”功能组中添加背景颜色。

9.8.2 制作电子印章

催款单如通过E-mail 发送，则需使用电子印章。制作步骤如下：

（1） 激活“催款通知单”工作表。

（2） 选择“插入”/“插图”/“形状”命令，在打开的下拉列表中选择“椭圆”，在工作表内插入如图9-37所示的图形。

（3） 选中图形，右击在打开的快捷菜单中选择“设置形状格式”命令，打开如图9-38所示的对话框。

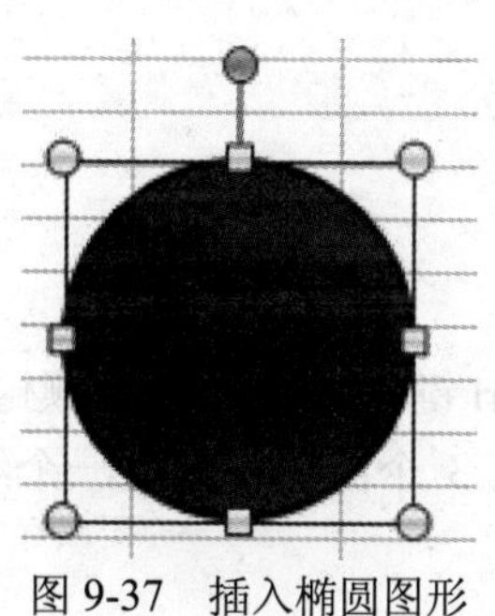

图9-37 插入椭圆图形

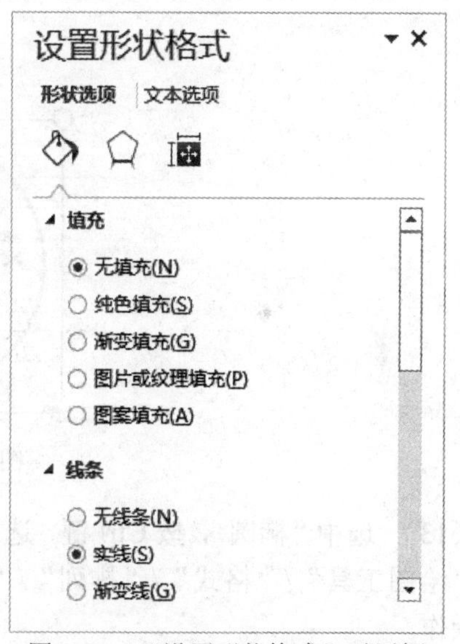

图9-38 “设置形状格式”对话框

（4） 转到“填充”选项卡，选择“无填充”复选框。

（5） 转到“线条颜色”选项卡，选择颜色为“红色”。

（6） 选中图形，右击在打开的快捷菜单中选择“编辑文字”命令，输入“XX 股份有效公司”，设置字体为“楷体”，字号为“14”，颜色为“红色”。

（7） 选中文本“XX股份有效公司”，选择“绘图工具”/“格式”/“艺术字样式”/“文本效果”/“转换”命令，在打开的下拉列表中选择“跟随路径”中的第一个样式，效果如图9-39所示。

（8） 选择“插入”/“插图”/“形状”命令，在打开的下拉列表中选择“五角星”，在工作表内插入五角星。

（9） 选中“五角星”，右击在打开的快捷菜单中选择“设置形状格式”命令，转到“填充”选项卡，选择颜色为“红色”，转到“线条颜色”选项卡，选择“无线条”复选框，单击“关闭”按钮，效果如图 9-40 所示。

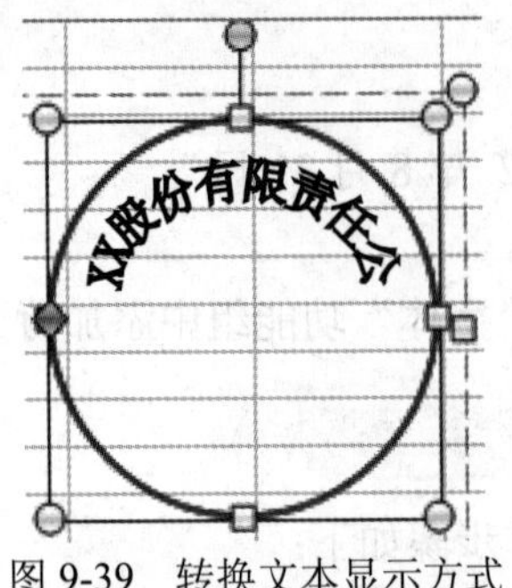

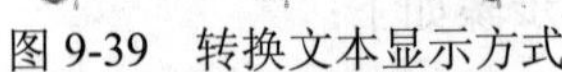

图 9-39　转换文本显示方式

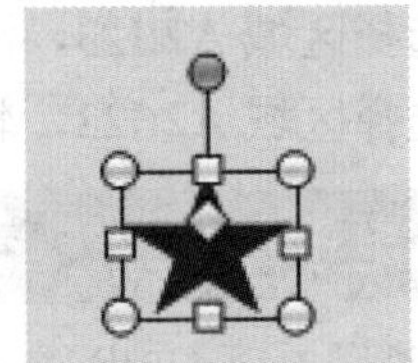

图 9-40　五角星

（10） 选择“绘图工具”/“格式”/“插入形状”/“文本框”命令，在工作表中插入文本框。

（11） 在文本框内输入“财务专用章”，设置字体颜色为“红色”，字号为“11”。

（12） 移动五角星、文本框“财务专用章”到“椭圆”内，制作好的电子印章如图 9-41 所示，

图 9-41　电子印章

（13） 选中“椭圆”，按 Ctrl 键，选中“五角星”；按 Ctrl 键，选中文本框“财务专用章”。选择“绘图工具”/“格式”/“排列”/“组合”命令，将这 3 个图形设置为一个组合，便于集中操作。

9.9　本章小结

本章具体介绍了如何使用 Excel 对应收账款进行核算和管理。通过本章的学习，读者应掌握和了解以下知识点：

- 掌握账龄的计算方法。
- 掌握应收账款清单的制作方法。
- 掌握账龄分析表的制作方法。
- 掌握使用账龄分析法提取坏账的方法。
- 掌握应收账款客户明细表的制作方法。
- 掌握应收账款业务员明细表的制作方法。

➢ 掌握电子印章的制作方法。

9.10 上机练习

资料：

B 公司 8 月份的收款清单如图 9-42 所示，截止至 8 月底的应收账款明细如图 9-43 所示，该表见随书光盘“第 9 章”文件夹中的“上机练习-应收账款管理”工作簿。

日期	合同号	摘要	业务员	客户名称	收款金额
2012/8/2	12-05-006	销售B产品	黄盖	E公司	12,000.00
2012/8/15	09-09-010	销售A产品	赵云	A公司	10,000.00
2012/8/16	11-12-022	销售B产品	周泰	B公司	18,000.00
2012/8/25	12-03-023	销售A产品	黄盖	D公司	20,000.00
2012/8/29	12-01-015	销售B产品	马超	C公司	89,000.00

图 9-42　收款清单

发生日期	摘要	合同号	客户名称	业务员	应收金额	信用期
2008/7/9	销售B产品	08-07-001	E公司	黄盖	5,000.00	30
2009/9/10	销售A产品	09-09-010	A公司	赵云	15,000.00	30
2010/7/9	销售A产品	10-07-009	B公司	周泰	3,000.00	30
2010/11/24	销售B产品	10-11-024	C公司	马超	26,000.00	30
2011/7/1	销售A产品	11-07-001	D公司	姜维	56,000.00	30
2011/9/9	销售B产品	11-09-009	A公司	赵云	5,800.00	30
2011/12/22	销售B产品	11-12-022	B公司	周泰	23,000.00	30
2012/1/15	销售B产品	12-01-015	C公司	马超	120,000.00	90
2012/3/23	销售A产品	12-03-023	D公司	黄盖	49,800.00	30
2012/5/6	销售B产品	12-05-006	E公司	黄盖	39,600.00	30
2012/7/2	销售A产品	12-07-002	A公司	赵云	79,630.00	30
2012/7/15	销售B产品	12-07-015	B公司	周泰	94,300.00	60
2012/7/23	销售A产品	12-07-023	C公司	马超	67,000.00	30
2012/8/15	销售B产品	12-08-001	D公司	黄盖	63,000.00	30
2012/8/19	销售B产品	12-08-007	B公司	周泰	5,600.00	30
2012/8/28	销售B产品	12-08-010	F公司	吕布	39,000.00	30

图 9-43　应收账款明细

（1） 根据以上资料，编制如图 9-44 所示的应收账款清单，计算每笔应收账款所属的账龄区间。

应收账款清单

2012年8月31日

发生日期	摘要	合同号	客户名称	业务员	应收金额	信用期	应收余额	是否本期	信用期内	0-3个月	3-6个月	6-12个月	1-2年	2-3年	4年以上	备注
2008/7/9	销售B产品	08-07-001	E公司	黄盖	5,000.00	30	5,000.00	0	0						1	
2009/9/10	销售A产品	09-09-010	A公司	赵云	15,000.00	30	5,000.00	0	0					1		
2010/7/9	销售A产品	10-07-009	B公司	周泰	3,000.00	30	3,000.00	0	0					1		
2010/11/24	销售B产品	10-11-024	C公司	马超	26,000.00	30	26,000.00	0	0				1			
2011/7/1	销售A产品	11-07-001	D公司	姜维	56,000.00	30	56,000.00	0	0				1			
2011/9/9	销售B产品	11-09-009	A公司	赵云	5,800.00	30	5,800.00	0	0			1				
2011/12/22	销售B产品	11-12-022	B公司	周泰	23,000.00	30	5,000.00	0	0			1				
2012/1/15	销售B产品	12-01-015	C公司	马超	120,000.00	90	31,000.00	0	0		1					
2012/3/23	销售A产品	12-03-023	D公司	黄盖	49,800.00	30	29,800.00	0	0		1					
2012/5/6	销售B产品	12-05-006	E公司	黄盖	39,600.00	30	27,600.00	0	0	1						
2012/7/2	销售A产品	12-07-002	A公司	赵云	79,630.00	30	79,630.00	0	0	1						
2012/7/15	销售B产品	12-07-015	B公司	周泰	94,300.00	60	94,300.00	0	1							
2012/7/23	销售A产品	12-07-023	C公司	马超	67,000.00	30	67,000.00	0	0	1						
2012/8/15	销售B产品	12-08-001	D公司	黄盖	63,000.00	30	63,000.00	1	1							
2012/8/19	销售B产品	12-08-007	B公司	周泰	5,600.00	30	5,600.00	1	1							
2012/8/28	销售B产品	12-08-010	F公司	吕布	39,000.00	30	39,000.00	1	1							

图 9-44　应收账款清单

（2） 根据应收账款清单编制如图 9-45 所示的应收账款账龄分析表。

应收账款账龄分析表

2012年8月

客户	信用期内	逾期账龄						合计
		0-3个月	3-6个月	6-12个月	1-2年	2-3年	4年以上	
A公司	-	79,630.00	-	5,800.00	-	5,000.00	-	90,430.00
B公司	99,900.00	-	-	5,000.00	-	3,000.00	-	107,900.00
C公司	-	67,000.00	31,000.00	-	26,000.00	-	-	124,000.00
D公司	63,000.00	-	29,800.00	-	56,000.00	-	-	148,800.00
E公司	-	27,600.00	-	-	-	-	5,000.00	32,600.00
F公司	39,000.00	-	-	-	-	-	-	39,000.00
合计	201,900.00	174,230.00	60,800.00	10,800.00	82,000.00	8,000.00	5,000.00	542,730.00
所占比例	37%	32%	11%	2%	15%	1%	1%	100%

图 9-45 应收账款账龄分析表

（3） 根据应收账款账龄分析表编制如图 9-46 所示的坏账提取表。

应收账款坏账提取表

2012年8月

客户	信用期内	逾期账龄						合计	提取坏账
		0-3个月	3-6个月	6-12个月	1-2年	2-3年	4年以上		
A公司	-	79,630.00	-	5,800.00	-	5,000.00	-	90,430.00	3,968.90
B公司	99,900.00	-	-	5,000.00	-	3,000.00	-	107,900.00	1,100.00
C公司	-	67,000.00	31,000.00	-	26,000.00	-	-	124,000.00	7,460.00
D公司	63,000.00	-	29,800.00	-	56,000.00	-	-	148,800.00	9,890.00
E公司	-	27,600.00	-	-	-	-	5,000.00	32,600.00	3,328.00
F公司	39,000.00	-	-	-	-	-	-	39,000.00	-
合计	201,900.00	174,230.00	60,800.00	10,800.00	82,000.00	8,000.00	5,000.00	542,730.00	25,746.90
坏账提取比例	0%	3%	5%	10%	15%	20%	50%		
坏账准备	-	5,226.90	3,040.00	1,080.00	12,300.00	1,600.00	2,500.00	25,746.90	

图 9-46 坏账提取表

（4） 根据坏账提取表，制作如图 9-47 所示的“坏账提取占比分析”饼图。

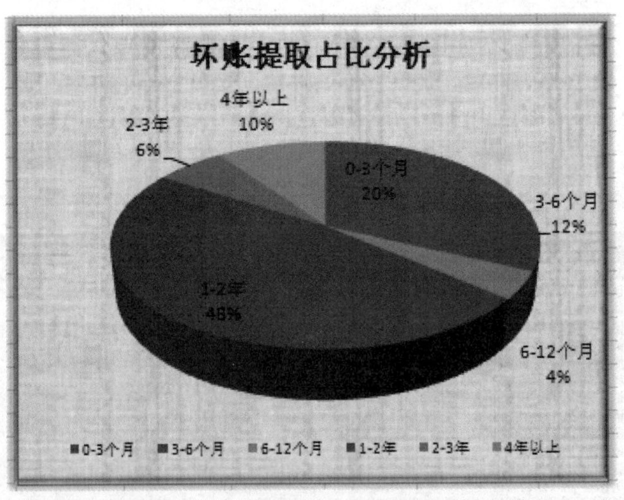

图 9-47 “坏账提取占比分析”饼图

（5） 根据应收账款清单编制如图 9-48 所示的应收账款客户明细表。

客户	期初余额	本期		期末余额	比例
		应收账款	已收		
A公司	100,430.00	-	10,000.00	90,430.00	17%
B公司	120,300.00	5,600.00	18,000.00	107,900.00	20%
C公司	213,000.00	-	89,000.00	124,000.00	23%
D公司	105,800.00	63,000.00	20,000.00	148,800.00	27%
E公司	44,600.00	-	12,000.00	32,600.00	6%
F公司		39,000.00	-	39,000.00	7%
合计	584,130.00	107,600.00	149,000.00	542,730.00	100%

应收账款客户明细表 2012年8月

图 9-48　应收账款客户明细表

（6） 根据应收账款清单编制如图 9-49 所示的应收账款业务员明细表。

业务员	期初余额	本期		期末余额	比例
		应收	已收		
赵云	100,430.00	-	10,000.00	90,430.00	17%
周泰	120,300.00	5,600.00	18,000.00	107,900.00	20%
马超	213,000.00	-	89,000.00	124,000.00	23%
黄盖	94,400.00	63,000.00	32,000.00	125,400.00	23%
吕布	-	39,000.00	-	39,000.00	7%
姜维	56,000.00	-	-	56,000.00	10%
合计	584,130.00	107,600.00	149,000.00	542,730.00	100%

应收账款业务员明细表 2012年8月

图 9-49　应收账款业务员明细表

第 10 章　Excel 在进销存管理中的应用

企业的进销存过程是指企业在生产经营中从供应商处取得商品，利用销售渠道将商品销售出去的过程。整个过程中企业需要对进货数据、销货数据进行详细的汇总、分析，及时了解销售商品的情况和每种商品的库存量，掌握商品的最佳进货时间，提高商业运作效率。

实务工作中由于销售的货物品种繁多，人工了解商品的销售及库存情况非常繁琐，且容易出错。因此本章介绍如何使用 Excel 进行简易的进销存管理。

10.1　进销存核算概述

进销存管理的核算包括进货数据的录入、进货数据的分析、销货数据的录入、销货数据的分析、加权平均成本法的计算和进销存报表的生成。作为核算的基础，首先需要设置一张基础工作表，包含的内容有商品的编号、名称、计量单位等基本信息，供应商资料、客户资料等信息。

进销存管理核算中，数据处理的基本流程如图 10-1 所示。

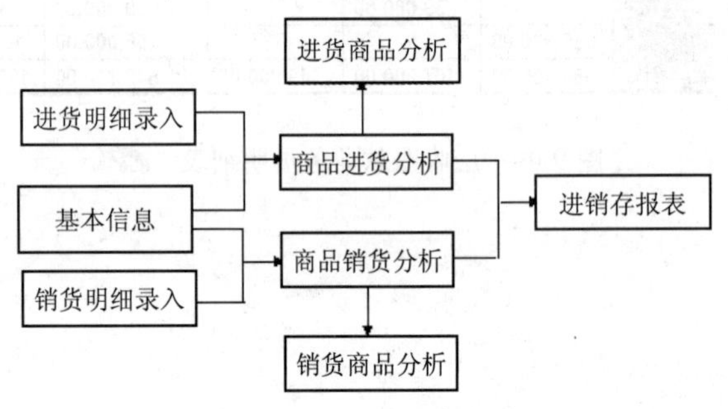

图 10-1　进销存管理的数据处理流程

根据上述流程，我们需要创建一个名为“进销存管理”的工作簿，该工作簿中包含以下工作表：

（1） 基本信息：商品代码、名称、计量单位、客户名单、供应商名单。

（2） 进货明细录入：详细记录每笔进货的资料。

（3） 商品进货分析：按商品类别对进货数据分别使用数据透视表和数据透视图进行汇总、分析。

（4） 销货明细录入：详细记录每笔销货的资料。

（5） 商品销货分析：按商品类型对销货数据使用数据透视表汇总、分析。

（6） 进销存报表：在期初存货数据的基础上，结合本期商品进货分析表和商品销货分析表，计算加权成本法下的存货成本、销售毛利和库存成本。

10.2 进销存管理初始设置

基本信息表是进销存管理的基础表格之一。进销存管理的初始设置包括建立商品目录表、客户名单、供货方名单等。

例 10-1 编制基本信息表。

A 公司经营的产品资料、与其有业务往来的供货方、客户名单等基本资料如图 10-1 所示。

该范例文件见随书光盘“第 10 章”文件夹，“进销存管理”工作簿中的“基本信息”工作表，制作步骤如下：

	A	B	C	D	E
1	基本资料				
2					
3	产品编号	产品名称	单位	供货方	客户
4	1001	A产品	个	供方1	客户1
5	1002	B产品	支	供方2	客户2
6	1003	C产品	套	供方3	客户3
7	1004	D产品	把	供方4	客户4
8	1005	E产品	件	供方5	客户5

图 10-1 基本信息表

（1） 新建名为“进销存管理”工作簿，双击“Sheet1”工作表标签，重命名为“基本信息”。

（2） 选择单元格 A1，输入“基本信息”。

（3） 选择区域 A1:E1，转到“开始”选项卡。在“对齐方式”功能组中单击“合并后居中”按钮，合并该区域，并使文本居中显示；在“字体”功能组中设置字体为“华文中宋”，字号为“22”；在“单元格”功能组中设置行高为“45”。

合并单元格样式。

单元格样式相当于对字体常用格式的一种打包设置。如果在 Excel 中经常对部分单元格或区域（如标题）进行数字格式、字体、字号、颜色、对齐方式、边框、填充等内容的设置，用户可以预定义单元格样式。这样不仅方便应用，而且更改样式时，所有使用过该样式的单元格或区域，都会自动更改。

在第 5 章的 5.2.2 节和第 9 章的 9.3 节分别详细介绍了怎样修改单元格样式和合并单元格样式的操作方法和步骤。

（4）在单元格 A2 至 E2 中依次输入文本“产品编号”、“产品名称”、“单位”、“供货方”、“客户”。

（5） 在区域 A3:E8 内输入如图 10-1 所示的内容。

（6） 选择区域 A3:E8，选择“插入”/“表格”/“表格”命令，弹出如图 10-2 所示的“创建表”对话框，选择“表包含标题”复选框，单击“确定”按钮，关闭对话框，返回工作表界面，将所选区域转化为表格区域。

（7） 选择“表格工具”/“设计”/“表格样式”命令，在打开的表样式下拉列表中选择合适的样式。

（8） 按 Ctrl＋F3 组合键，打开如图 10-3 所示的“名称管理器”对话框。

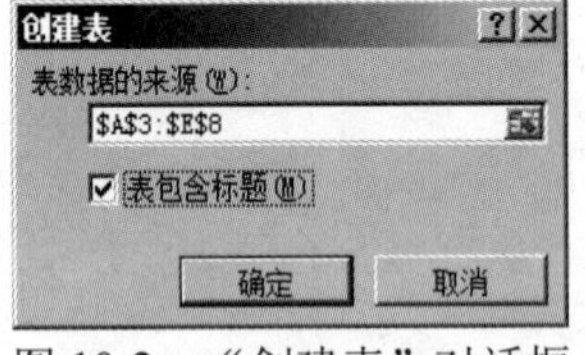

图 10-2 “创建表”对话框

图 10-3 “名称管理器”对话框

（9） 选择“表 1”，单击“编辑”按钮，打开如图 10-4 所示的“编辑名称”对话框，在“名称”文本框中输入“基本资料”。

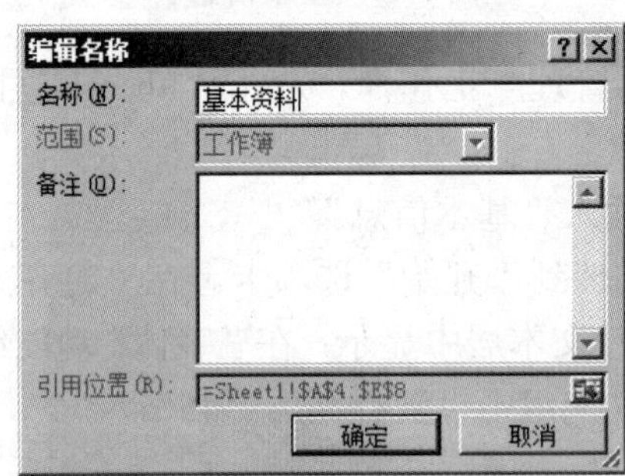

图 10-4 “编辑名称”对话框

（10） 单击“确定”按钮，关闭“编辑名称”对话框，返回“名称管理器”对话框，对话框中显示更改后更具描述性的表名称。

（11） 单击“确定”按钮，关闭“名称管理器”对话框，返回工作表界面，完成基本资料表格的重命名。

（12） 选择区域 A4:A8，在名称框中输入“产品编号”，按 Enter 键，完成对产品编号列的命令。

（13） 选择区域 D4:D8，在名称框中输入“供货方”，按 Enter 键，完成对供货方列的命令。

（14） 选择区域 E4:E8，在名称框中输入“客户”，按 Enter 键，完成对客户列的命令。

用户可以根据单位的具体情况，参照基本信息表的建立方法，修改基本信息表中包含的项目数量和项目内容。

10.3　进货管理

进货管理核算主要是利用 Excel 编制进货明细表，记录商品入库的详细信息，并根据进货明细表按商品名称分析进货数据。

10.3.1　进货明细表格式设计

进货明细表记录每笔进货的入库单号、入库日期、供货方、产品编号、产品名称、单位、数量、单价和金额等信息。

例 10-2　编制进货明细表。

A 公司 8 月份的进货资料如图 10-5 所示，为便于进一步的管理、分析，编制进货明细录入表。

进货明细

2012年8月

入库单号码	入库日期	供货方	产品编号	产品名称	单位	数量	单价	金额	备注
12-08-001	2012/8/1	供方1	1001	A产品	个	200.00	5.00	1,000.00	
12-08-002	2012/8/5	供方2	1002	B产品	支	1,000.00	3.30	3,300.00	
12-08-003	2012/8/9	供方2	1001	A产品	个	2,000.00	4.80	9,600.00	
12-08-004	2012/8/13	供方3	1003	C产品	套	1,500.00	40.00	60,000.00	
12-08-005	2012/8/17	供方1	1001	A产品	个	300.00	5.10	1,530.00	
12-08-006	2012/8/21	供方4	1004	D产品	把	3,000.00	3.90	11,700.00	
12-08-007	2012/8/25	供方4	1001	A产品	个	500.00	5.08	2,540.00	
12-08-008	2012/8/29	供方4	1004	D产品	把	2,500.00	4.30	10,750.00	
12-08-009	2012/8/31	供方5	1005	E产品	件	1,200.00	15.00	18,000.00	

图 10-5　进货明细表

该范例文件见随书光盘“第 10 章”文件夹的“进销存管理”工作簿中的“进货明细录入”工作表，制作步骤如下：

（1）打开“进销存管理”工作簿，双击“Sheet2”工作表标签，重命名为“进货明细”。

（2）在单元格 A1 中输入“进货明细”，合并并居中区域 A1:J1。选择“开始” / “样式” / “单元格样式”命令，在打开的下拉列表中选择“标题样式”，设置行高为“45”。

（3）选择区域 A2:J2，合并并居中，设置字体为“Arial”，字号为“12”，行高为“20”，输入“2012-8”。

（4）选择区域 A2:J2，按 Ctrl＋1 组合键，打开“设置单元格格式”对话框，转到“数字”选项卡，在“分类”列表框中选择“日期”，在“类型”列表框中选择“2012 年 3 月”格式，单击“确定”按钮，关闭对话框，完成对日期格式的设置，日期显示为“2012 年 8 月”。

（5）在单元格 A3 至 J3 中分别输入“入库单号”、“入库日期”、“供货方”、“产品编号”、“产品名称”、“单位”、“数量”、“单价”、“金额”、“备注”。

（6）选择区域 B4:B12，转到“开始”选项卡，单击“数字”功能组中的“常规”文本框右端的下拉按钮，在打开的下拉列表中选择“短日期”，完成对该列日期格式的设置。

（7）选择区域 A4:J12，设置字体为“Arial”，字号为“9”，居中显示文本。

（8）将单元格指针移动到 A 列至 J 列的列字母之间，变成✛形状之后，单击并拖动，将单元格区域 A 列至 J 列调整到合适的宽度。

（9） 选择区域 A3:J12，选择“插入”/“表格”/“表格”命令，弹出如图 10-6 所示的“创建表”对话框，选择“表包含标题”复选框，单击“确定”按钮，关闭对话框，返回工作表界面，将所选区域转化为表格区域。

（10） 选择“表格工具”/“设计”/“表格样式”命令，在打开的表样式下拉列表中选择合适的样式。

（11） 按 Ctrl＋F3 组合键，打开“名称管理器”对话框，选择“表 2”。

（12） 单击“编辑”按钮，打开如图 10-7 所示的“编辑名称”对话框，在“名称”文本框中输入“进货明细”。

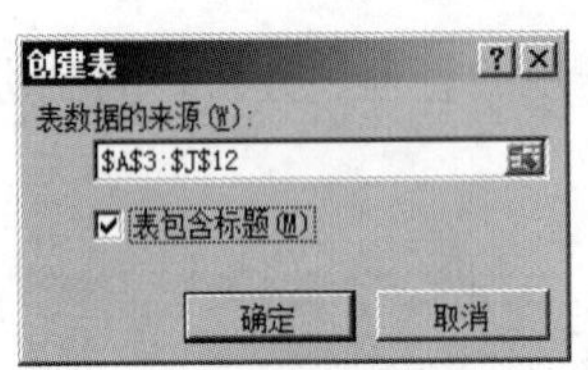

图 10-6 “创建表”对话框

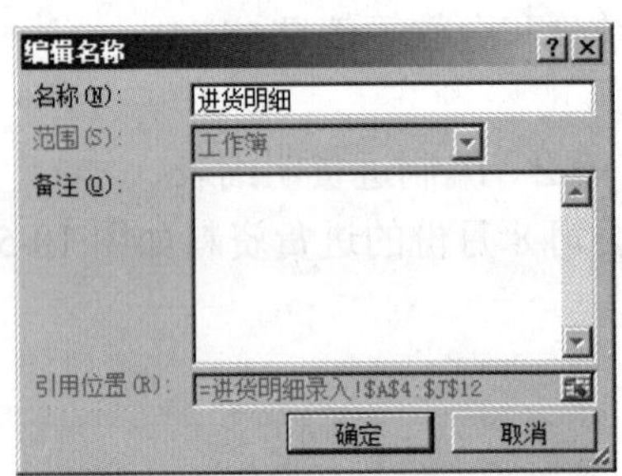

图 10-7 “编辑名称”对话框

（13） 单击“确定”按钮，关闭“编辑名称”对话框，返回“名称管理器”对话框，对话框中显示更改后更具描述性的表名称。

（14） 单击“确定”按钮，关闭“名称管理器”对话框，返回工作表界面，完成应收账款清单表格的重命名。

（15） 选择区域 A3:J12，按 Ctrl＋1 组合键，打开“设置单元格格式”对话框，转到“边框”选项卡，添加区域边框线。

10.3.2 进货明细表的公式设计

进货明细表包含公式的区域、设置数据验证序列的区域如图 10-8 所示。用户输入产品编号后，通过公式可以将编号对应的产品编号、产品名称自动显示。

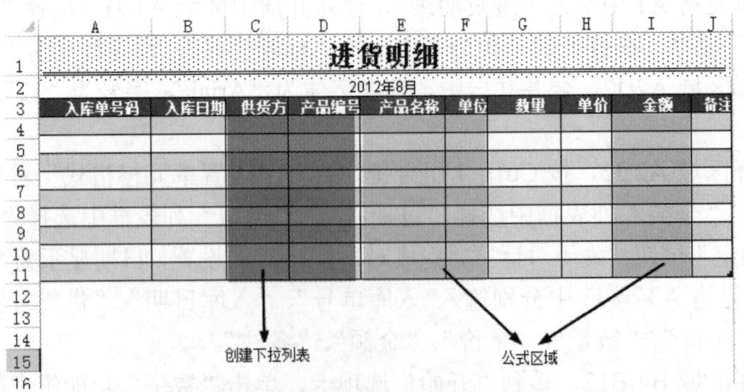

图 10-8 进货明细表的公式及创建下拉列表区域

1. 创建“供货方”下拉列表

具体操作步骤如下：

（1） 选择单元格 C4，选择“开始”/“数据”/“数据工具”/“数据验证”/“数据验证”命令，打开“数据验证”对话框。

（2） 单击“验证条件”右端的下拉按钮，在打开的列表中选择“序列”，显示如图 10-9 所示的界面。

（3） 在“来源”文本框中输入“=供货方”。

（4） 单击“确定”按钮，关闭对话框，返回工作表界面，完成对此单元格数据验证的设置。

（5） 选择单元格 C4，向下填充数据验证的设置到第 12 行。

用同样的方法创建“产品编号”列的下拉列表，在“来源”文本框中输入“=产品编号”。在这两列中输入数据时，用户只需单击单元格，即可弹出如图 10-10 所示的下拉列表，然后选择相应的项目单击即可输入。

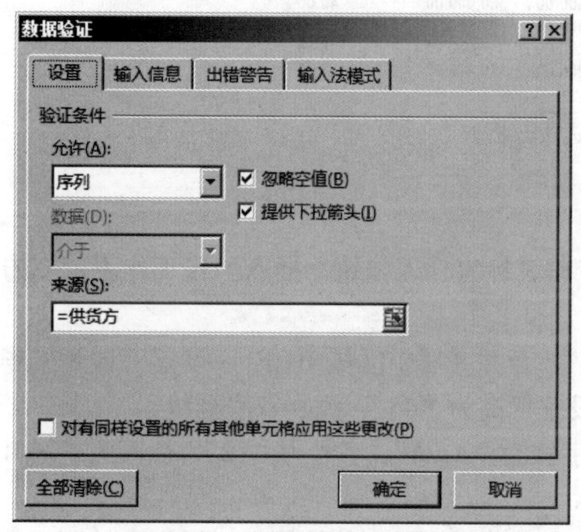

图 10-9 “数据验证”对话框

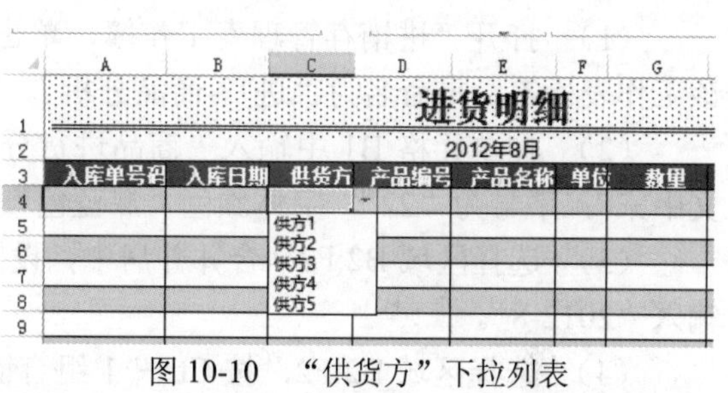

图 10-10 “供货方”下拉列表

2. 自动显示“产品名称”、“单位”

（1） 选择单元格 E4，在公式栏内输入公式：

```
=IF(ISBLANK(D4),"",VLOOKUP(D4,基本资料,2))
```

（2） 选择单元格 F4，在公式栏内输入公式：

```
=IF(ISBLANK(D4),"",VLOOKUP(D4,基本资料,3))
```

（3） 选择单元格 I4，在公式栏内输入公式：

```
=G4*H4
```

（4） 选择区域 E4:I4，向下填充到第 12 行。

10.3.3 按商品类别分析进货数据

将进货明细数据按商品进行分类汇总，有助于企业管理者及时、准确地了解每种商品在一定期间内的进货数量、金额、平均单价等信息，对于调整进货方式、寻找更优的进货渠道等决策提供基础信息。在 Excel 中可以通过创建数据透视表来满足这一要求。

例 10-3 编制“进货—商品分析”表。

A 公司管理层要求按商品类别编制如图 10-11 所示的进货数据分析表，以了解每种商品的进货情况。

该范例文件见随书光盘“进销存管理”工作簿中的“进货—商品分析”工作表，具体操作步骤如下：

	A	B	C	D	E	F
1		商品进货分析				
2		2012年8月				
3				值		
4		产品编号	产品名称	进货数量	进货金额	进货平均单价
5		⊟1001	A产品	3,000.00	14,670.00	4.89
6		⊟1002	B产品	1,000.00	3,300.00	3.30
7		⊟1003	C产品	1,500.00	60,000.00	40.00
8		⊟1004	D产品	5,500.00	22,450.00	4.08
9		⊟1005	E产品	1,200.00	18,000.00	15.00
10		总计		12,200.00	118,420.00	9.71

图 10-11　商品进货分析表

1. 创建数据透视表

（1） 打开“进销存管理”工作簿，单击工作表标签插入按钮，插入一张工作表，双击该工作表标签，重命名为“进货-商品分析”。

（2） 在单元格 B1 中输入“商品进货分析”，合并并居中区域 B1:F1，设置字体为“华文中宋”，字号为“22”，字体颜色“深蓝色”，设置行高为“45”，添加双底框线。

（3） 选择区域 B2:F2，合并并居中，设置字体为“Arial”，字号为“12”，行高为“20”，输入“2012-8”。

（4） 选择区域 B2:F2，按 Ctrl＋1 组合键，打开“设置单元格格式”对话框，转到“数字”选项卡，在“分类”列表框中选择“日期”，在“类型”列表框中选择“2012 年 3 月”格式，单击“确定”按钮，关闭对话框，完成对日期格式的设置，日期显示为“2012 年 8 月”。

（5） 选择单元格 B3，选择“插入”/“表格”/“数据透视表”/“数据透视表”命令，打开如图 10-12 所示的“创建数据透视表”对话框。

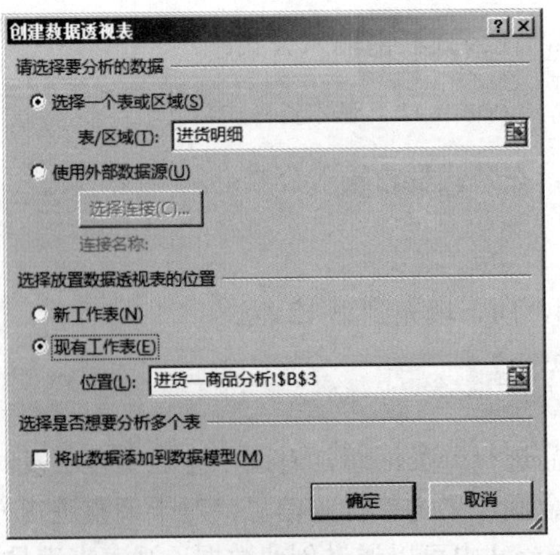

图 10-12　“创建数据透视表”对话框

（6） 在“请选择要分析的数据”中勾选“选择一个表或区域”，在其后的公式栏内输入“=进货明细”，单击“确定”按钮，弹出如图 10-13 所示的“数据透视表字段列表”对话框。

（7） 在“选择要添加到报表的字段”列表中将“产品编号”、“产品名称”字段拖到“行标签”区域，将“数量”、“金额”字段拖动到“数值”区域，在工作表中显示如图 10-14 所示的界面。

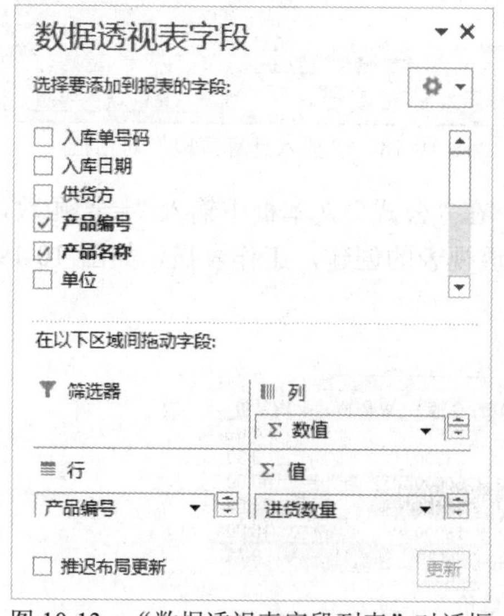

图 10-13 “数据透视表字段列表”对话框

	A	B	C
3		值	
4	行标签	求和项:数量	求和项:金额
5		3000	14670
6		3000	14670
7		1000	3300
8		1000	3300
9		1500	60000
10		1500	60000
11		5500	22450
12		5500	22450
13		1200	18000
14		1200	18000
15	总计	12200	118420

图 10-14 拖动字段

（8） 单击数据透视表中的任一单元格，选择“数据透视表工具”/“设计”/“布局”/“报表布局”命令，打开如图 10-15 所示的下拉菜单。

（9） 选择“以表格形式显示”选项，数据透视表显示如图 10-16 所示的效果。

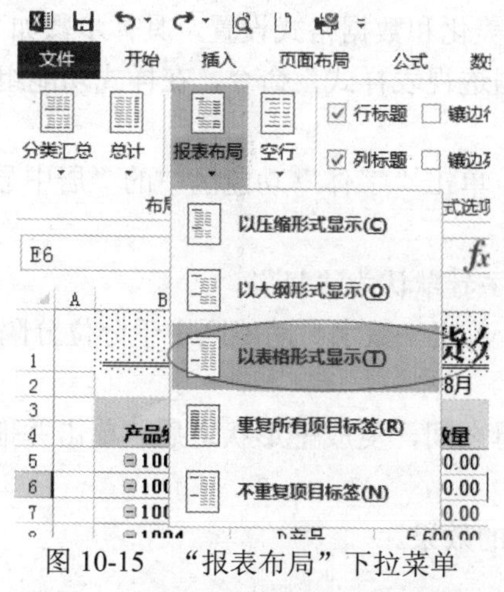

图 10-15 “报表布局”下拉菜单

	A	B	C	D
3			值	
4	产品编号	产品名称	求和项:数量	求和项:金额
5		A产品	3000	14670
6			3000	14670
7		B产品	1000	3300
8			1000	3300
9		C产品	1500	60000
10			1500	60000
11		D产品	5500	22450
12			5500	22450
13		E产品	1200	18000
14			1200	18000
15	总计		12200	118420

图 10-16 以表格形式显示数据透视表

（10） 单击数据透视表中的任一单元格，选择“数据透视表工具”/“设计”/“布局”/“分类汇总”/“不显示分类汇总”命令，数据透视表显示如图 10-17 所示的效果。

（11） 选择“数据透视表工具”/“分析”/“计算”/“字段、项目和集”/“计算字段”命令，显示如图 10-18 所示的“插入计算字段”对话框。

	A	B	C	D
3			值	
4	产品编	产品名称	求和项:数量	求和项:金额
5		A产品	3000	14670
6		B产品	1000	3300
7		C产品	1500	60000
8		D产品	5500	22450
9		E产品	1200	18000
10	总计		12200	118420

图 10-17　不显示分类汇总后的数据透视表

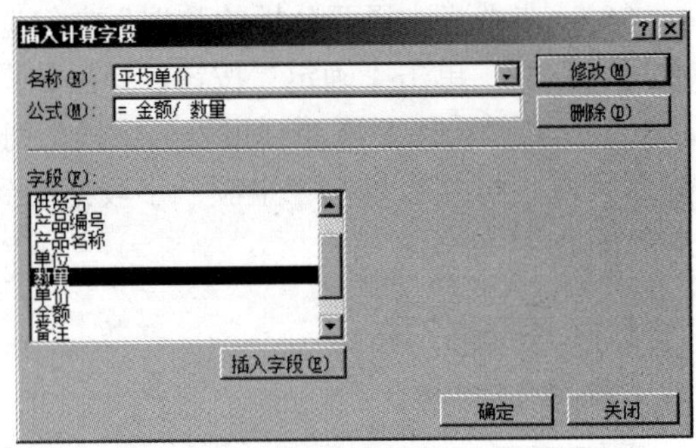

图 10-18　“插入计算字段”对话框

（12） 在“名称”文本框中输入“平均单价”，在“公式”文本框中输入“=金额/数量”，单击“确定”按钮，返回工作表界面，完成对数据透视表的创建，工作表显示如图 10-19 所示的效果。

	A	B	C	D	E
3			值		
4	产品编	产品名称	求和项:数量	求和项:金额	求和项：平均单价
5		A产品	3000	14670	4.89
6		B产品	1000	3300	3.30
7		C产品	1500	60000	40.00
8		D产品	5500	22450	4.08
9		E产品	1200	18000	15.00
10	总计		12200	118420	9.71

图 10-19　插入“平均单价”字段

（13） 将单元格 D4、E4、F4 中的标题分别改为“进货数量”、“进货金额”、“进货平均单价”，完成对数据透视表的创建。

2. 美化数据透视表

创建上述数据透视表后，可以对其进行进一步的美化和数据格式设置，具体步骤如下：

（1） 选择“数据透视表工具”/“设计”/“数据透视表样式”命令，在样式功能组中选择合适的表样式。

（2） 选择区域 B3:F10，转到“开始”选项卡，单击“字体”功能区中的“居中显示”按钮，居中显示数据透视表内的内容。

（3） 选择 B 列至 F 列，设置字体为“Arial”，字号默认为“11”。

（4） 选择 D 列至 F 列，转到“开始”选项卡，单击“数字”功能区中千分位分隔符按钮，设置所选区域的数据格式。

（5） 将单元格指针移动到 B 列至 F 列的列字母之间，变成形状之后，单击并拖动，将单元格区域 B 列至 F 列调整到合适的宽度。

完成对数据透视表的美化，显示如图 10-20 所示的效果。

	A	B	C	D	E	F
3				值		
4		产品编号	产品名称	进货数量	进货金额	进货平均单价
5		⊟1001	A产品	3,000.00	14,670.00	4.89
6		⊟1002	B产品	1,000.00	3,300.00	3.30
7		⊟1003	C产品	1,500.00	60,000.00	40.00
8		⊟1004	D产品	5,500.00	22,450.00	4.08
9		⊟1005	E产品	1,200.00	18,000.00	15.00
10		总计		12,200.00	118,420.00	9.71

图 10-20　“商品进货分析”表

10.3.4 使用图形分析进货数据

为了将进货金额按商品类别分类，并以更直观的方式反映出来，可以使用 Excel 中的图形来表示。

例 10-4 创建进货商品占比分析。

A 公司管理层要求编制能反映各类商品进货比例的图形，因此编制如图 10-21 所示的饼图。

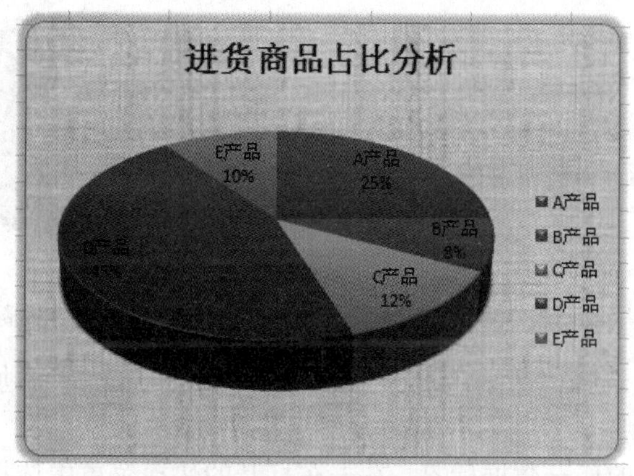

图 10-21 饼图“进货商品占比分析”

该范例文件见随书光盘的“进销存管理”工作簿中的“进货—商品分析”工作表，制作步骤如下：

（1） 激活“进货-商品分析”工作表。

（2） 单击数据透视表中的任一单元格，选择“插入”/“图表”/“饼图”/“三维饼图”命令，插入如图 10-22 所示的图形。

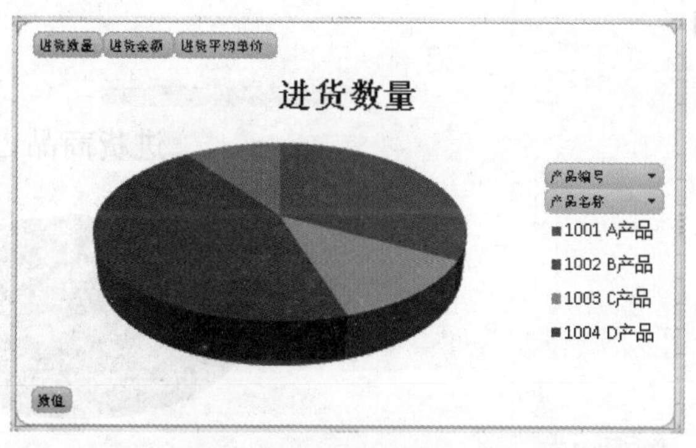

图 10-22 饼图和数据透视图筛选窗格

（3） 单击饼图的标题，将其更改为“进货商品占比分析”。

（4） 选中图表，选择“数据透视图工具”/“分析”/“显示”/“字段列表”命令显示如图 10-23 所示的“数据透视表字段列表”对话框。

（5） 单击“轴字段”区域内的“产品编号”字段，将其拖出“轴字段”区域，饼图显示如图 10-24 所示的效果。

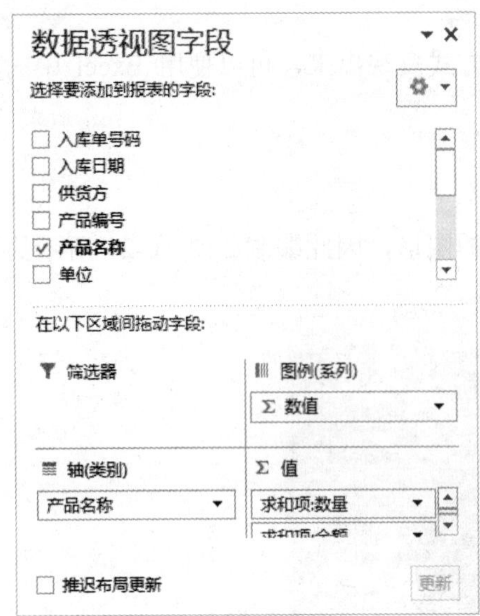

图 10-23 “数据透视表字段列表”对话框

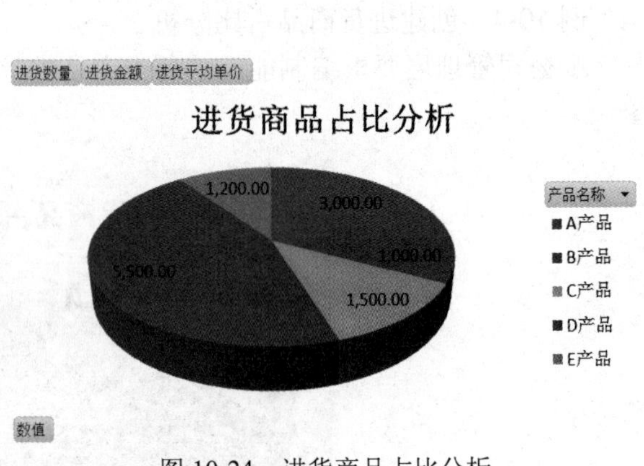

图 10-24 进货商品占比分析

（6） 单击图表，选择“数据透视图工具”/“图表布局”/“添加图表元素”/“数据标签”/“数据标签内”命令，在饼图内添加数据标签。

（7） 单击饼图内的任一数据标签，右击在打开的快捷菜单中选择“设置数据标签格式”命令，打开如图 10-25 所示的“设置数据标签格式”对话框。

（8） 在“标签选项”选项卡的“标签包括”功能组中，选择“类别名称”、“百分比”、“显示引导线”复选框，单击“关闭”按钮，关闭对话框，返回工作表界面，饼图显示如图 10-26 所示的效果。

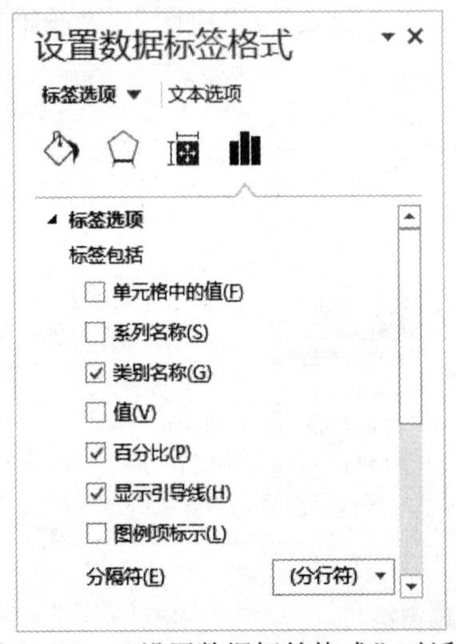

图 10-25 “设置数据标签格式”对话框

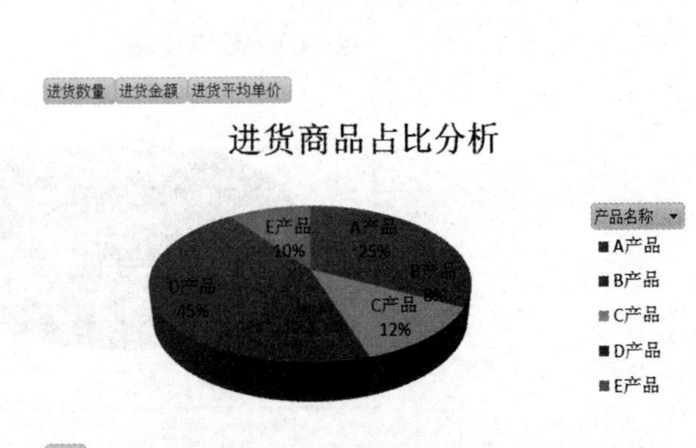

图 10-26 饼图添加数据标签后的效果

（9） 选中图表中任意一个按钮，右击执行“隐藏图表上的所有字段按钮”命令，完成隐藏命令按钮。

（10） 选中图表，单击“图表工具”/“格式”选项卡。在“形状样式”功能组中选择

“形状填充”命令，在下拉菜单中选择“纹理”/“纸沙草纸”命令，选择“形状效果”命令，在下列菜单中选择“发光”组中的合适样式。

对图表进行美化后的效果如图 10-27 所示。

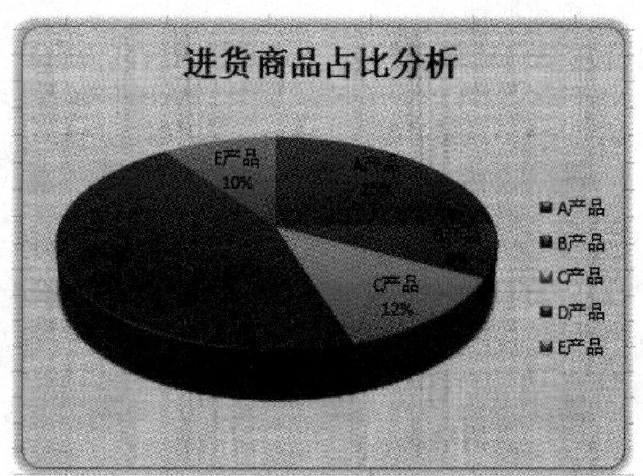

图 10-27　美化后的饼图效果

10.4　销货管理

销货管理核算主要是利用 Excel 编制销货明细表，记录商品出库的详细信息，并根据出库明细表按客户名称、商品名称分析销货数据。

10.4.1　销货明细表格式设计

销货明细表记录每笔销货的出库单号、出库日期、客户、产品编号、产品名称、单位、销售数量、销售单价、销售金额等信息。

例 10-5　编制进货明细表。

S 公司 8 月份的销货资料如图 10-28 所示，为便于进一步的管理、分析，编制销货明细录入表。

销货明细

2012年8月

出库单号码	出库日期	客户	产品编号	产品名称	单位	数量	单价	金额
12-08-001	2012/8/2	客户1	1001	A产品	个	300.00	10.00	3,000.00
12-08-002	2012/8/4	客户2	1001	A产品	个	350.00	10.50	3,675.00
12-08-003	2012/8/6	客户3	1002	B产品	支	400.00	8.00	3,200.00
12-08-004	2012/8/8	客户4	1002	B产品	支	300.00	8.00	2,400.00
12-08-005	2012/8/10	客户4	1003	C产品	套	300.00	80.00	24,000.00
12-08-006	2012/8/12	客户2	1004	D产品	把	1,000.00	9.00	9,000.00
12-08-007	2012/8/14	客户5	1005	E产品	件	500.00	35.00	17,500.00
12-08-008	2012/8/16	客户5	1004	D产品	把	700.00	35.00	24,500.00
12-08-009	2012/8/18	客户2	1004	D产品	把	400.00	9.10	3,640.00
12-08-010	2012/8/20	客户3	1004	D产品	把	600.00	9.20	5,520.00
12-08-011	2012/8/22	客户3	1003	C产品	套	500.00	80.00	40,000.00
12-08-012	2012/8/24	客户2	1004	D产品	把	1,500.00	9.20	13,800.00
12-08-013	2012/8/26	客户1	1002	B产品	支	500.00	8.50	4,250.00
12-08-014	2012/8/28	客户1	1001	A产品	个	450.00	10.00	4,500.00
12-08-015	2012/8/30	客户2	1003	C产品	套	200.00	75.00	15,000.00

图 10-28　销货明细表

该范例文件见随书光盘“第 10 章”文件夹的“进销存管理”工作簿中的“销货明细录入”工作表，制作步骤如下：

（1） 打开“进销存管理”工作簿，单击工作表标签插入按钮，插入一张工作表，双击该工作表标签，重命名为“销货明细录入”。

（2） 在单元格 A1 中输入“销货明细”，合并并居中区域 A1:I1。选择“开始”/“样式”/“单元格样式”命令，在打开的下拉列表中选择“标题样式”，设置行高为“45”。

（3） 选择区域 A2:I2，合并并居中，设置字体为“Arial”，字号为“12”，行高为“20”，输入“2012-8”。

（4） 选择区域 A2:I2，按 Ctrl＋1 组合键，打开“设置单元格格式”对话框，转到“数字”选项卡，在“分类”列表框中选择“日期”，在“类型”列表框中选择“2012 年 3 月”格式，单击“确定”按钮，关闭对话框，完成对日期格式的设置，日期显示为“2012 年 8 月”。

（5） 在单元格 A3 至 I3 中分别输入“出库单号”、“出库日期”、“客户”、“产品编号”、“产品名称”、“单位”、“数量”、“单价”、“金额”。

（6） 选择区域 B4:B18，转到“开始”选项卡，单击“数字”功能组中的“常规”文本框右端的下拉按钮，在打开的下拉列表中选择“短日期”，完成对该列日期格式的设置。

（7） 选择区域 A4:I18，设置字体为“Arial”，字号为“9”，居中显示文本。

（8） 将单元格指针移动到 A 列至 I 列的列字母之间，变成✛形状之后，单击并拖动，将单元格区域 A 列至 I 列调整到合适的宽度。

（9） 选择区域 A3:I18，选择“插入”/“表格”/“表格”命令，弹出如图 10-29 所示的“创建表”对话框，选择“表包含标题”复选框，单击“确定”按钮，关闭对话框，返回工作表界面，将所选区域转化为表格区域。

（10） 选择“表格工具”/“设计”/“表格样式”命令，在打开的表样式下拉列表中选择合适的样式。

（11） 按 Ctrl＋F3 组合键，打开“名称管理器”对话框，选择“表 2”。

（12） 单击“编辑”按钮，打开如图 10-30 所示的“编辑名称”对话框，在“名称”文本框中输入“销货明细”。

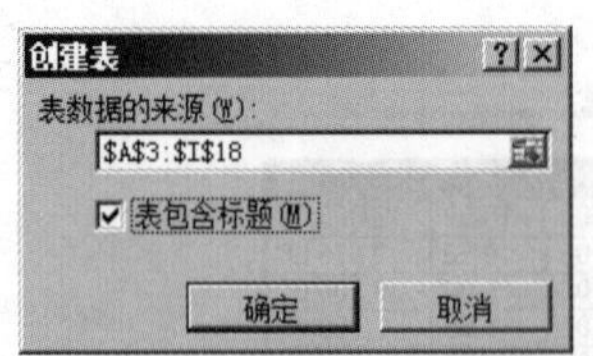

图 10-29 “创建表”对话框

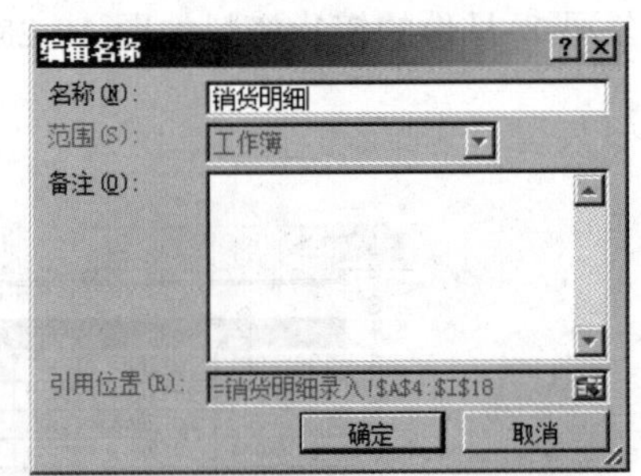

图 10-30 “编辑名称”对话框

（13） 单击“确定”按钮，关闭“编辑名称”对话框，返回“名称管理器”对话框，对话框中显示更改后更具描述性的表名称。

（14） 单击“确定”按钮，关闭“名称管理器”对话框，返回工作表界面，完成应收账款清单表格的重命名。

（15） 选择区域 A4:I18，按 Ctrl＋1 组合键，打开“设置单元格格式”对话框，转到“边框”选项卡，添加区域边框线。

10.4.2　销货明细表的公式设计

销货明细表包含公式的区域、设置数据验证序列的区域如图 10-31 所示。用户输入产品编号后，通过公式可以将编号对应的产品编号、产品名称自动显示。

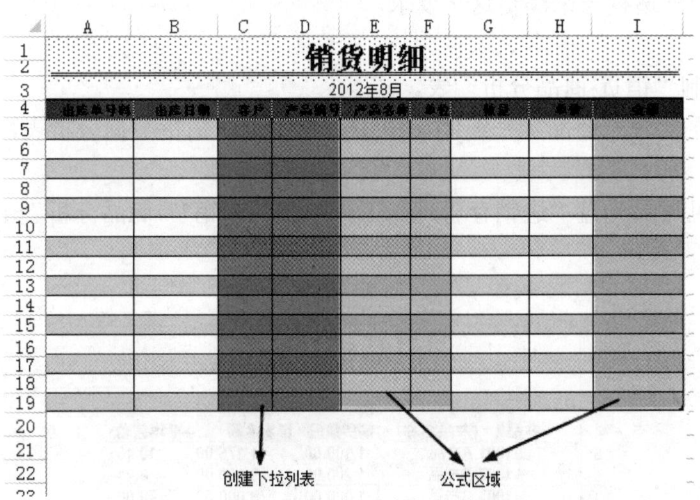

图 10-31　销货明细表的公式及创建下拉列表区域

1. 创建“客户”下拉列表

具体操作步骤如下：

（1）选择单元格 C4，选择“开始”/“数据”/“数据工具”/“数据验证”/“数据验证”命令，打开“数据验证”对话框。

（2）单击“验证条件”右端的下拉按钮，在打开的列表中选择“序列”。

（3）在“来源”文本框中输入“=客户”。

（4）单击“确定”按钮，关闭对话框，返回工作表界面，完成对此单元格数据验证的设置。

（5）选择单元格 C4，向下填充数据验证的设置到第 18 行。

用同样的方法创建“产品编号”列的下拉列表，在“来源”文本框中输入“=产品编号”。

2. 自动显示“产品名称”、“单位”

（1）选择单元格 E4，在公式栏内输入公式：

```
=IF(ISBLANK(D4),"",VLOOKUP(D4,基本资料,2))
```

（2）选择单元格 F4，在公式栏内输入公式：

```
=IF(ISBLANK(D4),"",VLOOKUP(D4,基本资料,3))
```

（3）选择区域 E4:F4，向下填充到第 18 行。

3. 计算“金额”

（1）选择单元格 I4，在公式栏内输入公式“=G4*H4”。

（2） 选择单元格 I4，向下填充到第 18 行。

10.4.3 按商品类别分析销货数据

将销货数据按照商品类别分类汇总，有助于管理者了解在一定时期内每种商品销售的数量、金额、平均售价，对于做出调整销售结构、销售价格等销售决策有重要作用。在 Excel 中可以通过创建数据透视表来满足这一要求。

例 10-6　编制“销货-商品分析”表。

A 公司管理层要求按商品类别编制如图 10-32 所示的销货数据分析表，以了解每种商品的销货情况。

该范例文件见随书光盘“进销存管理”工作簿中的“销货-商品分析”工作表，具体操作步骤如下：

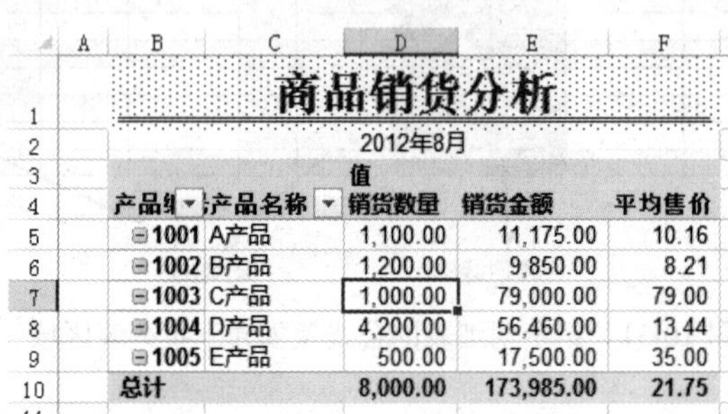

产品编号	产品名称	销货数量	销货金额	平均售价
1001	A产品	1,100.00	11,175.00	10.16
1002	B产品	1,200.00	9,850.00	8.21
1003	C产品	1,000.00	79,000.00	79.00
1004	D产品	4,200.00	56,460.00	13.44
1005	E产品	500.00	17,500.00	35.00
总计		8,000.00	173,985.00	21.75

图 10-32　商品销货分析表

1. 创建数据透视表

（1） 打开“进销存管理”工作簿，单击工作表标签插入按钮，插入一张工作表，双击该工作表标签，重命名为“销货-商品分析”。

（2） 在单元格 B1 中输入“商品销货分析”，合并并居中区域 B1:F1，设置字体为“华文中宋”，字号为“22”，字体颜色“深蓝色”，设置行高为“45”，添加双底框线。

（3） 选择区域 B2:F2，合并并居中，设置字体为“Arial”，字号为“12”，行高为“20”，输入“2012-8”。

（4） 选择区域 B2:F2，按 Ctrl＋1 组合键，打开“设置单元格格式”对话框，转到“数字”选项卡，在“分类”列表框中选择“日期”，在“类型”列表框中选择“2012 年 3 月”格式，单击“确定”按钮，关闭对话框，完成对日期格式的设置，日期显示为“2012 年 8 月”。

（5） 选择单元格 B3，选择“插入”/“表格”/“数据透视表”/“数据透视表”命令，打开如图 10-33 所示的“创建数据透视表”对话框。

（6） 在“请选择要分析的区域”中勾选“选择一个表或区域”单选按钮，在其后的公式栏内输入“=销货明细”，单击“确定”按钮，弹出“数据透视表字段列表”对话框。

（7） 在“选择要添加到报表的字段”列表中将“产品编号”、“产品名称”字段拖到“行标签”区域，将“数量”、“金额”字段拖动到“数值”区域，在工作表中显示如图 10-34 所示的界面。

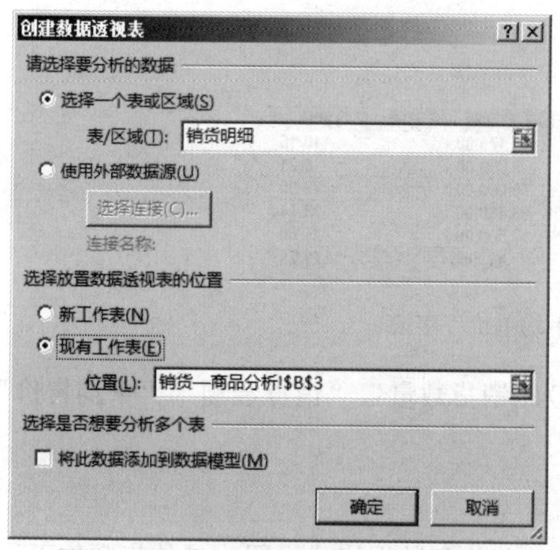

图 10-33 “创建数据透视表”对话框

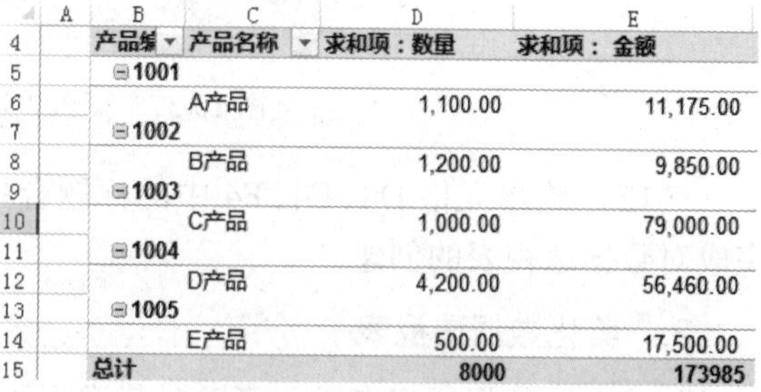

	A	B	C	D	E
4		产品编	产品名称	求和项：数量	求和项：金额
5		⊟1001			
6			A产品	1,100.00	11,175.00
7		⊟1002			
8			B产品	1,200.00	9,850.00
9		⊟1003			
10			C产品	1,000.00	79,000.00
11		⊟1004			
12			D产品	4,200.00	56,460.00
13		⊟1005			
14			E产品	500.00	17,500.00
15		总计		8000	173985

图 10-34 拖动字段

（8） 单击数据透视表中的任一单元格，选择“数据透视表工具”/“设计”/“布局”/“报表布局”/“以表格形式显示”命令。

（9） 单击数据透视表中的任一单元格，选择“数据透视表工具”/“设计”/“布局”/“分类汇总”/“不显示分类汇总”命令，数据透视表显示如图 10-35 所示的效果。

	A	B	C	D	E
4		产品编	产品名称	求和项：数量	求和项：金额
5		⊟1001	A产品	1,100.00	11,175.00
6		⊟1002	B产品	1,200.00	9,850.00
7		⊟1003	C产品	1,000.00	79,000.00
8		⊟1004	D产品	4,200.00	56,460.00
9		⊟1005	E产品	500.00	17,500.00
10		总计		8000	173985

图 10-35 不显示分类汇总后的数据透视表

（10） 选择”数据透视表工具”/“分析”/“计算”/“字段、项目和集”/“计算字段”命令，显示如图 10-36 所示的“插入计算字段”对话框。

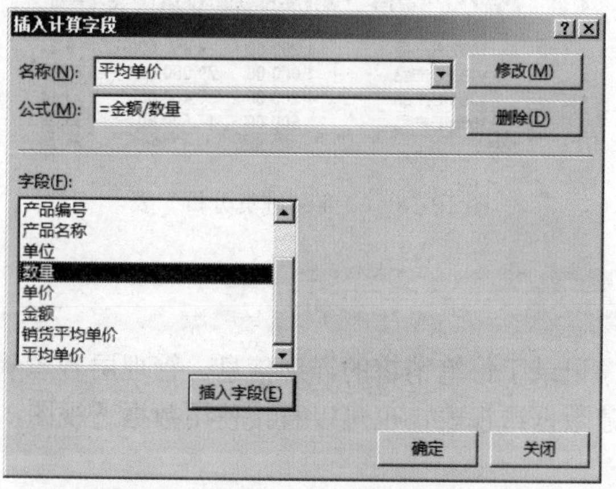

图 10-36 “插入计算字段”对话框

（11） 在“名称”文本框中输入“平均单价”，在“公式”文本框中输入“=金额/数量”，单击“确定”按钮，返回工作表界面，完成对数据透视表的创建，工作表中显示如图 10-37

所示的效果。

	A	B	C	D	E	F
4		产品编	产品名称	求和项：数量	求和项：金额	求和项：平均单价
5		⊟1001	A产品	1,100.00	11,175.00	10.16
6		⊟1002	B产品	1,200.00	9,850.00	8.21
7		⊟1003	C产品	1,000.00	79,000.00	79.00
8		⊟1004	D产品	4,200.00	56,460.00	13.44
9		⊟1005	E产品	500.00	17,500.00	35.00
10		总计		8000	173985	21.75

图 10-37　插入“进货平均单价”字段

（12） 将单元格 D4、E4、F4 中的标题分别改为“销货数量”、“销货金额”、“平均售价”，完成对数据透视表的创建。

2. 美化数据透视表

创建上述数据透视表后，可以对其进行进一步的美化和数据格式设置，具体步骤如下：

（1） 选择“数据透视表工具”/“设计”/“数据透视表样式”命令，在样式功能组中选择合适的表样式。

（2） 选择区域 B3:F10，转到“开始”选项卡，单击“字体”功能区中的“居中显示”按钮，居中显示数据透视表内的内容。

（3） 选择 B 列至 F 列，设置字体为“Arial”，字号默认为“11”。

（4） 选择 D 列至 F 列，转到“开始”选项卡，单击“数字”功能区中千分位分隔符按钮，设置所选区域的数据格式。

（5） 将单元格指针移动到 B 列至 F 列的列字母之间，变成形状之后，单击并拖动，将单元格区域 B 列至 F 列调整到合适的宽度。

完成对数据透视表的美化，显示如图 10-38 所示的效果。

	A	B	C	D	E	F
1		商品销货分析				
2		2012年8月				
3				值		
4		产品编	产品名称	销货数量	销货金额	平均售价
5		⊟1001	A产品	1,100.00	11,175.00	10.16
6		⊟1002	B产品	1,200.00	9,850.00	8.21
7		⊟1003	C产品	1,000.00	79,000.00	79.00
8		⊟1004	D产品	4,200.00	56,460.00	13.44
9		⊟1005	E产品	500.00	17,500.00	35.00
10		总计		8000	173985	21.75

图 10-38　“商品进货分析”表

10.4.4 使用图形分析每个客户的销售额

销售明细按时间顺序记录了每笔销售的详细信息，管理层若想从客户的角度了解每个客户的销售情况，可以创建数据透视表，也可以直接使用数据透视图，以图表的方式更形象地显示出来。

例 10-7　创建饼图“销货客户占比分析”。

A 公司管理层想了解每个客户在当期的销售情况，要求财务部编制如图 10-45 所示的饼图。

该范例文件见随书光盘“进销存管理”工作簿中的“销货-客户分析”工作表，具体制作步骤如下：

（1） 激活“销货—客户分析”工作表。

（2） 选择单元格 B3，选择“插入”/“图表”/“数据透视图”命令，打开如图 10-39 所示的对话框。

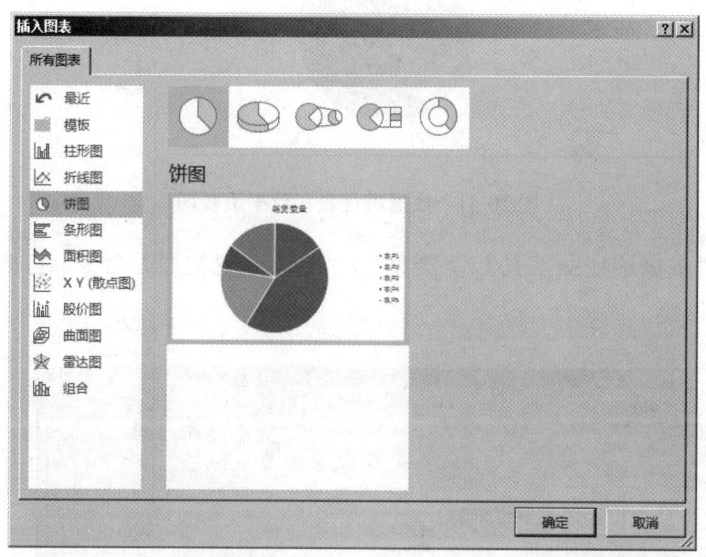

图 10-39 “插入图表”对话框

（3） 任意第一种饼图样式，单击“确定”按钮，然后选择“数据透视图”/“显示/隐藏”/“字段列表”命令，弹出如图 10-40 所示的“数据透视表字段列表”对话框。

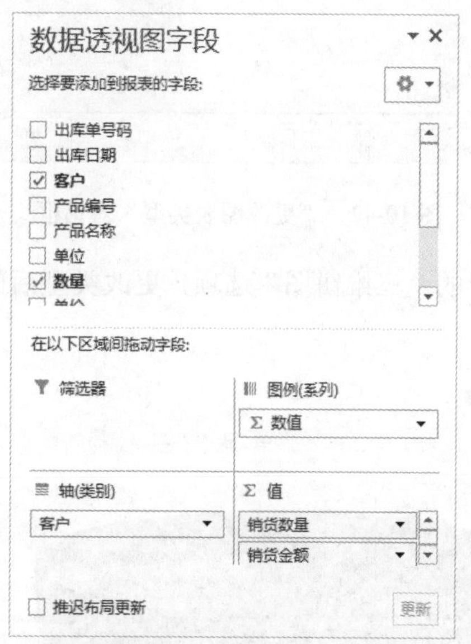

图 10-40 “数据透视表字段列表”对话框

（4） 打开“数据透视表字段列表”对话框，将“客户”字段拖动到“轴(类别)”区域，将“金额”字段拖动到“值”区域，关闭对话框，工作表区域显示如图 10-41 所示的数据透视图。

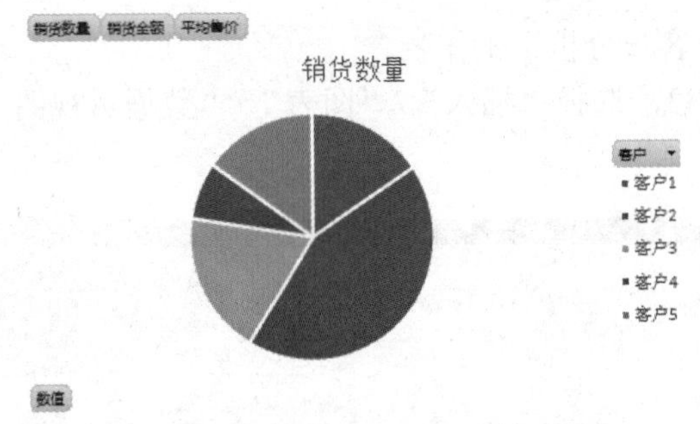

图 10-41　数据透视表和数据透视图

（5） 选择“数据透视图工具”/“类型”/“更改图表类型”命令，打开如图 10-42 所示饼图类型。

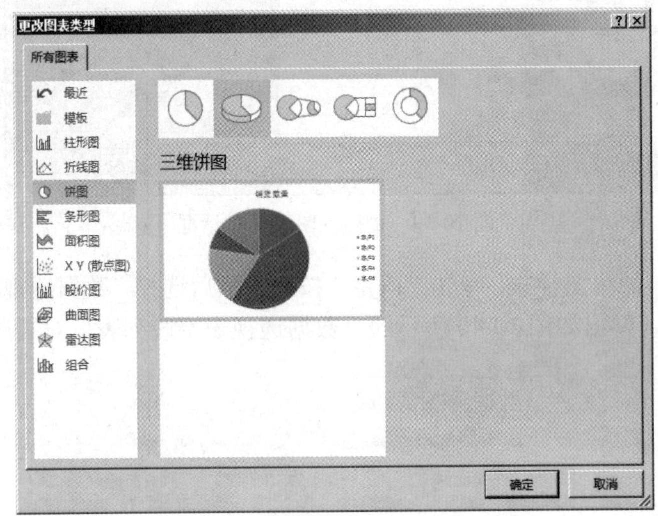

图 10-42　“更改图表类型”对话框

（6） 选择“饼图”组中的“三维饼图”选项，更改类型后的数据透视图显示如图 10-43 所示的效果。

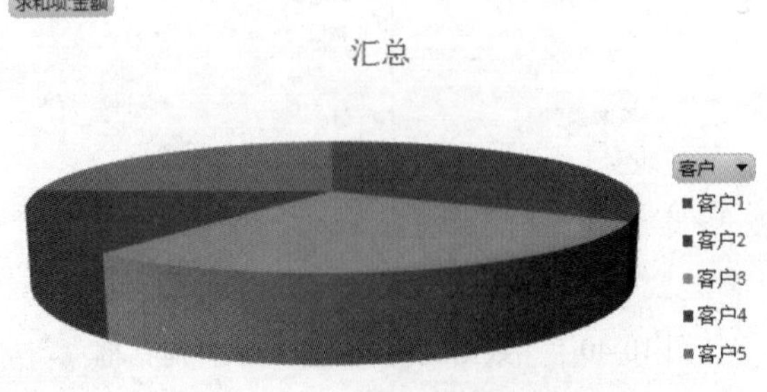

图 10-43　更改为饼图后的数据透视图

（7） 更改图表标题为“销货客户占比分析”，选择“数据透视图工具”/“设计”/“添加图表元素”/“数据标签”/“数据标签内”命令，向图表内添加数据标签。

（8） 选中图表内的数据标签，右击在打开的快捷菜单中选择“设置数据标签格式”命令，打开“设置数据标签格式”对话框。

（9） 在“标签选项”选项卡的“标签包括”功能组中，选择“类别名称”、“百分比”、“显示引导线”复选框，单击“关闭”按钮，关闭对话框，返回工作表界面，饼图显示如图 10-44 所示的效果。

（10） 选中图表中任意一个按钮，右击执行“隐藏图表上的所有字段按钮”命令，完成隐藏命令按钮。

（11） 选中图表，单击“数据透视图工具”/“格式”选项卡。在“形状样式”功能组中选择“形状填充”命令，在下拉菜单中选择“纹理”/“纸沙草纸”命令，选择“形状效果”命令，在下列菜单中选择“发光”组中的合适样式。

对图表进行美化后的效果如图 10-45 所示。

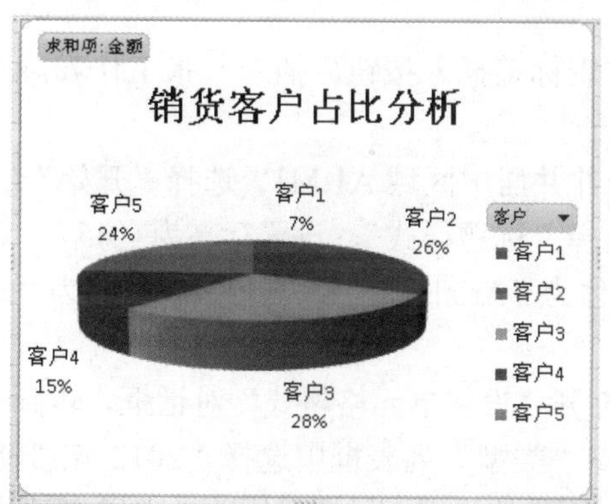

图 10-44　饼图添加数据标签后的效果

图 10-45　美化后的饼图效果

10.5　进销存报表

进销存报表对本月的进货、销货、库存信息进行汇总，向管理层提供有关销售成金额、销售毛利、库存成本等资料。

例 10-8　编制进销存报表。

A 公司管理层要求提供包含本月进销存信息的报表，效果如图 10-46 所示。

进销存报表

2012年8月

产品编号	产品名称	期初库存		本月入库		加权平均单价	本月销售				期末库存	
		数量	平均单价	入库数量	入库金额		销售数量	平均售价	销售金额	销售毛利	数量	库存成本
1001	A产品	1,500.00	4.90	3,000.00	14,670.00	4.89	1,100.00	4.89	5,379.00	-3.67	3,400.00	16,637.33
1002	B产品	900.00	3.50	1,000.00	3,300.00	3.39	1,200.00	3.30	3,960.00	-113.68	700.00	2,376.32
1003	C产品	600.00	39.00	1,500.00	60,000.00	39.71	1,000.00	40.00	40,000.00	285.71	1,100.00	43,685.71
1004	D产品	1,800.00	4.00	5,500.00	22,450.00	4.06	4,200.00	4.08	17,143.64	84.73	3,100.00	12,591.10
1005	E产品	800.00	16.00	1,200.00	18,000.00	15.40	500.00	15.00	7,500.00	-200.00	1,500.00	23,100.00
合计		5,600.00		12,200.00	118,420.00		8,000.00		73,982.64	53.10	9,800.00	98,390.46

图 10-46　进销存报表

该范例文件见随书光盘“第 10 章”文件夹的“进销存管理”工作簿中的“进销存报表”工作表。具体制作步骤见 10.5.1 节～10.5.2 节。

10.5.1 进销存报表的格式设计

进销存报表的格式如图 10-47 所示，具体制作步骤如下：

图 10-47 进销存报表的格式

（1） 打开“进销存管理”工作簿，单击工作表标签插入按钮，插入一张工作表，双击该工作表标签，重命名为“进销存报表”。

（2） 在单元格 A1 中输入“进销存报表”，合并并居中区域 A1:M1。选择“开始”/“样式”/“单元格样式”命令，在打开的下拉列表中选择“标题样式”，设置行高为“45”。

（3） 选择区域 A2:M2，合并并居中，设置字体为“Arial”，字号为“12”，行高为“20”，输入“2012-8”。

（4） 选择区域 A2:M2，按 Ctrl＋1 组合键，打开“设置单元格格式”对话框，转到“数字”选项卡，在“分类”列表框中选择“日期”，在“类型”列表框中选择“2012 年 3 月”格式，单击“确定”按钮，关闭对话框，完成对日期格式的设置，日期显示为“2012 年 8 月”。

（5） 在单元格 A3、B3、C3、E3、G3、H3、L3 内分别输入“产品编号”、“产品名称”、“期初库存”、“本月入库”、“加权平均成本”、“本月销售”、“期末库存”。

（6） 分别合并区域 A3:A4、B3:B4、C3:D3、E3:F3、G3:G4、H3:K3、L3:M3。

（7） 在单元格 B4 至 F4、H4 至 M4 内分别输入“数量”、“平均单价”、“数量”、“入库金额”、“数量”、“平均售价”、“销售金额”、“销售毛利”、“数量”、“库存成本”。

（8） 在单元格 A10 内输入“合计”。

（9） 选择区域 A3:M10，设置字体为“Arial”，字号为“9”，居中显示文本。

（10） 将单元格指针移动到 A 列至 M 列的列字母之间，变成✛形状之后，单击并拖动，将单元格区域 A 列至 M 列调整到合适的宽度。

（11） 选择区域 G5:G10，设置背景颜色为绿色；选择区域 C5:C10、E5:E10、H5:H10、L5: L10，设置背景颜色为“浅蓝色”；选择区域 F5:F10、J5:J10、K5:K10、M5:M10，设置背景颜色为红色。

（12） 选择区域 A3:M10，添加如图 10-47 所示的边框。

10.5.2 进销存报表的公式设计

进销存报表期初的库存数量和平均单价是已知的，需要输入的公式包括自动显示产品名称、入库数量、入库金额、销售数量、销售金额，计算加权平均单价、销售毛利、库存数量、库存成本，以及各项的合计数。

1. 自动显示产品名称

选择单元格 B5，在公式栏内输入“=VLOOKUP(A5,基本资料,2)”。

2. 自动显示入库数量及金额

入库数量及金额的数据来源于“进货-商品分析”工作表，为方便公式引用，需先对进货商品分析表命名，具体操作步骤如下：

（1） 激活“进货-商品分析”工作表。

（2） 选择区域 B3:E10，在名称框内输入“进货商品汇总”。

（3） 激活“进销存报表”工作表。

（4） 选择单元格 E5，在公式栏内输入“=VLOOKUP(A5,进货商品汇总,3)”。

（5） 选择单元格 F5，在公式栏内输入“=VLOOKUP(A5,进货商品汇总,4)”。

3. 计算加权平均单价

选择单元格 G5，在公式栏内输入“=(C5*D5+F5)/(C5+E5)”。

4. 自动显示及计算本月销售项目

销售数量及金额的数据来源于“进货—商品分析”工作表，为方便公式引用，需先对进货商品分析表命名，具体操作步骤如下：

（1） 激活“销货-商品分析”工作表。

（2） 选择区域 B3:E10，在名称框内输入“销货商品汇总”。

（3） 激活“进销存报表”工作表。

（4） 选择单元格 H5，在公式栏内输入“=VLOOKUP(A5,销货商品汇总,3)”。

（5） 选择单元格 I5，在公式栏内输入“=VLOOKUP(A5,进货商品汇总,5)”。

（6） 选择单元格 J5，在公式栏内输入“=H5*I5”。

（7） 选择单元格 K5，在公式栏内输入“=H5*(I5-G5)”。

5. 计算库存项目

（1） 选择单元格 L5，在公式栏内输入“=C5+E5-H5”。

（2） 选择单元格 M5，在公式栏内输入“=L5*G5”。

6. 复制公式

选择区域 E5:M5，向下填充复制到第 9 行。

7. 计算合计数

（1） 选择单元格 C10，在公式栏内输入公式“=SUM(D5:D9) ”。

（2） 选择单元格 C10，向右复制公式到 E10、F10、H10、J10、K10、L10 和 M10 单元格内。

10.5.3 库存预警设置

由于商品种类繁多，为保证经营的连续性，库存商品低于一定数量时，应该给予提示，在 Excel 中可以通过设置条件格式来满足这一要求。

例 10-9 为 B 商品设置预警。

公司要求，当 B 商品的库存低于 1000 件时，应以如图 10-48 所示的红色背景显示，提醒商品的继续购进，保证生产经营的连续性。

设置条件格式的具体步骤如下：

（1） 选择单元格 L5。

（2） 选择“开始”/“样式”/“条件格式”/“突出显示单元格规则”命令，打开如图 10-49 所示的下拉菜单。

	L	M
1		
2		
3	期末库存	
4	数里	库存成本
5	3,400.00	16,637.33
6	700.00	2,376.32
7	1,100.00	43,685.71
8	3,100.00	12,591.10
9	1,500.00	23,100.00
10	9,800.00	98,390.46

图 10-48 为 B 商品设置预警

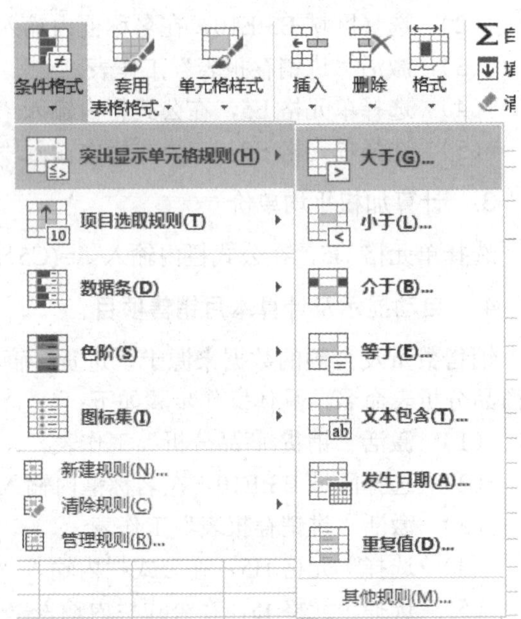

图 10-49 “条件格式”下拉菜单

（3） 选择“小于”命令，打开如图 10-50 所示的“小于”对话框。

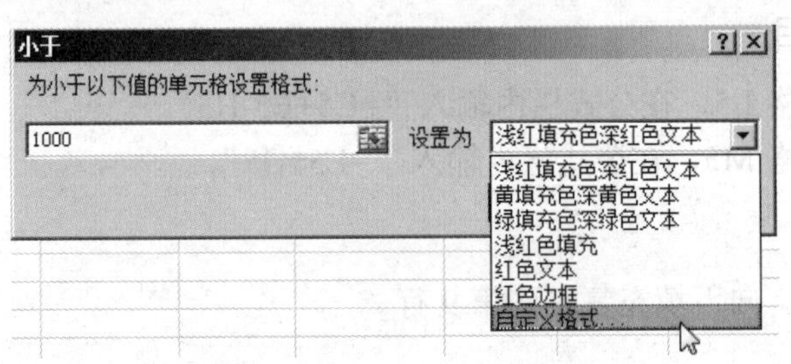

图 10-50 “小于”对话框

（4） 在对话框的左侧文本框中输入“1000”，单击右侧文本框的下拉按钮，在打开的下拉菜单中选择“自定义格式”命令，打开“设置单元格格式”对话框。

（5） 转到“背景”选项卡，设置背景颜色为“红色”。

（6） 单击“确定”按钮，关闭“设置单元格格式”对话框，返回“小于”对话框。

（7） 单击“确定”按钮，关闭“小于”对话框，返回工作表界面，B 产品所对应的库存数量显示如图 10-48 所示的红色。

使用同样的方法，对其他产品按照相应的库存最低要求设置。

10.6　本章小结

本章具体介绍了如何使用 Excel 对进销存进行简单的核算和管理。通过本章的学习，读者应掌握和了解以下知识点：

- 掌握进货明细表的创建。
- 掌握销货明细表的创建。
- 掌握使用数据透视表对进货、销货数据按商品进行分析的方法。
- 掌握使用数据透视图对销货数据按客户进行分析的方法。
- 掌握加权平均成本法的计算。
- 掌握销售毛利、库存成本的计算。
- 掌握库存预警的设置方法。

10.7　上机练习

资料：

某日用品批发中心 8 月份的基本信息、进货资料、销货资料、期初库存资料分别如图 10-51、图 10-52、图 10-53 和图 10-54 所示。

该资料见随书光盘“第 10 章”文件夹中的“上机练习-进销存”工作簿。

基本资料

产品编号	产品名称	单位	供货方	客户
1001	香皂	箱	保洁	客户1
1002	毛巾	打	奇雅丝	客户2
1003	牙刷	盒	宝洁	客户1
1004	洗发水	箱	霸王	客户2
1005	护发素	箱	华银	客户3
1006	牙膏	支	宝洁	客户3

图 10-51　基本资料

进货明细

2012年8月

入库单号码	入库日期	供货方	产品编号	产品名称	单位	数量	单价	金额	备注
12-08-001	2012/8/2	保洁	1001	香皂	箱	100.00	150.00	15,000.00	
12-08-002	2012/8/4	奇雅丝	1002	毛巾	打	300.00	50.00	15,000.00	
12-08-003	2012/8/7	霸王	1004	洗发水	箱	30.00	160.00	4,800.00	
12-08-004	2012/8/10	宝洁	1003	牙刷	盒	20.00	200.00	4,000.00	
12-08-005	2012/8/17	宝洁	1006	牙膏	支	500.00	2.00	1,000.00	
12-08-006	2012/8/21	霸王	1004	洗发水	箱	40.00	150.00	6,000.00	
12-08-007	2012/8/25	保洁	1001	香皂	箱	150.00	160.00	24,000.00	
12-08-008	2012/8/29	霸王	1004	洗发水	箱	40.00	155.00	6,200.00	
12-08-009	2012/8/31	华银	1005	护发素	箱	50.00	100.00	5,000.00	

图 10-52　进货资料

销售单号码	销售日期	客户	产品编号	产品名称	单位	数量	单价	金额
销货明细								
2012年8月								
12-08-001	2012/8/2	客户1	1001	香皂	箱	125.00	270.00	33,750.00
12-08-002	2012/8/4	客户2	1006	牙膏	支	200.00	2.50	500.00
12-08-003	2012/8/6	客户3	1002	毛巾	打	200.00	98.00	19,600.00
12-08-004	2012/8/8	客户4	1002	毛巾	打	150.00	100.00	15,000.00
12-08-005	2012/8/10	客户4	1003	牙刷	盒	30.00	380.00	11,400.00
12-08-006	2012/8/12	客户2	1004	洗发水	箱	20.00	300.00	6,000.00
12-08-007	2012/8/14	客户5	1005	护发素	箱	60.00	160.00	9,600.00
12-08-008	2012/8/16	客户5	1006	牙膏	支	300.00	2.40	720.00
12-08-009	2012/8/18	客户2	1004	洗发水	箱	25.00	280.00	7,000.00
12-08-010	2012/8/20	客户3	1001	香皂	箱	100.00	290.00	29,000.00
12-08-011	2012/8/22	客户3	1003	牙刷	盒	50.00	370.00	18,500.00
12-08-012	2012/8/24	客户2	1004	洗发水	箱	35.00	290.00	10,150.00
12-08-013	2012/8/26	客户1	1005	护发素	箱	40.00	180.00	7,200.00
12-08-014	2012/8/28	客户1	1006	牙膏	支	180.00	2.35	423.00
12-08-015	2012/8/30	客户2	1003	牙刷	盒	20.00	385.00	7,700.00

图 10-53　销货明细

产品编号	产品名称	期初库存	
		数量	平均单价
1001	香皂	50.00	155.00
1002	毛巾	80.00	57.00
1003	牙刷	100.00	188.00
1004	洗发水	20.00	157.00
1005	护发素	60.00	105.00
1006	牙膏	200.00	1.95

图 10-54　期初库存数据

（1）　根据以上资料对进货数据编制按商品分类的如图 10-55 所示的数据透视表。

商品进货分析				
2012年8月				
		值		
产品编号	产品名称	进货数量	进货金额	进货平均单价
⊟1001	香皂	250.00	39,000.00	156.00
⊟1002	毛巾	300.00	15,000.00	50.00
⊟1003	牙刷	20.00	4,000.00	200.00
⊟1004	洗发水	110.00	17,000.00	154.55
⊟1005	护发素	50.00	5,000.00	100.00
⊟1006	牙膏	500.00	1,000.00	2.00
总计		1,230.00	81,000.00	65.85

图 10-55　商品进货分析

（2）　基于 10-52 所示的进货数据，编制按商品分类的如图 10-56 所示的数据透视图。

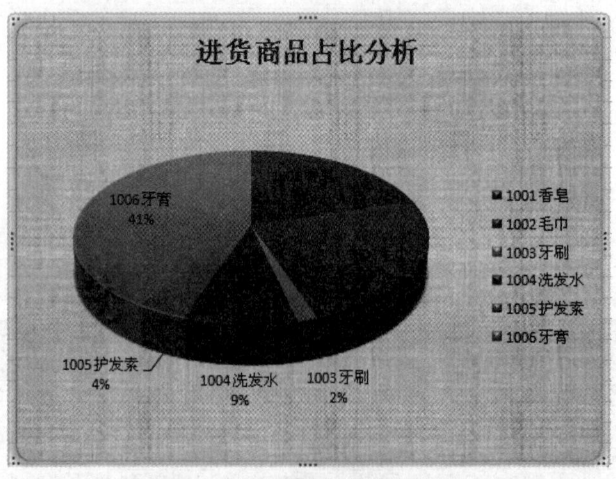

图 10-56　饼图“进货商品占比分析”

（3）　基于图 10-53 所示的销货数据，编制按商品分类的如图 10-57 所示的数据透视表。

商品销货分析

2012年8月

产品编号	产品名称	销货数量	销货金额	平均售价
1001	香皂	225.00	62,750.00	278.89
1002	毛巾	350.00	34,600.00	98.86
1003	牙刷	100.00	37,600.00	376.00
1004	洗发水	80.00	23,150.00	289.38
1005	护发素	100.00	16,800.00	168.00
1006	牙膏	680.00	1,643.00	2.42
总计		1535	176543	115.01

图 10-57　商品销货分析

（4）　根据图 10-53 所示的销货数据，编制按客户分类的如图 10-58 所示的数据透视图。

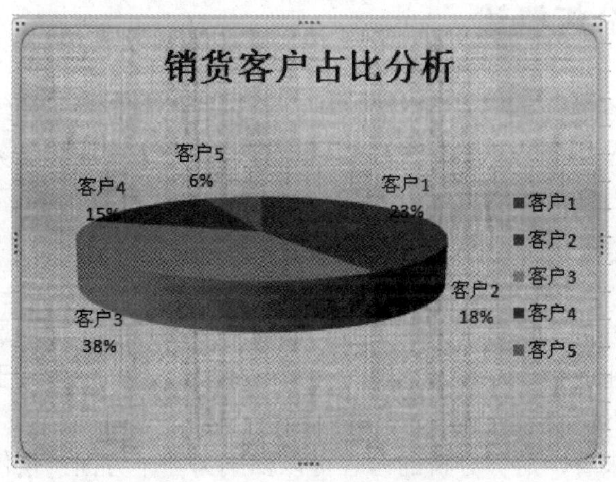

图 10-58　销货客户占比分析

（5）　基于以上资料，编制如图 10-59 所示的进销存报表。

进销存报表

2012年8月

产品编号	产品名称	期初库存		本月入库		加权平均单价	本月销售				期末库存	
		数量	平均单价	入库数量	入库金额		销售数量	平均售价	销售金额	销售毛利	数量	库存成本
1001	香皂	50.00	155.00	250.00	39,000.00	155.83	225.00	156.00	35,100.00	37.50	75.00	11,687.50
1002	毛巾	80.00	57.00	300.00	15,000.00	51.47	350.00	50.00	17,500.00	-515.79	30.00	1,544.21
1003	牙刷	100.00	188.00	20.00	4,000.00	190.00	100.00	200.00	20,000.00	1,000.00	20.00	3,800.00
1004	洗发水	20.00	157.00	110.00	17,000.00	154.92	80.00	154.55	12,363.64	-30.21	50.00	7,746.15
1005	护发素	60.00	105.00	50.00	5,000.00	102.73	100.00	100.00	10,000.00	-272.73	10.00	1,027.27
1006	牙膏	200.00	1.95	500.00	1,000.00	1.99	680.00	2.00	1,360.00	9.71	20.00	39.71
合计			663.95	1,230.00	81,000.00		1,535.00		96,323.64	228.49	205.00	25,844.85

图 10-59　进销存报表

第 11 章　Excel 在财务分析中的应用

财务分析是评价企业财务状况、衡量企业经营业绩的重要依据。由于财务分析涉及的数据不仅种类繁多，而且还涉及不同时期、不同企业之间的比较，因此利用 Excel 所提供的各种功能来辅助财务人员和决策人员，可以迅速、准确地完成财务分析工作。

本章主要介绍财务分析中常用的方法和如何运用 Excel 进行简单的财务分析。

11.1　财务报表分析概述

财务分析是以财务报表和相关资料为基础，对企业的财务状况和经营成果进行评价和剖析，反映企业在运营过程中的利弊得失和发展趋势，为改进企业的财务管理工作和优化经济决策提供重要的财务信息。

11.1.1　财务分析的内容

财务分析的需求者主要包括权益投资者、债权人、治理层、管理层、雇员、顾客、政府及其相关监管机构、注册会计师和其他财务信息使用者。不同主体出于不同的利益，所关心的问题和侧重点有所不同，因此财务分析的内容也有所不同。

但就企业的总体来看，财务分析的内容可以归纳为四个方面：偿债能力分析、营运能力分析、盈利能力分析和发展能力分析。其中偿债能力分析是实现财务目标的稳健保证，营运能力是实现财务目标的物质基础，盈利能力是两者共同作用的结果，同时对两者的增强起着推动作用。四者相辅相成，共同构成财务分析的基本内容。

11.1.2　财务分析的方法

财务报表的分析方法主要有比率分析法、趋势分析法和因素分析法。

1.　比率分析法

比率分析法主要是通过各种比率指标来确定经济活动变动程度的分析方法。比率是相对数，采用这种方法，能够把某些条件下的不可比指标变成可比指标，以利于分析。比率指标可以有不同的类型，主要有以下 3 类。

（1）　构成比率。

构成比率又称结构比率，它是某项财务指标的各组成部分数值占总体数值的百分比，反映部分与总体的关系。其计算公式为：

构成比率=某个组成部分数值/总体数值×100%

比如，企业中的流动资产、固定资产和无形资产占资产总额百分比的（资产构成比率），企业负债中流动负债和非流动负债占负债总额的百分比（负债构成比率）。利用构成比率，可以考察总体中某个部分的形成和安排是否合理，以便协调各项财务活动。

（2） 效率比率。

效率比率是某项财务活动中所费与所得的比例，反映投入与产出的关系。利用效率比率指标，可以进行得失比较，考虑经营成果，评价经济效益。例如，将净利润与营业收入、营业等项目进行比较，可以计算出成本利润率、营业利润率等利润率指标，可以从不同角度观察比较企业盈利能力的高低以及增减变化情况。

（3） 相关比率。

相关比率是以某个项目和与其有关但又不同项目加以对比所得的比率，反映有关经济活动的相关关系。利用相关比率指标，可以考察企业有联系的相关业务的安排是否合理，以保障运营活动顺利进行。例如，将流动资产与流动负债加以对比，计算出流动比率，据以判断企业的短期偿债能力。

2. 趋势分析法

趋势分析法，是通过对比两期或连续数期财务报告中的相同指标，确定其增减变动的方向、数额和幅度，来说明企业财务状况或经营成果变动趋势的一种方法。采用这种方法，可以分析引起变化的主要原因和变动的性质，并预测企业未来的发展前景。趋势分析法的具体运用主要有以下两种方式。

（1） 财务报表项目趋势分析。

将企业连续数期的财务报表金额并列起来，比较其相同指标的增减变动金额和幅度，据以判断企业财务状况和经营成果发展变化的一种方法。

（2） 财务报表项目构成百分比的比较。

将企业财务报表中某个总体指标作为 100%，再计算出各组成指标占总体指标的百分比，从而来比较各个项目百分比的增减变动，以此来判断有关财务活动的变化趋势。这种方法不仅可以用于同一时期财务状况的纵向比较，还可以用于不同企业之间的横向比较，同时能够消除不同时期、不同企业之间业务规模的差异，有利于分析企业的资本结构、耗费水平和盈利水平。

11.2 财务指标分析

财务指标分析是将财务报表中的有关项目进行比较，得出一系列的财务比率，以此来揭示企业财务状况的一种方法。

11.2.1 财务分析的具体指标

总结和评价企业财务状况和经营成果的分析指标包括偿债能力指标、营运能力指标、盈利能力指标和发展能力指标。

11.2.1.1 偿债能力分析

偿债能力是指企业偿还到期债务的能力。偿债能力分析包括短期偿债能力分析和长期偿债能力分析。

1. 短期偿债能力分析

短期偿债能力分析是指企业流动资产对流动负债及时足额偿还的保障程度，是衡量企业当前财务能力，特别是流动资产变现能力的重要标志。短期偿债能力的衡量指标主要有：流动比率、速动比率、现金比率、现金流动资产比率等。

（1） 流动比率。

流动比率是全部流动资产与流动负债的比值。其计算公式如下：

流动比率=流动资产÷流动负债

流动比率假设全部流动资产都可以用于偿还短期债务，表明每 1 元流动负债有多少流动资产作为偿债的保障。不存在统一的、标准的流动比率数值。不同行业的流动比率，通常有明显差别。营业周期越短的行业，合理的流动比率越低。过去很长时期，人们认为生产型企业合理的最低流动比率是 2。这是因为流动资产中变现能力最差的存货金额约占流动资产总额的一半，剩下的流动性较好的流动资产至少要等于流动负债，才能保证企业最低的短期偿债能力。这种认识一直未能从理论上证明。最近几十年，企业的经营方式和金融环境发生很大变化，流动比率有降低的趋势，许多成功企业的流动比率都低于2。

如果流动比率与上年相比发生较大变动，或与行业平均值出现重大偏离，就应对构成流动比率的流动资产和流动负债各项目逐一进行分析，寻找形成差异的原因。为了考察流动资产的变现能力，有时还需要分析其周转率。

流动比率有某些局限性，在使用时应注意：流动比率假设全部流动资产都可以变为现金并用于偿债，全部流动负债都需要还清。实际上，有些流动资产的账面金额与变现金额有较大差异，如产成品等。经营性流动资产是企业持续经营所必需的，不能全部用于偿债；经营性应付项目可以滚动存续，无需动用现金全部结清。因此，流动比率是对短期偿债能力的粗略估计。

（2） 速动比率。

构成流动资产的各个项目的流动性有很大差别。其中的货币资金、交易性金融资产和各种应收、预付款项等，可以在较短时间内变现，称之为速动资产。另外的流动资产，包括存货、待摊费用、一年内到期的非流动资产及其他流动资产等，称为非速动资产。

非速动资产的变现时间和数量具有较大的不确定性：①存货的变现速度比应收款项要慢得多，部分存货可能已损失报废还没做处理，或者已抵押给某债权人，不能用于偿债。存货估价有多种方法，可能与变现金额相差悬殊；②待摊费用不能出售变现；③一年内到期的非流动资产和其他流动资产的数额有偶然性，不代表正常的变现能力。因此，将可偿债资产定义为速动资产，计算出来的短期债务存量比率更令人可信。

速动资产与流动负债的比值，称为速动比率，其计算公式为：

速动比率=速动资产÷流动负债

速动比率假设速动资产是可以用于偿债的资产，表明每 1 元流动负债有多少速动资产作为偿还保障。如同流动比率一样，不同行业的速动比率有很大差别。例如，采用大量现金销售的商店，几乎没有应收账款，速动比率大大低于 1 是很正常的。相反，一些应收账款较多的企业，速动比率可能要大于1。

影响速动比率可信性的重要因素是应收账款的变现能力。账面上的应收账款不一定都能变成现金，实际坏账可能比计提的准备要多。季节性的变化，可能使报表上的应收账款数额不能反映平均水平。这些情况，外部分析人不易了解，而内部人员却有可能做出估计。

（3） 现金比率。

速动资产中，流动性最强的可直接用于偿债的资产称为现金资产。现金资产包括货币资金、交易性金融资产等。它们与其他速动资产有区别，其本身就是可以直接偿债的资产，而非速动资产需要等待不确定的时间，才能转换为不确定数额的现金。

现金资产与流动负债的比值称为现金比率，其计算公式如下：

现金比率=（货币资金＋交易性金融资产）÷流动负债

现金比率假设现金资产是可偿债资产，表明 1 元流动负债有多少现金资产作为偿还保障。

（4） 现金流动负债比率。

现金流动负债比率，是企业一定时期的经营现金净流量同流动负债的比率，它可以从现金流量角度来反映企业当期偿付短期负债的能力。其计算公式为：

现金流动负债比率=年经营现金净流量×年末流动负债×100%

其中，年经营现金净流量是指一定时期内，有企业经营活动所产生的现金及现金等价物的流入量与流出量的差额。

该指标是从现金流入和流出的动态角度对企业实际偿债能力进行考察。现金流动负债比率越大，表明企业经营活动产生的现金净流量越多，越能保障企业按期偿还到期债务。但是，该指标也不是越大越好，指标过大表明企业流动资金利用不充分，获利能力不强。该指标从现金流入和流出的动态角度对企业的实际偿债能力进行考察，反映本期经营活动所产生的现金净流量足以抵付流动负债的倍数。

2. 长期偿债能力分析

长期偿债能力是指企业偿还长期负债的能力。衡量长期偿债能力的指标主要有：资产负债率、产权比率、权益乘数、长期资本负债率、已获利息倍数、现金流量利息保障倍数等。

（1） 资产负债率。

资产负债率是负债总额占资产总额的百分比，其计算公式如下：

资产负债率=（负债总额÷资产总额）×100%

资产负债率反映总资产中有多大比例是通过负债取得的，它可以衡量企业在清算时保护债权人利益的程度。资产负债率越低，企业偿债越有保证，贷款越安全。资产负债率还代表企业的举债能力。一个企业的资产负债率越低，举债越容易。如果资产负债率高到一定程度，没有人愿意提供贷款了，则表明企业的举债能力已经用尽。

通常，资产在破产拍卖时的售价不到账面价值的 50%，因此资产负债率高于 50%则债权人的利益就缺乏保障。各类资产变现能力有显著区别，房地产变现的价值损失小，专用设备则难以变现。不同企业的资产负债率不同，与其持有的资产类别有关。

（2） 产权比率和权益乘数。

产权比率和权益乘数是资产负债率的另外两种表现形式，它和资产负债率的性质一样，其计算公式如下：

产权比率=负债总额÷股东权益

权益乘数=总资产÷股东权益=1＋产权比率

产权比率表明 1 元股东权益借入的债务数额。权益乘数表明 1 元股东权益拥有的总资产。它们是两种常用的财务杠杆计量，可以反映特定情况下资产利润率和权益利润率之间的倍数关系。财务杠杆表明债务的多少，与偿债能力有关，并且可以表明权益净利率的风险，也与盈利能力有关。

（3） 长期资本负债率。

长期资本负债率是指非流动负债占长期资本的百分比，其计算公式如下：

长期资本负债率=[非流动负债÷（非流动负债＋股东权益）]×100%

长期资本负债率反映企业长期资本的结构。由于流动负债的数额经常变化，资本结构管理大多使用长期资本结构。

（4） 已获利息倍数。

已获利息倍数是指息税前利润为利息费用的倍数。其计算公式如下：

利息保障倍数=息税前利润÷利息费用

息税前利润=净利润＋利息费用＋所得税费用

通常，可以用财务费用的数额作为利息费用，也可以根据报表附注资料确定更准确的利息费用数额。

长期债务不需要每年还本，却需要每年付息。利息保障倍数表明 1 元债务利息有多少倍的息税前收益作保障，它可以反映债务政策的风险大小。如果企业一直保持按时付息的信誉，则长期负债可以延续，举借新债也比较容易。利息保障倍数越大，利息支付越有保障。如果利息支付尚且缺乏保障，归还本金就很难指望。因此，利息保障倍数可以反映长期偿债能力。

如果利息保障倍数小于1，表明自身产生的经营收益不能支持现有的债务规模。利息保障倍数等于 1 也是很危险的，因为息税前利润受经营风险的影响，是不稳定的，而利息的支付却是固定数额。利息保障倍数越大，公司拥有的偿还利息的缓冲资金越多。

（5） 现金流量利息保障倍数。

现金流量基础的利息保障倍数，是指经营现金流量为利息费用的倍数。其计算公式如下：

现金流量利息保障倍数=经营现金流量÷利息费用

现金基础的利息保障倍数表明，1 元的利息费用有多少倍的经营现金流量作保障。它比收益基础的利息保障倍数更可靠，因为实际用以支付利息的是现金，而不是收益。

11.2.1.2 营运能力分析

营运能力是指企业基于外部市场环境的约束，通过人力资源和生产资料的配置组合而对财务目标实现的所产生作用的大小。这里主要介绍生产资料的营运能力分析。生产资料的营运能力实际上就是企业的总资产及其各个组成要素的营运能力。资产营运能力的强弱关键取决于资产的周转速度。衡量生产资料的营运能力的指标主要有：应收账款周转率、存货周转率、流动资产周转率、总资产周转率。

（1） 应收账款周转率。

应收账款周转率是企业一定时期内营业收入与平均应收账款余额的比率，是反映企业周转速度的指标。它有 3 种表示形式：应收账款周转次数、应收账款周转天数和应收账款与收入比。其计算公式如下：

应收账款周转次数=营业收入÷应收账款
应收账款周转天数=365÷应收账款周转次数
应收账款与收入比=应收账款÷营业收入

通常情况下，应收账款周转率越高，应收账款周转天数越短，说明应收账款的收回速度越快，可以降低发生坏账的可能性。在计算和使用应收账款周转率时应注意以下问题：①应收账款年末余额的可靠性问题。应收账款是特定时点的存量，容易受季节性、偶然性和人为因素影响。在应收账款周转率用于业绩评价时，最好使用多个时点的平均数，以减少这些因素的影响；②大量销售使用现金结算方式；③应收票据是否计入应收账款周转率。大部分应收票据是销售形成的。只不过是应收账款的另一种形式，应将其纳入应收账款周转天数的计算，称为“应收账款及应收票据周转天数”；④年末大量销售或年末销售大幅度下降。

总之，应当深入到应收账款的内部，并且要注意应收账款与其他问题的联系，才能正确评价应收账款周转率。

（2） 存货周转率

存货周转率是企业一定时期内营业成本与平均存货余额的比率，是反映企业流动资产流动性的一个指标，也是衡量企业生产经营环节中存货运营效率的一个综合性指标。它也有 3 种计量方式，其计算公式如下：

存货周转次数=营业收入÷存货
存货周转天数=365÷存货周转次数
存货与收入比=存货÷营业收入

在计算和使用存货周转率时，应注意以下问题：①计算存货周转率时，使用“营业收入”还是“销售成本”作为周转额，要看分析的目的；②存货周转天数不是越低越好。存货过多会浪费资金，存货过少不能满足流转需要，在特定的生产经营条件下存在一个最佳的存货水平；③应注意应付款项、存货和应收账款（或销售）之间的关系；④应关注构成存货的产成品、自制半成品、原材料、在产品和低值易耗品之间的比例关系。

（3） 流动资产周转率。

流动资产周转率是企业一定时期内营业收入与平均流动资产余额的比率，也是反映企业资产流动性的一个指标的。它有 3 种计量方式，其计算公式为：

流动资产周转次数=营业收入÷流动资产
流动资产周转天数=365÷流动资产周转次数
流动资产与收入比=流动资产÷营业收入

流动资产周转次数，表明流动资产一年中周转的次数，或者说是 1 元流动资产所支持的营业收入。流动资产周转天数表明流动资产周转一次所需要的时间，也就是期末流动资产转换成现金平均所需要的时间。流动资产与收入比，表明1元收入所需要的流动资产投资。

通常，流动资产中应收账款和存货占绝大部分，因此它们的周转状况对流动资产周转具有决定性影响。

（4） 总资产周转率。

总资产周转率是企业一定时期内营业收入与平均资产总额之间的比率，可以用来反映企业全部资产的利用效率。它有 3 种表示方式：总资产周转次数、总资产周转天数、计算公式为：

总资产周转次数=营业收入÷总资产

总资产周转天数=365÷总资产周转次数

总资产周转率越高，表明企业使用全部资产的使用效率越高。反之，如果该指标越低，则说明企业利用全部资产进行经营的效率越差，最终会影响企业的盈利能力。

11.2.1.3 盈利能力分析

盈利能力就是企业资金增值的能力，它通常体现为企业收益数额的大小和水平的高低，盈利能力分析包括经营盈利能力分析、资产盈利能力分析、资本盈利能力分析和收益质量分析。

1. 经营盈利能力分析

经营盈利能力是指通过企业生产过程中的产出、耗费和利润之间的比率关系，来研究和评价企业获利能力，其衡量指标主要有营业毛利率、营业利润率和营业净利率。

（1） 营业毛利率。

营业毛利率是指企业一定时期毛利与营业收入的比率，表示 1 元营业收入扣除营业成本后，有多少钱可以用于各项期间费用和形成盈利。其计算公式为：

营业毛利率=（营业收入-营业成本）/营业收入×100%

（2） 营业利润率。

营业利润率是指企业一定时期营业利润与营业收入的比率，其计算公式为：

营业利润率=营业利润/营业收入×100%

营业利润率越高，表明企业的市场竞争力越强，发展潜力越大，从而盈利能力更强。

（3） 营业净利率。

营业净利率是指企业一定时期净利润与营业收入的比率，表示 1 元营业收入扣除成本费用之间可以挤出来的净利润。其计算公式为：

营业净利率=净利润/营业收入×100%

营业净利率越大则企业的盈利能力越强。

2. 资产盈利能力分析

资产盈利能力是指企业经济资源创造利润的能力，其主要衡量指标有总资产利润率、总资产报酬率、总资产净利率等。

（1） 总资产利润率。

该指标是企业利润总额与平均资产总额的比率，它反映企业综合运用所拥有的全部经济资源获得的效果，是一个综合性的效益指标。其计算公式为：

总资产利润率=利润总额/平均资产总额×100%

总资产利润率表现企业利用全部资产取得的综合效益。一般情况下，该表越高，反映企业利用效果越好。

（2） 总资产报酬率。

该指标是企业一定时期内获得的报酬总额与平均资产总额的比率。它是反映企业资产综合利用效果的指标，也是衡量企业利用债权人和所有者权益总额所取得盈利的重要指标。其计算公式为：

总资产报酬率=息税前利润总额/平均资产总额×100%

其中：息税前利润总额=利润总额＋利息支出=净利润＋所得税＋利息支出。

总资产报酬率反映了企业全部资产的获利水平，该指标越高，表明企业资产利用效益越好，整个企业盈利能力越强，经营管理水平越高。

（3） 总资产净利率。

该指标是净利润与平均资产总额的比率。它反映公司从 1 元受托资产中得到的净利润。其计算公式为：

总资产净利率=净利润/平均资产总额×100%

3. 资本盈利能力分析

资本盈利能力分析是指企业所有者通过投入资本在生产经营过程中所取得利润的能力，其衡量指标主要有净资产收益率、资本收益率。

（1） 净资产收益率

净资产收益率是企业一定时期内净利润与平均净资产的比率。

其计算公式为：

净资产收益率=净利润/平均净资产×100%

净资产收益率是评价企业自有资本及积累获取报酬水平的最具综合性与代表性的指标，反映企业资本运营的综合效益。一般认为，净资产收益率越高，企业自有资本获取收益的能力越强，运营效益越好，对企业投资人和债权人的保证程度越高。

（2） 资本收益率。

该指标是企业一定时期内净利润与平均资本的比率，反映企业实际获得投资额的回报水平。其计算公式为：

资本收益率=净利润/平均资本×100%

平均资本=（实收资本年初数＋资本公积年初数＋实收资本年末数＋资本公积年末数）/2

4. 收益质量分析

收益质量是指企业盈利的结构和稳定性，评价收益质量的主要指标是盈余现金保障倍数。

盈余现金保障倍数是企业一定时期经营现金净流量与净利润的比值，反映企业当前净利润中现金收益的保障程度，真实的反映了企业盈余的质量。其计算公式为：

盈余现金保障倍数=经营现金净流量/净利润

盈余现金保障倍数是从现金流入和现金流出的动态角度，对企业收益质量进行评价，充分反映出企业当前净利润中有多少是有现金保障的。一般情况下，盈余现金保障倍数大于 1 或者等于 1，说明企业的净利润具有相应的现金流量为保障。

11.2.1.4 发展能力分析

发展能力是指企业在生存的基础上，扩大规模、壮大实力的潜在能力。发展能力分析包括盈利增长能力分析、资产增长能力分析、资本增长能力分析和技术投入增长能力分析。

1. 盈利增长能力分析

企业的价值主要取决于其盈利和增长能力，因而企业的盈利增长能力是企业发展能力的重要方面，其衡量指标主要有营业收入增长率、营业利润增长率、净利润增长率等。

（1） 营业收入增长率。

营业收入增长率是企业本年营业收入增长额与上年营业收入总额的比率，反映营业收入的增减变动情况。其计算公式为：

营业收入增长率=营业收入增长额/上年度营业务收入总额×100%

其中：营业收入增长额=本年营业收入总额-上年营业收入总额

营业收入增长率是衡量企业经营状况和市场占有能力，预测企业经营业务拓展趋势的重要指标。该指标反映了企业营业收入的成长状况及发展能力。该指标大于 0，表示营业收入比上期有所增长，该指标越大，营业收入的增长幅度越大，企业的前景越好。该指标小于 0，说明营业的收入减少，表示产品销售可能存在问题。

（2） 营业利润增长率。

营业利润增长率是企业本年营业利润增长额与上年营业利润总额的比率，反映营业利润的增减变动情况。其计算公式为：

营业利润增长率=营业利润增长额/上年度营业利润总额×100%

其中：营业利润增长额=本年营业利润总额-上年营业利润总额

营业利润增长率越大，说明企业营业利润增长的越快，表明企业业务突出，业务扩张能力强。

（3） 净利润增长率。

净利润增长率是指企业本年净利润增长额与上年净利润的比率，是企业发展的基本表现，其计算公式为：

净利润增长率=本年净利润增长额/上年净利润×100%

净利润增长越大，表明企业收益增长的越多，企业经营业绩突出，市场竞争能力强。

2. 资产增长能力分析

资产的增长是企业发展的一个方面，也是企业价值增长的重要手段，其衡量指标主要是总资产增长率。

总资产增长率是企业本年总资产增长额同年初资产总额的比率，反映企业本期资产规模的增长情况。

总资产增长率=本年总资产增长额/年初资产总额×100%

其中：本年总资产增长额＝年末资产总额-年初资产总额

总资产增长率越高，表明企业一定时期内资产经营规模扩张的速度越快。但在分析时，需要关注资产规模扩张的质和量的关系，以及企业的后续发展能力，避免盲目扩张。

3. 资本增长能力分析

资本增长是企业发展强盛的标志，也是企业扩大再生产的重要源泉，展示了企业的发展水平，是评价企业发展能力的重要方面，其衡量指标主要是资本积累率、资本保值增值率等。

（1） 资本积累率。

资本积累率即股东权益增长率，是指企业本年所有者权益增长额同年初所有者权益的比率。资本积累率表示企业当年资本的积累能力，是评价企业发展潜力的重要指标。

资本积累率＝本年所有者权益增长额÷年初所有者权益×100%

资本积累率是企业当年所有者权益总的增长率，反映了企业所有者权益在当年的变动水平。它体现了企业资本的积累情况，是企业发展强盛的标志，也是企业扩大再生产的源泉，展示了企业的发展潜力。资本积累率反映了投资者投入企业资本的保全性和增长性，该指标越高，表明企业的资本积累越多，企业资本保全性越强，应付风险、持续发展的能力越大。该指标如果为负值，表明企业资本受到侵蚀，所有者利益受到损害，应予以充分重视。

（2） 资本保值增值率。

资本保值增值率是企业扣除客观因素后的本年年末股东权益总额与年初股东权益总额的比率，反映企业当年资本在自身努力下的实际增减变动情况，反映了企业资本的运营效益与安全状况，其计算公式为：

资本保值增值率＝（年末所有者权益÷年初所有者权益）×100%

一般认为，资本保值增值率越高，企业的资本保全状况就越好，所有者权益增长越快，债权人的债务越有保障。该指标通常应当大于100%。

11.2.2 Excel 在财务指标分析中的应用

资产负债表、利润表、现金流量表等基础数据给定后，在 Excel 中进行财务指标分析的方法比较简单。用户参考财务指标公式，从不同的财务报表中引用相关的基础数据，在对应的单元格中输入公式即可。

例 11-1 编制财务指标分析表。

A 公司的资产复制表、利润表、现金流量表如图 11-1、图 11-2、图 11-3 所示，要求以这 3 张财务报表中的数据为基础，分析企业的偿债能力、营运能力、盈利能力、发展能力，编制如图 11-4 所示的财务指标分析表。

	A	B	C	D	E	F	G	H
1	资产负债表							
2					2012年12月31日			
3	编制单位:							单位：元
4	资　　产	2012年	2011年	2010年	负债及所有者权益	2012年	2011年	2010年
5	流动资产:				流动负债：			
6	货币资金	748,630.45	587,632.50	550189,98	短期借款	160,000.00	160,000.00	180,000.00
7	交易性金融资产	-	-		交易性金融负债	-	-	
8	应收票据	-	32,000.00	309,874.00	应付票据	35,100.00	-	23,987.70
9	应收账款	228,842.04	135,710.04	138,076.70	应付账款	58,500.00	23,400.00	27,986.30
10	预付账款	9,500.00	9,500.00	8,000.00	预收账款	-	15,000.00	45987
11	应收股利	-	-		应付职工薪酬	-	-	
12	应收利息				应交税费	72,062.88	50,102.05	34,087.45
13	其他应收款	12,000.00	12,000.00	10,000.00	应付利息	2,000.00	2,000.00	2,000.00
14	存货	474,229.50	520,260.00	500,349.95	应付股利	-	-	
15	其中：消耗性生物资产				其他应付款	1,000.00	-	3,289.00
16	一年内到期的非流动资产				预计负债			
17	其他流动资产	480,708.09	206,784.88	249,986.00	一年内到期的非流动负债			
18	流动资产合计	1,953,910.08	1,503,887.42	1,216,286.65	其他流动负债			
19	非流动资产:				流动负债合计	328,662.88	250,502.05	317,337.45
20	可供出售金融资产	-	-		非流动负债：			
21	持有至到期投资	-	-		长期借款			
22	投资性房地产	-	-		应付债券			
23	长期股权投资	82,000.00	82,000.00	82,000.00	长期应付款	-	-	
24	长期应收款				专项应付款			
25	固定资产	3,898,000.00	3,920,000.00	4,000,000.00	递延所得税负债	-	-	
26	在建工程	-	-		其他非流动负债			
27	工程物资				非流动负债合计	480,708.09	206,784.88	249,986.00
28	固定资产清理	-	-		负　债　合　计	809,370.97	457,286.93	567,323.45
29	生产性生物资产							
30	油气资产				所有者权益（或股东权益）：			
31	无形资产	650,000.00	650,000.00	650,000.00	实收资本（或股本）	5,000,000.00	5,000,000.00	5,000,000.00
32	开发支出				资本公积	-	-	
33	商誉				盈余公积	450,000.00	450,000.00	170,198.22
34	长摊待摊费用				本年利润	324,539.11	248,600.49	210,764.98
35	递延所得税资产				减：库存股			
36	其他非流动资产				所有者权益（或股东权益）	5,774,539.11	5,698,600.49	5,380,963.20
37	非流动资产合计	4,630,000.00	4,652,000.00	4,732,000.00				
38	资　产　总　计	6,583,910.08	6,155,887.42	5,948,286.65	负债和所有者（或股东权益	6,583,910.08	6,155,887.42	5,948,286.65

图 11-1　资产负债表

	A	B	C	D
1	利润表			
2	2012年			
3	编制单位:			
4	项　　　目	2012年	2011年	2010年
5	一、营业收入	330,000.00	270,000.00	240,000.00
6	减：营业成本	190,290.50	160,986.00	140,776.00
7	营业务税金及附加	4,250.00	3,900.00	3,500.00
8	销售费用	2,000.00	3,000.00	4,987.00
9	管理费用	26,600.00	29,800.00	25,139.00
10	财务费用	4,876.00	6,000.00	4,000.00
11	资产减值损失	468.00	800.00	1,000.00
12	加：公允价值变动净收益	-		
13	投资净收益	-		
14	二、营业利润	101,515.50	65,514.00	60,598.00
15	加：营业外收入	-	40,000.00	2,000.00
16	减：营业外支出	6,000.00	30,000.00	12,987.00
17	其中：非流动资产处置净损失			
18	三、利润总额	95,515.50	75,514.00	49,611.00
19	减：所得税	25,312.88	23,984.34	17,983.00
20	四、净利润	70,202.62	51,529.66	31,628.00

图 11-2　利润表

现金流量表		
编制单位：	单位：元	
项　　　　　　目	2012年	2011年
一、经营活动产生的现金流量：		
销售商品、提供劳务收到的现金	277,500.00	223,862.00
收到的税费返还	-	-
收到的其他与经营活动有关的现金	300.00	1,000.00
现金流入小计	277,800.00	224,862.00
购买商品、接受劳务支付的现金	32,000.00	27,000.00
支付给职工以及为职工支付的现金	-	29,000.00
支付的各项税费	-	-
支付的其他与经营活动有关的现金	-	-
现金流出小计	32,000.00	56,000.00
经营活动产生的现金流量净额	245,800.00	168,862.00
二、投资活动产生的现金流量：	-	-
收回投资所收到的现金	-	-
取得投资收益所收到的现金	-	-
处置固定资产、无形资产和其他长期资…	-	-
收到的其他与投资活动有关的现金	-	-
现金流入小计	-	-
购建固定资产、无形资产和其他长期资…	-	-
投资所支付的现金	-	-
支付的其他与投资活动有关的现金	-	-
现金流出小计	-	-
投资活动产生的现金流量净额	-	-
三、筹资活动产生的现金流量：	-	-
吸收投资所收到的现金	-	-
借款所收到的现金	-	-
收到的其他与筹资活动有关的现金	-	-
现金流入小计	-	-
偿还债务所支付的现金	-	-
分配股利、利润或偿付利息所支付的现金	-	-
支付的其他与筹资活动有关的现金	-	-
现金流出小计	-	-
筹资活动产生的现金流量净额	-	-
四、汇率变动对现金的影响	-	-
五、现金及现金等价物净增加额	245,800.00	168,862.00

图 11-3　现金流量表

财务指标分析				
指标名称		指标说明	2012	2011
短期偿债能力	流动比率	流动资产/流动负债	5.95	6.00
	速动比率	速动资产/流动负债	4.48	5.18
	现金比率	(货币资金+交易性金融资产)/流动负债	2.28	2.35
	现金流动负债比率	经营现金流量净额/年末流动负债	75%	67%
长期偿债能力	资产负债率	负债总额/资产总额	12%	7%
	产权比率	负债总额/股东权益	14%	8%
	权益乘数	资产总额/股东权益	1.14	1.08
	长期资本负债率	非流动负债/（非流动负债+股东权益）	8%	4%
	已获利息倍数	息税前利润总额/利息费用	20.59	13.59
	现金流量利息保障倍数	经营现金流量净额/利息费用	50.41	28.14
生产资料营运能力	应收账款周转率	营业收入/平均应收账款余额	1.81	1.97
	存货周转率	营业成本/平均存货余额	0.66	0.53
	流动资产周转率	营业收入/平均流动资产余额	0.19	0.20
	总资产周转率	营业收入/平均资产总额	0.05	0.04
经营盈利能力	营业毛利率	（营业收入-营业成本）/营业收入	42%	40%
	营业利润率	营业利润/营业收入	31%	24%
	营业净利率	净利润/营业收入	21%	19%
资产盈利能力	总资产利润率	利润总额/平均资产总额	1%	1%
	总资产报酬率	息税前利润总额/平均资产总额	2%	1%
	总资产净利率	净利润/平均资产总额	1%	1%
资本盈利能力	净资产收益率	净利润/平均净资产	1%	1%
	资本收益率	净利润/平均资本	1%	1%
收益质量	盈余现金保障倍数	经营现金金流量/净利润	3.50	3.28
盈利增长能力	营业收入增长率	本年营业收入增长额/上年营业收入总额	22%	13%
	营业利润增长率	本年营业利润增长额/上年营业利润	55%	8%
	净利润增长额	本年净利润增长额/上年净利润	36%	63%
资产增长能力	总资产增长率	本年总资产增长额/年初资产总额	7%	3%
资本增长能力	资本积累率	本年股东权益增长额/年初股东权益	1%	6%
	资本保值增值率	年末股东权益总额/年初股东权益	101%	106%

图 11-4　财务指标分析

该范例文件见随书光盘“第 11 章”文件夹的“财务分析”工作簿中的“财务指标分析”工作表。具体制作步骤如下：

（1） 新建名为“财务分析”工作簿，双击“Sheet1”工作表标签，重命名为“资产复制表”。

（2） 创建如图 11-1 所示的资产负债表。

（3） 双击“Sheet2”工作表标签，重命名为“利润表”，创建如图 11-2 所示的利润表。

（4） 双击“Sheet3”工作表标签，重命名为“现金流量表”，创建如图 11-3 所示的现金流量表。

（5） 单击工作表标签插入按钮，插入一张工作表，双击该工作表标签，重命名为“财务指标分析”。

（6） 在区域 A3:D32 中输入如图 11-4 所示的财务指标分析框架。

（7） 选择区域 A3:F32，设置如图 11-4 所示的边框。

（8） 在区域 E4:F32 中创建公式。以计算 2012 年的流动比率为例，选择单元格 E4，在公式栏内输入“=”。

（9） 参照单元格 D4 中的公式提示“流动资产/流动负债”，激活“资产负债表”工作表，单击“流动资产”所在的单元格 B18。

（10） 在公式栏内输入“/”。

（11） 单击“流动负债”所在的单元格 F19。公式栏内显示如图 11-5 所示的公式。

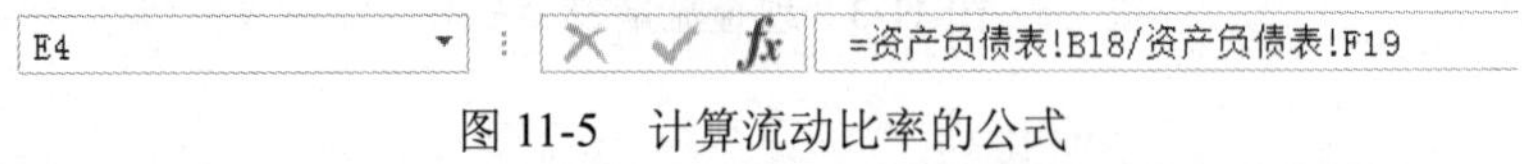

图 11-5　计算流动比率的公式

（12） 按 Enter 键，单元格 E4 显示计算结果，如图 11-6 所示。

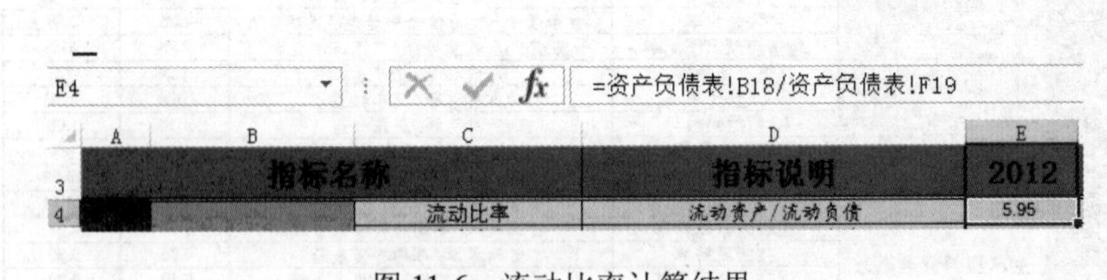

图 11-6　流动比率计算结果

（13） 以同样的方法，按照 D 列的指标说明，在 E 列的单元格中输入各个指标的计算公式，公式如图 11-7 所示。

（14） 由于 2008 年各比率的计算公式与 2012 年的计算公式一致，相对引用的工作表公式也一致，所以可以直接复制 E 列的公式到 F 列。选择区域 E4:E32，向右填充到 F 列。

公式的计算结果如图 11-8 所示。将计算的结果与同行业企业的财务指标标准值进行比较，分析企业的偿债能力、营运能力、盈利能力、发展能力。

	C	D
3	称	指标说明
4	流动比率	流动资产/流动负债
5	速动比率	速动资产/流动负债
6	现金比率	(货币资金+交易性金融资产)/流动负债
7	现金流动负债比率	经营现金流量净额/年末流动负债
8	资产负债率	负债总额/资产总额
9	产权比率	负债总额/股东权益
10	权益乘数	资产总额/股东权益
11	长期资本负债率	非流动负债/（非流动负债+股东权益）
12	已获利息倍数	息税前利润总额/利息费用
13	现金流量利息保障倍数	经营现金流量净额/利息费用
14	应收账款周转率	营业收入/平均应收账款余额
15	存货周转率	营业成本/平均存货余额
16	流动资产周转率	营业收入/平均流动资产余额
17	总资产周转率	营业收入/平均资产总额
18	营业毛利率	（营业收入-营业成本）/营业收入
19	营业利润率	营业利润/营业收入
20	营业净利率	净利润/营业收入
21	总资产利润率	利润总额/平均资产总额
22	总资产报酬率	息税前利润总额/平均资产总额
23	总资产净利率	净利润/平均资产总额
24	净资产收益率	净利润/平均净资产
25	资本收益率	净利润/平均资本
26	盈余现金保障倍数	经营现金金流量/净利润
27	营业收入增长率	本年营业收入增长额/上年营业收入总额
28	营业利润增长率	本年营业利润增长额/上年营业利润
29	净利润增长额	本年净利润增长额/上年净利润
30	总资产增长率	本年总资产增长额/年初资产总额
31	资本积累率	本年股东权益增长额/年初股东权益
32	资本保值增值率	年末股东权益总额/年初股东权益

图 11-7 各个财务指标的计算公式

	C	E	F
3	称	2012	2011
4	流动比率	5.95	6.00
5	速动比率	4.48	5.18
6	现金比率	2.28	2.35
7	现金流动负债比率	75%	67%
8	资产负债率	12%	7%
9	产权比率	14%	8%
10	权益乘数	1.14	1.08
11	长期资本负债率	8%	4%
12	已获利息倍数	20.59	13.59
13	现金流量利息保障倍数	50.41	28.14
14	应收账款周转率	1.81	1.97
15	存货周转率	0.66	0.53
16	流动资产周转率	0.19	0.20
17	总资产周转率	0.05	0.04
18	营业毛利率	42%	40%
19	营业利润率	31%	24%
20	营业净利率	21%	19%
21	总资产利润率	1%	1%
22	总资产报酬率	2%	1%
23	总资产净利率	1%	1%
24	净资产收益率	1%	1%
25	资本收益率	1%	1%
26	盈余现金保障倍数	3.50	3.28
27	营业收入增长率	22%	13%
28	营业利润增长率	55%	8%
29	净利润增长额	36%	63%
30	总资产增长率	7%	3%
31	资本积累率	1%	6%
32	资本保值增值率	101%	106%

图 11-8 各个指标的计算结果

11.3 财务趋势分析

财务趋势分析法，是通过对比两期或连续数期财务报告中相同指标，确定其增减变动的方向、数额和幅度，来说明企业财务状况或经营成果变动趋势的一种方法。采用这种方法，可以分析引起变化的主要原因和变动的性质，并预测企业未来的发展前景。不同时期的分析方法有多期比较分析、项目构成百分比分析等。

11.3.1 Excel 在多期比较分析中的应用

多期比较分析，是研究和比较连续几个会计年度的会计报表及相关项目。其目的是查找变化的内容、变化的原因及其发展趋势。

例 11-2 创建企业费用趋势图。

B 公司近年来费用如图 11-9 所示，创建如图 11-10 所示的折线图，以图形的方式更直接地反映企业管理费用、营业费用、财务费用在这 5 年的变化及发展趋势。

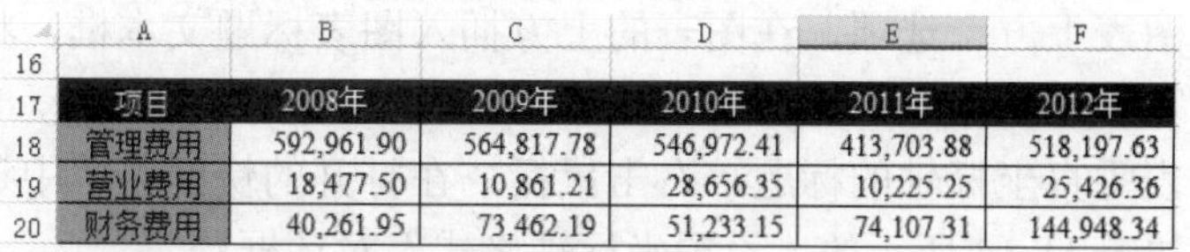

	A	B	C	D	E	F
16						
17	项目	2008年	2009年	2010年	2011年	2012年
18	管理费用	592,961.90	564,817.78	546,972.41	413,703.88	518,197.63
19	营业费用	18,477.50	10,861.21	28,656.35	10,225.25	25,426.36
20	财务费用	40,261.95	73,462.19	51,233.15	74,107.31	144,948.34

图 11-9 2005 年—2009 年费用明细

该范例文件见随书光盘“第 11 章”文件夹的“财务分析”工作簿中的“财务趋势分析”工作表，具体操作步骤如下：

（1） 打开“财务分析”工作簿，单击工作表标签插入按钮，插入一张工作表，双击该工作表标签，重命名为“财务趋势分析”。

（2） 选择区域 A17:F20，选择“插入”/“图表”，选择“折线图”命令，打开如图 11-11 所示的下拉列表。

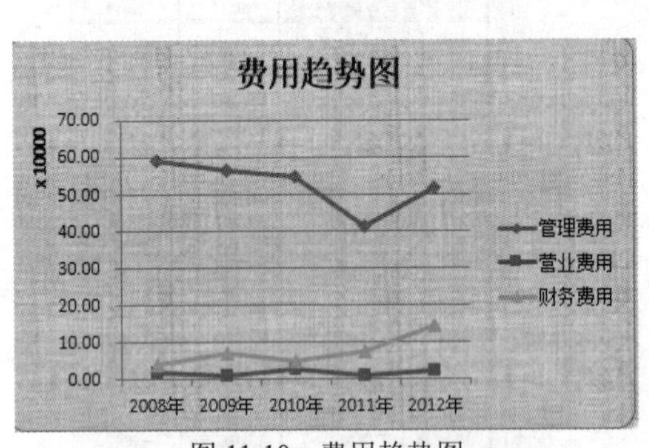

图 11-10 费用趋势图

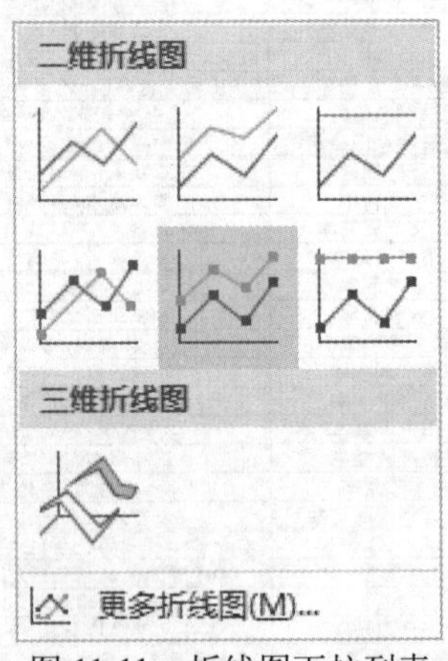

图 11-11 折线图下拉列表

（3） 单击“二维折线图”组中的“带数据标记的折线图”选项，在工作表中插入如图 11-12 所示的图表。

（4） 单击折线图，选择“图表工具”/“设计”/“添加图表元素”/“标签”/“图表标题”命令，打开如图 11-13 所示的下拉列表。

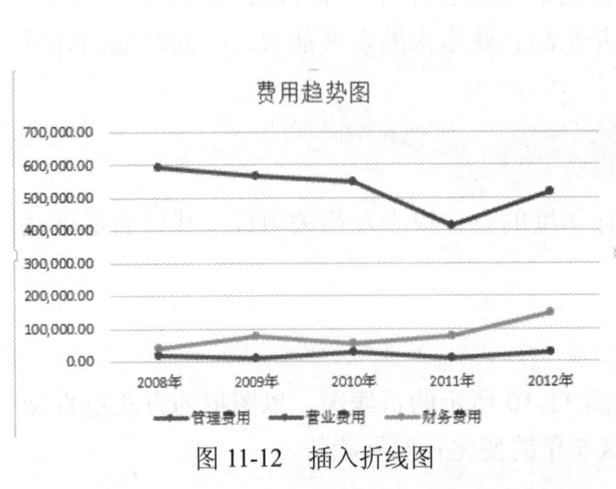

图 11-12 插入折线图

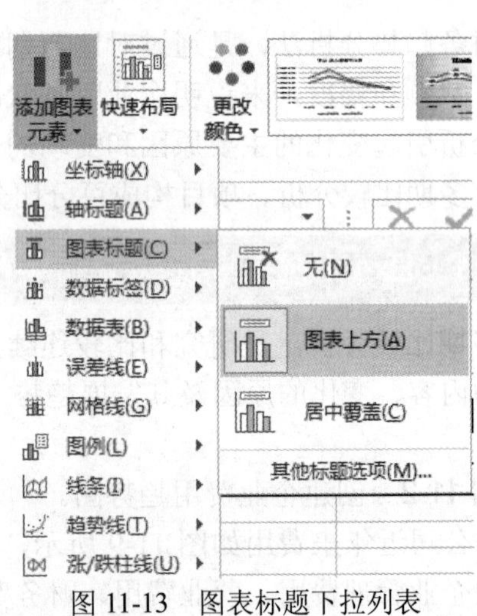

图 11-13 图表标题下拉列表

（5） 选择“图表上方”选项，在图表的上方插入图表标题文本框，将文本框中的文本更改为“图表标题”。

（6） 单击图表垂直坐标轴的标题，右击鼠标，在打开的快捷菜单中选择“设置坐标轴格式”命令，打开如图 11-14 所示的“设置坐标轴格式”对话框。

（7） 在“坐标轴选项”选项卡中，单击“显示单位”文本框右端下拉按钮，在打开的下拉列表中选择“10000”，图表显示如图 11-15 所示的效果，完成对坐标轴的设置。

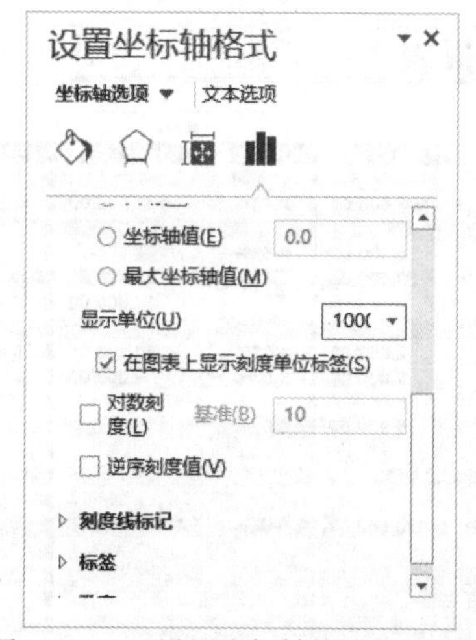

图 11-14 “设置坐标轴格式”对话框

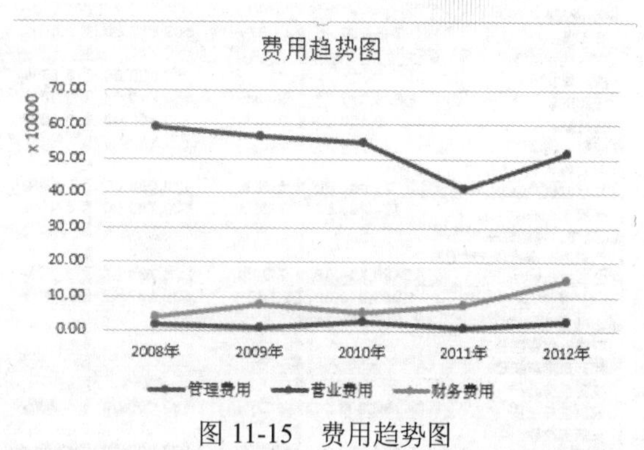

图 11-15 费用趋势图

（8） 选中图表，单击“图表工具”/“格式”选项卡。在“形状样式”功能组中选择“形状填充”命令，在下拉菜单中选择“纹理”/“纸沙草纸”命令，选择“形状效果”命令，在下列菜单中选择“发光”组中的合适样式。

对图表进行美化后的效果如图 11-16 所示。

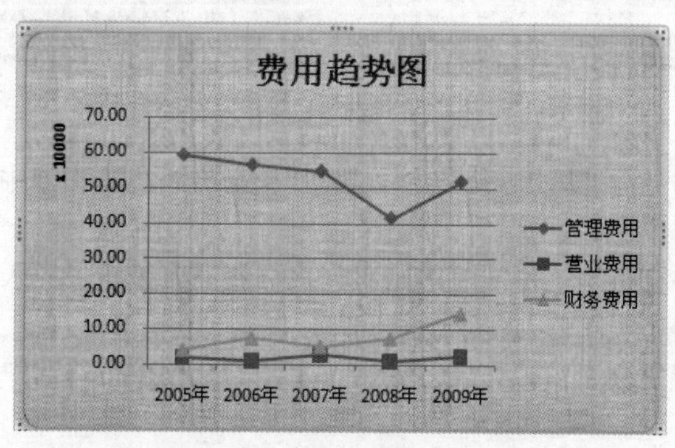

图 11-16 对图表美化后的效果

11.3.2 Excel 在项目构成百分比分析中的应用

项目构成百分比分析，是把常规的财务报表换算成结构百分比报表，然后逐项比较不同年份的报表。这种方法不仅可以用于同一时期财务状况的纵向比较，还可以用于不同企业之间的横向比较，同时能够消除不同时期、不同企业之间业务规模的差异。

例 11-3 编制“资产负债表”项目构成百分比报表。

沿用例 11-1 中的财务报表，可以利用 Excel 方便地将常规报表转换为如图 11-17 所示的项目构成百分比报表，并以数据条的格式更清晰地显示每个项目占总体的百分比。

资产负债表项目构成百分比报表

2012年12月31日

编制单位：　　单位：元

资　　产	2012年	比例	2011年	比例2	负债及所有者	2012 年	比例4	2011 年	比例5
流动资产：					流动负债：				
货币资金	748,630.45	11.37%	587,632.50	9.55%	短期借款	160,000.00	2.43%	160,000.00	2.60%
交易性金融资产	-		-		交易性金融负债	-		-	
应收票据	-		32,000.00	0.52%	应付票据	35,100.00	0.53%	-	
应收账款	228,842.04	3.48%	135,710.04	2.20%	应付账款	58,500.00	0.89%	23,400.00	0.38%
预付账款	9,500.00	0.14%	9,500.00	0.15%	预收账款	-		15,000.00	0.24%
应收股利	-		-		应付职工薪酬	-		-	
应收利息					应交税费	72,062.88	1.09%	50,102.05	0.81%
其他应收款	12,000.00	0.18%	12,000.00	0.19%	应付利息	2,000.00	0.03%	2,000.00	0.03%
存货	474,229.50	7.20%	520,260.00	8.45%	应付股利	-		-	
其中：消耗性生物资产					其他应付款	1,000.00	0.02%	-	
一年内到期的非流动资产					预计负债				
其他流动资产	480,708.09	7.30%	206,784.88	3.36%	一年内到期的非流动负债				
流 动 资 产 合 计	1,953,910.08	29.68%	1,503,887.42	24.43%	其他流动负债				
非流动资产：					流 动 负 债 合 计	328,662.88	4.99%	250,502.05	4.07%
可供出售金融资产	-		-		非流动负债：				
持有至到期投资	-		-		长期借款				
投资性房地产	-		-		应付债券				
长期股权投资	82,000.00	1.25%	82,000.00	1.33%	长期应付款	-		-	
长期应收款					专项应付款				
固定资产	3,898,000.00	59.20%	3,920,000.00	63.68%	递延所得税负债	-		-	
在建工程	-		-		其他非流动负债				
工程物资					非 流 动 负 债 合	480,708.09	7.30%	206,784.88	3.36%
固定资产清理	-		-		负　债　合　计	809,370.97	12.29%	457,286.93	7.43%
生产性生物资产									
油气资产					所有者权益（或股东权益）：				
无形资产	650,000.00	9.87%	650,000.00	10.56%	实收资本（或股	5,000,000.00	75.94%	5,000,000.00	81.22%
开发支出					资本公积	-		-	
商誉					盈余公积	450,000.00	6.83%	450,000.00	7.31%
长摊待摊费用					本年利润	324,539.11	4.93%	248,600.49	4.04%
递延所得税资产					减：库存股				
其他非流动资产					所有者权益（或	5,774,539.11	87.71%	5,698,600.49	92.57%
非流动资产合计	4,630,000.00	70.32%	4,652,000.00	75.57%					
资 产 总 计	6,583,910.08	100.00%	6,155,887.42	100.00%	负债和所有者（	6,583,910.08	100.00%	6,155,887.42	100.00%

图 11-17　资产负债表项目构成百分比报表

该范例文件见随书光盘“第 11 章”文件夹的“财务分析”工作簿中的“项目构成百分比分析”工作表，具体制作步骤如下：

（1）打开“财务分析”工作簿，单击工作表标签插入按钮，插入一张工作表，双击该工作表标签，重命名为“项目构成百分比分析”。

（2）激活“资产复制表”工作表，单击左上角的全选按钮，选中整张工作表，按 Ctrl＋C 组合键。

（3）激活“项目构成百分比分析”工作表，按 Ctrl＋V 组合键，将资产复制表负债到该工作表中。

（4）选中 C 列，右击在打开的快捷菜单中选择“插入”命令，将插入的表格列标题改为“比例”。

（5）选择单元格 C6，在公式栏内输入“=B6/$B$38”，按 Enter 键，显示如图 11-18 所示的按钮。

（6）单击按钮，选择“使用此公式覆盖当前列中的所有单元格”命令，表格自动将 B6 中的公式复制到表格该列的其他行内。

（7）选择“比例”列，转到“开始”选项卡，在“数字”功能组中单击 % 百分比按钮，设置该列的数字为百分比样式。

（8）选择“比例”列，转到“开始”选项卡，在“数字”功能组中单击 增加小数位数按钮，保留两位小数。

（9）若只显示不为零的数据，单击“文件按钮”，单击“选项”按钮，打开“Excel 选项”对话框，转到“高级”选项卡，在“此工作表的显示选项”功能组中选择“在具有零值的单元格中显示零”复选框，删去默认选择的标记。单击“确定”按钮，关闭对话框，返回工作表界面。此时，工作表中的所有零值不显示。

（10） 选择“比例”列，选择“开始”/“样式”/“条件格式”/“数据条”命令，设置该列的条件格式，显示如图 11-19 所示的效果。

	B	C	
4	2012年	比例	20
5			
6	748,630.45	11.37%	587,
7	-		
8	-		

图 11-18 自动填充复制按钮

	A	B	C	D
4	资　　产	2012年	比例	2011年
5	流动资产：			
6	货币资金	748,630.45	11.37%	587,632.50
7	交易性金融资产	-		-
8	应收票据	-		32,000.00
9	应收账款	228,842.04	3.48%	135,710.04
10	预付账款	9,500.00	0.14%	9,500.00
11	应收股利	-		-
12	应收利息			
13	其他应收款	12,000.00	0.18%	12,000.00
14	存货	474,229.50	7.20%	520,260.00
15	其中：消耗性生物资产			
16	一年内到期的非流动资产			
17	其他流动资产	480,708.09	7.30%	206,784.88
18	流动资产合计	1,953,910.08	29.68%	1,503,887.42
19	非流动资产：			
20	可供出售金融资产	-		-
21	持有至到期投资	-		-
22	投资性房地产	-		-
23	长期股权投资	82,000.00	1.25%	82,000.00
24	长期应收款			
25	固定资产	3,898,000.00	59.20%	3,920,000.00
26	在建工程	-		-
27	工程物资			
28	固定资产清理	-		-
29	生产性生物资产			
30	油气资产			
31	无形资产	650,000.00	9.87%	650,000.00
32	开发支出			
33	商誉			
34	长摊待摊费用			
35	递延所得税资产			
36	其他非流动资产			
37	非流动资产合计	4,630,000.00	70.32%	4,652,000.00
38	资产总计	6,583,910.08	100.00%	6,155,887.42

图 11-19 设置“比例”列的条件格式

（11） 参照以上方法，为“2008 年”、“2007 年”添加相应的列，计算其他列的结构百分比，并设置条件格式。

按照上述方法，制作如图 11-20 所示的利润表项目构成百分比报表。

	A	B	C	D	E	F	G
1	利润表项目构成百分比报表						
2	2012年						
3	编制单位：			单位：元			
4	项　　　目	2012年	比例	2011年	比例2	2010年	比例3
5	一、营业收入	330,000.00	100.00%	270,000.00	100.00%	240,000.00	100.00%
6	减：营业成本	190,290.50	57.66%	160,986.00	59.62%	140,776.00	58.66%
7	营业务税金及附加	4,250.00	1.29%	3,900.00	1.44%	3,500.00	1.46%
8	销售费用	2,000.00	0.61%	3,000.00	1.11%	4,987.00	2.08%
9	管理费用	26,600.00	8.06%	29,800.00	11.04%	25,139.00	10.47%
10	财务费用	4,876.00	1.48%	6,000.00	2.22%	4,000.00	1.67%
11	资产减值损失	468.00	0.14%	800.00	0.30%	1,000.00	0.42%
12	加：公允价值变动净收益	-	0.00%		0.00%		0.00%
13	投资净收益	-	0.00%		0.00%		0.00%
14	二、营业利润	101,515.50	30.76%	65,514.00	24.26%	60,598.00	25.25%
15	加：营业外收入	-	0.00%	40,000.00	14.81%	2,000.00	0.83%
16	减：营业外支出	6,000.00	1.82%	30,000.00	11.11%	12,987.00	5.41%
17	其中：非流动资产处置净损失		0.00%		0.00%		0.00%
18	三、利润总额	95,515.50	28.94%	75,514.00	27.97%	49,611.00	20.67%
19	减：所得税	25,312.88	7.67%	23,984.34	8.88%	17,983.00	7.49%
20	四、净利润	70,202.62	21.27%	51,529.66	19.09%	31,628.00	13.18%

图 11-20 利润表项目构成百分比报表

资产负债表项目构成百分比表和利润项目构成百分比报表所显示的结果，可以用来分析企业资产、负债、权益、利润项目中各项目的构成情况，为全面了解企业财务状况或进行相关的决策提供重要的参考信息。

11.4 本章小结

本章具体介绍了如何使用 Excel 进行简单的财务报表分析。通过本章的学习，读者应掌握和了解以下知识点：

- 了解财务分析的方法。
- 掌握财务指标分析的四大类具体指标。
- 掌握使用 Excel 进行财务指标分析的具体方法。
- 掌握利用折线图制作趋势图的方法。
- 掌握使用数据条显示项目构成百分比的方法。

11.5 上机练习

资料：

某公司的资产复制表、利润表、现金流量表分别如图 11-21、图 11-22 和图 11-23 所示，该练习文件见随书光盘“第 11 章”文件夹中的“上机练习-财务分析”工作簿。

	A	B	C	D	E	F
1			资产负债表			
2			2009年12月31日			
3	编制单位：			单位：元		
4	资　　产	2009年	2008年	负债及所有者	2009 年	2008 年
5	流动资产：	-	-	流动负债：	-	-
6	货币资金	521,991.07	437,020.42	短期借款	128,000.00	128,000.00
7	交易性金融资产	-	-	交易性金融负	-	-
8	应收票据	-	25,600.00	应付票据	28,080.00	-
9	应收账款	183,073.63	108,568.03	应付账款	46,800.00	18,720.00
10	预付账款	7,600.00	7,600.00	预收账款	-	12,000.00
11	应收股利	-	-	应付职工薪酬	-	-
12	应收利息	-	-	应交税费	57,650.30	40,081.64
13	其他应收款	9,600.00	9,600.00	应付利息	1,600.00	1,600.00
14	存货	379,383.60	416,208.00	应付股利	-	-
15	其中：消耗性生物资产	-	-	其他应付款	800.00	-
16	一年内到期的非流动资产	-	-	预计负债	-	-
17	其他流动资产	384,566.47	165,427.90	一年内到期的	-	-
18	流动资产合计	1,486,214.77	1,170,024.36	其他流动负债	-	-
19	非流动资产：	-	-	流动负债合	262,930.30	200,401.64
20	可供出售金融资产	-	-	非流动负债：	-	-
21	持有至到期投资	-	-	长期借款	-	-
22	投资性房地产	-	-	应付债券	-	-
23	长期股权投资	65,600.00	65,600.00	长期应付款	-	-
24	长期应收款	-	-	专项应付款	-	-
25	固定资产	3,118,400.00	3,136,000.00	递延所得税负	-	-
26	在建工程	-	-	其他非流动负	-	-
27	工程物资	-	-	非流动负债	307,653.18	132,342.32
28	固定资产清理	-	-	负债合计	570,583.48	332,743.96
29	生产性生物资产	-	-		-	-
30	油气资产	-	-	所有者权益（或	-	-
31	无形资产	520,000.00	520,000.00	实收资本（或	4,000,000.00	4,000,000.00
32	开发支出	-	-	资本公积	-	-
33	商誉	-	-	盈余公积	360,000.00	360,000.00
34	长摊待摊费用	-	-	本年利润	259,631.29	198,880.39
35	递延所得税资产	-	-	减：库存股	-	-
36	其他非流动资产	-	-	所有者权益（或	4,619,631.29	4,558,880.39
37	非流动资产合计	3,704,000.00	3,721,600.00		-	-
38	资产总计	5,190,214.77	4,891,624.36	负债和所有者（	5,190,214.77	4,891,624.36

图 11-21　资产负债表

利润表

2009年

编制单位：

项目	2009年	2008年
一、营业收入	264,000.00	216,000.00
减：营业成本	152,232.40	128,788.80
营业务税金及附加	3,400.00	3,120.00
销售费用	1,600.00	2,400.00
管理费用	21,280.00	23,840.00
财务费用	3,900.80	4,800.00
资产减值损失	374.40	640.00
加：公允价值变动净收益	-	-
投资净收益	-	-
二、营业利润	81,212.40	52,411.20
加：营业外收入	-	32,000.00
减：营业外支出	4,800.00	24,000.00
其中：非流动资产处置净损失	-	-
三、利润总额	76,412.40	60,411.20
减：所得税	20,250.30	19,187.47
四、净利润	56,162.10	41,223.73

图 11-22　利润表

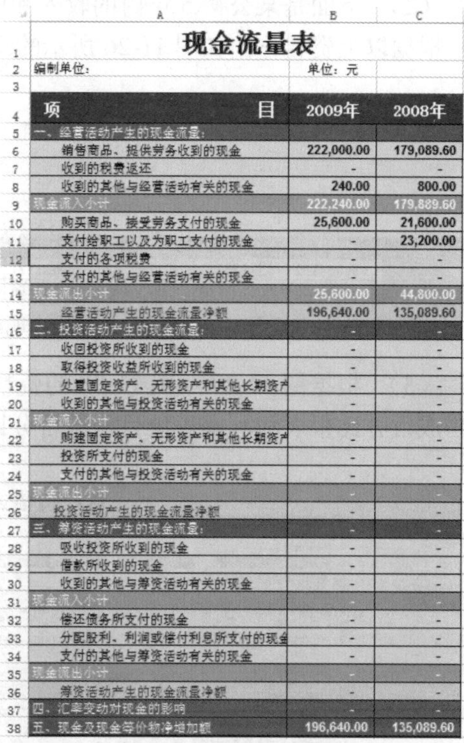

现金流量表

编制单位：　　单位：元

项目	2009年	2008年
一、经营活动产生的现金流量：		
销售商品、提供劳务收到的现金	222,000.00	179,089.60
收到的税费返还	-	-
收到的其他与经营活动有关的现金	240.00	800.00
现金流入小计	222,240.00	179,889.60
购买商品、接受劳务支付的现金	25,600.00	21,600.00
支付给职工以及为职工支付的现金	-	23,200.00
支付的各项税费	-	-
支付的其他与经营活动有关的现金	-	-
现金流出小计	25,600.00	44,800.00
经营活动产生的现金流量净额	196,640.00	135,089.60
二、投资活动产生的现金流量：	-	-
收回投资所收到的现金	-	-
取得投资收益所收到的现金	-	-
处置固定资产、无形资产和其他长期资产	-	-
收到的其他与投资活动有关的现金	-	-
现金流入小计	-	-
购建固定资产、无形资产和其他长期资产	-	-
投资所支付的现金	-	-
支付的其他与投资活动有关的现金	-	-
现金流出小计	-	-
投资活动产生的现金流量净额	-	-
三、筹资活动产生的现金流量：	-	-
吸收投资所收到的现金	-	-
借款所收到的现金	-	-
收到的其他与筹资活动有关的现金	-	-
现金流入小计	-	-
偿还债务所支付的现金	-	-
分配股利、利润或偿付利息所支付的现金	-	-
支付的其他与筹资活动有关的现金	-	-
现金流出小计	-	-
筹资活动产生的现金流量净额	-	-
四、汇率变动对现金的影响	-	-
五、现金及现金等价物净增加额	196,640.00	135,089.60

图 11-23　现金流量表

（1）　根据以上资料分析企业的偿债能力、营运能力、盈利能力和发展能力，编制如图 11-24 所示的财务指标分析结果。

财务指标分析

指标名称		指标说明	2009	2008
短期偿债能力	流动比率	流动资产/流动负债		
	速动比率	速动资产/流动负债		
	现金比率	(货币资金+交易性金融资产)/流动负债		
	现金流动负债比率	经营现金流量净额/年末流动负债		
长期偿债能力	资产负债率	负债总额/资产总额		
	产权比率	负债总额/股东权益		
	权益乘数	资产总额/股东权益		
	长期资本负债率	非流动负债/（非流动负债+股东权益)		
	已获利息倍数	息税前利润总额/利息费用		
	现金流量利息保障倍数	经营现金流量净额/利息费用		
生产资料营运能力	应收账款周转率	营业收入/平均应收账款余额		
	存货周转率	营业成本/平均存货余额		
	流动资产周转率	营业收入/平均流动资产余额		
	总资产周转率	营业收入/平均资产总额		
经营盈利能力	营业毛利率	（营业收入-营业成本）/营业收入		
	营业利润率	营业利润/营业收入		
	营业净利率	净利润/营业收入		
资产盈利能力	总资产利润率	利润总额/平均资产总额		
	总资产报酬率	息税前利润总额/平均资产总额		
	总资产净利率	净利润/平均资产总额		
资本盈利能力	净资产收益率	净利润/平均净资产		
	资本收益率	净利润/平均资本		
收益质量	盈余现金保障倍数	经营现金金流量/净利润		
盈利增长能力	营业收入增长率	本年营业收入增长额/上年营业收入总额		
	营业利润增长率	本年营业利润增长额/上年营业利润		
	净利润增长额	本年净利润增长额/上年净利润		
资产增长能力	总资产增长率	本年总资产增长额/年初资产总额		
资本增长能力	资本积累率	本年股东权益增长额/年初股东权益		
	资本保值增值率	年末股东权益总额/年初股东权益		

图 11-24　财务指标分析结果

（2） 下面是某公司 5 年内的收入和成本明细，如图 11-25 所示。

根据以上资料作出如图 11-26 所示的营业收入和成本对比图。

项目	2005年	2006年	2007年	2008年	2009年
营业收入	4,918,348.92	6,537,864.83	4,732,077.48	3,596,812.84	2,789,837.93
营业成本	3,886,611.59	5,368,728.84	4,239,508.31	3,460,137.06	2,970,992.50

图 11-25 2005 年～2009 年收入与成本明细

图 11-26 营业收入成本对比图

（3） 根据图 11-27 和图 11-28 的资料，编制如图 11-27 和图 11-28 所示的资产负债表项目构成百分比报表和利润表项目构成百分比报表。

资产负债表项目构成百分比报表

2009年12月31日

编制单位： 单位：元

资　　产	2009年	比例	2008年	比例	负债及所有者	2009 年	比例	2008 年	比例
流动资产：	-		-		流动负债：	-		-	
货币资金	521,991.07	10.06%	437,020.42	8.93%	短期借款	128,000.00	2.47%	128,000.00	2.62%
交易性金融资产	-		-		交易性金融负	-		-	
应收票据	-		25,600.00	0.52%	应付票据	28,080.00	0.54%	-	
应收账款	183,073.63	3.53%	108,568.03	2.22%	应付账款	46,800.00	0.90%	18,720.00	0.38%
预付账款	7,600.00	0.15%	7,600.00	0.16%	预收账款	-		12,000.00	0.25%
应收股利	-		-		应付职工薪酬	-		-	
应收利息	-		-		应交税费	57,650.30	1.11%	40,081.64	0.82%
其他应收款	9,600.00	0.18%	9,600.00	0.20%	应付利息	1,600.00	0.03%	1,600.00	0.03%
存货	379,383.60	7.31%	416,208.00	8.51%	应付股利	-		-	
其中：消耗性生物资产	-		-		其他应付款	800.00	0.02%	-	
一年内到期的非流动资产	-		-		预计负债	-		-	
其他流动资产	384,566.47	7.41%	165,427.90	3.38%	一年内到期的	-		-	
流动资产合计	1,486,214.77	28.63%	1,170,024.36	23.92%	其他流动负债	-		-	
非流动资产：	-		-		流动负债合	262,930.30	5.07%	200,401.64	4.10%
可供出售金融资产	-		-		非流动负债：	-		-	
持有至到期投资	-		-		长期借款	-		-	
投资性房地产	-		-		应付债券	-		-	
长期股权投资	65,600.00	1.26%	65,600.00	1.34%	长期应付款	-		-	
长期应收款	-		-		专项应付款	-		-	
固定资产	3,118,400.00	60.08%	3,136,000.00	64.11%	递延所得税负	-		-	
在建工程	-		-		其他非流动负	-		-	
工程物资	-		-		非流动负债	307,653.18	5.93%	132,342.32	2.71%
固定资产清理	-		-		负　债　合　计	570,583.48	10.99%	332,743.96	6.80%
生产性生物资产	-		-			-		-	
油气资产	-		-		所有者权益（或	-		-	
无形资产	520,000.00	10.02%	520,000.00	10.63%	实收资本（或	4,000,000.00	77.07%	4,000,000.00	81.77%
开发支出	-		-		资本公积	-		-	
商誉	-		-		盈余公积	360,000.00	6.94%	360,000.00	7.36%
长摊待摊费用	-		-		本年利润	259,631.29	5.00%	198,880.39	4.07%
递延所得税资产	-		-		减：库存股	-		-	
其他非流动资产	-		-		所有者权益（或	4,619,631.29	89.01%	4,558,880.39	93.20%
非流动资产合计	3,704,000.00	71.37%	3,721,600.00	76.08%		-		-	
资　产　总　计	5,190,214.77	100.00%	4,891,624.36	100.00%	负债和所有者（	5,190,214.77	100.00%	4,891,624.36	100.00%

图 11-27 资产负债表项目构成百分比报表

利润表项目构成百分比报表

2009年

编制单位：

项　　目	2009年	比例	2008年	比例2
一、营业收入	264,000.00	100.00%	216,000.00	100.00%
减：营业成本	152,232.40	57.66%	128,788.80	59.62%
营业务税金及附加	3,400.00	1.29%	3,120.00	1.44%
销售费用	1,600.00	0.61%	2,400.00	1.11%
管理费用	21,280.00	8.06%	23,840.00	11.04%
财务费用	3,900.80	1.48%	4,800.00	2.22%
资产减值损失	374.40	0.14%	640.00	0.30%
加：公允价值变动净收益	-	0.00%	-	0.00%
投资净收益	-	0.00%	-	0.00%
二、营业利润	81,212.40	30.76%	52,411.20	24.26%
加：营业外收入	-	0.00%	32,000.00	14.81%
减：营业外支出	4,800.00	1.82%	24,000.00	11.11%
其中：非流动资产处置净损失	-	0.00%	-	0.00%
三、利润总额	76,412.40	28.94%	60,411.20	27.97%
减：所得税	20,250.30	7.67%	19,187.47	8.88%
四、净利润	56,162.10	21.27%	41,223.73	19.09%

图 11-28 利润表项目构成百分比报表